KB262866

서양의 지적 운동 I

김영한·임지현 편

서양의 지적 운동 Ⅰ

초판 1쇄 인쇄 1994. 9. 5
초판 7쇄 발행 2004. 9. 30

엮은이   김영한 · 임지현
펴낸이   김경희
펴낸곳   (주)지식산업사
주소   서울시 종로구 통의동 35-18
전화   (02)734-1978(대)
팩스   (02)720-7900

인터넷한글문패 지식산업사
인터넷영문문패 www.jisik.co.kr
전자우편 jsp@jisik.co.kr, jisikco@chollian.net

등록번호 1-363
등록날짜 1969. 5. 8

ⓒ 김영한, 1994
ISBN 89-423-2018-4 93160

책값 25,000원

이 책을 읽고 지은이에게 문의하고자 하는 이는 지식산업사 전자우편으로 연락 바랍니다.

이 책을 정년퇴임하시는
차하순 교수님께
바칩니다.

머리말

이 책은 33년 동안 서강대학교 사학과에 재직해온 차하순(車河淳) 교수의 정년을 맞이하여 선생의 학덕을 기리고 학은에 감사하는 뜻에서 제자와 후학들이 작은 정성을 모아 만든 것이다. 선학의 업적을 계승 발전시키는 것이 후학의 도리라는 생각에서 선생이 평생의 연구목표로 삼았던 서양 근대사상들을 집중적으로 조명하기로 하였다. 이를 위해 우선 각 시대를 풍미했던 지배적 사조와 이즘(ism)들을 선정하여 이들의 특징과 변천과정을 고찰함으로써 르네상스시대에서 현대에 이르는 서양의 지적(知的) 전통을 밝히고자 하였다.

그러나 이 책 제목을 '서양의 지적 전통'이 아닌 '지적 운동'으로 정한 데는 두 가지 의미가 있다. 첫째로, 새로운 이즘과 이념은 사회적 역사적 필요성에 의해 발생하기 때문에 이미 기존의 이즘이나 이데올로기에 대한 거부운동임을 뜻한다. 동시에 그것은 어떠한 형태로든 인간의 사고방식에 변화를 주어 정치·사회·문화운동에 영향을 미친다는 점에서 넓은 의미의 지적 혁명이라 할 수 있다. 둘째로, 이 책의 목적은 특정한 이즘의 추상적 개념을 분석하고, 그것의 내적 발전과정을 정태적으로 추구하려는 데 있는 것이 아니다. 그것은 이즘과 그 이즘의 배경에 존재하는 사건들의 맥락을 이해하고, 이즘과 이즘, 이즘과 사건간의 상호 충돌과정을 동적으로 파악해보려는 데 있다. 이러한 관점에서 보면 지성사 또는 사상사는 모두 하나의 운동의 역사일 수가 있다.

이 책에 실린 20개의 이즘은 서양 근대사회의 발전에 큰 영향을 미친 지적 운동들이다. 물론 여기에는 휴머니즘 · 보수주의 · 자본주의 · 공산주의 · 전체주의 같은 주요한 이즘이 빠져 있다. 이들을 배제한 것은 특별한 이유가 있어서가 아니라 단순한 인적 시간적 제약 때문이었다. 그러나 이 20개의 이즘 속에는 역사적으로 중요한 이즘이 거의 망라되어 있고, 또 모든 이즘은 각기 다른 이즘의 기본 내용들을 많이 수용하고 있으므로, 서양 근대사상의 흐름을 이해하는 데는 이 책 한 권으로도 손색이 없으리라 믿는다.

각 이즘은 시대적 내용적으로 서로 중복되거나 복합되어 있어 그 외연과 내포가 명확히 구분되기가 어렵다. 그러나 독자들의 체계적 이해에 도움을 주고자 이 책을 4장으로 편성하였다. 20개의 이즘은 분류기준에 따라 여러 가지 형태의 조합이 가능할 수 있겠으나 여기서는 두 가지 기준을 적용하였다. 하나는 인간이 목표를 어디에 설정하느냐의 문제이다. 즉, 그것은 당위의 세계와 존재의 세계, 이상의 세계와 현실의 세계 가운데 어느 쪽에 더 비중을 둘 것인가의 문제이다. 이 기준에 따라 분류한 것이 '이상사회론'(이상주의)과 '현실정치론'(현실주의)이다. 그 다음은 목표에 접근하는 태도와 방법이 이성적 합리적인가, 아니면 감정적 본능적인가에 따라, '과학과 진보의 신앙'(합리주의)과 '반이성(反理性)의 이데올로기(反합리주의)로 구분하였다. 이같은 기준에 의해 분류된 이즘들을 시대순으로 배열함으로써 독자들이 이즘간의 연계성을 느낄 수 있도록 하였다.

〈Ⅰ. 이상사회론〉에서는 유토피아주의 · 천년왕국주의 · 아나키즘 · 사회주의 · 페미니즘을 다루었다. 서양의 지적 운동은 한마디로 현실과 이상, 현세와 내세의 간격을 좁히려는 끊임없는 노력의 과정이었다. 그러므로 서양 근대의 이즘과 이데올로기 가운데 지향하는 목표가 유토피아적이 아닌 것은 거의 없다. 자유방임의 낙원을 추구하는 자유주의의 꿈이나, 계급 없는 사회를 목표로 하는 사회주의의 이상은 다 같이 유토피아적 경향의 전형적 본보기이다. 이처럼 모든 이즘은 이상과 현실의 양면을 공유하고 있으므로 특정 이즘을 '이상적' 또는 '현실적'이라고 규정하는 것은 어디까지나 상대적이다.

그럼에도 불구하고 위의 다섯 가지 이즘을 이상주의라는 범주안에 하나로 묶은 것은 이들이 모두 해방과 희망의 원리라는 공통성을 갖고 있기 때문이다. 유토피아주의는 기본적으로 현실의 구속조건으로부터 벗어나려는 해방정신의 발로이다. 이 점에서 유토피아주의의 종교적 형태인 천년왕국주의나, 천년왕국주의의 세속적 변형인 사회주의 역시 마찬가지이다.

르네상스시대의 유토피아주의와 천년왕국주의가 봉건질서에서 벗어나려는 해방정신의 표현이라면 산업혁명시대의 아나키즘과 사회주의는 자본주의 질서에서 해방되려는 지적 운동이었다. 20세기의 페미니즘 또한 지금까지의 남성지배사회로부터 여성을 해방시키자는 운동으로서 그같은 성(性)의 해방이 어느 면에서는 계급의 해방보다 더 중요한 사회해방의 길이라고 주장한다.

그러면서도 이들 이즘에 공통된 또 하나의 특징은 지상천국(地上天國)에 대한 희망이다. 자유와 평등, 풍요와 행복의 낙원이 내세의 천국이 아니라 현세의 이 지상에 세워질 것이라는 희망과 믿음은 종교적인 천년왕국주의에도 똑같이 적용되는 원칙이다. 해방의 원리가 사회개혁과 혁명의 길을 유도해 왔다면 희망의 원리는 사회진보와 발전의 길을 터놓았다.

〈Ⅱ. 현실정치론〉에서는 마키아벨리즘·공화주의·신자유주의·코포라티즘을 하나의 유형으로 묶어 고찰하였다. 사물을 있는 그대로 냉철하게 받아들이려는 현실주의는 서양근대사상을 형성하는 또 하나의 큰 흐름이다. 가치와 윤리의 세계로부터 정치를 분리시켜 이를 객관적으로 탐구한 선구자는 마키아벨리였다. 그는 정치의 목적은 오로지 정치적 질서와 안정의 유지에 있으므로 이 목적에 위배되는 개인의 이익과 자유는 제한될 수밖에 없다고 주장하였다. 마키아벨리의 경우에서 알 수 있듯이 현실정치에서 가장 중요한 문제는 행동준칙의 기준을 사리(私利)와 공익(公益) 가운데 어느 쪽에 더 비중을 둘 것인가의 문제이다. 위에 제시한 네 가지 이즘은 모두 이 문제를 핵심내용으로 삼고 있다는 데에서 공통점이 있다.

마키아벨리즘의 영향을 많이 받은 공화주의는 17세기 이래 자유주의와의 긴밀한 관계 속에서 발전하였다. 그러나 자유주의가 개인의 이익과 자유를 적극적으로 옹호하였음에 반해, 공화주의는 개인의 이익은 전체의 이익에 종속되어야 한다고 주장하였다. 승리의 가도를 달려오던 자유주의도 산업혁명 이후 자본주의 자체가 안고 있는 심각한 사회문제 앞에 한계를 드러내자 그 노선을 바꾸지 않을 수 없었다. 자유주의를 수정한 이른바 신자유주의는 제약 없는 자유라는 소극적 자유 대신에 복지를 위한 자유라는 적극적 자유를 옹호하면서 국가간섭의 불가피성을 역설하였다.

20세기 후반의 코포라티즘은 개인의 이익이 집단이익의 차원으로 확대되었다는 점에 특징이 있다. 현대의 산업사회에서는 전문적인 이익집단이 많이 발생하였고 그 결과 국가이익과 집단이익 사이에 마찰이 일어나게 되었다. 이같은 문제의 해결을 위해 국가가 어느 선까지 개입할 것인가의 문제가 코포라티즘의 본질적 과제인데, 이것은 산업사회의 정부가 당면한 공통된 문제이기도 하다.

〈Ⅲ. 과학과 진보의 신앙〉에서는 철저한 과학주의를 표방한 이즘들을 추적하였다. 과학과 합리주의는 서양의 근대화를 가져오고 서양을 세계의 중심으로 만든 지적 원천이다. 여기에 해당되는 대표적 이즘으로는 17세기에서 시작된 합리주의, 18세기의 계몽주의, 19세기의 실증주의, 20세기의 실용주의를 들 수 있다.

합리주의란 외계(外界)가 인간의 이성에 의해 파악될 수 있는 법칙에 따라 움직이고 있다는 믿음이며, 계몽주의는 인간이 발견한 법칙을 사회에 적용함으로써 인류사회가 무한히 진보할 수 있다는 신념이다. 계몽주의에 내포된 과학주의를 더욱 확대시킨 것이 실증주의이다. 실증주의는 모든 학문을 과학화함으로써 소모적인 논쟁과 분쟁이 종식된 완전사회의 실현이 가능하다고 믿었다.

실용주의는 매우 다양한 내용을 내포하고 있어서 합리주의와 반합리주의 어느 쪽에도 속할 수 있다. 인식론·인생론·세계관의 측면에서 본다면 실용주의는 반합리주의라고 할 수 있다. 그러나 한편으로 실증주의의 영향을 받아 퍼스(Peirce)는 철학의 과학화를 주장하였고, 듀이(Dewey)는 과학적 방법을 최선의 지적 탐구 방법으로 간주하였음을 고려한다면, 실용주의는 과학적 합리적 이즘이라고도 하겠다.

근대과학과 합리주의는 프랑스혁명과 산업혁명을 낳게 한 지적 토대일 뿐만 아니라 유토피아주의를 꽃피운 온상이었다. 과학의 진보가 한없는 생산, 절대적 자유, 무한한 행복을 약속해줌으로써 근대인들은 신국과 천년왕국을 대신할 지상낙원을 기대하게 되었다.

〈Ⅳ. 반이성의 이데올로기〉에서는 로맨티시즘·역사주의·민족주의·사회 다원주의·제국주의·파시즘·포스트모더니즘을 조명하였다. 19세기에 와서 합리주의와 계몽주의는 불신되고, 그 대신 인간행위의 비합리적 요소를 강조하는 이즘들이 잇따라 나타나게 되었다.

계몽주의에 제일 먼저 반기를 든 것은 로맨티시즘이었다. 로맨티시즘은 이성 대신에 감정과 직관, 본능과 충동을 중시하였고, 보편보다는 개체를 강조하였다. 감정의 중시는 반합리주의와 반주지주의의 기원이 되었고, 개체사상은 역사주의와 민족주의의 원천이 되었다. 역사는 미완성 단계에서 완성 단계로 진보하는 것이 아니라 하나의 완성된 문화에서 다른 완성된 문화로 발전한다는 역사주의

사관은 바로 로맨티시즘의 개체사상에 뿌리를 두고 있다.

개체사상은 보편사와 세계사에서 각국의 민족사로 관심을 돌리게 하였다. 그 결과 나라마다 고유하고 독자적인 민족문화와 민족정신을 내세움으로써 민족의식이 각성되었고, 이같은 의식은 민족통일을 달성하려는 19세기의 정치적 풍토와 맞물려 민족주의의 발전을 촉진하였다. 민족주의는 민족통일과 독립의 정치적 이데올로기로 작용하였지만 민족의 번영과 영광을 위한 이데올로기로 기능하면서부터는 필연적으로 19세기말의 제국주의를 고취하였고, 20세기의 극우민족주의는 파시즘과 나치즘 같은 전체주의를 초래하였다.

민족주의·인종주의·제국주의·전체주의에 큰 영향을 준 또 하나의 지적 사조는 사회 다윈주의이다. 사회 다윈주의에 의하면 개인에서 민족과 인종에 이르기까지 생존을 위한 모든 갈등과 투쟁은 생물학적 필연성이며, 적자생존의 원리에 따라 강자가 약자를 지배하는 것은 역사의 법칙이며 진보의 수단이었다. 이와 같은 승자의 논리에 의해 사회 다윈주의는 경제적 개인주의에 입각한 자본주의 사회를 가장 자연스러운 사회상태로 간주하였고 제국주의·파시즘·나치즘에 나타난 인종주의의 이론적 바탕이 되었다.

다윈의 진화론은 합리적 정신의 산물이지만 다윈의 이론을 기계적으로 사회영역에 적용시킨 사회 다윈주의는 인간의 본성에 내재한 갈등의 원리를 부각시킴으로써 계몽주의의 전통을 무너뜨리고 20세기 반지성주의의 모태가 되었다. 20세기 후반에 대두한 포스트모더니즘도 과학적 합리주의와 객관성에 대해 강한 불신과 비판을 드러내고 절대성을 배격하며 상대성과 다원성을 강조한다는 점에서 반합리주의의 노선에 있다고 하겠다.

19세기 이래로 반이성과 반합리의 사조가 주류를 이루어왔으나 이것이 곧 합리주의 전통의 단절이나 쇠퇴를 의미하는 것은 아니다. 왜냐하면 반합리주의의 물결 속에서도 현대의 과학기술문명은 비약적으로 발전하고 있으며, 우리가 인식하는 대상과 세계가 비록 비합리적 세계라 하더라도 그 세계에 접근하는 태도와 방법은 더욱 과학적이고 합리적으로 되어가고 있기 때문이다. 그러므로 반합리주의의 대두는 합리주의의 종언을 의미하는 것이 아니라, 그만큼 인간의 의식과 지식이 심화되고 확대되어가고 있음을 뜻한다고 하겠다. 우주에 대한 지식이 증가할수록 우주에 대한 신비가 증대되는 것처럼, 인간 지식의 확대는 미지세계의 장을 더욱 넓혀주고 있다. 흔히 현대를 '불확정의 시대'라고 부르는 것은 이같은 상황을 반영해주는 말이라 할 수 있다. 현재의 인간은 모든 것을 단순하게 파악하기에는 지나치게 복잡할 정도로 너무 많이 알고 있고, 모든 것을 완전히 알기에는 아직까지 큰 한계를 느끼는 단계에 서 있는 것이다.

편자들이 이 책을 엮으면서 의도한 것은 다음과 같은 점이었다.

첫째, 대부분의 기념논총처럼 일과성 전시용으로 끝나는 책이 아니라 지속적으로 독자의 관심을 끌 수 있는 책을 만들고자 하였다. 그러기 위해서는 대학생으로부터 전문 지식인에 이르기까지 누구에게나 도움이 되는 주제와 내용을 다루기로 하였다.

둘째, 출판사의 호의와 후원에 의해 출판되는 책이 아니라, 출판사가 필요로 하고 출판하기를 원하는 책이 되도록 하였다.

셋째, 책의 전문성과 참신성을 최대한으로 살리고자 하였다. 이 책의 집필자들은 대부분이 최근에 학위를 받은 신진 및 소장 학자들이며, 이들이 집필한 항목은 그들의 박사학위 논문과 직접 관련이 있거나 아니면 다년간 연구한 주제들이다. 따라서 이들은 집필 분야에 대해서는 최근의 연구 동향까지 잘 알고 있는 전문가들이라 할 수 있다. 이러한 면에서 이 책은 한국 서양사학의 현 수준과 앞으로의 가능성을 가늠해주는 하나의 잣대가 될 수도 있다.

넷째, 여기에 실린 글들은 각기 한 편의 훌륭한 논문들이다. 그러나 독자의 편의를 위해 내용을 쉽게 서술하고자 노력하였으므로 이 책은 일종의 서양 사상사 사전(事典)으로서의 효용가치도 클 것으로 믿는다. 물론 이 책이 사전으로서 충분히 기능하려면 많은 수정과 보완이 있어야 할 것이며, 특히 누락된 이즘들의 보충이 필수적이다. 여건이 허락한다면 앞으로 계속 보완할 계획이다.

이 책이 빛을 보게 된 것은 많은 사람들의 헌신적인 노력과 열성 덕택이었다. 쫓기는 일과 속에서도 흔쾌히 옥고(玉稿)를 써주신 집필자 여러분에게 진심으로 감사드린다. 특히, 건강상태가 좋지 않아 입원까지 하면서도 끝까지 집념으로 탈고를 해준 송규범 교수에게 각별한 사의를 표하지 않을 수 없다. 그리고 이 책의 출판에 적극적으로 호응해주신 지식산업사의 김경희 사장과 편집진, 그리고 출판과정에서 여러 모로 애써준 박양식 선생과 김용우·김현식 박사에게도 감사한다.

1994년 7월 12일
김 영 한

Ⅲ. 과학과 진보의 신앙

Ⅳ. 반이성의 이데올로기

I. 이상사회론

유토피아주의
Utopianism

김 영 한

Ⅰ. 이상사회의 유형

1. 분류기준

'유토피아'(utopia)는 'u'와 'topia'(장소)의 합성어이다. 그리스
어에서 'u'는 '없다'(ou)는 뜻과 '좋다'(eu)는 뜻을 함께 갖고 있다.
그러므로 유토피아는 이 세상에 '없는 곳'(outopia)를 뜻하지만, 동
시에 '좋은 곳'(eutopia)을 뜻하기도 한다. 유토피아라는 말을 처음
으로 만들어 쓴 사람은 16세기 영국의 토머스 모어(Thomas More)였
다. 그는 《국가 중 가장 좋은 국가와 유토피아라는 새로운 섬에 관하
여》(*De optimo republicae statu, deque nova insula utopia*)라는 책을 1516년
에 출간하였는데, 이 책의 서시(序詩)에서 유토피아는 지리적 역사
적으로 존재하지 않지만(numquam ; nowhere) 그곳은 '좋은 곳'(eu-
topia)이라고 언급하였다.[1] 이처럼 유토피아는 본래부터 '없는 곳'
과 '좋은 곳'이라는 이중의 의미를 갖고 있다. 유토피아 개념의 다
의성과 애매성은 바로 이같은 의미에서 비롯된다.

이 세상에 '없는 곳'이라는 점에 초점을 두게 되면 유토피아는
한마디로 허황된 꿈에 불과하다. 그것은 신화나 동화 속에서나 존재
하는 환상의 세계이다. 따라서 유토피아를 추구하는 것은 실현 불가

능한 것을 꿈꾸는 정신적 유희에 지나지 않는다. 그러나 '좋은 곳'
이라는 점에 비중을 둘 경우, 유토피아는 역사의 시작과 함께 인간
이 도달하고자 끊임없이 찾아헤매온 이상향, 또는 직접 실현하고자
부단히 노력해온 이상사회(국가)를 가리킨다. 이러한 관점에서 본다
면 유토피아가 존재하지 않는다는 것은 '지금', '여기'에 없다는
것이지 그것이 결코 실현될 수 없다는 것을 의미하는 것이 아니다.
블로흐(Ernst Bloch)의 표현을 빌리면 유토피아는 '아직 없는 것'
(noch-nicht), 즉 아직 실현되지 않은 미완성의 현실태(現實態)일 뿐
이다. [2] 그러므로 유토피아를 추구하는 것은 현실도피의 관념적 유
희일 수만은 없다. 오히려 그것은 이상사회를 구현하기 위해 진지하
게 사색하고 계획하는 사고의 실험이며 나아가 합리적이고 과학적인
사회이론을 구성하는 작업이다. 이 점에서 오늘날의 유토피아주의
는 허황된 꿈이 아니라 새로운 질서를 창출하는 강력한 이데올로기
가 되었으며, 미래에 대한 종합적 비전과 청사진을 제시하는 일종의
사회공학이 되었다.

　유토피아는 우리말로 이상향·이상사회·이상국가 등으로 번역되
고 있다. 그러나 어떠한 사회가 과연 이상사회인가 하고 구체적으로
묻는다면 그것은 지극히 난해한 문제가 될 것이다. 왜냐하면 각 개
인마다 마음 속에 그리고 있는 이상사회 상(像)은 다분히 주관적이
고 상대적이기 때문이다. 그러므로 이상사회의 유형 또한 시대와 장
소에 따라서 매우 다양한 모습을 띠게 될 것은 당연하다. 이와 같이
다양한 이상사회의 유형을 모두 유토피아라는 하나의 개념으로 수렴
한다면 유토피아에 대한 개념 정의는 거의 불가능하다. 이 점에서
이상사회를 몇 가지 유형으로 분류하여 그 특징과 차이점을 고찰할
필요가 있다.

　이상사회는 형태와 성격이 어떻든간에 모두 현실에 대한 불만과
부정에서 잉태된다. 만일 현실세계가 지극히 만족스럽다면 인간은
구태여 이상사회를 꿈꾸거나 추구할 필요가 없기 때문이다. 그러므

로 이상사회를 꿈꾸는 사람들이 궁극적으로 추구하는 것은 불만과 갈등이 없는 사회, 즉 만족과 조화이다. 여기에서 이상사회의 유형을 구분하는 가장 중요한 기준의 하나를 찾을 수 있다. 만족과 조화를 위해 그 사회가 불만과 갈등을 어떻게 해소하고 있는가 하는 것이 그것이다. [3]

마르쿠제(H. Marcuse)가 주장했듯이 모든 갈등과 불만은 물질적 사회적 궁핍에서 일어난다. 물질적 궁핍은 물적 인적 자원의 부족에서 비롯되고, 사회적 궁핍은 지위·명예·권력·재산 등의 불평등에서 초래된다. [4] 이같은 궁핍상태를 해결하려면 인간과 자연, 인간과 사회와의 관계가 잘 조화되어야 하며, 그같은 조화상태는 다음과 같은 몇 가지 경우를 상정할 수 있다.

첫째, 인간의 모든 욕구를 충족시켜주고도 남을 정도로 자연적 조건이 풍족한 경우이다. 둘째, 인간의 무한한 욕망을 모두 충족시킬 수는 없지만 최소한 기본욕구를 채울 수 있을 정도로 자연적 조건과 인간의 욕망이 균형을 이루는 경우이다. 셋째, 자연적 조건이 인간의 욕구를 충족시켜줄 수 없는 경우로써 이 경우에는 어떠한 형태로든 인간의 욕구를 제한해야 한다. 여기에는 두 가지 방법이 있을 수 있다. 하나는 인간이 스스로 욕망을 자제하고 금욕하는 길이고, 다른 하나는 사회제도와 법을 통해 그 욕망을 통제 조정하는 방법이다.

이상사회를 구분하는 또 하나의 기준은 그 사회가 설정되어 있는 공간적 시간적 위치이다. [5] '여기'(here)에 살면서 '거기'(there)에 가기를 소망한다면 선택은 두 곳이다. 하나는 이 세상과 격리된 낙원이고 다른 하나는 완전히 차원이 다른 천국이나 신국(神國)이다. '지금'(now)에 살면서 '그때'(then)에 살고자 원한다면 마찬가지로 과거와 미래, 이 둘 가운데 하나를 택해야 한다. 그러므로 과거·현재·미래가 없는 천국을 제외한다면 '지금', '여기'에 살면서 과거의 지상낙원을 동경하는 것은 향수 어린 복고와 현실도피의 성향이 짙으며, 반대로 미래의 낙원을 꿈꾸는 것은 기대와 희망에 찬 현실개혁의 성격이 강하다. 과거지향의 이상사회는 대부분 원초적 시대를 황금시대로 간주한다. 따라서 역사의 순환사관 또는 퇴보사관이 그 기초가 되고 있다. 이에 비해 미래지향의 이상사회는 역사의 종말을 완성과 완전의 시대로 보기 때문에 단선적 진보관이 그 토대를 이루고 있다.

이상사회의 유형을 가늠하는 또 하나의 척도는 그 사회를 실현하는 주체가 누구인가 하는 점이다. 간단히 말해 이상사회는 신의 섭리나 자연의 신비적 힘에 의해 실현되는가, 아니면 인간의 의지와 노력에 의해 실현되는가 하는 문제이다. [6] 이것은 신화에 나오는 이상사회와 유토피아를 구분하는 단적인 표준이 된다. 신화의 세계는 신과 자연의 주술적 힘에 의해 지배된다. 이에 반해 유토피아는 비록 그것이 픽션(fiction)이라 하더라도 인간에 의해 운영되고 지배되는 세계이다. 이 점에서 유토피아는 실현 가능성을 전제로 하고 있다.

이상과 같은 세 요소, 즉 현실불만의 해결방안, 이상사회의 설정 위치, 이상사회의 실현주체를 고려할 때 이상사회는 크게 코케인(Cockaygne, 歡樂國), 아르카디아(Arcadia, 樂園國), 천년왕국(Millennium), 유토피아, 이 네 유형으로 분류할 수 있다. 코케인과 아르카디아는 신화이다. 이 둘은 인간이 접근하기 힘든 먼 과거 또는 영원한 현재에 위치하고 있고, 자연의 혜택으로 지상낙원을 이루고 있다는 점에서 공통된다. 그러나 코케인이 인간의 욕구충족이 포화상태에 달해 있는 환락과 쾌락의 장소라면, 아르카디아는 인간의 욕구가 절제되어 자연과 조화를 이루고 있는 곳이다. 천년왕국과 유토피아는 시간적으로 미래에 있지만 언젠가는 이 지상에 실현되리라고 믿는 점에서 앞의 두 유형과 다르다. 그러나 천년왕국은 신의 섭리에 의해 실현된다는 점에서 자연의 힘에 의존하는 코케인과 아르카디아에 가깝고 인간과 사회제도를 통해 실현하려는 유토피아와 차이가 있다.

2. 코케인·아르카디아·천년왕국

이상사회 가운데 가장 환상적인 것은 코케인이다. 여기에서는 이루어지지 않는 소망이 없고 충족되지 않는 욕구가 없다. '소망의 나무'가 있어 원하는 모든 것을 구할 수 있고 '젊음의 샘'이 있어 누구나 늙지 않고 청춘을 구가할 수 있다. 낮과 밤이 없는 상춘(常春)의 나라이며, 지상에는 곡식과 과일이 충만하고 도처에 꿀과 우유와 포도주의 강물이 넘쳐 흐르고 있다. 모든 사람이 성(性)과 노동에서 해방되어 있으므로 이곳이야말로 환희와 열락으로 세월 가는 줄 모르는 지상낙원(至上樂園)이다.

세계 각국의 민담과 설화는 대부분 코케인과 관련된 소재들을 풍부하게 갖고 있다. 그만큼 코케인은 일반 서민들의 생활과 문화에 깊이 침투되어 있다. 서양의 경우, 코케인에 대한 묘사는 기원전 5세기경 그리스의 텔레클리데스(Teleclides)와 로마의 루시안(Lucian)의 작품에서 잘 나타나 있으나, 가장 대표적인 것은 중세말, 영국 민중들의 시인 〈코케인의 나라〉(The Land of Cockaygne)이다.[7] 이 시에서는 억압받고 있는 가난한 중세 농민들의 소망과 꿈, 그리고 귀족에 대한 그들의 반감이 잘 반영되어 있다. 이같은 전통은 현대까지 지속되어 1930년대 미국 노동자들과 부랑자들이 애호하였던 민요인 〈큰 과자바위의 산〉(The Big Rock Candy Mountain)과 〈빈자의 천국〉(Poor Man's Heaven)으로 이어지고 있다. 이와 같은 시와 민요 속에 드러난 코케인은 한마디로 무한한 풍요의 나라이며 끝없는 쾌락이 추구되는 세계이다. 그리고 그같은 물질적 향유와 쾌락은 어떠한 수고나 노력의 대가 없이도 가능하다. 이 점에서 코케인은 농민과 노동자들의 꿈의 세계이며 가난한 자들의 천국이다.

인간의 기본욕구를 만족시켜준다는 점에서 아르카디아는 코케인과 비슷하다. 아르카디아에서도 자연은 풍요롭고 기후는 온화하며 도처에 꿀과 우유가 흐르고 있다. 그러나 무절제한 욕망과 쾌락을 추구하는 코케인과는 달리 아르카디아는 자연적 절제와 조화가 있는 곳이다. 이곳의 사람들은 일을 하지만 그것은 결코 힘들거나 부담스러운 것이 아니다. 코케인 사람들과는 달리 이들은 나이가 들면 죽음을 피할 수 없지만 그들의 죽음은 잠자듯이 평화로운 과정에 불과하다. 그러므로 코케인이 환락과 쾌락의 궁정이라면 아르카디아는 휴식과 안식의 고향이다.

아르카디아에 해당하는 가장 대표적인 것은 황금시대(Golden Age)와 지상낙원(Paradise)의 신화이다. 서양의 역사에서 볼 때, 전자는 고전고대의 전통에서 나온 것이고 후자는 유대·크리스트교 전통에서 유래한다. [8] 쉴러(Schiller)는 역사를 가진 민족은 모두 하나의 파라다이스, 하나의 황금시대를 가지고 있다고 말한 바 있지만 사실상 문화적 전통이 오랜 나라 치고 황금시대의 신화를 갖고 있지 않은 나라는 거의 없다. 이집트의 라(Ra) 시대, 인도의 크리타 유가(Krita Yuga) 시대, 중국의 3황5제(三皇五帝) 시대, 그리스의 크로노스(Cronos) 시대 등이 대표적 예이다. 일반적으로 이들 시대는 역사의 원초적 단계에 있는 목가적인 자연상태로서 순진·소박·평등·평화·풍요 등을 마음껏 구가한 시대로 미화되고 있다.

서양에서 황금시대에 대한 묘사는 헤시오도스(Hesiodos)의 《일과 날》(*Works and Days*)에서 잘 나타나고 있다. [9] 헤시오도스의 전통은 플라톤을 거쳐 로마시대의 베르길리우스(Vergilius)와 오비디우스(Ovidius)에 이르러 확립되었는데, 특히 베르길리우스의 〈전원시〉(*Eclogues*)는 황금시대의 목가적 낙원상을 수립하는 데 결정적 기여를 하였다. 중세에 들어와서 황금시대의 신화는 파라다이스의 신화에 의해 빛을 잃게 되었으나 베르길리우스와 오비디우스의 전통은 르네상스시대에 다시 부활하였다. 몽테뉴(Montaigne)의 《수상록》과, 필립 시드니(Philip Sidney)의 《아르카디아》(*Arcadia*)는 이들의 영향을 받아 원시사회의 소박성을 예찬하였고, 이같은 전통을 계승한 루소는 자연으로 돌아갈 것을 역설하였다.

이에 비해 파라다이스의 신화는 출처를 성서에 두고 있다. 성서에 의하면 아담의 타락으로 인간은 에덴이라는 낙원에서 추방되어 일을 하지 않고는 살 수 없게 되었다. 따라서 에덴동산은 원초적 낙원의 상징으로서 유럽인에게는 강한 향수와 동경의 대상이었다. 단테(Dante)의 《신곡》이나 밀턴(Milton)의 《실낙원》은 바로 이같은 파라다이스 문학의 정화(精華)라 할 수 있다.[10] 파라다이스의 신화는 에덴동산이 아직도 지상의 어디에 숨어 있을 것이라는 전설을 낳게 되었고, 이 전설은 실제적으로 신대륙의 발견과 개척에 주요한 동기의 하나가 되었다.

아르카디아는 황금시대와 파라다이스의 신화를 통해서 알 수 있듯이 자연적 풍요의 개념에 미적 도덕적 의미가 첨가된 이상사회이다.[11] 그것은 자연과의 조화와 인간의 자제라는 두 가지 말로 특징지을 수가 있다. 코케인이 전적으로 자연에 의존한다면 아르카디아는 자연과의 조화·균형·평화를 추구한다. 따라서 아르카디아에서 중요시되는 것은 자연상태의 단순·소박·순수의 미덕이며 무엇보다도 목가적인 평화와 여가가 큰 비중을 차지한다. 칼을 녹여 보습을 만들어 밭을 갈고 사자와 사슴이 정답게 누워 있는 평화로운 사회, 이것이 아르카디아이다. 그러므로 코케인이 가난한 자들의 천국이라면 아르카디아는 시인 묵객, 그리고 수도자들의 이상향이다.

천년왕국은 크리스트교 종말론의 한 변형이다. 〈요한계시록〉(20 : 4~6)에 의하면 예수가 재림하여 이 지상에 그의 왕국을 건설한 후, 최후의 심판이 오기까지 천년 동안을 지배하게 되어 있다. 이 거룩하고 축복된 나라에서 살 수 있는 사람들은 예수의 재림과 함께 부활한 크리스트교의 성인과 순교자들이다. 그러므로 천년왕국은 역사의 종말이 오기 직전, 의롭고 착한 사람들로만 구성된 크리스트교의 지상낙원이다.

이상사회의 조건이라는 측면에서 본다면 천년왕국은 아르카디아

와 별로 다른 것이 없다. 그러나 그것이 지향하는 목표와 방향이라
는 측면에서 보면 황금시대나 파라다이스와 완전히 다르다. 그것은
결코 과거로 돌아가려는 것이 아니라 앞으로 다가올 미래를 지향하
는 것이다. 그것은 기존의 사회질서와는 단절되는 새로운 세계의 시
작이며 원초적 파라다이스에서조차 경험해보지 못한 새 시대의 서곡
이다. [12]

천년왕국사상은 유대 메시아 사상에서 유래한다. 유대인들은 이
스라엘 왕국을 부활시켜 이 땅에 평화와 행복을 가져올 구세주의 출
현을 대망하였는데, 그들이 말하는 구세주란 구체적으로 다윗의 자
손에서 나올 세속적 지배자를 뜻하였다. 그러나 예수의 출현으로 민
족종교의 성격이 강한 유대교에서 보편적 종교인 그리스도교가 발전
해 나옴에 따라 천년왕국주의도 유대 메시아주의의 세속적 성격에서
탈피하여 보편화 정신화되었고, 구세주 대망 신앙은 구세주 재림 신
앙으로 바뀌게 되었다. 로마제국의 박해가 심해질수록 그리스도교
인들의 천년왕국에 대한 믿음과 기대 또한 더욱 간절해지게 되었다.
따라서 5세기초까지만 하여도 천년왕국주의가 그리스도교의 정통교
리로 인정되었던 것은 당시의 역사적 배경으로 볼 때 지극히 당연하
였다. 그러나 박해받던 그리스도교가 로마의 공인된 종교로 그 지위
가 격상되고 신플라톤주의의 영향을 받아 그리스도교의 구원관이 개
인영혼의 구제에 초점을 두게 되면서부터 천년왕국주의는 쇠퇴하게
되었고, 마침내 431년 에페소스 종교회의에서 이단으로 몰리게 되
었다. [13] 그럼에도 불구하고 천년의 축복시대가 여기, 지상에서 이루
어진다는 주장은 신자들에게 호소력을 가지게 되었고, 그 결과 천년왕
국주의의 이념과 운동은 중세 이래 오늘에 이르기까지 지속되고 있다.

중세의 대표적 천년왕국운동으로는 민중십자군 운동, 프란체스코
성령파 운동, 자유성령주의 운동, 그리고 급진적 후스파인 타보르
파 운동 등을 들 수 있다. [14] 특히 타보르파 운동은 16세기 독일의
토마스 뮌처(Thomas Müntzer)의 농민봉기와 뮌스터의 재세례파 운동

에 직접적 영향을 주었다. 이 밖에도 17세기 영국의 디거파(Diggers)와 제5 왕국파, 19세기 미국의 셰이커교(Shakers)와 몰몬교(Mormons), 20 세기 여호와의 증인과 제7 일 안식일 예수재림교 등은 모두 천년왕국주의의 이념과 전통을 계승하였다. 사실상 〈요한계시록〉에 나타난 천년왕국의 상(像)은 그것이 행복한 사회라는 것을 제외하고는 지극히 모호하다. 따라서 각 시대마다 천년왕국의 상과 그 운동의 성격은 매우 다양하다. 그럼에도 불구하고 이들을 하나로 묶어주는 공통된 요인이 있다면 그것은 지상천국에 대한 확신이다. 이같은 확신이 신도들의 활동을 적극적으로 고취시키고 때로는 혁명을 유도하기도 하였다. 천년왕국주의가 황금시대나 파라다이스 신화보다 더욱 동적인 성격을 갖는 것은 이러한 이유에서이다. [15]

Ⅱ. 유토피아의 본질과 특성

1. 유토피아와 현실

유토피아는 코케인·아르카디아·천년왕국 등에 비해 훨씬 현실적이다. 그것은 자연과 인간의 극적인 변화를 가정하지도 않고 초자연적 힘의 해결에 기대를 걸지도 않는다. 유토피아는 사물을 있는 그대로 받아들인다. 자연계의 재화가 풍족하지만은 않다는 것을 인정하고 천사도 동물도 아닌 인간은 다루기 매우 어려운 본성을 지니고 있음을 솔직히 시인한다.

재화의 부족을 전제로 할 때 인간의 무한한 욕망은 충족될 수가 없다. 어떠한 형태로든 그것은 제약받아야 한다. 도덕적으로 불완전한 존재인 인간이 모든 욕망을 스스로 자제한다는 것은 불가능하다. 그러므로 무제한의 욕망을 억제하려면 외적 규제와 제재가 불가

피하다. 유토피아가 추구하는 것은 이같은 외적 규제, 즉 법적 제도
적 규제를 통하여 인간의 욕망을 제한하고 그럼으로써 사회적 갈등
과 불만을 해소하려는 데 있다. 따라서 유토피아는 인위적이고 조직
적이다.

코케인과 아르카디아가 자연을 이상화하고 천년왕국이 전능한 힘
을 이상화한다면 유토피아가 이상화하는 것은 사회제도와 조직이
다. [16] 이를 통해 유토피아는 인간의 본성을 통제하고 자연의 도전을
극복 지배하려고 한다. 여기에는 자연히 재화의 부족에서 야기된 공
정분배와 보상의 문제, 인간의 반사회적 성향에서 초래된 법적 제재
와 행위규범의 문제 등이 제기된다. 이들은 기본적으로 정치적 문제
이므로 유토피아는 다른 어떠한 이상사회보다 정치적 성격이 강한
것이 특징이다. [17]

각 이상사회는 서로 차이가 있지만 사실은 서로 중복되거나 공통
된 요소를 많이 갖고 있다. 특히 유토피아는 각 이상사회의 핵심적
요소들을 모두 내포하고 있다. 유토피아는 인간의 정신적 물질적
욕구를 최대한으로 만족시키려 한다는 점에서 코케인과 비슷하고
사회의 질서와 조화를 추구한다는 점에서는 아르카디아와 같다. 그
리고 미래의 진보에 대한 희망을 품고 있는 점에서는 천년왕국과
유사하다.

개념적 차원에서만 논한다면 천년왕국은 완전한 시간과 좋은 때
(euchronia)를, 유토피아는 완전한 장소와 좋은 곳(eutopia)를 가리킨
다. 그러나 실제로 천년왕국은 가까운 장래에 이 지상에 실현된다고
믿는 점에서 완전한 시간과 장소의 개념을 모두 내포하고 있다. 유
토피아도 이 점에서는 마찬가지이다. 본래 그것은 멀리 떨어진 섬이
나 산 속에 위치하고 있어 중요한 것은 장소이지 시간의 개념이 아
니었다. 그러나 지리지식이 확대되고 진보의 개념이 대두하면서 유
토피아는 공간에서 미래의 시간으로 위치를 옮기게 되었고, 여기에
서 유토피아와 천년왕국은 거의 동의어처럼 쓰이게 되었다. 유토피

아가 천년왕국의 세속적 변형이라면 천년왕국은 유토피아의 종교적 형태라고 할 수 있다. 유토피아에는 이와 같은 각 이상사회의 특징적 요소들이 복합되어 있기 때문에 그 개념의 한계와 범위가 분명하지 않다. 따라서 유토피아의 본질을 이해하려면 그 범위를 한정하여 기본적 특성들을 검토해볼 필요가 있다.

유토피아는 한마디로 허구(fiction)이다. 그것은 글자 그대로 '없는 곳'(nowhere)이며 상상에 의한 가공의 세계이다. 유토피아가 다루는 것이 사실의 세계가 아닌 가능성의 세계라는 점에서 그것은 문학에 가깝고 역사와는 거리가 멀다. 그러나 그 내용은 어떠한 문학작품보다 역사와 현실에 밀착되어 있는데, 이것은 유토피아의 비전이 현실에 대한 철저한 분석과 비판에서 도출되기 때문이다. 현실에 대한 신랄한 비판과 고발이라는 면에서 유토피아는 풍자문학과 비슷하다. 그렇지만 다루고 있는 중심주제가 '좋은 사회' 또는 '바람직한 사회'라는 점에서 풍자문학과도 차이가 있다.[18] 스위프트(J. Swift)의 《걸리버 여행기》, 오웰(G. Orwell)의 《동물농장》 등에서 알 수 있듯이 풍자문학은 어디까지나 현실에 대한 부정적 비판에 머물고 있을 뿐, 건설적인 대안이나 올바른 사회상을 제시하지 않고 있다. 이에 비해 유토피아에서의 현실비판은 비판 자체가 목적이 아니라 더 좋은 사회 또는 완전사회에 대한 구체적 상을 제시하기 위한 것이다. 그것도 사회제도의 부분적 개선이나 개혁에 관한 것이 아니고, 사회의 전면적인 재조정과 재구성에 관한 것이다.[19] 그러므로 유토피아는 비록 허구라 하더라도 이상국가의 정치구조와 사회제도에 대한 그 나름의 이론을 제시해주고 있다. 요컨대, 유토피아는 첫째, 허구라는 점, 둘째, 특정한 국가와 사회에 대한 묘사라는 점, 셋째, 그 사회의 정치구조를 주제로 한다는 점에 특징이 있다.[20]

유토피아는 허구적 가공적(架空的) 성격을 지니고 있다 하여 환상과 같을 수가 없다. 유토피아는 그 나름의 역사성과 사회성을 지니고 있어 그 시대의 현실을 비추어주는 거울과 같다. 유토피아는 분명히 현실 초월적 성격을 띠고 있으면서도 그 뿌리를 현실에 두고 있고, 허구적이면서도 사실에 바탕을 두고 있다. 이같은 특성과 요소가 유토피아를 허구에서 다시 현실로 돌아오게 만들며, 이 점에서 유토피아는 순수한 환상과 차이가 있다.

유토피아는 픽션의 형식을 빌려 이상사회를 묘사하고 있지만 그 나름의 이론과 철학을 담고 있다. 이같은 이론과 철학을 유토피아주의라고 한다면 이 픽션의 이론에 의해 유토피아는 한쪽에서는 다른 이상사회와, 다른 쪽에서는 사회이론과 구분된다. 다른 이상사회들도 모두 픽션의 요소를 갖고 있다. 그러나 이들은 유토피아 문학의 독특한 형식과 진지한 이론을 결여하고 있다는 점에서 유토피아와 쉽게 구별된다.

그렇다면 유토피아주의와 사회이론과의 관계는 어떠한가? 여기에는 실제로 복잡하고 어려운 문제들이 들어 있다. 우선 문학 형태로서의 유토피아주의의 성격 문제이다. 과연 유토피아는 진지한 사회이론을 내포하고 있는가. 만일 그렇다면 그것은 어느 정도로 현실적인 것인가. 유토피아가 현실성을 내포한다면 유토피아적 이상주의와 현실주의와의 관계는 어떠한가 등이 그것이다.

일반적으로 이상주의는 유토피아의 필수적 기준이라고 믿고 있다. 그러나 이상주의를 표방하는 사회철학이나 정치이론이 많이 있다는 사실은 그것이 반드시 그렇지만도 않다는 것을 보여준다. 새로운 사회를 건설하려는 혁명이론, 보편적 통치원리를 수립하려는 정치사상, 불변의 윤리체계를 확립하려는 도덕철학 등에는 언제나 고도의 이상적 가치와 비전이 들어 있다. 정치적 이상의 역사적 선언문인 미국의 〈독립선언〉, 프랑스혁명의 〈인권선언〉, 마르크스-엥겔스의 〈공산당선언〉, 그리고 영원한 도덕률을 제시한 예수의 〈산상수훈〉 등이 바로 대표적 예이다.[21] 그러나 이들은 픽션이 아니라는 점에서 유토피아 문학과 다르다. 그렇다고 픽션이 유토피아주의와 사회이론을 구분하는 유일한 기준이 될 수는 없다. 왜냐하면 대표적인 유토피아 작품으로 꼽히고 있는 플라톤의 《이상국가론》과 해링턴(J. Harrington)의 《오세아나》(*Oceana*)는 픽션이 아니며, 유토피아주의자로 널리 알려진 루소·오웬·생시몽·마르크스 등은 전형적인 유토피아 작품을 저술하지도 않았기 때문이다. 뿐만 아니라 사회이론 가운데도 픽션인 경우가 적지 않다. 사회계약, 삼권분립, 일반의지, 변증법, 공동 선 같은 개념은 사실이 아니다. 이들은 픽션이며 일종의 신화이다. [22]

　이와 같은 점을 고려할 때 유토피아주의와 사회이론의 구분은 임의적인 개인적 판단에 좌우된다. 순수한 픽션적 창조성만을 유토피아로 간주한다면 유토피아주의는 현실도피를 위한 수단이나 아니면 관념적 유희로 끝난다. 그러나 유토피아의 현실성을 인정한다면 유토피아주의는 분명히 하나의 사회이론으로 작용한다. 이 문제는 결국 유토피아적 이상주의와 현실주의와의 관계로 귀착된다. 엄밀한 의미에서 이상도 상대적 개념이다. 현실조건과의 관계를 전제하지 않은 이상이란 없다. 만일 현실과 무관한 것이라면 그것은 환상이지 이상이 아니다. 하나의 이상이 얼마만큼 현실성이 있느냐 하는 문제는 결국 인간의 본성과 잠재능력, 그리고 자연환경과 사회환경의 개선 가능성에 대한 그 시대의 평가에 달려 있다. 유토피아주의의 본질은 이같은 인간의 본성과 그 가능성을 보는 시각에 있다. 대부분의 사회이론은 기본적으로 부정적 인간관에서 출발한다. 이에 비해 유토피아주의는 인간의 원죄설을 부인하거나 인간의 성선설만을 반드시 고집하지는 않는다 하더라도 인간의 무한한 가능성을 신뢰한다. [23] 따라서 인간은 자신의 노력과 조건에 따라 얼마든지 완전해질 수 있다고 믿고 있다. 이것이 유토피아주의의 본질적 특성이며 동시에 사회이론과의 차별성이기도 하다. 유토피아주의가 진보·낙관주의, 인간의 완전 가능성의 관념과 밀접한 관계를 맺고 있는 것은 이 때문이며, 유토피아주의를 지성사의 주요 맥락에서 이해하지 않으면 안 되는 이유도 여기에 있다.

2. 유토피아의 범주와 유형

유토피아를 이상사회의 한 형태로 분류한다 하더라도 그것의 범주와 한계를 명확히 설정한다는 것은 쉬운 일이 아니다. 왜냐하면 판단기준에 따라 유토피아의 경계는 임의로 확대 축소될 소지가 많기 때문이다. 그러나 일반적으로 유토피아는 크게 세 범주로 나누어 고찰할 수가 있다.

첫째, 모어의 《유토피아》를 모델로 하는 이른바, '전형적 유토피아 문학 장르'를 들 수 있다. 캄파넬라의 《태양의 도시》(*Città del sole*), 베이컨의 《신아틀란티스》(*New Atlantis*), 카베의 《이카리아 여행기》(*Voyage en Icarie*), 모리스의 《유토피아에서 온 소식》(*News from Nowhere*) 등이 대표적 예인데, 이들은 픽션의 형식을 도입하여 이상사회를 묘사해주고 있다.

둘째, 인간의 조건과 가능성에 대한 낙관적 신뢰를 바탕으로 하는 유토피아 이론 또는 유토피아 사상이다. 여기에서는 관점에 따라 다양한 이론과 사상이 제시될 수 있겠으나 대표적인 유형만을 지적하면 다음과 같다.

① 플라톤의 《이상국가론》, 윈스탄리의 《자유의 법》, 해링턴의 《오세아나》, 루소의 《사회계약론》, 고드윈의 《정치적 정의》와 같이 픽션 형태의 유토피아 문학 장르에는 속하지 않지만 실질적 내용에서 이상적 정치질서와 원리들을 제시해주고 있는 작품들.

② 역사의 진보와 그것의 최종적 완성단계를 다루고 있는 튀르고·콩도르세·콩트·헤겔 등의 역사철학.

③ 생산수단의 사회화를 통해 사회주의적 이상사회를 실현하려는 이념과 비전. 생시몽·오웬·푸리에·카베 같은 유토피아 사회주의자들과 마르크스의 사상이 좋은 본보기이다.

④ 스키너·프롬·마르쿠제 등에서 알 수 있듯이 인간의 욕구와 충

동, 심리와 행동을 통제 조절함으로써 사회적 갈등과 불만을 해소하려는 심리적 유토피아(eupsychias).

셋째, 유토피아 사회를 건설하기 위해 실제적으로 계획 설계하고 실험하는 실천적 유토피아 운동을 꼽을 수 있다. 19세기 미국에서 활기를 띠었던 유토피아 사회주의자들과 종교집단들의 공동체 건설 운동, 예컨대 오웬의 뉴 하머니(New Harmony), 카베의 이카리아, 푸리에의 팔랑쥬(Phalanxes), 그리고 세이커(Shakers), 라파이트(Rappites), 오나이다(Oneida) 같은 종교적 공동체 운동은 비록 실패는 하였지만 널리 알려진 사실이다. 이같은 전통은 20세기에 와서도 미국의 월덴(Walden) 공동체, 이스라엘의 키부츠(Kibbutz) 공동체 등으로 이어지고 있다. 공동체 운동 이외에도 현대사회에서 시도하고 있는 정원도시의 건설 같은 디자인 유토피아(design utopia), 자연환경을 보호하기 위한 에코토피아(ecotopia) 등도 일종의 실천적 유토피아의 범주에 속한다고 하겠다. 이상과 같이 유토피아의 범주는 유토피아 문학, 유토피아 이론과 사상, 유토피아의 실험으로 대별되는데, 이들을 하나로 묶어주는 기본전제는 인간은 스스로의 힘으로 완전 가능성에 도달할 수 있다는 믿음이다.

그러면 유토피아의 문학·사상·실험 등을 통하여 추구하고자 하는 완전사회는 어떠한 성격, 어떠한 형태의 사회인가? 유토피아는 시대적 상황과 현실에 따라 그 비전을 달리하기 때문에 유토피아의 사회상 역시 시간과 장소에 따라 다양한 유형으로 나타나지 않을 수 없다. 따라서 유토피아 사회의 유형은 정태적 유토피아와 동태적 유토피아, 감각적 유토피아와 정신적 유토피아, 귀족적 유토피아와 평민적 유토피아, 도피의 유토피아와 실현의 유토피아, 집단주의적 유토피아와 개인주의적 유토피아 등 분류자의 주관적 기준에 의해 자의적으로 구분되고 있다.[24] 이것은 곧 우리의 현실생활 자체가 다양한 만큼 유토피아 사회도 똑같이 다양하다는 것을 의미한다. 그러나 현실적으로 모든 사람들에게 공통된 가장 절실한 문제는 물질적 욕구의 충족과 사회적 평등의 문제라고 생각할 때, 지금까지의 유토피아는 대체로 금욕의 유토피아(ascetic utopia)에서 욕구충족의 유토피아(want-satisfying utopia)로, 불평등의 유토피아(hierarchical utopia)에서 평등의 유토피아(egalitarian utopia)로 전개되어왔다고 볼 수 있다.[25]

코케인과 아르카디아 같은 신화의 세계에는 항상 재화가 고갈되지 않는 풍요가 지배한다. 그러나 현실의 세계에는 인간의 욕구를 만족시키기에는 언제나 재화가 부족하였다. 그러므로 현실을 반영하는 유토피아 사회 역시 재화의 결핍을 전제로 설계된다. 따라서 인간의 욕구와 소유가 억제되고 생산과 분배가 통제되는 금욕적 규제적 성격이 강하다. 그 결과 자급자족, 사치 배격 등이 강화되어 사회가 정태적 성격을 띠게 된다. 한마디로 금욕의 유토피아는 최대다수의 최대 행복을 빈곤의 평등에서 찾고자 하는 사회유형이라 하겠다. 플라톤, 토마스 모어, 캄파넬라, 안드레애 등의 유토피아가 전형적인 본보기이다. 그러나 산업혁명 이후로 새로운 에너지원이 개발되고 과학기술과 산업이 비약적으로 발전함에 따라 금욕의 유토피아는 욕구충족의 유토피아로, 빈곤의 평등은 풍요의 평등으로 바뀌게 되었다. 이때부터 인간은 새로운 기술이 지상에 풍요의 낙원을 가져올 것으로 기대하였고, 신화 속에서가 아니면 상상할 수 없었던 도약을 꿈꾸게 되었다. 풍요를 꿈꾸는 점에서 유토피아도 코케인과 마찬가지다. 그러나 코케인이 주어진 것이라면 유토피아는 인간의 힘과 기술로 그것을 만들고 창조하려는 데 특징이 있다.

서양 고대와 중세에서는 계층적 사회질서를 불변의 자연질서로 간주하였다. 따라서 그같은 질서의 붕괴는 곧 사회 자체의 붕괴를 의미하였으므로 유토피아 사회라 하더라도 이 원칙은 변할 수가 없었다. 플라톤이 《이상국가론》에서 통치자 계급의 가족제와 사유재산제는 폐지하였으나 사회 전체적으로는 신분제와 노예제를 인정하였고, 아리스토파네스가 《여성의회》에서 남녀평등을 주장하면서도 생산을 위한 노예계급과 신분제를 인정한 것은 이같은 이유에서이다.[26] 전통적인 계층적 신분질서의 관념은 모어의 유토피아 사회에서 비로소 무너지게 되었다. 그의 유토피아 사회는 신분제를 인정하지 않고 있으며, 거의 모든 사람들의 완전한 평등을 보장하고 있다. 비록 노예제가 존재하지만 그것은 고정신분제가 아닌 일종의 형벌제도에 불과하였다. 이와 같은 평등개념은 캄파넬라와 안드레애를 통하여 더욱 확대되었고, 그 이후로 신분제를 인정하는 유토피아는 점차 사라지게 되었다. 그러나 한 가지 주목할 것은 모어에서 웰즈에 이르는 거의 대부분의 유토피아가 지적 엘리트에 의해 지배되는 권위주의적 성격을 탈피하지 못하고 있다는 점이다. 이것은 유토피아가 다른 이상사회와는 달리 지식계급의 산물임을 반영한다. 그러므로 코케인이 가난한 자의 천국이고 아르카디아가 시인 묵객의 이상향이라면 유토피아는 학자·지식인 등 사회 엘리트 계급의 이상사회이다.

Ⅲ. 유토피아의 역사

1. 고전적 유토피아

유토피아를 시대적 관점에서 분류하면 19세기를 경계로 하여 그 이전을 고전적 유토피아, 그 이후 20세기초까지를 근대적 유토피아라 한다. 고전적 유토피아는 시간과 공간을 초월한 관념적 사변적 성격이 강하고, 근대적 유토피아는 사회개혁을 위한 구체적 실제적 성격이 강하다. 따라서 전자가 정태적이라면 후자는 동적이다.[27] 20세기 전반기에는 유토피아에 반대하는 디스토피아(dystopia) 문학이 지배적이었고, 후반기에는 산업사회의 문제들을 해결하려는 다양한 유토피아 이론과 문학이 대두하였다. 편의상 이를 현대 유토피아로 부르기로 하겠다.

고전적 유토피아의 문학장르는 모어에서 비롯되었지만 유토피아 이론과 사상은 고대의 플라톤까지 소급된다. 플라톤의《이상국가론》은 형식면에서는 전형적인 유토피아 문학이 아니다. 그러나 내용면에서는 후대의 유토피아 사상에 가장 큰 영향을 미친 책이다. 특히 그의 철인정치는 많은 유토피아들에 거의 공통으로 나타나는 엘리트가 지배하는 사회 모델의 선구가 되었다.

귀족가문 출신의 플라톤은 그리스 말기의 우민(愚民)정치를 혐오하였다. 빈번한 전쟁과 정변에 따른 혼란과 무질서, 스승 소크라테스의 박해 등을 목격하면서 민주주의와 대중정치에 대한 그의 불신은 심화되었다.[28] 자연히 그의 관심은 안정과 통일을 창출할 수 있는 완전한 귀족정치로 기울게 되었고, 그 결과 그의 유토피아는 불평등의 원리에 입각한 유기체적 계층사회로 묘사되었다. 이 사회는 각 부분이 독자성을 유지하면서 전체와 조화를 이루고 유능하고 덕망 있는 지도자가 지배함으로써 질서와 안정을 유지하고 있다. 물론 통치자 계급에 한해 재산공유제와 가족공유제가 실시되고 있지만, 이 제도의 근본동기나 목적은 평등보다는 국가의 안정과 통합을 목표로 한 것이었다. 고대에서는 국가의 안정을 지상과제로 삼았기 때문에 플라톤 역시 정체(政體)의 변화가 없는 완전사회를 이상화하였다.[29]

그리스도교가 절대적으로 우세하였던 중세에서 유토피아는 침체될 수밖에 없었다. 원죄설과 예수의 재림설이 위세를 떨치고 있는 상황에서는 지상낙원을 거론하는 것 자체가 신성모독이 될 수 있기 때문이다. 따라서 이 시대에는 지상낙원 대신에 천상의 영원한 신국(City of God)이 모든 사람들의 관심사였다. 그러나 14세기에 이르러 민중들 사이에는 코케인 전설이 풍미하였다. 신국이 정신적 축복의 나라인 데 비하여 코케인은 물질적 쾌락이 충만한 곳이다. 따라서 신국과 코케인 사이에는 건널 수 없는 심연이 가로놓여 있다. 이 양극에 교량적 역할을 하는 중도적 세계가 천년왕국이다. 중세말에 활기를 띠었던 천년왕국운동은 매우 다양하여 쉽게 일반화할 수는 없다. 그러나 이 운동이 표방한 현세에서의 지상천국, 계층적 봉건질서에 대항한 평등주의, 사회인습과 규범에서 벗어난 도덕적 무정부주의 등은 세속적 유토피아주의의 출현을 예시하는 징표라 하겠다. [30]

르네상스시대에 와서 진정한 유토피아 문학이 탄생하였다. 토마스 모어의 《유토피아》는 형식과 내용에서 후대 유토피아의 원형이었다. 《유토피아》는 2부로 되어 있다. 제1부에서는 풍자를 통해 당시의 유럽사회, 특히 영국사회의 부패와 부정을 신랄하게 비판하고 있으며, 제2부에서는 이에 대한 해결책으로 모어가 제시한 이상국가의 상을 묘사하고 있다.

모어의 유토피아는 정치적으로 대의민주제 원리가, 경제적으로는 공유제가 실시되고 있고, 사회적으로는 재산과 신분이 아닌 덕망과 지혜에 따라 위계질서가 이루어지는 사회이다. 누구에게나 생산·분배·소유 문제에 평등의 원리가 적용되고, 교육·학문·여가·쾌락의 추구에서도 평등한 기회가 부여된다. 한마디로 모어는 그의 유토피아를 정의와 평등, 행복과 쾌락, 자연과 이성, 법과 덕이 지배하는 나라로 설계하였다. 그러나 이같은 이상들이 실현되기 위해서는 그 만큼의 반대급부가 요구된다. 정의와 평등의 실현은 강력한 통제와 자유의 제한을 수반하게 되며, 자연과 이성을 회복하려면 엄격한 제도와 법의 구속을 받아야 한다. 행복과 쾌락의 추구는 고도의 자제와 덕성을 필요로 한다. 이 점에서 모어의 유토피아는 인간의 욕구와 수요의 충족보다는 그들에 대한 효율적인 억제를 통해 실현될 수 있는 사회이다. 그의 유토피아가 자유와 개방의 동적 사회가 아닌 금욕과 통제의 정적 사회로 영원히 존속할 수밖에 없는 이유가 여기에 있다. [31]

　　모어가 《유토피아》를 출간한 지 1세기가 지난 17세기는 유토피아주의의 개화기였다. 이 시기에 현대사회를 특징 짓는 공산주의·자본주의·과학문명·공화정치 등을 예견하는 다양한 사회모델과 이념들이 활발히 제시되었다. 도니의 《신세계》(*I Mondi*), 안드레애의 《그리스도교 나라》(*Christianopolis*), 캄파넬라의 《태양의 도시》, 윈스탄리의 《자유의 법》(*The Law of Freedom*)은 모어의 노선에 따라 공유제 사회를 제안하였고, 벨러즈(J. Bellers)의 《근면협동촌》(*College of Industry*), 맨더빌의 《꿀벌의 우화》(*Fable of the Bees*)는 아담 스미스에 앞서 개인주의적 또는 자유방임주의적 사회원리를 제시하고 있다. 베이컨의 《신아틀란티스》는 최초의 과학적 유토피아로 유명하며, 해링턴의 《오세아나》는 공화주의를 강력히 옹호한 정치적 유토피아이다.

　　이와 같이 다양한 형태의 유토피아에도 불구하고 앞으로 유토피아 사상의 전개과정에 두 원천이 된 것은 모어와 베이컨이다. 두 사람은 여러 면에서 대조적이다. 모어는 사회의 모든 불의와 부정은 불평등에 기인한다고 믿어, 평등의 원리에 입각한 공유제 사회를 주장하였다. 그의 평등주의는 계층적 신분질서를 깨뜨리는 데 기여하였고, 공유제는 사회주의 유토피아의 초석이 되었다. 이에 반해 베이컨은 인간의 불행은 빈곤과 궁핍으로부터 오며 빈곤은 생산기술의 낙후에 기인한다고 생각하였다. 따라서 이를 해결하는 길은 과학기술을 발전시키는 방법뿐이라고 확신하였다. 그의 과학주의는 모어를 포함한 고전적 유토피아의 정태성을 무너뜨리는 계기가 되었고, 동시에 현대의 산업기술사회를 낳게 한 이념적 원천이 되었다. 모어의 목표가 사회정의의 실현이라면, 베이컨의 목표는 과학에 의한 사회의 진보이다. 전자가 욕구를 제한함으로써 자족할 수 있는 사회를 구상하였다면, 후자는 생산을 증대함으로써 인간의 욕구를 최대한으로 충족시킬 수 있는 사회를 꿈꾸었다.[32]

　　모어와 베이컨의 유토피아는 여러 면에서 대조적이다. 그럼에도 불구하고 이 둘 사이에는 한 가지 중요한 공통성이 있다. 그리스도교와 자연철학을 결합시키고자 한 것이 바로 그것이다. 종교와 과학을 결합시키려는 이들의 태도는 16, 17세기의 지적 풍토를 그대로 반영해주고 있다. 종교개혁에서 비롯된 교회의 분열과 종교분쟁으로 그리스도교 세계가 붕괴될지 모른다는 위기의식이 초래되었고, 급속히 발달하기 시작한 자연과학은 신의 존재마저 위협하였다. 그러므로 그리스도교 사회를 새롭게 재정립하기 위해서 종교적 진리와 과학적 진리를 하나의 유기적 체계로 종합하려는 지적 운동이 일어나게 되었다. 모어·베이컨·캄파넬라·안드레애·윈스탄리·라이프니츠 등이 이 운동의 대변자로서 이들은 자연적 질서와 종교적 질서가 조화될 때, 평화와 안정, 번영과 행복의 '신그리스도교 공화국'이 건설될 수 있다고 확신하였다. 이것이 이른바 범지주의(汎知主義, pansophism)이다. 이 운동은 17세기 유럽의 질서를 전통적 그리스도교와 새로운 과학을 결합하여 재통일하려는 마지막 시도였으나 결국 실패하고 말았다. 이 꿈의 좌절로 근대 유럽문화는 급속히 세속화의 길을 걷게 되었다.[33)]

18세기에서 문학적 유토피아의 중심은 영국에서 프랑스로 옮겨가게 되었다. 18세기 유토피아의 지배적 경향과 특징으로는 세 가지를 지적할 수 있다. 첫째는 모어의 전통을 계승하여 재산공유제에 입각한 평등과 우애의 사회를 이상으로 하고 있는 작품들을 들 수 있다. 베라스(Vairasse d'Alais)의 《세바랑브인의 역사》(L' histoire des Se-varambes), 페늘롱(F. Fénelon)의 《텔레마크대왕》(Télémaque), 모렐리(Morelly)의 《자연의 법전》(Code de la nature) 등이 대표적 예이다. 이들은 17세기 이래로 강력히 대두하기 시작한 경제적 개인주의에 대응하여 공동체의 협동적 유대와 책임을 강조하고 있다. 둘째는 성(性)의 해방이라는 새로운 주제의 도입이다. 이것은 인간의 자연적 욕구는 충족되는 것이 좋다는 계몽주의 자연관을 반영해주고 있다. 디드로(Dederot)는 《증보 부겟빌 여행기》(Supplement au voyage de Bou-

gainville)에서 타히티 섬의 자유연애를 묘사하고 있고, 사드는 《침실의 철학》(*La philosophie dans le boudior*)에서 크리스트교의 금욕적 도덕관을 비자연적인 위선이라고 비난하면서 모든 남녀의 성적 욕구는 억제되어서는 안 된다고 주장하였다. 성적 유토피아(sexual utopia)는 푸리에에 의해 더욱 세련된 형태로 다루어졌으나 그 이후로는 잠복상태에 들어갔다가 20세기에 와서 프롬과 마르쿠제 같은 프로이트-마르크스 학파에 의해 부활 계승되고 있다.

셋째는 외계와 시간 개념의 도입이다. 코페르니쿠스·갈릴레오 등에 의해 천문학 지식이 보급되면서 유토피아의 위치는 지상에서 천상으로 확대되었다. 고드윈(Francis Godwin)의 《월인》(月人, *The Man in the Moon*), 베르제락(Cyrano de Bergerac)의 《외계》(*The Other World*)는 달과 태양의 세계에 대한 환상을 고취시키고 유토피아의 지리적 한계를 깨뜨리게 되었다. 그러나 이보다 더욱 중요한 것은 미래의 관념을 도입하여 유토피아의 시간적 한계를 깨뜨린 메르시에 (L. S. Mercier)의 《2440년》(*L 'An 2440*)이다.[34] 메르시에는 "현재는 미래로 충만되어 있다"는 라이프니츠의 말을 인용하여 미래는 이성과 과학의 시대가 되리라는 그의 확신을 표현하였다. 기존의 유토피아는 현재에 존재하지만 공간상으로는 멀리 떨어져 있었다. 그러나 《2440년》의 출간 이후로 유토피아는 어떠한 장소에도 아직은 존재하지 않으나 미래의 어느 시점에서 '여기'에 존재하게 될 이상사회를 뜻하게 되었다. 이 점에서 《2440년》은 유토피아의 개념을 '좋은 곳'(utopia)에서 '좋은 때'(euchronia)로 전환시키는 중요한 전기가 되었다.

미래 지향의 유토피아가 출현하게 된 것은 진보관의 직접적인 영향 때문이었다. 자연법칙과 이성에 대한 계몽주의의 절대적 신뢰는 인간사회의 무한한 진보와 인간의 완전 가능성에 대한 희망을 심어주었다. 튀르고는 역사발전 3단계설을 통해 황금시대가 과거가 아닌 미래에 존재할 수 있음을 입증하였고, 콩도르세는 인간진보의 10

단계에 이르면 재산과 무지가 사라진 완전한 자유의 세계가 된다고 예언하였다. 이제 진보는 필연의 법칙이 되었고 유토피아는 진보의 신앙을 뜻하게 되었다. 진보의 원동력은 과학과 이성이다. 과학은 미래의 자유와 평등의 토대가 될 물질적 풍요의 원천이며, 이성은 과학을 사회에 올바로 적용하여 이를 끊임없이 개선시키는 중추신경이다. 이와 같이 이성과 과학의 진보는 유토피아 개념의 핵심적 요소가 되었고, 이 점에서 유토피아는 다른 이상사회와 분명한 경계를 긋게 된다.

2. 근대적 유토피아

프랑스혁명과 산업혁명을 겪게 된 19세기는 유토피아사에서도 하나의 전환점이 된 시대이다. 현실비판과 도덕적 판단의 기준이 되었던 고전적 유토피아는 이제부터 현실개혁과 실천을 목표로 하는 근대적 유토피아로 넘어가게 되었다.

19세기는 문학적 유토피아가 퇴조하고 그 대신 유토피아 이론과 이를 실험하기 위한 공동체 운동이 활기를 띠었던 시대이다. 농업민주주의를 묘사한 스펜스(Thomas Spence)의 《스펜소니아 헌법》(*The Constitution of Spensonia*, 1803)과 사회주의 유토피아인 카베의 《이카리아 여행기》(1840)를 제외하면 19세기 전반기에는 주목할 만한 유토피아 작품이 없다. 유토피아 문학이 부활하여 다시 활기를 찾게 된 것은 1870년대 이후였다. 19세기에 유토피아 문학이 침체된 것은 두 가지 이유로 생각할 수 있다. 하나는 유토피아에 시간이라는 동적 요소가 도입됨으로써 기존의 정태적 유토피아가 설 자리를 잃었기 때문이고, 다른 하나는 진보관의 출현으로 유토피아는 꿈이 아니라 곧 다가올 현실이 되었기 때문이다. 따라서 다가올 현실에 대응하기 위한 구체적 이론이 미래의 사회상을 그리는 것보다 더욱 절실하게 요구되었다.

19세기의 유토피아 이론과 사상은 한마디로 사회주의였다고 말할 수 있다. 생시몽·오웬·푸리에·카베·마르크스 등은 말할 것도 없고, 19세기 후반에 유토피아 작품을 쓴 벨라미·모리스·헤르체카(T. Hertzka) 등도 모두 사회주의를 표방하였다. 이것은 산업혁명으로 급속히 발전한 자본주의와 산업주의의 폐단에 대한 자연스러운 반응이었다. 따라서 유토피아 사회주의자들의 입장과 관점은 근대 초기의 유토피아에 나타난 소박한 재산공유제의 옹호론과는 차원을 달리하였다. 그들은 산업주의와 반(反)산업주의, 재산권의 사유와 공유, 종교와 세속주의, 혁명주의와 점진주의, 국가주의와 공동체 자치주의, 민주주의와 권위주의 등 가능한 모든 유형의 사회체제와 그 실현방법을 놓고 이들을 점검하고 계획하였다. [35]

따라서 그들의 입장은 사회형태의 유형만큼 다양하고 복잡하지만, 그럼에도 불구하고 이들의 공통된 특징을 구한다면 하나는 생산수단의 사회적 소유이고, 다른 하나는 과학기술과 산업에 대한 거의 절대적 신뢰라 하겠다. 생시몽은 소유권 문제에 대해 모호한 태도를 취하고 있으나 과학자와 산업 엘리트가 지배하는 사회를 이상으로 하였고 오웬은 산업기술과 협동, 환경개선과 노동자 계급의 교육에 중점을 둔 공동소유권의 산업공동체 건설을 목표로 하였다. 철저한 공산주의자인 카베가 추구한 것은 과학기술에 의한 무한한 생산 증대를 통하여 풍요의 평등을 실현하는 것이었다. 산업화와 공산화의 유토피아는 독일 사회주의의 선구자인 바이틀링(Weitling)으로 이어지고 있다. 그러나 카베가 유토피아에 이르는 평화적 길을 모색한 반면 바이틀링은 프롤레타리아의 혁명을 유토피아 실현의 필요조건으로 간주하였다.

결국 유토피아 사회주의자들은 효율적인 사회조직과 제도를 통해 평등을 실현하고자 하였고, 과학기술의 발전을 통해 풍요를 향유하고자 하였다. 전자가 모어의 이상이었다면 후자는 베이컨의 희망이었다. 그러므로 지금까지 분리되어온 두 전통은 유토피아 사회주의에서 비로소 하나의 목표로 통합되었고, 이에 따라 앞으로의 세계는 평등과 풍요를 구가하는 지상낙원이 될 것으로 낙관하였다.

마르크스가 유토피아 사회주의자들을 '공상적'이라고 비난한 것은 그들이 추구하는 목표 때문이 아니라 그 목표에 도달하는 수단의 비현실성 때문이었다. 유토피아 사회주의자들은 새로운 사회는 인간의 이성과 올바른 의지만으로 실현될 수 있다고 확신하였는데, 마르크스가 볼 때 이것은 역사의 필연성을 무시하고 관념의 힘에 의존하려는 잘못된 태도였다.[36] 인간이 자신의 역사를 창조하는 것은 자기가 원하는 대로 창조하는 것이 아니라 주어진 환경의 객관적 조건 아래에서 창조하게 된다.[37] 근대 자본주의는 사회주의의 물질적 토대가 되고 있을 뿐만 아니라 사회주의 건설의 역군이 될 프롤레타리아를 양산하였다. 이들 프롤레타리아의 해방 없이는 다른 어떠한 방법으로도 사회주의의 실현은 불가능하다고 마르크스는 생각하였다. 따라서 프롤레타리아 계급의 해방이야말로 사회주의 실현의 가장 중요한 수단이 된다. 이에 비해 유토피아 사회주의자들은 사회주의 건설과 프롤레타리아의 해방을 동일한 범주의 목표로 간주하고, 이를 성취하기 위한 수단으로 이성과 의지 같은 이른바 '사회과학'의 개념을 도입하였고, 그 결과 목적과 수단과의 괴리를 초래하였다. 따라서 마르크스가 볼 때 사회변혁의 수단으로서 강력한 힘이 요구되는 때에 사회적 조화와 적대계급의 소멸을 주장한다는 것은 완전히 비현실적인 환상에 불과하였다. 이 점에서 유토피아 사회주의자들은 자본주의의 역사적 의미도, 프롤레타리아의 혁명적 역할도 이해하지 못하였다. 그들은 자본주의의 부정적 측면만을 파악했을 뿐, 자본주의가 사회주의의 필수적 전제조건임을 깨닫지 못하였고, 프롤레타리아가 착취받는 계급이라는 점만 부각시켰지 사회주의 실현의 역사적 사명을 띤 혁명계급이라는 사실을 간파하지 못하였다는 것이다.

그렇다고 마르크스가 유토피아 사회주의자들의 입장을 전면으로 부정한 것은 아니다. 오히려 그들이 비역사적 공상적인 것은 그들에게 부과된 시대적 한계 때문이라고 강조하면서, 마르크스는 그들이 제시한 비전에 대해서는 긍정적으로 평가하였다. 그는 모어와 캄파넬라의 유토피아를 사회주의에 관한 선구적 사상으로 인정하였고, 생시몽・푸리에・오웬 등을 기존 사회의 여러 원칙을 비판한 인물로 찬양하였다. 마르크스 자신은 미래사회에 대해 구체적인 청사진을 제시하지는 않았으나 단편적으로 묘사되고 있는 그의 공산사회는 어떠한 유토피아 작품의 비전보다도 더 목가적인 면이 있다. 미래의 공산사회는 "능력에 따라 일하고 필요에 따라 소비하는" 사회이며 누구나 마음먹은 대로 자신의 가능성을 완전히 발휘할 수 있는 사회이다. 따라서 어떠한 사람도 특정한 직업에 구속받지 않은 채, 아침에는 사냥을, 오후에는 낚시를, 저녁에는 목축을, 밤에는 비평을 할 수 있는 자유의 영역에서 살아갈 수 있다는 것이다.[38] 이같은 면에서 마르크스는 현실에 대한 진단과 처방에서는 반(反)유토피아주의자이지만 미래에 대한 비전과 예언에서는 유토피아주의자라고 하겠다.

19세기 후반에 유토피아 문학은 다시 부활하였다. 리튼(E. Bulwer-Lytton)의 《미래인종》(*The Coming Race*, 1871)은 다윈주의의 영향을 받아 현재의 인류를 대신할 지하세계의 진화된 인종을 묘사하였고, 이에 반해 버틀러(Samuel Buttler)의 《에리훤》(*Erewhon* ; no where의 역순)은 다윈주의와 과학기술 문명을 풍자하였다. 그러나 이 시기에 대종을 이룬 것은 역시 사회주의 유토피아였다. 벨라미의 《뒤를 돌아보며》(1888), 헤르체카의 《자유의 나라》(*Freiland*, 1890), 모리스의 《유토피아에서 온 소식》(1890), 웰즈(H. G. Wells)의 《근대 유토피아》(*A Modern Utopia*, 1905) 등이 가장 대표적인 예이다. 이들 사회주의 작품 또한 과학적 진보관과 진화론에 많은 영향을 받고 있다. 그러나 벨라미의 《뒤를 돌아보며》가 과학기술이 고도로 발달한 2000년대의 미국사회를 그리고 있는 데 비해, 모리스의 《유토피아에서 온 소식》은 산업사회 대신에 목가적인 중세의 농촌과 길드 공동체 사회를 미화하고 있어 대조적이다.

근대 유토피아에서 가장 주목할 만한 특징의 하나는 실험적 유토피아, 즉 공동체 운동이다. 유토피아의 실험은 이미 모어 시대에도 있었다. 스페인의 휴머니스트인 바스코(Vasco de Quiroga)는 북미의 산타 페(Santa Fe)에서 모어의 유토피아를 모델로 한 이상사회를 건설하였다. 이를 효시로 하여 때로는 유토피아 작가 자신에 의해서, 때로는 그의 추종자들에 의해 각자의 유토피아를 현실화하려는 노력이 시도되었으나 별로 성공을 거두지 못하였다. 그러나 유토피아 실험 가운데 가장 구체적이고 괄목할 만한 것은 19세기 미국에서 일어났던 공동체 운동이다.

신세계의 발견 이래 아메리카는 희망과 자유의 파라다이스로 인식되었다. 따라서 일찍부터 자유를 찾아온 사람들에 의해 다양한 형태의 공동체가 성립하였는데, 1663년에서 1950년까지 대략 600여 개의 공동체가 건설되었던 것으로 밝혀져 있다.[39] 19세기의 공동체 운동을 주도한 것은 종교단체와 유토피아 사회주의자들이었다. 전자의 대표적 예로는 셰이커파, 라파이트파, 모라비아 형제파들을 들 수 있다. 이들은 프로테스탄트 급진파로서 대부분 천년왕국주의를 받아들이고 있다. 후자의 경우에는 오웬의 '뉴 하머니', 카베의 '이카리아', 푸리에의 '팔랑쥬', 초월주의자들의 '브룩크 농장'(Brook Farm), 워렌(Josiah Warren)의 아나키스트 공동체 등이 대표적이다. 이들 세속적 공동체는 일반적으로 종교적 공동체보다 지속성이 짧은 것이 특징이다. 이것은 소단위의 공동체에서도 사회주의와 공산주의의 이상을 실현한다는 것이 얼마나 쉽지 않은 일인가를 잘 입증해주고 있다.

유토피아의 실험 가운데 역사적으로 가장 위대한 두 실험은 현대의 미국과 소련이다. 19세기까지만 해도 미국은 '약속의 땅', '자유와 기회의 나라'였다. 그리하여 헤겔은 "아메리카는 미래의 나라,

앞으로 세계사의 짐을 떠맡을 미래의 땅"이라고 예언하였다. [40] 이처럼 미국은 다른 나라 사람들에게 자유와 풍요를 구가하는 나라, 곧 유토피아가 현실화된 나라처럼 보였다. 그러나 유토피아로서의 미국의 이미지는 20세기에 들어와서 손상되기 시작하였다. 왜냐하면 미국은 점차로 '추한 아메리카인'의 얼굴을 드러내게 되었기 때문이다. 미국은 외형적으로 물질적 풍요와 번영을 누리면서도 안으로는 빈부격차와 인종차별, 마약과 에이즈에 시달리고 있고, 대외적으로 강력한 군사력을 이용하여 세계지배의 야욕을 노골화하고 있는 제국주의 국가로 제3세계에 비치고 있다. 그러므로 미국은 만인이 동경하는 자유와 평등의 유토피아가 아니라 오히려 회피하고 싶은 악몽이 될 조짐이 있다.

유토피아로서의 미국의 이미지가 심한 타격을 받았다면 소련의 이미지는 완전히 붕괴되고 말았다. 1917년 러시아혁명이 성공하자, 소련은 유럽의 지성인에게 인류의 해방을 약속한 새로운 문명의 탄생이었고 유토피아 이론이 현실화된 대표적 케이스였다. 특히 식민지의 멍에에서 벗어난 제3세계의 국가들에게 소련은 자본주의적 착취와 소외가 없는 진정한 평등과 풍요를 누릴 수 있는 이상적 국가로 기대되었다. 그러나 이같은 기대와 꿈은 곧 사라지게 되었다. 가공할 스탈린의 독재체제는 수많은 처형과 숙청을 몰고 왔고, 헝가리 혁명에 대한 무자비한 진압(1956)과 체코슬로바키아에 대한 침입(1968)은 미국과 다를 바 없는 소련 제국주의의 정체(正體)를 폭로시키게 되었다. 기대가 컸던 만큼 환멸 또한 컸던 것이 사실이다. [41] 유토피아적 희망 속에 시작한 소련 공산주의의 실험은 70년이 지난 1980년대말에 마침내 막을 내리게 되었다. 역사상 가장 거대한 정치적 유토피아의 실험은 실패로 끝나고 말았다. 이로써 소련은 유토피아가 아니라 디스토피아였음이 판명되었다. [42]

그러면 이같은 역사적 두 실험이 모두 좌절된 이유는 무엇인가? 유토피아 사회주의자들이 추구하고자 한 목표가 평등과 풍요의 실현

이었다는 관점에서 본다면 미국은 풍요의 목표에는 어느 정도 접근
하였으나 평등의 이상으로부터 거리가 멀었고, 소련은 평등의 문제
에서는 어느 정도 성과를 거두었다 하더라도 빈곤으로부터 해방될
수 없었던 것이 그 이유라 하겠다. 오늘날 사회주의 체제의 몰락은
곧 유토피아의 종언을 의미한다는 주장이 강력히 대두되고 있다. 그
러나 사실은 사회주의의 이상이 실현되지 않고 좌절되었기 때문에
오히려 그것은 계속 유토피아로 존재할 수 있을 것이다.

3. 현대 유토피아

19세기를 지배했던 낙관주의는 20세기에 들어와서 급변하게 되었
다. 제1차세계대전의 비극, 전후의 불경기와 대공황, 전체주의의
대두, 제2차세계대전의 파국 등을 겪으면서 유럽인들은 낙관과 희
망 대신에 비관과 절망에 사로잡히게 되었다. 이때부터 유토피아에
대한 비판이 가해지면서 유토피아에 반대하는 디스토피아 문학이 출
현하였다. 유토피아에 대한 부정은 곧 이성과 진보에 대한 불신을
뜻한다. 이들에 대한 불신은 이미 19세기의 낭만주의에서 강력히
표출된 바 있지만 이에 못지 않게 이성에 타격을 준 것은 19세기 후
반에 대두한 다윈주의와 프로이트의 심리학이었다. 다윈의 '생존경
쟁'은 인간의 본성에 내재한 끝없는 갈등의 원리를 부각시켰으며,
프로이트의 '죽음의 본능'은 인간의 파괴행위와 공격행위의 불가피
성을 강조하였다.[43] 20세기의 반(反)지성주의에 모태가 된 이같은
주장들이야말로 바로 유토피아주의의 적이었다.
유토피아와 디스토피아의 차이를 말한다면 전자가 현실사회를 악
이라고 보는 데 비해 후자는 실현된 유토피아 사회 자체가 오히려
악이라고 본다. 따라서 유토피아는 인간이 마땅히 실현해야 할 목표
를 강조한다면, 디스토피아는 그 목표가 실현되어서는 안 된다고 주
장한다.[44] 이처럼 둘은 상반되지만 또 한편으로 그들은 상호의존적

이다. 왜냐하면 유토피아가 없으면 디스토피아도 존재할 수 없기 때문이다. 디스토피아는 유토피아에 기생한다. 유토피아가 원본이라면 디스토피아는 어둡게 채색된 복사본이다. 한마디로 디스토피아는 유토피아가 거울에 비친 상이다. 그러나 그것은 깨진 거울에 비친 일그러진 상이다. [45] 디스토피아 작가들이 볼 때 풍요를 약속했던 과학기술의 발전은 인간의 소외와 기계화를 초래했고, 평등의 희망을 심어준 사회주의는 가공할 전체주의로 탈바꿈하였다. 자미아틴(E. Zamyatin)의 《우리》(We, 1924), 헉슬리(A. Huxley)의 《멋진 신세계》(Brave New World, 1932), 오웰(G. Orwell)의 《1984년》(Nineteen Eighty-four, 1949)은 바로 현대의 과학만능주의와 전체주의가 몰고 올 공포와 위험을 충격적으로 묘사한 디스토피아의 대표적인 작품들이다. 이들에 의하면 유토피아는 이제 실현 불가능한 허황된 꿈이 아니다. 그것은 현재 서서히 실현되고 있다. 그러나 그들 앞에 다가오고 있는 유토피아는 결코 대망하던 행복의 낙원이 아니라 회피해야 할 악이며 적이었다. 왜냐하면 완전성을 추구하는 유토피아는 엄격한 계획과 통제를 필요로 하고, 그같은 계획과 통제는 불가피하게 인간의 자유와 다양성을 파괴하기 때문이다.

러시아혁명의 열렬한 지지자였으나 결국은 프랑스로 추방되었던 자미아틴이 일찍이 혁명의 왜곡을 간파하고 이를 고발하기 위하여 쓴 것이 《우리》이다. [46] 《우리》는 하나에 대한 모두의 승리, 개인에 대한 전체의 승리를 상징한다. 자미아틴이 다루고 있는 세계는 과학문명이 고도로 발달한 세계국가이다. 이 사회를 지배하는 정신은 수학적 규칙성과 통일성이다. 따라서 개인의 생활은 마치 유리상자 속에 갇혀 있는 죄수와 같다.

과학의 진보가 강력한 세계국가의 번영을 가능하게 하리라는 벨라미와 웰스의 낙관적 신념은 자마이틴에 의해 정면으로 부정되고 있고 이 점에서 그는 헉슬리와 오웰의 선구가 되고 있다. 1930년대의 경제적 불안과 자유민주주의의 위기를 시대적 배경으로 한 헉슬리의《멋진 신세계》는 과학과 사회의 진보에는 분명히 한계가 있음을 웅변해주고 있다. 또한 스페인 내란에 참전한 경험을 통하여 반공주의자로 돌아선 오웰은 일당독재의 경찰국가가 지닌 악몽을 《1984년》에서 생생히 묘사함으로써 냉전체제로 돌입하고 있는 1940년대 후반에 큰 반향을 일으키게 되었다.

이와 같은 디스토피아 문학의 출현으로 1950년대에는 유토피아 문학이 다시 침체되고 그 대신 다양한 유토피아 이론과 실험이 대두하였다. 마틴 부버(Martin Buber)는 일종의 유토피아 실험인 이스라엘의 키부츠 운동에 자극을 받아《유토피아의 길》(*Paths in Utopia*, 1949)을 저술하였다. 그는 키부츠 공동체를 통해 19세기 유토피아 사회주의의 꿈이 부활되었다고 확신하고 사회주의자들이 선택해야 할 길은 이제 모스크바인가, 예루살렘인가를 분명히해야 한다고 주장하였다. [47] 한편 미국의 심리학자 스키너는《월덴 투》(*Walden Two*, 1948)에서 행동공학이론에 입각한 이상사회를 묘사하였다. 행동공학이란 인간의 행동을 바꾸는 데 필요한 기술을 의미한다. 이같은 행동통제방법을 통해 스키너는 사회적 갈등과 불만을 해결할 수 있다고 낙관하였다. [48] 그의 이론을 실천한 것이 1967년, 버지니아 주에 세운 '트윈 오크스'(Twin Oaks) 공동체이다.

1950년대에는 또한 이데올로기의 종말이 선언되고 공산진영과 자유진영이 모두 경제발전과 산업주의를 지향하였다. [49] 그 결과 산업사회에서 야기되는 소외와 억압을 해결하려는 유토피아 이론들이 나오게 되었다. 대표적인 예가 마르쿠제(H. Marcuse)와 블로흐(Ernst Bloch)의 이론이다. 마르크스와 프로이트를 결합한 마르쿠제는《에로스와 문명》(*Eros and Civilization*, 1955)에서 현대사회의 문제를 예리하게 진단하였다. 그는 문화와 억압을 동일시한 프로이트의 영향을 받아 문화는 이성적인 '현실원칙'과 본능적인 '쾌락원칙'의 갈등에서 이루어진다고 보았다. 다시 말하면 '현실원칙'에 의해 억압된 충동이 사회에 유익한 노동 에너지로 전화되거나 승화되는 과정이 문화의 전개과정이다.[50] 그런데 현대사회의 '현실원칙'은 과학기술에 의한 노동의 집약성을 높이려 하는 데서 과잉억압을 초래하였고, 이에 따라 인간의 자유와 해방이 더욱 어렵게 되었다는 것이다. 그러므로 마르쿠제가 목표로 하는 것은 과잉억압을 해제하여 노동과 놀이, 기술과 예술이 일치되는 사회를 실현하는 것이었다. 마르크스주의에 기독교 신비주의를 접목시킨 블로흐는 《희망의 원리》(*Der Prinzip Hoffnung*, 1954~1959)에서 프로이트의 심리학을 부르주아적, 과거지향적 이론이라고 배격하였다. 그는 인간의 욕망과 충동은 무의식이 아닌 궁핍에서 비롯된다고 보았다. 그러므로 궁핍과 필요야말로 인간의 자기보존과 발전의 원동력이며 나아가 유토피아 정신의 원천이다. 왜냐하면 '아직 없음'(noch nicht)으로 인하여 인간은 기다림과 희망을 갖게 되는 미래지향적 존재가 된다고 블로흐는 믿었기 때문이다.[51]

과학기술문명에 대한 디스토피아 작가들의 우려에도 불구하고 산업사회의 급속한 발달은 미래를 낙관하는 사조를 낳게 하였고, 이러한 시대 분위기에 발맞추어 미래학 연구가 활기를 띠게 되었다. 벨(Daniel Bell)과 허만 칸(Herman Kahn) 등이 결성한 '미국 2000년위원회'와 1961년에 창립한 프랑스의 미래학회 등은 현재의 정책결정이 미래에 미치는 영향을 예측하고, 동시에 그 문제점의 해결을 목표로 하였다. 이들은 미래를 현재의 연장으로 보고 그들의 예측이 곧 현실화될 것으로 확신하였다. 따라서 그들은 미래에 대한 과학적 분석과 처방이 자신들의 임무라고 주장하였지만 그들의 계획과 비전 자체가 유토피아적 충동을 자극하기에 충분하였다.[52]

1960년대 이후의 유토피아를 흔히 '후기산업시대의 유토피아'(Post-industrial utopia)라고 부른다. 이들은 고도로 산업화 도시화된 사회를 배경으로 출현되었고 실현 가능한 구체성을 띠고 있는 것이 특징이다. 건축가인 프리망(Yona Friedman)의 《실현 가능한 유토피아》(*Utopies réalisables*, 1975)라는 책이름이 이를 잘 상징해주고 있

다. 그는 현대의 사회문제는 지나치게 비대한 사회조직에서 야기된
다고 지적하면서 실현성 있는 유토피아의 규모와 특성들을 제시하였
다. 이 시대의 유토피아들은 크게 세 가지 형태로 전개되고 있다.
하나는 도시산업사회의 문제를 해결하기 위한 방안으로서 정원도시
의 긴설 같은 '디자인 유토피아'(design utopia)이고 다른 하나는 환
경오염과 생태계의 파괴를 막기 위한 '에코토피아'(ecotopia)이다.
마지막 하나는 남성 우위의 사회로부터 해방되려는 '페미니스트 유
토피아'(feminist utopia)가 그것이다.

도시환경의 개혁에 관한 사상은 오웬과 푸리에 등에서 엿볼 수 있
지만 후대에 영향을 미친 대표적 작품은 호워드(Ebenezer Howard)의
《내일의 정원도시》(*Garden Cities of Tomorrow*, 1898)이다. 여기에는
토양으로의 복귀사상, 도시와 농촌의 조화, 공동체의 협동정신 등
이 잘 나타나 있으며, 이 책이 출간된 후 영국에서는 '정원도시협회'
가 구성되어 호워드의 계획에 따른 2개의 정원도시가 건설되었다.[53]
정원도시운동은 미국과 프랑스로 전파되었고, 오늘날에는 일반 정
치가와 정치이론가들조차도 도시의 환경문제와 공간문제에 깊은 관
심을 갖지 않을 수 없게 되었다.

목가적인 전원생활, 도시와 농촌의 조화, 인간다운 삶 등을 추구
한다는 면에서 에코토피아, 즉 생태학적 유토피아도 디자인 유토피
아와 유사성이 있다. 에코토피아는 산업사회에서 일어난 인간소외,
환경오염, 핵 확산, 자연파괴 등에 자극을 받아 출현하였지만, 1973
년 겨울, 석유파동으로 인한 세계의 에너지 자원과 천연자원의 한계
성에 대한 인식도 에코토피아의 대두에 큰 영향을 주게 되었다. 그
러나 에코토피아는 결코 반과학운동이나 전(前)산업사회로 돌아가려
는 운동이 아니다. 오히려 그것은 후기산업사회라는 미래에 기대를
걸고 있다. 칼렌바흐(Ernest Callenbach)의 《에코토피아》(1975)가 대
표적 예이다. 《에코토피아》에서는 공장과 농장의 집단소유, 새로운
기술과 옛것의 혼합, 노동과 여가의 일치, 도시와 농촌의 조화, 경

제·기술 분야보다 사회·도덕 분야에 대한 중시 등이 강조되고 있어 전체적으로 목가적 분위기를 자아내고 있다.[54] 에코토피아는 기본적으로 인간의 사회적 관계와 개인생활의 질을 존중하고 새로운 기술에 의한 생산성을 높여 노동을 창조적 놀이와 여가로 전환시키고자 하는 점에서 마르크스, 윌리암 모리스, 마르쿠제 등의 유토피아와 그 목표에 차이가 없다. 사실상 최근의 사회주의 유토피아는 에코토피아로 수렴되는 경향이 있다. 다시 말하면 에코토피아의 영향을 받아 사회주의 유토피아들이 수정되고 있는 것이다. 사회생태학자들이 주장하듯이 경제성장으로 환경이 파괴되고 자연자원이 한계에 도달한다면 사회주의자들의 계급혁명론은 수정되지 않을 수 없다. 왜냐하면 노동이 없으면 노동계급도 존재하지 않기 때문이다.[55]

생태학에 관한 논의는 유토피아 문학보다도 유토피아 사회이론에서 더욱 강력히 표현되고 있다. 로스작(Theodore Roszak)의 《황무지의 종점》(*Where the Wasteland Ends*, 1972)과 슈마허(E. F. Schumacher)의 《작은 것이 아름답다》(*Small is Beautiful*, 1973)는 현대산업기술사회에 대한 대안을 제시하고 있고, 고르츠(Andre Gorz)의 《노동계급이여 안녕》(*Farewell to the Working Class*, 1982)과 바로(Rudolf Bahro)의 《적색혁명에서 녹색혁명으로》(*From Red to Green*, 1984)는 노동에 대한 전통적 태도와 경제성장 제일주의를 버리도록 요구하고 있다.[56]

후기산업시대의 유토피아 가운데 빼놓을 수 없는 것이 페미니스트 유토피아이다. 산업기술사회에서 여성들의 노동계 진출이 두드러지면서 남녀의 대우, 자녀양육, 가사노동 등의 문제를 둘러싸고 여성의 사회적 지위와 불평등에 대한 자각이 높아지게 되었다. 역사상 어느 사회에서도 여자는 남자와 같은 실질적 평등을 누리지 못하였으므로 여성해방이야말로 사회해방의 진정한 관건이 된다고 페미니스트들은 주장하였다. 그리하여 페미니즘 운동의 문화적 표현은 연극·문학·미술·음악 등을 통해 다양하게 전개되었는데, 특히

소설 분야에서 '페미니스트 유토피아'라는 새로운 장르가 생기게
되었다. 페미니스트들이 유토피아 장르를 선택한 것은 어느 의미에
서 당연하였다. 왜냐하면 유토피아에서보다 여성들이 더 많은 자유
와 평등을 누릴 수 있는 곳은 아무데도 없기 때문이다.[57]

  20세기초의 페미니스트 유토피아로는 단성 생식의 모계사회를 묘
사한 길맨(C. P. Gilman)의 《여성국》(*Herland*, 1915)이 있으며, 최근
의 대표적인 작품으로는 러스(Joanna Russ)의 《여인 사회》(*The Female
Man*, 1975)와 피어시(Morge Piercy)의 《시간 끝에 서 있는 여자》(*Woman
on the Edge of Time*, 1976)를 들 수 있다. 러스의 작품은 남자 없이
여성만으로 행복하게 살고 있는 사회를 그린 것이고, 피어스의 작품
은 남녀의 성적 평등을 주제로 하고 있는데, 헉슬리의 《멋진 신세
계》처럼 이곳에서도 아이는 시험관에서 태어난다. 따라서 여성은
출산의 고통에서 해방되었을 뿐만 아니라 남자도 여자와 똑같이 육
아의 책임을 지고 있다. 르귄(Ursula Le Guin)의 《박탈자》(*The Dis-
possessed*, 1974)는 유토피아와 디스토피아, 페미니즘과 에코토피아가
결합되어 있어 주목을 끌고 있다. 정치·노동·결혼·학문 등 모든
면에서 여자는 남자와 평등하다는 점에서 이 사회는 유토피아이다.
그러나 여자는 부유하고 권세 있는 남자를 쟁취하기 위해 끊임없이
치열한 경쟁을 해야 된다는 점에서 이곳은 디스토피아이다. 그러면
서도 이 세계는 생태학적으로 균형과 조화를 이루고 있는 평등사회
라는 점이 특징이다. 이와 같이 페미니즘과 생태학이 결합하게 된
것은 남성지배의 현대사회가 파괴적 착취적인 데 비하여 페미니스트
유토피아와 에코토피아는 다 같이 조화와 균형을 중시한다는 점에서
공통성을 갖고 있기 때문이다.[58]

  20세기 후반의 유토피아는 그것이 생태학적 유토피아든, 페미니
스트 유토피아든간에 19세기 후반의 유토피아처럼 대중의 상상력을
사로잡지 못하였다. 실험적 공동체의 모델로서 《월덴 투》가 한때
주목을 끌었으나 그것의 목표와 포부는 극히 제한적이었다. 고전적

유토피아에서 볼 수 있는 정의·평등·평화의 원리에 입각한 전체
사회상을 제시하려는 열망도, 기존사회의 체제를 대신할 새로운 사
회질서를 창조하려는 도전도 엿보이지 않고 있다. 1960년대 후반에
일어났던 학생운동·민권운동·여성운동도 그들의 이념과 이상을
집약시킨 유토피아를 창출하지는 못하였다. 유토피아 이론의 발전
에 비하면 모어에 의해 창안된 사회적 상상력으로서의 유토피아 문
학장르는 오늘날 확실히 약화되었다. 그렇다면 왜 유토피아 문학은
쇠퇴하였는가? 이에 대한 대답을 여기에서 간단하게 하기는 어렵
다. 그러나 한 가지 분명한 것은 지난 4세기 동안 지속된 진보에 대
한 희망으로서의 유토피아주의는 아직도 존재하며 유럽사회가 존속
하는 한 사라지지 않을 것이라는 점이다.

Ⅳ. 유토피아의 효용과 가치

인간이 소망하는 이상세계와 인간이 만들어가는 역사세계는 일치
하지 않고 있다. 유토피아는 관념적 도덕적 관점에서 보면 바람직한
곳이지만 역사적 현실에서 보면 존재하지 않는 공허한 것이다. 그럼
에도 불구하고 유토피아가 공허하게 느껴지지 않는 이유는 한편으로
현실성과 사실성을 반영해주고 있기 때문이다. 유토피아는 초월적
이면서 현실적이고 허구적이면서 사실적이다. 그것은 허구와 사실
의 결합이며 현재와 미래와의 대화이다.

유토피아 작품 가운데는 현실사회를 모델로 한 것이 많이 있다.
플라톤의 《이상국가론》은 스파르타를 본보기로 하였고, 해링턴의
《오세아나》는 베니스 공화국을 모델로 하였다. 모어의 《유토피아》,
캄파넬라의 《태양의 도시》, 안드레애의 《크리스트교 나라》는 중세
수도원의 생활과 이념을 반영해주고 있다. 유토피아 작품 또한 현실

에 많은 영향을 미치고 있다. 베이컨의 《신아틀란티스》는 영국의 '왕립학회'(Royal Society)의 창설에 결정적 기여를 하였으며, 해링턴의 《오세아나》는 크롬웰 시대에 해링턴당(黨)의 결성을 가져왔고, 미국 식민지 시대의 펜실베이니아와 캐롤라이나의 헌법에 기초가 되었다. 카베의 《이카리아 여행기》와 스키너의 《월덴 투》는 이카리아 공동체와 월덴 공동체의 건설을 초래하였다. 이처럼 유토피아와 현실은 유리되어 있는 것이 아니라 긴밀한 관계에 있다.

유토피아의 가장 중요한 효용은 비판정신과 개혁사상이다. 유토피아가 추구하는 완전사회는 마땅히 있어야 할 당위의 세계이며 규범의 세계이다. 이 점에서 유토피아는 현실판단의 기준이 되며 현실비판의 준거가 된다. 그러므로 유토피아는 비판이라는 부정의 원리와 규범의 제시라는 긍정의 원리를 아울러 내포하고 있다. 부정의 원리는 현실의 부조리를 고발하여 개혁사상을 고취시키고, 긍정의 원리는 인간의 이성과 가능성에 대한 신뢰를 바탕으로 진보를 촉진시킨다.[59] 이와 같은 부정과 긍정의 원리야말로 유토피아주의의 특성이다.

유토피아는 현실에 대한 불만의 산물이다. 동시에 현실의 구속조건으로부터 벗어나려는 해방정신의 발로이기도 하다. 그것은 변화와 개혁을 촉구하고 새로운 가치와 목표를 추구한다. 이러한 면에서 만하임(Karl Mannheim)은 유토피아가 비록 현실초월의식이라 하더라도 그것은 이데올로기와는 달리 현실을 개혁하려는 힘을 갖고 있다고 주장하였다.[60] 유토피아 사상이 역사적 주요 운동에 직접·간접으로 많은 영향을 미친 것은 사실이지만, 그렇다고 모든 개혁운동과 혁명운동이 유토피아의 특정한 청사진에 따라 진행된 것은 아니다. 예를 들면, 초기 그리스도교인들은 예수의 재림과 세계의 종말을 확신하고 이를 기대하였다. 그러나 그같은 상황은 아직까지 도래하지 않았으나 지금까지 그리스도교의 많은 개혁은 이 묵시록적인 신화에 힘입어 가능하였다. 프랑스혁명과 러시아혁명의 결과도 초기 혁명가들의 꿈과 이상과는 거리가 멀었다고 할 수 있다. 그러나 이들의 이상과 비전이 없이도 혁명이 일어날 수 있었다고 단언하기는 어려울 것이다. 두 혁명의 역사적 의의가 아무리 크다 하더라도 그것은 초기 혁명가들의 꿈과 희망을 완전히 실현시켜주지 못하였기 때문에 혁명이 이루지 못한 것을 달성하려는 유토피아 정신은 역설적으로 죽지 않고 계속 살아남는다고 하겠다. 블로흐가 갈파했듯이 유토피아의 생명과 원천은 바로 이같은 불만과 결핍을 채우려는 인간의 욕구와 충동에서 유래한다.

유토피아는 개혁의 원리일 뿐만 아니라 진보의 원리이다. 아나톨 프랑스(Anatole France)는 "다른 시대의 유토피아인들이 없었다면 인간은 아직도 동굴 속에서 발가벗은 상태로 비참하게 살고 있을 것"이라고 주장하면서 "유토피아는 모든 진보의 원리이며 더 좋은 미래를 위한 시도"라고 강조하였다.[61] 프랑스의 주장처럼 유토피아는 진보에 대한 신앙이다. 진보는 이성에 대한 신뢰를 전제로 한다. 이성의 신뢰란 인간은 이성을 통해 자연을 지배하고 사회를 뜻하는 방향으로 통제할 수 있다는 믿음을 가리킨다. 이러한 믿음이 인류를 원시상태에서 문명사회로 나아가게 한 원동력이다. 자연을 정복하고 신의 경지에까지 도달하려는 인간의 줄기찬 노력은 참으로 경탄스러우면서도 경외적인 측면이 있다. 인간은 신의 계명을 어기면서 금단의 과일을 따먹었고 바벨탑을 쌓아 하늘에 오르고자 하였다. 사실상 현대의 인간은 그리스 신들이 갖고 있는 거의 모든 권능을 박탈하지 않은 것이 없다. 이처럼 과거에는 신화에 불과하였던 꿈과 이상은 오늘날 현실이 되었고, 현재의 꿈은 다시 미래의 현실이 될 것이다. 이러한 관점에서 본다면 인류역사의 진보는 결국 유토피아의 실현사에 다름 아니다.

유토피아에 내포된 철저한 이성주의와 합리주의는 유토피아를 불가피하게 전체주의로 몰고 간다는 주장들이 강력히 제기되어왔다. 이 주장의 대표적인 인물은 러시아의 사회주의 유토피아와 독일의

나치 유토피아에서 탈출한 베르자예프(Nicholas Berdyaev)와 포퍼
(Karl Popper)이다. 베르자예프는 인간이라면 누구나 완전사회의 꿈
과 신국에 대한 소망을 품고 있지 않는 사람이 없으며 그같은 꿈은
현재 서서히 실현되어가고 있다고 보았다. 그러나 그 꿈은 실현과정
에서 왜곡되고 있다. 왜냐하면 완전과 절대를 지향하는 유토피아는
필연적으로 일원론을 표방하게 되고, 일원론은 결국 전체주의 질서
를 초래하여 인간을 노예화하기 때문이다. [62] 이에 비해 포퍼는 베르
자예프와는 달리 유토피아가 전체주의적 속성을 갖는 것은 본질적으
로 실현 불가능한 것을 실현 가능한 것으로 착각하여 이의 실현을
강요하는 데서 비롯된다고 진단하였다. 그러므로 유토피아는 그 실
현과정에서 이성과 진리를 억압하고 인권과 자유를 유린하는 개방사
회의 적으로 변질되지 않을 수 없다는 것이다. [63]

　베르자예프의 지적처럼 유토피아는 모든 인간이 본래부터 가지고
있던 꿈이며 의식이다. 따라서 설혹 그것이 전체주의적 속성을 수반
한다 하더라도 우리는 그 꿈을 포기해서는 안 되고 또 포기할 수도
없다. 유토피아는 개인과 시대에 따라 달라질 수 있고, 한 시대의
유토피아는 다른 시대의 디스토피아가 될 수도 있다. 그렇다고 유토
피아적 상상마저 거부할 만큼 우리는 그것을 두려워할 필요가 없
다. 오히려 미래에 대한 꿈과 소망이 봉쇄된다면 그보다 더 큰 절망
과 공포는 없다. 역사적으로 유토피아는 불안과 위기의 시대, 격동
하는 전환기일수록 활발히 전개되었다는 사실을 염두에 둔다면 흔히
'불확정의 시대', '혼돈의 시대', '통제불능의 세계'라고 불리는
21세기 전야에 있는 오늘의 시대야말로 새로운 가치관과 세계관을
제시해줄 유토피아가 절실히 기다려지는 시점이라 하겠다.

주

1) Thomas More, *Utopia*, tr., P. Turner (London, 1965), p. 27.

2) Ernst Bloch, *The Principle of Hope*, Ⅰ, trs., N. Plaice *et al.* (Cambridge, Mass., 1986), p. 116 ff.

3) J. C. Davis, *Utopia and the Ideal Society* (London, 1981), p. 19.

4) H. Marcuse, *Eros and Civilization* (New York, 1962), p. 120.

5) Luc Racine, "Paradise, the Golden Age, the Millennium and Utopia", *Diogenes*, 122(1983), p. 120.

6) A. Cioranescu, "Utopia : Land of Cockaigne and the Golden Age", *Diogenes*, 75(1971), p. 90.

7) "The Land of Cockaygne", A. L. Morton, *The English Utopia* (London, 1952), pp. 279~285.

8) K. Kumar, *Utopianism* (Minneapolis, 1991), p. 3.

9) Hesiod, *Works and Days*, tr., R. Lattimore (Ann Arbor, 1959), pp. 31~33.

10) R. Heinberg, *Memories and Visions of Paradise* (Los Angeles, 1989), pp. 132~134.

11) P. Alexander and R, Gill, eds., *Utopias* (London, 1984), p. 8.

12) Kumar, *Utopianism*, p. 7.

13) G. Lewy, *Religion and Revolution* (London, 1974), p. 44.

14) N. Cohn, *The Pursuit of the Millennium* (New York, 1957), pp. 16~17.

15) 'Ⅰ. 이상사회의 유형'은 김영한, 〈이상사회와 유토피아〉, 《한국사시민강좌》 10(1992), pp. 163~188의 내용을 요약한 것임.

16) Davis, *Utopia and the Ideal Society*, pp. 37~38.

17) B. Goodwin and K. Taylor, *The Politics of Utopia* (New York, 1982), pp. 36~37.

18) R. C. Elliott, *The Shape of Utopia* (Chicago, 1970), p. 24.

19) Chad Walsh, *From Utopia to Nightmare* (Wesport, 1962), p. 26.

20) G. Negley and J. M. Patrick, eds., *The Quest for Utopia* (New York, 1952), p. 3.

21) *Ibid.*, p. 4.

22) Davis, *Utopia and the Ideal Society*, p. 17.

23) Kumar, *Utopianism*, p. 29.

24) H. E. Manuel, ed., *Utopias and Utopian Thought* (Boston, 1965), p. viii.

25) M. I. Finley, "Utopianism, Ancient and Modern", *The Use and Abuse of History* (New York, 1975), p. 185.

26) Lewis Mumford, *The Story of Utopia* (Gloucester, Mass., 1959), p. 31.

27) E. Hansot, *Perfection and Progress : Two Mode of Utopian Thought* (Cambridge, Mass., 1974), p. 9.

28) J. Ferguson, *Utopias of the Classical World* (Ithaca, 1975), p. 61.

29) 김영한 외, 《不平等思想의 研究》(서강대 인문과학연구소, 1992), p. 17.

30) Goodwin and Taylor, *The Politics of Utopia*, p. 41.

31) 김영한, 《르네상스의 유토피아 사상》(탐구당, 1988), p. 74.

32) 김영한, 《르네상스 휴머니즘과 유토피아니즘》(탐구당, 1989), pp. 194~195.

33) F. E. Manuel and F. P. Manuel, *Utopian Thought in the Western World* (Cambrige, Mass., 1980), p. 410.

34) R. B. Ross, "Utopias and Enlightment", E. Kamenka, ed., *Utopias* (Oxford, 1987), p. 39.

35) K. Taylor, *The Political Ideas of the Utopian Socialists* (London, 1982), pp. 9~18.

36) F. Engels, *Socialism : Utopian and Scientific*, tr., E. Aveling (London, 1950), p. 26.

37) K. Marx, *The Eighteenth Brumaire of Louis Bonaparte*, ed., C. P. Dutt (New York, 1984), p. 15.

38) K. Marx, "The German Ideology", E. Kamenka, ed., *The Portable Karl Marx* (New York, 1983), p. 177.

39) Goodwin and Taylor, *The Politics of Utopia*, p. 183.

40) G. W. F. Hegel, *The Philosophy of History*, tr., J. Sibree (New York, 1956), p. 85.

41) R. Crossman, ed., *The God that Failed* (New York, 1965).

42) N. Bobbio, "The Upturned Utopia", *New Left Review*, 177 (1988), p. 37.

43) F. E. Manuel, *Freedom from History and Other Untimely Essays* (New York, 1971), pp. 135~136.

44) John Passmore, *The Perfectibility of Man* (New York, 1970), p. 265.

45) Kumar, *Utopia and Anti-Utopia in Modern Times* (Oxford, 1987), p. 100.

46) Yevgeny Zamyatin, *We*, tr., M. Ginsberg (New York, 1972), Introduction, pp. xiv~xv.

47) M. Buber, *Paths in Utopia* (Boston, 1958), pp. 148~149.

48) B. F. 스키너 저, 이창호 역, 《월덴 투》(심지, 1982).

49) Daniel Bell, *The End of Ideology* (Glencoe, 1960), pp. 369~375.

50) Marcuse, *Eros and Civilization*, p. 83.

51) Bloch, *The Principle of Hope*, Ⅰ, chap. 15.

52) Kumar, *Utopia and Anti-Utopia*, p. 390.

53) I. Tod and M. Wheeler, *Utopia* (New York. 1978), p. 120.

54) E. 칼렌바흐 저, 김석희 역, 《에코토피아》(정신세계사, 1991).

55) Kumar, *Utopia and Anti-utopia*, p. 417.

56) V. Geoghegan, *Utopianism and Marxism* (London, 1987), chaps. 8~9.

57) C. R. Stimpson, "Feminism and Utopia", M. S. Cummings and N. D. Smith, eds., *Utopian Studies*, Ⅲ (New York, 1991), p. 2.

58) F. Bartkowski, *Feminist Utopia* (London, 1989).

59) M. G. Plattel, *Utopian and Critical Thinking*, tr., H. J. Koren (Pittsburg, 1972), p. 44.

60) K. Mannheim, *Ideology and Utopia*, trs., L. Wirth and E. Shils (London, 1968), p. 174.

61) Ruth Levitas, *The Concept of Utopia* (Syracuse, 1990), p. 7에서 재인용.

62) N. 베르자예프 저, 이신 역, 《노예냐, 자유냐》(인간, 1979), pp. 256~258.

63) K. Popper, *The Open Society and Its Enemies*, Ⅰ (London, 1966), pp. 200~201.

천년왕국주의
Millenarianism

박 양 식

I. 머리말

천년왕국주의[1]는 고대로부터 지금까지 여러 문화권에서 경험되어
온 주제이다. 그것이 본격적으로 연구되기 시작한 것은 1950년대말
부터였다. 그 연구는 연구자의 학문적 관심에 따라 다양하게 이루어
졌다. 유럽 역사가들은 주로 서구적 현상으로서, 문화인류학자들은
문화충격의 반동으로서, 심리학자들은 정신적 스트레스의 사례로서,
종교사회학자들은 하나의 종파로서, 정치학자들은 혁명운동으로서
연구하였던 것이다.[2] 그 가운데서 두드러진 연구 성과를 보인 부문
은 사회학, 인류학, 그리고 역사학이다. 이 분야에서 시도된 연구
들은 대체로 사회과학적 개념과 비교분석 방법을 적극 도입하여 각
운동의 독자성과 특성을 인정하면서도 반복되어 나타나는 유형과 유
사성을 찾는 것에 집중되었다.

사회과학적 비교분석 방법과 역사적 유비(類比)의 방법을 통해 천
년왕국주의를 연구한 학자들은 그 연구의 초점을 주로 천년왕국운동
의 발생 원인을 설명하고, 천년왕국주의의 특성을 해명하는 데 맞추
었다. 그들의 공통적인 설명에 의하면, 천년왕국주의는 대체로 경

제적 빈곤, 정치적 고립, 사회적 소외에 빠진 대중들의 저항운동으로 표출되었고, 위기의 특정한 상황 속에서 재발하는 특성을 지니고 있다는 것이다. 그러나 그에 대한 세부적인 묘사는 연구자들의 관심에 따라 각도를 달리하고 있다.[3] 먼저, 중세와 종교개혁시대의 천년왕국운동을 사회심리적 관점에서 연구한 콘(Norman Cohn)은 천년왕국주의를 극단적인 불안과 좌절, 그리고 비정상적인 공포와 환상 속에서 야기된 집단적 과대망상증의 한 형태로 다루었다. 다음으로 마르크스주의자들은 천년왕국주의를 전근대적 사회에서 완전히 자각되지 않은 빈곤층의 계급투쟁을 촉발시키는 정치의식의 각성운동이라고 파악한다. 홉스봄(Eric Hobsbawm)의 경우, 천년왕국주의는 억압의 상황에서 계급적 갈등으로 표출된 근대적 정치의식과 조직의 선구이다. 그러나 그것은 아직 성숙한 정치의식이나 계급의식이 갖추어지지 않았기 때문에 전 정치적인(pre-political) 현상이라 불린다.

콘과 홉스봄 같은 마르크스주의자의 연구 성과는 상당히 인정됨에도 불구하고 그 한계가 지적되고 있다. 레프(Gordon Leff)는 콘의 연구가 역사적 발전에 대한 의식이 결여되어 있다면, 마르크스주의자들의 연구는 지나친 도식화에 빠져 있어 역사적 실재와는 거리가 있다고 언급한 바 있다.[4] 이런 레프의 입장에 따라 일부 학자들은 엄격한 사료 검증에 기초한 천년왕국주의에 대한 연구를 시도하였다. 그들은 천년왕국주의를 사회질서의 재편을 희구한 종교운동의 관점에서 파악하려고 하였다. 그리하여 그들은 천년왕국주의 자체가 갖고 있는 역사적 내용을 밝히는 데 주력하였다. 이들의 연구가 천년왕국주의에 대한 역사적 접근의 중요성을 일깨우는 데는 상당히 기여를 했다고 할 수 있다. 그러나 그 연구 성과가 천년왕국주의의 역사 전체를 포괄할 만큼 충분한 것은 아니기 때문에 아직도 미흡하다. 따라서 천년왕국주의에 관한 역사적 실재를 해명하는 사례(史例) 연구가 더욱 많이 나와야 하고, 그리고 나서 그에 따른 체계적이고 종합적인 연구도 이루어져야 할 것이다.

천년왕국주의의 개괄적인 정리에 목적을 두고 있는 이 글은 다음 사항을 중심으로 기술하고자 한다. 첫째 서양사에서 천년왕국주의의 역사적 흐름을 어떻게 파악할 수 있는가이다. 천년왕국주의의 역사적 흐름을 파악함과 동시에 거기서 파악할 수 있는 유형도 함께 설명하고자 한다. 둘째, 천년왕국주의는 어떠한 특징들을 가지고 있는가 하는 것이다. 특히 천년왕국주의가 갖고 있는 종말론적 목적사관을 비롯하여 혁명과 유토피아 등의 관련 개념들과 비교되는 점을 살펴보도록 하겠다. 끝으로 천년왕국주의에 대한 평가를 부정적 측면과 긍정적 측면에서 생각해보기로 한다.

Ⅱ. 천년왕국주의의 역사적 흐름

1. 고대의 천년왕국주의

'millennium'은 천(千)이란 'mille'와 해[年]란 'annus'가 합해져서 이루어진 단어로서 천년의 기간을 의미한다. 그러나 이 말은 유대의 묵시문학 특히 〈요한계시록〉 20장에 나타난 개념에 의해 그리스도가 재림하면서 지상에 건립하여 천년 동안 통치할 신의 왕국을 뜻하는 말로 그 의미가 확대되었다. 부언하자면, 천년왕국은 부활한 순교자와 성도들이 그리스도와 함께 최후의 심판 때까지 평화와 정의, 풍요와 행복을 누릴 지상천국인 것이다. 이러한 천년왕국의 개념은 〈다니엘서〉에 나타난 여러 상징들로 인해 더욱 강력한 호소력을 지니게 되었다. 기존의 왕국이 무너지고 새 왕국의 출현을 암시하는 내용을 담고 있는 그 상징들은 천년왕국이 도래하게 될 정확한 날짜를 계산하는 데 이용되었던 것이다. 그 날짜 계산 때문에 천년왕국에 관한 예언은 긴박감을 더하여 신자들에게 전달되었다. 그들은 고난당하는 현실 속에서 천년왕국 신앙을 적극 받아들이고, 그에 따른 희망을 키워나갔다. 그들은 그 예언을 자의적으로 해석하여 천년왕국에 들어갈 수 있는 사람은 현재 고통받고 있는 자신들이라고 간주하고,[5] 자신들의 생전에 그리스도가 재림할 것이라는 기대 속에 '새 하늘과 새 땅'으로서의 천년왕국을 열망하였다. 이러한 천년왕국 신앙은 시대마다 특정 부류의 사람들에게 호소되어 독특한 역사 현상으로 나타나고 있다.

천년왕국에 대한 개념은 시대적 지역적 상황에 따라 달리 받아들여졌다. 따라서 그 가변성은 역사의 전체적 흐름에 따라 파악해볼 필요가 있다. 시대마다 달리 나타난 천년왕국주의의 흐름은 대체로 세 단계로 나누어 설명할 수 있다. 첫째는 고대에 있었던 천년왕국주의에 대한 태도 변화이다. 둘째는 중세와 종교개혁시기에 발견되는 이론적 지적 천년왕국주의와 활동적 혁명적 천년왕국주의의 흐름이다. 셋째는 근대의 종교적 천년왕국주의와 세속적 천년왕국주의가 그것이다.

우선 유대 묵시문학의 전통을 이어받은 고대의 천년왕국주의는 교회가 놓인 시대적 상황에 따라 크게 두 가지의 상반된 태도로 이해되었다. 순교자나 고통받는 신자들이 부활하여 지상에서 천년 동안 큰 지복의 상태를 누릴 것이라며 천년왕국주의의 정당성을 주장하는 입장이 있었던 반면에, 그러한 지상의 현세적 천년왕국은 실제로는 존재하지 않으며 단지 하나의 비유에 불과하다는 무천년왕국주의적 입장이 있었다. 1세기부터 4세기까지는 천년왕국주의가 정통 교리로서 인정받았으나 그후 상황은 역전되어 무천년왕국주의가 정통 교리로서 받아들여져서 중세에까지 절대적인 우위를 차지하였다.

예수의 가르침을 좇던 초기 그리스도인들은 유대교의 전통에서 과감히 벗어나서 독자적인 신앙 체계를 세워나갔다. 그들이 세운 그리스도교는 바로 천년왕국운동 그 자체였다. 예수가 신의 왕국이 임박했다고 말했을 때 그 말이 실제로 무엇을 의미했든지간에 분명한

것이 있었다. 그것은 그리스도인이 자신들을 위한 지상천국이 따로
마련될 것이란 신의 섭리를 굳게 믿고 있었다는 사실이다. 황제숭배
거부로 인해 로마 당국으로부터 박해를 받기 시작하여 로마 시(市)
대화재의 방화범으로 몰리면서 더욱 심한 박해를 받았던 상황에서 그
리스도인들은 지상천국을 약속하는 천년왕국 교리를 붙잡지 않을 수
없었고, 실제로 그 교리에서 큰 위로와 격려를 얻을 수 있었다. 이같
은 지상천국에 대한 예언은 박해받던 그리스도인들에게 구원에 관한
신의 약속과 현재 놓여 있는 현실 사이의 괴리 현상에 관한 논리적
해명을 제공해주었던 것이다. 또한 천년왕국이 도래하기에 앞서 적
그리스도가 등장하여 신자들에게 큰 고통을 줄 것이라는 설명도 그들
에게 미래의 새 왕국을 희망하며 현재 당하는 고난을 견뎌낼 수 있게
하는 원천이 되었다.[6) 이러한 배경에서 천년왕국주의가 그리스도교
인들 사이에서 정통 교리로 인정받은 것은 당연한 일이었다.

   그러나 시대적 상황이 바뀌자 그리스도인들의 천년왕국 신앙은
흔들리기 시작하였다. 곧 멸망할 것으로 예상되던 로마제국이 멸망
하지 않고 건재한 사실부터가 천년왕국주의적 예언과 맞지 않는 것
이었다. 박해를 가하던 로마제국이 교회를 보호하고, 그리스도교를
공인 종교로 인정하고, 더 나아가서 국교로까지 선포하게 되었다.
이렇게 교회의 위치가 격상되자 천년왕국주의의 명분은 더 이상 필
요 없게 되었다. 또한 신플라톤주의의 영향이 증가되면서 그리스도
교의 구원관도 바뀌어서 모든 현세 문제로부터 자아의 해방과 천상
에서의 개인 영혼의 축복을 강조하는 쪽으로 기울어졌다. 이것도 집
단적이고 현세적인 구원을 추구하는 천년왕국주의적 구원관과 어긋
나는 것이었다.[7)

   그럼에도 불구하고 천년왕국주의에 대한 기대는 완전히 사그라들
지 않았다. 게르만족의 침입이 격화되고, 410년 알라릭(Alaric)이 로
마에 쳐들어와 약탈하는 등 잇따라 충격적인 사건들이 계속 발생하
는 가운데 로마 사회의 혼란이 가중되었다. 이런 사건들에 직면하여

사람들은 세상이 종말을 고하고 예수의 재림이 임박했다는 증거가
계속 나타나고 있다고 여겼다. 따라서 많은 그리스도인들은 여전히
천년왕국 신앙에 대한 기대를 포기하지 않고 있었다.

　이런 분위기에서 천년왕국주의의 존립 가치에 결정적인 타격을
가한 인물은 히포의 주교 아우구스티누스(Augustinus)였다. 우선 그
는 전쟁이나 그밖의 징후들은 과거에도 계속 발생되어왔던 것으로
전혀 의미가 없음을 지적하였다. 그리고 그는 성서의 예를 통해 종
말의 시간이란 계산할 수 없을 뿐만 아니라 그런 계산은 금지되어
있다는 사실을 알렸다. 이처럼 천년왕국주의의 부당성을 제기한 그
의 주장은 북아프리카의 도나투스파(Donatist) 주석가인 티코니우스
(Tyconius)의 생각에 따른 것이었다. 티코니우스는 성서의 숫자는 계
산되지도 않고 할 수도 없는 것이지만 어떤 영적 진리를 상징적으로
표현한 것이라고 보았다. 이런 관점에서 그는 마지막 천년 동안 지
상에서 이루어질 성도들의 통치는 교회를 통해 이루어진다는 점을
보여주었다. [8] 이를 바탕으로 아우구스티누스는 《신국론》(De Civitate
Dei, 413~426)을 저술함으로써 교회와 역사의 관계를 해명하였다.
거기서 그는 그리스도교의 천년왕국주의에 대한 논의에 쐐기를 박았
다. 그의 주장에 따르면, 천년왕국에 대한 잘못된 개념의 주된 원천
인 〈요한계시록〉 20장에 나오는 '천'이란 숫자는 상징적 숫자에 지
나지 않으며 그 의미는 단순히 완전성이나 모든 세대를 가리킨다.
그렇다면 그 천년왕국이란 사탄이 묶이고, 교회가 그리스도와 함께
천년 동안 다스리게 되는 것을 말하는 것이 되고, 그 기간은 예수의
초림과 재림 사이의 시기가 될 것이다. 따라서 문제가 되는 왕국이
란 다름 아닌 지상의 교회임에 틀림없다. [9]

　이로써 보건대, 아우구스티누스에게 천년왕국이란 미래에 도래할
지상왕국이 아니라 현시대의 교회를 비유적으로 표현한 영적 세계인
것이다. 따라서 현재의 교회가 그리스도의 왕국이란 사실을 제쳐 놓
고 미래에 오게 될 왕국을 바란다는 것은 어리석은 일이 아닐 수 없

다. 이처럼 절대적인 영적 지도력을 발휘하던 아우구스티누스의 발언으로 이제 천년왕국주의를 주장한다는 것은 이단 행위가 되어버렸다. 결국 천년왕국 교리는 431년 에페소스(Ephesus) 종교회의에서 이단적 교리로 낙인 찍혔고, 아우구스티누스의 이른바 무천년왕국설(amillenarianism)이 정통 교리로 인정되었다. 이후 중세의 상당 기간을 거치는 동안 천년왕국주의 논의는 표면적으로 거의 자취를 감추게 되었다.

2. 중세와 종교개혁시대의 천년왕국주의

유럽사회는 게르만족의 이동 이후 지속되던 혼란 상태를 극복하고 봉건 영주와 로마가톨릭 교회의 지배구조 아래서 안정된 성장을 이룩하였다. 이런 사회적 분위기에서 무천년왕국주의에 대한 교회와 신자들의 확신은 변함없이 지속되었다. 그러다가 11세기말부터 시작하여 몇 차례 지속된 십자군운동과 14세기에 들어 기근·가뭄·전염병 등의 재해 때문에 조성된 사회 불안으로 말미암아 대중들은 공포와 두려움 속에서 구원을 열망하였다. 여기에 지적 훈련을 쌓은 수도사들은 적그리스도의 멸망과 최후의 심판 사이에 해당하는 시간에 관한 논의를 활발히 전개하여 천년왕국주의의 타당성을 이론적으로 뒷받침해주었다. 이런 배경에 힘입은 대중들은 새 시대의 도래를 확신하며 구질서를 파괴하는 혁명적 천년왕국운동에 적극 가담하였다.

중세에 천년왕국주의가 전개되는 데서 중요한 역할을 한 인물은 칼라브리아의 수도원장인 요아킴(Joachim of Fiore)이었다. 그는 천지창조부터 최후의 심판까지 역사의 진행과정을 성서구조에 맞추어 파악함으로써 가까운 장래에 출현할 새 시대의 임박을 예언하였다. 이것은 그 당시의 무천년왕국주의 전통을 전면 부정하는 것이었다.[10]
〈요한계시록〉을 우화화하여 해석한 아우구스티누스와는 달리, 요아킴은 〈요한계시록〉을 일반 역사의 사건과 연결지어 해석하였다. 그 과정에서 그는 삼위일체론에 입각한 역사 진행의 3상태설을 발전시켰다. 그는 역사를 3상태(status)로 나누어 각각 성부·성자·성령의 시대(tempus)로 불렀다.

요아킴에게 '상태'는 '시대'와 동의어로 쓰였다. 제1시대는 아담에서 그리스도까지 율법이 지배하는 시기이다. 제2시대는 그리스도 출생 이후부터 요아킴 자신의 때까지 은총이 지배하는 시기이다. 제3시대는 1200년 직후에 시작되며 사랑과 자유가 충만한 완성의 시기인데, 〈요한계시록〉에 나타난 장차 지상에 있을 안식기(Sabbath)에 해당된다. [11] 이때 요아킴이 말하는 시대란 오늘날 우리가 이해하고 있는 역사적 시대와는 그 의미가 구별된다. 왜냐하면 요아킴이 말하는 시대는 단순한 시간의 연속을 가리키는 것이 아니라 각 상태의 독특한 질서가 서로 겹쳐 나타나는 것을 뜻하기 때문이다. 제2시대는 제1시대 안에서 시작되고, 제3시대는 제2시대 안에서 시작되는 것이다. 그러므로 앞으로 올 성령의 시대는 성부와 성자의 제1, 제2시대 속에 예시되어 있다. 바꾸어 말해서 최종의 완성을 이루는 성령의 시대는 성부·성자의 시대에서 계속 진보되면서 맞게 되는 절정의 시대인 것이다.

이로써 요아킴은 자신의 천년왕국주의를 펼쳤다. 이러한 그의 이론적 지적 천년왕국주의는 다음과 같이 요약된다. 첫째, 성령의 시대가 임박했으며, 둘째, 성령의 시대가 도래하기 직전에 타락한 교회를 응징하기 위하여 적그리스도가 세속 군주로 출현하여 일시적으로 지배할 것이며, 셋째, 마침내 구세주가 도래하여 적그리스도를 파멸시키고 새 시대가 개막된다는 내용이 그것이다. [12]

요아킴은 교회의 정통 교리를 반대하거나 부인하려고 하지 않았다. 그럼에도 불구하고 그의 사상은 그의 의도와는 상관없이 중세 교회의 입장에서 볼 때 아주 위험한 것이 되었다. 성령에 의해 부여받은 새로운 권위를 내세우는 그의 주장은 자연히 성부와 성자를 통해 인정되어온 교황과 군주들의 권위를 손상하는 결과를 초래하였기 때문이다. [13) 그리하여 당시 그는 오늘날처럼 역사의 진보를 알리는 예언자로서 이해받기보다는 사설(邪說)로 교회를 어지럽히는 이단의 괴수로 지탄받았다. [14) 이런 요아킴은 13세기 초반까지도 배척받았다.

그런 가운데서 요아킴 사상을 기초로 하여 이론적 지적 천년왕국주의를 널리 퍼지게 한 일단의 사람들이 있었다. 그 가운데에서도 남부 프랑스의 프란체스코 교단에 소속한 올리비(Peter Olivi)의 활동은 두드러졌다. 그는 수도회에 처음 입단해서부터 계속 순교를 당할 것이라는 위기의식을 가지고 시대적 징조에 주목하였다. 그는 가까운 장래에 적그리스도가 나타나 성도들을 유혹할 것이라고 말하고, 그 적그리스도는 교황으로 가장하고 나타나 큰 재앙을 겪게 할 것이라고 경고하였다. 또한 그는 세속 권위들도 그런 재앙의 과정에 관여하여 사태를 더욱 악화시킬 것이라고 말하였다. 덧붙여서 그는 그때 순교자가 당하는 고통은 초기 교회 순교자들이 당한 고통과는 비교도 안 될 만큼 심할 것이라고 생각하였다. [15) 그러나 이같은 사탄의 세력과 진실한 성도간의 필사적인 투쟁에서 결국 소수의 그리스도인들이 승리할 것이고, 그들은 상당기간 동안 지상에서의 안식을 보상으로 받을 것이다. 올리비는 그 안식의 기간이 얼마나 될 것인가에 대해서 여러 가지 대안들을 제시하였다. 그는 이단적 비난을 피하기 위해 다른 사람들의 견해를 추론하는 형식을 취하였다. 그는 안식기가 100년 정도 지속할 것이라는 견해도 소개하고 있지만, 성경과 일련의 히브리적 전승에 따른 계산을 통해볼 때 그 안식의 기간은 14세기초 어느 때에 시작해서 700년 조금 못 되는 기간까지 지속될 것이라는 견해를 강조하고 있다. [16)

급박한 위기의식 속에서 올리비가 추론해낸 안식기간은 여러 사람들의 저작들을 통해 유포되었다. 특히, 1298년 그가 죽은 직후에 그의 추종자들은 그를 성자로 받아들였고, 그의 저작들을 라틴어와 각국어로 퍼뜨리기 시작하였다. 그러나 이같은 노력은 결국 반대세력에 부딪혔고, 올리비의 저작들이 파괴되었으며, 많은 그의 추종자들이 이단으로 몰려 처형되었다. 그럼에도 불구하고 그러한 조치가 그들의 미래에 대한 비전마저 없애지는 못 하였다. 이러한 사실은 놀라운 새 시대가 임박해 있다는 그들의 예언이 중세말에 와서 광범하게 복사되어 대중화되었다는 사실에서 확인되고 있다.

이처럼 지적 훈련을 쌓은 천년왕국주의자들의 논의를 통해서 알려진 것은 첫째, 최후의 심판 이전에 지상에서의 안식이 있는데, 그 기간은 천 년 정도가 될 것이라는 사실과 둘째, 그러한 축복의 안식기에 앞서 적그리스도가 출현하여 성도들을 크게 유혹할 것이라는 사실이다. 이러한 이론적 지적 천년왕국주의로 고무받은 중세인들은 교황이나 황제와 같은 당대의 실존 인물들을 적그리스도와 연결시키면서 천년왕국이 도래할 징조에 큰 관심을 나타내었다.

지적 작업을 통해 천년왕국 신앙의 근거를 찾은 사람들과는 달리, 특정한 억압 상황에 직면한 대중들은 그 삶의 돌파구를 천년왕국주의에서 찾았다. 바꾸어 말해서 사회불안과 각종 재해로 야기된 파국적 상황에서 천년왕국주의는 대중들의 저항운동을 유발시키는 이데올로기로 작용하였다. 이러한 대중의 활동적 혁명적 천년왕국주의는 중세를 거쳐 종교개혁시대에 이르기까지 유럽 각처에서 발생하였다. 먼저 중세 대중들은 기근·가뭄·전염병·전쟁의 재난 속에서 안식과 평안을 추구하였다. 이에 그들은 십자군 참여를 요청받았을 때 예루살렘에만 가면 정신적 물질적 행복을 누릴 수 있다는 천년왕국주의적 환상을 가지고 대거 십자군 대열에 참여하였다. 이후 교단의 수도사들이 지적 차원에서 천년왕국 신앙의 타당성을 펼침으로써 대중의 활동적 혁명적 천년왕국주의가 더욱 활발히 전개될 수 있는 토양을 조성하였다. 14세기초 이탈리아에서 돌치노(Fra Dolcino)가 교황청과 교회를 상대로 일으킨 무장 봉기는 적그리스도를 멸망시키고, 완전한 자유와 공유를 향유하는 사도의 시대로 들어가기 위한 천년왕국주의적 행동이었다. 1381년 영국의 농민란은 사회 경제적

정치적 불만에 의해 야기되어 영주제와 농노제의 폐지, 계서적인 교
회제와 성직제의 개혁을 한 운동이었다. 이 농민란 배후에는 볼
(John Ball)이라는 지도자가 제시한 천년왕국주의의 영향이 적지않게
작용하였다는 사실은 부인할 수 없다. [17] 15세기에는 이탈리아에서
플로렌스인들이 1494년 메디치가(家)의 전제정에 대한 봉기에 뒤
이은 프랑스의 침입에 직면하여 새 시대를 향한 새 정치체제를 열망
하였다. 그들은 플로렌스를 선민(選民)의 도시로 선언하고 플로렌스
가 시민의 자유를 선도할 중심 도시가 될 것이라고 기대하면서 지도
자를 찾고 있었다. 이에 사보나롤라(Savonarola)가 부상하여 천년왕
국주의의 열정을 가지고 플로렌스의 정치 개혁을 이끌었다. 플로렌
스인들은 사보나롤라의 예언과 실천 속에서 천년왕국의 꿈을 구체화
시킬 수 있었다. [18] 한편 보헤미아에서 급진적 후스파인 타보르파
(Taborite)가 가장 전형적인 혁명적 천년왕국주의를 표출시켰다. 교
황과 황제가 연합하여 일으킨 십자군의 위협과 보수파가 가해오는
정치적 탄압과 심각한 경제적인 곤궁이라는 억압의 현실 속에서 그
들은 세상의 종말을 선포하고 실제로 타보르 산으로 모여 구체적인
천년왕국의 건설을 직접 시도하였다. [19] 이로부터 영향을 받은 16세
기의 뮌처(Thomas Müntzer)와 농민들, 뮌스터(Münster)의 재세례파
등도 그와 같은 천년왕국주의의 강력한 운반자들이었다. 뮌처는
'새 다니엘'의 의식을 가지고, 농민들과 함께 선민동맹을 통해 지
상에 신의 왕국을 건설하려고 노력하였다. 세상의 종말을 예견한 일
단의 재세례파들은 새 예루살렘이 되는 뮌스터로 모여 천년왕국주의
적 신정(神政) 질서를 실천하였다. 이러한 혁명적 천년왕국주의자들
은 공통적으로 적그리스도와의 마지막 전쟁에 참가하여 승리함으로
써 지상에서 누릴 천년왕국의 꿈을 가지고 적극적으로 행동하였다.
그들의 행동은 유혈의 전투를 감행하는 호전성을 띤 것이었다. 그
결과 그들은 기존의 봉건질서와는 전혀 다른 새로운 사회질서를 창
출시켰다. 계급이 없고 재산을 함께 공유하는 평등주의적 공유제 질

서가 그것이다. 이것은 중세와 종교개혁시대에 커다란 사회적 반향을 불러일으켰다.

이론적 지적 천년왕국주의와 활동적 혁명적 천년왕국주의는 서로 다른 성질의 것이 결코 아니다. 그것들은 편의상 구분지어 설명되는 것일 뿐이다. 이론적 지적 천년왕국주의가 엘리트들에 의한 지적 작업이었다면, 활동적 혁명적 천년왕국주의는 대중들의 사회저항운동을 유발시키는 혁명 이데올로기로 작용하였던 것이다. 그것들은 역사적 상황에 따라 달리 나타나는 천년왕국주의의 유형적 구분이라 할 수 있다. 이 두 유형을 동시에 보여준 것이 17세기 영국의 천년왕국주의이다.

종교개혁시대의 혁명적 천년왕국주의의 퇴조에 뒤 이어 나타난 17세기 영국의 천년왕국주의는 우선 지적 천년왕국주의의 양상을 띠었다. 그것은 혁명적 천년왕국주의가 과격성을 이유로 진압된 뒤이기 때문에 당연한 일이라 하겠다. 천년왕국주의가 17세기 영국사회에 소개되기 전, 지상 교회의 '끝날의 영광'(the Latter-Day Glory)에 관한 개념이 소개되었다. 당시 지식인층은 히브리어에 대한 관심이 고조되던 분위기를 따라 성서 연구를 활발히 진척시켰다. 이것은 성서에 나타난 종말론적 의미를 더욱 분명히하려는 노력으로 이어졌다. 그 결과 〈다니엘서〉와 〈요한계시록〉의 주석을 통한 해석들이 예수 탄생부터 최후의 심판까지의 교회 역사에 적용되는 경향이 생겨났다.

이런 경향 속에서 브라이트맨(Thomas Brigtman)을 비롯한 여러 사람들은 지상 교회가 누릴 '끝날의 영광'의 개념을 공통적으로 강조하였다.[20] 이를 토대로 하여 1620년대에 소수의 청교도들은 성경 주석으로 얻은 해석과 시대적 징표를 통해서 얻은 확신으로 천년왕국주의를 소개하고 있었다. 독일 칼뱅주의자 알스테트(Johann Heinrich Alsted)는 〈다니엘서〉와 〈요한계시록〉에 대한 해석을 교회 역사와 개인 경험에 적용하여 설명하는 저술에서 천년왕국이 장래에 있을 것이라고 말하였다. 그는 〈요한계시록〉에 나오는 일곱 인장, 일곱 나팔, 일곱 대접의 상징적 의미를 해석하면서 교회의 역사를 네 시대로 구분하였다. 그런 가운데 그는 30년전쟁을 겪으면서 시대의 종말을 지켜보고 있다는 생각에 전율을 느꼈고, 교회 역사의 세번째 시기에 해당하는 천년왕국시대가 1694년에 시작될 것이라는 최종 입장을 밝혔다. 그는 자기가 한 주장의 근거를 브라헤(Tyco Brahe)가 제공한 천문학적 징후에서 찾았다.[21] 알스테트의 영향을 받은 미드(Joseph Mede)는 대담하게 최초의 청교도 천년왕국주의자라고 자칭하면서 장차 나타날 천년왕국을 믿는다고 공언하였다. 그가 말하는 천년왕국이란 그리스도가 적들을 물리치고 승리를 거둔 후 교회가 평화와 안정을 누리는 시기를 가리킨다. 그러나 그는 천년왕국에서 구현될 그리스도의 통치는 지상에서가 아니라 천상에서 영적으로 이루어진다고 보았다.[22] 이러한 미드의 천년왕국 개념은 지상성을 부인한다는 점에서 기존의 천년왕국주의와는 달랐지만 그의 천년왕국주의는 광범위하게 영향을 끼쳤다. 그의 영향을 받은 대표적인 인물로서 굿윈(Thomas Goodwin)을 들 수 있다. 그는 천년왕국 교리를 성서적 근거와 특별한 그리스도론적 의미에서 해석하면서 논리적 결론으로서 다가올 새로운 세계를 주창하였다. 이 새로운 세계는 예수의 사역에서 이미 시작되었고, 천년왕국에서 완전히 성취될 것이다. 그러면서 그도 미드가 그랬던 것처럼 천년왕국이 그리스도가 지상에 재림함으로써 시작된다고 보지는 않았다.[23] 이처럼 주목받는 지적 천년왕국주의자들이 그리스도의 지상 강림을 부인하려는 경향을 띠었다고 하더라도 그리스도의 지상 강림을 주장하는 천년왕국주의자들이 없었던 것은 아니다. 이러한 관점의 차이가 있음에도 불구하고 그들 모두는 지상의 천년왕국을 주장했다는 점에서 천년왕국주의자들임에 틀림없다.

　이와같이 이론적 지적 천년왕국주의가 영국사회 전반에 퍼져 있는 상황에서 새로운 역사적 현실이 가미되자 대중들의 종교적 정치적 행동을 이끌어내는 명분으로서의 대중의 활동적 혁명적 천년왕국주의가 등장하였다. 스튜어트왕조의 전제정치와 종교 탄압에 대항하여 일어난 청교도혁명은 천년왕국주의자들에게 〈다니엘서〉와 〈요한계시록〉의 예언들이 실현되는 사건이었다. 찰스 1세의 처형과 함께 세속군주국의 멸망은 그리스도의 왕국이 열리고 있다는 징조였다. 그러나 크롬웰(Oliver Cromwell)의 지도력 아래 이루어지는 개혁이 완전한 혁명을 피하면서 국가와 교회를 이원화하여 유지하려는 입장에서 진행되었고, 모든 일들이 군사독재로 처리되었다. 이에 불만을 느낀 천년왕국주의자들은 독자적으로 천년왕국을 건설하려고 하였다. 그 가운데 윈스탄리(Gerrard Winstanley)를 중심으로 한 디거파(the Diggers)와 제5 왕국파(the Fifth Monarchy Men)가 대표적인 예이다. 먼저 엔클로저운동에 따른 농지 감소, 실업과 빈곤 등의 어려운 현실 속에서 윈스탄리는 그리스도의 재림이 임박했음을 알리고, 토지 공유를 기반으로 하는 성도의 낙원을 설파하였다. 그를 중심으로 모여든 디거파라 불리는 추종자들은 사유재산이 없고 강압적인 정부가 없는 천년왕국의 실천을 감행하였다. 그들은 토지의 개간을 통한 성도들의 신국을 건설하는 데 목표를 두었으나 과격성을 띠지는 않았다.[24] 다음으로 제5 왕국파는 〈다니엘서〉의 예언에 따라 제1 왕국에서 제4 왕국까지의 이 세상의 왕국이 끝나고 새로이 도래할 제5 왕국을 기다리는 자들이었다. 그들은 크롬웰 정부가 등장했을 때 없어져야 할 제4 왕국이 완전히 멸망하고 제5 왕국이 도래하였다는 믿음을 가졌다. 그러나 크롬웰의 개혁이 미흡하고 1656년 크롬웰이 소집한 의회에서 100명 정도의 제5 왕국파 의원들이 제외되는 상황에 처하게 되자 그들은 적그리스도적인 제4 왕국이 아직 완전히 소멸되지 않았다고 보고 진정한 제5 왕국을 출현시키기 위한 구체적인 행동을 취하였다. 이제 그들은 그리스도의 왕국이 빨리 도래할 수 있도록 하기 위해 사랑보다는 무력을 강조하는 입장에 서서 1657년 2월부터 크롬웰 정부를 타도하기 위한 일련의 계획들을 세워나갔다. 그러나 그 계획이 미리 새는 바람에 크롬웰 정부을 타도하려는 계획은 무위로 끝나고 말았다. 제5왕국파가 관심을 가졌던 것은 행정·조직·법의 내용이었는데, 그 가운데서도 그들이 가장 주목한 것은 법이었다. 그들에게서 천년왕국 정부의 주된 기능은 무엇보다도 신법을 세우는 일이라고 생각했기 때문이다.[25] 이들 제5왕국파 운동은 17세기 후반에 가서 약화되어 퀘이커와 침례파로 흡수되었다.

3. 근대의 천년왕국주의

근대에 이르러 천년왕국주의는 또 다른 양상으로 전개되었다. 종래 천년왕국주의가 그리스도교 전통 안에서 발생되었던 것과는 다르게 그리스도교와는 상관없이 세속화되어 나타난 것이다. 계몽사상의 대두로 이성이 신을 대체한 상황에서도 새 질서, 새 사회의 꿈은 지속되었는데, 그것은 종교적 요소가 빠진 것 외에는 천년왕국주의의 내용을 그대로 담고 있었다. 18세기의 계몽철학자들이 뉴턴의 과학을 기초로 하여 신국과 천년왕국에 대신할 지상낙원과 진보국을 세우고자 하였던 것에서 그 예를 찾을 수 있다. 프랑스혁명 이후 천년왕국주의는 더욱 세속적 형태로 그 모습을 분명히 드러내었다. 이런 천년왕국주의의 새로운 전개에도 불구하고 종교 집단 안에서 천년왕국주의의 전통은 계속 유지되고 있었다. 이같은 사실을 종교적 천년왕국주의와 세속적 천년왕국주의의 범주로 나누어 설명하고자 한다.

본래 그리스도교의 전통 안에 서 있는 종교적 천년왕국주의는 근대에 와서 어느 정도 변형된 모습을 취하였다. 예컨대, 그리스도의 임박한 재림에 대한 기대가 상대적으로 약화되어 있다는 점이 그것이다. 이처럼 변형된 모습을 보였음에도 불구하고 프랑스·영국·미국에서 종교적 천년왕국주의의 열기는 식지 않았다.

프랑스에서는 천년왕국주의적 분위기를 고조시키는 일련의 경향들이 있었다. 우선 무식한 자나 지성인이나 기적에 매달려 마술·점·점성술에 깊은 관심을 가졌다. 1777년 태양의 흑점이 출현한 것이나 1780년의 이상기후로 인해 세상의 종말을 알리고 인류에게 무서운 변화가 닥칠 것이라는 소문이 떠돌고 있었다. 혁명 전에는 얀센파(Jansenist)와 경련파(the Convulsionaries)의 천년왕국주의자들이 프랑스 안에 천년왕국주의적 분위기를 한층 고조시켰다. 그들은 그리스도가 오기 전 엘리야를 보내겠다는 약속에 의거하여 엘리야의 도래를 기대하며 세상의 종말을 경고하였다. 그들 가운데 어떤 이는 예언자를 자칭하며 최후의 날을 설교하기도 하였고, 어떤 이는 엘리야의 도래를 선언하고 유대인의 개종과 귀향 사건을 주시하며 그리스도의 지상 통치를 예언하기도 하였다. 이런 상황에서 프랑스혁명이 터지자 천년왕국주의는 더욱 강화되었다. 혁명의 소용돌이 속에서 구체제(ancien régime)의 사회적 정치적 제도들이 폭력에 의해 붕괴되는 것을 목격하면서 많은 사람들은 정말 세상의 종말이 왔다고 믿었다.[26] 프랑스혁명 자체가 성서의 예언이 실현되고 있음을 알리는 징표였다. 사람들은 이제 사악한 시대가 종말을 고하고 천년왕국의 도래가 임박했다는 확신을 갖게 되었다. 1789년 익명의 시인은 그것을 다음과 같이 노래하였다. "황금의 세기가 재현되고 있다. 결국 우리는 악에서 구원받을 것이다. 좋은 시절이 이미 도래하였다. 할렐루야."[27] 이처럼 프랑스혁명이 천년왕국의 전령이라는 사실은 라브루스(Suzette Labrousse)라는 여자 예언자의 활동에 의해 널리 전파되었다. 그녀는 경건한 신앙인으로 존경받으면서 프랑스인들에게 상당한 영향력을 행사하였다. 그녀는 프랑스혁명을 신이 전 세계를 갱신시키기 위한 서곡임에 틀림없다고 표현하였고, 프랑스와 가톨릭 교회의 갱신을 통해 보편적 평화가 달성될 것이라고 말하였다. 이러한 그녀의 말은 혁명을 공감하는 그리스도인들에게는 그 시대에 관한 중대한 예언으로 들렸다. 그녀가 말한 것은 정확히 〈요

한계시록〉의 천년왕국을 의미하지는 않았지만, 많은 사람들에게 천
년왕국주의적 비전을 심어주기에 충분한 것이었다. 프랑스를 통해
세계 갱신이 이루어진다는 것으로 요약되는 라브로스의 천년왕국주
의는 제를르(Dom Gerle)나 퐁타르(Pierre Pontard) 같은 사람들을 통
해 프랑스인들에게 널리 전파되었다. 이처럼 그녀가 영향력 있게 소
개될 수 있었던 것은 그녀의 예언이 신비하고 성서적인 경건의 전통
속에서 프랑스혁명을 정당화시켜주는 것이었기 때문이다.[28]

18세기 영국에서 천년왕국주의는 프랑스와는 다르게 지식인 써클
에서조차도 유행되고 당연한 것으로 받아들여졌다. 성서적 예언이
현행 사건들 속에서 성취되고 있다는 것을 보여주려고 한 미드의
시도는 뉴턴(Isaac Newton), 휘스턴(William Whiston), 하틀리(David
Hartley), 그리고 프리스틀리(Joseph Priestley)를 포함한 일련의 학자들
에 의해 지속되었다. 특히 프리스틀리는 물질론과 필연론이 기독교
신학과 조화될 수 있음을 설명하는 데 주력했던 업적을 인정받았
다. 따라서 합리적인 그리스도인들이 이신론자와 논쟁할 때 그를 가
장 자주 내세웠다. 이러한 그가 받아들였던 천년왕국주의는 전통적
인 것이었다. 그는 예수가 직접 천 년 동안 통치할 지상의 왕국에
대한 개념을 문자 그대로 받아들였고, 그 천년왕국이 도래할 정확한
날짜는 아무도 모른다는 입장에 서 있었다. 그러면서 그는 성서에
예언된 적그리스도의 몰락, 터키 제국의 몰락, 유대인의 귀향 등의
사건에 주목하였다. 이런 사건들이 일어났을 때 지식·덕·행복이
최대로 개선된 상태에 도달하게 되고, 그 절정에 가서는 천년왕국을
누리게 될 것이다. 따라서 프리스틀리는 성서 예언에 따라 발생하는
역사적 사건의 추이에 깊은 관심을 가졌다. 프랑스혁명이 발발했을
때 그에게 그것은 세계에 새 시대를 열어주고, 천년왕국이 가까웠음
을 알려주는 징후로 받아들여졌다. 달리 말하자면 프랑스 군주정의
멸망은 〈다니엘서〉와 〈요한계시록〉의 예언에 의거해볼 때 신의 계
획이 성취되어가고 있음을 나타내주는 중대한 사건이었던 것이다.

그후 그는 유럽에서 일어나는 사건들을 예언의 성취로서 풀어내려는 노력을 계속 아끼지 않았다. 그는 1792년부터 시작한 일련의 혁명 전쟁을 천년왕국의 도래에 앞서 일어난 서구 세계에 대한 신의 징벌로 보았으며, 만연된 불신앙의 풍조는 천년왕국의 도래를 암시하는 징후라고 생각하였다. 이러한 시대적 징표들에 주목하면서 그는 말년까지 악이 제거되고 선이 올 것이라는 천년왕국주의적 확신을 포기하지 않았다. [29]

19세기에 와서 영국에는 천년왕국주의의 부흥이 있었다. 당시 영국인들은 예언서 해석에 대한 식지 않은 열정을 가지고서 유대인의 개종과 귀향 사건, 천년왕국의 도래에 앞서 일어날 그리스도의 재림 사건에 대해 새로이 깊은 관심을 갖게 되었다. 동시에 그들은 그 예언들이 실현되기를 간절히 바랐다. 그러나 나폴레옹의 등장과 몰락으로 프랑스혁명의 실패와 좌절을 지켜본 그들은 사회에 대한 환멸감과 무력감을 느끼지 않을 수 없었다. 그들에게 프랑스혁명은 더이상 신의 약속을 토대로 세워진 희망의 실현이 아니었다. 그것은 인간의 능력에 근거한 신념을 바탕으로 세워진 희망의 좌절이었다. 따라서 그들은 신의 개입을 통한 완전한 변화를 희구하였다. 이로써 그들은 천년왕국이 도래하기 전에 그리스도가 먼저 재림할 것이라는 전천년왕국설(Premillenarianism)을 믿게 되었다. 이러한 전천년왕국설로의 전환은 사회적 진보를 초래하는 인간의 능력에 대한 확신을 포기하는 것이었고, 동시에 악의 풍조를 막고 인류를 기독교로 개종시켜 타락을 막을 수 있다는 교회의 능력에 대한 확신을 포기하는 것이기도 하였다. [30] 이러한 천년왕국주의의 부흥은 특별히 어빙(Edward Irving)에 의해 창출되었고, 뉴먼(F. W. Newman), 다비(John Nelson Darby), 플리마우스 형제단(Plymouth Brethren) 등에 의해 강조되었다. 이들은 기존 교회들을 향해 폭력적 공격을 가하지는 않았을지라도 교회의 상태에 대한 절망감을 표시했고, 성서의 예언들이 유럽 역사에서 성취되는 것에 관심을 갖고서 교회의 배교행위를 공격함과 동시에 참신자들의 단결을 강조하였다. 그들에 의하면, 세상은 점점 더 타락하여 심판을 향해 달려갈 것이고, 천년왕국이 시작되기에 앞서 그리스도가 지상으로 재림하여 유대인들을 팔레스타인으로 복귀시킬 것이라고 하였다. [31]

19세기 미국의 천년왕국주의는 영국의 그것이 옮겨간 것이었다. 신세계로 이주해온 청교도들은 영국에서처럼 '끝날의 영광'에 대한 기대를 갖는 가운데 적그리스도를 극복하려는 태도를 취하였다. 이로 인해 미국에는 천년왕국주의의 열기가 가득하였다. 그것은 "19세기 미국은 천년왕국에 취하였다"[32]고 언급될 정도였다. 그렇지만 그 천년왕국주의가 17세기 영국에서처럼 격렬한 혁명 활동을 자극하지는 않았다. 이민자들에게는 신세계로 이주해가는 자체가 천년왕국으로 돌입하는 징표였고, 거룩한 공동체에서 실시되는 모임도 성도들이 그리스도와 함께 통치할 것에 대한 징험(徵驗)이었다. 이처럼 그들은 식민지의 제도들 속에서 천년왕국의 실현을 기대하였다. 초기 이민자들에게 영향력 있게 천년왕국주의를 설교한 카튼(John Cotton)의 경우, 역사 속에 출현할 천년왕국이란 그리스도가 인격적으로 존재함으로써 이루어지는 것이 아니라 그의 복음을 신실하게 전파하는 일상적 수단들을 통해 이루어질 것이라고 생각하였다. 그때에는 전례 없는 종교적 부흥이 일어나서 성도들이 회개한 유대인들을 확신시키고 교회와 국가에 그리스도의 왕권을 세울 것인데, 이것이 카튼이 말하는 천년왕국이었다. [33] 미국의 천년왕국주의 논의에서 가장 비중있게 다루어지는 인물은 에드워즈(Jonathan Edwards)이다. 그는 그시대 다른 사람들처럼 1740년대에 있었던 대각성운동은 천년왕국이 미국에서 시작할 것임을 보여주는 징표라고 생각하였다. 그러나 그는 프랑스와의 전쟁을 겪으면서 이전의 주장을 포기하고, 보편적 차원에서 천년왕국에 대한 그리스도교적 희망을 강조하였다. 그는 그리스도의 재림을 상징화하여 네 번 있을 것이라고 말하고, 이 네 번의 그리스도 재림을 통해서 사악한 자와 교회의

적들이 무참히 파멸당할 것을 역설하였다. 따라서 그는 사회의 구원은 여러 단계의 점진적 과정을 통해 이루어질 것이라고 믿었다. [34] 이러한 사회적 진보에 의해 도달되는 천년왕국의 건설은 인간의 책임이 뒤따르는 것이었다. 그리스도인들의 노력을 통하여 세계가 개선될 수 있다는 것이었다. 카튼이나 에드워즈의 입장은 그리스도의 재림 사건이 천년왕국말에 있을 것이라는 후천년왕국설(Postmillen-arianism)에 입각해 있는 것이었다. 당시 규모 있는 교단 대표들도 모여 이교적이 되어버린 서구를 복음화시키고, 국가와는 별도로 국민생활을 도덕적으로 갱신시키고자 하였다. 이들의 활동 배후에도 후천년왕국주의가 깔려 있었다. [35]

여러 소종파들에게서도 발견되는 천년왕국주의적 열기도 간과할 수 없다. 밀러파(the Millerites), 몰몬교도(Mormons), 세이커파(the Shakers) 등이 그것이다. 밀러파는 그리스도의 재림날짜를 계산하여 1844년 10월 22일로 확정하였는데, 모든 광신적 활동근거를 거기에 맞추었다. 몰몬교도들은 그 본부를 오하이오에서 미주리로, 그리고 일리노이로 옮기면서 그리스도의 재림날짜보다는 재림장소에 더 큰 관심을 가졌다. 시대적 징후의 성취를 기다리며 그들은 유타에 새 예루살렘을 건설하는 데 모든 열정을 쏟아부었다. 세이커파는 그리스도의 재림은 그들의 지도자인 리(Ann Lee)를 통해 이미 일어났고, 그와 함께 천년왕국도 이미 시작되었다고 믿었다. 독신과 반수도원적 생활은 거룩함과 그리스도인의 완전이라는 그들의 이상을 표현해주는 것이었다. 이들 세 파는 저마다 독자적인 활동을 펼치면서 천년왕국주의를 실천해갔다. 이들 세 파는 공통적으로 전천년왕국설에 입각해 있었다.

이 전천년왕국주의의 입장은 남북전쟁을 기점으로 하여 미국에 더 지배적이 되었다. 이처럼 후천년왕국주의에서 전천년왕국주의로의 이행이 일어난 것은 천년왕국적 희망과 실제 역사상의 경험간의 괴리가 있었기 때문이다. 예컨대 남북전쟁의 비극은 후천년왕국주

의자들의 낙관적인 진보관과는 정면충돌하는 사건이었다. 이러한
남북전쟁의 충격을 비롯하여 1840년대말부터 이민자의 급증으로 야
기된 그리스도교 종파의 다원화, 다원주의, 지리학 등의 신학문과
성서 비평의 대두라는 새로운 상황들이 도시화와 산업화 현실에 가
중되면서 천년왕국이 미국에서 실현되고 있다는 후천년왕국주의의
낙관적 믿음은 더 이상 지지받을 수 없었다. 따라서 그들은 그들 앞
에 펼쳐지는 열악하고 사악한 현실들을 그리스도의 재림 이전에 있
을 시대적 징표로서 해석하는 것 외에 달리 그들의 천년왕국주의적
비전을 계속 유지해나갈 수 없었다. 이리하여 그들은 후천년왕국주
의에서 전천년왕국주의로 입장을 바꾸게 되었다. [36]

이로써 정리할 수 있는 것은 전천년왕국주의와 후천년왕국주의간
의 입장 차이가 다른 유형의 사회적 태도를 결과시킨다는 사실이다.
후자는 현세의 왕국들이 결국 그리스도의 왕국들이 될 것이고, 그리
스도인들의 노력을 통해 세상은 최종적으로 재림하는 그리스도를 받
아들일 만한 상황이 될 때까지 점점 더 개선될 것이라고 본다. 그
천년왕국은 점진적인 개선을 통해 성취될 수 있는 사회의 완전한 상
태로서 일종의 세속화된 유토피아라고 할 수 있을 것이다. 이러한
낙관주의적 입장과는 달리 전자는 순탄한 진보를 통해 천년왕국에
도달할 수 있을 것이라고 기대하지 않는다. 그것은 세상이 악하다는
확신 속에서 신의 갑작스러운 개입을 통해 기존의 질서가 전면파괴
됨과 동시에 새 왕국이 도래할 것이라고 믿는 입장이다. [37]

지금까지 기술된 천년왕국주의의 흐름은 대체로 기독교 전통 안
에 있는 것이었다. 그러나 19, 20세기에 오면 그리스도교와는 아무
런 관련없이 종교적 천년왕국주의가 갖고 있는 전형적인 내용을 그
대로 담고 있는 세속적 천년왕국주의가 등장한다. 이러한 세속적 천
년왕국주의를 표현해주는 요소들은 다음과 같다. 즉 과학이 종교의
역할을 한다는 것, 노동자들이나 기업가들이 메시야 역할을 한다는
것, 정치적 폭력이 사회가 갱신되기 이전의 혼란 상태로 돌아가는

의식(儀式)들을 상기시킨다는 것, 빈부가 마음의 청빈을 통해 구분되던 것이 경제적 과학적 기준에 따른 물품에 의해 구분되는 것으로 바뀐 것 등이다.[38] 세속적 천년왕국주의자들은 천년왕국주의의 수사학을 의사 전달의 수단으로 사용하고, 그리스도교의 신앙을 받아들이지 않으면서도 천년왕국의 이미지와 개념들을 언급한다.[39] 이같은 세속적 천년왕국주의의 기원은 17세기 과학혁명시대에 신이 자연과 이성으로 대체되던 시기로까지 거슬러올라가지만, 분명한 모습은 19, 20세기에 와서 더욱 구체화되었다. 종교적 천년왕국주의가 지적 논의로 위축되어 활력을 잃고 있던 시기에 세속적 천년왕국주의는 그 격렬성을 잃지 않고 유토피안 사회주의, 마르크스주의, 나치즘, 전체주의, 민족주의 등 다양한 형태 속에 존속하였다.

세속적 천년왕국주의의 대표적 예로서 로버트 오웬(Robert Owen)의 유토피안 사회주의, 마르크스(Karl Marx)의 공산주의운동, 히틀러(Adolf Hitler)를 중심으로 한 나치운동을 들 수 있다.

먼저, 오웬은 이신론자로서 기독교를 비판하고 새로운 이성 종교를 주창하였지만 천년왕국주의의 열정에 사로잡혀 있었다. 그는 '성격형성원'(The Insitution of the Formation of Character)을 개원할 때 성격 형성에 관한 과학적 지식을 말하기보다 '새로운 사회'가 실현될 새 시대의 개막을 알렸다.[40] 영국 산업사회의 불행을 고발하고 대안을 찾는 과정에서 그는 스스로를 메시아로 인식하고 지복의 세상이 도래한다는 사실을 예언하는 데 집중하였다.[41] 특히 그는 과학기술의 진보에 힘입고 새로운 도덕에 기초한 새로운 사회가 임박했음을 알렸다. 그는 진보에 대한 낙관론을 갖고 있었고, 악하고 불행한 현실에 대한 위기감 속에서 갑작스럽고 전면적인 변화를 기대하였으며, 메시아로서 그의 실현을 위해 적극 뛰어들었다는 점에서 천년왕국주의자로서의 면모를 보여주었다.[42]

다음으로, 마르크스가 제시한 공산사회도 천년왕국주의적 비전의 산물이라 할 수 있다. 그것은 중세 천년왕국주의자 요아킴의 역사

진행의 3상태설에서 영향을 받아 발전시킨 그의 역사철학에서 나온 과학적 논리의 귀결이었다. 마르크스 주장에 따르면, 역사의 과학적 분석과 자본주의 사회의 기능은 프롤레타리아의 메시아적 역할과 부자의 필연적 소멸이라는 결론에 도달하게 된다고 하였다. [43] 이로써 그가 제시한 역사 발전의 최종단계로서의 공산사회란 세속적 형태의 천년왕국이었고, 공산사회가 오기 전 프롤레타리아가 부르주아를 타도하여 자본주의 사회를 완전히 제거시키는 계급투쟁은 천년왕국의 도래에 앞선 종말론적 전쟁이었다.

끝으로 나치운동은 독일의 멸절(滅絶)과 노예화 가능성에 대한 두려움 속에서 태동하여 히틀러라는 메시아적 인물을 통한 구원을 열망하는 운동이었다. 히틀러는 제1차세계대전 이후 위기의식에 사로잡혀 있던 독일인들에게 그들이 겪고 있는 재앙의 목적론적 의미를 설명하고, 독일인이 세계를 구원할 선민이라는 의식을 고취시켰다. 이것은 이민족에 고통당하던 유대인들이 선민의식을 가지고 세계구원을 열망해 나갔던 것과 비슷하다. 히틀러는 적을 무찌르고 세상을 구원할 전쟁에 동참할 것을 강력히 호소하였다. 이에 독일인들은 열광적으로 그 전쟁에 동참하였다. [44] 그들은 그 전쟁을 통해 적들을 멸망시키고 나면 그 후에는 새로운 시대가 올 것이라고 믿었다. 그 새 시대는 '새 제국', '제3제국', 혹은 '천년제국'으로 일컬어졌는데, 이것도 다름 아닌 세속적 천년왕국이었다. [45]

앞의 예들을 볼 때 천년왕국주의는 근대에 와서 종교적 의미를 완전히 잃은 세속적 형태로 변형되어 존속한다고 할 수 있겠다. 이것을 좀더 적극적으로 말하면, 천년왕국주의는 본질적 요소를 상실함이 없이 변화하는 우주관과 사회관에 적절히 적응함으로써 그 전통을 유지해왔다고 할 수 있겠다. [46]

Ⅲ. 천년왕국주의의 특징

1. 종말론적 목적사관

천년왕국주의의 역동성은 종말론적 목적사관에 있다. 천년왕국주의에는 역사가 일정한 목표를 향하여 가되 결국은 역사의 종말을 맞이하고 지복의 새 시대가 열린다는 의미를 함축하고 있다. 여기서 세 가지 점이 주목된다.

하나는 역사는 최종목표를 갖고 있다는 것이다. 역사의 목표는 시대의 종말 다음에 올 완전한 진보와 궁극적인 구원이 최종적으로 완성될 시대에 있다. 그것은 기존의 사회질서와는 완전히 단절되는 새로운 세계의 시작이자 원초적 낙원에서조차 경험할 수 없었던 새 세계의 서곡이다. 동시에 그것은 인간에 대한 신의 목적의 완성이며 인류역사의 마지막 장을 의미하기도 한다.[47] 이같은 완전한 지복의 새 시대를 가리키는 천년왕국으로 진입하는 것이 천년왕국주의자들의 최대 관심사이다. 이런 점에서 천년왕국주의는 미래지향적인 종교적 이데올로기라고 말할 수 있다. 그들은 천년왕국에서 죄와 고통으로부터 구원을 받아 완전한 의와 행복을 누릴 것이라고 믿는다. 이런 희망은 억압의 현실 속에서 고난과 좌절을 겪는 사람들에게 삶의 돌파구가 된다.

다른 하나는 역사의 종말이 예정되어 있다는 것이다. 천년왕국주의자들에게 역사의 종말은 당연한 것이다. 왜냐하면 천년왕국을 기대한다는 것은 바로 역사의 종말을 전제로 하고 있기 때문이다. 바꾸어 말해서 역사의 종말이 있어야 천년왕국의 도래가 가능하다는 것이다. 따라서 천년왕국주의자들은 약속된 미래의 천년왕국으로 들어가기 전, 역사의 종말을 의미하는 현재의 대파국을 통과하지 않으면 안 된다고 믿는다. 이때 그들이 겪는 시련과 고난은 아주 심각한 것이지만 그것을 피해갈 수는 없다. 오히려 그것은 그들이 결연히 맞부딪쳐서 극복해야 할 과정이다. 재앙으로 묘사되는 이 대파국은 신과 사탄 사이의 우주적 전쟁으로 받아들여지는데, 그 전쟁은 현실적으로 신실한 성도와 불신자 사이에 치러지는 대리전쟁의 양상을 띤다. 구원을 위해 벌이는 이 예비적 투쟁에서 결국 선민이 종국적인 승리를 거둠으로써 사악한 무리와 세계는 완전히 소멸되고, 그 다음에 비로소 새로운 시대와 세계가 열리게 된다. 이로써 보건대, 천년왕국주의자들에게는 임박한 미래에 대한 기대 못지않게 멸망할 현재에 대한 관심도 매우 크다고 하겠다. 그들의 활동이 혁명적 결과를 초래하는 것은 사실상 현재에 대한 관심이 어느 정도 반영되어 나온 것이라 할 수 있다.

끝으로 천년왕국주의에서 역사의 완성으로서 새 시대의 도래를 말할 때 그 주안점은 완전한 시간 개념에 있다고 하겠다. 그 시간 개념에는 역사적 시간 개념과 신화적 시간 개념이 동시에 들어 있다. 원초시대(Urzeit)와 종말시대(Endzeit)는 역사 밖의 시간이지만 그 중간과정은 역사의 시간이라는 사실이다.[48] 그럼에도 불구하고 천년왕국주의의 시간 개념에는 역사적인 면보다는 비역사적인 면이 두드러진다고 하겠다. 왜냐하면 신의 최종적 완성이 이루지는 것은 역사의 종말인 신화적 천년왕국에서이기 때문이다.

완전한 시간 개념에 그 주안점이 있다고 하더라도 천년왕국주의에는 완전한 시간 개념과 완전한 공간 개념이 결합되어 있다. 그것은 마치 유대의 구원 개념이 약속의 땅의 회복과 시온의 재건으로 지역화되어 있는 것과 같다.[49] 따라서 천년왕국주의를 완전한 시간 개념에만 한정하여 논하는 것은 옳지 못하다. 그럴 경우 천년왕국이 실현되는 특정장소를 정하는 것이 부수적인 일이 되어버리거나, 아니면 천년왕국을 위한 장소는 존재하지도 않는 것이 되어버린다. 그러나 대부분의 천년왕국주의자들은 특정장소를 성역화하고 그곳으로 모여와서 천년왕국의 도래를 갈구하였다. 이처럼 천년왕국의 실현은 완전한 시간 속에서만 이루어지지 않고, 지상의 특정공간에서도 이루어지는 것이다. 그러므로 천년왕국주의에서 공간적 요소를 배제할 수 없다. 천년왕국이 천상이 아닌 지상에서 이루진다는 점이 천년왕국주의의 의의를 더욱 높여준다고 하겠다. 천년왕국주의가 역사철학·진보·이상사회와 관련하여 논의될 수 있는 것은 바로 그것이 지닌 지상성 때문이다.

역사가 종말을 향해가고 있고, 그것은 결국 역사의 완성을 이루는 새 시대로 향하고 있다는 종말론적 목적사관은 천년왕국주의자들의 역동적인 활동을 자극하는 원천이었다. 천년왕국주의자들은 초역사적으로 일어나는 세상의 완전변화와 구원이라는 일회적 사건을 염두에 두고 역사 안에서의 마지막 자기 역할에 충실하려고 하였다. 이것은 중세와 자기 시대와의 차이를 구분하는 역사의식으로 고전고대의 부활을 추구하여 새 시대를 향한 길을 닦아나갔던 르네상스 휴머니스트들이 역사 안에서의 한정적인 목표를 추구했던 것과는 구별되는 것이다. 천년왕국주의자들이 신실한 성도들에게 보장되어 있는 천년왕국에 들어가기 위해 기울인 노력은 그만큼 필사적이었다. 이러한 의식을 가지고 벌이는 천년왕국주의자들의 활동은 자연히 긴박성과 격렬성을 수반하게 마련이었고, 이같은 행동은 기존 질서를 전면 부인하는 혁명적 성격을 띤 것이었다.

2. 천년왕국운동과 혁명

천년왕국주의가 운동화되는 것은 다음 세 가지 요소가 긴밀하게 상호 작용될 때이다. 첫째는 예언자(the prophet)이고, 둘째는 대중(folks)이며, 셋째는 시대적 징후(signs)이다. 예언자는 시대적 징후 속에서 천년왕국운동을 주도하고, 대중은 시대적 징후 속에 나타난

예언자의 선동에 가담하며, 시대적 징후는 예언자와 대중에게 천년
왕국적 행동을 유발시키는 계기가 된다. 이렇게 해서 천년왕국주의
가 운동화되면 그것은 대체로 임박성·현세성·집단성·전면성을
띤 구세주의(salvationism)와[50] 현실사회의 근본적인 변혁을 열망하는
혁명주의(revolutionism)의 성격을 띤 구체적 사회운동으로 나타난
다.[51] 이로써 천년왕국주의는 혁명과 연결된다.

천년왕국주의자들이 맨 처음 관심을 갖게 되는 것은 재앙이다.
천년왕국의 도래가 임박했다는 믿음에 사로잡힌 그들은 그 길을 예
비하는 재앙을 기다린다. 이 점에서 죽음과 폐허를 나타내는 재앙과
구원 내지 성취를 가리키는 천년왕국이라는 상반된 두 개념이 서로
만난다. 사회적 정치적 질서의 안정성을 깨뜨리는 천년왕국운동의
경향은 바로 이 재앙에 대한 천년왕국주의자들의 대응과 연관되어
있다. 천년왕국주의자들은 재앙을 천년왕국이 도래하는 징후로 간
주하면서 그 재앙을 피하려 하지 않고 적극적으로 극복하는 자세를
취한다. 그 재앙에는 전염병, 폭풍, 대재앙, 지진, 오랜 가뭄, 기
근, 갑작스런 죽음 등 자연적 재앙들을 비롯하여, 전쟁, 인구 이
동, 도시의 흥망, 지위체제의 변화, 경제공황, 산업화 등이 포함되
어 있다.

이러한 재앙들에 대응하는 천년왕국주의자들이 전개하는 태도는
매우 엄격하다. 재앙은 천년왕국의 도래에 앞서 예정된 최후의 우주
적 투쟁이다. 이같은 악의 세력과의 대대적인 최후결전에서 그들은
타협이나 관용의 여지를 전혀 보이지 않으며, 그 투쟁의 강도를 더
욱 높인다. 그들은 투쟁의 격렬함이 강하면 강할수록 그것은 천년왕
국의 도래가 더욱 분명하다는 징표라고 받아들인다. 이러한 태도는
적극적 행동을 보이는 경우나 소극적 행동을 취하는 경우나 마찬가
지이다. 소극적 행동을 취했다고 하더라도 그것은 재앙에 대한 신의
개입에 더 의존하는 것이지 재앙에 대해 위축되거나 피하는 자세는
아니다.

천년왕국주의가 지닌 혁명적 성격은 그것이 단순한 개선이나 개혁이 아닌 근본적인 변혁을 요구하는 데 있다. 그것은 완전한 구원을 약속해주기 때문에 이전에 개발되지 않은 에너지를 방출시키고, 최상의 노력을 이끌어낸다.[52] 그 결과 천년왕국주의자들은 단기간에 기존 질서와의 단절을 성취하고 전혀 다른 새 질서를 도입하는 업적을 이룬다. 혁명이 기존 질서와의 완전한 단절을 목표로 한다는 관점에서 보면 그것은 일종의 혁명이 아닐 수 없다. 이런 점에 근거하여 여러 연구자들은 근대 혁명운동과 비교하여 그 유사점들을 지적함으로써 천년왕국운동이 지닌 혁명적 요소를 강조하고 있다. 영국혁명·프랑스혁명·러시아혁명·미국혁명 같은 고전적 혁명에서도 천년왕국주의의 특징이 발견된다는 것이다. 신질서의 도래를 추구하는 근대 혁명운동의 목표가 구질서의 파괴를 전제로 하고 있다는 점은 천년왕국운동의 종말론적 내용과 유사하다. 또 혁명을 통해 일어난 결과들은 천년왕국주의적 명분의 변형에 따른 것이라 할 수 있다. 이같은 사실은 미국혁명은 세계의 세속적 구원에서 미국이란 새 국가가 담당해야 할 메시아적 역할을 보여주는 것으로 이해되었고, 러시아혁명은 부르주아가 지배하던 사회를 종식시키고 새로운 프롤레타리아의 세상을 가져온 결정적 사건으로 받아들여졌다는 데서 뒷받침된다.

혁명과 관련하여 천년왕국운동을 다룰 때 검토할 문제는 메시아나 예언자의 역할과 대중의 조직화 문제이다. 천년왕국운동에서 예언자의 역할은 매우 중요하다. 그의 주된 역할은 권위와 주도권의 원천이기보다는 상징적 인물로서 기능한다는 점이다. 그는 신과 인간을 중개하는 인물로서 구원을 가져오는 자이다. 그는 천년왕국주의적 전통을 소개하고 그것들을 통속화시켜줌으로써 여러 다른 요소들을 결합하고 체계화한다. 그의 메시지는 구원의 필요에 비추어 모든 주변의 사건들을 징후로서 해석해준다. 그것은 여러 다양한 형태를 취할 수 있지만 자신과 그 추종자들에게는 단일화된 세계관을 포함하고 있다. 그것은 논리의 일관성을 희생시켜서라도 실질적인 면을 중시하여 제시된다.[53] 천년왕국주의적 희망이 실패로 끝나게 되었을 때 예언자는 다른 기능을 담당함으로써 그 추종자들에게 이차적인 활력을 불어넣는다. 그는 새 의식을 가르치고, 새로운 도덕을 설파함으로써 추종자들을 재정비하는 것이다. 그의 죽음, 투옥 혹은 실종이 그 운동의 완전소멸을 초래하기도 한다. 그러나 반대로 그것이 그의 지위를 강화시켜주고 권위를 높여주는 결과를 낳기도 한다.[54] 이처럼, 예언자 역할은 대중을 조직화시키고 혁명적 활동을 전개하는 데 거의 절대적인 위치를 차지한다고 하겠다.

조직 면에서 천년왕국운동은 독특한 특징을 지닌다. 그것은 근대 혁명조직처럼 각성된 의식과 체계성을 갖지 못하였다. 그렇지만 조직 형태와 결속력은 그 어떤 근대 이전의 반란 조직들보다 뛰어났다. 그것은 의심할 여지 없이 천년왕국주의적 메시지의 본질과 밀접히 연관되어 있다. 전면적인 구원의 약속이 곧 실현될 것이라는 메시지는 대중들의 열정적인 집단행동을 유발시킨다. 이렇게 일단 대중이 예언자의 주도 아래 천년왕국운동에 가담하면 그들은 사회정화를 목표로 한 혁명조직이 된다. 그들은 택함 받은 자신들과 파멸될 불신자간의 차별성을 명백히 하고, 동시에 성직자의 영적 결함, 군주들의 폭정, 영주·부자·세도가의 불의에 대한 통렬한 증오심을 불태운다. 이제 그들은 임박한 완전한 구원을 예상하며 그 적들을 쳐부순다.[55] 그들은 역사적 현실 속에서 적그리스도를 발견하고, 그를 멸망시키려는 활동에 몰두하는데, 이 과정에서 드러나는 그들의 폭력 사용은 신의 권위에 의해 정당화된다. 이유는 그들은 자신들이 신의 대리자가 되어 모든 죄를 소멸하고 죄인을 섬멸시킬 때 비로소 천년왕국이 도래할 것이라고 믿었기 때문이다. 따라서 천년왕국운동의 지도자들은 천년왕국 건설에 방해가 되는 모든 것들을 과감하게 제거한다는 명분 아래 무참히 자행되는 살육과 파괴 행위를 합법화하고, 추종자들은 그런 행위가 구원을 위해 필수적이라 생각하여

적극 행동에 옮기는 것이다. 이같은 전투적 행위는 정치적 목적을
위한 조직적 투쟁이었다기보다는 악의 세력에 대한 방어적 싸움이었
다. 이러한 천년왕국운동에 가담하는 집단은 경우에 따라서 모든 사
회계층을 포괄할 수 있지만 대개는 권리를 박탈당한 계층의 사람들
이다.

천년왕국운동이 근대의 세속적 혁명운동과 비교하여 유사점이 발
견된다고 하더라도 둘 사이에는 차이점이 있다. 첫째, 천년왕국주
의자들의 활동은 의식화된 정치활동이라기보다는 사악한 자들의 멸
망과 정의로운 자의 승리에 대한 상징적 신앙 행위라는 것이다. 둘
째, 홉스봄의 지적처럼, 천년왕국운동은 권력이양에 관한 분명한
관념 아래 움직여진 근대 혁명운동과는 달리, 세련된 이론이나 효과
적인 전략과 전술이 결여되어 있었다는 것이다.[56]

그렇다고 해서 천년왕국주의가 종교와 정치를 이어준다는 사실까
지 무시할 수는 없다. 종교에 의해 지배받는 사회나 계층에게 작용
하는 환경 속에서 새로운 정치적 목표는 종교적 용어로 표현될 때만
이 가능한 경우가 많다. 이때 천년왕국주의는 친숙하고도 강력한 전
통 종교의 언어와 이미지들 속에서 그 시대적 상징들을 수용하여 정
치적 메시지를 가르쳐준다. 또한 그것은 새 지도자들의 등장에 유리
한 조건을 제공하며, 지도자들의 권위를 세워주는 데 도움을 준다.
반대로 지도자는 천년왕국주의를 그의 정치적 이데올로기로 이용할
수 있다. 왜냐하면 그는 그것이 대중을 움직일 수 있는 수단임을 알
기 때문이다. 이로써 보건대, 천년왕국주의는 전 정치적 운동과 정
치적 운동을 연결시켜주는 고리라고 할 수 있다. 따라서 그것은 전
근대적 종교반란에서 근대적 혁명운동으로 쉽게 바뀔 수 있다. 이런
점에서 그것은 세속적 혁명주의의 선구 또는 부대 상황으로 받아들
여진다.[57] 여기서 역사적이면서 동시에 신화적인 면을 가진 것과 같
은 천년왕국주의의 또 다른 이중성을 발견할 수 있다. 천년왕국주의
에는 종교적인 요소와 정치적 요소가 함께 있다는 것이다.

3. 유토피아로서의 천년왕국

천년왕국은 집단적 문제에 대한 유토피아적 해결이다.[58] 개념적 차원에서만 논한다면 천년왕국은 완전한 시간과 좋은 때(euchronia)를, 유토피아는 완전한 장소와 좋은 곳(eutopia)을 가리킨다. 그러나 천년왕국은 가까운 장래에 이 지상에 실현된다고 믿는 점에서 완전한 시간과 장소의 개념을 모두 내포하고 있다. 유토피아도 이 점에서는 마찬가지이다. 본래 그것은 멀리 떨어진 섬이나 산속에 위치하고 있어서 중요한 것은 장소이지 시간의 개념이 아니었다. 그러나 지리 지식이 확대되고 진보의 개념이 대두되면서 유토피아는 공간에서 미래의 시간으로 그 위치를 옮기게 되었고, 여기에서 유토피아와 천년왕국은 거의 동의어처럼 쓰이게 되었다. 유토피아가 천년왕국의 세속적 변형이라면 천년왕국은 유토피아의 종교적 형태라고 하겠다.[59] 이처럼 현세의 모든 악들이 사라진 완전사회로서의 천년왕국 개념은 바로 현실비판으로 제시된 대안사회(代案社會)로서의 유토피아 개념과 통한다. 특히 18세기에 천년왕국주의가 진보의 개념과 연관되면서 천년왕국은 미래의 지상낙원으로 세속화되었다.[60]

완전한 사회이자 새 예루살렘으로서의 천년왕국은 결과적으로 거룩한 유토피아이다. 그것은 천상의 나라가 아니라 거룩한 지상낙원으로서 역사적 유토피아라고 부를 수 있는 것이다. 그것은 현세의 역사적인 그리스도 나라와 비역사적인 최후의 심판 뒤에 올 비역사적인 영원한 신국이라는 두 극을 지니는 중간왕국의 성격을 띠고 있다.[61] 사실상 〈요한계시록〉에 나타난 천년왕국의 상은 그것이 고통이 없고 신의 정의가 넘치는 행복한 사회라는 것을 제외하고는 지극히 모호하다. 이처럼 모호한 개념적 차원의 이상세계로서의 천년왕국과는 달리 천년왕국주의자들이 현실 속에서 추구한 천년왕국은 구체적인 형태를 띠고 있다. 이 천년왕국에서 완전히 새롭게 구현된

질서는 기존의 사회질서와는 전혀 다른 것이었다.

천년왕국주의자들이 현실 속에서 도입한 질서는 첫째, 평등주의 사회질서이다. 구질서와는 영적 육체적으로 단절하고 완전한 새 질서의 도래를 추구한 천년왕국주의자들은 왕과 통치자, 봉건 영주와 노예와 같은 지배자와 피지배자의 계층조직이 없고, 모두가 형제·자매로서 동등한 지위를 누리는 평등사회의 질서를 도입하였다. 둘째, 공유제이다. '내 것', '네 것'을 알지 못하고 모든 것을 공동으로 소유하는 사회질서가 바로 천년왕국주의자들이 추구하는 완전사회의 질서이다. 이러한 자연의 평등주의적 상태라 불리는 질서는 천년왕국주의의 새 형태를 위한 기초이다. 이 평등주의적 공유제 질서는 볼(John Ball)의 영국 농민란, 타보르파 운동, 뮌스터파, 디거파 등의 천년왕국운동에서 공통적으로 추구되었던 것이었다. 이들이 추구한 평등주의적 공유제 질서는 사회계급이나 사적 소유를 알지 못하는 잃어버린 황금시대 내지 최초의 에덴 상태를 재현시킨 것이라고 할 수 있다. 과거 회복적인 면을 보이는 이 점은 미래지향적이라는 면을 함께 보여주는 천년왕국주의의 이중적 특징이다. 셋째, 모든 제약으로부터의 완전한 자유와 해방이다. 천년왕국주의자들은 인간이 완전한 경지에 도달하면 모든 제약에서 해방된다고 생각하였다. 따라서 그들은 사회적 전통이나 정치적 법률을 지키는 것에 얽매이지 않고 자유롭게 행동하였다. 이에 대한 전형적인 예는 자유성령파(the Free Spirit)의 강령을 따른 타보르파에게서 발견된다. 그들은 신인합일(神人合一)을 주장하고 이같은 경지에 도달한 사람은 신처럼 모든 행위를 자유롭게 할 수 있다고 설교하였다. 이런 입장에서 그들은 도덕적 무정부주의를 표방하고, 다가올 제3시대는 아담이 타락하기 이전의 순진무구한 에덴동산이 될 것이다. 거기에는 물론 노동과 병과 죽음도 없고 오직 자유와 평등만이 존재하는 사회이다.[62] 이같은 질서들은 불행한 현실사회의 적극적 대안을 찾았던 유토피아주의자들이 추구한 것과 상당 부분 일치한다.

천년왕국주의와 유토피아주의는 이론상 동떨어진 것이 아니다. 그것들은 특별히 진보의 개념을 통해서 서로 밀접히 관련되어 있다. 완전사회를 향한 진보 개념은 유토피아주의에서 나온 것이고, 목표를 향한 역사의 직선적인 진보 개념은 천년왕국주의에서 취해진 것이다. [63] 이와 함께 천년왕국주의와 유토피아주의는 공통적으로 현재 악에 대한 구원의 희망을 표현하고 있다는 점에서도 두 개념은 긴밀한 관계를 맺고 있다. 가까운 미래에 구원받을 수 있다는 확신이 천년왕국주의자들에게 어떠한 역경 속에서도 좌절하지 않는 희망의 원천이 되고 있다면, 인간의 진보와 개선에 대한 확신은 유토피아주의자들에게 인류의 장래를 낙관하게 하는 토대가 되고 있다. [64]

이처럼 천년왕국의 개념이 유토피아와 거의 같은 의미를 내포하고 있는 것으로 받아들여지기도 하지만, 그러나 두 개념의 차이는 분명하다. 천년왕국은 시간의 종말에 관한 것이며 전 우주를 포함하는 것이지만 유토피아는 완전한 장소와 그 안의 사회를 묘사하는 것이다. 천년왕국은 신의 섭리에 의해 기적적으로 실현되는 반면에 유토피아는 의식적인 인간의지의 산물이라는 점에서도 두 개념은 구분된다. 또한 천년왕국주의와 유토피아주의가 지적으로 비교될지라도 그것들은 서로 다른 종류의 구원을 제시한다. 천년왕국주의자는 사악하고 타락한 세상의 종말을 통한 개인과 세계의 구원을 추구하지만, 유토피아주의자는 사회적 불행의 대안으로서의 완전한 사회를 통한 구원을 추구한다. 어떤 점에서 두 개념의 길은 수렴되지만 목표는 항상 같은 것은 아니었다. [65]

Ⅳ. 천년왕국주의의 평가

천년왕국주의는 이 세상과 역사의 종말이 임박해 있고, 바로 이어서 메시아의 도래와 함께 지상에서의 새로운 세계가 열린 것이란 믿음으로 시대의 상황에 따라 독특한 역사적 기능을 담당해왔다. 그것은 고난과 시련의 시기에 구원의 희망이 되었고, 새로운 사회의 가능성을 제시하였다. 이러한 천년왕국주의를 지식인층은 그것의 타당성을 설명하는 지적 논의를 통하여, 대중들은 세계의 구현을 시도하는 집단적 행동을 통하여 표출하였다. 그것은 역사 속에 잠복했다가 특정한 사회적 조건이 더해지면 언제고 표면화되면서 사회변혁을 일으키는 잠재력으로 작용하였다. 그동안 그리스도교 전통 안에 있었던 그것은 세속화되면서 다른 차원에서 새 시대의 새 세계를 추구하게 하는 동인이 되기도 하였다. 이와같이 천년왕국주의는 역사의 흐름 속에서 특정부류의 사람들에게 존속하면서 그 명맥을 면면이 이어오고 있다.

이러한 천년왕국주의의 기능과 가치에 대한 평가는 학자들마다 견해를 달리한다. 그것은 대체로 부정적 입장과 긍정적 입장으로 나누어진다. 먼저 부정적 시각에서 보면 천년왕국주의는 위험한 집단적 광기로서 극단적인 불안의식의 표출이자 파멸에 대한 과대망상으로서 간주된다. 콘이 주장하였듯이, 천년왕국주의는 왜곡된 종교적 열광주의로서 비합리적이며 히스테리적인 성격을 지니고 있다는 것이다. 따라서 그것은 방화·살육·파괴·집단자살 등과 같은 광신행위를 동반한다는 점에서 잘 입증된다. 그같은 열광적 행위는 천년왕국운동을 신속히 대중에게 전파시키는 작용도 하지만 동시에 그 운동을 단명시키는 요인이 되기도 한다.

반대로 긍정적 시각에 의하면, 천년왕국주의는 결코 환상적이 아니며 오히려 합리적이고 건설적인 요소를 포함하고 있다. 그것은 기존의 사회질서를 배격하고 새로운 사회를 건설하려는 혁명운동과 연결되며, 또 그같은 운동을 촉진하는 이데올로기로 강력히 작용할 수 있다는 것이다. 바꾸어 말해서 천년왕국주의는 정체된 집단에게 새로운 집단적 주체성을 촉발시켜 소속감과 목적의식을 갖게 한다. 나아가서 그것은 정치적으로 수동적인 집단을 활성화하고 고립된 집단을 결속시키는 힘으로 작용한다. 이처럼 천년왕국주의가 일정 규모로 일시에 대중들의 행동을 이끌어내고 조직화하는 데 효과적이었다는 점에서 그것이 갖는 정치적 각성과 조직의 선구적 역할은 높이 평가된다. 이렇게 볼 때 천년왕국주의의 지배적인 요소는 파멸감에 있지 않고 오히려 내적 확실성과 희망에 있다고 하겠다. [66]

이렇게 엇갈리는 평가는 주로 연구자들의 현재적 관심에서 기인한다. 부정적 관점에서 천년왕국주의를 파악하고자 한 콘의 입장 뒤에는 현대의 전체주의와 공산주의가 바로 천년왕국주의의 상속자라는 생각이 깔려 있다고 하겠다. 그는 20세기 나치즘에 의한 유대인 대량학살을 중세와 종교개혁시대의 천년왕국운동에서 발견되는 파괴와 살인행위와 연관짓고 있는 것이다. [67] 천년왕국주의에서 긍정적 건설적 합리적 관점을 찾아내고자 한 학자들은 대부분 마르크스주의자 계열에 속한다. 그들은 전근대적 사회운동 속에서 근대적 요인을 밝히는 데 주로 역점을 두고 천년왕국주의를 연구하였다. 그 결과 그들은 천년왕국주의가 근대적 정치의식과 조직의 선구였다는 점을 부각시키고 있다.

이렇듯이 앞으로의 천년왕국주의에 대한 연구도 결국 연구자의 관점에 의해 좌우되기 쉽다. 천년왕국주의를 소극적으로 다루는 입장에서 보면, 천년왕국주의는 별로 가치없는 것이다. 왜냐하면 그것은 사회 주변부의 쇠락한 집단에 의해 받아들여져서 운동의 정형성을 갖추지 못한 채 비현실적 목표만을 추구하며, 지속적인 사회적 결과도 이룩해내지 못한다고 보기 때문이다. 이와는 달리 적극적으로 천년왕국주의를 수용하고자 하는 입장에서 보면, 천년왕국주의는 역사적으로 상당한 기여를 하는 것이다. 그것은 비록 사회적으로 소외되어 있더라도 새로이 부상하는 집단에 의해 주도되어서 실제적 변화를 일으키며 전체 사회에 일정한 영향을 남긴다는 것이다. 이러한 사실은 근대는 물론 근대 이전의 유럽사회에서 천년왕국주의가

민족해방운동과 사회해방운동에서 중요한 역할을 했다는 것에 근거를 두고 있다. [68]

요컨대 천년왕국주의에 대한 평가는 연구자의 개별적 관심이나 이데올로기의 차이에서 달리 나타나고, 연구방향도 서로 다른 역사적 사회적 배경에 맞추어져 나온 연구 결과에 따라 서로 다르게 나타난다. 이로써 알 수 있는 것은 천년왕국주의가 시대나 상황에 따라 다양한 모습으로 나타나서 경우에 따라 부정적으로 혹은 긍정적으로 역사적 역할을 하고 있다는 사실이다. 이러한 천년왕국주의의 독특한 역할은 앞으로 더 많은 연구를 토대로 더욱 더 분명히 규명되어야 할 것이다.

주

1) 이 말은 그리스어 어원을 가진 chiliasm과 라틴어에서 나온 millennialism, millenarianism, millenarism을 통괄적으로 묶어 사용하는 번역어이다.

2) Michael Barkun, *Disaster and the Millennium* (New Haven, 1974), p. 3.

3) 좀더 자세한 연구동향에 대해서는 김영한, 〈중세 말의 천년왕국사상과 하층민의 난〉, 《동국사학》 19·20(1986), pp. 486~490.

4) Gordon Leff, "In Search of the Millennium", *Past and Present*, 13(1958), pp. 90~91 ; *Heresy in the Later Middle Ages*, vol. 2 (Manchester, 1967), I. pp. 1~11, 69~79.

5) Norman Cohn, "Medieval Millenarianism : Its Bearing on the Comparative Study of Millenarian Movements", S. L. Thurupp, ed., *Millennial Dereams in Action* (The Hague, 1962), p. 31

6) Ernest L. Tuveson, *Millennium and Utopia : A Study in the Background of the Idea of Progress* (New York, 1964), p. 11.

7) Guenter Lewy, *Religion and Revolution* (New York, 1974), p. 41.

8) Paula Fredriksen, "Tyconius and Augustine on the Apocalypse", Richard K. Emmerson and Bernard McGinn, eds., *The Apocalypse in the Middle Ages* (Ithaca and London, 1992), pp. 26~28.

 9) Augustinus, *The City of God*, xx. 9., Gerald G. Walsh and Daniel J. Honan, trs., *The Father of the Church*, vol. 24 (Washington D. C., 1954), pp. 274~275.

10) Robert E. Lerner, "Joachim of Fiore's Breakthrough to Chiliasm", *Cristianesimo Nella Storia*, Ⅵ(1985), p. 489.

11) E. Randolph Daniel, "Joachim of Fiore : Patterns of History in the Apocalypse", Emmerson and McGinn, eds., *The Apocalypse in the Middle Ages*, p. 84.

12) Majorie Revees, "Joachimist Influences on the Ides of a Last World Emperor", *Traditio*, ⅩⅦ (1961), pp. 323~324.

13) Theodore Olson, *Millennialism, Utopianism, and Progress* (Toronto, 1982), p. 124.

14) Majorie Reeves and Morton W. Bloomfied, "The Peneration of Joachim into Northern Europe", *Speculum*, 29(1954), pp. 772~793.

15) David Burr, *The Persecution of Peter Olivi* (Philadelphia, 1976), pp. 21~22.

16) David Burr, "Olivi's Apocalyptic Timetable", *Journal of Medieval and Renaissance Studies*, Ⅱ(1981), pp. 255~259.

17) 김영한, 앞의 글, pp. 500~506.

18) Donald Weinstein, "Millennnarianism in a Civic Setting : the Savonarola Movement in Florence," Thurupp, ed., *Millennial Dreams in Action*, pp. 187~205.

19) 김영한, 앞의 글, pp. 506~517.

20) Peter Toon, "The Latter-Day Glory", ed., his *Puritan, the Millennium and the Future of Israel : Puritan Eschatology 1600~1660* (Cambrige, 1970), pp. 23~26.

21) R. G. Clouse, "The Rebirth of Millenarianism", *ibid.*, pp. 45~54.

22) *Ibid.*, p. 60.

23) *Ibid.*, pp. 62~64.

24) 임희완, 《청교도 혁명의 종교적 급진사상 — 윈스탄리를 중심으로》(집문당, 1985), pp. 35~104.

25) B. S. Capp, "Extreme Millenarianism", Toon, ed., *Puritan, the Millennium and the Future of Israel*, pp. 73~74.

26) Clarke Garrett, *Respectable Folly : Millenarians and the French Revolution in*

France and England (Baltimore and London, 1975), pp. 24~30.

27) *Ibid.*, p. 18.

28) *Ibid.*, pp. 31~60.

29) *Ibid.*, pp. 125~143.

30) Ernest R. Sandeen, *The Roots of Fundamentalism : British and American Mil-lenarianism 1800~1930* (Grand Rapids, 1978), pp. 12~13.

31) *Ibid.*, pp. 36~39.

32) *Ibid.*, p. 42.

33) J. F. Maclear, "New England and the Fifth Monarchy : The Quest for the Millennium in Early American Puritanism", *William and Mary Quarterly*, 31(1974), pp. 229~233.

34) Ernest L. Tuveson, *Redeemer Nation : The Idea of America's Millennial Role* (Chicago, 1968), pp. 56~57.

35) Ernest R. Sandeen, *The Roots of Fundamentalism*, p. 43.

36) Donald W. Dayton, "Millennial View and Social Reform in the Niteenth Century America", M. Darro, Bryant and Donald W. Dayton, eds., *The Coming Kingdom : Essays in American Millennialism and Eschatology* (New York, 1983), pp. 141~143.

37) John F. C. Harrison, *The Second Coming : Popular Millennarianism, 1780-1850* (New Brunswick, 1979), pp. 6~7.

38) Luc Racine, "Paradise, the Golden Age, the Millennium and Utopia : A Note on the Differentation of Forms of the Ideal Society", *Diogenes*, 122 (1983), p. 133.

39) *Ibid.*, p. 10.

40) 박양식, 〈로버트 오웬의 '새로운 사회'〉, 《서양사론》 ⅩⅩⅦ (1986), pp. 43~72 참고.

41) W. H. Oliver, "Owen in 1817 : The Millennialist Moment", Sidney Pollard and John Salt, eds., *Robert Owen : Prophet of the Poor* (Lewisburg, 1971), pp. 168~169.

42) *Ibid.*, pp. 183~185.

43) Racine, "Paradise, the Golden Age, the Millennium and Utopia", p. 133.

44) James M. Rhodes, *The Hitler Movement : A Modern Millenarian Revolution* (Stanford, 1980), p. 64.

45) *Ibid.*, p. 69, 81.

46) 김영한, 〈이상사회와 유토피아〉, 이기백 편, 《한국사시민강좌》 10(1992), p. 186.

47) K. Kumer, *Utopianism* (Minneapolis, 1991), p. 7.

48) Y. Talmon, "Millenarism", *International Encyclopedia of the Social Science,* Ⅹ (1980), p. 352.

49) *Ibid.*, pp. 352~353.

50) Norman Cohn, *Pursuit of Millennium : Revolutionary Millenarians and Mystical Anachists of the Middle Ages* (New York, 1977), p. 15.

51) Eric J. Hobsbawm, *Primitive Rebels : Studies in Archaic of Social Movement in the 19th and 20th Century* (New York, 1965), p. 57.

52) Y. Talmon, "Millenarism", p. 359.

53) John F. C. Harrison, *Second Coming,* p. 12.

54) Y. Talmon, "Pursuit of Millennium : The Relation between Religious and Social Change", *Archives européennes de sociologie,* Ⅲ (1962), pp. 133~134.

55) Perez Zagorin, *Rebels and Rulers : 1500~1660,* vol. Ⅰ (Cambridge, 1982), p. 167.

56) Eric Hobsbawm, *Primitive Rebels : Studies in Archaic of Social Movement in 19th and 20th Century* (New York, 1965), pp. 58~59.

57) Y. Talmon, "Millenarism", pp. 359~360.

58) J. C. Davis, *Utopia and the Ideal Society* (Cambridge, 1983), pp. 31~32.

59) 김영한, 〈이상사회와 유토피아〉, pp. 185~187.

60) John F. C. Harrison, "Millennium and Utopia", Peter Alexander and Roger Gill, eds., *Utopias* (La Salle, 1984), pp. 64~65.

61) Günther List, *Chiliastische Utopie und Radikale Reformation : Die Erneuerung der Idee vom Tausendjärigen Reich im 16. Jahrhundert* (München, 1973), p. 52.

62) Howard Kaminsky, "The Free Spirit in the Hussite Revolution", Thrupp, ed., *Millennial Dreams in Action,* pp. 167~170.

63) Theodore Olson, *Millennialism, Utopianism, and Progress,* pp. 232~234.

64) 김영한, 〈이상사회와 유토피아〉, p. 187.

65) John F. C. Harrison, "Millennium and Utopia", pp. 65~66.

66) Y. Talmon, "Millenarism", pp. 358~359.

67) Norman Cohn, *The Pursuit of Millennium,* p. 285.

68) Y. Talmon, "Millenarism", p. 360.

아나키즘
Anarchism

김 은 석

Ⅰ. 아나키즘의 개념

아나키(anarchy)란 그리스어 $\alpha\nu - \alpha\rho\chi\eta$ 에서 유래한다. 이 말은 단순히 '지배자가 없는' 또는 '통치의 부재'라는 뜻이었으나 프랑스혁명 시기에는 전혀 성격을 달리하는 두 가지 상반된 의미로 사용되었다. 그 하나가 부정적 의미로서의 아나키이다. 당시 보수세력들은 쟈코뱅파를 비롯한 급진세력을 비난하면서 그들의 정책을 아나키로 규정했다. 이때 아나키란 "재산이 약탈되고 개인의 안전이 유린되며, 백성의 도의가 땅에 떨어져 헌법과 정부와 정의가 실종된"[1] 상태를 의미했다. 이런 점에서 아나키는 모든 전통적 가치와 질서를 파괴하는 최악의 혼란상태를 가리키는 욕설이었다.

그러나 다른 한편에서는 긍정적 의미로 아나키를 사용하기도 하였다. 프루동(Pierre-Joseph Proudhon)은 《재산이란 무엇인가?》(1840)에서 사회적 안정과 조화를 이룬 최선의 상태를 아나키로 정의했다. 그에 따르면 사회는 본래 위로부터 강제되는 것이 아닌 스스로 성장하고 생동하는 자연발생적인 것이다. 그러므로 이를 강제로 통제하고 속박하는 것은 사회의 기능을 왜곡시키는 일이다. 현재의 온갖 불법과 불의는 법과 공권력의 약화에서 비롯된 것이 아니라, 오히려 인위적으로 사회에 제약을 가함으로써 야기된 결과이다. 이런 점에서 강제적인 지배와 통치가 사라진 사회만이 진정한 원래 상태의 사회로서 조화와 안정을 창출할 수 있다는 것이다. 따라서 그는 "정의를 평등에서 찾는 것처럼 사회 질서는 아나키에서 구해야 한다. 주인도 군주도 존재하지 않는 아나키, 그것이 우리가 날마다 접근해가는 정치 형태이다"[2]라고 언급하면서 스스로 아나키스트임을 자처했다.

그러나 아나키즘에 대한 일반적 통념은 부정적이라 하겠다. 그것은 아무런 대안 없이 개인의 독립과 자유만을 신봉하며 기존의 모든 전통과 가치를 거부하는 사상으로 인식되어왔다. 그러므로 '아나키', '아나키스트', '아나키즘'이란 말은 기존 질서에 대해 강한 불만과 환멸에 사로잡힌 극도의 과격분자에게 알맞는 냉소적인 용어로 쓰였으며, 그 이념과 행동은 반사회적인 테러리즘이나 니힐리즘, 실현 불가능한 유토피아사상이나 사회적 신비주의 등과 밀접한 관련을 맺고 있다.[3]

이에 반해 아나키스트 자신들의 입장은 전혀 다르다. 그들이 볼 때 지금까지 사람들이 정부를 신성시해온 것은 무정부 상태에서는 자멸할 수밖에 없다는 공포심 때문이었다. 그 결과 개인의 자유와 개성이 침해되더라도 정부의 지배는 당연한 것으로 간주되어왔다. 그러나 아나키스트들은 정부에 대한 맹신과 복종이야말로 우려해야 할 일이라고 주장한다. 만일 우리가 권력의 지배에 호소하고 스스로의 행동에 제약을 가한다면 그것은 곧 개인의 자아실현과 인류의 진보를 가로막는 원인이 된다. 아나키즘은 바로 이러한 장애물로부터 해방됨으로써 개인의 자유와 사회정의가 실현된 최선의 상태를 지향하고자 하는 주장이며 신념이다.[4] 이러한 신념 때문에 러시아의 한 아나키스트는 법정에서의 최후 진술을 통해 자신의 이념과 행위의 정당성을 다음과 같이 변호한다.

우리의 적들은 아나키를 무질서와 동일시한다. 그러나 결코 그렇지 않다. 아나키는 최고의 질서이자 최상의 조화이다. 그것은 권위가 사라진 생활이다. 만일 지금 투쟁하고 있는 적들을 무찌를 수만 있다면 우리는 진정한 공동체를 갖게 될 것이며, 사회적이고 우애적이며 정의로운 삶을 누리게 될 것이다.[5]

위에서 언급하듯이 아나키를 최고의 질서와 조화의 상태라고 파악한다면 그 범위는 매우 확대될 것이다. 왜냐하면 자연상태에 대한 예찬, 황금시대에 대한 신화, 개인의 가치를 중시한 스토아철학, 반권위주의를 표방한 18세기의 계몽사상, 세속적 권위를 부정하는 천년왕국파의 신앙, 국가의 소멸을 제시한 마르크스의 사상 등은 모두 아나키즘의 이상을 내포하고 있기 때문이다.[6]

그러나 이 글에서 살펴보고자 하는 아나키즘은 프랑스혁명 이후에 나타난 특정이념에 국한된다. 그것은 고드윈(William Godwin)의 《정치적 정의》(1793)가 출간된 이래 프루동, 쉬티르너(Max Stirner), 바쿠닌(Michael A. Bakunin), 크로포트킨(Peter Kropotkin), 톨스토이(Leo Tolstoy), 워렌(Josiah Warren), 턱커(Bejamin R. Tucker) 등에 의해서 제시된 일련의 사상적 전통을 가리킨다. 이들 사상의 특징은 개인의 완전한 자유와 독립이 보장된 무국가(또는 무정부)사회의 실현을 목표로 한다. 그들은 인류의 행복과 번영을 위해서는 개인의 자유와 독립을 최대한 보장해야 한다고 생각한다. 왜냐하면 그것이야말로 인류의 행복과 진보에서 불가결한 창의성과 독창성의 토대가 되기 때문이다. 따라서 그들의 사상은 개인의 완전한 자유와 독립을 기초로 하여 개인의 자발적인 사고와 행동에 제약을 가하는 일체의 사회적 족쇄를 비판하면서 기존사회의 근본적인 변혁을 요구한다. 특히 국가와 그것에 의해 유지되는 각종 제도와 가치를 부정한다. 이런 측면에서 보면 아나키즘은 막연한 권위와 권력의 배척일 수만은 없다. 오히려 그것은 개인의 절대적 가치를 구현하기 위해 인류가 지향해야 할 모든 압제와 착취로부터의 해방정신의 표현이자, 새로운 질서를 창출하는 혁명적 이데올로기였다.

아나키즘이 내포한 혁명적 성격은 19세기 사회개혁의 주요 운동에 실질적인 영향을 끼쳤다. 그것은 제1인터내셔널과 바쿠닌에 의해 최초의 아나키스트 국제조직이라 할 수 있는 국제동지단(International Brotherhood)이 결성되는 1860년대 중반 이후 조직화된 운동으로 발전하였다. 그리하여 19세기말에서 20세기초에는 생디칼리슴(신디칼리즘)과의 접목을 통해 프랑스·스페인·미국의 혁명적 노동운동에 강한 추진력을 제공했다. 또한 제1인터내셔널을 비롯한 향후 국제노동계급 운동의 주도권 쟁탈에서 아나키스트는 마르크스주의자에게 더 없는 도전세력이었던바, 마침내 마르크스가 1872년 제1인터내셔널 헤이그대회에서 바쿠닌을 제명하고 서둘러 런던 총평의회(General Council)를 뉴욕으로 옮겨야 할 만큼 그들은 마르크스주의자들과 더불어 19세기 중반 이후 유럽의 혁명적 사회주의운동의 주요 세력으로 활동했다.[7] 이런 점에서 아나키즘은 비단 정치사상사뿐만 아니라 19세기 노동운동과 사회주의운동사에서도 결코 무시될 수 없는 비중을 차지한다고 하겠다.

Ⅱ. 아나키즘의 특징

아나키스트의 인간관은 홉스의 인간관에 대비된다. 홉스는 이기심과 지배욕이 인간의 본성이라고 생각하였다. 그러므로 인간의 자연상태는 욕구를 충족시켜줄 재화의 부족으로 언제나 전쟁상태를 방불케 한다. 따라서 이러한 최악의 상태를 예방하기 위해서는 법과 제도에 의한 구속과 강제가 불가피하다는 것이다. 이에 비해 아나키스트는 비록 인간이 죄악에 물들지 않은 완전한 존재라고는 믿지 않지만 강제적인 통제와 제약이 없이도 스스로의 노력에 의해 바람직한 사회를 창조해낼 수 있다고 생각한다. 그들은 각자가 외적인 강제와 내면적인 압박으로부터 해방되어 주체적으로 생활해나갈 때, 즉 자발적으로 행동하고 판단하는 자주인(libertarian)으로서 존재할 때 오히려 조화로운 질서가 수립되며, 그러한 토대 위에서 개인의 무한한 잠재력은 최대한으로 발휘될 수 있다고 믿는다.[8] 그러므로 아나키스트에게서 개인의 자연스런 사고와 행동을 억압하는 강제적인 지배와, 그 지배의 수단이 되는 제도들이야말로 우선적으로 척결해야 할 과제였다. 그들이 미래의 장미빛 청사진을 제시하는 대신, 인간을 속박하는 일체의 강제적인 권위와 제도의 폐지를 역설하는 것도 바로 이 때문이다. 그 가운데서도 특히 그들의 비판 대상이 된 것은 인간 노예화의 3대 족쇄인 기존의 국가(또는 정부)와 종교와 경제제도였다.

아나키스트의 일차적인 표적은 국가 또는 정부이다. 그들에 따르면 국가란 본래 약자를 착취하려는 강자의 욕구에서 비롯된 것이다. 그러므로 국가는 첫째, 사회 구성원 전체의 복지를 위해서가 아니라 인민의 지배를 효율적으로 집행하기 위한 강제적인 실체이다. 둘째, 국가는 결국 계급성을 반영하는 각종 법규와 제도를 통해 다수의 생존권과 욕구충족의 기회를 박탈할 수밖에 없는 착취적인 실체이다. 셋째, 국가는 인간의 세계관을 편협하게 만드는 각종 수단——언론·종교·공공윤리·교육 등——을 이용하여 사생활을 규제하고, 개인의 자율과 개성의 신장을 가로막는 파괴적인 실체이다. 이와 같이 강제성·착취성·파괴성을 지닌 국가가 존재하는 한 인간의 자유와 행복의 실현은 불가능하다는 것이 아나키스트의 주장이다. 그러므로 그들은 국가를 타도의 대상으로 삼고, 거기에 부수된 정치·경제·사회적 가치와 제도를 부정하는 동시에 무국가 또는 무정부사회로의 이행을 실천과제로 삼고 있다. 고드윈은 정부를 모든 사회악의 출처로 규정하여 이를 폐지시킬 것을 선언했으며,[9] 바쿠닌은 국가권력의 탈취냐 파괴냐 하는 문제야말로 자신과 마르크스를 구분하는 중요한 쟁점으로 파악했다. [10] 루돌프 록커(Rudolf Rocker) 역시 우리 시대의 당면과제는 경제적 착취, 정치·사회적 예속으로 부터 인간을 해방시키는 데 있고, 그 방법은 국가권력의 장악과 행 사에 있는 것이 아니라 아나키즘의 정신에 입각하여 사회를 전면 재 구성하는 것이라고 주장했다. [11]

종교적 압제와 굴레 또한 아나키스트의 혐오와 배척의 대상이 된 다. [12] 프루동은 진정한 덕은 종교와 신에 대한 투쟁임을, [13] 바쿠닌 은 종교가 없다면 국가는 존재하지도 존재할 수도 없음을 각각 역설 했다. [14] 그러나 아나키스트의 공격의 초점은 종교 그 자체보다는 교 리와 의식을 통해 조직되고 제도화된 교회에 있다. 그 이유는 교회 가 신자에게 사제의 권위에 대한 절대적인 복종을 요구하고, 미지에 대한 인간의 경외심과 공포를 이용하여 체념과 순종의 윤리를 주입 시키기 때문이다. 그 결과 교회는 첫째, 개인의 가치판단과 감정의 자유로운 표현을 가로막는 모든 권위의 원천이며, 둘째, 세속의 권 력과 쉽게 결탁하여 국가의 행위를 합법화하는 정치의 시녀로서 역 할해왔다. 이런 점에서 교회는 인간을 노예화하는 가부장적 권위의 상징이자, 세속권력의 대행기관에 불과하다는 것이다.

끝으로 아나키스트가 비판하는 것은 기존의 경제제도이다. 그들 은 현존하는 경제제도를 불평등의 온상이자, 개인의 자유를 침해하 는 독점형태로 규정한다. 그 가운데서도 바쿠닌과 크로포트킨 같은 아나키스트들은 자본주의를 가진 자를 위한 수탈의 도구로 파악하여 생산수단과 소비재를 공유 내지는 사회화할 것을 주장한다. 그들에 따르면 첫째, 자본주의는 기본적으로 필요가 아닌 이윤을 위한 제도 인 이상 오히려 사회에 잠재된 무한한 생산력의 발전을 저해한다. 왜냐하면 자본주의 체제 아래서의 생산은 그 필요성이 아무리 절박 해도 충분한 이윤이 보장되지 않는 한 가동되지 않기 때문이다. 둘 째, 자본주의는 한 개인이 다른 개인을 지배하기 위한 불평등 분배 의 수단에 지나지 않는다. 그것은 인간의 오랜 집산적 노력 —— 축적된 기술, 다양한 발명, 노 하우——의 결실인 재화를 자본가가 독식하고 착취할 수 있도록 만들어진 제도이다. [15] 따라서 이같은 체제 아래서 극소수를 제외하고는 그 누구도 남을 위하여 부를 산출하는 노예의 처지에서 벗어날 수 없으며, 결국 사회구성원으로서의 욕구 충족의 기회를 상실할 수밖에 없는 것이다. 자본주의가 개인의 잠재 능력과 자유의 극대화라는 본래의 이상에 상치되는 것은 바로 이 때문이다.

그러나 턱커와 같은 아나키스트들은 현존하는 자본주의를 독점체제로 규정하면서도 서로 다른 결론을 내린다. 그들은 지금의 사회적 모순은 자본주의 자체의 산물이 아니라 국가의 간섭과 규제에서 비롯되었다고 생각한다. 그러므로 일차적으로 폐지시켜야 할 것은 경제활동에 대한 국가의 간섭과 경제적 독점이다. 따라서 그들은 국가나 정치권력의 규제로부터 개인의 완전한 경제활동을 보장하고, 금융·토지·통상·특허권의 4대 독점에서 벗어난 순수하고 단순한 자유시장체제를 그 대안으로 제시한다. [16]

한편 기존의 경제제도를 독점형태로 파악하는 아나키스트의 관점에서 볼 때 국유제를 근간으로 하는 국가사회주의 역시 비판에서 제외될 수는 없다. 바쿠닌이나 크로포트킨의 추종자들은 그들 스승에 의해 가해진 사회주의에 대한 비판적 태도를 계승한다. 그들에 따르면 1917년 볼셰비키 혁명 이후의 사회주의국가는 정치적 독재에다 경제적 통제까지 장악하여 모든 사회적 관계를 독점하는 국가가 취할 수 있는 가공할 전체주의의 속성을 드러내고 있다. 그러므로 그들 국가 역시 부르주아 사회와 다를 바 없이 정치적 음모와 테러, 평등을 가장한 불평등과 독재, 소수민족에 대한 폭력과 파괴적인 전쟁 등을 일삼는 것이다. 이런 점에서 국가사회주의 또한 인민의 이름으로 특권과 불평등을 자행하는 리바이어던(Leviathan) 국가의 새로운 변형에 불과하다는 것이다. [17]

이상에서와 같이 아나키즘은 개인의 내면적 삶에 가해진 일체의 가부장적 권위와 이를 구현하는 제도에 대해 가차 없는 비판을 한다. 특히 그것은 개인의 성장과 발전을 무력화시키는 정치적 압제, 종교적 굴레, 경제적 예속을 거부하며, 이들로부터의 해방을 선언한다. [18] 아나키즘의 이같은 비판적 태도와 해방의지는 바로 기존 사회 전반에 깔려 있는 개인의 자유와 독립을 위협하는 권위적이며 강제적인 요소를 근절하려는 의도에서 비롯된 것이며, 따라서 아나키즘의 현실 비판과 부정은 그만큼 근원적이고 철저하다 하겠다.

그러나 아나키즘은 현실비판 그 자체에서 그치는 것이 아니다. 물론 아나키즘은 개인 위에 군림하는 강제적인 통치와 권위를 거부하기 때문에 기존의 사회체제에 대한 강한 반감을 보이는 것이 사실이다. 그러나 그 반감은 단순히 파괴적인 분노의 조짐이나 권력에 대한 맹목적인 배척이 아니다. 고드윈이 인간의 역사를 폭정과 불평등으로 점철된 '죄악의 역사'로 단죄한 것은 이를 '구원의 역사'로 전환시키려는 의도에서였다. [19] 또한 바쿠닌이 국가와 정치를 파괴할 것을 역설하면서도 집산주의를 표방한 것은 그의 목표가 인류의 진정한 자유와 복지의 실현에 있음을 의미하는 것이었다. [20]

이런 점에서 아나키즘은 니힐리즘과 좋은 대조를 보인다. 둘은 기존의 권위와 가치를 배격하고 부정한다는 점에서 공통된다. 그러나 니힐리즘은 삶이란 아무런 목적이 없다는 무의미성에서 출발한다. 니체에게 기존의 모든 가치는 죽은 것이며, 현실 자체가 허구이다. '철저한 허무감' 그것이야말로 니힐리스트의 숙명적인 파토스 (pathos)인 것이다. [21] 이에 비해 아나키즘의 출발점은 인간에게 잠재된 능력과 진보에 대한 강한 믿음이다. 고드윈은 무한히 개선되는 인간을 신뢰했고, 크로포트킨은 아나키즘과 진화를 결부시켰다. 프루동은 《진보의 철학》(*Philosophie du progrès*)을 집필했다. 이처럼 아나키스트의 현실비판과 부정에는 인간과 미래에 대한 신뢰 위에 더 나은 사회를 건설하려는 의도와 노력이 깔려 있다. 그것도 철저한 현실비판 위에 사회의 안정과 조화에 필요한 개인적 또는 사회적 조건

을 재창조하려는 적극적인 개혁의지를 표방하는 것이다. [22]

아나키스트가 제시하는 사회는 자유방임의 경제체제에서부터 공유제 사회에 이르기까지 매우 광범위하다. 그러나 그들 사회의 다양한 성격과 형태에도 불구하고 그 공통점을 찾는다면 탈집중화와 자발성에 있다. 다시 말해서 아나키스트가 추구하는 사회는 첫째, 강요에 의해서가 아니라 가입과 탈퇴가 자유로운 각 구성원의 자발적인 의사에 의해 결성되는 사회이다. 둘째, 그것은 사회의 밑바닥에서부터 조직되며, 각 제도는 주어진 범위 안에서의 한정된 역할과 기능만을 수행하는 중앙집권적이 아닌 분산적인 형태이다. 이러한 관점에서 보면 그들이 목표하는 바는 무조직·무질서가 아니라 비강제적인 조직, 비권위적인 질서에 입각한 새로운 사회의 건설에 있음을 의미한다고 하겠다. 그들은 바로 이러한 자발성과 탈집중화에 기초한 사회야말로 부패된 현실을 개혁하고 재정립하는 최선의 대안이라고 생각하는 것이다. [23]

그렇다면 아나키스트가 제시하는 미래사회의 실현방법은 무엇인가? 다시 말해서 현존하는 국가와 이를 지탱하는 각종 제도의 폐지를 위한 아나키스트의 전략은 과연 무엇인가? 이 점에 대해서도 아나키스트들은 서로 다른 견해를 제시한다. 한편에서는 극단적인 에고이즘, 광범위한 교육과 저술을 통한 계몽활동, 또는 납세 거부, 병역 기피 등의 수동적 저항을 피력한다. 다른 한편에서는 노동조합 또는 무산대중에 의한 적극적인 사회혁명을 촉구한다. 그러나 그 방법이 어떠하든지간에 그들은 개인의 자율을 전제로 하는 자신들의 철학에 충실한다. 그들이 한결같이 의회제도를 통한 사회변혁을 거부하는 것도 바로 이 때문이다. 그 이유는 첫째, 의회제 자체가 이미 국가의 입법 기능을 수행하는 중앙집권화된 정부기구라는 점에서 개혁에는 한계가 있으며, 둘째, 특정인이 다수를 대표할 수 있다는 대의정치의 원리 자체가 이미 개인의 자율성 제고라는 자신들의 원칙에 위배된다는 점이다. 따라서 그들은 의회제가 인민 의지라는 구실 아래 다수를 억압하는 수단이자 '묵인된 과두정'(con-senting oligarchy)에 지나지 않으며, 선거 또한 인민에게 정치참여라는 환상을 심어주는 술책이라고 반박하는 것이다.[24] 이와 같이 그들이 제시하는 사회변혁은 의회제를 비롯한 정치적 수단의 배제와 자발성의 준수라는 기본원리에 입각해 있다.

이상에서 볼 때 아나키즘은 단지 현실비판과 부정의 차원에 머무는 것이 아니라 그들 나름의 뚜렷한 목표와 전략을 통해 개인의 완전한 자유와 가치를 실현하려는 의지와 노력을 보여준다고 하겠다. 이런 면에서 아나키즘이란 인간의 자유와 존엄성을 구속하는 모든 굴레로부터 인간해방을 역설하는 교리로서 기존사회에 대한 비판인 동시에, 바람직한 미래사회의 전망이자, 한 사회에서 다른 사회로의 이행수단을 제시하는 교리라 할 수 있다.[25] 바로 이 점이 정치사상사에 끼친 아나키즘의 중요한 공헌이라 할 수 있으며, 아나키즘의 특징을 반영해주는 기준이 된다.

Ⅲ. 아나키즘의 유형

1. 개인적 아나키즘

아나키즘의 유형은 실로 다양하다. 평화적 아나키스트와 폭력적 아나키스트, 무신론적 아나키스트와 그리스도교적 아나키스트, 진화론적 아나키스트와 혁명적 아나키스트, 인도적 아나키스트와 에고이스트적 아나키스트가 있다. 그런가 하면 자연으로 돌아갈 것을 주장하는 아나키스트(back-to-nature anarchist)와 테크놀러지의 멋진 신세계를 표방하는 아나키스트(brave-new-technological world anar-chist)가 있다. 가부장적 가족제를 미래사회의 근간으로 삼는 아나키스트가 있는가 하면, 페미니즘을 역설하는 아나키스트가 있다. 자본주의의 타도를 외치는 아나키스트가 있는 반면, 자유시장경제를 추구하는 아나키스트가 있다. [26]

아나키즘이 이와 같이 다채로운 형태를 띠는 것은 그것이 마르크스주의처럼 어떤 명백한 틀을 가진 사상이나 이론이 아니라 오히려 독단과 체계화를 배격한다는 데 있다. 아나키즘은 경직된 사고나 강령의 준수를 거부하며, 다양성과 유동성을 강조하고 실천한다. 그것은 개인의 자유로운 판단과 자율적 행동이야말로 아나키스트에게 있어서 최상의 가치이기 때문이다. 아나키즘이 역사적 상황과 개인적 취향에 따라 항상 그 비전과 성격을 달리하는 것은 바로 이러한 이유에서였다.

따라서 아나키즘을 일정한 유형으로 나누는 것은 결코 쉬운 일이 아니다. 그럼에도 불구하고 그것은 인간이 본질적으로 개체적 존재이냐 또는 사회적 존재이냐 하는 시각에 따라서 크게 개인적 아나키즘(individual anarchism)과 사회적 아나키즘(social anarchism)으로 분류해볼 수 있다. [27] 일반적으로 개인적 아나키스트는 개인의 절대성(individual sovereignty)을 강조하고, 사회적 아나키스트는 사회적 연대성(social solidarity)을 중시한다. 대체로 개인적 아나키즘은 개인의 가치와 완성에 더 큰 비중을 둠으로써 관념적 사변적 성격을 띤다. 사회적 아나키즘은 개인의 사회적 연대성을 강조함으로써 생산수단과 소비재의 공유 내지는 사회화를 위한 실질적인 사회개혁을 표방한다. 그러므로 개인적 아나키스트는 주로 토론과 저작활동을 통한 자기 발견이나 대중의 계몽에 주안점을 두는 철학적 아나키스트에 머무르는 한편, 사회적 아나키스트는 무산대중의 자발적인 행동을 유도하는 실천적 아나키스트의 모습을 보인다. 정도의 차이는 있으나 전자의 경우 고드윈, 쉬티르너, 월프(R. P. Wolff), 워렌, 턱커, 후자의 경우 프루동, 바쿠닌, 크로포트킨, 말라테스타(Errico Malatesta), 르클뤼(Elisée Reclus) 등이 대표적 인물들이다.

개인적 아나키즘은 사회가 자율적인 개인의 단순한 집합이라는 원자론적 입장을 취한다. 그것은 인간이 자족적이며, 자립적인 존재로서 그 의미와 성취를 집단 속에서 구하는 것이 아니라 자아실현의 기본조건인 사적 생활에서 얻는다고 보기 때문이다. 개인이야말로 자기 자신의 주관자이며 그 이외의 어떠한 힘도 그를 압도해서는 안 되는 것이다. 각자는 일체의 외적 강제나 권위의 속박으로부터 스스로 자율성을 확보했을 때 비로소 자유와 독립이 제공하는 기회를 활용하고 자신이 원하는 바를 이룰 수가 있다. 개인의 완전한 자유와 독립의 보장, 그것이야말로 개인적 아나키즘이 지향하는 형이상학적 기본조건이며 기반이다.

이런 점에서 특히 개인적 아나키즘은 고전적 자유주의와 유사하다. 자유주의 일반이 그러하듯이 개인적 아나키즘 역시 개인이 그들의 자연적 욕구를 추구할 수 있도록 자유롭게 허용된다면 그 결과 사회의 조화와 일반 선이 실현될 수 있다는 자유방임의 신념을 견지한다.[28] 그러나 자유주의는 국가를 개인의 자유에 대한 위협으로 파악하면서도 국가 그 자체가 목적적인 존재가 아니라 할지라도 개인의 권리를 보호하기 위한 긴요한 수단에 해당한다고 생각한다. 로크가 볼 때 개인의 타고난 권리, 즉 인권을 보호하기에 필요한 최소한의 권력을 행사하는 최소국가(minimal state)의 존재는 정당한 것이었다. 따라서 자유주의가 최소의 정부가 최선의 정부라는 제퍼슨의 입장을 채택한다면, 아나키즘은 소로우(H. D. Thoreau)의 '전혀 아무 것도 통치하지 않는 정부가 최상의 정부이다'라는 입장을 선택하면서 필요악으로서의 국가의 존재에 반대한다고 하겠다.[29]

개인적 아나키즘의 전개과정에 두드러진 인물은 우선 고드윈과 쉬티르너를 들 수 있다. 그러나 둘은 대조적이다. 고드윈은 인간행위에 관한 도덕적 규범인 정의의 토대 위에 이성과 진보의 걸림돌인 기존의 제도와 가치를 부정하고, 사회개혁의 수단으로서 개인 스스로의 내적 변화를 통한 무정부사회의 실현을 제시한다. 그것은 인간이 이성적이며, 애타적인 존재로서 스스로 진리를 인식할 수 있고, 현재의 상태를 부단히 개선시킴으로써 이성과 정의가 지배하는 완전한 상태에 도달할 수 있다고 보았기 때문이다. 따라서 고드윈의 목표는 순수한 이성적 존재로의 복귀를 위한 개인의 윤리적 도덕적 재생에 있었다.[30) 이에 비해 쉬티르너는 '개인적이며 구체적인 나'인 유일자(唯一者, der Einzige) 이외의 모든 것을 인간소외의 원천으로 파악한다. 오직 유일무이한 실체인 나를 제외한 일체의 당위나 규범 — 자유, 선, 정의, 의무 등 — 은 나를 소외시키는 고정관념(die fixe Idee)에 지나지 않는다. 쉬티르너에게 현존하는 이념과 제도는 바로 이러한 고정관념 위에 마련된 것으로서 이에 대한 철저한 부정을 통해 오직 자신의 이해에 의해서만 행동할 것을 촉구하는 에고이즘을 선언한다.[31) 이런 점에서 고드윈의 아나키즘이 인도적 아나키즘의 표본이라면, 쉬티르너의 아나키즘은 에고이스트적 아나키즘의 전형이라 할 수 있다.

한편 개인적 아나키즘의 또 하나의 주류로서 미국의 개인주의 아나키즘을 들 수 있다. 그것은 이미 식민지시대 뉴잉글랜드 지역의 지식인들로부터 시작하여 19세기 개인주의 철학의 신봉자들, 예컨대 에머슨(R. W. Emerson), 소로우, 휘트먼(W. Whitman), 워렌, 엔드루스, 스푸너(L. Spooner) 등을 거쳐 턱커에 이르러 전형적인 모습을 갖추었다. 이들의 사상은 1870년대 이후 미국에 유입 확산된 유럽의 사회적 아나키즘 — 사유제와 자본주의를 배격하고 혁명을 중시하는 — 과는 대조적으로 개인의 자유를 제약하는 정부와 자본주의의 독점화 경향을 비난하면서도 무력에 의한 사회개혁 내지는 혁명에 반대하며, 개인의 재산권을 옹호한다.[32) 특히 독립 이전부터 개인주의 전통이 강했던 토양에서 자란 그들은 쉬티르너주의, 즉 인간이 기본적으로 에고이스트적으로 행동한다는 입장을 따름으로써 도덕화(moralizing)는 무의미할 뿐만 아니라 불필요하다고 생각한다. 따라서 그들은 — 타인의 권리를 위해 이기심은 제한되어야 한다는 스푸너, 로스바드(M. Rothbard)의 경우도 있지만——사회적 조화는 각자에게 순수한 이기심을 최대한 허용함으로써 스스로의 자유로운 행위에 의해 성취될 수 있다고 주장한다.[33] 그러나 고드윈과 쉬티르너의 아나키즘과 미국의 개인주의 아나키즘 사이에는 많은 유사성이 있음에도 불구하고 기본적인 차이가 있다. 전자가 개인의 절대성과 권위의 부정이라는 개인적 아나키즘의 철학적 기반에 입각하여 이상적 질서와 가치의 수립에 비중을 두는 데 비해, 후자는 개인의 사유재산의 자유로운 사용에 대한 국가 간섭의 배제라는 경제문제에 더 많은 관심을 쏟는다고 하겠다.

2. 사회적 아나키즘

사회적 아나키즘은 유기체적 사회관에 입각하여 개인이 타인의 행복을 위해 노력하는 공동체적 연대성에 초점을 맞춘다. 다시 말해서 그것은 인간을 고립된 개인의 단순한 집합이기보다는 상호간의 긴밀한 유대를 통해 결속된 총체로서 파악한다. 그들에 따르면 본래 인간관계란 상호부조와 협동의 행위로 표현되는 동정심과 애정의 관계이다. 인간은 사회적 동물로서 상호 결합하는 능력을 갖고 있으며, 그 토대 위에 마련된 공동체 안에서 개인의 가치와 독립을 최대한 실현시킬 수 있다. 크로포트킨은 자연계가 야수들로 들끓는 야만적 정글이라는 개념에 의문을 제기한다. 그는 동물들 사이에서 이루어지는 자발적 협동이 치열한 생존경쟁보다 더 중요한 역할을 하며, 상호부조의 습성을 지닌 동물이 오히려 적자생존한다고 보았다. 그러므로 만물의 영장인 호모 사피엔스에게 이 원리가 적용되지 않을 까닭이 없으며, 바로 이 점이 그의 아나키즘의 전제였던 것이다.[34] 또한 인간은 사회전체의 집산적 행동을 통해서 오직 인간의 가치를 실현시킬 수 있다고 본 바쿠닌도 마찬가지이다.[35] 따라서 사회적 아나키스트가 볼 때 단지 고립되고 자기 충족적인 존재로서의 개인은

경쟁심과 적대감으로 채색된 부르주아 사회의 왜곡된 환상에 지나지
않는다. 물론 그들 역시 개인을 자유의 주체로 파악하는 데에는 이
론(異論)이 없다. 즉 개인은 각자 독립된 주체이며 불가양도의 절대
적 권리의 소유자라는 전제가 그 출발점이다. 그러나 개인적 아나키
스트는 대체로 개인의 자유를 간섭이나 강제로부터의 배제라는 소극
적 의미로 생각하는 반면, 사회적 아나키스트는 그것을 사회구성원
으로서의 필요와 욕구충족의 기회라는 적극적 의미로 파악하면서,
각자가 모두의 복지를 증진시키는 일에 참여하는 연대성의 공동체를
제외하고는 아무도 자유로워질 수 없다고 주장한다. [36] 그들이 기본
적으로 상호부조와 연맹주의의 원리에 입각한 미래사회를 설계하는
것도 이 때문이다. 이것은 결국 사회적 아나키즘이 보편적 가치기준
이나 개인의 완성보다는 사회적 변화와 개혁에 더 큰 비중을 두고
있음을 의미한다. 사실 그것은 소수 지식인 중심의 개인적 아나키즘
과는 달리 생산수단의 공유 내지는 사회화를 위한 실천성과 무산대
중에 의한 사회혁명을 지향하는 계급성을 지님으로써 19세기 중반
이후 노동운동과 사회주의 운동에 많은 영향력을 발휘했다. [37]

　　사회적 아나키즘의 형태로는 상호부조적 아나키즘(mutualist-anar-
chism), 집산적 아나키즘(collectivist-anarchism), 코뮨적 아나키즘(co-
mmunist-anarchism), 아나코 생디칼리슴(anarcho-syndicalism)을 들 수
있다. 상호부조적 아나키즘의 대표적 인물은 프루동이다. 그는 노
동자 각자가 생산수단의 소유자가 되고 생산의 결실을 누리며 생산
과정의 결정에 직접 참여하는 생산자 노동조합(association)과 이를 기
초로 연맹체(le fédéralisme)의 결성을 통한 사회개혁을 제안한다. 그
가 구상한 노동조합은 노동자의 자율관리에 의해 평등하게 운영된다.
모든 생산물은 등가교환(échange équivalent) —— 생산에 투입된 노동
과 비용에 따라 그 가치가 결정되는 —— 에 의해 이루어진다. 또한
노동자를 위한 금융지원 방안으로서 인민은행(Banque du Peuple)을
통해 노동자들에게 무이자 또는 저율의 신용을 제공하여 그들로 하

여금 독립 소생산자가 되게 함으로써 임금제도로부터의 해방을 도모한다. 이러한 프루동주의는 1860년대 프랑스의 수공업자와 직인들로부터 광범위한 지지를 받았으며, 1864년 제1 인터내셔널의 결성에서부터 1868년 브뤼셀(Brussel) 대회까지 두드러진 활동을 보였다.

집산적 아나키즘은 바쿠닌이 프루동의 노동조합의 결성과 연맹주의라는 요소를 수용하면서도 혁명과 계급투쟁에 소극적이던 것을 극복 발전시킨 형태이다. 상호부조적 아나키즘에서는 개인 노동자가 사회조직의 기본 단위이며, 토지와 생산수단에 대한 생산자 개인의 점유가 인정된다. 그러나 집산적 아나키즘의 경우 노동자 집단이 단위이며, 그들에 의한 공유가 강조된다. 또한 둘은 국가와 정치수단을 배격하면서도 전자가 생산자 노동조합의 평화적인 확산에 의한 사회개혁을 주장하는 데 비해, 후자는 국가의 소멸을 위한 폭력적인 혁명을 역설한다. 이러한 둘의 차이는 전자가 1850년대 유럽의 산업조건인 독립 소생산자와 숙련공의 이해를 대변한다면,[38] 후자는 1870년대 이후 대규모 산업사회의 무산대중의 이해를 반영한 결과라 할 수 있다. 역사적으로 볼 때 바쿠닌이 활동을 전개한 1869년 제1 인터내셔널 4차 총회인 바젤(Basel) 대회에서 1872년 헤이그 대회에 이르기까지 마르크스주의와 첨예하게 대립한 것이 바로 집산적 아나키즘이다.[39] 그것은 스위스의 주라(Jura) 지방과 벨기에, 이탈리아, 스페인 노동자의 광범위한 지지를 받았으며, 특히 스페인 아나키즘 운동에 많은 영향을 끼쳤다.

코뮨적 아나키즘[40]은 1870년대 이후 스페인를 비롯한 특정지역을 제외하고서는 아나키즘운동의 주류를 형성하였으며, 크로포트킨을 비롯하여 말라테스타, 르클뤼 등 사회적 아나키즘의 대표적 인물들이 여기에 속한다. 코뮨적 아나키즘은 말 그대로 사회조직의 기본단위로서 자치적이고 경제적으로 자립된 코뮨을 중시한다. 그러므로 노동문제와 농촌, 공장노동자의 각종 연맹체의 결성에 초점을 맞추는 집산주의 아나키즘에 비해 코뮨적 아나키즘은 코뮨의 전반적인

생활, 예컨대 노동·여가·교육·환경 등에 관심을 쏟는다.[41] 그러
나 이러한 강조점의 차이에도 불구하고 둘이 엄격히 구분되는 것은
아니다. 집산적 아나키스트 역시 자신들의 사회제도가 코뮨주의로
발전될 가능성을 인정했고, 코뮨적 아나키스트 또한 코뮨이 결코 강
요되는 것이 아닌 노동자 자신의 경험으로부터 자발적으로 출현하리
라고 생각했다.[42] 다만 코뮨적 아나키즘이 집산적 아나키즘과 다른
점은 노동생산의 분배문제에 있다. 노동의 직접적인 기여도에 따른
비율에 의한 대가를 제시하는 집산적 아나키즘이나 상호부조적 아나
키즘과는 달리 코뮨적 아나키즘은 '능력에 따라 일하고 필요에 따라
분배한다'는 원칙에 의해 필요에 따른 재화의 분배를 강조한다. 크
로포트킨의 입장에서 볼 때 상호부조적 또는 집산적 아나키즘도 엄
밀히 따진다면 개인의 생산능력에 기반을 둔 이상 임금제도의 또 다
른 형태로 변질될 가능성이 있는 것이다. 그것은 개인의 노고가 노
동의 기여도에 의해 평가될 경우 결국 임금노예의 처지에서 벗어날
수 없으며, 생산량의 결정과 분배를 관장하는 권위적 장치의 도입이
불가피하기 때문이다.[43]

　아나코 생디칼리슴은 자본주의를 타도하고 노동조합의 총연합에
의해 경제체제가 지배되는 무정부사회의 건설을 지향한다. 그것은
19세기말 침체의 국면에 접어든 아나키즘운동이 지녔던 조직상의
한계와 대중적 호소력의 취약성을 극복하기 위해 프랑스·스페인·
미국 등지에서 출현한 전투적 노동운동인 생디칼리슴과 접목된 형태
이다.[44] 이러한 융합의 소산이 프랑스의 노동총연맹(CGT), 미국의
산업노조(IWW), 스페인의 전국노동연맹(CNT)이다. 아나코 생디칼
리슴은 노동자를 생산계급의 일원으로 파악하고 그들을 통해 자본주
의 타도를 표방한다는 점에서 마르크스주의와 일면 유사하다. 그러
나 그들은 마르크스가 국가권력의 장악이라는 정치적 목적을 위해
노동자계급의 단합을 역설했음을 비판하면서 노동자 자신이 직접적
인 경제적 목표를 위해 자신의 역량에 의존해야 한다는 점을 강조한

다. 그러나 아나코 생디칼리스트에게 노동조합(syndicat)은 단순한 임금투쟁과 노동조건의 타개라는 화기애애한 목적을 위해서가 아니라 자본주의로부터의 궁극적인 '해방'을 위한 선도적 투쟁조직이자 실천장이며, 무국가사회로의 이행을 주도하는 미래사회의 맹아조직에 해당된다. 그들은 이를 위해 직접행동, 즉 파업, 시위, 사보타지, 그리고 계급투쟁의 가장 극적인 수단인 총파업을 제시한다.[45]

한편 아나키즘과 생디칼리슴의 결합은 1907년 8월 암스테르담 국제아나키스트대회에서 주된 쟁점으로 부각되었다. 혁명적 생디칼리스트 피에르 모나트(Pierre Monatte)와 이탈리아 코뮨적 아나키스트 말라테스타와의 논쟁이 바로 그것이다. 피에르 모나트는 노동조합이 장시간 위축되어왔던 아나키즘에 대해 새로운 희망과 전망을 불어 넣어주었음을 상기시키면서 노동조합을 부르주아 체제의 타도와 이후 노동자에 의해 건설될 무국가 사회의 전위부대가 되어야 한다고 강조했다. 이에 비해 말라테스타는 노동조합이 아나키즘의 효과적인 선전장임을 인정하면서도 노조활동이 아나키즘운동 자체와 혼동되어서는 안 된다고 경고했다. 그것은 첫째, 노동조합이 합법적이고 보수적인 그리고 노동조건의 개선 이외의 다른 실행 목표를 갖지 않는 운동에 불과하며, 또 그럴 수밖에 없다는 점 때문이다. 둘째, 노조 지도부가 조합원의 현실적 이익이라는 당면 문제에 집착하게 됨으로써 노조의 혁명성 상실과 개량화의 가능성이다. 셋째, 노동조합 그 자체에 내재된 관료화 문제이다. 그들 조직 안의 관료주의는 의회주의의 그것에 버금가는 위험을 내포하고 있기 때문이다. 이러한 이유로 코뮨적 아나키즘은 현존하는 노동문제와 그에 따른 경제적 해결에 집착하는 아나코 생디칼리슴의 한계를 극복하기 위해 공동체 생활 전반에 관심을 가질 것을 촉구한다. 결국 아나코 생디칼리슴이 현존하는 노동문제와 이에 대한 즉각적인 해결에 다소 집착하는 한편, 코뮨적 아나키즘은 아나키즘운동의 보수반동화를 저지하고 혁명성을 견지한다는 맥락에서 미래사회의 건설을 고려한다

고 하겠다.[46)]

Ⅳ. 아나키즘과 마르크스주의

아나키즘[47)]과 마르크스주의는 여러 가지 면에서 유사성이 있다. 혁명운동으로서의 아나키즘과 마르크스주의는 19세기 중반 제1 인터내셔널이라는 동일한 원천에서 출발한다. 또한 이념적으로도 둘은 자본주의 경제, 부르주아 사회, 자유주의 국가에 대한 통렬한 비판을 가하면서 이를 혁명으로 타도할 것을 천명하며 생산수단의 사회적 공동소유를 기반으로 자유와 평등이 보장된 사회를 그 대안으로 제시한다. 그리고 노동계급운동을 이러한 사회를 실현하기 위한 기반으로 파악한다.[48)]

그럼에도 불구하고 아나키즘과 마르크스주의 사이에는 중요한 차이가 있다. 이미 마르크스는 개인적으로 《독일 이데올로기》(*The German Ideology*)와 《빈곤의 철학》(*The Poverty of Philosophy*)을 통해 쉬티르너와 프루동을 각각 비판한 바 있다. 그러나 제1 인터내셔널이란 국제조직 안에서 바쿠닌과 마르크스의 대립은 두 인물 사이의 감정적인 불화 이전에 노동계급의 해방을 위한 접근방식과 미래의 사회형을 중심으로 양대 진영의 이념적 갈등과 차이를 노출시킨 것이었다. 물론 당시 제1 인터내셔널이 마르크스주의와 아나키즘 양대 진영으로 구성된 것은 아니다. 인터내셔널 자체가 이념적으로 통일된 조직도 아니고, 아나키스트 또는 마르크스주의자 역시 그 조직 안의 여러 진영의 하나일 따름이었다. 그러나 각자의 주장의 타당성 여부를 떠나 바쿠닌과 마르크스 사이에 전개된 논쟁은 제1 인터내셔널의 주된 쟁점이자, 당시 혁명운동으로서의 양대 이념의 상이한 인식을 반영해주는 것이다.[49)]

우선 아나키스트는 사적 유물론에 대해 회의적인 반응을 보였다. 그들에 따르면 첫째, 변증법적 인식체계에 기초한 마르크스의 사적유물론은 사회마다 달리 나타날 수 있는 혁명의 가능성을 도외시한 도식적이고 결정론적 체계라는 점이다. 마르크스에게서 혁명은 예정된 것이다. 즉 그것은 충분히 무르익은 경제적 조건의 필연적 산물이다. 그러나 그들이 볼 때 역사는 그러한 고정된 법칙을 따르는 것이 아니라 정의와 자유의 관점에서 진보와 퇴보의 과정인 것이다. 둘째, 그것은 역사적 변화에 나타나는 사상의 역할, 특히 '혁명정신'의 중요성을 과소평가한 점이다. 다시 말해서 유물론적 역사인식은 혁명을 창조하는 데서 역사법칙만을 앉아서 기다리는 정적 태도를 반영하는 것에 지나지 않는다는 것이다. 어떤 선험적 사고나 예지된 법칙은 마르크스와 같은 철학자나 학설의 고안자에게 합당할지 몰라도 실천적 혁명가에게 인간은 단순한 조직물로서 때가 되어 전개되기를 기다리는 존재가 아니라는 것이 바쿠닌의 생각이었다. 마르크스는 노동대중에게 단지 논리만을 주입시킴으로써 혁명에 대한 그들의 열정, 즉 자유의 욕구, 평등의 열망, 혁명의 본능을 질식시키고 말았다. 바쿠닌은 마르크스의 과학적 사회주의와는 달리 자신의 사회주의가 순수하게 본능적인 것으로 생각했다.[50] 셋째, 마르크스주의자에게서 사적 유물론의 최종적인 형태인 과학적 사회주의는 불가피하게 엘리트주의로 귀결될 수밖에 없다는 점이다. 왜냐하면 일단 과학적 진리를 전유한 소수 엘리트들이 어떤 비판도 용납지 않은 채, 그것을 대중에게 강요할 것이기 때문이다. 따라서 마르크스주의는 결국 자본가를 대신한 또 다른 지배계급으로 만들려는 새로운 전문적인 인텔리겐치아의 이데올로기에 불과한 것이다.[51]

다음으로 혁명 주체에 관한 차이점이다. 마르크스는 계급의식으로 충만된 프롤레타리아가 주도하는 조직적인 혁명을 신봉한다. 그들만이 자본주의에서 사회주의로의 역사적 이행과 일치된 이해관계를 갖기 때문이다. 그러므로 그는 프롤레타리아를 도시 공장노동자로 규정하고 이를 농민, 소부르주아, 룸펜 프롤레타리아와 엄격히 분리한다. 그러나 아나키스트는 사회주의 혁명을 자본주의 생산양식의 결과로 한정시키지 않기 때문에 노동자의 개념을 도시 노동자뿐만 아니라 농민·직인·빈민 등을 망라한 포괄적인 의미로 사용하는 한편, 공장노동자만이 혁명적 잠재력을 지닌다는 마르크스주의에 반대한다. 그들은 마르크스가 혁명적 여건이 가장 성숙했다고 판단한 영국과 독일에 '노동귀족'이 존재한다는 사실을 근거로 제시하며, 또한 도시 공장노동자는 농민과 다른 무산계급의 희생 없이는 혁명을 성사시키지 못 한다는 점을 강조한다. 그들이 볼 때 혁명은 마르크스의 계급노선을 초월한 대중혁명이 되어야만 한다. 노동자 대 자본가라는 마르크스주의의 계급투쟁은 단지 노동자의 물질적인 상황을 개선함으로써 자본주의를 고착화시키는 데 기여할 뿐만 아니라 노동자의 생활양식은 그들로 하여금 혁명가가 아니라 순응주의에 빠져들게 만든다. [52] 바쿠닌은 계급투쟁의 개념을 프롤레타리아와 부르주아로 제한시키지 않았다. 그의 비전은 사회 전반에서 일어나는 억압받는 모든 무산대중의 자발적인 혁명이었다. 왜냐하면 혁명의 본능은 모든 억압받는 대중의 공유물이기 때문이었다. 따라서 마르크스가 고도로 발달한 산업국가에서 성숙한 프롤레타리아의 혁명을 예견한 반면, 바쿠닌은 족쇄 말고는 잃을 것이 없는 가난한 사람들이 사는 곳에 가장 강력한 혁명적 충동이 있다고 보았다. 사실 바쿠닌이 제1 인터내셔널에서의 치열한 주도권 경쟁에서 마르크스주의자들이 중요한 지지를 확보할 수 없었던 이탈리아와 스페인에서 강력한 지지를 얻게 된 것은 이러한 이유에서였다. [53]

또한 혁명노선에 대한 시각 차이를 들 수 있다. 마르크스주의는 혁명전략으로 정치적 수단을 택한다. 즉 그것은 합법적이든 비합법적이든—의회주의 또는 폭력혁명—정권을 장악하기 위한 사회주의 정당의 결성을 촉구한다. 마르크스는 1872년 헤이그 대회에서 인터내셔널은 궁극적으로 정치적 투쟁의 필요성을 선언해야 하며, 따라서 정치적 투쟁을 거부하는 사이비 혁명원리를 배격하지 않으면 안 된다고 역설했다.[54] 그러나 모든 정치수단을 배격하는 아나키스트는 의회제도와 정당을 반혁명적인 것으로 규정한다. 그것은 의회 진출이라는 정치의 덫에 걸림으로써 사회주의 본연의 투쟁을 방기하는 것이다. 바쿠닌에게서 혁명은 국가를 인정하거나 또는 국가기구를 사용함으로써 본래의 순수성과 성실성이 오염되어서는 안 되는 것이었다. 그에게서는 즉각적이고 직접적인 목표로서의 경제적 평등을 완수하지 않는 정치혁명은 허구적이며 기만적인 반동, 즉 노동자를 더 많이 착취할 부르주아 혁명에 지나지 않았다.[55]

이와 관련하여 사회주의 혁명 초기 단계에서 국가의 필요성을 인정하는 마르크스주의는 통렬한 비판의 대상이 된다. 마르크스와 바쿠닌 모두에게 혁명의 궁극적 목표는 모두가 억압의 족쇄에서 해방되는 무국가사회이다. 그러나 마르크스가 무국가사회 이전에 잠정적인 프롤레타리아 독재의 필요성을 인정한 반면, 바쿠닌은 국가의 즉각적인 폐지를 역설한다. 바쿠닌의 판단으로는 아무리 프롤레타리아 독재가 잠정적이고 인민적이라 할지라도 국가의 형태를 띠는 한 그것은 단지 권력의 교체에 지나지 않으며, 결국 수탈과 노예화의 도구로 쓰일 수밖에 없는 것이다. 혁명은 계급의 독재가 아닌 계급의 폐지, 권력쟁취가 아닌 권력 자체의 소멸을 실천해야 한다. 일단 혁명이 완수된 후 정부는 생산력과 경제적 기구의 조직에 의해 대체된다. 생산수단은 마르크스가 원한 노동자 정부에 의해 국유화되는 대신 자유로운 생산자 연맹체로 전환되는 것이다. 마르크스에게 이같은 이상은 낭만적 유토피아적 공상이었으나 바쿠닌에게 마르크스의 사상은 머리부터 발끝까지 권위주의자의 그것이었다. 바쿠닌은 마르크스주의자들이 프롤레타리아 독재가 가동된다면 과연 어떠한 모습을 취하게 될 것인지에 대해 다음과 같이 서술한다.

그 정부는 오늘날 모든 정부와 마찬가지로 단지 정치적으로 대중을 조정하고 지배하는 데 만족하지 않을 것이다. 그것은 경제적으로도 역시 부의 생산과 분배, 토지의 경작, 공장의 설립과 발전, 상업의 조직과 통제, 유일한 은행인 국가에 의한 생산에 대한 자본의 투입을 국가의 수중에 집중시킴으로써 대중을 관리할 것이다. …… 그것은 가장 귀족적이고, 전제적이며, 오만불손한 과학적 인텔리와 엘리트의 지배가 될 것이다. 거기에는 진짜 또는 가짜라는 과학자와 학자들의 새로운 계급, 새로운 서열이 존재할 것이며, 세계는 지식의 이름으로 통치하는 소수와 무지한 대다수로 구분될 것이다.[56]

물론 바쿠닌의 경우 마르크스의 사상을 곡해한 측면이 없지는 않지만, 후일 역사적 경험은 그가 경고한 위험을 결과적으로 입증한 셈이 된다. 즉 바쿠닌에 의한 마르크스 비판에서 주목을 끄는 점은 장차 레닌주의로 발전하고, 다음 스탈린주의라는 불치의 병으로 성장할 맹아가 마르크스주의에 있다는 점이다.

이상에서와 같이 혁명 이데올로기로서의 아나키즘과 마르크스주의는 혁명주체와 노선 등에 대해서는 뚜렷한 이념적 차이를 보인다고 하겠다. 결국 둘의 내재적인 상충요소는 제1인터내셔널에서의 상호비방과 충돌로 귀착되는 것은 당연하였다. 그 결과가 다름 아닌 헤이그 대회에서 마르크스에 의한 아나키스트의 실질적인 지도자 바쿠닌의 제명과 제1인터내셔널의 붕괴, 1873년 아나키스트들이 주축이 된 제네바 대회에서 헤이그 대회 결정의 무효화 선언과 별도의 인터내셔널의 태동이며, 이러한 분열 양상은 더욱 첨예한 형태를 띠면서 러시아혁명과 스페인 내전까지 지속되었던 것이다.

V. 아나키즘의 현대적 의미

아나키즘이란 개인의 자유를 완전히 실현하는 것을 이상으로 삼는 사상이다. 그것은 국가·사회·종교가 개인에게 부과한 모든 압제와 굴레에 대해 자유의 이름으로 행해진 비판이며, 개인의 내면적 삶에 가해진 가부장적 권위의 허구성에 대한 고발이다. 그것은 순수하고도 완전한 개인의 자율과 판단에 의존하지 않는 모든 것에 대해 투쟁하며, 자기 스스로 주인이기를 선언한다.

역사적으로 볼 때 아나키즘은 산업혁명 이후 개인의 가치를 집단의 가치로 바꿔놓았고, 개인을 국가에 종속시켜온 정치·경제적 중앙집권화와 사회적 불의에 대한 저항운동이었다. 아나키스트는 중앙집권화된 전제정치에 대해 적의를 보이고 경제적 독점체제에 대해 증오심을 갖는다. 그러나 그들은 자유주의자나 마르크스주의자들이 지지했던 개혁론, 의회주의, 획일적인 교조주의에 반대한다. 그들은 인간의 자유와 행복의 실현은 오로지 국가의 폐지라는 대규모 혁명적 지각변동을 경험했을 때만 비로소 성취될 수 있다고 믿는다. 그러므로 그들은 국가를 타도의 대상으로 삼고 자유로운 개인의 자발적인 협동에 기반을 둔 분산적인 사회로 인도하게 될 사회혁명을 표방한다.[57]

그러나 그들의 고귀한 꿈에도 불구하고 19세기 아나키즘운동은 실패와 좌절의 역사였다. 사실상 국가를 없애고, 그 폐허에다 개인의 완전한 자유와 행복의 예루살렘을 건설한다는 그들의 이상은 끝내 이루지 못했다. 물론 아나키즘은 1860년대에서 1930년대에 이르는 동안 미국과 유럽의 급진적인 노동운동의 지지를 받았으며, 마르크스주의와 더불어 혁명적 사회주의운동을 주도해나갈 만큼 중요한 역할을 한 것이 사실이다. 그러나 실제 아나키즘의 흑기(黑旗) 아래 실행된 반란은 때로는 사회를 긴장상태로 몰아넣었으나, 결코 항구적인 효과를 얻지 못했던 사라고사(Saragossa), 리용(Lyons)의 경우와 같이 산발적이고 소규모적인 것에 국한되었다. 또한 라틴권 유럽에서 우위를 차지했던 아나키즘도 점차 마르크스주의 정당에 의해 밀려나갔다. 말라테스타가 우려했던 바와 같이 끝내 프랑스 노동총연맹은 개량주의자의 손에 넘어갔고, 스페인 전국노동연맹 지도부 역시 스페인 정부에 가담했다. 여기에 1917년 러시아혁명과 1936년 스페인 내전에서 그들은 볼세비키 또는 파시스트에 의해 투옥 또는 처형되었으며, 추방 또는 망명의 길을 걷고 말았다. 이 때문에 많은 사람들은 아나키즘의 생명력과 실천성에 의문을 품게 되었고, 그 결과 혁명이론으로서의 아나키즘은 전략상의 취약성 —— 비체계성·비현실성·비조직성 —— 을 지닌 것으로 간주되었다. 심지어 사회의 안녕과 질서를 교란하는 무책임한 발상 내지는 설득력을 상실한 대안 없는 미래상으로 백안시되기도 했다.

　그렇다면 아나키즘은 한낱 시대착오적인 과격분자의 이상과 소행에 불과했던 것인가? 여기서 결코 간과해서 안 될 것은 정치적 성공이 결코 특정 이념이나 운동의 가치를 평가하는 기준이 되어서는 안 된다는 사실이다. 제임스 졸(James Joll)이 지적했듯이 승자들의 대의명분만이 역사가들의 관심이 될 수 있다는 믿음은, 가치 있고 소중한 과거의 많은 것을 간과할 뿐만 아니라 우리의 세계관을 좁게 만드는 결과를 초래할지도 모른다. [58] 비록 아나키즘이 제기하는 문제들이 지나치게 극단적이고 기존의 질서에 적의를 보인다 할지라도 그것이 주장하는 바는 중요한 의미를 갖는다고 하겠다. 왜냐하면 아나키즘은 어느 시대 어느 사회를 막론하고 개인의 절대적인 가치와 자유를 갈망하는 인간의 꿈과 노력의 단적인 표현이기 때문이다. 특히 현대 산업사회가 당면하고 있는 현안들을 놓고 볼 때 아나키즘은 시대착오적인 것이 아니라 오히려 재평가되어야 할 가치있는 이

론임을 입증해준다. 우드코크(Woodcock)는 이 점을 다음과 같이 강
조한다.

> 아나키스트의 이념이 오늘날 세계에서 하나의 목적과 기능을 가질
> 수 있는 더욱 일반적이고 근본적인 길이 있다. 이 세계를 여전히 장악
> 하고 있는 보편적인 중앙집권화로 향하는 엄청난 운동의 힘과 존재를
> 깨닫는다는 것은 그것을 수용한다는 의미는 아니다. 만일 인간의 가치
> 가 지속되어야 하는 것이라면 전체주의적인 획일적 세계의 목표에
> 대립되는 이상이 제기되지 않으면 안 된다. 그 이상은 다름 아닌……
> 아나키스트나 아나키스트에 가까운 사상가들을 고무시켜온 순수한 자
> 유에 대한 비전 속에 분명히 존재하고 있다. 물론 그것은 당장 실현될
> 수 있는 것이 아니다. 그것은 하나의 이상이기 때문에 어쩌면 결코 실
> 현될 수 없을지도 모른다. 그러나 그와 같은 순수한 자유의 개념이 갖
> 는 그 모습이야말로 우리의 조건을 판단하고 우리의 목표를 이해하는
> 데 도움을 줄 수 있다. 그것은 날로 더 심해가는 중앙집권국가에 대항
> 하여 우리가 지켜야 할 자유를 수호하는 데 도움을 줄 수가 있다. 그
> 것은 개인의 가치가 아직도 작용하고 있는 영역을 보존하고 심지어 확
> 장하는 데 기여할 수 있다. …… 아나키스트의 이상이야말로 바로 이러
> 한 목표를 가장 잘 충족시켜줄 것이다. [59]

우드코크의 이같은 지적처럼 사실 오늘날처럼 아나키즘이 제기하
는 문제가 절실한 때도 드물다 하겠다. 그것은 전문기술관료의 수중
에 넘겨진 산업사회, 강한 정부와 제휴하고 있는 자유경제, 인간 소
외와 무력감을 가중시키는 획일적인 사회구조, 또한 인류를 절멸시
킬 가공할 핵무기와 생태계를 파괴시키는 환경오염 등으로 야기된
전례 없는 불안과 위기감, 그 결과 그것이 자본주의든 사회주의든간
에 아직도 익명의 독재자들에게 자신의 자유를 넘겨주도록 갈망되거
나 유혹당하는 현대인의 '자유에 대한 공포' 등은 아나키스트의 비
판을 환기시켜줄 만큼 인간의 존엄성과 가치를 위협하는 심각한 문
제로 등장하고 있기 때문이다. 사실 아나키즘에 대한 새로운 관심과

부활은 바로 이러한 맥락에서 비롯된다. 특히 아나키즘이 표방하는 탈집중화와 리버테리어니즘은 1968년 5월 프랑스 학생운동을 비롯한 각종 사회운동과 신좌파(New Left)운동, 그리고 최근 주목을 끌고 있는 '신사회운동'(New Social Movement) —— 환경운동, 반전운동, 여성해방, 소집단운동 등 —— 에 반영되고 있다. 또한 아나키즘 자체도 결코 쇠퇴하거나 본래의 목소리를 잃어버린 것이 아니다. 1940년대 이후 영국과 미국을 중심으로 2세대 아나키스트, 예컨대 부킨(Murry Boochin), 워드(Colin Ward), 컴포트(Alex Comfort), 굿먼(Paul Goodman), 굿웨이(David Goodway) 등의 활동과 더불어, 1970년대에 이르러 주로 저널 —— *Our Generation, Social Anarchism, Harbinger, Telos, Cienfuegos Press Anarchist Review* 등 —— 을 중심으로 전개되는 지적 활동은 아나키즘 연구가들의 새로운 주목의 대상이 되고 있다. 이런 점에서 아나키즘은 가치를 상실한 과거의 유물이 아니라 다만 역사적 조건의 변화에 따라 자체 수정을 거치고 있을 뿐, 기본적인 이념과 가치는 여전히 유효한 것이라 할 수 있다.[60]

주

1) George Woodcock, *Anarchism : A History of Libertarian Ideas and Movements* (Harmondsworth, 1983), p. 8.

2) P. J. Proudhon, *Qu'est-ce Que La Propriété ?*, chronologie et introduction par Emile James (Paris, 1966), p. 300.

3) O. Jaszi, "Anarchism", *Encyclopedia of the Social Science*, vol. Ⅱ (1942), p. 46.

4) George Crowder, *Classical Anarchism : The Political Thought of Godwin, Proudhon, Bakunin, and Kropotkin* (Oxford, 1991), p. 1. 물론 아나키스트들도 자신의 사상과는 무관하게 때로는 무질서라는 의미의 '아나키'를 사용하는 경우가 있다. 예컨대 프루동은 기존 부르주아사회의 정치적 경제적 여러 조건을 특징지우는 의미로, 고드윈은 폭력에 의한 사회개혁의 결과로서 '아

나키'라는 말을 쓰기도 한다.

5) Paul Avrich, *The Russian Anarchists* (New York, 1978), p. 66.

6) D. Novak, "The Place of Anarchism in the History of Political Thought", *The Review of Politics*, vol. 20(1958), pp. 313~320.

7) Woodcock, *Anarchism*, pp. 223~256 참조.

8) Paul Thomas, *Karl Marx and the Anarchists* (London, 1980), pp. 8~9.
대체로 아나키스트는 인간 본성에 대한 교조적인 견해—성선설 또는 성악설—를 거부한다. 그들에 따르면 인간은 특정한 상황에서 특정한 방식으로 행동하고 사고한다. 따라서 문제는 권위주의적이라기보다는 오히려 리버테리언적 인간 능력이 실현될 수 있는 사회적 조건을 만들어내는 데 있다는 것이다.

9) W. Godwin, *Enquiry Concerning Political Justice*, ed., F. E. L. Priestley, vol. Ⅰ (Toronto, 1946), pp. 30~31.

10) M. Bakunin, *The Political Philosophy of Bakunin : Scientific Anarchism*, ed., G. P. Maximoff (New York, 1964), p. 285.

11) Paul Berman, ed., *Quotations from the Anarchists* (New York, 1972), p. 28.

12) 그러나 소수이긴 하지만 톨스토이, 밸루(A. Ballou), 노이에스(H. Noyes)의 경우는 종교적 아나키스트로 분류될 만큼 정부를 배격하면서도 그리스도교 정신을 통한 무정부사회의 건설을 강조하고 있다.

13) P. J. Proudhon, *Système des contradictions économiques, ou philosophie de la misère*, vol. Ⅱ (Paris, 1923), p. 412.

14) M. Bakunin, *God and the State*, ed., G. Aldred(London, 1920), p. 40.

15) David Miller, *Anarchism* (London, 1984), pp. 46~47.

16) B. R. Tucker, *Instead of a Book* (New York, 1897), pp. 11~13.

17) Miller, *Anarchism*, pp. 9~10.

18) Emma Goldmann, *Anarchism and Other Essays* (New York, 1969), p. 62.

19) Godwin, *Enquiry Concerning Political Justice*, vol. Ⅰ, p. 6.

20) M. Bakunin, *The Political Philosophy of Bakunin*, p. 286.

21) Johan Goudablom, 천형균 역, 《니힐리즘과 문화》(문학과지성사, 1991), pp. 32~36.

22) Woodcock. *Anarchism*, pp. 19~22.

23) John P. Clark, "What is Anarchism", J. R. Pennock & J. W. Chapman, eds., *Anarchism* (New York, 1978), p. 18. 그들이 사회계약론을 거부하는

것은 이 때문이다. 이 점에 대해서는 Robert Graham, "The role of contract in anarchist ideology", David Goodway, ed., *For Anarchism : History, Theory, and Practice* (London, 1989), pp. 150~173 참조.

24) Nicolas Walter, "About Anarchism", *Anarchy*, vol. 9(1969), p. 164.

25) Woodcock, *Anarchism*, p. 7.

26) Bob Green, "The Ethics of Anarchism", *Anarchy*, vol. 2(1962), p. 161.

27) 아나키즘은 논자(論者)에 따라 다양하게 분류된다. 예컨대 Bob Green은 ① 에고이스트적 아나키즘, ② 휴머니테리언적 아나키즘으로, D. Novak은 ① 아나코 개인주의, ② 아나코 코뮨주의, ③ 종교적 아나키즘으로, David Miller는 ① 철학적 아나키즘, ② 개인주의 아나키즘, ③ 코뮨주의 아나키즘으로 구분하고 있다. 그러나 아나키즘을 어떠한 기준으로 분류한다 하더라도 그 유형이 명확하게 구분될 수는 없다. 이 글에서 구분하는 개인적 아나키즘과 사회적 아나키즘의 두 유형 역시 반드시 상호 배타적인 것이 아니며 오히려 세부적인 내용 면에서는 서로 중복되거나 공통된 요소를 많이 함축하고 있다. 따라서 이같은 분류는 어디까지나 편의적인 것이지 절대적인 것은 아니다.

28) 특히 터커나 엔드루스(S. P. Andrews) 같은 아나키스트들은 자신들을 '제퍼슨주의자'(Jeffersonian Democrats)로 묘사할 만큼 자유주의 이념의 신봉자임을 자처한다.

29) D. Novak, "The Place of Anarchism in the History of Political Thought", p. 324.

30) Godwin, *Enquiry Concerning Political Justice*, vol. I, p. 86.

31) Max Stirner, *Der Einzige und sein Eigentum* (Leipzig, 1892), p. 14.

32) 이종훈, 〈미국의 아나키즘운동과 에마 골드먼〉, 《미국사의 성찰》, 이보형 교수정년퇴임기념논총간행위원회 편(1989), p. 302.

33) Miller, *Anarchism*, p. 67.

34) Peter Kropotkin, *Mutual Aid : A Factor of Evolution*, revised ed. (London, 1904), p. 6.

35) M. Bakunin, *The Political Philosophy of Bakunin*, p. 266.

36) Miller, *Anarchism*, p. 45.

37) Daniel Guérin, *Anarchism : From Theory to Practice*, tr., Mary Klopper (New York · London, 1970), p. 12. 사실 19세기의 많은 아나키스트들은 자신들의 역할을 사회주의 운동의 일부로 생각했다. 이와 관련하여 크로포트킨이 제네바에서 편집했던 주라연맹의 기관지인 《반항자》(*Le Révolté*)의

경우도 1879년 2월 22일 창간호부터 1884년 3월 2일까지는 《사회주의자 기관지》(*Socialist Organ*)로, 또한 1886년 10월 런던에서 크로포트킨의 지원으로 시작된 *Freedom* 역시 《아나키스트 사회주의 저널》(*Journal of Anarchist Socialism*)로 창간된 바 있다.

38) 프루동의 이러한 측면 때문에 우드커크는 그를 사회적 개인주의자로 평가한다(Woodcock, *Anarchism*, p. 99).

39) 당시 마르크스주의자들이 '코뮌주의자'로 자처했기 때문에 이와 구분하기 위해서 아나키스트들은 자신들을 '집산주의자'라 불렀다 (Miller, *Anarchism*, p. 46).

40) 이 용어는 1880년 10월 9일에서 10일까지 스위스에서 개최된 국제아나키스트대회에서 크로포트킨에 의해 처음 사용되었으며, 내용은 그해 10월 17일자 《반항자》에 게재되고 있다(Novak, "The Place of Anarchism in the History of Political Thought", p. 321).

41) Walter, "About Anarchism", p. 177.

42) Miller, *Anarchism*, p. 46.

43) Avrich, *The Russian Anarchists*, pp. 28~29.

44) 1895년에 아나키스트 주간지 《새시대》(*Les Temps Nouveaux*)에서 펠루티에(Fernand Pelloutier)는 아나키즘이 이제 다이나마이트 없이도 충분히 과업을 수행해 나갈 수 있으며, 이를 위해 노동조합을 아나키즘의 실천적 학교로 삼아야 한다고 역설했다.

45) 소렐(Georges Sorel)은 아나코 생디칼리슴운동과는 직접적인 연관이 없었지만 종교인들이 구원의 그날을 기다리는 것과 마찬가지로 노동자들이 자신의 천년왕국의 이상을 위해 열정을 지속시키고 투쟁에 참여시키기 위한 사회적 신화로서 총파업을 지지했다.

46) Guérin, *Anarchism*, p. 79.

47) 이 부분에서 다루려는 것은 마르크스주의에 대한 아나키즘의 비판이란 측면이며, 이 때 아나키즘은 집산적 또는 코뮌적 아나키즘을 가리키는 것이다.

48) Miller, *Anarchism*, p. 78.

49) Thomas, *Karl Marx and the Anarchists*, pp. 251~254.

50) Avrich, *The Russian Anarchists*, pp. 21~22.

51) Miller, *Anarchism*, p. 81~82. 이같은 아나키스트의 비판에 대해 마르크스주의자들은 다음과 같이 반론을 전개한다. 첫째, 자유와 정의가 지배하는 사회에 대한 아나키스트의 비전은 그것을 만들어낸 역사적 여러 조건 또는 그것을 실현 가능하게 만든 사람들에 대한 이해 없이 영구적인 가치기준에

만 입각하여 역사를 다루고 있고, 둘째, 인간역사에 나타나는 다양한 경제
적 생산양식 사이의 차이에 대한 무지로 인해 사회주의 혁명을 자본주의 사
회의 경제적 발전으로부터 분리시키며, 셋째, 과학적 사회주의에 대한 아나
키스트의 태도 역시 노동계급의 정서와 사회변혁이 어떻게 일어나는지에 대
한 전혀 올바른 이해도 없이 유토피아에 대한 환상적인 비전과 초혁명적 문
구에만 집착하고 있다는 것이다. 그러나 아나키즘에 대한 마르크스주의자의
이같은 비판이나 마르크스주의에 대한 아나키스트의 공격은 결국 서로의 견
해를 충분히 검토 이해함이 없이 필요에 따라 자의적으로 해석한 데에서 비
롯한 것이라 할 수 있다.

52) M. Boockin, *Post-Scarcity Anarchism* (London, 1974), p. 189.

53) Avrich, *The Russian Anarchists*, pp. 22~23.

54) Thomas, *Karl Marx and the Anarchists*, p. 343.

55) Bakunin, *The Political Philosophy of Bakunin*, p. 372.

56) Bakunin, *Bakunin on Anarchy : Selected Works by the Activist-Founder of World Anarchism*, ed., Sam Dolgoff (New York, 1972), p. 319.

57) Avrich, *The Russian Anarchists*, p. 3.

58) James Joll, *The Anarchists* (London, 1964), p. 11.

59) Woodcock, *Anarchism*, p. 450.

60) John Vane, "Anarchism in the May Movement in France", *Anarchy*, vol. 9 (1969), pp. 129~134.

사회주의
Socialism

최 갑 수

I. 용어의 의미와 역사

1. 세 가지 의미

사회주의란 세 가지 의미를 갖는다. 우선 그것은 새로운 인간과 사회를 향한 열망과 이상을 말한다. '개벽세상'에 대한 바람은 인류사 만큼이나 오랜 것이지만, 그것이 명확한 이념적 강령과 체계를 갖춘 것은 19세기초의 일이었다. 아울러 사회주의는 하나의 이념인 동시에 또한 그것을 실현하려는 구체적인 운동을 말한다. '부자도 없고 빈자도 없는' 평등사회를 이룩하려는 절망적인 몸부림이 부단한 역사현상이기는 하지만, 그것이 굳건한 사회적 토대와 지속적인 조직을 갖춘 것은 19세기말의 일이었다. 마지막으로 사회주의는 하나의 체제, 더 나아가 하나의 사회구성을 말한다. 새로운 사회에 대한 전망이 이미 사회주의이론에서 제시되기는 했지만, 러시아혁명을 통해 사회주의체제가 탄생하였고 제2차세계대전 뒤에는 수십 개국에 사회주의정부가 들어섰다.

사회주의가 갖는 이러한 세 가지 의미가 분석의 필요를 위해 구분해서 파악할 수는 있다고 하더라도, 그것은 사실상 동일한 현상의 세 차원을 이루며, 따라서 서로 밀접한 관련을 맺게 마련이다. 더욱이 사회주의와 같이 강한 호소력을 갖는 총체적인 이데올로기인 경우, 그러한 세 차원에 유기적이고 역동적인 연관성을 부여하는 일은 차라리 당위적 요청인 것이다. 예컨대 한 사회주의이론이 현실적인 운동경험을 통해 그 이론의 내용을 바꿔가고, 그 결과로 다시 운동방식에 변화가 나타남이 운동주체가 그것을 의식하든 못하든간에 지극히 자연스런 현상이기는 하지만, 기존질서에 새로움을 일으켜야 하는 사회주의자에게 움직이는 현실에 걸맞게 이론을 변화시켜 그 현실에 대한 통제력을 획득하는 일은 회피할 수 없는 책무인 것이다. 이렇게 볼 때, 1989~1991년 사이에 러시아와 동유럽에서 일어난 '현실사회주의'의 붕괴는 명백히 사회주의의 위기라고 할 수 있다. 왜냐하면 비록 그것이 사회주의 일반이나 사회주의체제 일반의 죽음이라기보다는 특정하게 소비에트 사회주의의 종언이기는 하지만, 그것은 자본주의의 대안이라는 전망을 불투명하게 함으로써 사회주의의 이념과 운동 자체의 존립을 위협하고 있기 때문이다.[1]

2. 용어의 역사

어휘의 역사에서 '사회주의'는 '사회주의자'의 파생어이다. '사회주의자'의 최초의 용례는 베네딕트회 수도사인 데싱(Anselm Desing, 1699~1772)에게서 발견된다. 그는 1753년에 "인간에게 본성적으로 사회성이 있음을 가정하는 자연법의 근대이론가들"을 '사회주의자'(socialistae)라고 불렀다.[2] 그런가 하면 이탈리아인 줄리아니(Giacomo Giuliani)는 1803년에 '사회주의'를 '개인주의'에 대립하는 개념으로, 그러나 그 근대적인 용례와는 정반대로 사용하였다. 그는 "개인주의적이기 때문에 자연적인 사회관계를 해체시킬 수밖에 없는 혁명적 반사회주의에 대항하여 사적 소유제의 지배적인 질서를 옹호하는 이론이나 저술가"를 사회주의·사회주의자로 명명하였다.[3] 이러한 두 용례는 그 두 용어의 어근인 '사회적'(social)이 갖는 두 가지 의미에 상응한다. "첫번째 의미의 '사회적'이란 공공생활체제라는 오늘날 주도적인 의미의 '사회'를 가리키는 단순히 묘사적인 용어였다 ; '사회개혁가'는 이 체제를 개혁하기 원했다. 두번째 의미의 '사회적'은 명백하게 '개인적'과 특히 '개인주의적인' 사회이론과 대비되는 차별적인 용어였다. "[4]

  1830년을 전후하여 영국과 프랑스에서 거의 동시에 '사회주의'와 '사회주의자'가 사용되기 시작했을 때, 두번째 의미의 '사회적'이 승리를 거두었고, 그리하여 근대적인 용례가 나타났다. '사회주의자'는 영국에서 오웬(Robert Owen, 1771~1858)의 추종자들이 1827년에 사용하였고, 프랑스에서 그 첫번째 용례는 1833년이었으며, '사회주의'는 프랑스에서 1831년에 첫 용례가 나타났다. 영국에서는 오웬 자신이 1837년에 처음 사용하였다. 이러한 현상이 결코 우연한 것이 아님은 물론이다. 바로 그때 그리고 그곳에서 부르주아 사회질서가 본격적으로 등장하였던 것이다. 당시에 자본주의가 아직 성숙하지 못하고 산업화가 막 시작되는 시대적 상황 아래서, '사회주의'는 자본주의 자체가 아니라 그것의 사회적 원리인 자유방임주의, 특히 개인주의의 대립개념으로, 그리고 그것에 대한 대안으로서 새로운 사회조직의 교리로 이중적으로 사용되었다.

  초기 사회주의는 이처럼 주로 개인주의를 겨냥하고 있었기 때문에 그 물질적 기반인 사적 소유제를 철저하게 비판하지 못했고, 그것이 꿈꾸는 이상사회도 당시 자유주의의 그것과 본질적으로 다르기보다는 그것의 연장선상에 있었다. 대안으로서 '사회주의'는 여전히 첫번째 의미의 '사회적'이었다. 따라서 사유재산제의 철폐와 소유권의 공동향유를 주창하는 이들은 '사회주의'보다는 '공산주의'를 선호하였다. 원래 '공산주의자'란 분할할 수 없는 재산의 공동소유자란 의미의 법률적 용어로서 '사회주의자'보다 시기적으로 앞서서 사용되었다. 그것을 카베(Etienne Cabet, 1788~1856)가 1838년에 《이카리아 여행기》(*Voyage en Icarie*)에서 정치적인 의미로 최초로 사용하였다.

1840년대의 '공산주의'는 크게 보아 여러 가지 점에서 '사회주의'와 달랐다. 그것은 '사회주의'와 비교하여 더 민주적이고 공화주의적이었으며, 쟈코뱅파와 바뵈프주의의 계승자로서 사회를 변혁시키는 데 혁명적 수단과 방법을 선호하였다. '공산주의자들'은 '사회주의자들'과는 달리 산업주의를 아직 적극적으로 받아들이지 않았고, 대부분이 지하운동단체에 몸 담은 투사들이었다. 엥겔스(Friedrich Engels, 1820~1895)의 회고담은 지나치게 이분법적이기는 하지만 양자의 차이를 잘 보여준다. "《공산당 선언》(*Manifesto of the Communist Party*, 1848)이 씌었을 당시에 우리는 그것을 '사회주의' 선언이라고 부를 수 없었다. …… 1847년에 사회주의는 중간계급의 운동이었고, 공산주의는 노동계급의 운동이었다. 사회주의는 적어도 대륙에서는 '점잖은' 것이었고, 공산주의는 바로 그 반대의 것이었다. 그리고 우리는 처음부터 '노동계급의 해방은 노동계급 자신의 사업이어야 한다'는 견해를 가지고 있었기 때문에, 두 명칭 가운데 어떤 것을 선택해야 할 것인가에 대해서는 의문의 여지가 없었다."[5)]

1860년대에 들어서서 노동운동이 산업사회의 등장을 부정할 수 없는 현실로서 받아들이고, 사회주의가 집산주의적인 경향을 명확하게 보임에 따라 근대적인 용례가 확립되었다. '공산주의'는 점차 사용의 빈도가 떨어지고 마르크스주의를 추종하는 세력이나 정당들이 '사회주의'나 그것과 동의어로서 '사회민주주의'라는 용어를 채용하는 등, '사회주의'와 '사회주의자'가 지배적인 용어로 자리를 잡았다. 19세기말에 '공산주의'는 초기의 사회형태(원시 공산주의)나 '사회주의'를 거쳐 나타날 궁극적인 사회형태를 가리키는 개념으로 자주 사용되었다.

'사회주의'와 '공산주의'의 결정적인 구분은 1918년에 '러시아사회민주노동당'이 '전러시아공산당'(볼세비키)으로 이름을 바꾸면서 나타났다. 이후 그 구분은 널리 받아들여졌고, 20세기의 용례를 확정지었다. 하지만 중요한 점은 '제3인터내셔날'의 모든 공산주의 정당들이 여전히 자신을 '사회주의자'로 여기고 '사회주의'에 헌신하고 있다고 여겼다는 것이다. 이 글 역시 양자의 차이를 무시하지 않으면서도 둘의 공통점을 강조하고, 특히 '사회주의'를 양자를 뭉뚱그리는 의미로 사용하고자 한다.

II. 사회주의 등장의 역사적 조건

1. 이상향을 향한 열망

이상사회를 향한 인간의 염원은 적어도 서양에서는 플라톤(Platon, BC 428~348)에게서 처음 체계적으로 나타났지만, 아마도 그 이전에도 있었을 것이다. 전근대사회가 지녔던 낮은 수준의 생산력을 고려한다면, 그 염원의 내용이 무엇보다도 물질적인 풍요였음은 매우 자연스러운 일이었다. 하지만 빈약한 물질적 토대 위에서 이상사회는 어쩔 수 없이 좀더 평등한 분배를 약속하게 마련이었고, 그리하여 언제나 풍요로운 삶에 대한 기대를 저버리기 일쑤였다. 모어(Thomas More, 1478~1535)가 1516년에 만들어낸 '유토피아'란 신조어는 그 점을 잘 보여준다. 그 두 어원인 'u-topos'(no-place)와 'eu-topos'(good-place)가 말해주듯이, 유토피아란 "바람직하기는 하지만 당장에는 실현할 수 없는 이상사회"였던 것이다.

물론 그 이상사회를 실현할 수 있는 방안이 전혀 없었던 것은 아니다. 여느 고등종교가 그렇듯이 기독교 또한 인간의 구원을 약속했으며, 특히 '인격신'이 인간사에 직접 개입한다고 믿는 기독교의 경우, 이상사회에 대한 열망은 종말론과 결합하여 '천년왕국'의 도래를 확신하곤 하였다.

천년왕국설이 지닌 독특한 시간관념은 사회주의가 유대-기독교적인 전통과 무관하지 않음을 말해준다. 그것은 이를테면 고대 그리스인의 순환론적인 시간관과는 달리 일직선적이고, 어떤 의미에서 변증법적인 시간관을 가졌다. 그 시간은 흔히 3층구조를 지녔다. ① '창조'로 말미암은 태초의 상태. 타락하기 이전의 황금기, ② 선과 악의 대결로 치다를 역사의 시간, ③ 천년왕국을 통한 황금기의 재도래. 따라서 이 시간관은 진보의 관념을 함축하는 동시에 기존질서에 대한 비판의 준거를 제공하였다. 태초의 시기는 자연상태의 시기요 평등의 시기였다. 불평등을 창조한 것은 결코 신이 아니었다. 탐욕이 소유권을 만들어냈다. 이후의 역사과정에서 그러한 악의 세력에 대해 선의 세력이 투쟁을 벌여 후자가 최종적인 승리를 거두며 그리하여 천년왕국이 세워질 것이었다.

천년왕국은 새로운 시간을 여는 개벽이요, 실낙원 이래의 모든 모순을 해결짓는 해방의 공간이었다. 천년왕국설이 얼마나 많은 이들의 혁명적 열정을 불태웠던가! 어떤 의미에서 사회주의란 그러한 천년왕국설의 세속판이라 할 수 있다. 양자 공히 계급 없는 사회의 실현을 열망하며, 선과 악의 투쟁은 계급투쟁을 연상시키는 것이다.

하지만 양자의 유사성은 여기에서 그친다. 양자는 외형적으로 비슷한 사고의 틀을 지녔음에도 불구하고 근본적으로 상이한 세계관과 인간관에 입각해 있는 것이다. 천년왕국설이 '저승'이 아니라 '이승'에서, '사후'가 아니라 적어도 당장은 아닐지라도 신이 예정한 '역사의 시간'에 이상사회가 올 것임을 약속하기는 했지만, 그것은 사실상 '사후'에나 가능할 종교적 유토피아의 한 변형, 그것도 신의 섭리와 대비하여 인간의 무능력함을 한없이 강조한 '전도된 형태'의 변형에 불과했던 것이다.

'천국'이 아니라 '지상'에서, '내세'가 아니라 '현세'에서 인간의 합리적인 능력을 통하여 이상사회를 건설할 수 있다는 믿음을 제시한 것은 계몽사상이었다. 계몽사상은 인간의 이성이 현실에 대한

객관적인 지식을 만들어낼 수 있을 뿐만 아니라 그 지식을 통해 거
꾸로 현실, 즉 인간과 사회, 그리고 자연을 통제할 수 있다고 확신
하였다. 이 점에서 그것은 명백히 '근대성'의 기저를 이루고 있다.
따라서 사회주의가 보기에 계몽사상이란 세속적인 유토피아를 제시
한 선구적인 사회변혁의 이념이라기보다는 자유주의, 심지어 보수
주의와 함께 그들이 끊임없이 환기시키고 되돌아가야 할 사상의 원
류요 보고였다. 즉 계몽사상이 부르주아사상의 발전에서 결정적인
단계를 긋는 만큼[6] 자유주의와 더 강한 친화관계를 갖는 것은 사실
이지만, 그렇다고 해서 19세기의 그 어떤 이데올로기와 특별한 논
리적 정합관계를 이루었던 것은 아니다. 오히려 그것은 보편주의로
말미암아 모든 이데올로기에 근대적인 세계관과 인간관·사회관이
라는 바탕을 제공했던 것이다.

 계몽사상이 사회주의에 근대적인 사고의 틀을 제시했다고 해서
계몽사상에서 곧바로 사회주의의 이념이 나온 것은 아니었다. 계몽
사상가들 가운데 일부, 예컨대 메슬리에(le curé Meslier, 1664~1729),
모를리(Morelly, 18세기 중엽 활동), 데샹(Don Deschamps, 1716~1774) 등
이 사회주의적인 유토피아, 더 엄격하게 공산주의를 꿈꾸기는 했지
만, 계몽사상의 주류인 '백과전서파'의 유토피아는 그것과는 매우
다른 것이었다.[7] 게다가 계몽사상은, 그 주요한 사상적 범주가 기
본적으로 정태적이고 형식적이었기 때문에 '앎'과 '함'이, 즉 이론
과 실천이 역동적이고 변증법적인 상호관계에 있음을 알지 못했고,
또한 '각성된 개인'을 지식의 절대적인 원천으로 간주하고 모든 초
개인적인 권위를 거부함으로써 개인이 아니라 '집단'이 역사의 주
체임을 알지 못했다.

 이렇게 볼 때, 프랑스혁명과 산업혁명이라는 '이중혁명'의 충격
이야말로 사회주의를 성립시킨 기본적인 계기라고 할 수 있다. 프랑
스혁명은 부르주아사회의 원리를 극명하게 제시하는 한편 '천진난
만한' 계몽사상에 실험무대를 제공하였고, 산업혁명은 미증유의 높

은 생산력과 새로운 사회세력인 노동계급을 만들어냈던 것이다.

2. 프랑스혁명의 충격

사회주의가 프랑스혁명의 직접적인 산물은 아니지만, 프랑스혁명은 사회주의를 탄생시킬 현실적인 역사적 조건을 만들어냈다. 사회주의의 등장이라는 문제와 관련하여 프랑스혁명의 의의는 세 가지 차원에서 접근이 가능하다. 첫째, 프랑스혁명의 충격은 변화, 특히 정치체제의 변화가 불가피한 동시에 정상적이라는 상황인식을 낳아 이데올로기의 출현을 야기하였다. 둘째, 혁명은 근대시민사회의 원리를 제시함으로써 사회주의가 등장할 수 있는 현실적 조건을 마련하였다. 셋째, 혁명과정에서 바뵈프(F. -N. Babeuf, 1760~1797)와 그의 추종자들은 공산주의를 구체적인 정치적 실천의 수준으로 끌어올리려고 시도함으로써 이후의 혁명가들에게 혁명적 실천을 위한 반성의 자료를 제공하였다.

1) '근대성'의 탄생

당대인들에게 프랑스혁명은 무엇보다도 과거와의 단절을 이룩한 극적인 계기로 이해되었다. 혁명가들은 그 과거를 '구체제'로 명명했고, 국민공회가 채택한 '혁명력'(革命曆)은 그들이 새로운 세상이 도래했다고 인식했음을 보여준다. 바스티유의 함락으로 말미암은 절대주의의 종언, 1792년 8월 10일의 '제2의 프랑스혁명'에 뒤이은 공화정의 수립, 1793년 1월의 루이 16세의 처형 등은 새로운 시대가 왔음을 보여주기에 충분하였다. 어떤 의미에서 혁명은 현실에서 유토피아를 건설할 수 있다는 믿음을 구현했다고 볼 수 있다.

거대한 사회정치적 변화를 이룩한 프랑스혁명의 폭발성은 당시 유럽의 지배세력에게 엄청난 공포를 불러일으켰다. 혁명의 수출과 혁명의 방어가 대립의 기본축을 이루었으며, 나폴레옹의 원정은 국

민주의라는 변화의 또다른 동력을 일깨웠다. 프랑스혁명의 충격은
자본주의세계체제의 중심부는 말할 것도 없이 아이티·아일랜드·
이집트·라틴아메리카와 같은 주변부에까지 밀어닥쳤다. 그 결과는
도처에서 체제의 동요요, 기존체제의 전복과 신체제의 등장이었다.

　이제 변화의 현실을 누구도 부정할 수 없게 되었다. 이전에 예컨
대 영국혁명의 경우 체제의 변화가 일어난 적이 있기는 했지만 당시
'혁명'이란 '천체의 운행'이라는 어원적 의미를 여전히 지니고 있
었고, '질서'가 정상적인 사회상태였다. 프랑스혁명의 경험은 현실
인식의 대전환을 가져다 주었다. 변화가 사회정치질서의 정상적인
상태로 받아들여진 것이었다. 정치적 변화는 그것이 바람직하든 아
니든간에 받아들일 수밖에 없는 불가피한 현상이었다. 그렇다면 지
배계급에게 요긴한 과제는 피할 수 없는 그 변화를 어떻게 통제하느
냐는 것이었다.

　19세기의 3대 총체적인 이데올로기인 보수주의·자유주의·사회
주의는 바로 그러한 요청의 산물이라 할 수 있다. 그리고 이 점에서
이데올로기는 명백히 '근대성'의 주요한 기조의 하나인 것이다. 물
론 이데올로기도 세계관의 일종으로서, 사람들이 자신을 둘러싼 세
계를 이해하고 해석하는 방식을 규정하는 세계관은 전근대사회에도
존재하였다. 사람들은 언제나 역사적으로 형성된 공통의 '관'을 통
해 현실을 구성하게 마련인 것이다. 그러나 이데올로기는 특별한 종
류의 세계관이다. 그것은 뚜렷한 정치적 목표를 지닌, 의식적이고
집단적으로 구축된 세계관인 것이다. 그리고 이러한 종류의 세계관
은 변화를 정상적인 사회상태로 널리 받아들이는 상황하에서만 나타
날 수 있었던 것이다.

　지난 2세기 동안 이 3대 이데올로기의 추세를 간략하게 살펴보면
다음과 같다. 프랑스혁명에서 1848년의 2월혁명에 이르는 시기에
주된 대립은 프랑스혁명과 진보를 거부하는 측과 받아들이는 측 사
이에 형성되어 보수주의─자유주의가 대립의 기본축을 이루었고,

'급진파', '쟈코뱅파', '공화파', '사회주의자'는 단지 더욱 전투적인 자유주의의 한 분파로 간주되었다. 1830년 7월혁명 이후 자유주의와 사회주의 사이에 균열이 나타나기 시작하여 급기야 1848년의 6월봉기 이후 1917년의 러시아혁명에 이르기까지 자유주의—사회주의(마르크스주의)가 대립의 기본축을 이루었던 반면에, 보수주의자와 자유주의자는 혁명의 위협에 맞서 제휴 결합하였다. 마지막으로 1917년에서 소련의 '현실사회주의'가 무너진 1989~1991년의 시기에 대립의 기본축은 자유주의—사회주의(레닌주의)로서 19세기적인 의미의 보수주의는 사실상 사라지고 고전적인 자유주의가 그것을 대신했으며, 20세기의 자유주의는 심지어 사회민주주의적인 요소까지 받아들인 신자유주의였다.[8]

2) 시민사회의 등장

시민사회(bürgerliche Gesellschaft ; civil society)란 마르크스(Karl Marx, 1818~1883)에게 이중적 의미를 갖는다. 첫째, 그것은 자본주의의 사회구성에서 상품교환관계의 총체를 가리킨다. 둘째, 그것은 사회가 소유권(노동력도 소유권의 하나이다)을 지닌 자유롭고 평등한 개인들의 교류로 이루어진다는 특정한 사회관을 가리킨다. 전자가 자본주의 사회구성의 토대를 지칭하는 대상적 개념이라면, 후자는 그 상부구조에 해당하는 이데올로기적 형태를 말한다. 전자는 토대이기는 하지만 사실상 잉여가치가 수취되는 자본주의적 생산관계의 현상적 형태에 불과하다. 후자가 이데올로기임은 그것이 계급간의 불평등한 수취관계를 호도하기 때문이다.[9]

이렇게 볼 때, 첫번째 의미의 시민사회는 프랑스혁명 이전에 이미 존재하고 있었다. 그것은 16세기의 서구에서 형체를 갖추었고, 당대의 사회구성에서 지배적인 존재는 아닐지라도 특정한 교류망을 형성하고 있었다. 이 세계의 주인공은 부르주아지였으며, 기본적으로 신분사회였던 당시에 그것은 자유와 평등을 구현하는 해방의 공

간이었다. 두번째 의미의 시민사회, 즉 시민사회관은 이러한 실체
의 존재를 반영한다. 하지만 그것은 상품교환관계가 갖는 정치적 경
제적 의의를 고찰함에 그치지 않고 그것을 전 사회를 관통하는 지배
적인 원리로 끌어올렸다. 부르주아사상의 발전에서 계몽사상이 갖
는 역사적 의의는 바로 여기에 있는 것이다. 그것은 시민사회관을
사상적 범주의 차원에서 체계적으로 제시했던 것이다.

　프랑스혁명은 역사상 최초로 보편주의적인 담론을 사용하여 그러
한 시민사회관을 새로운 사회정치의 원리에 투영하였다. 1789년 8월,
헌법을 제정할 책무가 있다고 자임했던 '국민의회'는 새 헌법의 전
문이 될 〈인간과 시민의 여러 권리에 관한 선언〉(Déclaration des droits
de l'homme et du citoyen)을 채택하였다. "인간들은 태어나면서부터
자유롭고 권리에 있어서 평등하다."(제1조) "모든 정치적 결사의
목표는 인간의 소멸될 수 없는 자연권의 보존에 있다. 이 권리들은
자유, 소유권, 안전, 그리고 압제에 대한 저항이다."(제2조) "모든
시민들은 몸소 또는 대표자들을 통하여 법의 형성에 가담할 권리를
지닌다."(제6조) 17개 조항 가운데 가장 중요하다고 판단되는 대목
을 소개했지만, 여기에서 우선 쉽게 눈에 띄는 것은 무엇보다도 '인
권선언'의 명칭에 나타나듯이 인간과 시민의 구분이다. 인간은 자
유롭고 평등한 존재이다. 이 얼마나 장엄하고 고귀한 선언인가！
사실상 이후의 역사는 이 일견 자명한 명제를 실현하기 위한 것이라
고 해도 과언은 아니며, 또한 이것이 얼마나 어려운 것인가를 아울
러 웅변한다. 사회주의는 그러한 인간관에 걸맞는 자유로우면서도
만인이 평등한 사회를 겨냥했으며, 이 점에서 그것은 명백히 프랑스
혁명의 유산을 공유하고 있다고 볼 수 있다.

　하지만 '인권선언'이 담고 있는 인간해방의 논리는 일정한 한계
와 범위를 분명히하고 있었고, 기본적으로 자유주의적이었다. 인간
은 평등하지만 오직 "권리에서"만 평등하며 참정권은 모든 인간이
아니라 오직 시민에게만 주어진다. 즉 그 평등이란 시민적 평등이

며, 사회경제적 평등은 말할 것도 없고 정치적 평등도 배제된다. 그렇다면 인간과 시민을 구분하는 기준은 무엇인가? 소유권이 바로 그것이다. 유산자만이 시민인 것이다. '1791년의 헌법'에 보이는 '능동적 시민'과 '수동적 시민'은 그 구분법이 현실에 적용된 실례이다. 제한선거제는 의회주권과 더불어 19세기에 자유주의의 주요한 정치적 상징이 될 것이었다.

의미심장하게도 '인권선언'은 그 소유권을 자연권의 하나로 간주하였다. 그것은 사회와 국가에 선행하는 "불가침의 신성한 권리"(제17조)인 것이다. 이제 구체제의 정치권력이나 사회질서가 만들어냈다고 생각되는 모든 소유권은 부당한 것으로 간주되어 폐지되었고, 배타적이고 절대적인 부르주아 소유권 개념이 확립되었다. 아울러 소유주의 불가분의 일부인 그것은 그의 인격의 연장으로서 시민권을 온전하게 행사할 수 있는 기본조건이 되어 새로운 정치사회질서의 토대가 되었다. 소유권은 침해할 수 없는 소극적인 어떤 것에 그치지 않고 능동적으로 사회에 대한 통제력을 부여하는 정치력의 원천이 된 것이다.

이렇듯 혁명가들은 새로운 사회정치질서를 철저하게 세속적인 방식으로 정당화시키는 가운데 그 근저에 소유권 문제가 핵심으로 자리잡고 있음을 명백하게 드러내었다. 이제 사회의 기본원리가 무엇이고 현실을 움직이는 힘이 어떤 것인가 하는 물음을 갖는 자라면 어렵지 않게 소유의 문제에 다가갈 수 있게 되었다. 더욱이 혁명가들은 자연권에 호소함으로써 자신의 과업에 비할 바 없는 보편적 성격을 부여하였다. 따라서 소유권은 새로운 시민사회의 '보편적' 원리가 되었으며, 그리하여 시민사회의 토대를 건드린다는 것은 그것을 '전체적'으로 문제삼음을 뜻하는 것이 되었다. 역사적으로 사회주의는 바로 여기에서 출발했다. [10]

3) 혁명적 실천의 경험

프랑스혁명은 특히 '혁명력 2년'의 경험과 '평등주의자들의 음모'를 통하여 혁명의 이론과 실천의 문제를 본격적으로 제기하였다. 젊은 시절의 마르크스가 프랑스혁명에 관심을 가졌던 것도 바로 이 문제 때문이었다. [11]

혁명력 2년은 혁명적 실천의 면에서 민중운동과 혁명정부를 설정함으로써 대의제에 입각한 부르주아 자유주의의 틀을 뛰어넘었다. 여러 종류의 민중클럽과 우애협회, 국민방위대와 혁명군, 구민총회와 같은 자발적인 조직에 입각했던 민중운동은 '민중주권'에 의한 직접민주주의를 실천하였고, 혁명은 완수된 것이 아니라 새로운 인간해방을 위한 수단이라는 일종의 영구혁명론을 제시하였다. 이러한 민중운동의 토대 위에서 혁명정부가 출현하였다. 하지만 혁명정부는 민중혁명의 집행자였음에도 불구하고 그 집권적 성향으로 말미암아 혁명 자체를 '동결시킨' 장본인이었다. 혁명력 2년의 경험은 민중적 자발성과 혁명의 관료화의 문제를 사상 처음으로 명료하게 제기하였던 것이다.

바뵈프의 공산주의 역시 바로 그러한 혁명적 경험을 통해 탄생하였다. 그는 사회의 목표가 공공의 행복에 있으며, 혁명은 모든 시민에게 '향유의 평등'을 보장해야 한다고 선언했다. 하지만 그는 사유재산은 그것이 아무리 균등하게 분배된다고 하더라도 불가피하게 불평등을 야기한다고 생각했다. 그가 대안으로 제시한 것이 '재산과 노동의 공동체'였다. 그는 권리의 평등을 완전하게 실현하기 위하여 생산수단의 사적 소유의 폐지와 공산주의적 민주주의의 수립을 제안하였다. 바뵈프의 새로움은 그가 '분배의 공산주의'를 제시하는 데 그치지 않고 그것을 '평등주의자들의 음모'를 통해 실현하려고 시도했다는 데 있다. 사상적으로 잘 무장한 혁명적 소수가 동정세력의 지지기반 위에서 무장봉기를 통해 국가권력을 탈취하고 '혁명적 독재'에 의해 대중의 지지를 획득한다는 '혁명적 음모'라는 새로운 혁명전략은 부오나로티(Buonarotti, 1761~1837)를 통해 19세기에 전해졌고, 블랑키(A. Blanqui, 1805~1881), 더 나아가 레닌(Lenin, 1870~1924)에까지 이르는 혁명적 전통을 수립하였다. 이처럼 프랑스혁명으로부터 부르주아 질서가 아닌 새로운 사회질서에 관한 사상과 실천이 탄생하였다.

3. 산업혁명 — 정치경제학 비판의 토대

바뵈프의 공산주의를 포함하여 18세기의 유토피아는 기본적으로 향유의 평등을 보장하는 분배의 공산주의요 '검약의 공산주의'였다. 이것이 소생산자층의 평등주의를 넘어선 것은 분명하지만 당시 단순재생산 단계에 머물렀던 농업사회의 분위기를 반영하고 있음도 사실이다. 《공산당선언》에서 마르크스와 엥겔스는 이를 다음과 같이 평가했다. "전반적 소요의 시대, 봉건사회 전복의 시기에 자기 자신의 계급적 이해를 직접 관철시키려던 프롤레타리아의 최초 시도들은 프롤레타리아 자체의 미발전 상태에 부딪혀, 또 프롤레타리아 해방의 물질적 조건들 ── 이제야 겨우 부르주아 시기의 산물로서 존재하는 ── 의 결여에 부딪혀 불가피하게 좌초하고 말았다. 이러한 최초의 프롤레타리아운동을 따라다녔던 혁명적 문헌은 그 내용상 필연적으로 반동적이다. 그 문헌은 전반적 금욕주의와 조잡한 평등주의를 설교하였다."[12] 적어도 이론의 차원에서, 예컨대 바뵈프주의를 근대 사회주의의 기점으로 파악하기는 사실상 어려운 것이다.

사회주의가 근대적인 면모를 갖추기 위해 필요했던 또다른 역사적 경험은 산업혁명의 충격이다. 여기에서 충격이란 무산노동계급의 대규모 창출을 말하려는 것은 아니다. 장기적으로 그것이 사회주의운동에게 주요한 사회적 기반을 제공하게 되지만, 마르크스 이전의 근대 사회주의자들은 정도의 차이는 있지만 노동계급의 능동성과 주체성을 적극적으로 신뢰하지 않았다. 그렇다고 근대 사회주의가 산업혁명이 빚어낸 사회적 경제적 결과에 대한 도덕적 분노에서 비롯하였음을 부정하려는 것은 아니다. 산업혁명은 석탄이라는 새로운 동력원과 기계라는 새로운 생산도구의 활용을 통하여 생산력을 미증유의 수준으로 끌어올리기는 했지만 인류에게 경제적 풍요를 가져다 주리라는 기대와는 달리 절대적 빈곤을 양산하는 등 '사회문제'를 극명하게 드러내었고, 19세기초부터 9, 10년 단위로 규칙적으로 발생하게 되는 주기적인 경제적 위기는 새로이 등장한 자본주의체제의 효율성에 강한 의문을 제기하였다. 이리하여 계몽사상의 참된 후계자로 자처했던 생시몽(Henri de Saint-Simon, 1760~1825), 오웬(Robert Owen, 1771~1858), 푸리에(Charles Fourier, 1772~1837) 등의 초기 사회주의자들은 평등과 합리성의 이름으로 기존 체제를 신랄하게 비판하였다.

하지만 사회주의의 역사에서 더욱 중요한 것은 이 초기 사회주의자들이 산업사회의 현실을 받아들여 자신의 유토피아의 출발점으로 삼았다는 사실이다. 그들은 산업사회가 약속하는 물질적 풍요의 터전 위에 새로운 사회를 구상하였다. 따라서 이들은 바뵈프 등과는 달리 기본적으로 낙관론자들이었다. 이들 가운데서 특히 생시몽은 그러한 낙관주의를 전형적으로 보여주었다. "시인들의 상상력은 인류의 요람, 즉 원시시대의 무지와 조야함을 황금시대로 간주하였다. 하지만 그 시기는 오히려 흑철시대로 파악되어야 한다. 인류의 황금시대는 우리의 뒤에 있는 것이 아니라 우리의 앞에 있다. 그것은 사회질서의 완성에 있는 것이다. 우리의 조상들은 그것을 결코 보지 못했다. 우리의 후손들은 언젠가 그것에 도달할 것이다. 그들에게 그 길을 터주는 것은 바로 우리가 할 일이다. "[13] 이 낙관주의는 이후 사회주의에 진보의 담당자라는 강한 자부심을 불어넣었다.

생시몽은 산업의 진보가 불가피한 역사의 방향일 뿐만 아니라 그 진보가 궁극적으로 "가장 수가 많고 가장 가난한 계급"의 운명을 개선해줄 것이라고 확신하였다. 즉 그는 사회문제의 해결책을 경제발전에서 찾았다. 사실상 이러한 생시몽의 산업주의에서 사회주의적인 요소를 찾기란 쉽지 않다. 그는 노동운동을 상상조차 하지 않았고, 사적 소유의 폐지를 결코 주장하지 않았다. 하지만 그는 고전 정치경제학자들과는 달리 사적 이해관계의 개인적 추구가 자연스럽게 조화를 이루어 경제장치가 스스로 조절될 수 있다고는 믿지 않았다. 그는 자유주의자들과 마찬가지로 경제적 진보를 믿었지만, 그에게 그 조건은 자유방임이 아니라 그것의 부정이었다. '사물에 대한 관리능력'을 통한 경제의 조직화와 통제, 이것은 생시몽을 사회주의의 만신전(萬神殿)에 들게 하는 굳건한 징표였으며 제2차세계대전 이후 사회민주주의가 자본주의의 위기관리자로 전락할 때까지 사회주의의 핵심적인 강령이었다.

사회주의에게 경제생활을 조직하고 통제하고 계획하는 것은 그것을 주기적 위기, 실업, 계급투쟁 등의 시련으로부터 구제하기 위함이었다. 이제 인간에 의한 인간의 착취를 유지하기 위한 자유주의의 이데올로기에 대신하여 사회주의의 경제학이 요청되었다. "인간성은 정치경제학의 외부에 존재한다. 정치경제학의 내부에 있는 것은 비인간성이다"고 마르크스는 지적했다. [14] 그는 계급착취를 호도하고 신비화하는 정치경제학에 맞서 자본주의경제가 끝내 그 내부 모순으로 말미암아 불가피하게 붕괴할 것임을 입증하려고 했고, 그리하여 계급 없는 사회를 건설하기 위한 투쟁에 '과학'을 동참시켰다.

Ⅲ. 이념으로서의 사회주의[15]

1. 이데올로기의 3중구조

19세기의 3대 이데올로기인 보수주의와 자유주의, 그리고 사회주의와 같은 총체적인 정치적 교리는 그 이론적 구성에서 3중의 구조를 갖게 마련이다. 우선 그 근저에 세계관과 우주관으로 이루어지는 형이상학적 토대가 자리하고, 그 위에 특정의 인간관과 사회관이 놓이며, 마지막으로 인간과 사회에 관한 그 특정의 견해가 어떻게 실현될 것인가 하는 전략·전술에 관한 강령적 내용이 제시된다. 이 세번째 차원을 정치적 교리의 '상부구조'라고 한다면, 인간-사회관은 형이상학적인 '하부구조'와 강령적인 '상부구조'의 '중간구조'라고 할 수 있다.

　여기에서 핵심적인 것은 인간-사회관이다. 어떤 정치적 교리의 정체성(identity)이 가장 명확하게 드러나는 것도 바로 이 부분이다. 그것은 인간의 본질과 존재성, 그의 욕구와 동기, 타인과의 관계, 이상적인 삶의 방식 등에 관한 특정의 견해에 입각하여 그것에 걸맞는 특정한 사회형태를 추구하게 마련이다. 일반적으로 형이상학적인 하부구조는 그러한 인간-사회관에 철학적 정당성을 제공하기 위한 것이며, 강령적 상부구조는 그러한 사회를 실현하기 위해 요청되는 구체적인 정책과 제안, 그리고 운동의 조직과 체계를 말한다.

　인간-사회관과 강령 및 철학적 토대의 관계는 불가피하게 우연적이다. 어떤 정치적 교리가 제시하는 정책제안과 조직의 구조는 어쩔 수 없이 정치적 상황이나 그 사회의 발전단계 또는 전술적 고려의 영향을 받는다. 사회가 변함에 따라 새로운 문제가 생기고 새로운 해결책이 모색된다. 예컨대 19세기 이래로 '자유방임'에 대한 자유주의의 태도가 어떻게 변했는지 우리는 쉽게 가늠해볼 수 있다. 어떠한 정치적 교리도 특정의 정책이나 전술에 고착될 수는 없는 것이다.

　철학적 토대는 강령적 상부구조보다는 인간-사회관에 더 긴밀하게 연관된다. 그렇지만 어떤 형이상학적인 체계가 특정한 정치교리만을 정당화하는 것은 아니며, 어떤 정치적 교리가 언제나 특정의 형이상학적인 토대를 갖는 것도 아니다. 예컨대 자유주의는 아리스토텔레스·아퀴나스·홉스·로크·벤담·밀·헤겔 등에서 철학적 정당성을 발견할 수 있으며, 역으로 헤겔과 같은 철학자는 보수주의나 자유주의 또는 사회주의를 정당화라는 것으로 해석될 수 있다. 형이상학적 체계란 대개 일반적인 진술로 구성되기 때문에 여러 상이한 인간-사회관에 얼마든지 정당화의 토대를 제공해줄 수 있는 것이다.

따라서 어떤 정치적 교리의 정체성은 강령적 부분이나 철학적 토대가 아니라 그 중간구조인 인간-사회관에서 명확하게 확인할 수 있다. 이제 사회주의의 인간-사회관을 살펴보자.

2. 인간관·사회관

사회주의는 자본주의에 대한 반발로 나타났으며, 그 인간-사회관은 원래 자본주의사회를 떠받치고 강화시키는 개인주의적이고 자유주의적인 부르주아 인간-사회관에 대한 대안으로 제시되었다.

사회주의자들은 부르주아 인간-사회관을 다음과 같이 파악한다. 부르주아 인간관은 고립적인 개인을 출발점으로 한다. 그는 자립적이고 완결적이며 사회적으로 배타적이고 기본적으로 이기적인 존재이다. 그는 자신의 신체와 인격에 대해 배타적인 절대권을 지니며, 그러한 권리의 자유로운 행사는 사회가 요구하는 최소한의 제약과 양립 가능하다. 사회란 자유롭고 독립적인 개인들이 자발적으로 형성한 일련의 교류의 장이다. 그것은 개인의 존재성에 외재적인 것으로 다소간 의식적으로 형성된 인위적인 것이다. 개인은 자신의 주인으로 간주되기 때문에, 그는 자신의 노동의 산물에 대해서도 배타적인 권리를 갖는다. 따라서 소유권은 생명에 준하는 자연권의 하나로 간주된다. 인간은 이기적인 존재이기 때문에 만약 그의 노동의 대가가 보장되고 경쟁이 주어진다면 개인은 최선을 다할 것이다. 경쟁이란 개인의 행동을 추동하는 동시에 지나친 행위를 제약하며, 그리하여 사회의 진보와 안정을 위한 불가결의 수단이다. 따라서 자본주의 경제는 인간성의 요구에 걸맞는 신성한 것이다. 개인들은 합리적이고 책임 있는 존재이기 때문에 정부는 평화와 질서를 유지하는 경우를 제외하고는 개인들의 행위에 개입할 자격이 없다. 정부는 생명과 자유, 그리고 소유권의 보장자에 불과하며 사회적 변화의 수단이 될 수 없다. 자유주의자들도 경쟁적이고 역동적인 사회에서 일부가 경쟁에서 뒤쳐져 낙오자가 될 수 있음을 인정하지만, 그것은 자본주의 경제가 주는 엄청난 혜택에 비하면 사소한 대가에 불과하다. 비록 제한적인 교정책이 시도될 수 있다고 하더라도 그러한 결과는 사실상 불가피한 것이다.

사회주의자들은 그러한 부르주아 인간관을 거부하고 다음과 같은 대안을 제시한다. 인간은 독립적인 원자이기는커녕 물질적인 면만이 아니라 문화적 정신적인 면에서도 불가피하게 상호의존적이다. 그는 사회적인 존재로서 타인이 없이는 존립할 수 없다. 그는 하나의 사회제도인 언어 없이는 사고할 수 없으며, 그가 기술·능력·지식을 습득하는 공식·비공식의 모든 교육도 여러 세대의 사람들이 가담하는 협동의 결과물이다. 노동의 의욕 역시 인간에게 고유한 것이기보다는 사회구조의 산물이며, 노동의 자극과 기회 역시 사회적으로 주어지는 것이다. 따라서 인간은 살기 위해 타인의 도움을 필요로 한다는 상식적인 의미에서만이 아니라 사회 밖의 인간을 상상조차 할 수 없다는 더욱 심오한 의미에서 본질적으로 사회적 존재이다. 개인의 능력과 기술, 참으로 그의 인간성 자체가 사회적 토대를 갖는 것인 만큼, 그것들은 그가 마음대로 사용할 수 있는 사적 소유물이 아니다. 그는 일종의 수탁자로서 그것들을 동료를 위하여 사용해야 한다.

사회주의자들은 개인 이익의 추구가 인간의 본성에 속한다고 보는 부르주아 견해를 거부하고, 그것을 자본주의사회의 산물이라고 본다. 그들은 이기심을 인간성의 왜곡으로 파악하여 그것을 맹렬하게 비난한다. 초기 사회주의자들은 이기심에 입각한 개인주의를 자본주의의 핵심으로 여기고, 인간의 '사회성'을 강조하는 자신들의 교리를 '사회주의'라고 부른 바 있었다. 그들에게 '사회적'은 '이기적'의 반대어였다. 이처럼 사회주의자들에게 이기심은 더 이상 인간행위의 주요한 동기가 아니기 때문에 그들은 사회조직의 토대로서 경쟁을 거부하고 협동을 강조한다. 경쟁은 자원과 인간의 정력을 낭비시키고 인간의 유대를 해치고 인간에 대한 인간의 착취를 야기하여 불화와 갈등을 만들어낸다. 그 반대로 협동은 사람들을 밀접하게 결합시켜 조화와 일치를 만들어내며 인간의 사회성을 표현하고 계발하고 발전시킨다.

　게다가 사회주의자들은 인간이 합리적이고 이성적인 존재로서 자신의 운명을 의식적으로 통제할 수 있고 또 통제해야 한다고 주장한다. 물론 자유주의자들도 인간을 기본적으로 합리적 존재로 보며 합리성을 자신의 운명을 책임지고 삶을 계획할 수 있는 능력으로 간주한다. 하지만 사회주의가 보기에 자유주의가 상정하는 합리성은 두 가지 의미에서 제한적이다. 우선 그것은 인간을 합리적 존재로 보면서도 소유권을 개인적인 능력을 재는 기준으로 간주함으로써 실제로는 유산자층만을 사회의 참된 주인공으로 인정한다. 자유주의가 지닌 보편주의가 유산자층의 지배권을 단순히 금권정치로 규정하기 어렵게 만듦은 사실이지만, 능력을 재는 또 다른 기준인 '교양'을 획득할 수 있는 기회가 일정한 경제적 여유를 누릴 수 있는 부류에게만 가능하다면 사실상 '부'가 합리성의 유일한 기준이 되는 셈이다. 다음으로 자유주의가 책임 및 계획의 대상으로 설정하는 삶이란 '집단적 삶'이 아니라 '개인적 삶'인바, 사회주의가 보기에 이것은 명백히 모순이다. 왜냐하면 개별적인 삶의 계획이 가능하다면 집단적인 삶의 계획도 얼마든지 가능하기 때문이다. 이처럼 사회주의자들에게 사회계획의 이념은 그들의 합리성, 더 나아가 인간관에 내재해 있는 것이다. 그들이 보기에 독립적인 개인들이 경쟁하는 시민사회란 인간의 탈을 쓴 맹수가 으르렁거리는 밀림과도 같으며, 따라서 그들은 대부분 자본주의사회를 동물적인 용어로 표현하곤 한다.

3. 문제점과 변화

상술한 사회주의의 인간-사회관은 19세기초에 서구에서 나타나 전세계로 퍼졌으며 오늘날에도 여전히 강한 호소력을 갖고 있다. 그리 길지 않은 역사 속에서 사회주의는 인간을 기본적으로 사회적 합리적 협동적 존재로 보며, 그러한 인간관은 그 역사에 응집력과 연속성을 부여해왔다. 하지만 사회주의의 이념 역시 중요한 변화를 경험하였다. 우리는 그것을 사회주의를 구성하는 3중구조의 각 차원에서 확인할 수 있다.

초기 사회주의에게 경쟁적인 정치적 교의는 보수주의와 자유주의의 둘 뿐이었다. 하지만 그 이후 아나키즘이나 파시즘 또는 나치즘이 등장하여 정치적 준거의 틀이 변하였다. 또한 사회주의체제가 여러 나라에 출현하여 사회주의가 지닌 모호성과 모순이 새롭게 드러났으며, 자본주의사회 자체도 변모함으로써 일부의 문제는 사라지고 새로운 문제가 나타나기도 했다. 지적 분위기가 바뀌고 인간-사회에 대한 새로운 사고방식이 나타났던 것이다. 이리하여 그러한 새로운 사고방식에 철학적 정당화의 토대를 마련하려는 일부의 시도가 있었다. 어떤 이는 기독교의 형이상학이나 다원적인 자연주의, 또는 급진적인 휴머니즘(마르크스의 예) 등의 토대 위에 사회주의를 놓으려고 했다. 그러나 마르크스를 제외하고 이러한 철학적 토대의 문제에 깊은 관심을 가졌던 사회주의자는 드물었다.

가장 두드러진 변화를 보여준 것은 인간-사회관의 차원이었다. 사회주의가 집산주의적 성향을 강하게 지녔음은 전술한 바 있다. 이것이 개인주의에 대한 반발의 소산임은 어렵지 않게 이해할 수 있으나, 아울러 그것은 '개별성'을 바라는 인간의 또 다른 욕구를 외면할 위험성을 안고 있었다. 자유, 독특함, 사생활의 보호, 잠재적 능력의 차별적 계발……. 사회주의가 이러한 인간성의 다른 중요한 측면을 무시할 위험성을 마르크스는 간파한 바 있으며, 특히 사회주의체제의 경험은 그것이 사회주의 자체에 대한 부정적 평가에 이를 수 있음을 극명하게 보여주었다. 사실상 사회주의는 어떻게 하면 자유로우면서도 평등한 사회를 이룩할 것인가 하는 프랑스혁명이 제기한 문제에 대해 이제껏 가장 탁월한 통찰력을 제공했음에도 불구하고 아직 그것을 해결하는 데에는 이르지 못했다고 볼 수 있다.

다른 한편 사회주의자들은 이제까지 다른 정치적 교리가 갖지 못했던, 사회생활에 대한 새로운 전망을 제시했다. 우선 가족제, 사랑과 결혼에 대한 그들의 견해이다. 그들은 프루동(P. J. Proudhon, 1809~1865)이라는 두드러진 예외를 제외하고는 여성의 평등을 옹호했고, 대부분이 가족제는 이기심·개인주의·배타심을 키우는 부르주아제도라고 신랄하게 비난했다. 또한 사회주의자 가운데 상당수는 육체에 대한 기독교의 전통적인 반감을 거부하고 성적 욕구가 정신적 욕구만큼이나 인간성의 실현에 핵심적인 일부임을 강조했다. 하지만 남녀평등을 뜻할 뿐 아니라 모든 형태의 성적 금기를 거부하는 '성의 해방'을 주장하는 사회주의자는 여전히 소수라고 할 수 있다. 아울러 사회주의자들은 초기부터 도시와 농촌의 구분의 폐지에 깊은 관심을 지녀 협동적이고 공동체적인 삶과 인간과 자연의 통일을 보장할 수 있는 새로운 주거 형태의 가능성을 모색하였다.

이러한 주제들이 사회주의자들의 관심을 계속 받았다면, 새롭게 제기된 주제들도 있다. 초기 사회주의자들은 분업의 폐지나 정치적 참여와 산업민주주의의 문제에 그리 큰 관심을 나타내지 않았다. 그들은 오히려 분업이 사람들의 상호의존성과 유대를 보장하는 가장 효과적인 길이라고 이상화하기도 했다. 하지만 마르크스는 분업이 인간소외의 원천의 하나로 보고 그것의 폐지를 사회주의 목표의 하나로 제시했다. 그런가 하면 사회주의가 노동운동과 결합하면서 참여와 민주주의의 문제가 당면과제로 제기되었다.

마지막으로 강령적 내용의 변화이다. 이것은 크게 두 부분으로 나눌 수 있다. 하나는 사회주의 사회에 걸맞는 정책과 제도적 틀에 관한 것이고, 다른 하나는 자본주의를 전복시키는 방식에 관한 것이다. 사회주의가 자본주의에 대한 반발로 나타났고 노동을 가장 중요한 인간행위로 여기기 때문에, 경제문제에 큰 관심을 기울였음은 자연스런 일이다. 모든 사회주의자들은 경제계획을 강조하지만 그 형태와 정도에 대해서는 이견을 보인다. 일부는 모든 생산수단에 대하여, 다른 일부는 경제의 모든 전략적 부문에 대하여 집단적인 국가소유를 주장하며, 나머지 일부는 기간산업의 국유화로 만족한다. 일부의 사회주의자들은 집단적인 국가소유에 반대하여 해당 산업 분야의 노동자들에 의한 소유지배를 선호하며, 다른 일부는 아예 집단적인 소유권 자체를 거부하고 세제나 기타 규제조치로 국한한다. 정치조직에 관하여 대부분의 사회주의자들은 참여민주주의를 선호하나 그 형태에 대해서는 이견을 보여, 일부는 기존의 국가를 분해하여 자치의 연합체로 대체하려고 하며, 다른 일부는 더 강력한 중앙통제를 원하고, 나머지 일부는 국민투표제나 기타 다른 조치를 통하여 기존의 국가체제를 민주화하는 것으로 만족한다.

강령적 내용의 후자에 관하여 사회주의자들은 일반적으로 설득, 정치교육, 선거압력, 평화적인 항의 등의 방법을 선호한다. 초기 사회주의자들은 대부분 폭력을 원칙적으로 반대했다. 마르크스는 1848～1851년의 경험을 통해 프롤레타리아에 의한 폭력혁명론을 제시하나 영국·미국·네덜란드와 같은 민주국가에서 폭력의 사용은 필요하지 않다고 여겼다. 마르크스주의의 전통에서 폭력의 문제는 제3세계와 서구라는 상이한 두 맥락에서 논의되었다. 체제가 전반적으로 폭압적이고 비폭력적인 항의를 허용치 않는 제3세계에서 모든 마르크스주의자들은 폭력의 사용을 정당하다고 여겼다. 문제는 서구와 같은 민주체제를 지닌 경우이다. 여기에서 일부의 마르크스주의자들은 경직된 정당제, 타협과 절충을 강조하는 대의제, 부르주아지의 헤게모니에 따른 프롤레타리아의 무력화 등에 직면하여 폭력을 포함하는 반체제적인 수단을 고려하곤 했다. 그러나 크게 보아 자본주의의 내적 모순, 혁명적 상황의 객관적 조건, 노동계급에 대한 호소력 등을 강조하는 마르크스주의자들은 일부의 과격파를 제외하고 대규모의 폭력에 호소하는 것을 꺼렸다.

이상이 지난 2세기에 가까운 기간에 사회주의의 이념에 나타난 변화에 대한 간략한 소개이다. 현실이 변화함에 따라 새로운 문제가 제기되었고, 이에 따라 사회주의 역시 그 이념에 걸맞는 새로운 철학적 기반과 강령적 내용을 갖추려고 하였다. 하지만 그러한 변화에도 불구하고 사회주의의 기본적인 인간-사회관은 지속되었으며, 크게 다음 네 가지 원칙이 다른 이데올로기와 구분되는 사회주의의 정체성의 기반을 이루고 있다. 첫째, 인간은 기본적으로 '사회성'을 지니며, '더불어 살아가는' 인간의 능력과 지식은 사회적인 수탁물이다. 둘째, 사회는 그 구성원들의 복지와 행복에 책임을 지며, 따라서 자조(self-help)의 원리를 거부한다. 셋째, 삶의 모든 영역, 특히 경제의 부문에서 '협동'을 확대시킨다. 넷째, 자신의 운명과 자원에 대한 의식적인 통제행위로서 '계획'을 받아들인다. 이러한 원칙들이 한 정치적 교리의 독점물일 수는 없으나 이념으로서 사회주의의 핵심을 이룬다고 말할 수 있다.

Ⅳ. 운동으로서의 사회주의

사회주의는 이념인 동시에 그것을 실현하려는 구체적인 운동이다. 이 양자, 즉 이론과 실천은 특히 사회주의의 경우에 상호작용이라는 밀접한 관계를 갖는다. 사회주의는 자본주의의 폐지를 의식적으로 추구하는 만큼 이론을 통해 자본주의사회의 현실을 파악하고 통제하여 사회주의운동의 기반을 마련코자 하며, 운동을 통해 그 이론을 검증하여 '과학성'을 확보하려고 한다.

사회주의의 역사에서 상호작용을 통한 이론과 실천의 결합은 마르크스에게서 처음으로 나타났다. 그는 정치경제학에 대한 비판을 통하여 자신의 '실천의 철학'(그람시의 표현임)에 과학적 토대를 제공하였다. 이는 '사적 유물론'이라고 일컬어지는 것으로서, 사회주의는 오직 사회경제적 여러 조건이 성숙될 때만이 실현될 수 있다는 명제이다. 하지만 그에게 이 명제는 계급투쟁을 통한 사회주의의 실현이라는 혁명적 실천의 요구와 결코 양립 불가능한 것이 아니었다.

어떻게 두 명제가 양립 가능하다는 역설이 성립할 수 있을까? 이는 마르크스가 프롤레타리아를 혁명적 실천의 주체로 상정했기 때문이다. 즉 그가 사회주의혁명을 프롤레타리아혁명으로 파악했던 결과이다. 그가 보기에 "노동계급은 부르주아지와는 달리 낡은 체제의 내부에 자기 자신의 경제력 체제를 파종함으로써 힘의 발판을 확립하고 그로부터 정치적 고지를 쟁취할 수 없다. 분명히 그 반대 순서이다. 프롤레타리아는 정권을 열망하는 다른 모든 계급과 마찬가지로 자체 정치운동의 조직을 통해 먼저 정치권력을 장악해야 하고, 그런 다음 사회경제적 변혁의 과정을 시작해야 한다. 부르주아지에게 정치권력은 소유계급으로서의 부르주아지의 힘, 그 사회경제적 힘의 무르익은 열매처럼 최종 순간에 따진 것이었다. 프롤레타리아에게 정치권력은 새로운 사회질서를 생기게 하는 원동력으로서 요구된다."[16) 바꿔 말하면 프롤레타리아는 무산계급으로서 시민사회에서 부르주아지에게 필적할 만한 사회경제적 능력을 가질 수 없기 때문에 먼저 정치권력을 장악하고 그것을 이용하여 자본주의가 발전시킨 생산력의 기반 위에서 총체적인 변혁을 이룩해내야 한다는 것이다. 사실상 적어도 19세기 중엽 이래 유럽사에서 운동으로서 사회주의는 어떻게 노동자들을 계급으로 조직하여 변혁의 계기를 이룩하느냐 하는 문제였다.

1. 사회적 기반 — 사회주의와 노동운동[17]

사회주의와 노동운동은 흔히 불가분의 유기적 관계를 갖는 것으로 간주된다. 그러나 제3세계는 말할 것도 없이 유럽에서조차도 이둘의 관계가 필연적인 것은 아니었다. 역사적으로 이념으로서 사회주의는 노동운동에 선행했으며, 임금의 인상, 고용의 안정, 노동조건의 개선을 위해 싸웠던 노동운동이 처음부터 자본주의의 폐지라는 사회주의의 목표를 지녔던 것은 아니다. 그러나 사회주의는 노동운동과 접맥되면서 진정한 사회정치세력으로 자라날 수 있었다.

그렇다면 양자의 관계를 어떻게 파악할 수 있을까? 가장 일반적인 파악방식은 이들을 동일한 운동의 각기 다른 두 차원으로 보는, 즉 노동운동은 사회경제적인 측면에, 사회주의는 정치권력(당과 이데올로기)과 관련된 것이라는 관점이다. 이 해석은 19세기말의 '사회민주주의'의 시각을 반영하는 것으로서 두 가지 전제를 갖는다. 하나는 단일한 목표를 지닌 운동이 현실에 개입하는 실천의 차원에서, 분야에 따른 분화와 전문화가 필요하며, 다른 하나는 그러한 전문화가 계서화를 요청한다는 것이다. 즉 '경제적인 것'과 '정치적인 것'의 구분과 아울러 전자를 후자에 종속시키는 관점이 내재해 있는 것이다. 사실상 이러한 구분법은 실천과 이론의 영역에서 상당한 설득력을 갖는다. 예컨대 노동운동의 전통이 짧고 계급정당의 출현이 상대적으로 매우 빨랐던 독일의 경우, 계급정당이 노동운동을 조직하는 데 선도적인 역할을 수행했으며 그 '독일사회민주당'(SPD)이 제2인터내셔널의 주도권을 장악하면서 그러한 관점은 지배적인 해석이 되었다. 카우츠키(Karl Kautsky, 1854~1938)는 이러한 해석의 대표적인 이론가이다. 역설적이게도 그의 유물론은 기계론적인 경향이 매우 강한 경제결정론이었던 반면에, 그는 경제주의적인 '조합의식'을 혁명적인 '정치의식'(계급의식)에 종속시켜 노동계급과 노동조합에 대한 당의 우위를 강력하게 지지했다. 1890년대 후반에 레닌이 '경제주의'에 대해 가했던 신랄한 비판이나, 1880년 대에 프랑스의 게드주의자들(les Guesdistes)이 '프랑스노동당'(POF) 을 결성하여 노동조합의 건설을 지원했음도 그 예라고 할 수 있다.

하지만 역사적 이론적 분석에 비추어볼 때 노동운동이 사회주의 에 종속적이라는 관점은 지탱하기가 쉽지 않다. 우선 영국의 경험을 들어보자. 영국에서 사회주의는 오웬이나 코베트(William Cobbett, 1763~1835)에서 비롯하는 오랜 전통을 갖고 있어서 단지 '노동조합 주의'(trade-unionism)의 부속물로는 볼 수 없으며, 19세기 말엽에 오 면 '사회민주연맹'(SDF, 1883), '페이비언협회'(1883), '독립노동당' (ILP, 1893) 등과 같은 조직을 만들어냈다. 하지만 전체적으로 보아 19세기에 그것은 영향력이 제한적이었으며 노동조합조직과 결합한 뒤에야 비약적인 성장을 경험하였다. 물론 '노동당'(The Labour Party, 1906)의 전신인 '노동대표위원회'(LRC, 1900)가 노동조합조직과 사 회주의조직의 합작품임은 사실이지만, 노조 조직의 회원수가 35만 명인 반면 사회주의조직의 회원수가 22,861명에 불과함에 비추어볼 때 그것은 노조조직에 사회주의조직이 가담한 결과라고 보는 것이 온당할 것이다. 사실상 노동대표위원회는 고전적인 의미의 정당은 아니며 경제적인 요구를 정치적인 의사결정과정에서 관철시키기 위 한 기구였던 것이다. 이처럼 영국의 경험에서 상술한 전문화와 계서 화의 경향을 발견하기가 쉽지 않다. 프랑스의 경험도 같은 결론을 준다. 물론 그 양상은 영국과는 사뭇 달랐다. 프랑스의 생디칼리슴 (Syndicalisme)과 사회주의는 상이한 이념적 토양의 기반 위에서 대립 적인 전략과 전술을 구사한 별개의 실체였으며, 여기에서 두 영역으 로 전문화된 단일한 운동이란 면모를 확인하기가 어렵다. 그 두 운 동체의 대립은 다음과 같다. 생디칼리슴——생산자(사회적 주체), 착취(모순구조), 노조(syndicat, 운동체), 총파업(핵심전술) ; 사회주의 ——프롤레타리아, 압제, 당, 선거. 따라서 노동운동, 특히 노조운동을 경제적인 것으로, 사회주의를 정치적인 것으로 보는 시각은 결코 일반화될 수 없는 특정 관점을 반영한 것이라 볼 수 있다.

이론적인 분석의 면에서도 무엇보다 정치적 교리인 사회주의가 정치적인 것임은 그렇다고 치더라도 노동운동을 사회경제적인 것으로 한정하는 것은 지나치게 단순한 파악방식이다. 왜냐하면 노동운동은 다음과 같은 세 가지 차원을 갖기 때문이다. 그것은 우선 특정 사회집단의 구체적이고 즉각적인 요구를 표현한다. 이어서 그것은 기존 사회의 사회경제적인 구조에서 하나의 기능을 수행하는 조직형태이다. 마지막으로 그것은 사회 전체의 토대와 구조를 전복시키려는 정치적 이데올로기적 장치이다. 노동운동 자체는 그 세 차원의 어느 쪽으로나 열려 있으며 일정한 역사적 조건과 맥락 속에서 특정 차원을 선택적으로 보여주게 마련이다. 요컨대 노동운동을 두번째 차원에만 국한시키는 것이 전적으로 타당하다고 보기는 어려운 것이다.

사회주의와 노동운동의 관계에 대한 두번째 관점은 기존 질서를 전면적으로 폐기하려는 의지와 목표를 갖고 있느냐 하는 ‘혁명성’을 기준으로 하여 노동운동은 내재적으로 개혁적인 반면에 사회주의는 그 속성상 혁명적이라고 보는 시각이다. 독일과 러시아의 경험은 이러한 해석에 커다란 설득력을 부여한다. 특히 차르(tsar)체제를 전복시키기 위한 투쟁에서 지하활동이 불가피했던 러시아의 경우, 사회주의의 조직과 활동의 비중은 클 수밖에 없었고 그러한 현실은 레닌에 의해 ‘당의 우위’라는 명제로 나타났다. 하지만 독일과 러시아에서조차 노동운동이 그 속성상 개혁적이었던 것은 아니다. 오히려 그것은 노동운동이 자신의 통합성을 유지하지 못해 부차적이고 종속적인 위치로 떨어진 결과였던 것이다. 더욱이 다른 나라, 예컨대 영국과 프랑스의 경험은 독일과 러시아의 예와 달랐다. 영국의 경우 노동운동과 사회주의 공히 개혁주의적이었으며, 프랑스의 경우는 적어도 19세기말에서 제1차세계대전 전후에 걸쳐 생디칼리슴은 혁명적이었던 반면에 사회주의는 크게 보아 개혁주의적인 경향이 우세하였다. 뿐만 아니라 설사 프랑스 '통합사회당'(SFIO, 1905)의 두 전신인 '프랑스사회당'(Parti socialiste de France ; Parti socialiste français)을 전자(게드주의자들이 주도)는 혁명적이고 후자(Jean Jaurès [1859~1914] 중심)는 개혁적이라고 파악하는 것이 가능하기는 하지만 양자는 방법에서 차이가 날 뿐 목표가 동일했기 때문에 혁명적·개혁적이라는 구분 자체가 사실상 적절하지 못하다. 이 점에서 사회주의나 노동운동의 성격을 이해하는 데서 국민적 전통(산업화의 특색, 사회구조, 정치적 전통과 국민적 기질 등)을 아는 것이 퍽 중요하다.

　마지막으로 노동운동과 사회주의의 관계에 대한 세번째 관점은 객관적으로 존재하는 '노동세계'를 기준으로 하여 양자가 그것과 기본적으로 상이한 관계를 맺고 있다고 보는 시각이다. 즉 노동세계와 노동운동의 관계는 직접적인 연관성을 갖는 반면에 노동세계와 사회주의는 상호독립적이라고 보는 해석이다. 먼저 노동세계와 노동운동의 관계를 살펴보자. 노동자들이 없는 곳에 노동운동이란 있을 수 없다는 점에서 둘의 관계는 직접적이기는 하지만 그렇다고 그렇게 단선적인 것은 아니다. 노동세계란 무엇인가? 우선 눈에 띄는 것은 그것이 지닌 다양성과 이질성이다. 그것은 지역·산업·직종·공장·생활수준·전통·충원방식 등에 따라 매우 다르며, 이 다양한 노동조건으로 말미암아 중립적이고 객관적인 노동세계에 노동계급이 있다면 그것은 하나가 아니라 복수이게 마련이다. 하지만 전체사회 속에서 노동세계는 특정한 사회경제적 관계의 망을 통해 동질적인 노동조건을 이루며, 이러한 조건을 의식함으로써 '단수의' 노동계급을 탄생시킨다. 이것은 '거기에 있는' 중립적인 존재가 아니라 자신의 존재성을 자각하여 그것을 변화시키려는 능동적인 주체이다. 노동운동은 바로 이러한 노동계급의 표현이다. 그것은 노동계급의 언어이자 도구이며 기관이자 해석자이다. 따라서 여기서 문제가 되는 것은 노동운동이 노동계급과 노동세계의 충실한 해석자냐 하는 점이다. 즉 그것이 그 열망을 명확한 언어로 표현하고 실천방안을 제시하고 그것을 수행할 만한 조직적 기반을 가지고 있느냐 하는 점이다. 이러한 점에서 노동세계-노동계급-노동운동의 관계는 단선적이고 일방적이라기보다는 복잡하고 미묘한 상호모색의 관계라고 할 수 있다.

사회주의와 노동세계의 관계는 어떠한가? 우선 지적할 수 있는 것은 양자의 관계는 역사적으로 외면적이고 상호독립적이라는 점이다. 전술했듯이 노동운동은 노동자들의 터전 없이는 형성될 수 없었다. 물론 이스라엘의 예와 같은 유일한 예외가 있을 수 있다. 하지만 그것조차 유럽의 경험을 반영하는 것으로서, 객관적인 노동세계의 변화에 따라 노동운동의 성격이 변하게 마련이었다. 그러나 사회주의는 노동세계와 사실상 아무런 연관 없이 형성되었다. 18세기의 '공산주의'는 농업문제, 특히 토지문제와 관련된 것이었고, 19세기 초의 '공상적' 사회주의는 새로운 사회질서의 모색을 주된 임무로 자임하여 '노동문제'는 부차적인 것에 불과했다. 이처럼 상호독립적이었던 둘을 결합시킨 것이 마르크스였다. 그는 정확히 1843년말에서 1844년 여름에 이르는 시기에 헤겔 좌파적인 급진적 민주주의자에서 공산주의자로 탈바꿈하는 가운데 노동계급의 역사적 사명이 사회주의의 건설에 있음을 확언할 수 있었다. "철학적 민중은 오직 사회주의 속에서 자신에게 어울리는 실천을 발견할 수 있으며, 따라서 그가 자신의 해방의 역동적 요소를 발견할 수 있는 것은 오직 프롤레타리아 속에서였다."[18] 마르크스는 하나의 전체로서 노동계급의 형성과정을 추적하면서 그것이 역사의 주체가 되기 위해서는 계급의식을 필요로 하며 계급의식은 오직 혁명을 통해서만이 사회주의의식이 될 수 있음을 강조함으로써 암묵적으로 사회주의의 선도성을 인정하였다. 하지만 그는 결코 사회주의가 노동운동, 더 내려가 노동세계에 닻줄을 내리고 있음을 망각하지 않았다.

19세기 후반, 특히 4/4 분기에 들어 마르크스주의는 여타의 경쟁적인 사회주의를 압도하고 국제사회주의운동의 주도권을 장악하였다. 그것을 가능케 했던 요인으로 마르크스의 지적 탁월성, '보불(普佛)전쟁'(1870)에서 프로이센의 승리, '파리코뮌'(1871), 민주주의의 진전 등과 아울러 산업화의 대규모 진전을 들 수 있다. 1900년을 전후하여 유럽 각국에서 마르크스주의정당의 주된 사회적 토대가 근대적인 의미의 산업노동자였다는 사실이 말해주듯이 대규모의 산업화는 마르크스의 교리에 현실적인 토대를 제공하였던 것이다. 그러나 각국의 사정은 마르크스주의의 승리가 완벽한 것이 아님을 잘 보여준다. 국제사회주의운동에서 탈락한 여러 사회주의는 각국의 경제적 발전의 차이, 그것을 반영하는 노동세계와 노동계급 구성의 다양성, 그리고 정치문화의 특수성 등의 기반 위에서 독자적인 거점을 확보할 수 있었다. 무정부주의적 사회주의는 러시아·에스파냐·이탈리아 등지에서 여전히 강력했고, 산업화와 의회주의의 전통이 가장 오랜 영국에서 사회주의자들은 소수에 불과했고 그들조차도 대부분이 마르크스주의자가 아니었다. 그런가 하면 강력한 혁명적 전통을 지닌 프랑스는 자생적인 사회주의의 뿌리가 매우 깊어 마르크스주의가 주도권을 장악하는 것이 쉽지 않았고, 더딘 산업화로 말미암아 노동계급의 다양한 분화는 통일적인 사회주의운동에 커다란 장애가 되었다.

이러한 분석을 통해 우리는 노동세계·노동계급·노동운동·사회주의간의 특정한 조합으로 이루어진 몇 가지 유형을 확인할 수 있다. 첫째, 미국적 유형이다. 이는 노동세계의 규모는 상당하나 매우 초보적인 수준을 제외하고는 노동계급이란 부재한다. 사회주의의식은 말할 것도 없고 계급의식이 거의 발달하지 못했다. 하지만 노동계급이 미발달한 상태에서 노동운동은 매우 강력했다. 둘째, 영국적 유형이다. 노동세계의 규모가 크고, 발달한 노동계급은 강한 자율성과 독자성을 지니며, 노동운동은 강력한 조직을 갖고 있지만, 사회주의는 미약하여 노동조합주의의 정치화에 불과하다. 셋째, 러시아적 유형이다. 볼세비키가 권력을 장악할 당시, 노동세계는 몇몇 지방에 국한하고 노동계급은 분산되고 노동운동은 미약하였다. 넷째, 독일 및 프랑스 유형이다. 이 두 나라에는 대규모의 노동세계, 발달한 노동계급, 강력한 노동운동, 강력한 사회주의운동이 공존하고 결합하여 가장 조직화된 면모를 보여준다. 하지만 양자는 각 요인의 내적 구성과 그 네 요인 사이의 결합방식 등의 차이로 말미암아 해결책에서 커다란 차이를 보인다.

2. 정치적 기반 — 사회주의와 민주주의

사회주의와 민주주의는 약간의 시차가 있기는 하지만 거의 동시에 역사무대에 출현하였다. 그도 그럴 것이 자유주의가 지배세력의 정치적 이데올로기로 자리잡아가면서 양자 공히 그것의 한계와 모순을 극복한다는 목표를 갖고 있었기 때문이다. 물론 자유주의의 한계와 모순에 대해서 둘의 견해는 달랐다. 사회주의는 자유주의가 설정한 재산제한선거제가 인간의 자연적 평등성에 위배된다고 비판하면서도 단순히 정치적 평등만이 아니라 사회경제적 평등을 지향하여 시민사회의 극복, 더 나아가 자본주의의 폐지를 모색하였던 반면에, 민주주의는 정치적 권리의 토대가 되는 소유권 자체는 문제삼지 않은 채 제한선거제를 인간의 존엄성에 대한 모욕으로 간주하면서 성년남자의 보통선거제를 주창하였다. 이 점에서 19세기의 민주주의를 소생산자층의 정치적 열망을 대변한 것으로 보는 견해는 상당한 설득력을 갖는다. 하지만 적어도 자유주의가 19세기말에 보통선거제를 받아들여 자유민주주의로 탈바꿈하기 전까지, 즉 제한선거제가 온존하는 한, 사회주의와 민주주의는 기존질서를 공격하는 데 상당 정도로 공동보조를 취할 수 있었다. 예컨대 영국에서 사회주의자 오웬과 인민헌장운동가들(the Chartists)은 선거권의 납세점이 매우 높았던 시기에 선거법의 개정을 위해 공동투쟁하였으며, 프랑스에서 7월왕조기에 사회주의 진영은 종종 공화주의운동의 핵심적인 일부분이었다. 적어도 이 시기에 영국과 프랑스와 같이 절대왕권의 청산이라는 역사적 과업이 완결된 나라에서 사회주의는 민주주의와 불가분의 관계를 유지하였다. 더욱이 혁명적 전통이 강하고 공화정이 여전히 인간해방의 일정한 역사적 조건이던 프랑스의 제3공화정에서 사회주의자들은 사회주의를 프랑스혁명의 완성으로 여길 수 있었다.

사실상 사회주의와 민주주의의 이러한 결합이 적어도 이론적으로 불가피한 것은 아니었다. 그 두 운동이 어깨를 나란히했다고 해서 계획경제에 입각하는 평등한 사회를 건설하기 위해 민주주의가 필연적으로 요청되는 것도 아니며, 자유를 전제하는 민주주의가 가끔 강제를 전제하는 사회주의와 대립관계에 놓일 수도 있었다. 하지만 적어도 19세기의 유럽에서 사회주의는 민주주의의 연속선상에서 그것을 완성시키는 것으로 자임하였다. 부르주아민주주의가 법 앞의 평등, 곧 시민적 평등을 설정했다면, 사회주의는 인간 삶의 여러 조건 속에서 평등을 완성할 것이었다. 부르주아민주주의가 자유의 지배를 확립했다면, 사회주의는 단지 시민의 자유만이 아니라 생산자의 자유도 확립할 것이었다.

이러한 시민-생산자의 이중적 존재성은 사실상 보통선거제와 의회주의에 대한 사회주의의 비판을 함축한다. 어쩌면 그것은 계급정치를 표방하는 사회주의자들에게 하나의 딜레마였다. 선거권자들이 생산과정에서 점하는 위치를 고려하지 않은 채 그들로부터 더 많은 표를 얻으려고 애쓴다면 그것은 계급정치를 저버리는 처사가 될 것이며, 그렇다고 계급정치를 지키자니 선거에서 다수표를 획득하기가 어려웠다. 이러한 딜레마는 '선거사회주의'를 내걸었던 서구의 '사민주의'에서 특히 제2차세계대전 이후에 명확하게 드러날 것이지만,[19] 이미 19세기 후반에 들어서면서 여러 사회주의이론가들에 의해 지적되고 있었다. 프루동과 같은 사회주의자들은 철저하게 생산이라는 경제적 영역에 사회주의 건설의 문제를 한정시킴으로써 선거와 대의제, 더 나아가 국가의 문제를 회피하려고 했고, 다른 많은 사회주의자들은 의회를 단지 선전의 도구이자 무대로 간주하였다. 마르크스에게 대의제 민주주의는 기본적으로 계급지배의 근대판에 불과했으며, 파리코뮌은 대의제가 부르주아권력을 호도하는 소품임을 명확히 보여주었다.

마르크스는 19세기 중엽에 유럽의 상당 국가에서 진행된 '합법적 공간'의 제도화로 말미암아 소수의 무장봉기에 의존하는 블랑키주의적인 혁명전술은 시대착오적이며 아울러 프루동류의 비정치주의적인 사회주의 역시 설득력이 약하다고 파악하고, 계급투쟁을 통한 사회주의의 실현이라는 혁명적 실천의 요구는 국가의 문제를 핵심적으로 제기한다고 보았다. 그는 독일 노동자들에게 고유의 조직체를 건설할 것을 주문하고, 특히 파리코뮌에서 기존의 부르주아국가를 폐지하는 '프롤레타리아의 독재'의 원형을 발견하였다. 그러나 계급투쟁의 정치적 형태에 관한, 바꿔 말하면 노동계급이 어떤 방식으로 승리를 쟁취할 수 있는가에 대한 그의 견해에서 드러나듯 민주주의에 대한 그의 태도는 퍽 다의적이었다. 마르크스와 엥겔스가 노동계급의 독자적인 정치조직을 원했고 '즉자적 계급'은 오직 하나의 정당으로 조직될 때만이 '대자적 계급'이 될 수 있다고 지적했음은 분명하지만, 그들에게 기만적인 부르주아민주주의에 대한 혐오감과 민주주의를 미래사회의 정치형태로 보는 태도가 공존하고 있었던 것이다. 더욱이 말년의 엥겔스는 민주주의적인 공화정이 단지 프롤레타리아와 부르주아지 사이의 이상적인 전투장일 뿐만 아니라 다가올 프롤레타리아의 독재 그 자체의 정치적 형식이 될 수 있다는 점을 명백히 언명하였다. 이미 '과학적' 사회주의의 건설자들은 추종자들이 해석상의 이견을 보일 수 있는 소지를 안고 있었던 것이다.

19세기 말엽에 유럽에서 보통선거제가 점차 확대되고 선거에서 사회주의 정당의 득표율이 증가함에 따라 민주주의의 문제는 새로운 조명을 받았다. 특히 제1차세계대전 이전의 독일의 '사회민주당' 은 이 점에서 흥미로운 역사적 경험을 보여준다. 독일 사회주의운동 안에서 처음부터 마르크스주의, 더 정확히 마르크스의 영향력이 강력했던 것은 아니다. 라살레(Ferdinand Lassalle, 1825~1864)가 1863년에 건설한 '독일노동자총연맹'(ADAV)은 말할 것도 없고 마르크스의 지도를 받았다는 '아이제나흐파'의 '사회민주노동당'(SDAP, 1869)이나 1875년의 고타대회에서 두 파가 합쳐 결성한 '독일사회노동당'(SAPD)에서 라살레의 영향은 여전하였다. 하지만 독일의 통일과 뒤 이은 '사회주의자탄압법'(1878~1890)의 박해는 한편으로 당내의 결속을 강화시키고 다른 한편으로 혁명적 이데올로기의 득세에 유리한 분위기를 조성하였다. 이리하여 드디어 사민당(1890년에 개명)은 1891년 '에어푸르트강령'을 통하여 라살레주의를 청산하고 마르크스주의를 당의 기본이념으로 채택하였다.

이 강령은 당시 마르크스와 엥겔스의 지적 상속자라고 자타가 공인하였던 카우츠키와 베른슈타인(Eduard Bernstein, 1850~1932)에 의해 기초된 만큼 '철저하게 마르크스주의적인 것'으로 평가받았다. (베른슈타인의 '수정주의'가 표면화된 것은 1896년의 일이다) 그러나 사실상 그 문서는 사회주의혁명에 대한 이론과 실천 사이의 역동적인 통일을 이루어내지 못하였다. 카우츠키는 이론 부분에서 생산수단의 집중과 독점, 계급의 양극화, 노동계급과 인터내셔널의 혁명적 역할, 계급투쟁의 필연성 등을 집중적으로 거론하였을 뿐 정작 어떻게 사회주의혁명을 성공적으로 이루어내어 사회주의사회를 조직할 것인가 하는 문제에 대한 이론적 고찰은 전혀 하지 않았으며, 베른슈타인 역시 실천 부분에서 보통선거권, 누진세, 정교 분리, 1일 8시간 노동제, 사회보장과 같은 구체적인 요구만을 열거했을 뿐 혁명적 실천에 대한 분석은 담고 있지 않았다.

이는 수정주의 논쟁이 벌어지기 이전에 이미, 탄압법 아래에서 형성된 이데올로기적인 과격주의의 포장 아래에서 사실상 의회주의적인 실천이 '사회민주주의'의 기저를 형성하고 있었음을 뜻한다. 물론 마르크스주의에서 정치권력을 장악하여 혁명적 변혁을 이룩한다는, 즉 국가를 통해 국가를 폐지한다는 실천강령이 의회주의와 양립 불가능한 것은 아니었다. 사실 마르크스와 엥겔스가 사회민주주의에 혁명적 의미를 부여했던 것도 바로 그런 맥락에서였다. 그러나 이 경우 총선거를 혁명의 선전장으로 그치게 하지 않고 '의회주의적인 길'에 혁명적 실천을 담으려면 적어도 그 의회가 국가권력의 실질적인 중추여야 했다. 만약 빌헬름 2세 때의 독일처럼 그렇지 못할 경우 그 의회주의는 사실상 개량주의를 뜻하는 것이다. 이 점에 대해 사민당이 전혀 대안이 없었던 것은 아니다. '제헌의회'의 소집이 그것이다. 그렇지만 '독일혁명'기(1918~1919)에 '다수파 사민당'과 '독립사민당'(USPD)의 갈등이 보여주듯이 기본적인 사회경제적 변혁이라는 사전정지작업을 거치지 않고 구성된 제헌의회는 결코 그 혁명적 소임을 다할 수 없었던 것이다. 이 점에서 의회전술에 충실했던 조레스의 입장은 당시 프랑스의 국가구성을 놓고 볼 때 단순히 개량주의로 치부하기 어려운 면모를 갖는 것이다.

사민당의 그러한 개량주의적인 태도는 역설적이게도 탄압법의 시기에 형성된 것이었다. 박해에도 불구하고 꾸준히 정치적 역량을 증대시킬 수 있었던 사민당은 결과적으로 탄압법 아래서 유일하게 허용된 합법적인 의회활동을 과신하게 되었고, 탄압법의 폐지는 보통선거제의 성공적인 활용을 통한 권력장악의 전망을 더욱 크게 하였다. 또한 실제로 사민당은 1890년 이후 여러 차례의 제국의회 선거에서 그야말로 눈부신 성장을 이룩해냈다. 이리하여 제1차세계대전이 있기 직전인 1912년의 선거에서 사민당은 400만 이상의 득표(35%의 득표율)로 110석을 얻어 의회내 제1당이 되었다. 엥겔스가 죽기 직전인 1895년 3월에 "'혁명주의자'요 '타도주의자'인 우리는 비합법적인 방법과 타도행위보다는 합법적인 방법에 의해 더 잘 성장해 왔다. …… 우리는 이러한 합법성 아래에서 강한 근육과 장미빛의 뺨을 얻었다"[20]고 적을 수 있었던 것도 의회주의적인 방법을 통한 권력장악의 가능성을 신뢰했기 때문이다.

그러나 그러한 엥겔스의 태도는 전술상의 변화일 뿐 혁명의 포기는 결코 아니었다. 그것은 혁명의 가능성에 대한 현실주의적 탐색이었던 것이다. 하지만 당내 지도부를 잡고 있던, 뒤에 '중앙파'라고 불릴 인사들은 변화하는 새로운 현실 속에서 사회주의혁명이라는 지난한 과제를 어떻게 이룩할 것인가 하는 문제에 능동적으로 대처하지 못하고 선거에서의 승리와 당 조직에 안주하는 '부동주의'를 견지하였다. 이러한 태도의 이론적인 면모는 카우츠키에게서 잘 드러난다. 그는 한편으로 마르크스의 교리로부터 혁명적 요소를 배제시키면서 다른 한편으로 기계론적 경제주의에 입각하여 '관망주의'를 합리화하였다. 자본주의의 붕괴가 필연적인바, 프롤레타리아(그리고 그 전위인 당)의 임무란 지배계급으로서 부르주아지를 대신할 만큼 성숙하기를 기다렸다가 혁명에 호소하지 않고도 평화적으로 권력을 장악하기만 하면 된다는 것이다. 이것이 카우츠키 혁명이론의 요체이다. 여기에서 혁명의 구호는 불가분의 일부분이다. 왜냐하면 그것은 노동자들에게 자본주의의 자연법칙적인 붕괴를 확신시켜주는 집단적 자의식을 제공해주고 '국가 속의 국가'에 강한 응집력을 제공하며 당내의 모든 경향을 통합시켜주는 기능을 지녀야 했기 때문이다. 마르크스주의는 실로 당 관료제의 개량주의를 합리화하고 부동주의를 호도하는 일종의 통합이데올로기였다.

이러한 중앙파에 대한 공격은 좌·우 양편에서 나타났다. 먼저 당의 우익으로부터 '수정주의'가 제기되었다. 놀랍게도 그 주인공은 엥겔스가 마르크스의 지적 공동관리자로 지정한 베른슈타인이다. 과연 그는 관리자답게 변화하는 현실에 맞게 마르크스를 '수정'한다고 공언하였다. 사회주의의 이론적 전제와 사회민주주의의 실제 사이의 모순을 해소한다는 것이다. 그가 제시한 해결의 방안은 실제에 맞게 이론을 수정하여 자본주의의 붕괴론을 부정하고 의회주의를 혁명적 진화의 더할 나위 없는 수단으로 노골화시키는 것이었다. 사실상 수정주의는 사회주의운동을 계급운동에서 대중운동으로 변화시켜 그 민주적 실천을 부르주아민주주의의 좁은 틀 안에 국한시키려는 것이었다. 그것에 설득력을 제공한 것은 의회전술의 혁명적 가능성이 아니라 당대의 사민당과 '자유노조'에 광범위하게 유포되었던 개량주의라는 현실이었다. 이후 유럽의 경험은 사민주의가 서구의 자본주의체제를 혁명적으로 전화시키기는커녕 오히려 결과적으로 그것을 개량화시키는 데 그쳤음을 명료하게 보여준다.[21]

1905년의 러시아혁명은 혁명적 폭력의 돌연한 발현을 통하여 사회주의진영 안에서 마르크스주의의 경제결정론에 가려 있었던 혁명적 행동과 의지의 문제를 새롭게 제기함으로써 혁명적 실천에 새로운 전망을 열어주었다. 사민당 지도부에 대한 좌익의 비판이 본격화한 것도 이때부터였다. 그 대표적 인물이 로자 룩셈부르크(Rosa Luxemburg, 1871~1919)이다. 수정주의 논쟁의 와중에서 베른슈타인의 목표가 사회주의체제의 건설이 아니라 자본주의질서의 개량화에 있다고 예리하게 지적하여 명성을 얻은 그녀는, 1905년 이후 당의 관료화를 신랄하게 비난하면서 대중의 혁명적 자발성을 새로운 민주적 실천으로 강조하고, 그 표현인 '대중파업'을 프롤레타리아혁명의 더할 나위 없는 형태로 제시하였다. 이러한 비판으로 혁명적 이데올로기와 개량적 실천이라는 사민당의 이중구조를 바꿀 수는 없었지만, 그것은 사회민주주의가 부르주아민주주의로 환원될 수 없는 독자적 영역이 있음을 보여준다. 사회주의운동은 노동자들을 계급적 조직으로 어떻게 묶어내느냐 하는 문제와 아울러 그들의 자발성을 통해 어떻게 그 조직을 끊임없이 활성화하느냐 하는 문제를 풀어나가야 했던 것이다.

V. 체제로서의 사회주의

돌이켜볼 때, 제1차세계대전을 전후한 시기는 서구의 역사에서
사회주의혁명의 가능성이 가장 높았던 때였다. 그리고 그것이 일어
났다면 여러 가지 정황으로 보아 그 무대는 독일이었을 것이다. 이
러한 판단은 기실 당시의 기대와 확신과 크게 다르지 않은 것이다.
그러나 정작 사회주의혁명이 성공한 곳은 러시아였다. 이제 사회주
의는 국제적인 차원에서 혁명적 실천이라는 문제와 아울러 적어도
당분간은 한 국가 안에서 체제건설이라는 새로운 문제에 직면하게
되었다.

1. 사회구성으로서의 사회주의

마르크스와 엥겔스에게 사회주의란 '공상적' 사회주의자들과는
달리 이상적인 청사진을 투영할 대상이 아니라 자본주의 발전과정의
산물이었다. 사회주의가 어떠한 형태를 취할 것인가는 예견될 수 있
는 것이 아니라, 사회세력의 역학관계를 포함하는 일련의 역사과정
을 통해 드러날 것이었다. 따라서 마르크스와 엥겔스는 새로운 사회
구성으로서 사회주의에 대해 말하기를 꺼렸다. 그들에게 그것은 프
롤레타리아가 사회를 변화시키고 그럼으로써 스스로를 변화시키는
오랜 혁명과정에서 자본주의에 대한 부정을 통하여 그 윤곽을 명확
하게 그려줄 것이었다.

이 문제와 관련하여 중요한 문건은 마르크스의 《고타강령비판》
(1875)[22]이다. 여기에서 그는 공산주의사회의 두 단계를 구분하였다.
첫단계는 자본주의사회로부터 출현한 사회형태로서 여전히 구사회

의 흔적을 지닌다. 노동자들은 새로운 지배계급으로서 적으로부터 스스로를 보호하기 위해 자신의 국가('프롤레타리아의 혁명적 독재')를 필요로 하며, 사람들은 지적 정신적으로 부르주아 가치와 이념의 영향을 받고, 수입은 더 이상 소유권으로부터 나오지 않지만 필요가 아니라 노동량에 따라 계산된다는 것이다. 그렇지만 이 새로운 질서는 사회의 생산력을 빠르게 성장시켜 불원간 자본주의사회가 지녔던 한계를 뛰어넘을 것이며, 그리하여 공산주의사회의 더 높은 단계로 진입할 것이다. 이 단계에 오면 국가는 소멸하고, "노동의 분화에 대한 개인들의 노예적인 종속과 그에 따라 지적 노동과 육체적 노동의 대립이 사라지고, 노동이 더 이상 생계수단이 아니라 그 자체가 생의 욕구가 되고, 개인들의 총체적인 발전이 또한 그들의 생산력을 증대시키고 협동적인 부(富)의 샘물이 더욱 풍성하게 넘쳐 흐른다. 그때야 비로소 사회는 부르주아 권리의 좁은 지평을 완전히 넘어서서 자기 깃발에 이렇게 새겨넣을 수 있을 것이다. '각자는 능력에 따라에서 각자는 필요에 따라로!'"

  마르크스는 자본주의사회와 공산주의사회의 과도기에 대해 "공산주의의 첫단계"라고 했을 뿐 그 사회형태에 대해 사회주의라는 용어를 쓰지 않았다. 그러한 용법을 확립한 것은 바로 레닌이다. 그는 《국가와 혁명》(1917)에서 "통상 사회주의라고 불리는 것을 마르크스는 공산주의사회의 '첫단계' 또는 낮은 단계라고 명명했다"고 지적했고, 이 용례는 이후 모든 마르크스주의자들에 의해 받아들여졌다. 이제 개인이나 당은 그들이 수행하는 혁명적 활동의 목표가 궁극적인 것이냐 아니면 좀더 즉각적인 것이냐에 따라 스스로를 공산주의자나 사회주의자라고 불렀으며, 공산당이 지배하는 나라를 사회주의국가라고 부르는 것이 조금도 이상하지 않게 되었다. 실제로 러시아혁명 이후 소련의 공식명칭은 '소비에트사회주의공화국'(the Union of Soviet Socialist Republics)이 되었으며, 1917년 이후 심대한 구조적 변화를 수반하는 혁명을 경험한 나라들은 대부분 사회주의의 명칭을 채택하였다. 이리하여 '현존사회주의'(really existing socialism)[23]가 등장했으며, 그것은 자본주의나 봉건제와 같은 다른 사회구성과 동일한 방식으로 연구의 대상이 되었다.

이론적으로 사회주의란 기본적으로 공산주의로 가는 과도기적 단계이기 때문에 현존사회주의에 대한 분석은 매우 중요한 현실적 함의를 갖는다. 과연 현존사회주의가 위에서 말하는 더 높은 단계의 공산주의로 가고 있다는 여러 가지 징후를 보여주고 있느냐 하는 문제이다. 만약 그것이 그러한 징후를 보여준다면 그것은 마르크스주의적인 의미에서 사회주의사회로 판단될 수 있고, 그렇지 못하다면 사회주의사회로 볼 수 없는 것이다. 이 문제를 둘러싼 논쟁[24]이 '현존사회주의'가 붕괴한 오늘날에 그 실천적 의미가 크게 약화된 것은 사실이지만, 역사적 경험을 평가하는 데 무의미하지만은 않다. 하지만 그렇다고 해서 소련식의 사회주의를 '국가자본주의'로 파악하는 트로츠키류의 해석[25]은 오히려 사회주의가 지녔던 어두운 부분을 호도하고 있다는 점에서 진지하지 못하다고 생각된다.

2. 소비에트 사회주의의 경험

마르크스와 엥겔스는 사회주의의 첫 실험이 가장 선진적인 자본주의국가, 특히 영국에서 일어나리라 기대하였다. 왜냐하면 프롤레타리아혁명과 무계급사회의 등장은 불가피하게 충분히 성숙한 자본주의경제를 전제하기 때문이다. 물론 마르크스가 말년에 러시아의 '인민주의자들'이 주창했듯이 러시아에서 자본주의의 단계를 거치지 않은 채 미르(mir) 공동체를 통해 곧바로 사회주의 단계로 넘어갈 수 있음을 비치기는 했지만, 그 경우에도 그것은 이미 서구에 뿌리내린 사회주의체제의 도움을 통해서만 가능하다고 여겼다.

하지만 실제의 역사과정은 그러한 기대와는 매우 다른 방식으로 나타났다. 기본적으로 전(前)자본주의적인 사회구성을 지녔던 차르치하의 러시아에서 사회주의체제가 건설되었던 것이다. 이 점에서 레닌의 《제국주의론》(1916)은 마르크스의 교리와 혁명적 실제 사이의 괴리를 메우기 위한 시도라고 볼 수 있다. 그의 설명방식을 간략하게 요약해보자. 제1차세계대전 이전에 서방의 자본주의는 제국주의 단계에 접어들어 선진산업국가들은 식민제국을 확대시키려고 치열한 경쟁을 벌였다. 식민지로부터 초과이윤을 얻게 된 서방의 자본가들은 "빈곤을 해외에 수출하여" 노동귀족을 만들어냄으로써 국내에서 진정한 프롤레타리아 계급의식의 진전을 늦출 수 있었다. 그러나 이것은 새로운 식민시장의 계속적인 획득에 달려있는바, 제국주의 팽창의 지리적 한계로 말미암아 그 과정은 오래 지속하지 못할 것이다. 따라서 자본주의의 최종단계는 불가피하게 제국주의전쟁의 형태를 띠게 될 것이며, 제1차세계대전의 발발은 이 단계에 도달했음을 의미한다. 바로 이러한 조건에서 경제적 후진지역은 혁명의 가능성을 발견할 수 있다. 비록 차르 치하의 러시아와 같은 저개발의 국가가 자본주의는 아니라 할지라도 시장과 원료의 공급지로서 서방 자본주의의 핵심적인 일부분이다. 이곳에서 정치혁명은 서방의 착취를 막아 전자본주의체제를 무너뜨릴 수 있다는 점에서 이 지역은 자본주의질서의 "약한 고리"라고 할 수 있다. 게다가 이 지역은 경제적 후진성으로 말미암아 전세계 노동자 가운데 가장 극심하게 착취됨으로써 혁명을 위한 양호한 조건을 갖는다. 따라서 자본주의의 해체는 그 중심이 아니라 주변에서부터 시작될 것이다. 러시아는 차르정치체제의 취약성으로 말미암아 세계혁명의 시발지가 될 것이다.

이렇듯 최초의 사회주의 실험은 여전히 기본적으로 봉건적인 사회에서 나타났다.[26] 한편으로 거의 봉건적인 농업구조를 지니고 다른 한편으로 비록 일부 지역에 국한하기는 했지만, 역동적인 산업발전을 경험하였던 후진국가에서 사회주의를 건설하는 문제는 경제적으로 선진한 국가가 사회주의로 이행하는 문제와 같을 수는 없었다.

새로운 체제는 서구의 자본주의를 포함하는 기존의 그 어떤 체제와 비교해서도 정신적으로뿐만 아니라 물질적으로도 우월성을 입증해야 했던 만큼, 러시아의 후진성이 사회주의의 건설과정과 내용을 왜곡시킬 가능성은 충분히 예견되었다. 따라서 볼셰비키는 러시아혁명의 충격으로 유럽에 혁명이 일어나 사회주의체제가 수립되고 그것의 도움을 받을 수 있기를 기대하였다. 과연 제1차세계대전 직후 독일·이탈리아·오스트리아·헝가리·폴란드·체코 등지에서 혁명이 일어났으나, 오래 견디지 못하고 실패로 끝났다. '영구혁명'이 좌초한 것이다.[27] 곧 소비에트체제는 대내외적인 반혁명에 직면하였다. 새로운 체제의 출범을 자본주의 세계질서에 대한 중대한 위협으로 받아들인 서방의 자본주의국가들은 노골적으로 적대감을 드러냈던 것이다. 이리하여 그렇지 않아도 사회주의의 건설이라는 감당하기 어려운 벅찬 과제에 직면했던 소비에트 러시아는 대내외적인 반혁명세력으로부터 체제를 지켜내야 하는 또 다른 부담을 그 출발에서부터 짊어져야 했다.

이처럼 소비에트 사회주의의 실험은 일련의 자못 극한적인 상황에 직면하였다. 첫째, 그것은 이후 30년 동안 유일하게 살아남은 사회주의체제였다. 스탈린(Stalin, 1879~1953)은 이를 정당화하기 위하여 1924년부터 '일국사회주의론'을 주창하였다. 둘째, 그 결과, 그것은 자본주의 열강의 강력하고 적극적인 적대에 직면하였으나 그에 상응하는 군사력이나 경제력을 갖출 수 없었다. 셋째, 그것은 여러 차례에 걸쳐 파국적인 상황을 경험하였다. 생산시설의 태반을 파괴해버린 1914~1918년의 전쟁, 뒤이어 정치적 전위세력의 절반 이상을 앗아가버린 1918~1920년의 내전, 1927~1929년에 '적군'에 의해 사실상의 제2의 내전으로 비화된 농민의 저항, 1941~1945년에 2천만 명의 목숨과 산업지대의 대부분을 초토화시킨 나치의 침입, 미국의 핵무기 독점을 견제하기 위해 엄청난 군비지출을 감당할 수밖에 없었던 1947~1954년의 '냉전', 마지막으로 막대한 사회경제적 비용을 요구하는 군비경쟁과 '과학기술혁명', 그리고 그 경쟁에서의 패배로 말미암은 체제의 붕괴 등이 그것이다. 넷째, 그것은 혁명 직후 인구의 80퍼센트를 차지했던 농민대중의 생산체계를 조직화해야 했고, 그것에서 산업화와 도시화를 위한 잉여를 얻어내야 했다. (사회주의적 자본축적) 다섯째, 그것은 아울러 교육수준이 낮은 인민대중을 간부와 전문가로 양성해야 했다. 사실상 노동자와 농민 출신의 이른바 '붉은' 전문가들은 그 체제가 새로운 기술을 개발하고 그것을 산업에 응용하는 데 의지할 수 있었던 유일의 엘리트집단이었다.[28]

이러한 조건 아래서 생산력의 발전은 높은 단계의 공산주의를 위한 불가결의 전제조건일 뿐만 아니라 서방세계와의 경쟁에서 살아남을 수 있는 유일한 길로 강조되었고, 마르크스가 역설했던 사회주의 사회구성의 해방적 면모는 점차 후퇴하여 공산주의사회가 도래할 때까지 연기될 것이었다. 이 과정에서 소비에트체제는 구 볼셰비키에 대한 잔인한 숙청, 제2차세계대전기에 러시아 민족주의의 격화, 스탈린의 1인독재와 1인숭배 등과 같은 정치적 문화적 몽매성을 여실히 드러내었다.

하지만 이러한 측면이 사회주의로의 이행과정이 경험할 수밖에 없는 필연적인 것은 아니었다. 그 반대로 그것은 서방세계의 적극적인 적대, 농촌에 강하게 잔존했던 봉건적 몽매성, 차르의 통치로부터 이어지는 관료제의 파행성과 기회주의, 새로운 혁명적 엘리트층의 무경험, 엄청난 인명 손실과 굶주림을 야기한 나치의 침입 등으로 말미암은 것이었다. 그것을 러시아가 사회주의를 선택한 결과라고 보는 것은 소비에트체제에 대한 공정한 태도라고 보기 어렵다.

소비에트체제가 이룩한 성과는 그것이 직면했던 어려운 여건을 감안할 때 실로 대단한 것이었다. 1930~1940년대에 연평균 10퍼센트를 넘는 초고속의 성장을 경험하였다. 세계 최고수준의 과학기술을 달성하였다. 도시화가 급속하게 진행되고 방대한 문화시설에 기반하여 우수한 문화적 역량을 계발하였다. 인민의 생활수준이 견실하게 상승하였다. 문맹률이 급격히 하락하고 교육은 중등과정까지 의무화되고 대학교육의 기회가 실질화하였다. 국제적으로도 높은 수준의 의료체계와 사회보장제를 갖추었다. 요컨대 70년이라는 길지 않은 기간에 소련은 차르의 독재에 신음하던 봉건국가로부터 막강한 군사력과 경제력을 지닌 근대국가로 도약한 것이다.

그러나 이러한 성과는 극복하기 어려운 문제점을 지닌 것이었다. 먼저 공업화과정에서 자행된 폭력은 밑으로부터의 민주주의를 압살하여 장기적으로 사회주의의 건설에 결정적인 장애로 작용하였다. 즉 무수한 희생자를 만들어내고 불법행위를 저지른 소련 당국은 정보의 공개를 두려워하고 또 막았으며, 그럼으로써 체제개혁의 발판을 스스로 제거하였다. 또한 경제계획의 수립과 집행, 저항세력에 대한 물리적 대응, 그밖에 이를 보완하기 위한 활동 등을 담당하는 방대한 공산당 지배집단이 형성되어 관료주의와 집단이기주의에 사로잡혀 거대한 기득권 세력으로 변모하였다. 뿐만 아니라 인민의 생활수준은 어느 정도 개선되었으나 결코 만족스러운 수준은 아니었으며, 기득권 세력과 일반 인민의 괴리는 두드러진 것이었다. 아울러 높은 교육이나 의식수준을 갖추게 된 인민은 그러한 모순을 더욱 날카롭게 파악할 수 있게 되었다.

1970년대 후반부터 체제에 대한 인민의 불만이 고조되고 위기가 조성되기 시작했다. 불만의 직접적인 표적은 무엇보다도 체제의 담당자이자 기득권의 대표세력인 공산당이었다. 이제 공산당 대 인민의 대립구도가 확고하게 자리잡게 되었다. 1985년에 집권한 고르바초프는 '공개성'(glasnost)과 '재편'(perestroika)이라는 적절한 방식으로 이런 모순을 해결하려고 했으나, 공산당의 근본적인 수술 없는 체제 개편의 시도는 당의 분열과 대립을 불렀고, 이는 연쇄적으로 공산당에 대한 인민의 도전을 초래하였다. 결국 고르바초프의 개혁 시도는 소련체제가 안고 있는 모순의 해결이 아니라 소련 자체의 해

체를 야기하여, 정확하게 1991년 12월 31일에 소련은 공식적으로
해체되었다.

VI. 맺음말 — 사회주의의 위기와 전망

오늘날 사회주의는 위기에 직면해 있다. 심지어 혹자는 유럽에서
"사회주의는 죽었다"고 단언하기도 한다.[29] 위기는 크게 두 가지 양
상을 보인다. 하나는 소련과 동유럽에서 공산주의체제의 몰락이
다. 동독·체코·헝가리·폴란드에서 기존체제는 혁명의 물결에 의
해 맥없이 무너졌으며, 공산주의자들이 성공적으로 변신하여 권력
을 유지하고 있는 남동부 유럽에서 소비에트의 패권은 더 이상 존재
하지 않는다. 이제 중동부 유럽에서 체제로서의 사회주의(공산주
의)는 가능한 정치적 대안이기보다는 역사적 현상이 되었다. 이곳에
서 사회주의 통제경제는 서방의 자본주의와의 경쟁에서 뒤졌을 뿐만
아니라 주민의 기본적인 욕구를 충족시키는 데 사실상 실패하였다.
집권화된 관료제는 체제 개혁의 시도를 봉쇄하고, 생산량의 할당제
는 인간적 욕구를 외면하고 인적 자원이나 천연 자원을 대규모로 낭
비하며, 환경문제는 인간의 생존을 위협할 정도가 되었다. 이러한
실패가 생산의 합리적 조직화를 존재근거로 하는 체제에게 치명적임
은 말할 나위도 없다. 통제경제야말로 공산주의의 몰락을 가져온 핵
심적인 사안이며, 그 체제가 순식간에 무너졌음은 비효율성과 비정
당성이 얼마나 컸는지를 쉽게 가늠케 해준다.

그렇다고 그에 대한 반동으로 시장경제에 입각한 순수한 형태의
자본주의가 뿌리내릴 것이라고 예측하는 것은 짧게는 40여 년, 길
게는 70년의 역사적 경험과 시간의 무게를 무시하는 처사이다. 왜
냐하면 서방의 자본주의경제 자체가 이미 혼합경제의 면모를 보이고

있거니와, 동유럽에서 시장경제가 도입된 이후에도 국가는 계속해서 주요한 역할을 수행할 것이기 때문이다. 이곳에서 그 어떤 사회도 자유방임의 전통을 갖고 있지 않으며, 국가는 언제나 경제, 특히 노동시장에 깊숙이 개입해왔던 것이다. 동유럽의 사회와 시장경제의 만남이 어떠한 결과를 가져다 줄지는, 이를테면 사적 소유권에 입각하는 시장원리와 계획경제를 결합시킨 '제3의 길'을 열어줄지는 현재로서 예측하기 어렵다. 확실한 것은 비록 시장경제의 원리가 도입되어 계급이 사회모순의 하나로 부각되기는 하겠지만 민족문제나 종교문제로 말미암아 계급모순이 정치화의 주된 동력으로 기능하기 어렵다는 점이다.

다른 하나는 서구에서 '전통적인 사회주의'의 후퇴이다. 동유럽의 공산주의체제가 무너지기 이전에 이미 서구에서 사회주의정당은 지지기반·조직·정책 면에서 근본적인 변화를 경험하고 있었다. 전통적으로 사회주의정당은 산업노동자층을 주된 지지기반으로 가졌으며, 노동계급의 운동과 하위문화의 정치적 표현이었으며, 국가를 개혁의 주된 수단으로 간주하였다. 1970년대부터 사민주의의 본고장인 중북부 유럽에서 이러한 요소들이 약화되기 시작했다. 우선 산업노동자의 수가 상대적으로뿐만 아니라 최근에 들어서 절대적으로도 하락하였다. 또한 오히려 사민주의의 실패라기보다는 성공의 결과로 계급정치의 토대가 점차 무너지고 있다. 뿐만 아니라 기존질서 안에서 노동조합·언론·도서관·클럽 등 노동자들의 일상적인 삶의 현장에서 그들에게 계급적 정체성을 심어줄 수 있었던 사회주의의 강력한 하위문화체계가 응집력을 잃어가고 있다. 게다가 삶의 질, 참여, 탈중앙집권화, 성의 문제를 제기하는 환경론자, 여권론자, 반핵운동가와 같은 일련의 '신좌파'의 출현으로 말미암아 사회주의는 저항과 비판, 그리고 미래의 전망을 독점하였던 전통적인 위치를 상실해가고 있다. 아울러 유럽의 통합은 노조의 교섭력을 약화시킴으로써 사회민주주의에 불리하게 작용할 것이다. 흥미로운 것은 최근 민주화된 그리스·포르투갈·에스파냐 같은 남부 유럽에서 사회주의정당들의 성장이 비전통적인 방식으로 이루어졌다는 점이다. 그것들은 산업노동자층에 뿌리를 내리기는 하되 광범위한 사회층을 기반으로 하며, 노동계급 하위문화의 정치적 표현도 아니고 노조와의 유대도 약하며, 시장지향적 접근방식에 경제에 대한 국가통제를 결합시키고 있는 것이다.

이렇듯 체제로서 공산주의는 와해되었고, 운동과 당으로서 사회민주주의의 전통적인 토대는 약화되고 있다. 그러나 그렇다고 해서 사회주의 자체가, 심지어는 기존의 사회주의정당이 몰락할 것이라고 단언하기는 쉽지 않다. 첫째, 노동의 인간화, 민주주의의 확대, 사회경제적 평등, 보편적 권리라는 이념을 대변하는 사회주의는 계속해서 자본주의사회에 대한 강력한 비판자 역할을 수행할 것이다. 동유럽에서 시장경제의 도입에 따른 새로운 불평등은 사회주의적 급진운동을 야기하고 있으며, 서유럽에서 국가주의에 대한 반성은 사회주의의 잊혀졌던 공동체적 전통을 재평가하는 작업으로 연결되고 있다. 둘째, 사회주의의 역사를 통해볼 때, 그것은 변화하는 현실에 걸맞게 이론과 조직 더 나아가 운동의 전망을 재정립하는 활력을 끊임없이 보여왔다. 자의식적인 정치주체로서 그것은 스스로를 변화시킬 수 있는 능력을 입증해왔던 것이다. 변화하는 현실이라는 새로운 도전에 그것이 어떻게 대응할는지, 또는 사회주의 자체가 새롭게 태어날는지 당장에 예측하기는 어렵지만, 역사의 흐름을 읽어내는 자기반성은 언제나 그 흐름 자체를 변화시키게 마련이다.

1854년에 한 보수적인 논객[30]은 "사회주의는 죽었다"고 선언한 바 있다. 역사는 그것이 사회주의 자체의 죽음이 아니라, 특정의 사회주의, 즉 1848년 2월혁명이 제공한 실험무대에서 계급갈등보다는 화해를, 대립보다는 조화를, 분열보다는 우애를 강조했던 마르크스 이전의 초기 사회주의의 죽음임을 웅변한다. 오늘날 일부에서 운위되고 있는 '사회주의의 죽음' 역시 사회주의 자체의 죽음이 아니라

특정의 사회주의, 즉 소비에트 사회주의의 죽음을 말하는 것이 아닐
른지 묻고 싶다.

주

1) Christiane Lemke and Gary Marks, "From Decline to Demise ? The Fate of Socialism in Europe", Lemke and Marks, eds., *The Crisis of Socialism in Europe* (Durham · London : Duke Univ. Press, 1992), pp. 1~20.

2) Iring Fetscher, "Socialism", C. D. Kernig, ed., *Marxism, Communism and Western Society* (N. Y. : Herder & Herder, 1973), vol. Ⅶ, p. 422.

3) Carl Grünberg, "L'origine des mots 'socialisme' et 'socialiste'", *Revue d'histoire des doctrines économiques et sociales,* Ⅱ (1909), p. 307.

4) Raymond Williams, "Socialist", *Keywords* (London : Fontana, 1976), p. 286.

5) 《공산당선언》의 1888년 영어판 서문. Karl Marx & Frederick Engels, *Collected Works*, vol. XXⅥ (London : Lawrence & Wishart, 1990), pp. 516~517 ; 카를 마르크스와 프리드리히 엥겔스, 《저작선집》, 1(박종철출판사, 1991), pp. 379~380. 영어본을 참조하여 번역본을 약간 수정하였음.

6) Lucien Goldmann, *The Philosophy of the Enlightenment : The Christian Burgess and the Enlightenment* (London : Routledge & Kegan Paul, 1973), p. 17.

7) Albert Soboul, "Lumières, critique sociale et utopie pendant le XVⅢe siècle français", Jacques Droz, dir., *Histoire générale du socialisme,* tom. I, *Des origines à 1875* (Paris : P. U. F. , 1972), pp. 103~194.

8) Immanuel Wallerstein, "The French Revolution as a World-Historical Event", Ferenc Fehér, ed., *The French Revolution and the Birth of Modernity* (Berkeley : Univ. of California Press, 1990), pp. 117~130 [*Unthinking Social Science* (1991)의 국역본, 《사회과학으로부터의 탈피》(성백용 옮김, 창작과비평사), pp. 15~34에 소수] ; "Trois idéologies ou une seule ? La problématique de la modernité", *Genèses,* Ⅸ (octobre 1992), pp. 7~24.

9) G. Hunt, "The Development of the Concept of Civil Society in Marx", Bob Jessop, ed., *Karl Marx's Social and Political Thought : Critical Assessments,* vol. Ⅳ (London : Routledge, 1990), pp. 21~35. 원래 *History of Political Thought,* Ⅷ (1987), pp. 263~276에 실렸던 것임.

10) 최갑수, 〈프랑스의 사회주의와 노동운동 : 1815~1848〉, 《외국문학》 제
    6 호(1985년 가을), pp. 150~171.

11) 최갑수, 〈마르크스와 프랑스혁명〉, 《이론》 제 2 호(1992년 가을), pp. 47~
    49.

12) 마르크스·엥겔스, 《저작선집》, 1, p. 429.

13) *De la réorganisation de la société européenne* (1814), *Oeuvres de Henri de
    Saint-Simon* (Paris : Editions anthropos, 1966), tom. 1, pp. 247~248 ; 최
    갑수, 〈생시몽의 사회사상〉(서울대 박사논문, 1991), p. 80에서 재인용.

14) Michel Winock, *Le socialisme en France et en Europe* (Paris : Editions du Seuil,
    1992), p. 29에서 재인용.

15) 이 부분은 Bhikhu Parekh, ed., *The Concept of Socialism* (New York :
    Holmes and Meier, 1975)의 편자 서문(pp. 1~13)에 크게 의존했다.

16) Hal Draper, *Karl Marx's Theory of Revolution*, vol. Ⅱ, *The Politics of Social
    Classes* (1978) ; 정근식 역, 《계급과 혁명》(사계절), p. 41.

17) 사회주의와 노동운동과의 관계에 대해서는 Dick Geary, ed., *Labour and
    Socialist Movements in Europe before 1914* (Oxford : Berg, 1989) ; John Kelly,
    Trade Unions and Socialist Politics (London : Verso, 1988)가, 국내문헌으로는
    조용욱, 〈19세기의 노동운동과 사회주의〉, 배영수 편, 《서양사강의》(한울,
    1992), pp. 311~350이 유용하며, 필자는 특히 Annie Kriegel, *Le pain et les
    roses : jarons pour une histoire des socialismes* (Paris : PUF, 1968)의 서문
    "Mouvement ouvrier et socialisme : Identification ou différenciation"(pp. 1~
    30)에 시사받은 바 크다.

18) "Critical Marginal Notes on the Article 'The King of Prussia and Social
    Reform. by a Prussian'", Marx & Engels, *Collected Works*, vol. Ⅲ, p.
    202. (강조는 마르크스의 것임).

19) Adam Przeworski, *Capitalism and Social Democracy* (Cambridge Univ. Press,
    1985), 특히 pp. 102~104 ; Adam Przeworski and John Sprague, *Paper
    Stones : A History of Electoral Socialism* (The Univ. of Chicago Press, 1986),
    특히 pp. 29~56.

20) 마르크스의 《프랑스에서의 계급투쟁》, 1985년 독일어판 서문, Marx &
    Engels, *Collected Works*, vol. ⅩⅩⅦ, p. 522. 이 글은 흔히 엥겔스의 정치적
    유언이라 불린다.

21) 최갑수, 〈사회민주주의란 무엇인가〉, 《사회평론》 창간호(1991. 5.), pp.
    54~63.

22) Karl Marx, *Political Writings*, ed., David Fernbach, vol. 3, *The First Inter-national and After* (London : Penguin Books, 1974), pp. 339~359. 인용은 p. 347. Wilhelm Bracke에게 보낸 서한에 그 초고가 들어 있다가 엥겔스가 1891년에 처음으로 출간하였다. 이하의 정리는 "Socialism", Tom Bottomore, ed., *A Dictionary of Marxist Thought* (Harvard Univ. Press, 1983), pp. 444~445에 주로 의존하였다.

23) 이 표현은 Rudolf Bahro, *The Alternative in Eastern Europe* (London : New Left, 1978)에서 처음 사용되었다. (독일어판은 1977년에 출판됨)

24) 대표적인 예로는 이른바 Sweezy－Bettelheim 논쟁을 들 수 있다. 그에 대해서는 특히 Paul M. Sweezy and Charles Bettelheim, *On the Transition to Socialism* (New York : Monthly Review Press, 1971) 참조.

25) 대표적인 논자는 Tony Cliff, *State Capitalism in Russia* (London : Pluto, 1974)이며, 그 소개로는 정성진, 〈토니 클리프〉, 《이론》 제 2 호(1992년 가을), pp. 179~204가 유용하다.

26) 국내문헌으로는 이채욱, 〈소련의 사회주의 실험〉, 《서양사강의》, pp. 449 ~485 ; 〈소련의 체제구축과정(1917~1941) － 그 양면성에 대한 일고찰〉, 《서양사연구》 14(1993. 10.), pp. 231~260이 간편한 안내로서 유용하다.

27) Charles L. Bertrand, *Situations révolutionnaires en Europe, 1917~1922 : Al-lemagne, Italie, Autriche-Hongrie* (Montréal : Centre Interuniversitaire d'Etudes Européennes, 1977) ; T. Hajdu, "Socialist Revolution in Central Europe, 1917~1921", R. Porter and M. Teich, eds., *Revolution in History* (Cambridge Univ. Press, 1986), pp. 101~120.

28) Theotonio dos Santos, "Socialism : Ideal and Historical Practice", Milos Nicolic, ed., *Socialism on the Threshold of the Twenty-first Century* (London : Verso, 1985), p. 187.

29) 이는 Lemke와 Marks의 표현임. *The Crisis of Socialism in Europe*, p. 17.

30) 그는 Louis Reybaud로서 *Etudes sur les réformateurs ou socialistes modernes* (1836~1838)를 통해 생시몽－푸리에－오웬이라는 초기 사회주의의 정통 계보를 최초로 세운 바 있다.

페미니즘
Feminism

정 현 백

I. 머리말

페미니즘은 인류 역사상 가장 혁명적인 사상일 것이다. 그것은 세계 인구의 절반이 처한 현실의 질곡을 폭로하고, 그들의 해방을 위한 대안을 모색하는 시도이기 때문이다. 한 시대를 풍미한 이념이 일정 기간을 지나면 '시대착오적인 것'으로 배척당한 데 비해, 페미니즘이야말로 성차별이 종식되는 그날까지 존속할 긴 생명력을 가진 것이기도 하다.

그러나 페미니즘사상은 그 대상범위가 광범위한 만큼이나 매우 다양하다. 여성은 '하나의 통일성'을 지닌 집단으로 실존하는 것이 아니라, 인종·민족·계급에 따라 다양하게 분열되어 있다. 또한 페미니즘은 한 시대가 제기한 새로운 도전이나 그 해결책에 상응하여, 끊임없이 새로운 이념과 결합하면서 자신의 모습을 변화시켜왔다. 성차별은 때로는 적나라할 만치 직접적으로 나타나기도 하였으나, 많은 경우에는 간접적으로, 은폐된 채로 기능되었기에, 페미니즘 역시 이를 간단히 설명하기가 어렵다. 이 글에서는 이 복잡한 사상적 흐름을 편의상 자유주의 페미니즘, 마르크스주의 페미니즘,

급진적 페미니즘, 사회주의 페미니즘으로 대별하여 다루고자 한다. 이에 덧붙여 최근에 대두되는 새로운 페미니즘의 조류인 정신분석학적 페미니즘, 실존주의 페미니즘, 그리고 포스트모던 페미니즘을 소략하게나마 설명할 것이다.

그러나 이러한 분류란 '편의상' 이루어진 것임을 염두에 둘 필요가 있다. 우선 앞에서 언급한 일곱 조류 사이에 중복되는 부분도 적지 않은데, 각 입장이 다른 쪽의 주장 가운데 타당해보이는 부분을 수용하는 과정에서 일어나는 수렴현상이라 할 수 있겠다. 특히 구미에서는 사회주의 페미니즘과 마르크스주의 페미니즘의 경우 거의 그 경계선을 설정하기가 어렵다고 주장하는 이도 적지 않다. 개별논자들의 경우에도 분류가 애매한 경우가 많다. 그런 까닭에 위의 분류는 우리 생각의 갈래를 정리하기 위해 설정된 분석상의 모델로 간주하는 것이 좋을 듯하다.

그럼에도 불구하고, 이런 다양한 갈래들은 이론가들에 의해 이루어진 관념의 결정체만은 아니다. 각각의 갈래들은 각자가 놓인 상황 아래에서 그 현실에 응전해간 여성운동과의 역동적인 결합의 결과이다. 유사한 조건의 사회에서는 유사한 페미니즘 조류가 형성된 것도 이런 까닭에서이다. 그런고로 이 글에서는 가능하면 페미니즘 사상 그 자체만을 충실히 소개하는 것보다는 그것이 출현하게 된 사회적 배경을 고려할 것이다.

마지막으로 독자들의 양해를 구할 점은 이 글이 유럽과 북미의 페미니즘사상에 논의를 한정하는 것이다. 다른 지역, 즉 아프리카, 라틴 아메리카, 그리고 아시아에서 페미니즘사상의 태동이 전무했다고 단정짓기는 어려울 것이다. 사실 여성운동은 이 지역들에서도 상당히 활발하였다.[1] 그러나 이들은 아직은 '페미니즘 수입보다는 빵이 더 중요하다'는 슬로건에 초점을 두고 있어서, 이념적인 면에서 새로운 입론이기보다는 마르크스주의 페미니즘의 지역적 분화로 본다해도 큰 무리가 없을 듯하다. 좀더 여성운동이 진척되고, 제3

세계에 대한 연구가 활성화된 뒤에야 독자적인 틀로 제3세계 페미니즘을 다룰 수 있을 것이다.

Ⅱ. 자유주의 페미니즘

1. 페미니즘의 발생배경

18세기말, 19세기초의 유럽은 신분제적 장애가 제거되는 과정에 있었다. 다양한 방식으로 농노의 권리를 박탈하였던 법적 장애가 점진적으로 —— 혹은 경우에 따라서는 과격하고 급작스럽게 —— 제거되었고, 개인이 자유롭게 스스로의 직업을 선택하고 장래를 결정하고, 재산을 보유할 수 있는 기회도 허용되기 시작하였다. 유대인에게 적용되던 비슷한 제약도 사라지고 있었다. 지위면에서 농노나 유대인과 다를 바 없었던 여성들도 당연히 이러한 변화를 자신들에게까지 확장시키고자 하였다.

19세기초까지 여성들은 선거권·피선거권은 물론이고, 공직에 참여할 수도 없었고, (특히 중동부 유럽에서는) 정치단체 가입이나 집회 참여도 허용되지 않았다. 여성들은 또한 경제적 제한으로 인해 고통을 겪었다. 그들은 재산을 보유할 수 없었기 때문에 상속받은 재산은 남편에게 양도되었다. 직업을 갖거나 상업에 종사하는 것은 더더구나 용납되지 않았다. 이는 여성이 여전히 법률상 한 인격체로 인정받지 못하였음을 의미한다. 여성은 교육에서도 불평등한 대우를 받아서, 19세기초까지 중등 교육은 소년에게만 개방되었다. 게다가 초등 교육의 수준 미달로 여성의 문맹률은 남성에 비해 훨씬 높았다. 이런 전통적인 제약이 페미니즘 사상의 태동을 자극하였다.

그러나 이에 못지 않게 산업화가 수반한 정치·사회적 변화가 페미니즘의 대두를 도왔다. 우선 가족제도의 변화, 즉 여성이 가사노동과 생산노동을 동시에 수행하던 가내생산적 대가족제도가 (공장제의 출현과 더불어) 소가족제도로 대체되는 과정에서 사회적 노동에서 축출, 가정으로 밀폐되었던 중산층 여성의 반발이 그것이다. 그러나 더욱 본질적인 요인은 계급구조의 변화일 것이다. 시민계급의 급속한 성장과 더불어 개인의 능력이 강조되었고, 상업·산업·행정 분야에서 전문화가 진척되었다. 이것은 전문교육을 받을 기회가 허용되지 않았던 중산층 여성의 지위를 급속히 하락시켰다. 페미니즘의 첫 함성이 중산층 여성으로부터 터져나온 것은 이런 까닭에서이다. [2]

　당연히 앞에서 열거한 정치·사회·경제적 변화는 사상적인 대전환과 맥을 같이하고, 페미니즘은 이로부터 결정적인 자극을 받았다. 페미니즘의 사상적 기원은 근대 사회의 이념적 기반이 된 18세기의 계몽사상에서 발견된다. 계몽사상가들은 중세 1천 년 동안을 지배해온 "신으로부터의 계시가 모든 지식의 근원"이라는 세계관을 거부하였다. 그들의 주장에 의하면 진리는 자유롭고 합리적인 탐구를 통해서 찾을 수 있는 것이고, 진리의 발견을 가로막는 모든 장애는 제거되어야 했다. 즉 모든 인간은 근본적으로 합리적인 창조물이므로 일단 교육을 받기만 하면 합리적인 추론에 의해 진리를 감지할 수 있음이 계몽주의자들에 의해 강조되었다. 이 사상은 19세기로 이어지면서 다시 스스로의 이익을 실현하기 위해 자유롭게 경쟁하는 개개인들은 사회의 진보에 이바지하므로 국가의 간섭은 최소한으로 되어야 하고, 타고난 신분에 기초한 불이익이나 제약은 소멸되어야 함을 내세우는 자유주의사상과 결합하였다. 시대를 풍미했던 자유주의사상에 조우한 일부 자유주의자 사상가나 지식인 여성들이 '왜 이런 신조가 여성에게 적용되지 않는가'에 의문을 느끼는 것은 당연한 일이었다. 물론 이러한 계몽·자유주의사상의 지적인 계기에 부가적인 자극제의 역할을 한 것은 프랑스혁명이라는 파국적인 사건이었다. 많은 여성들이 혁명을 위한 투쟁과정에 참여하였고, 정치클럽을 조직하였고, 그리고 '여성의 권리선언'을 발표하였다. 그러나 이에 참여하였던 여성들의 대다수는 쟈코뱅 치하에서 비참한 최후를 맞이했지만, 이러한 역사적 경험은 여성들에게 다음 단계의 발전을 위한 사고의 계기를 마련해주었다.

페미니즘의 발전에서 계몽주의와 프랑스혁명 만큼이나 중요한 또 다른 요소는 자유주의적 프로테스탄티즘이라는 사회적 이데올로기였다. 프로테스탄트 신앙은 구원에 대한 책임이 교회나 성직자가 아니라 각 개인에게 있다는 전제에 기초하고 있다. 계몽사상의 합리적 개인주의와 마찬가지로, 프로테스탄트 신앙의 종교적 개인주의는 적어도 원칙적으로는 남성과 여성 모두에 똑같이 적용되었다. 그래서 종교개혁은 인습적인 결혼을 공격하고, 자유연애와 여성의 완전한 독립을 주창하는 급진적인 교파를 낳기도 하였다. 특히 퀘이커와 같은 종교집단 안에서 여성은 매우 적극적인 역할을 담당하였다.

2. 자유주의 페미니즘의 사상적 발전

페미니즘 사상의 형성에 최초의 지적인 자극제가 된 것은 메리 월스톤크래프트(Mary Wollstonecraft)의 《여성권리의 옹호》(A Vindication of the Rights of Woman, 1792)라는 교육용 소책자였다. 그녀는 여성의 불평등이 신체적 열등성에서 비롯한 것이 아니라 여성이 이성적 존재로 인정받지 못하는 데 있다고 생각하였다. 그녀는 루소가 동등한 개인들 사이의 정치적 계약을 중요시하듯이, 동등한 참여가 있는 곳에서만 사회의 진보가 있기 때문에 여성에게도 똑같은 기회가 부여되어야 함을 강변하였다. 그러기 위해서 가장 우선적으로 교육제도, 특히 유아교육의 개혁이 이루어져야 했고, 아울러 여성의 경제적 참여나 사회적 노동도 강조되었다. 그러나 월스톤크래프트는 여성의 사회참여의 구체적인 두 형태로 공적 영역에서 기회의 평등을 확보하는 것과 합리적인 아내와 훌륭한 어머니로서의 사회참여를 들고 있다. 여성이 이성적 합리적 존재가 되어갈수록 자녀를 훨씬 훌륭히 키울 수 있다는 견해는 타당하다. 그러나 그녀에게서는 여성의 사회적 노동과 가부장제 사회가 강조하는 여성의 모성적 역할 사이의 모순이 제대로 해명되지 못하였다.[3]

월스톤크래프트의 저작보다 더 깊은 인상을 전세계의 교육받은 여성들에게 남긴 사상가는 존 스튜어트 밀(John Stuart Mill)이었다. 그에 의해 씌어진 《여성의 종속》(The Subjection of Women)은 1869년에 출판된 이후 페미니스트들의 성서가 되었다. 이 책이 끼친 영향은 많은 유럽 국가에서 이것의 출판과 여성운동의 탄생이 시간적으로 일치하는 데에서도 잘 드러난다.[4]

빅토리아시대 자유주의자의 낙관과 자신감으로 넘치는 밀의 저서는 번영하는 자유주의적 사회에서 인간은 더 이상 타고난 신분, 태어난 곳에 구속될 필요없이, 가장 훌륭한 몫을 쟁취하기 위하여 자신의 재능을 발휘하고, 가장 유리한 기회를 선택할 자유가 있다는 전제에서 출발한다. 그러나 밀에 따르면 이 규칙의 유일한 예외자가 여성이었다. 그에게 여성의 완전한 평등은 바로 완벽한 인간사회를 향한 진보의 마지막 일보였다. 밀은 여성의 해방을 구체적으로 여성에 대한 법적 불평등을 제거하고 모든 직업을 여성에게도 개방하고, 이에 합당한 자질을 갖추도록 그들을 훈련 교육하고, 법률상 남편에게 용인되는 아내에 대한 지나친 권위를 제거하는 것을 통해 실현될 것으로 파악하였다.

그러나 밀이 여성에게도 요구하는 인성의 완전한 계발은 시장경제의 경제적 사회적 요건을 충족시키고자 의도된 것이라는 해석도 가능하다. 왜냐하면 밀의 저서는 여성들이 자신들의 능력의 한계를 발견할 자유를 허락받아야 한다는 주장을 핵심사상의 하나로 내포하고 있기 때문이다. 아래 문장은 자유주의 페미니즘의 강점과 그 모순을 첨예하게 드러내고 있다.

여성이 천성적으로 할 수 없는 것을 그녀들이 하지 못하게 제어하는 것은 아주 불필요한 일이다. 여성들도 할 수는 있지만 경쟁자인 남성들보다 능력이 모자라는 분야에서는, 아무도 여성에게 유리한 보호의무나 시혜를 요청하지 않는 한, 경쟁이 여성을 충분히 배제시킬 것이다. 즉 나는 단지 남성에게 유리한 현재의 시혜와 보호 의무들이 철회되어야 한다는 것을 요구하는 것 뿐이다.[5]

밀의 요구는 자유주의 페미니즘의 기조를 형성하였다. 다시 말하면 자유주의 페미니즘은 자유주의의 전통적인 인성론을 전적으로 수용하되, 단지 그것을 여성에게까지 확장하자는 것이다. 여성도 남성과 마찬가지로 동일한 보편적인 인성을 지녔으나, 교육기회의 결핍으로 이성능력을 충분히 계발하지 못하고 있을 뿐이기 때문이다. 그러나 이미 밀의 주장에서 암시하는 바대로, 자유주의사상의 기조는 페미니즘과 양립할 수 없는 몇 가지 입지점을 내포하고 있다. 우선 '모든 개인은 평등한 이성의 잠재력을 갖는다'는 자유주의의 근본적인 가치개념은 추상적인 개인주의를 의미하고, 그들이 내세우는 정치적 평등주의는 형식적 평등에 불과하다. 실제로 인간은 추상적 개인이 아니라 서로 다른 역사와 사회관계, 서로 다른 능력과 욕구를 지닌, 각기 다른 인종·성·연령·계급성을 지닌 존재이다. 그러기 때문에 자유주의는 몰역사적이고, 그가 내세우는 합리성은 도덕적 정치적으로 중립성을 표방할 뿐이다. 법적 평등에도 불구하고 여성, 아니 전 사회구성원 사이에서 차별과 불평등은 여전히 사라지지 않은 사실이 그 좋은 증거이다.

초기 페미니스트들이 인간의 존엄, 자율성, 동등한 기회, 그리고 개인의 자유성취라는 자유주의 사상에 고무되었던 것이 사실이다. 그러나 그것이 지닌 형식적 평등성의 한계를 여성들이 깨닫는 데는 오랜 시간이 걸리지 않았다. 아니 여성 못지 않게 자유주의자 스스로 이 모순을 인식하기 시작하였다. 자유주의 아래에서 좋은 사회는 개개인에게 이성능력을 발휘할 수 있는 기회를 최대한 보장하고, 진리나 도덕성을 자율적으로 해석할 권리를 부여하고, 각자에게 자신의 이익을 추구할 권리를 보장하는 상태를 말한다. 그러기에 국가의 권리는 제한되고, 국가는 시민적 자유나 개인의 사유재산에 대한 침해를 저지하는 야경국가의 성격을 가질 뿐이었다. 공·사 영역은 분리되고, 사적인 세계나 '좋은 삶'의 내용에 대하여 국가는 중립적이었다. 그러나 20세기에 이르러 국가의 성격이 변화하기 시작하였다. 자유방임적 자유주의와는 구별되는 신자유주의는 경제적 분배에 관심을 기울이면서 복지국가 이론을 발전시켜갔다.

  지도적인 자유주의 사상가들 가운데 몇몇은 사회주의에 공감하였지만, 신자유주의의 입지점은 여전히 마르크시즘과는 기본적인 차이가 있었다. 개인에게 평등한 기회를 부여하기 위해 국가가 경제생활에 개입하되, 국가는 그들에게는 정치적으로 중립적인 도구였다. 여전히 국가는 개인의 사적 세계에 대한 개입이나 개인의 자율성을 위협할 어떤 가치를 주입하는 것도 주저하였다. [6]

  이와같은 신자유주의의 등장은 복지정책의 확장과 더불어 여성의 지위 향상에 어느 정도 기여하였다. 자유주의 페미니즘은 자유주의 안에서 가장 진보적인 입장을 수용함에도 불구하고, 이 사상의 원리나 해석의 기초가 되는 인간성에 대한 가정에 도전하지 않을 수 없게 된다. 우선 이는 양성 사이의 심리적 차이의 원인에 대한 페미니즘적 탐구를 통해 자유주의의 추상적 개인주의에 의문을 제기하였다. 즉 양성 사이의 인지적 정서적 차이의 대부분이 남녀의 서로 다른 경험, 특히 유아기의 경험에서 유래한다는 것을 입증함으로써 개인의 욕구와 이익이 사회적 맥락에 얼마나 의존하고 있는가를 밝혀내었다.

  이제 자유주의 페미니즘은 여성들이 형식적인 평등에도 불구하고, 성에 따른 차별을 받고 있음을 강조한다. 즉 이것은 개개인의 욕구, 이익, 능력에 관계없이 여성 일반에게 특정의 제약들이 부과되어 있음을 의미한다. 구체적으로 여성은 그들의 경쟁력을 떨어뜨리는 모성보호법이나 불충분한 재산처분권으로 법적 제약을 받고 있고, 보수가 낮은 특정 종류의 일이 여성에게 적합한 것으로 간주하거나 교육기회를 제한하는 관습에 근거한 차별을 받고 있고, 여성노동의 상황은 열악하고, 그리고 낙태·피임·동성애 등에 대한 제한을 통해 성 규범이 남성에게 좀더 억압적으로 작용한다는 것이다.

자유주의 페미니즘은 궁극적으로 여성들을 가정 밖의 공적 영역에 완전히 통합시키는 것을 목표로 한다. 이들은 구체적으로 모성보호법을 폐지하고(이는 노동과정에서 모성보호를 주장하던 초기 자유주의 페미니즘의 입장과는 대조를 이룬다), 더 많은 여성을 공직에 내보내고, 성차별 철폐(교육, 고용, 승진, 노동에서의 차별금지, 성희롱 금지 등)를 요구하고, 생물학적 사회적으로 발생한 여성의 핸디캡을 벌충하기 위한 강력한 국가개입(임산부 고용, 산전산후 휴가, 고용촉진법안 등)을 요구하였다. 또한 국가가 협조를 거부하는 —— 예를 들면 낙태·피임·동성애·성교육 등과 같은 —— 지점에서 자유주의 페미니스트는 여성 스스로의 발전을 위한 교육 프로그램이나 연대조직을 발전시키기도 하였다.

그러나 자유주의 페미니즘 이론이나 정치적 대안은 몇 가지 한계를 안고 있다. 정신과 육체를 이분법적으로 나누고, 육체의 중요성을 경시하면서 이성이나 정신적 가치를 과도하게 주장하는 자유주의의 이원론은 '여성은 자연과 육체, 남성은 문명과 정신에 더 밀접히 연관되어 있다'는 결론으로 유도되기가 십상이다. 성별 노동분업으로부터 직접 파생되지는 않았다 하더라도, 정신에 대한 강조는 남성은 지적 분야를 지배하고, 여성은 일상적 업무에 종사한다는 가정을 암암리에 성립시켰다. 이런 점은 바로 자유주의가 본질상 페미니즘과 양립할 수 없음을 증명하는 것이었다. 자유주의 철학에 근거를 두고 있는 자유주의 페미니즘은 성애(sexuality)를 사적인 영역으로 간주하였기 때문에 그에 관한 어떤 대안적 이론도 발전시키지 못하였고, 육체·정신노동의 분리에 기초한 기존의 성별 분업구조에도 도전하지 않았다. 그러나 더욱 본질적인 문제점은 자유주의 페미니즘의 인간관이 여성 평등의 철학과 양립하기가 힘들다는 사실이다. 경제적 평등에 가까워질수록 개인의 자유는 제한되기 때문이다. 다시 말해 기회균등과 능력사회는 양립하기가 힘들다. 그렇기 때문에 이 사상은 국가와의 관계설정에서도 곤란에 부딪히게 된다. 그들의 관점에서 국가는 여전히 정의를 확보해주는 유일한 합법적인 권위이기 때문에, 국가기구가 지닌 억압적 성격이나 은폐된 형태로 남성들의 이익을 관철시키는 역할을 간파하지 못하였다. 자유주의 페미니즘은 여성의 억압을 자본주의적 경제제도의 문제로 보지 못하였다.

자유주의 페미니즘에 남는 또 하나의 문제는 사생활에 대한 합법적인 국가개입의 한계를 조정하는 것이다. 자유주의는 공·사를 엄격히 구별하고, 사적 영역을 원칙적으로 개개인의 해결에 맡겨두었다. 가정내 폭력, 포르노, 대리모 등 여성억압이 자행되는 사적 행위들에 대한 제도적인 규제가 요구될 때, 자유주의 페미니즘 역시도 혼란에 빠진다. 자유주의 페미니스트들 가운데는 '무간섭'의 원칙을 내세우는 논자도 있지만, 어느 정도의 국가개입은 불가피하다고 보고 그 범위를 증대하는 방향으로 나아가는 것이 일반적인 추세이다.

전체적으로 평가할 때, 자유주의 페미니즘은 여성억압을 가장 먼저 포착하여 쟁점화하였을 뿐 아니라, 경험적 차원에서 법적 제도적 관행적인 불평등을 해결하였다는 점에서 큰 역사적 공헌을 한 것이 사실이다. 또한 자유주의 페미니즘은 여전히 강고한 세력으로 건재한다. 그것이 가장 대중화에 성공한 사례로 알려진 미국의 전국여성기구(NOW ; National Organization for Women)는 23만 명(1982년)의 회원을 가진 여성운동의 대표적 조직으로 군림하고 있다. 그러나 자유주의 페미니즘은 성차별을 부분적인 제도·관행상의 결함으로 파악할 뿐, 그것을 구조적인 시각에서 총체적으로 파악하는 데 실패하고 있다. 기존의 성차별이 법률이나 제도의 부분적 개선만으로 해결하기 어렵다는 사실은 이미 페미니즘의 역사를 통해 입증되었음에도 불구하고, 여전히 자유주의 페미니즘은 여성의 지위개선을 위한 개혁주의적인 접근에 그치고 있다.

Ⅲ. 사회문제의 대두와 마르크스주의 페미니즘

1. 전통적 마르크스주의와 여성문제

19세기를 풍미한 자유주의 페미니즘은 본질적으로 중간계급의 운동이었고, 그것은 여전히 그렇게 남아 있다. 산업혁명이 19세기 동안 유럽과 미국을 휩쓸었을 때, 산업도시들이 급속하게 성장하였다. 이 초기 산업화 과정에서 노동계급의 생활은 비참했으나, 그 가운데서도 더욱 비참하였던 것은 프롤레타리아트 여성들의 생활이었다. 새로 생겨난 빈민촌에서의 질병과 궁핍, 열악한 노동조건과 빈약한 임금은 말로 다 할 수 없을 정도였다. 자유주의 페미니스트 가운데 급진주의자들이 여성노동자 문제에 관심을 가졌으나, 그것은 계급화합이나 여성노동자가 사회주의로 기우는 것을 제어하기 위한 방책 이상을 넘지 못한다. 시민계급 여성들의 하녀들의 8시간 노동일에 대한 반대에서 자유주의 페미니스트의 한계는 곧 드러났다. 활동적인 프롤레타리아 여성들은 중간계급 페미니스트에 한계를 느끼고, 독자적인 조직이나 이론의 정립을 준비하기 시작하였다.

여성문제를 사회주의 사상과 관련하여 검토하려는 노력이 일어났는데, 그 초두를 장식한 것은 공상적 사회주의자들, 생시몽과 푸리에(Charles Fourier)였다. 푸리에는 여성들을 강제로 '결혼노예제도'(conjugal slavery)에 묶어두는 야만적인 법률들을 비판하고, 자유로운 결혼과 이혼, 그리고 여성이 원하는 일을 선택할 자유를 가지는 공동체생활을 옹호하였다. 이 주장은 여성해방에 대한 사회주의적 접근의 토대가 되었지만, 공상적 사회주의가 지닌 과학성 결여라는 한계에 묶이고 말았다.

마르크스주의의 선구자들이 여성문제를 노동자문제만큼 진지하게 받아들이지는 않았지만, 그들 가운데 몇몇은 왜 여성이 여성이기 때문에 억압당하는가를 설명하고자 하였다. 그 대표적인 책이 엥겔스의 《가족, 사유재산 그리고 국가의 기원》(1845)과 베벨의 《여성과 사회주의》이다. 엥겔스는 역사적으로 인간의 물질적인 조건의 변화가 그 가족 및 혼인제도의 변화와 얼마나 밀접한 관련을 가지는가에 주목하였다. 원시사회에서 모계제가 형성되고 여성이 중심을 이루었던 이유는 생산의 원초적인 단위인 가구(household)에서 여성이 높은 위치를 차지하였기 때문이었다. 우선 채집·수렵생활이나 원시 농경단계에서 생계의 주된 원천은 여성의 노동이었다. 뿐만 아니라 일부일처제 가족 이전에는 여성이 출산을 하기 때문에 아이의 어머니는 확실하였으나, 부자관계는 잘 밝혀지지 않았다. 그러나 목축을 통한 사회적 분업이 사유재산의 형성을 진척시키는 생산관계의 변화가 일어나자, 여성은 그 우월한 지위를 잃었다. 그 부인의 혼인에 대한 충순(忠順)을 확보하기 위하여, 남성들은 의도적으로 여성에게 일부일처제를 강요하였다. 엥겔스에 따르면 일부일처제는 남성의 사유재산을 그 자식들에게 제대로 상속하기 위한 수단으로 기능하였을 뿐이었다. 처음에는 부계, 그 다음에는 가부장제의 형태를 취하는 남성의 지배는 재산을 가진 남성과 재산이 없는 여성 사이의 분할일 따름이고, 이는 계급사회의 발전과 병행하는 현상이었다. 엥겔스는 일부일처제를 "자연적인 것이 아니라 경제적 조건에 기초한 최초의 가족제도"라고 평가하였다. 그래서 계급사회의 제거, 즉 남성에 대한 여성의 경제적 종속의 제거만이 사랑에 기초한 혼인관계를 남녀 모두에게 가능하게 할 것이다. 이런 전제 아래 엥겔스에게서 여성해방의 첫번째 과제는 모든 여성의 공적인 산업, 즉

사회적 노동으로의 재유입이었다. 그 다음으로는 가사노동과 양육의 사회화가 실현되어야 하였다.[7]

엥겔스에게서 흥미있는 것은 그가 프롤레타리아트 여성이 부르주아 여성보다 덜 억압받는다고 믿었다는 사실이다. 왜냐하면 후자는 가사조차도 하녀에게 일임한 채, 그야말로 부르주아 가정의 장식용으로, 합법적인 상속자를 낳아주는 기능을 하였기 때문이다. 그래서 편의에 따른 결혼은 적나라한 매춘에 불과하다고 보았다. 이에 비해 프롤레타리아 여성은 생계를 위해 가정 밖의 노동이 불가피하였고, 또한 그 남편은 가장의 권위를 내세울 어떤 합법적인 수단도 가지지 못한 것으로 엥겔스에게 비추어졌다.

엥겔스의 책이 여성에 대한 사회주의적인 태도의 이론적 골격을 형성하였다면, 베벨의 《여성과 사회주의》는 사회주의 여성운동의 대중적 기초를 마련했다고 할 수 있다. 수공업자 출신의 사랑받는 노동운동지도자에 의해 알기 쉽게 씌어진 이 책은 사회주의 서적 가운데 노동자들에게 가장 많이 읽혔다. 원시 모권제사회에서 산업혁명에 이르기까지의 여성사를 간단히 서술한 후, 베벨은 자본주의 사회에서의 여성억압에 대한 상세한 분석과 자본주의 붕괴 후 다가올 미래사회의 모습을 환상적으로 묘사하였다. 베벨이 생각하기에 모든 사회관계에 스며든 금전적 관계는 부르주아의 결혼을 애정이 없는 결혼으로, 프롤레타리아의 결혼을 비참한 것으로 만들기 때문에 매춘이라는 악행이 증가하였다. 동시에 그것은 생계유지를 위해 어쩔 수 없이 매춘을 선택한 노동계급 여성들에게 비참한 결과를 가져다 주었다. 결국 베벨에게는 이 상황을 타개하는 해결책은 두 가지밖에 없었다. 과도기적인 조처로 여성의 법적 평등, 평등한 교육, 그리고 여성노동을 보호하는 법의 제정이 있을 수 있다. 그러나 그에게서 여성문제의 궁극적인 해결은 사회주의 혁명을 통해서 가능할 뿐이었다.[8]

베벨은 《여성과 사회주의》를 기본적으로 엥겔스의 이론틀에 맞추어 서술하고 있으나, 이 책의 상당부분은 푸리에의 영향을 받았다. 특히 미래사회주의에 대한 묘사는 전적으로 푸리에의 신세를 지고 있으나, 푸리에보다는 여성의 곤궁을 풀어주기 위한 훨씬 구체적인 개혁프로그램을 제시하고 있다. 그러나 베벨의 책에서 여전히 어떻게 혁명에 도달할 수 있을지, 그것을 위해 당장 무엇을 해야 할지는 해결될 수 없는 가설적인 질문으로 남게 된다. 베벨은 미래사회주의 사회에서 여성은 능력에 맞는 일을 수행하게 될 것이라고 하였으나, 그는 자신이 남성과는 다른 여성의 능력을 염두에 두고 있다는 점을 분명히 말하고 있다. 왜냐하면 여성은 천성적으로 충동적이고 감성적이며, 여성성을 파괴할 수 있는 중노동에는 신체적으로 부적합하고, 자녀양육에 적합하기 때문이라는 것이다. 모든 직업이 여성에게 개방되어 있음에도 불구하고, 대다수의 여성이 어머니로서의 전통적인 역할을 선택할 것이라는 인상을 베벨은 독자들에게 남겼다. [9]

확실히 전통적 마르크스주의자의 여성문제를 보는 관점은 자유주의 페미니즘과는 다르다. 전자는 인간을 합리적 행위자이기보다는 생물학적 종(種)의 하나로 간주하고, 인간존재를 결정하는 것은 인간의 이성이나 의식이 아니라 사회적 존재가 의식을 결정한다고 파악한다. 그러기에 마르크스주의자에게 의식적 목적적 활동을 통해 자연을 이용하고 세계를 변혁하는 실천이 중요해진다. 여성억압도 생물학적 구조와 사회간의 변증법적인 상호작용, 즉 성별 노동분업이나 계급사회를 통해 이루어진다. 마르크스주의자에게는 여성해방은 계급의 폐지, 즉 자본주의의 종식을 통해 달성될 수밖에 없었다.

자유주의 페미니즘과 전통적 마르크스주의 페미니즘은 1960년대말, 1970년대초 페미니즘 제2의 물결이 일어날 때까지 — 서로 경쟁과 타협을 반복하면서 — 여성해방이론의 양대 기둥을 이루었다. 각국에서 어느 이론이 더 폭넓게 수용되었는가를 간단히 말하기는 매우 힘들다. 오히려 개별국가가 처한 특수한 정치·경제·사회적 조건에 따라 어느 한 이론이 더 강세를 떨쳤다. 여기에서 일관되게 나타나는 경향성이 있다. 의회민주주의가 순조롭게 발전한 국가에서는 자유주의 페미니즘에 토대를 둔 여권운동이 활발하였다. 미국·영국·뉴질랜드 오스트레일리아 등을 언급할 수 있는데, 여기에서는 민주적 개혁을 가로막는 보수 봉건세력의 부재가 여성지위의 향상에 유리한 지반을 제공하였기 때문이다. 이에 비해 정치적 자유나 민주적인 여러 권리가 제한되었던 오스트리아·헝가리·독일·체코에서는 자유주의 여권운동보다는 사회주의 여성운동이 더 힘을 발휘하였다. 이런 국가들에서는 권위적인 국가의 억압 아래 의회는 미약했고, 중산층 역시 존재하지 않거나 존재하더라도 그 세력이 미약하였다. 억압적인 경찰의 위협 아래에서 여성운동은 온건한 개혁 프로그램조차 현실화할 수 없었기에, 차라리 여성운동은 체제변혁을 지향하는 사회민주당과 연대하였기 때문이다. 그러나 독일과 같은 나라보다도 더 가혹한 전제정치하에 있었던 러시아와 같은 국가에서는 자유주의건 사회주의건 여성운동은 아예 존재하지 않았다. 많은 여성혁명가나 활동가가 존재했으나, 이들은 여성운동보다는 혁명운동에 참여하였다. 여성운동의 가능성이 보이지도 않았을 뿐 아니라, 혁명이 더 시급한 과제로 여겨졌기 때문이다.

2. 마르크스주의 페미니즘의 발전

제1차세계대전을 전후하여 유럽의 대다수 국가에서 여성에게 선거권이 부여되자, 자유주의 여권운동은 그후 역동성을 잃기 시작하였다. 서구의 일부 국가에서 활발하였던 사회주의 여성운동도 제1, 2차세계대전 사이에 극우나 파시즘세력의 득세와 더불어 급속히 약화되었다. 러시아혁명 후 등장한 사회주의국가에서는 전통적인 마르크스주의에 입각한 여성정책이 대담하게 시도되었으나, 스탈린시대부터는 여성운동이 국가정책 속에 흡수되었다. 그럼에도 불구하고 1970년대에 이르면, 회교도지역을 제외한 나머지 100여 개가 넘는 국가들에서 여성의 선거권이 허용되었다. 이와같은 여성의 동등한 권리확보에도 불구하고, 실제 상황은 결코 만족스럽지 않았다. 20세기초에 급속도로 증가했던 여성의 고용기회는 드디어 한계점에 이르렀다. 그나마 여성에게 허용된 직업이란 비서나 점원과 같은 하급 서비스 직종에 머물렀다. 즉 법적인 동등권이 여성에게 경제적 평등을 선사하지는 않았다. [10]

　이 현실에 대한 여성의 저항은 오랜 침묵기를 거친 뒤, 1968년 서구의 학생운동과 뒤이은 민권운동의 전개과정에서 다시 불타올랐다. 그 결과 한편에서는 여성억압이 사회적 모순의 가장 본질적인 근원이라는 급진적 페미니즘(Radical Feminism)이, 다른 한편에서는 사회주의 진영 안에서 가부장제가 자본주의적 착취 못지않게 중요하다는 인식으로부터 사회주의 페미니즘(Socialist Feminism)이 등장하였다. 진보세력을 자처하는 학생운동 안에서조차 빈번히 일어나는 성차별에 대한 반발에서 여성 사회주의자들은 기존의 조직에서 분리하여 독자적인 운동을 결성하였다. 이 과정에서 현실 사회주의국가, 즉 스탈린 통치 아래에서 일어났던 여성지위 악화도 이들이 새로운 페미니즘과 '새 여성운동'을 지향하게 된 계기가 되었다. 남성과 함께 하는 진보적 운동으로부터 자율성의 유지, 전통적인 여성운동과의 차별성을 강조하는 페미니즘 제2의 물결은 '동등권' 대신에 '해방'이라는 용어를 사용하기 시작하였고, 사회주의와 성해방을 결합하고자 하였다. 이들은 여성의 경제적 평등은 단지 사회구조의 변혁을 통해서 가능하다는 점, 제3세계 여성의 해방이 없는 서구 여성만의 해방에 대한 회의, 그리고 기존의 사회주의 여성운동이 지나치게 가부장제 문화를 경시하였다는 비판을 종합하여 하나의 이념적 입장으로 정리하였다고 할 수 있다. [11] 이제 마르크스주의도 이 새로운 도전에 어떤 방식으로든 대답을 하지 않을 수 없게 되었고, 이런 와중에서 마르크스주의 페미니즘이 태동하였다.

마르크스주의 페미니즘은 —— 전통적인 마르크스주의의 여성관과는 달리 —— 새로운 문제의식 속에서 등장하였으나, 구미에서는 그 세력이 미약한 편이다. 엄격한 분류가 힘들기는 하지만, 대표적인 주자로는 바레트(Barrett), 매킨토시(Mckintosh), 브레너(Brenner), 라마스(Ramas), 버그만(Bergmann), 그리고 홀름스톰(Holmstorm) 등을 들 수 있다. 이들은 전통적인 마르크스주의자의 기본틀 안에서 분석을 시도하되, 문화·이데올로기·담론 등이 현대사회에서 지니는 비중을 중요하게 여긴다. 마르크스주의 페미니스트는 기존의 마르크스주의자가 주로 연구해온 여성노동 외에도 가족·국가·성·가사노동 등에도 관심을 기울임으로써 전통적인 견해의 도식적인 설명을 극복하고자 한다.

그럼에도 불구하고 마르크스주의 여성해방론의 주된 관심은 여전히 여성억압의 기원을 둘러싼 논의와 (자본주의하의 여성억압과 관련된) 여성노동의 분석에 있다. 우선 이들은 계급모순의 선차성을 인정하고, 여성억압을 낳는 궁극적인 원인을 사적 소유에서 발견하면서도, 엥겔스 논의를 부분적으로 비판한다. 엥겔스는 지나치게 생산관계에 치중하다 보니, '모권'의 전복을 단순히 생산양식의 변화로서 설명한다. 다시 말해서 모권제의 전복은 경제혁명인 것 만큼이나 정치적 투쟁이기도 하다는 것이다. 그 다음으로 여성노동과 관련하여서는 공적·사적 영역의 분리, 성별 노동분업, 가족제도, 가사노동 등이 설명고리로 사용되면서 논의가 다양해지고 있다. 이것은 다음과 같은 몇 가지 질문으로 요약될 수 있다. 왜 가족제도가 자본주의와 관련되는가, 왜 가사노동은 실제적 노동이 아닌 것으로 주변화되는가, 그리고 어떻게 여성에게는 일반적으로 지겨운, 저임금의 일이 주어지는가?

인간사회의 최초의 분업이라고 할 생물학적 차이에서 비롯된 성별 노동분업이 —— 사회적 생산력의 발전과 더불어 —— 사회적 분업으로 확대되자, 남성은 바깥일, 여성은 집안일이라는 공·사 영역

의 분리로 고착되면서 거기에 차별성이 부여되었다. 여성에게는 일
차적으로 가사노동이 부여되었지만, 필요에 따라 여성은 생산노동
에도 유입된다. 자본은 이 둘을 통해 여성을 착취한다. 가사노동은
가족의 구성원들이 다음날 건강한 노동력으로 다시 일을 할 수 있도
록 한다. 이를 통해 가사노동은 노동력 재생산에 기여하나, 지불되
지 않는 노동인 만큼 남편의 임금지불에서 제외되고, 자본은 그만큼
이득을 보게 된다. 동시에 자본은 여성에게 가사노동 전담자라는 이
유를 붙여 다시 여성노동을 남성의 절반가격으로 활용함으로써 이중
의 이득을 취한다. 여성은 항상 산업예비군, 저임의 노동력으로 규
정되고, 성차별은—— 여성을 남성의 경쟁자로 만드는 것을 통해——
남성의 임금조차도 깍아내리는 역할을 한다.

　마르크스주의 페미니즘 속에서 위의 현상들을 분석하는 과정에
서, 그 강조점이나 대안 모색에 약간의 견해차가 있다. 가사노동을
분석하는 논자 가운데도 가사노동을 평가절하하고 여성을 소비자로
보는 주장에 반발, 가사노동을 통해 여성이 사용가치를 생산한다고
주장하며, 그것의 사회화를 강조하는 입장이 있다. (Margaret Benston)
이에 따르면 가사노동의 사회화는 가사노동 자체의 가치를 부각시키
게 될 것이다. 그러나—— 기업주 혹은 국가를 통한—— 가사노동의
임금지불요구도 있다. (Dalla Costa & Selma James) 비정통파 마르크스
주의자로 분류될 수 있을 이 입장은 가사노동은 유용할 뿐 아니라
잉여가치를 생산한다고 주장한다. 그러나 가사노동에 대한 임금지
불에 대다수의 마르크스주의 페미니스트들이 반대하고 있다. 그 이
유는 우선 이는 여성을 더욱 가정으로 격리시키고, 여성이 사회적
노동에 참여할 자극을 약화시키고, 자본주의의 상업화를 더욱 촉진
한다는 것이다. 또한 가사노동 지불요구는 여성내의 계급적 차이를
간과하게 한다. 그러기에 대안은 오히려 여성의 사회적 노동참여에
서 찾아야 한다는 것이다.

　가사노동에 관심을 집중하는 논자들이 자본이 저임노동력으로서

여성을 필요로 하는 것을 간과하였다는 비판과 더불어, 최근에 마르크스주의 페미니즘은 전업 가정주부인 여성의 수가 점점 감소하고 있음에 주목한다. 이것은 노동절약기구, 인스턴트 식품의 등장, 여성운동의 강화, 그리고 서비스 부문에서 여성직종 증가의 결과이다. 남성보다 적은 임금을 지불해도 좋은 여성노동력을 필요로 하는한, 핵가족제가 자본에게 꼭 필요한 것은 아니라고 마르크스주의 페미니즘은 결론 짓는다. 오히려 노동계급에서 핵가족이 유지되는 것은 이데올로기적 이유이다. 자본주의 법칙이 반드시 필요로 하지 않음에도 불구하고 여성이 가정에 머무르는 이유는 여성노동은 임시적이라는 전통적 사고방식이나 여성의 임신·출산이 그러한 결과를 초래한다는 것이다. [12]

또한 마르크스주의 페미니스트 가운데는 최근 들어 작업장에서의 불평등에 관심을 갖는 논자들이 있다. 이들은 노동력에 대한 기존의 가치평가가 지극히 주관적임을 밝혔고, 이를 근거로 임금의 시장적 기초에 도전해야 한다는 의견을 제시하였다. 특히 노동시장 안에서 여성적 남성적 직종이 분류되고, 성별에 기초한 극히 자의적인 노동력 평가가 이루어짐을 밝혀낸 연구들이 제시되었다. 또한 이들은 '가난의 여성화'를 입증하고 있는데, (미국의 경우를 보면) 극빈층 가구의 절반 이상이 여성 세대주로 구성되어 있다는 것이다. 그래서 마르크스주의 페미니즘은 고용의 안정화와 노동력 가치의 재평가를 결합할 것을 요구한다.

마르크스주의 페미니즘 속에서 다양한 분석과 대안이 펼쳐지기는 하지만, 대체로 그것은 가사노동의 사회화, 여성의 생산노동 참여와 그 내부에서의 평등성 확보, 경제적 단위로서의 일부일처제 폐지를 지향한다. 그러나 이런 요구들은 자본제 아래에서는 달성될 수 없기 때문에 마르크스주의 여성해방론은 궁극적으로는 사적 소유나 계급제도의 폐기를 지향한다. 그런 점에서 그 논의는 다양화되었을지라도 전통적인 마르크스주의 여성해방론을 크게 벗어나지 않는다고 할 수 있다. 그 운동의 전략도 노동계급 여성이 주축을 이루되, 사안에 따라 다른 계급 여성운동과 연합하는 방식을 취한다.

마르크스주의 페미니즘은 자유주의 페미니즘이 목표로 하는 법적 평등이나 정치적 권리의 확장이라는 단편적인 문제해결방식을 지양하고, 여성억압을 구조적인 차원에서 접근, 총체적인 분석을 시도한 장점을 안고 있다. 그러나 자본주의와 여성억압을 결합하여 설명한 독보적인 업적에도 불구하고, 마르크스주의 페미니즘은 몇 가지 점에서 비판을 받고 있다. 우선 그것은 여성의 재생산이나 성과 직접적으로 관련된——낙태·불임시술·피임·섹스영화·매춘·성희롱·강간 등과 같은——주제를 위한 공간을 제공하지 못한다는 점이다. 마찬가지로 마르크스주의 여성해방론은 재생산——매일매일의 노동력 생산과 미래의 노동을 담당할 생명생산——에 대한 여성노동의 사회적 필요성을 인정하지만, 그에 대한 세밀한 분석을 결여하고 있다. 또한 생명생산이라는 성분업을 생물학적으로 결정된 자연적 고정적 과정으로 이해함으로써 성별분업의 폐지 가능성을 사실상 포기하였다는 비판도 있다. 그러나 앞선 비판에 못지않게 중요한 지적은 마르크스주의 여성해방론이 여전히 원론을 반복하면서, 급변하는 세계 현실에 부응하는 구체적 대안을 제기하지 못한다는 점이다. 특히 자본주의적 착취나 계급적 불평등을 통해서 여전히 여성문제를 분석할 수밖에 없는 제3세계에 적용될 수 있는 정교한 설명틀의 모색이 시급하다.

Ⅳ. 급진적 페미니즘

급진적 페미니즘은 1960년대말 (자유주의 페미니즘의 조직이자 미국 여성운동을 대표하는 기구인) 나우·신좌파·민권, 그리고 반전운동에

서 갈라져 나와 여성차별에 근원적으로 저항하고자 하는 중산층 백
인여성의 소집단에서 출발하였다. 이들에게 '급진적'이라는 용어는
여성억압의 뿌리에 해당하는 원인(root cause) 찾기와 여성억압이 모든
억압의 뿌리라는 두 의미를 함축하고 있다.

파이어스톤의 《성의 변증법》(1970)은 급진적 페미니즘을 대표하
는 저서인데, 여기에서 그녀는 가부장제가 양성 사이의 생물학적 불
평등성에 뿌리를 두는 것으로 파악한다. 인간의 생물학적 구조, 즉
인간의 번식이 물적 기초라고 파악하는 파이어스톤에게는 역사의 원
동력 역시 생산관계가 아니라 (출산, 양육, 가사노동을 총칭하는) 재생
산관계에 놓여 있었다. 이런 맥락에서 그녀는 남성과 여성의 서로
다른 재생산적 역할이 '계급의 기원이 되는 최초의 분업'으로 나아
갔다고 주장하였다. 그래서 파이어스톤은 '성이라는 계급'(sex class)
을 중심에 두는 '사적 유물론의 페미니스트적 수정'을 단행한다.

파이어스톤은 여성억압의 뿌리가 생물학적인 것에 있다고 파악하
였기 때문에 여성해방 역시 생물학적인 혁명을 통해 달성된다고 보
았다. 달리 말하면 여성은 성적인 계급관계를 종식시키기 위하여 재
생산수단에 대한 통제를 장악해야 한다는 것이다. 특히 기술이 재생
산을 위한 인공적인 방법을 완성시키게 되면, 여성은 아이를 낳을
필요도, 기를 필요도 사라지게 된다. 그렇게 되면 재생산단위로서
의 가족이 쇠퇴하게 되고, 동시에 경제적 단위로서의 가족 역시 소
멸하게 될 것이다. 파이어스톤에게서, 생명을 탄생시키는 기쁨이란
가부장적 신화에 불과한 것이고, 더욱이 생물학적 모성성은 소유욕
등과 같은 더 큰 악의 근원이었다. [13)]

급진적 페미니즘을 생물학적 환원론으로 이해하는 일반적인 경향
이 있지만, 실상 생물학적 요인을 중요시하는 논자들은 급진적 페미
니즘의 일부에 불과하다. 오히려 많은 이들은 생물학적 환원론보다
는 여성억압의 문화적 심리적인 측면을 중시한다. 이들에 의하면 한
사람은 남녀로 태어난 것이 아니라, 남녀로 만들어졌다. 여성적 특

성이나 잠재력은 자의적으로 엄격히 강요되는 성별 역할에 의하여 환경적으로 형성되기 때문이다. 이런 맥락에서 이들은 과거의 페미니즘이 관심을 가지지 않았던 사랑·결혼·성·남성성·여성성과 같은 관행과 제도에 관심을 기울였다. 그래서 '개인적인 것이 정치적인 것이다'는 구호 아래, 급진적 페미니즘은 여성의 사적인 세계를 정치적인 분석의 영역으로 개방하였다. 《성의 변증법》과 함께 급진적 페미니즘의 양대 고전에 해당하는 밀레트(Kate Millett)의 《성의 정치학》은 이런 맥락에서 성의 정치가 남녀의 지위·역할·기질을 정치적 사회적 심리적으로 가부장제에 유리한 방식으로 사회화하는 과정을 연구하여 밝히고 있다. 밀레트에 의하면 생물학적 육체적 행위인 것처럼 보이는 성교 자체도 개인적 사회적 영역에서 성의 정치의 기본모형으로 역할한다. [14]

급진적 페미니스트에게서 여성억압은 가장 근원적인 억압의 형태이고, 그 근저에 놓인 것은 어떤 특정한 계급이나 사회세력이 아니라, 바로 남성집단의 여성지배 욕구였다. 남성에 의한 여성지배체제를 급진적 여성해방론자들은 가부장제라 불렀다. 이 가부장제야말로 총체적인 지배체제인데, 왜냐하면 제국주의·인종차별주의·계급사회를 통해 일군의 남성들이 서로를 지배하기를 시도하지만, 이들 모두는 특징적 형태의 억압으로 고통당하는 모든 여성을 지배하려 하기 때문이다. 이와 관련해서 급진적 페미니즘은 여성억압을 지배구조의 특수한 관계들 속에서 설명하고 있다. 예를 들면 강요된 모성을 통해 남성은 가정을 지배하고, 그것은 개별적인 가정을 넘어서——남성적 여성적 성격을 만들어냄으로써——남성 지배를 끊임없이 재생산하는 과정을 촉진한다. 한편으로는 강간·매춘, 그리고 포르노 영화를 통해서 여성의 성적 노예화가, 다른 한편으로는 여성의 출산력과 성행위에 대한 남성의 지배가 이루어진다. 급진적 페미니즘은 그래서 여성노동을 성행위나 출산력의 관점에서 파악하기도 한다. [15]

급진적 페미니즘의 여성억압에 대한 비판이 내밀한 관계에서의 성적 지배에 집중하다 보니, 사회변화를 위한 그들의 대안모색은 공적 정치적 영역보다는 흔히 말하는 사적 세계의 재조직화에 집중되었다. 급진적 페미니즘의 즉각적인 목표는 여성 자신의 육체에 대한 통제권을 회복하는 것이다. 자유주의 페미니즘이나 마르크스주의 페미니즘이 사실상 남성문화의 가치를 내재화한다고 비판하는 급진적 페미니즘은 장기적인 목표로 여성 자신의 문화에 기초한 새로운 가치, 새로운 사회를 창조할 것을 주장한다. 이런 목표 아래 급진적 페미니즘은 억압당하는 집단으로서의 열등감을 극복하고, 여성의 단결력을 회복하기 위해 분리주의를 내세웠다. [16)]

거대한 추상보다는 일상생활의 즉각적인 변화를 강조하는 급진적 여성해방론자들은 일상적 관계의 재구조화와 여성들만에 의해 운영되는 새로운 기구를 만들었고, 이를 통해 대안적인 여성문화의 창조를 시도하였다. 농촌공동체, 건강센터, 여성교육 프로젝트, 그리고 서점·레스토랑·출판사와 같은 여성사업장이 설립되었다. 여기에서는 위계질서의 가능한 축소, 육체노동과 정신노동의 분리극복, 추첨을 통한 요직의 결정, 공동체성·신뢰·다감함, 그리고 가공되지 않은 자연스러움, 자연적인 거칢의 내용을 담은 대체문화를 구현하고자 하였다. 이를 위해서 교육, 의식화작업, 그리고 시민불복종 등의 실천방안이 제기되었다. 자유주의 페미니즘과는 달리 급진적 페미니즘은 공동체나 여성기업의 발전을 통해 가부장제로부터 독립하고자 한 점에서, 이들은 반(反)자본주의적이었다. 그러나 그것은 사회주의의 일종이지도 않았고, 마르크스주의적 사회주의와는 더욱 거리가 멀었다.

이런 맥락에서 환기하여야 할 사실은 여성들이 더 이상 초기 급진론자들이 주장하던 양성성의 개념을 고수하지 않는다는 점이다. 자유주의 페미니즘은 여성이 정치·사회·경제면에서 남성과 동등한 위치에 도달하는 것을 목표로 하였고, 이런 전통을 발전시켜 밀레트나 파이어스톤은 여성적인 것, 남성적인 것 가운데 긍정적인 기질을 성별에 관계없이 각자가 자유로이 발전시키는 양성성을 대안으로 제시하였다. 그러나 후기로 올수록 급진주의적 페미니즘은 '여성은 근본적으로 남성과 다르고, 여성의 문화적인 행동·체험·가치체계 또한 지배적인 가부장제 문화와는 조화를 이룰 수 없다'는 문화적 분리주의를 고집한다. 아니 여기에서 더 나아가 급진적 여성해방론자들은 과거에는 여성을 열등하게 만드는 것으로 규정되었던 천성적인 차이가 오히려 여성들을 더 우월하게 만든다고 결론 짓는다. 이들은 여성의 문화적 역사를 재발견하고, 여성 중심적인 문화를 창출하고자 투쟁하기 때문에 '문화적 페미니즘'이라 불리기도 한다.

위에서 말한 분리된 공동체의 설립 외에도 급진적 페미니스트들은 내밀한 관계에서의 분리주의, 즉 레즈비어니즘을 내세운다. 급진적 여성해방론은 여성억압을 우선 취업기회의 제한이나 공적 영역으로부터의 축출에서 찾기보다는 내밀한 사적 영역에서의 억압에서 발견하는 만큼, 그들에게서 결혼은 여성을 억압하는 원초적 기구이다. 그러나 결혼제도보다 더 확고한 것은 이성간의 성관계이다. 이는 각 여성을 남성에게 고착시키고, 가부장제는 이를 문화적 규범으로 제도화하기 때문이다. 특히 급진적 페미니즘은 자유주의 페미니즘이 성행위를 사적 도덕적 영역으로 간주하는 것에 반발한다. 그들에게서 성행위는 억압, 지배, 그리고 권력이 표출되는 정치적 문제였다. 레즈비어니즘을 통해서만이 여성은 성행위에서 자기결단을 할 수 있고, 그래서 이것은 여성해방의 열쇠로 받아들여졌다. 오늘날 페미니즘의 발상지라 할 수 있는 미국에서 레즈비어니즘이 일반화되어 있는 것은 사실이지만, 레즈비어니즘과 급진적 페미니즘이 필연적으로 묶여 있는 것은 아니다. 레즈비어니즘은 급진적 페미니즘의 일부분이라는 것이 더 정확할 것이다. 또한 모든 레즈비언이 페미니스트는 아니다.[17]

전체적으로 평가하자면, 급진적 여성해방론은 사적인 세계나 여성의 몸에 관심을 갖고, 이를 정치적 지배관계의 영역에 포함시켰다는 점에서 뛰어난 공헌을 하였다. 또한 급진적 여성해방론이 여성억압에 작용하는 —— 자유주의 페미니즘이나 마르크스주의 페미니즘이 포착하지 못했던 —— 심리적 기제를 구명한 점도 높이 평가할 만하다. 이 과정을 통해 급진적 페미니즘은 남성지배가 얼마나 뿌리깊고, 얼마나 다양한 분야에까지 침윤되어 있는가를 성공적으로 보여주었다. 급진적 페미니즘은 현재 북미와 유럽에서 여성운동으로서 그 저변을 가장 폭넓게 확대하고 있지만, 가부장제 사회를 변화시킨다는 의미에서 보자면, 그리 큰 힘을 과시하고 있지 못하다. 이는 급진적 페미니즘이 지닌 이론적 정책적 한계에서 기인한다.

급진적 페미니즘은 그 성격이 공상적이고, 이론적 일관성이 결여되어 있다. 그것은 스스로 이론 자체를 배격하고 단순한 행동주의를 주장하다 보니, 가부장제를 관통하는 원리를 제공하지도 못하고, 여성의 상황에 대한 체계적 이해도 결여하고 있다. 총체화된 이론적 설명의 결여는 정치적 행위를 위한 공간도 축소하여, 급진적 페미니즘은 정치적 실천에서 분리주의에 빠지게 된다. 자본주의 아래서 여성공간의 대중적 확산이 그리 쉬운 것이 아니므로, 남성과의 협력을 무조건 거부하는 것으로 성차별 없는 사회로의 이행이 이루어지는 것은 아니다. 오히려 이런 전략은 자본주의 아래에서 여성들을 주변적 존재로 전락시키거나 경쟁력을 약화시키는 방향으로 나아가기 쉽다. 실제로 급진적 페미니즘은 여성간의 단결력을 높이고, 여성만의 저변문화를 형성 확산하는 데에 기여하였으나, 동시에 여성운동을 비정치화하는 데에도 일조를 하였다. 마찬가지로 이 사상은 성애와 출산력이 아닌, 여성이 경험하는 또 다른 문제들, 예를 들면 계급적 인종적 차별, 혹은 산업재해문제 등을 설명하지 못하고 있다. 레즈비어니즘은 여성이 오랫동안 괴로움을 당해온 낙태·피임을 불필요한 것으로 만드는 이점이 있으나, 이는 기혼여성이나 시장경제에서 생존능력을 지니지 않은 여성에게 대안이 되지는 못한다. 다시 말해 레즈비어니즘은 경제능력을 갖춘 백인 중산층 여성에게나 가능한 대안이었다.

V. 사회주의 페미니즘

사회주의 페미니즘은 '새 여성운동'의 태동과 궤를 같이하는 것으로서, 급진적 페미니즘과 마르크스주의의 통찰을 종합하는 동시에 두 입장의 문제점을 극복할 정치이론과 실천운동의 개발을 모색하려는 시도이다. 사회주의 페미니즘은 사적 유물론의 유용성을 인정함에도 불구하고, '마르크스주의 범주들은 자본 그 자체처럼 성과 무관(sex-blind)한 것'이라고 비판한다.[18] 급진적 페미니즘은——자본주의 안에서 여성노동이 차지하는 역할보다는——여성에 대한 남성의 지배 그 자체에 대한 관심을 환기시킨 점에서 큰 공헌을 하였음에도 불구하고, 그것이 생물학과 출산을 지나치게 강조하거나 혹은 여성억압의 심리적 측면에 천착함으로써 가부장제가 지닌 역사적 사회적 성격을 간과하였음을 사회주의 페미니즘은 비판하였다. 다시 말하면 가부장제가 놀랄 만큼 탄력적인 사회조직이기 때문에 급진적 페미니즘으로는 여성차별이 계급이나 국가에 따라 각기 다양한 형태로 나타나는 현실을 포착하기 어렵다는 것이다. 마찬가지로 전통적인 마르크시즘이 여성해방을 위한 투쟁을 계급투쟁에 종속시키고, 반면에 급진적 페미니즘은 여성해방을 위한 투쟁을 모든 종류의 투쟁에 선행하는 것으로 파악하였다면, 사회주의 페미니즘은 자본주의·남성지배·인종차별·제국주의 등을 분리할 수 없을 만큼 착종되어 있는 문제라 파악하고, 자본주의체제와 남성지배에 대한 총체적 이해를 위해서는 이들 사이의 긴밀한 관계에 주목할 것을 요구하였다.

　자본주의와 가부장제를 제대로 설명하기 위해서는 사적 유물론의 방법을 사용하되, 그 개념들을 여성해방적인 인식에 의해 제련하여야 그 편향을 극복할 수 있다고 사회주의 페미니즘은 주장한다. 자유주의 페미니즘과 마르크스주의가 성차별을 존재하는 여러 형태의 억압 가운데 하나로 보는 반면에, 급진적 페미니즘과 사회주의 페미니즘은 기존의 이론들은 여성억압을 적절하게 설명해줄 수 없으므로, 이를 위해서는 새로운 정치적 경제적 범주를 설정할 필요가 있음을 강조한다. 이 새로운 범주는 공적 영역뿐 아니라 사적 영역까지도 재개념화하고 있다. 우선 사회주의 페미니즘은 자유스런 생산노동 참여를 통해 인간의 잠재력을 충분히 발달시킨다는 마르크스주의의 이상에 근접하나, 생산노동의 개념을 후자보다는 더 광범위하게 규정한다. 종의 생존을 위해서는 물질생산 외에 출산·양육·성적 만족 등의 욕구도 기본적인 것이므로, 그것의 충족을 위해서는 인간의 노동이 필요하며, 그런 범위 안에서 이 욕구들을 충족시키시 위한 기제는 모두 생산체제에 속한다고 보았다. 자연히 이들에게서 성행위와 출산은 물적 토대의 일부를 이룬다. 이런 맥락에서 사회주의 페미니즘의 궁극적인 목표는 자유스러운 생산노동 외에도 자유스런 성적 표현, 자유스러운 임신과 양육을 통해 인간의 잠재력을 실현하는 것이다. 성행위나 출산을 통해 타인의 노동을 통제하는 집단과 통제받는 집단이 생성되는 것으로 간주하여, 사회주의 페미니즘은 남성과 여성 사이에 계급적인 착취관계가 발생한다고 보았다. 그래서 여성이 스스로의 재생산능력을 통제하기 위해서, 남녀간에는 계급투쟁이 발생하게 된다.

　사회주의 페미니즘은 생물학적 결정론을 거부하고, 출산이나 성행위의 실행이나 범주는 사회적으로 형성되고 역사적으로 변형되어 왔음을 강조한다. 이런 관점에서 사회주의 페미니즘은 남녀간의 차이에 대한 적절한 이론적 설명으로 남성과 여성에 의해 상이한 형태로 수행되는 성별 노동분업에 초점을 맞춘다. 그에 의하면 성별 노동분업의 가장 명백한 표현은 인간생활을 공·사 영역으로 분리하는 것이다. 두 영역의 구분선은 역사적으로 변천되어왔지만, 그럼에도 사적 영역은 항상 성과 출산을 포함하는 좀더 자연적인 부분, 즉 여성의 영역으로 간주되어왔다. 여성은 다양한 일을 해왔음에도 불구하고, 항상 성행위·출산·육아 등에 의해 일차적으로 규정되어왔다.

사회주의 페미니즘은 역사적으로 남성성과 여성성을 규정하는 데서 이른바 사적 영역의 중요성을 강조하지만, 공적 영역도 무시하지 않는다. 동시에 이 이론은 공적 영역에도 역시 —— 자본에 의한 최대한의 이윤착취를 위해서 —— 성별 노동분업이 존재함을 포착한다. 그러기에 사회주의 페미니즘은 자본주의와 가부장제 둘에 의한 여성억압을 강조한다. 아니 좀더 정확히 말하자면, 사회주의 페미니즘은 사회가 성·계급·인종·민족에 의해 동등하게 규정된다고 파악한다. 그러기에 어떤 형태의 억압이 더 근본적인가 하는 문제보다, 이 다양한 형태의 억압을 설명하고 그들 사이의 관련성을 찾아내는 것을 자신들의 과제로 간주한다.[19]

그러나 사회주의 페미니즘이 시도하는 자본주의와 가부장제와의 결합방식에 대한 설명은 여전히 모호하고, 좀더 구체적인 분석으로 들어가면 사회주의 페미니스트 사이에 어떤 일치점이나 합의가 발견되기는커녕 논의만 무성하다.[20] 여기에서 그동안의 논의를 잠시 소개하고, 불충분하나마 교통정리를 할 필요가 있을 듯하다. 대별하자면 사회주의 페미니즘은 이중체계론(dual system theory)과 통합체계론(unified-system theory)이라는 두 가지 접근방식으로 나뉜다.

이중체계론은 역사발전을 추동하는 요인으로 가부장제와 자본주의를 우선 각기 분리된 현상으로 분석한 후, 다시 둘을 변증법적으로 종합하려는 입장이다. 모든 이중체계론자들이 자본주의를 물질적 토대를 지닌 생산양식으로 파악하나, 이들 가운데 일부는 가부장제 역시도 물질적 토대를 지닌 성·재생산양식으로 간주한다. 그러나 나머지 이론가들은 가부장제를 이념적 혹은 심리적인 것과 같은 비물질적 상부구조적인 것으로 받아들인다. 미첼(Juliett Mitchell)은 가부장제를 비물질적, 자본주의를 물질적인 것으로 파악하는 전형적인 이중체계론자이다. 그는 생산양식이 어찌 변하건, 사회생물학적 이념적 측면은——사회주의 사회에서조차도——늘 똑같이 존재한다고 주장한다. 미첼은 자본주의 철폐로도 급진적 페미니즘이 주장하는 재생산 기술의 발전으로도 여성억압은 사라지지 않을 것이므로, 자본주의 철폐를 위해서는 마르크스주의가, 가부장제 철폐를 위해서는 정신분석학적 전술이 채택되어야 한다고 보았다. 특히 우리 영혼이 자본주의를 사회주의 사회로 이행시키는 경제적 혁명에 상응할 만한 혁명을 겪지 않는다면 여성억압은 사라지지 않을 것이라고 보았다.[21]

이에 비해 하트만(Heidi Hartmann)은 가부장제를 여성노동에 대한 지배를 위해 경제적 토대를 지닌 남성 사이에 이루어진 사회적 관계의 틀로 파악하였다. 즉 여성노동력에 대한 남성의 통제는 여성의 경제적 재화에 대한 접근을 방해하고 여성의 성과 재생산능력에 대한 여성 스스로의 통제를 불가능하게 한다. 하트만에 따르면 구미 자본주의 국가에서 가부장제와 자본주의가 강력하게 결탁하고 있는 것이 현실이지만, 그러나 남성 일반의 이해관계와 자본의 이해관계가 완전히 일치하는 것은 아니다. 여성취업이 남성의 임금인하와 실업을 초래함에도 불구하고, 여전히 엄존하는 것이 그 좋은 예이다. 또한 여성의 대다수가 취업하고 있는 국가에서도 가부장제는 온존하고 있다. 그러기에 하트만에게 가부장제는 독자적인 물질적 토대를 지닌 별개의 체계이고, 그 논리체계 안에서는 두 개의 토대와 두 개의 상부구조가 존재하는 셈이다.[22]

통합체계론자인 영(Iris Young)은 미첼의 주장이 가부장제를 정신분석학적인 신기루와 같은 존재로 만들어서, 여성으로 하여금 그것을 철폐하려는 희망을 상실토록 하였고, 하트만의 주장은 여전히 자본주의와 가부장제 사이의 관계를 명료히 구명하지 못할 뿐 아니라, 가정밖의 여성억압을 제대로 설명하지 못하는 단점을 극복하지 못한다고 비판하였다. 뿐만 아니라 이중체계론은 가부장제와 자본주의를 동등하게 여성억압을 규정한다고 천명하였으나, 실제로 그것은 자본주의 비판보다는 가부장제에 대한 비판으로 기울어졌다는 것이다. 다시 말하면 급진적 페미니즘의 주장에 사적 유물론의 설명을 다소 추가했을 뿐이라는 것이다. 그래서 영은 가부장제와 자본주의라는 이원화된 설명방식을 극복하기 위해 둘을 포괄할 수 있는 하나의 통합체계론을 주장한다. 구체적으로 그는 성별에 따른 노동 분업이 성차별과 계급적 억압을 자리매김하는 일원화된 논의를 제공할 수 있다고 보았다. 여성의 주변화와 부차적 노동력으로의 기능화가 자본주의의 본질적인 특징이고, 이 과정에서 자본은 노동자의 성·인종·민족성을 대단히 잘 이용한다는 것이다. 또한 성별 분업은 가정뿐 아니라 사회적 노동에서도 잘 기능하므로, 자본주의와 가부장제는 별개의 체제가 아니라 자본주의가 바로 가부장제인, 달리 말하면 '자본주의 가부장제'(capitalist patriarchy)라는 것이다. 그래서 영에게 성별 분업은 기존의 계급분석을 보완하는 것이 아니라, 그것의 대체물이었다. [23]

성별 분업을 계급지배를 대체할 수 있는 개념으로 파악하는 영의 주장은 가부장제를 존재해온 억압의 근원으로 파악하는 급진적 페미니즘의 입장으로 수렴하는 듯이 보인다. 영의 분석을 따르자면 성별 분업에 대한 투쟁은 단지 가부장제만 바꿀 뿐이고, 여성들 사이의 계급·민족성·인종에 따른 차이는 간과되기 십상이다. 또한 성별 분업에 초점을 맞추다보니, 여기에서 재생산·성·육아 등의 당면한 문제에 대해서는 제대로 그 해결책을 제시하지 못하는 단점이 나타난다.

사회주의 페미니즘은 그 내부의 다양성에도 불구하고, 여성억압의 근원을 자본주의와 가부장제에서 찾는다는 점에서는 공통점을 보

인다. 그래서 사회주의 페미니즘은 사회주의 혁명을 통해 여성해방
의 전제조건들이 마련되나, 그 자체가 여성해방은 아니므로, 성별
분업과 가부장제의 철폐를 위해 별도의 혁명이 수행되어야 한다고
주장한다. 이런 관점에서 이들의 실천운동은 한편으로는 사회주의
적 변혁을 지향하여, 기존의 계급별 운동이나 사회운동과 연대하면
서도 다른 한편으로 모든 계급여성을 망라하는 여성들만의 독자적인
조직을 고집한다. 구체적으로 여성에게 부여된 생물학적 한계를 사
회적으로 해결하기 위하여 공동체에 의한 출산과 양육의 부담 외에
도, 사회주의 페미니즘은 성적 자유의 실현, 정신·육체노동의 차별
화와 성별 분업의 극복, 여성노동자들의 독자적인 조직화를 요구한
다. 사회주의 페미니즘이 강세를 떨친 유럽에서 그들의 자율적인 여
성조직들이 활성화되었던 것이 사실이나, 이 운동은 기존의 계급운
동과의 제휴가 느슨해지는 과정에서 비정치화되었고, 자본주의와
성차별을 완화하는 방향으로 큰 영향력을 행사하였다고 보기도 어렵
다. 또한 사회주의 페미니즘이 제기하는 이슈들이 급진적 페미니즘
이나 마르크스주의 페미니즘의 주장을 크게 벗어난 것도 아니었다.
　사회주의 페미니즘의 한계는 이것이 기존의 정치적 전통에 대해
문제제기를 한 것은 옳았으되, 자신들이 던진 문제에 대하여 명료한
해결책이나 방법을 제시하지 못한 데서 기인한다. 달리 말해 이는
사회주의 페미니즘이 성과 계급 사이의 상호관계 설정, 나아가서는
거기에 인종과 민족문제를 포괄하여 그 우선성을 매기는 데에 실패
하였기 때문이다. [24] 총체적으로 평가하자면 사회주의 페미니즘은 급
진적 페미니즘과 전통적 마르크스주의 여성관의 취약점을 보완하고
여성억압과 사회문제를 종합적으로 고찰함으로써 여느 여성해방이
론보다도 포괄적인 설명틀을 제시한 점에서 큰 이론적 공헌을 하였
다. 그러나 이 이론은 자본제 분석과 가부장제 분석을 기계적으로
결합하는 절충론적인 면모를 극복하였어야 하였다. 뿐만 아니라 사
회주의 페미니즘은 계급적 불평등이 상당히 완화되고 실질적 민주주

의가 어느 정도 정착된 선진자본주의 국가에서 출발한 이론이어서, 제3세계에 비해 성적 억압에 그 비중이 더 실린 것이 사실이다. 결과적으로 사회주의 페미니즘은 가부장제와 자본주의의 철폐를 동등하게 내세우면서도 실질적으로는 전자에 훨씬 집착하고 있다.

Ⅵ. 최근의 페미니즘 조류

여성해방이론을 거론할 때, 지금까지 다루어온 네 가지 흐름, 자유주의 페미니즘, 마르크스주의 페미니즘, 급진적 페미니즘, 그리고 사회주의 페미니즘을 꼽게 된다. 그밖에도 복잡해진 현대사회 만큼이나 다양한 페미니즘 이론이 나타나고 있다. 그 가운데 대표적으로 들 수 있는 것은 정신분석학적 페미니즘과 실존주의 페미니즘이다. 이 둘이 막중한 영향력을 행사한 것은 아니다. 그러나 최근에 이르러 커다란 반향을 불러일으키고 있는 포스트모던 페미니즘을 다루기 위해서는, 그들을 언급하지 않을 수 없다. 포스트모던 페미니즘은 정신분석학적 페미니즘과 실존주의 페미니즘의 지적 자극을 흡수 발전시켰기 때문이다. 그외에도 환경보호운동의 성장에 자극받아 등장한 생태적 페미니즘을 들 수 있다.

1. 정신분석학적 페미니즘

정신분석학적 페미니즘은 프로이트의 여성심리에 대한 해석에서 중요한 자극을 받았다. 프로이트의 정신분석은 데카르트 이후 상정된 '이성을 지닌 합리적 인간상'을 전복한다. 그는 인간의 무의식을 강조하고 유아의 성애(sexuality)가 성인의 성기적 성애를 규정한다는 학설을 제기함으로써 기성관념에 충격을 던졌다. 특히 여성과 관련하여 프로이트는 여성으로서의 불만족이 차별적인 사회문화적 지위보다는 남근의 결핍 그 자체에 기원한다고 주장함으로써 여성이 결함이 있는 것처럼 부추켰다는 비판을 받고 있다. 여성의 남근 선망개념과 오이디푸스 콤플렉스에 대한 프로이트의 분석을 프리단이나 밀레트와 같은 여성이론가들은 생물학적 결정론으로 비난하는 반면에, 미첼은 프로이트 이론이 생물학의 단순한 표현이 아니라, 오히려 생물학적 존재가 어떻게 사회적 존재로 이전되는가를 보여준다고 평가한다. 환언하면 그것은 생물학에 대한 '사회적 해석'의 과정이다. 그러기에 미첼에게는 정신분석학적 접근은 여성억압의 근원적인 원천이 되는 심리의 내적인 작동원리를 포착케하는 유용한 도구이다.

프로이트를 재관찰하는 과정에서 대다수의 여성학자들은 그의 입론과 단절하게 되지만, 정신분석학적 접근 그 자체는 유용한 방법론으로 수용한다. 특히 디너슈틴(D. Dinnerstein)이나 초도로우(N. Chodorow)는 성심리의 추적을 통해 남성지배의 근원을 찾고자 한다. 디너슈턴에 따르면, 어머니로부터 분리되면서 남자는 전능한 힘에 대한 전적인 의존을 다시 경험하기를 원치 않게 되어, 여자와 자연을 통제하고 그들에 대하여 권력을 행사하게 된다. 반면에 여자아이는 자신 안에 있는 어머니의 권력을 두려워하면서 남자에 의해 통제받고자 한다. 디너슈틴과는 조금 다른 각도에서 초도로우는 왜 여성이 어머니가 되기를 원하는가를 문제삼는다. 남자아이의 어머니로부터의 분리는 그가 타인과 깊이 관계를 맺지 못하는 무능력을 의미하나, 이것은 그를 공적인 영역에서 일하도록 준비시키는 원천이 된다. 이에 비해 여자아이의 어머니와의 일체감은 타인과의 관계에서의 유능함, 그리고 사적인 영역에서 아내와 어머니로서의 역할에 필요한 능력을 배양한다. 디너슈틴과 초도로우는 여성억압이 여성에 의한 양육의 독점에서 기인한다고 확신하는 만큼, 그 해결책으로 양친에 의한 양육을 제시한다. 이들과는 조금 다른 맥락에서 길리건

(Carol Gilligan)은 남성은 정의감을 잘 발전시키는 반면에 여성은 그렇지 않다는 프로이트적 통념에 도전하면서, 남녀는 도덕성에 대한 다른 개념을 가지고 있다고 주장한다. 즉 남성적 도덕관은 정의의 윤리인 반면, 여성의 그것은 돌봄의 윤리라는 것이다.[25]

2. 실존주의 페미니즘

실존주의 페미니즘은 보봐르(Simone de Beauvoir)가 발전시킨 여성을 위한 실존주의를 지칭한다. 보봐르는 남성들이 자신을 자아로, 여성을 주체이기보다는 대상화된 타자로 불렀다는 사실에서 출발한다. 이를 통해 본질적인 남성, 비본질적인 여성이라는 시각이 여성에게 내면화된다. 그러나 여성이 담당하는 출산, 신체적 연약함, 성교에서의 수동적 역할에 어떠한 가치를 부여하는가는 사회적 존재로서의 여성에 달려 있다는 것이다. 여성은 몸 이상의 존재이므로, 그녀는 주어진 환경에 의해 규정당하는 즉자에 머무는 것이 아니라 실천의식을 통해 주어진 질곡을 극복해가는 대자적 존재로 비약할 수 있다. 문명은 억압된 혹은 승화된 성적 욕망만으로 설명될 수 없다. 영원하고 본질적인 여성성은 존재하지 않으므로 여성은 자신의 여성성, 제2의 성을 만들어야 하고, 타자가 아니기 위해서는 그녀의 길을 가야 한다. 보봐르는 이를 위해 ① 여성도 사회적 노동에 참여하고, ② 스스로를 위한 변화의 전위, 지식인이 되고, ③ 사회주의적 변혁에 참여해야 한다는 세 가지 전략을 제시하였다.[26]

정신분석학적 페미니즘이 여성억압의 심리적인 측면에 치중함으로써 여성억압의 외적 조건을 도외시하였다는 비판을 받고 있다면, 실존주의 페미니즘이 너무 추상적이어서 읽기에 어려울 뿐 아니라 그가 제시하는 '초월'이라는 범주 자체가 지극히 남성적이라는 공격을 받고 있다. 그러나 이 이론들은 그것이 제공하는 새로운 시각과 더불어 포스트모던 페미니즘의 형성에 기여한다.

3. 포스트모던 페미니즘

　포스트모던 페미니즘은 라캉(Lacan), 데리다(Derrida), 푸코(Fou-cault) 등의 포스트 구조주의와, 보드리야르(Baudrillard), 료타르(Lyotard), 로티(Rorty) 등의 포스트모더니즘에서 남성중심주의를 공격하고, 여성해방적 문제제기를 정교화할 수 있는 단초를 발견한다. 포스트모더니즘의 근대성 비판은 우선 이성을 지닌 '나'라는 주체를 설정하고, 타자를 합리적으로 인식하고 정복할 존재로 대상화하는 이성중심주의를 향한 공격에서 출발한다. 여기에서 이성과 감정, 아름다운 것과 추한 것, 자아와 타자 같은 이분법이 도전받게 된다. 그래서 포스트모더니즘은 이미 설정된 본질, 진리, 그리고 총체성 개념을 근거로 다양한 억압적 현실을 동질화 일반화하는 경향의 '해체'를 주장한다. 데리다에 의하면, 이 전통적 질서는 남근중심주의(phallo-centrism)이기도 하였기에, 프랑스 여성해방론자들은 기존 남성 중심 담론을 전복시키는 상징적 기호로서의 ── 그동안 타자로, 감성적 존재로, 자연으로 대상화되었던 ── 여성을 부각시켰다.

　포스트모더니즘에서는 마르크스주의의 경제결정론보다는 이데올로기·담론·언어 등이 인간주체성을 형성하는 데 훨씬 큰 중요성과 의미를 갖는다는 수정된 마르크스주의 견해가 접합된다. 그러기에 상징적 질서들은 인간의 인식과 의미부여 과정에 실제적으로 또 능동적으로 개입하는 사회적 실천이자 힘이다. 이 상징적 질서의 내면화 과정에서 여성의 억압은 훌륭하게 설명된다. 또한 이성중심주의, 남근중심주의를 비판하는 포스트모더니즘은 사물과 현상의 동일성과 통일성이 아니라, 차이와 다양성을 강조한다. 이를 통해 과거처럼 여성의 열등성이나 부정적 이미지 대신에, 남녀 사이의 차이가 부각된다. 포스트모던 여성해방론의 괄목할 만한 특징은 여성의 삶 혹은 그 주체성을 규정해왔던 제도나 가치체계 가운데 어느 하나를 특권화하는 것을 반대한다. 그들에게 기존의 페미니즘은 이성애 중심, 백인여성 중심, 중산층 여성 중심의 경향을 보였다는 비난을 면하기 어렵다. 다중적이고 복수적인 여성 정체성에 대한 인식을 확산시키는 데는 자신들이 처한 중층화된 억압의 현실 속에서 여성해방을 바라보고자 하였던 흑인여성들과 제3세계 여성운동이 크나큰 기여를 하였다.

포스트모던 페미니즘이 제기한 위와 같은 문제의식은 두 가지 논리로 발전한다. 우선 그 하나는 보봐르가 내세우는 타자성(otherness)을 받아들이되, 그것을 거꾸로 세워 그 이점을 주장하는 것이다. 즉 타자성이라는 조건은 여성들이 지배적인 문화와 거리를 두고 있기 때문에 오히려 그것이 자신에게 부과하려 하는 개념·가치·관행들을 비판하는 것을 가능하게 해준다는 것이다. 따라서 타자성은 더 이상 억압받고 열등한 상황이 아니라, 오히려 개방성·복수성·다양성·차이를 허용하는 방식이다. 이리가라이(Irigaray), 시수스(Cixous), 크리스테바(Kristeva), 자딘(Jardine) 등에 의해 대표되는 이 흐름에서 여성성은 긍정적인 가치로 부각된다. 여기에서는 여성주체성을 주장하는 방식의 일환으로 남성 포스트모더니스트들이 주장하는 차이의 자유로운 유희나 주체의 추상적인 미결정성(indeterminity)이 거부된다. '해체'에 대한 주장은 결국 기존 억압관계를 그대로 묵인하는 가부장제적 책략에 지나지 않기 때문이다. 환언하면 이들은 백인 부르주아 남성 주체의 죽음에 동조하더라도, 이제 겨우 주체로 서기 시작한 여성 주체를 해체하지 않는다.

두번째 입장은 포스트모더니즘의 핵심사상인 일체의 이분법과 자기 정체성에 대한 비판을 여성에게도 적용하여, 여성이라든지 여성성의 범주 자체를 해체하는 것이다. 왜냐하면 여성이라는 범주 자체는 남녀라는 이분법을 잔존시키는 것이고, 이는 주체를 상정하는 본질주의적 사고에 불과하다는 입장이다. 니콜슨(Nicholson), 위든(Weedon), 프래트(Pratt) 등이 이런 경향을 보이는데, 이들은 남성과 여성의 대립관계보다 여성 내부의 차이나 다양성, 그 속에서 형성되는 여성의 정체성 등에 관심을 보인다.[27]

포스트모던 페미니즘이 내세우는 본질주의, 이성중심주의, 이원론에 대한 비판과 다원주의의 강조는 현재 페미니즘뿐 아니라 사회 각계에서 폭넓게 수용되고 있다. 이런 조류가 얼마나 여성해방에 도움이 될지는 우리로서는 꼼꼼히 짚어보아야 할 일이다. 우선 이 사상은 남성 중심적, 계몽적 합리주의에 짓눌렸던 여성들이 당당히 자기표현을 하고, 자신의 상황을 분석적으로 이해하고, 변화에 앞장설 수 있도록 하는 자극을 제공함으로써 여성 주체를 회복하는 데에 크게 기여하였다. 또한 여성들 내부의 '차이'에 대한 주목을 유도한 공헌도 지적되어야 한다. 그러나 반대로 이것이 여성들 사이에서도 다양한 차이가 존재한다는 사실에 너무 자의식적으로 주목하게 함으로써 여성들의 유대감을 해치는 결과를 낳으며, 이는 여성운동의 실천력을 약화시키는 데에 한몫 거들었다는 비판도 제기되었다. 또한 인간 주체의 다중성을 치밀하게 다루지 못하다 보니 다중의 억압체계들을 무분별하게 나열하게 된다. 그 결과 여성억압에 좀더 근본적인 규정성을 갖는 범주들, 예를 들면 그야말로 제3세계 여성들이 자본주의적 착취를 통해 당하는 고통, 제국주의 지배, 전쟁 등이 경시되고, 이성애·이데올로기의 중요성이 더 부각된다. 그렇기 때문에 포스트모던 페미니즘은 여성에게 중요한 새로운 통찰력을 제공하였음이 인정되어야 하나, 그것이 지닌 위험 역시 간과되어서는 안 된다. 엄청난 기술발전과 고도로 조직화된 현대사회에서 그 본질을 간파하는 데 자신을 잃은 인간들의 도피처로 포스트모더니즘과 포스트모던 여성해방론이 악용될 소지가 있기 때문이다.

4. 생태적 페미니즘

생태적 페미니즘(Eco-feminism)은 프랑스의 작가 도본느(Francoise

d'Eaubonne)가 1974년에 인간의 생존을 보호하기 위한 생태학적 혁
명에서 여성이 지닐 잠재력을 지적한 데서 처음 만들어진 용어이다.
생태학적 혁명을 통해 인간과 자연 사이뿐 아니라 여자와 남자 사이
에 새로운 관계를 만들어낼 것을 생태적 페미니즘은 기대한다. 자유
주의 페미니즘, 급진적 페미니즘, 그리고 사회주의 페미니즘이 모
두 환경보호에 관심을 가져온 것은 사실이지만, 그들은 각기 다른
해결의 전망을 제시하였다. 자유주의 페미니즘이 법과 규제를 통해
인간과 자연의 관계를 변화시키고자 하는 환경개량주의를 표방한다
면, 사회주의 여성해방론은 시장경제 아래에서 여성과 자연이 하나
의 자원으로 지배당하는 현실을 사회주의 혁명을 통해서 완전히 재
구조화할 것을 제안한다. 이에 비해 급진적 여성해방론은 여성성과
관련하여 생태학 문제를 제기한다. 자연은 남성들이 개발하고 통제해
온 기술·과학·산업에 의해 지배되고 있다. 더불어 생물학적 재생
산(출산·양육)이 여성에게 맡겨진 일이라는 인식이 여성들을 서구
에서 평가절하받고 있는 자연과 결합되면서, 여성의 지위는 더욱 강
등되었다. 그러나 이런 일치는 여성이야말로 자연을 보호할 능력을
부여받았음을 의미하고, 그래서 생태학적 행동주의의 원천이 될 수
있다는 것이다. 즉 여성은 환경윤리를 발전시키는 과정에서 자신의
억압 역시도 깨닫게 된다는 것이다.[28] 이와같이 생태적 페미니즘은
페미니즘의 네 가지 조류에 따라 그 입장이 갈라지고 있어서, 여성
학 이론내에서 확고하게 자리를 굳히지 못하고 있다.

Ⅶ. 맺음말

   앞에서 살펴본 대로 페미니즘사상은 계급적 입장에 따라, 그 시
대가 제기하는 여러 요구에 따라 다양한 방식으로 분화되었다. 서로

경쟁적 관계를 유지하면서 발전해온 자유주의 페미니즘과 마르크스주의 페미니즘은 급진적 페미니즘과 사회주의 페미니즘의 새로운 문제의식을 통해 자신들의 이론을 일부 수정하였으나, 전체적으로는 자유주의와 마르크스주의에 토대를 둔 출발 당시의 입장을 그대로 고수하였다. 그래서 페미니즘은 적어도 최근까지는 자유방임적 요소를 탈각하여 국가개입과 복지정책을 확산시켰으되, 여전히 여성억압을 불합리한 제도나 법체계의 개혁을 통해 극복하려는 자유주의 페미니즘, 성차별의 본질을 자본의 착취와 계급의 불평등에서 구하는 마르크스주의 페미니즘, 계급적 불평등보다도 성차별을 모든 억압의 근원에 두는 급진적 페미니즘, 그리고 가부장제와 자본주의를 여성억압을 만들어내는 양대구조로 파악하는 사회주의 페미니즘으로 4분되어 있다.

최근에 이르러 여성억압의 '본질'을 찾으려는 노력 자체를 무용한 것으로 간주하는 포스트모던 페미니즘의 목소리는 페미니즘 내부에 존재하였던 입장 차이나 좀더 타당한 대안을 모색하기 위한 기존의 논의구조를 흐리게 하였다. 물론 포스트모던 페미니즘이 가져다준 덕목들 —— 탈남성중심주의, 다양성, 차이의 강조 —— 은 과거 여성억압의 설명에 자주 동원되었던 조야한 원칙론의 극복을 도왔던 것이 사실이다. 그러나 세계여성의 대다수가 경제적 불평등으로 고통당하고, 여전히 '차이'가 아닌 '차별'이 존재하는 현재의 상황에서 포스트모던 여성해방론은 자본·국가·가부장제 등이 구조적으로 강요하는 여성억압을 간과하기 십상이다.

각국의 역사발전단계나 사회문화적 맥락도 서로 달라서, 모든 여성운동을 망라하는 단 하나의 대안이 존재할 수는 없다. 결국 여성해방을 위한 끊임없는 노력을 경주하여야 한다는 점에 대해서는 이론의 여지가 없으나, 어떤 페미니즘 사상에 입각한 어떤 여성운동이 전개되어야 할 것인가는 결국 선택의 문제로 남게 되고, 여기에는 각 사회가 처한 구체적인 현실을 고려하는 신중한 자세가 요청된다.

　　근대화 과정이 식민지 지배에 의해 왜곡된 과거를 지녔을 뿐 아니
라 경제적 평등과 실질적 민주주의가 완전하게 실현되지 못한 한국
사회에서는 여성은 역시 이런 구조적 질곡에 의해 일차적으로 고통
을 당하고 있다. 그래서 우리 사회에 수용될 수 있는 페미니즘 사상
은 이런 현실을 포용할 수 있는 어떤 것이 되어야지, 구미에서 진행
된 페미니즘 논의를 그대로 직수입한 형태이어서는 곤란하다. 올바
른 페미니즘 사상의 선택은 질곡으로부터 여성의 해방을 한걸음 앞
당기는 역할을 하기에, 그것을 위한 성찰의 과정은 매우 중요하다.

주

1) 중국이나 베트남에서 여성운동은 혁명을 통한 사회변혁과 여성 지위확장을
　　결합시키는 데 성공한 사례이다. 혹은 최근 동아시아 수출자유공단 지역에
　　서의 여성노동자운동, 라틴 아메리카에서의 '외채 극복운동' 등도 여성운
　　동의 활성화를 보여주는 좋은 본보기이다. [정현백, 〈세계의 여성운동〉, 한
　　국여성연구회 편, 《여성학강의》(동녘, 1991), pp. 244~254]
2) Richard J. Evans, *The Feminists* (London 1977), pp. 23~32.
3) 오히려 월스톤크래프트는 훌륭한 아내와 어머니가 되는 것을 여성의 제1
　　의 역할로 간주했기 때문에 그녀가 주창하는 여성의 이성적 역할이나 교육
　　의 필요성은 어머니로서의 숭고한 역할을 수행하기 위한 하나의 수단으로
　　전락할 위험이 높다. [이진옥, 〈M. Wollstonecraft의 페미니즘 연구〉(서강대
　　석사논문, 1990), pp. 13~24.]
4) R. Evans, *op. cit.*, p. 19.
5) J. S. Mill, 김혜숙 역, 《여성의 예속》(이화여대출판부, 1986), p. 77.
6) Alison M. Jaggar, *Feminist Politics and Human Nature* (Sussex, 1983), p. 35.
7) 이를 위하여 Friedrich Engels, *Der Ursprung der Familie, Des Privateigentums
　　und Des Staats*(1884)를 참조. [이 책은 《가족의 기원》(아침, 1985)으로 번
　　역 출간]

8) 이를 위하여 August Bebel, *Die Frau und Sozialismus*(1879)를 참조. [이순예 역, 《여성론》(까치, 1987)으로 번역됨.]

9) R. Evans, *op. cit.*, p. 157.

10) 정현백, 〈세계의 여성운동〉, pp. 243~244 참조.

11) 이금윤, 〈서독의 새 여성운동〉, 《여성과 사회》 1(창작과비평사, 1990), pp. 355~378.

12) Rosemarie Tong, *Feminist Thought : A Comprehensive Introduction* (Boulder, 1989), pp. 51~60.

13) S. Firestone, 김예숙 역, 《성의 변증법》(풀빛, 1983) 참조.

14) Kate Millet, 정의숙·조정호 역, 《성의 정치학》(현대사상사, 1976), pp. 55~60.

15) A. Jaggar, *op. cit.*, pp. 254~265.

16) Kate Millet, Sexual Politics : A Manifesto for Revolution 외 몇몇 선언문. Anne Koedt, Ellen Levine, Anita Rapone, ed., *Radical Feminism, Quadrangle*, pp. 365~387 ; Bonnie Kreps, "Radical Feminism 1", 같은 책, pp. 234~239.

17) R. Tong, *op. cit.*, pp. 123~126 ; Ann Koedt, "Loving Another Woman", *Radical Feminism*, pp. 85~93.

18) 하이디 하트만, 〈마르크스주의와 여성해방론의 불행한 결혼 : 보다 발전적인 결합을 위하여〉, 하이디 하트만·린다 번햄 외, 김혜정·김애령 역, 《여성해방이론의 쟁점 : 사회주의 여성해방론과 마르크스주의 여성해방론》(태암, 1989), pp. 28~29. 그외에 질라 아이젠슈타인, 〈자본주의적 가부장제이론과 사회주의 여성 해방론의 계발〉, 같은 책, pp. 65~102 참조.

19) A. Jaggar, *op. cit.*, pp. 123~136.

20) 이 의견의 분분함 속에서 마르크스주의 페미니즘과 사회주의 페미니즘 사이의 경계선도 애매해졌다. 그럼에도 불구하고 사회주의 페미니즘과 마르크스주의 페미니즘을 분리하여 다루는 것은 둘의 문제의식을 구별하여 설명해야 할 필요성 때문이다.

21) R. Tong, *op. cit.*, pp. 176~182.

22) 하트만, 위의 글, pp. 35~42.

23) R. Tong, *op. cit.*, pp. 176~182.

24) 사회주의 페미니즘에 대한 비판서로는 린다 번햄·미리암 루이, 〈불가능한 결혼〉, 하트만·번햄 외, 위의 책, pp. 123~290 참조.

25) R. Tong, *op. cit.*, pp. 149~168. 그외에도 E. Groz·Jaque Lacan, *A Femi-*

nist Introduction (New York, 1990), pp. 82~91 참조.

26) R. Tong, *op. cit.*, pp. 201~211.

27) 태혜숙, 〈포스트모던 여성해방론의 현황과 과제〉, 《이론》 5 (1993년 여름), pp. 60~84 ; 김영희·이명호·김영미, 〈포스트모던 여성해방론의 딜레마─비역사적 여성성으로의 복귀 혹은 여성해방론의 폐기〉, 《여성과 사회》 3 (1992), pp. 35~63.

28) C. 머천트, 〈에코─페미니즘과 여성해방론〉, 《여성·평화》 (연구총서 4), 기독교여성평화 연구원 편, pp. 121~129 ; D. 짐머만, 〈심층생태학과 에코─페미니즘 : 전진하는 대화〉, 같은 책, pp. 135~150.

Ⅱ. 현실정치론

마키아벨리즘
Machiavellism

곽 차 섭

Ⅰ. 마키아벨리즘의 개념

1. 마키아벨리즘의 유형

1513년 마키아벨리(Niccolò Machiavelli)가 《군주론》(*Il Principe*)을 쓴 이후, 그의 이름은 정치와 처세에 관한 논의들에서 빠짐없이 거론되어왔다. 그의 책은 초기부터 많은 사람들 사이에서 필사본 형태로 회람되었다. 심지어는 그것을 표절하여 자신의 저술로 행세하는 사람들까지 나타났다. 1532년《군주론》이 출간되자 그 내용에 대한 도덕론자들의 비난이 본격화되었다. 그것은 결국 1559년 교황 파울루스 4세(Paulus Ⅳ)에 의해 금서화되었고, 이러한 결정은 1562년 트렌토 공의회에서 재확인되었다. 《군주론》을 중심으로 한 마키아벨리의 저술들이 담고 있다는 '부도덕한' 주장들은 이후 '마키아벨리즘'(machiavellismo)이라는 이름으로 알려지게 되었다.[1]

거의 모든 '이즘'(ism)의 경우가 그렇듯이, 마키아벨리즘이라는 말이 만들어지기 전에 먼저 마키아벨리적인 행위를 묘사하거나 그러한 행위양식을 추종하는 사람들을 가리키는 말들이 나타났다. 영국의 경우, 종교를 경멸하고 정치적 이익만을 추구하는 행위나 그 행위자를 지칭하는 'Machiavel' 혹은 'Machiavellian'이라는 말이 1560

년대말에서 1570년대에 걸쳐 처음으로 보이며, 'Machiavellism'이라
는 용어는 위선과 동의어로서 1592년에야 최초로 기록 속에 나타난
다(《옥스퍼드 영어사전》). 전유럽을 통해 마키아벨리즘이라는 말이
언제 어디서 처음으로 사용되었는지는 명확하지 않다. 그러나 그것
은 적어도 영국의 경우보다는 빨리, 이탈리아나 프랑스에서 만들어
졌을 가능성이 높다. 왜냐하면, 당시 영국에서의 마키아벨리에 대
한 지식은 주로 그곳에 거주하던 이탈리아나 프랑스 지식인과의 접
촉에서 나온 것이기 때문이다.
　마키아벨리즘은 16세기 이래 시간의 흐름 속에서 다양한 개념들
을 내포하게 되었다. 그것은 행위자와 행위대상의 관점에서 마키아
벨리, 마키아벨리의 추종자, 국가정치, 일반적 처세라는 기본요소
들을 포함한다. 이에 기초하여 우리는 마키아벨리즘의 개념을 대략
다음과 같은 세 유형으로 나누어볼 수 있다. 첫째, 그것은 무엇보다
공익, 특히 국가이익을 위해서는 수단의 도덕적 선악에 관계없이 다
만 효율성과 유용성만을 고려하는 마키아벨리 자신의 정치사상을 뜻
하며, 이러한 것이야말로 가장 적절한 의미에서의 마키아벨리즘이
다. 둘째 유형은 공익을 도외시하면서 수단방법을 가리지 않고 오직
어떤 개인이나 파당의 이익만을 추구하는 정치관행을 지칭한다. 이
는 첫번째 유형의 왜곡된 형태로서 대부분의 사람들이 통상 생각하
는 마키아벨리즘이란 이 유형을 가리킨다. 셋째는 정치라는 범주를
떠나 사회의 삶 속에서 자기 자신의 이익을 위해 거리낌 없이 남을
희생시키는 처세방식으로서, 가장 광범위하고도 마키아벨리의 본래
주장에서 가장 거리가 먼 의미의 마키아벨리즘으로 규정될 수 있을
것이다. 첫번째 유형에서 보는 바와 같이, 가장 적절한 의미에서의
마키아벨리즘은 정치적 효율성과 유용성을 언제나 국가이익의 추구
라는 목적과 정치라는 행위범주의 테두리로 한계 지우고 있다. 반
면, 두번째와 세번째 유형은 각각 국가이익과 정치라는 경계를 벗어
나 존재한다는 데에 그 상이점이 있다.

그러나 역사를 통해 실제로 사람들의 인식과 행동 속에서 존재해 온 마키아벨리즘은 위의 어느 유형에도 정확히 들어맞지 않을 것임은 물론이다. 그 존재형태는 이러한 형태들 사이의 어디에서 중첩되고 변형된 모습으로 나타날 것임에 틀림없다. 왜냐하면, 역사상의 마키아벨리즘은 마키아벨리의 주장 그 자체(이것 역시 다양한 해석의 대상이 되겠지만)보다는 그것을 후세의 사람들이 어떻게 이해하였는가에 따라 성격이 결정되었기 때문이다. 마키아벨리의 교의는 언제나 다른 정치적 사회적 문제들과 연관되어 거론되었다. [2] 즉 마키아벨리즘은 예컨대 영국 헨리 8세의 이혼이나 프랑스 카테리나 모후(母后 ; Caterina de' Medici)의 정치, 리소르지멘토(Risorgimento) 시대 이탈리아에서의 국가와 교회의 분리문제, 19세기 독일의 민족주의, 제국주의와 볼셰비키혁명 등 다양한 시대적 문제의 배경 아래에서 그 개념이 서로 다르게 인식되고 규정되어왔던 것이다.

이와 함께 마키아벨리즘의 개념을 고찰하는 과정에서 나타나는 또 하나의 특징으로, 통상 역사의 표면에 나타나는 것은 마키아벨리즘이 아니라 '반마키아벨리즘'(antimachiavellismo)이라는 점을 들 수 있다. 마키아벨리즘은 역사적으로 거의 언제나 반마키아벨리즘의 공격을 통해 감지된다. 바꾸어 말해서, 반마키아벨리즘은 역설적으로 마키아벨리즘의 존재를 확인시켜주고 있는 것이다. 따라서 마키아벨리즘에 관한 어떤 고찰도 먼저 반마키아벨리즘의 현상을 분석하고, 그것으로부터 마키아벨리즘이 각 시기에 어떻게 인식되었는지를 이해하는 방식을 취하지 않을 수 없는 것이다. 이처럼 마키아벨리즘이 반마키아벨리즘의 외피 속에 존재하는 아이러니컬한 현상은 무엇보다 현실적으로는 마키아벨리즘의 유용성을 인정치 않을 수 없으면서도 도덕적 비난의 우려 때문에 노골적으로 그것을 드러내 밝힐 수 없는 현실과 당위간의 괴리에서 비롯된다. 마키아벨리즘의 주요한 특징인 본심의 위장이라는 이중성은 바로 이러한 괴리적 현상에 성공적으로 적응하고자 하는 시도의 결과인 것이다.

2. 마키아벨리즘의 기원 문제

마키아벨리즘이 마키아벨리 이전부터 존재해왔는가 혹은 그 이름이 가리키는 대로 마키아벨리 시대에 비로소 출현한 것인가의 문제는 곧 마키아벨리즘이 비록 마키아벨리의 이름을 빌리기는 했지만 시대를 초월하여 정치와 인간사에 보편적인 개념인가, 아니면 근대 이후의 어떤 특수한 경험을 반영하여 나타난 것인가의 문제이다. 간단히 말해서, 그것은 마키아벨리즘의 근대성 문제라고 요약할 수 있다.

마키아벨리즘이 담고 있는 정치적 효율성과 유용성의 개념은 정치 그 자체와 역사를 같이한다. 정치란 통상 도덕적 고려보다는 힘과 권모술수에 호소한다는 것은 고대 이래로 잘 알려져 있던 사실이다. 일찍이 투키디데스(Thucydides)는 《역사》(*Historia*)에서 아테네가 제국의 이익을 위해 무방비 상태의 멜로스인들에게 가한 무자비한 행위를 통해 힘의 정치가 얼마나 가혹한 측면을 가지고 있는가를 보여주고 있다. (Ⅴ : 85 ff) 아리스토텔레스는 《정치학》(*Politica*)에서 참주정을 유지하는 방법을 구체적으로 지적하여 밝혀놓고 있으며(Ⅴ : 11), 키케로(Cicero)는 《의무론》(*De officiis*)에서 이미 유명한 사자와 여우의 비유를 들고 있다. (Ⅰ : 13) 또 타키투스(Tacitus)는 《연대기》(*Annales*)에서 군주가 공익을 위해서 취하지 않을 수 없는 불가피한 조치들에 대해 이야기하고 있다. (ⅩⅣ: 44)

중세의 정치철학자들 역시 이러한 점을 인식하고 있었으며, 유용성과 필요성의 개념 아래 법과 도덕률을 초월하는 상황을 규정하고자 하였다. 토마스 아퀴나스(Thomas Aquinas)는 《신학대전》(*Summa theologica*)에서 아리스토텔레스의 형평 개념을 원용하여 '국가적 필요성은 법을 초월한다'는 유명한 명제를 제시하였다. (Ⅱ. 2. lxiv. 7~8) 또한 윌리엄 오캄(William of Ockham)이나 마르실리오(Marsilio da Padova) 같은 중세 후기의 이론가들도 각각 《대화편》(*Dialogus*, Ⅲ. 2.

ii. 23)이나 《평화의 옹호자》(*Defensor pacis*, Ⅰ. xiv. 7) 속에서 마찬가지로 이와 관련된 문제에 관심을 표시하였던 것이다.

그러나 적절한 의미의 마키아벨리즘에 내포된 초법성과 탈도덕성 개념이 외견상 고전고대 이후 이미 보편적으로 존재해온 것처럼 보인다 해도, 그것이 기초한 토대는 본질적으로 서로 다른 것이었다. 아리스토텔레스는 정치란 언제나 선한 목적을 가지고 있다는 전제 아래 예외적인 통치방법에 관해 비판적으로 논의하였으며, 키케로 역시 스토아철학의 자연법 개념에 기반하여 도덕과 이익이 근본적으로 서로 어긋나지 않는다고 주장하였다. 중세의 정치이론가들에 따르면, 윤리적 규범과 법률의 위반이 허용되는 경우는 단지 그리스도교 윤리의 틀 안에서 신법적 자연법에 따라 제도화된 정치공동체를 보존하고자 할 때 뿐이었다. 즉 중세에서 국가의 필요성이란 상황에 따라 실정법을 초월할 수 있으나 그럼에도 불구하고 항상 신법과 자연법이라는 큰 테두리의 한계를 벗어날 수는 없었던 것이다. 3)

반면, 마키아벨리즘에서 다른 어떤 제도나 가치보다도 최우선적으로 고려되어야 하는 대상은 바로 국가 그 자체였다. 비록 마키아벨리가 아직 완전한 탈인격적 국가개념에는 도달하지 못하고 여전히 군주로 대표되는 전통적 개념에 의존하고 있기는 했지만, 이제 군주는 더 이상 신법이나 자연법과 같은 상위법의 제약 없이 오직 국가의 보존과 유지만을 지상목표로 삼게 되었다. 이러한 목적을 위해서 군주는 종교와 도덕이 명령하는 당위성에 따르기보다는 항상 본심을 감추고 운명과 상황변화에 따라 적절히 처신하지 않으면 안 되는 것이다. (《군주론》 18장)

이와 같은 현실인식 아래서 마키아벨리즘의 탈도덕성은 이제 더 이상 예외적 상황에 대한 행위기준이 아니라 국가사 전반에 걸쳐 항속적으로 적용해야 할 하나의 규범으로 간주되었다. 이런 의미에서 마키아벨리즘은 언제나 정치를 그리스도교 윤리의 틀 속에서 고려하던 중세적 한계를 벗어나 군주의 세속적 행위기준을 제시하고 독립적 주권을 옹호함으로써 근대국가의 기초를 확립하는 데 이념적으로 크게 기여하였다고 할 수 있다.

정치란 언제나 선한 목적을 지향한다는 고전고대 이래의 전통적 개념이 정치는 다만 정치일 뿐이며 도덕적 선악과는 무관하다는 새로운 개념으로 대체되면서 이른바 '국가이성'(Ragion di Stato)이라는 말이 나타난 때가 마키아벨리즘의 출현시기와 일치하는 것도 결코 우연한 일이 아니다. 바로 이런 이유에서, 외면적 유사성에도 불구하고 마키아벨리즘이 고대나 중세의 '필요성'(necessitas)이나 '유용성'(utilitas) 개념과는 달리 전적으로 16세기 이후의 역사적 산물로서, 국가사에 대해 새로운 정치개념과 행위개념을 제시하는 '근대성'을 가진다고 말할 수 있는 것이다. [4]

Ⅱ. 종교전쟁시대와 '사악한' 마키아벨리

1. 마키아벨리즘에 대한 도덕적 비난

마키아벨리의 정치 사상이 부도덕하고 사악한 것이라는 비난을 받게 된 것은 무엇보다 종교개혁과 그에 뒤 이은 종교전쟁이라는 시대적 상황과 밀접한 관계가 있다. 당시는 가톨릭과 프로테스탄트 모두가 그 정치적 목적이 무엇이든간에 서로의 종교적 도덕적 대의와 명분을 앞세우면서 상대방의 부도덕성을 공격하던 시기였다. 국가이익을 종교와 도덕에 앞세운 마키아벨리즘은 이 점에서 정치선전을 위한 좋은 표적이 되었다. 일반적으로 군주측은 자신들의 세속적 정책을 정당화하는 듯한 마키아벨리의 주장을 내심 환영했으나, 그들과 어긋나는 이익관계에 있는 교황이나 귀족측에서는 마키아벨리즘의 부도덕성을 내세워 군주의 정책을 비난하였던 것이다. 16세기 중엽 '사악한' 마키아벨리라는 전형(典型)이 확립된 것도 바로 이러한 과정을 통해서였다.

마키아벨리의 사상을 부도덕하고 사악한 것으로 비난함으로써 이후 그를 '악마의 대변자'이자 '폭군의 조언자'로 낙인 찍게 만든 글을 처음 발표한 인물은 영국의 추기경 폴(Reginald Pole)이었다. 그는 1539년에 썼던 《카알 5세에 올리는 변론》(*Apologia ad Carolum Quintum*)에서 1528~1529년 사이, 헨리 8세의 이혼문제를 상의하기 위해 토머스 크롬웰(Thomas Cromwell)과 만났던 일을 회상하고 있다. 여기서 크롬웰은 그에게 군주의 자문관이 해야 할 의무에 관해 물었으며, 폴은 먼저 군주의 명예를 생각하고 뒤에 이익을 고려해야 마땅하다고 대답하였다. 이에 대해 크롬웰은 그러한 길이 도덕적으로 좋은 것이기는 하지만, 분별 있는 자문관이라면 군주의 내심을 잘 파악하여 종교에 부합되고 결코 덕성을 잃지 않은 것처럼 보이게 하면서도 항상 국가이익을 도모해야 할 것이라고 말하였다. 이어서 그는 이러한 내용을 담은 "재능과 통찰력이 뛰어난" 책 한 권을 보여주겠다고 약속하였다. 왕의 이혼에 반대한 폴은 이후 이탈리아로 도피하였고, 그곳에서 비로소 그 책이 마키아벨리의 《군주론》임을 알게 되었다.[5]

헨리 8세의 이혼에 반대함으로써 자신의 가문 전체가 몰락한 폴은, 왕이 마키아벨리즘에 물든 측근의 말을 듣고 교회를 분열시켰다고 주장하면서, 마키아벨리를 '인류의 적'이라고 비난하였다. 그에 따르면, 《군주론》은 비록 마키아벨리의 이름을 빌리기는 했지만 분명코 '악마의 손'으로 씌어진 것으로서, 진정한 신앙심을 모두 말살하고 사회생활을 파괴시키는 내용을 담고 있는 것이었다. 그는 이 책 속에서 종교와 정의와 선의를 짓밟고 모든 인간적 미덕들을 이기심과 위장, 거짓말의 희생물로 전락시키는 사악한 술책들을 발견하였다. 그는 만일 악마가 자신을 계승할 아들을 가졌다면 그에게 남길 교시는 《군주론》의 내용과 결코 다르지 않을 것이라고 단언하면서, 그러한 정치교의가 군주들의 궁전 어디에서나 유포되고 있음을 비난하고 있는 것이다.[6] 폴의 이러한 평가는 그 뒤 몇 세기 동안 계속된 사악한 마키아벨리상(像)을 최초로 제시한 것이었다.

이후 폴의 영향 아래 마키아벨리즘을 공격하는 유사한 저술들이 이어서 나타났다. 포르투갈의 주교 오소리오(Jeronimo Osorio)는 1542년에 출간된 《그리스도교의 우월성》(De nobilitate christiana)에서 폴과는 다른 문제 제기를 통해 마키아벨리를 비판하였다. 마키아벨리는 《리비우스 논고》(Discorsi)에서 크리스트교가 인간의 능력에 대한 믿음보다는 그 비천함을 강조하며 세속사를 멸시케 함으로써 고전고대적 덕성과 영광을 쇠퇴시키고 끝내는 로마제국을 멸망에 이르게 했다고 말한 바 있다. (II : 2 ; I : 12) 이는 사실 성 아우구스티누스 시대부터 있어 왔던 유서 깊은 명제였다. 오소리오는 "타락적이고 불길한" 마키아벨리의 주장에 대해 지극히 상투적인 논리로 대답하고 있다. 그는 군사적 용맹성이 왜 그리스도교적 미덕과 양립될 수 없는지를 반문한다. 그에 따르면, 고귀한 애국심과 명예에 대한 열망, 법과 종교에 대한 깊은 존경심의 모든 것이 그리스도교 속에서 비로소 완전성을 찾게 되는 것이었다.[7] 도미니쿠스 교단의 수도사인 폴리티(Ambrogio Caterino Politi) 역시 1552년의 저술 속에서 《군주론》이 종교를 단지 겉으로 사람들을 속이는 수단으로만 치부하는 "불경하고도 무신론적인" 내용을 담고 있으며, 이러한 책을 쓴 마키아벨리는 "인류의 적"일 뿐 아니라 "악마의 대변자"라고 비난하였다.[8]

마키아벨리즘의 사악성에 대한 공격은 물론 가톨릭측만의 전유물이 아니었다. 프로테스탄트측은 오히려 그 이상의 강도로 마키아벨리를 비난하였으며, 이러한 현상은 특히 당시의 정치적 상황으로 말미암아 프랑스에서 두드러졌다. 카테리나 데 메디치는 남편 앙리 2세의 사후 그를 계승한 아들들 위에 모후로서 군림하며 강력한 반프로테스탄트 정책을 펴나갔다. 결국 1572년 파리를 중심으로 수많은

위그노들이 희생된 이른바 생 바르델레미의 대학살 사건이 일어났으
며, 카테리나는 이를 사주한 인물로 지목되었다. 이를 계기로 이전
부터 위그노들 사이에 팽배해 있던 반이탈리아적 감정이 폭발하게
되었다. 이 과정에서 왕을 둘러싼 카테리나와 이탈리아인 측근들의
반프로테스탄트적 음모는 다름 아닌 마키아벨리의 수법에 따른 것이
라는 생각이 확산되었으며, 마키아벨리의 사악성을 비난하는 위그
노의 저술들이 잇따라 나타났다. [9]

　이러한 저술들 가운데 가장 대표적인 것은 1576년 장티에(Inno-
cent Gentillet)가 출간한 《반마키아벨리론》(Discours …Contre Nicolas Ma-
chiavel)이었다. 그의 저술은 마키아벨리의 《군주론》과 《리비우스 논
고》에서 뽑아낸 50개의 격언과 그것을 비판하는 주석으로 구성되어
있으며, 이는 다시 군주에 대한 조언·종교·정책을 다룬 3부로 구
분되어 있다. 그는 헌정사에서 프랑스가 최근에 겪어온 "폭정의 원
천과 주모자"를 만방에 밝힘으로써, 선왕들이 행한 진정 프랑스적
인 통치를 되살리고 그동안 온갖 악폐를 만연케 한 마키아벨리적 통
치방식을 제거하기 위해 이 책을 쓰게 되었다고 말하고 있다. [10]

　그러나 장티에 역시 마키아벨리의 명제가 지니는 본질을 이해하
지 못한 채 여전히 전통적인 주장들을 답습하고 있다. 그는 마키아
벨리가 《군주론》 17장에서 군주가 신민의 사랑과 경외심을 함께 얻
기는 힘들기 때문에 둘에서 하나를 택하라면 경외심의 대상이 되는
편이 낫다고 말한 데 대해, 두 가지를 모두 얻기는 매우 쉬운 일이
므로 이러한 주장은 "전적으로 오류"라고 단언하였다. 군주는 국가
의 평화를 유지하고 신민의 자유를 보장함으로써 사랑받게 되며, 동
시에 법을 정의롭게 집행함으로써 경외심을 얻게 되는 것이다. [11] 그
는 또 군주란 무릇 인간이 이기적이고 믿을 수 없는 존재임을 명심
해야 한다고 한 마키아벨리의 주장을 "폭군옹호론"이라고 비난하면
서, 키케로를 인용하여 우정이야말로 인간의 생활을 비참한 상태에
서 건져내주는 미덕이며 군주는 친구를 통해 선정에 이르게 될 수

있다고 반박하였다. [12] 그는 자신의 이러한 주장을 뒷받침하는 좋은 선례로서 언제나 옛 프랑스의 왕들을 들고 있다. 우리는 여기서 왕권의 강화에 반대하면서 옛날의 헌정체제로 되돌아가고자 하는 당시 위그노들의 정치적 성향과 함께, 군주의 강력한 통치술을 제시한 마키아벨리의 저술이 왜 증오의 대상이 되었는지를 알 수 있을 것이다.

2. 마키아벨리즘의 시대적 변용 : 국가이성론과 국가기밀론

16세기 중반 이후 형성된 '사악한' 마키아벨리의 이미지는 시간의 흐름을 따라 점점 확산되어갔지만, 그의 저술들에 담겨 있는 정치적 통찰력은 결코 잊혀지지 않았다. 군주와 정치가들은 그것에 대한 일반적인 도덕적 비난 속에서도 여전히 그 유용성을 인식하고 있었고, 그 결과 마키아벨리즘은 이러한 시대적 요구에 부응하여 다른 모습으로 변용되어 나타나기에 이르렀다. 16세기말에서 17세기말 사이 약 1세기 동안 유럽의 정치저술들은 '국가이성'과 '국가기밀' (國家機密 ; arcana imperii)의 개념을 통하여 마키아벨리즘에 대한 도덕적 비난을 피하면서 동시에 그것이 지닌 정치적 이점을 획득하고자 하였다. 국가이성이라는 말은 외형상 고전고대의 'ratio reipublicae'나 중세의 'ratio publicae utilitatis'와 같은 표현과 유사하며, 국가기밀이라는 용어는 타키투스의 《연대기》(Ⅱ : 36)에 나타난다. 그러나 이들이 16세기말에 새롭게 출현했을 때는 앞서 마키아벨리즘의 경우에서 이미 언급한 것처럼 이전과는 다른 개념을 내포하고 있었다. [13]

국가이성이란 넓은 의미에서 국가를 보존하고 그 힘을 증대시키기 위해 정치가가 반드시 따라야 할 통치원리라고 말할 수 있다. 그러나 실제로 국가가 지향해야 할 행위기준은 통치의 목적이 무엇인가에 따라 달라질 것이다. 즉 국가 자체가 스스로의 존재 이유를 갖는가, 혹은 다른 어떤 상위(上位)의 가치를 위해 존재하는가에 따라 통치자가 취해야 할 적절한 판단과 행위의 기준도 달라지는 것이다. 정치가가 종교적 대의와 도덕적 가치를 고려하기에 앞서 무엇보다 국가이익을 최우선적으로 생각할 때, 그의 국가이성은 사실상 (적절한 의미의) 마키아벨리즘과 동일시된다. 그러나 이러한 국가이성 개념은 도덕적 명분이 중요시되던 종교전쟁시대에 비록 군주와 정치가들에 의해 실천적 측면에서 비밀리에 지탱될 수는 있었겠지만 결코 공개적으로 천명될 수는 없었다. 따라서 국가 이익을 추구하되 그것을 언제나 그리스도교의 관점에서 정당화하려는 시도가 나타났으며, 16, 17세기 국가이성론자들이 제시했던 개념이 바로 이러한 범주에 속한다.

종교전쟁시대를 중심으로 번성한 국가이성론의 가장 큰 특징은 국가이성을 선하고 진실한 국가이성(크리스트교적 국가이성)과 사악하고 허위적인 국가이성(마키아벨리적 국가이성)으로 양분함으로써, 종교적 대의를 옹호하는 도덕론적 입장을 받아들이면서도 동시에 국가이성의 현실적 유용성을 확보하려고 했다는 점이다. 마키아벨리즘에 대한 비난 속에서도 그것은 정치가들 사이에 국가이성이라는 이름으로 점점 확산되었고, 1580년대에 가서는 마키아벨리와 국가이성은 불가분의 관계로 인식되었다. 1589년 국가이성 개념에 대한 최초의 저술인 보테로(Giovanni Botero)의 《국가이성론》(*Della Ragion di Stato*)이 나타난 것도 바로 이 시점에서였다. 그의 저술 의도는 한마디로 세속정치의 논리적 근거로 작용한 국가이성을 마키아벨리의 부도덕성으로부터 분리시키려는 것이었다.

이는 또한 일반적으로 17세기 국가이성론자들이 추구한 목표이기도 하였다. 그들은 대체로 국가이성 개념의 본질을 명확히 규정함으로써 이 문제를 해결하려 하였다. 따라서, 당시 국가이성에 관해 논한 대부분의 저술들은 국가이성의 정의(定義)가 어떤 것인가에 그 초점을 두고 있었다. 그것은 때로 정치적 분별(프라케타)이나 법(암미라토)의 일종으로 정의되기도 하였고, 혹은 도덕과는 무관한 하나의 기술(주콜로)이라고 주장되기도 하였다. [14] 그러나 국가이성이 이론적으로 무엇이라 정의되든간에 그 실제적 조언에서 마키아벨리즘을 도외시하기란 거의 불가능한 것이었다. 16, 17세기를 통하여 마키아벨리의 정치 격언들은 현실적으로 군주와 정치가들에 의해 하나의 관행으로 받아들여지고 있었으며, 다만 문제는 그의 사악한 주장들을 어떻게 훌륭하고 선한 군주의 정치 속에 용해시킬 것인가에 있었을 뿐이었다.

마키아벨리즘과 내적으로 긴밀히 연관되어 있었다는 점에서는 국가기밀론 역시 국가이성론의 경우와 근본적으로 다를 바가 없었다. 왜냐하면 둘 다 군주가 어떻게 국가를 획득하여 그것을 보존하고 유지할 것인가를 공통의 주제로 삼고 있었는바, 이는 곧 마키아벨리즘의 문제에 다름 아니기 때문이었다. 그러나 국가기밀론의 경우 그 표현 방식이 국가이성론과는 달랐다. 주로 국가이성의 본질을 이론적으로 규명하려 했던 후자와는 달리, 국가기밀론은 타키투스의 《연대기》와 《역사》(Historiae)에 대한 일련의 주석서를 통하여 효율적인 통치규범을 찾아내고자 하였다. 그 최초의 예는 1581년에 간행된 파스칼리우스(Carolus Paschalius)의 《타키투스론》(C. Cornelii Taciti ab excessu Divi Augusti Annalum)이었다. 타키투스가 이러한 연구의 매개체로 사용된 이유는 무엇보다 그의 저술들이 티베리우스(Tiberius)와 같은 '마키아벨리적' 군주들의 행적을 자세히 묘사하고 있기 때문이었다. 이러한 경향의 타키투스 연구가들은 이후 '타키투스주의자'(tacitista)로 알려지게 되었다. 그들이 지닌 이점은 티베리우스의 권력장악 과정을 자세히 고찰하고 그것을 당시의 예들과 비교해 봄으로써 금서화된 마키아벨리의 이름을 언급하지 않고도 마키아벨리즘의 중요 주제들에 관해 논의할 수 있다는 것이었다.

절대군주정으로 대변되는 근대국가의 정치체제가 요구하는 마키아벨리즘과 종교와 도덕을 내세워 그러한 경향을 격렬히 비난했던 반마키아벨리즘 사이에 야기되는 상호모순성은 시대의 흐름 속에서 어떤 방식으로든 해결되어야 할 성질의 것이었다. 16, 17세기의 국가이성론과 국가기밀론은 근본적으로 이러한 문제의 해결책으로서 등장하였다. 이에 대한 논의는 17세기 중반 30년전쟁을 고비로 서서히 쇠퇴하였다. 그러나 그것은 결코 마키아벨리즘이 현실적 필요성을 상실하게 되었음을 뜻하는 것이 아니라 종교전쟁의 마감으로 마키아벨리즘을 둘러싼 논의의 첨예성이 무디어졌음을 의미할 뿐이었다. 물론 마키아벨리즘은 외견상 여전히 사악한 이미지를 벗지 못하고 있었다. 그러나 그것은 이제 영향력 있는 국가통치의 한 기준으로 확고하게 자리잡았으며, 정치가라면 누구도 그것을 도외시할 수 없게 되었다. 그리하여 다시 국가사에 관한 새로운 시대적 문제가 제기될 때, 그것은 또 다른 모습으로 역사의 전면에 출현하게 될 것이었다.

Ⅲ. 계몽사상시대와 '공화주의자' 마키아벨리

1. 공화주의적 마키아벨리 해석의 기원

마키아벨리가 죽은 직후부터 일반적으로 그가 사악한 인물이라는 생각이 통념화되기는 했지만, 그를 이와는 전혀 다른 각도에서 바라보는 관점 역시 초기부터 제기되어왔다. 우리는 이를 마키아벨리에 대한 공화주의적 해석이라고 부를 수 있을 것이다. 이러한 해석의 배경에는 피렌체의 메디치가(家)를 둘러싼 권력투쟁이라는 역사적 상황이 존재하고 있었다. 잘 알려진 바와 같이, 마키아벨리는 10여 년을 반메디치적인 공화주의 정권 아래서 공직생활을 하다가 1513년 메디치가가 복귀하자 공직에서 추방되었다. 같은 해 겨울 그는 《군주론》을 써서 이를 메디치가의 줄리아노(Giuliano de' Medici)와

로렌조(Lorenzo de' Medici)에게 차례로 헌정하였다. 마키아벨리의 이러한 행위는 《군주론》의 내용해석과 얽혀 이후 그의 정치적 의도에 관한 구구한 논쟁을 야기시킨 발단이 되었다. 대부분의 공화주의자들이 마키아벨리를 친메디치적인 변절자로 간주하였으나 그의 친구들은 그가 전혀 다른 의도로 《군주론》을 메디치가 군주들에게 헌정하였다고 주장하였던 것이다.

이러한 주장을 최초로 전하고 있는 인물은 아이러니컬하게도 '사악한' 마키아벨리의 상을 만들어내는 데 중요한 역할을 했던 레지날드 폴이었다. 그는 앞서 이미 언급한 《변론》에서 그가 피렌체에서 들었던 소문을 옮기고 있다. 그 요지는 간단하다. 《군주론》은 메디치가의 몰락을 가져오고자 하는 숨겨진 의도에서 씌어졌으며, 이는 마키아벨리가 그의 부도덕성을 비난하는 데 대해 직접 한 해명이라는 것이다. 마키아벨리는 메디치가의 폭정을 참을 수 없었기 때문에, 폭군이라면 좋아할 만한 조언을 적어넣음으로써 "그 자신의 손으로 가능한 한 빨리" 파멸에 이르도록 의도하였다는 것이다. [15] 폴은 물론 이러한 소문을 믿지 않았지만 이와 유사한 해석은 16세기를 통해 꾸준히 잔존하였다. 그 공통점은 메디치가의 부패와 폭정이 종국에는 시민들의 반메디치적 감정을 폭발시키게 될 것이라는 사실이었다.

《군주론》이 단순히 시민들의 폭정에 대항하는 정신을 분기시키는 데 그치지 않고, 그것이 시민들에게 폭군의 통치비밀을 폭로하는 데 기여할 것이라는 새로운 해석을 제시한 인물은 영국에 망명한 이탈리아의 프로테스탄트 법학자인 젠틸리(Alberico Gentili)였다. 그는 1585년의 《외교사절론》(De legationibus libri tres)에서 마키아벨리를 "민주정의 찬양자"이자 "폭정의 강력한 저항자"로 평가하고 있다. 마키아벨리가 《군주론》을 쓴 목적은 폭군에 조언하는 데 있는 것이 아니라 폭정의 비밀을 폭로함으로써 고통받는 인민으로 하여금 그것의 정체를 바로 볼 수 있도록 하는 데 있었다. 젠틸리는 이어서 마키아벨리가 마치 폭군의 조언자처럼 책을 쓴 이유는 아마도 자신이 입을지도 모르는 피해를 막고자 한 때문일 것으로 추정하였다. [16)

   이러한 관점은 17세기초 이탈리아의 풍자작가 보칼리니(Traiano Boccalini)에게로 이어졌다. 강력한 반에스파냐주의자였던 그는 1612~1613년에 간행된 《파르나소 통신》(*Ragguagli di Parnaso*)에서 마키아벨리의 저술들이 지닌 진정한 의도는 전제정의 비밀을 파헤치고 폭로하여 인민들에게 자유의 정신을 되살리려는 것이었다고 주장하였다. 그에 따르면, 마키아벨리는 "사악한 언행을 일삼았던 군주들의 행위로부터 추출해낸 통상적인 정치격언"을 만천하에 공개하여 인민들을 정치적으로 자각시킴으로써 순종만을 미덕으로 알고 있던 그들의 저항의식을 일깨우려고 했던 것이다. 그는 이를 마키아벨리로 하여금 '양떼'(=인민)에게 '개의 이빨로 만든 의치'(=저항의식)를 끼우게 함으로써 '목자'(=폭군)에게 대항하게 한다는 비유를 통하여 전달하고 있다. [17)

   이러한 해석 유형의 연장선상에 있던 17세기 저술가는 스피노자(Baruch de Spinoza)였다. 그는 1670년 익명으로 출간한 《신학 정치학 논고》(*Tractatus Theologico-Politicus*)를 통해, 마키아벨리가 "극히 날카로운 통찰력"을 지닌 "매우 독창적인" 인물로서 오직 지배욕만을 충족코자 하는 군주가 어떤 수단을 써서 자신의 영토를 확립하고 유지하는지를 자세히 설명하고 있다고 평하였다. 그는 마키아벨리의 저술동기가 불분명하다고 말하면서도, 그가 자유의 애호자로 알려져 있는 사실로 미루어보아 《군주론》은 "자유대중들이 스스로의 안녕을 절대적으로 한 사람에게 맡기는 것이 얼마나 위험스러운 일인가"를 보여주고자 하는 희망에서 씌어진 것임에 틀림없다고 주장하였던 것이다. [18)

   젠틸리와 보칼리니, 그리고 스피노자의 해석이 지니는 공통점이자 가장 새로운 점은 마키아벨리의 저술들이 지향하는 진정한 독자를 군주가 아니라 인민으로 간주하고 있다는 점이다. 이는 앞서의 공화주의적 해석과 상당한 차이점을 가진다. 젠틸리 이전의 마키아벨리 해석이 대체로 그의 저술들이 폭군에게서 불러일으킬 사악한 행위를 강조한 반면, 젠틸리 이후의 해석은 마키아벨리의 저술이 인민들에게 '폭정의 비밀'(arcana tyrannorum)을 드러내고 있다는 생각에 초점을 맞추고 있다. 즉 후자의 해석에 의하면 《군주론》은 폭군의 조언서가 아니라 인민의 교육서인 것이다. 《군주론》의 독자를 통치자가 아니라 피통치자로 보는 이러한 시각은 이후 18세기 계몽사상가들에게 연결되었고, 마키아벨리 해석사에서 매우 독특한 위치를 차지하면서 현재에 이르기까지 그 계보를 이어오고 있다. [19]

2. 백과전서파와 마키아벨리즘

공화주의적 해석에도 불구하고 16, 17세기를 통하여 여전히 지배적이던 '사악한' 마키아벨리의 신화가 서서히 허물어지기 시작한 것은 18세기 이후의 일이었다. 사실상 마키아벨리라는 인물과 마키아벨리즘을 구별하기 시작한 시기도 바로 이때부터였다. 몽테스키외(Montesquieu)는 《로마 흥망 원인론》(Considérations, 1734)과 《법의 정신》(L'Esprit des lois, 1748)에서 마키아벨리와 근본적으로 비슷한 주장들을 여럿 제시하고 있다. [20] 무엇보다도 둘은 감정과 욕망에 기반한 인간본성이 예나 지금이나 변함없으며, 바뀌는 것은 다만 상황과 형태뿐이라는 데 견해를 같이한다. 이러한 기본인식 아래서 그는 마키아벨리를 따라 과거의 역사 속에서 법칙을 추출해 현재 속에서 적용해보고자 하는 역사정치학적 방법을 채택하고 있다. [21] 그러나 이러한 본질적 유사성에도 불구하고 스토아적 윤리에 젖어 있었던 몽테스키외는 결코 기만이나 위장과 같은 마키아벨리적 수단을 받아들일 수가 없었다. 이러한 관점에서 그는 보르지아(Cesare Borgia)에 대한 마키아벨리의 지나친 열광을 비판하고 자신의 시대가 마키아벨리즘으로부터 점점 "치유되어가고 있다"는 전망을 나타내고 있다. [22]

몽테스키외는 많은 점에서 마키아벨리의 견해에 동조하면서도 그것을 엄격히 마키아벨리즘과 구별하였으며, 그의 이러한 태도는 당시의 마키아벨리 평가에 하나의 지침을 제공하였던 것이다.

계몽사상시대의 새로운 마키아벨리상을 가장 잘 표현한 인물은 디드로(Denis Diderot)였다. 그는 《백과전서》(Encyclopédie, 1751~1780) 속의 〈마키아벨리즘〉이라는 글에서 《군주론》은 전제정에 대한 생생한 경고로서 읽혀져야 한다고 주장하였다. 그는 마키아벨리즘을 "폭정의 기술이라는 단 두 마디로 압축될 수 있는 가증스러운 정치의 일종"으로 규정하였다. 그러나 그에 따르면, 마키아벨리 자신은 "심오한 천재이자 박식가"이며 역사서와 희곡을 쓰고 도덕과 정치의 연구에 몰두한 문인이자 학자였다. 세상 사람들은 흔히 그가 폭군 보르지아에게 통치술을 가르쳤다고 말하고 있으나, 그는 실상 메디치가의 전제정을 증오했으며, 끝내 감옥에 갇혀서도 고문을 용기있게 이겨내었던 인물이었기 때문에 결코 혐오스러운 마키아벨리즘과 동일시될 수는 없는 것이었다. [23]

루소(Jean-Jacques Rousseau) 역시 디드로와 견해를 같이하였다. 그는 1762년의 《사회계약론》(Contrat social)에서, 마키아벨리는 "신사이자 훌륭한 시민"이었으나 메디치가의 압제 아래 있었기 때문에 어쩔 수 없이 자유를 사랑하는 본심을 감추지 않으면 안 되었다고 말하였다. 그가 보르지아라는 악인을 영웅으로 내세운 것 자체가 바로 자신의 비밀스러운 의도를 역으로 드러내고자 하는 것이었으며, 《군주론》과 《리비우스 논고》가 대립적으로 인식되어온 것이야말로 이 "심오한 정치사상가"가 그동안 얼마나 잘못 이해되었던가를 입증하는 것이었다. 루소에 따르면, 교황이 마키아벨리의 저술을 금서화한 이유는 다름이 아니라 그것이 바로 자신의 궁정을 묘사하고 있기 때문이었다. [24]

그러나 몽테스키외·디드로·루소가 17세기 선구자들로부터 한 걸음 더 나아가 마키아벨리를 좀더 적극적으로 옹호함으로써 그를

새롭게 평가하는 데 기여했다고 해도, 그들의 생각이 당시 여전히
지배적이었던 사악한 마키아벨리의 이미지를 완전히 없애기에는 역
부족이었다. 18세기 계몽사상가들은 교회의 전횡과 부패를 공격한
마키아벨리를 우호적으로 받아들이면서도 그의 비관적 인간론과 비
도덕적으로 보이는 정치격언에는 매우 불편함을 느끼고 있었다. 볼
테르(Voltaire)와 프러시아의 프리드리히 2세(Friedrich des Grossen)에
연루된 일화는 이러한 상황을 잘 말해준다.

프리드리히가 왕위에 오르기 직전인 1739년, 그는 마키아벨리의
주장들을 공박하는 글을 써서 볼테르에게 읽어봐 주기를 청하였다.
이미 몽테스키외의 '마키아벨리즘'을 비판한 바 있던[25] 볼테르는 이
를 적극적으로 수정하여 1740년 《반마키아벨리론》(Anti-Machiavel)이
라는 친숙한 제목을 붙여 헤이그에서 간행하였다. 프리드리히는 서
문을 통해 마키아벨리가 "정치를 오염시키고 건전한 도덕률을 파괴
하려 했음"에도 불구하고 여전히 정치의 권위자로 간주되고 있는 세
태를 비난하면서, "이 괴물에 대항하여 인간성을 옹호"하는 것이
책의 목적임을 밝히고 있다.[26] 이어서 그는 《군주론》의 각 장에 대
응하여 같은 제목 아래 그 내용을 하나하나 비판하였다. 예컨대,
18장에서는 《군주론》에서와 같이 "군주가 어떻게 신의를 지킬 것인
가"의 문제가 다루어지고 있다. 그는 여기서 만인이 군주를 바라보
고 있기 때문에 결코 자신의 악덕을 숨길 수 없을 뿐 아니라, 무릇
거짓은 오래 가지 않으므로 군주의 위장은 무용하다는 상투적인 주
장을 반복하였다. 그에 따르면, 설사 군주가 조약이나 동맹관계를
깨뜨릴 수밖에 없는 필연성이 존재할 때라 해도, 그에 대해 상대방
에게 "미리 적절한 경고를 해야만 하는" 것이었다.[27]

프리드리히의 이렇듯 '인간적인' 정치관은 물론 계몽사상의 인도
주의적 측면을 반영한 것이었으나, 그것이 군주로서의 자신의 행동
과 모순되리라는 것도 아마 당연한 일일 것이다. 그는 책이 출간되
던 바로 그 해 왕위에 오르게 되자, 다른 군주들에게 피해를 준다는

이유로 볼테르에게 간행되는 책 모두를 사버리라고 요청하였으나 이미 때가 늦었으며 곧이어 2편까지 출간되고 말았다.[28] 그의 실제 정책은 더욱 적나라한 자기모순을 보여주고 있다. 즉 그는 오스트리아 계승전쟁에 개입하여 강압적으로 실레지아를 병합하였으며, 7년전쟁에서 불시에 삭소니아를 공격함으로써 오스트리아에 대해 이른바 예방전쟁을 시도했을 뿐 아니라, 폴란드의 종교내란을 빌미로 1772년 제1차 폴란드 분할에 참가한 바 있는, 어떤 의미에서 지극히 마키아벨리주의적인 인물이었던 것이다. 볼테르는 뒤에 《회상록》(Mémoires, 1759)에서, "만일 마키아벨리가 어떤 군주를 가르치게 된다면, 그가 제일 먼저 할 말은 바로 마키아벨리 자신을 공격하는 책을 쓰라는 것일 것"이라고 말하였다.[29] 프리드리히와 볼테르의 일화는 마키아벨리즘이 도덕적인 비난 속에서도 언제나 잔존하고 있는 이유를 극명하게 보여주고 있다.

Ⅳ. 민족주의시대와 마키아벨리즘의 옹호

1. 독일 관념론과 권력국가

18세기를 거치면서 사악한 마키아벨리의 신화는 서서히 허물어져 왔으나, 그것이 완전히 깨뜨려지는 전기를 맞이하게 되는 것은 19세기초부터였다. 당시의 유럽은 나폴레옹전쟁이라는 시대적 상황 속에서 민족주의의 물결이 넘쳐 흐르기 시작할 때였다. 특히 오랜 동안 분열상태에 있었던 독일과 이탈리아에서 민족주의는 정치와 사회생활을 이끄는 가장 강력한 추진력이었다. 양국의 민족주의자들은 이러한 역사적 배경 아래서 갑자기 통일운동의 선구자로서의 마키아벨리를 재발견하게 되었다. 일찍이 《군주론》 26장에서 외세를

몰아내고 이탈리아의 통일을 촉구했던 마키아벨리의 예언자적 호소
는 그들에게 깊은 인상을 심어주었다. 이러한 경향은 당시 득세하기
시작하던 역사주의의 흐름을 타고 더욱 강화되었다. 마키아벨리의
'현실주의'는 부패한 국가를 개혁하려는 16세기 이탈리아의 군주에
게는 불가피했던 하나의 역사적 소산일 뿐이었다. 이러한 인식을 바
탕으로, 《군주론》이 씌어진 이래 거의 3세기 만에 마키아벨리즘을
정당화하려는 최초의 시도가 나타나게 되었다. 그리고 그 주역은 각
별히 독일의 관념론자들이 될 것이었다.

　민족주의와 역사주의의 관점에서 마키아벨리를 바라본 최초의 인
물은 헤르더(Johann Gottfried von Herder)였다. 그는 1795년 《인간성
의 진보를 위한 서한》(Briefe zur Beförderung der Humanität)을 통해, 《군
주론》은 지금까지 해석되어온 바와 같이 "풍자도 도덕서도 혹은 그
절충"도 아니며 그 시대의 취향과 행동원리에 따라, 그리고 이탈리
아를 야만인들로부터 해방시키려는 목적을 가지고 이탈리아 군주를
위해 씌어진 "순수정치의 걸작품"이라고 단언하였다. 그에 의하
면, 마키아벨리는 훌륭한 역사가이자 정직한 사람일 뿐 아니라 열렬
한 애국자였다. 《리비우스 논고》의 내용과 그의 생애가 그것을 증
명해준다. 《군주론》이 잘못 이해된 이유는 마키아벨리 시대의 정치
가 도덕과 완전히 분리되어 있었으며 '국가이성'을 하나의 종교로
신봉하고 있었다는 역사적 사실을 도외시한 때문인 것이다. [30]

　마키아벨리에 대한 헤르더의 민족주의적 역사주의적 평가는 헤겔
(G. W. F. Hegel)의 관념론 속에서 강력한 이론적 정당화의 길을 찾게
되었다. 그는 19세기초 《독일헌정비판》(Kritik der Verfassung Deutschlands,
1801～1802)과 《정신철학강의》(Vorlesungen über die Philosophie des Geistes,
1803～1806)에서 마키아벨리즘을 절대적인 국가윤리의 표현으로 간
주하고 그 역사적 정당성을 옹호하였다. 당시 독일은 나폴레옹 군대
에 의해 점령당하고 외국군의 전쟁터로 변한 상황이었다. 헤겔은 이
러한 시점에서 독일이 마키아벨리 시대의 이탈리아와 매우 유사하다

는 확신을 갖게 되었다. 《군주론》은 결코 보편적인 도덕과 정치원리를 논한 책이 아니었다. 그것은 16세기초를 전후한 이탈리아 정치상황을 고려할 때, 비로소 정당화될 수 있을 뿐 아니라 그 속에서 "한 천재적인 사상가의 위대하고도 진정한 정치개념"을 인지할 수 있게 되는 것이다. [31] 흔히 사람들은 《군주론》이 폭군을 위한 사악한 조언으로 가득 차 있다고 혐오하지만, 마키아벨리는 국가건설의 "고귀한 마음"에서 그것에 필요한 수단들을 제시하였을 뿐이었다. [32] 헤겔에게서 마키아벨리는 통일을 통하여 이탈리아를 구원해야 한다는 절대적 필연성 속에서 다른 방법을 선택할 여지가 없었던 것으로 생각되었다. 결국 국가의 보존이라는 지고의 목적을 위해서는 어떠한 수단도 정당화될 수 있는 것이었다.

피히테(Johann Gottlieb Fichte) 역시 헤겔과 거의 비슷한 시기에 본질적으로 동일한 생각을 드러내었다. 그는 1807년 한 잡지에 기고한 장문의 〈마키아벨리론〉(Über Machiavelli)이라는 글에서, 마키아벨리즘이야말로 모든 국가이론의 근본원리임을 천명하였다. 그는 이러한 원리를 함축하고 있는 예로, 《리비우스 논고》 1권 3장에서 "국가를 건설하고 입법하는 사람이라면 누구나 인간이란 사악한 존재이며 틈만 나면 언제나 악의를 품게 된다는 것을 상정할 필요가 있다"고 한 마키아벨리의 말을 들고 있다. [33] 그러나 본질상 사악한 것으로 보일 수도 있는 이러한 가정은 군주가 외부의 위협으로부터 신민을 보호해야 한다는 "신성한 의무" 때문에 정당화된다. 국가와 국가간에는 아무런 법도 권리도 존재하지 않으며 오직 힘의 논리만이 지배하고 있기 때문에 신민의 안위는 전적으로 군주의 손에 달려 있다. 따라서 군주는 국가의 안녕이라는 "가장 고귀한 윤리적 규범"을 지키기 위해 개인의 도덕률은 포기하지 않으면 안 되는 것이다. [34] 헤겔과 피히테의 국가지상주의는 마키아벨리에 대한 오랜 비난을 오히려 찬양으로 역전시키는 데 크게 기여하였다. 사실상 그것은 역사상 가장 적극적인 마키아벨리 옹호였다. 마이네케의 표현을 빌리자면, 그것은 마치 "서자(庶子)를 적자(嫡子)로 만든" 것과 마찬가지였다.[35] 이러한 마키아벨리 해석은 민족주의의 세찬 흐름 속에서 19세기 독일의 지식인들 사이에 대개 보편적으로 받아들여졌다. 물론 랑케와 같이 마키아벨리주의적 정치현실을 인정하면서도 그 부도덕성을 비판한 인물들도 있었다.[36] 그러나 일반적으로 국가를 그 자체로서 도덕적이며 최고선으로 간주하는 '권력국가'(Machtstaat)의 관념이 팽배해 있던 당시, 마키아벨리는 그 선구자로서 높이 평가되었으며 마키아벨리즘은 국가운영의 기본원리로서 정당화되기에 이르렀던 것이다.

2. 이탈리아 통일운동의 지도자들

이탈리아 역시 민족주의의 시대적 조류 속에서 마키아벨리를 통일운동의 예언자로 높이 평가하였으나, 독일의 경우와는 달리 마키아벨리즘을 이론적으로 정당화하려는 시도는 거의 없었다. 오히려 마키아벨리가 리소르지멘토의 선각자임을 인정하면서도 여전히 사악한 정치이론을 퍼뜨린 '악한'으로 간주하는 이중적 시각이 존재하고 있었다.[37] 이러한 현상은 아마도 이탈리아 통일운동의 주역들 가운데 낭만주의의 영향으로 자신들의 행위를 극히 고귀한 도덕적 이상의 실천으로 생각한다든지, 혹은 가톨릭 신앙의 측면에서 부도덕한 정치술을 비난하는 인물들이 적지 않은 데 그 원인이 있을 것이다.

이탈리아에서 마키아벨리를 통일의 예언자로 생각한 최초의 인물은 아마도 알피에리(Vittorio Alfieri)일 것이다. 18세기말의 유명한 문인이자 강력한 자유주의자였던 그는 1786년 《군주와 문학》(*Del principe e delle lettere*)에서 이탈리아의 통일을 예견하며, 책 한 장의 제목을 마키아벨리의 《군주론》 마지막 장과 같이 '야만인들로부터 이탈리아를 해방시키기 위한 권고'라고 붙였다. 그는 또 자서전을 통해,

마키아벨리를 읽음으로써 폭정의 위험성을 예민하게 느낄 수 있었다고 회고하면서, 그를 "우리의 정치적 예언자"이자 "불멸의 인물"이라고 찬양하였다. [38) 자유주의와 통일운동의 관점에서 마키아벨리를 해석하려는 이러한 태도는 19세기초 포스콜로(Ugo Foscolo)에게서도 계속되었으며, 이후의 마키아벨리 해석에 일정한 영향력을 행사하였다. [39)

상호간의 정치적 성향은 매우 다르지만, 마키아벨리의 애국심을 어느 정도 이해하면서도 그의 정치격언의 사악성을 비난하는 당시의 양면적 성격을 잘 보여주는 대표적인 두 인물로서 발보(Cesare Balbo)와 마치니(Giuseppe Mazzini)를 들 수 있다. 가톨릭 온건파이자 신교황파에 속했던 발보에게 《군주론》은 16세기에 풍미한 "사악한 역사철학"의 산물이었다. 그는 마키아벨리가 분명 메디치가의 환심을 사려는 "사적이고 저열한" 의도보다는 이탈리아 독립이라는 "공적이고 고매한" 목적을 가지고 그것을 썼을 것이라고 생각하면서도, 그 책이 권하고 있는 사악한 수단과 방법은 결과적으로 통일의 수행에 장애가 되어왔으며 "지금도 여전히" 그러하다고 비판하였다. 마키아벨리는 그의 추종자들을 미덕의 길이 아니라 음모와 술책이라는 악덕의 길로 이끎으로써 통일운동을 왜곡시키는 데 책임이 있다는 것이었다. [40)

이상주의 혁명가 마치니는 비록 가톨릭 온건파의 범용성을 비웃기는 했으나 마키아벨리에 대해서는 그들과 별로 다를 바 없는 견해를 가지고 있었다. 그는 포스콜로를 따라 《군주론》이 다만 르네상스시대의 사악성이 빚어낸 결과일 뿐이라고 동정하였으며, 그 책이 마치 해부학자와 같은 날카로운 분석력과 이탈리아 통일에의 강력한 의지를 보여주고 있다고 평가하였다. [41) 그러나 마치니의 내심 깊숙한 곳에 자리한 경건성은 결코 마키아벨리의 지극히 세속적인 삶의 방식을 인정할 수 없게 만들었다. 통일운동이란 고귀한 경건성의 재생이라는 전제 아래 비로소 가능하다고 굳게 믿었던 그는, 《군주론》

을 가리켜 "과학으로 시작하지만 결국에는 부정과 절망으로 끝난다"고 단언하면서, 그러한 과학으로부터 얻어낼 수 있는 것이라고는 통일이라는 위대한 과업에 방해가 되는 "얄팍한 계략과 천박한 습성"뿐이라고 혹평하였던 것이다. [42]

19세기 대부분의 이탈리아 지식인들과는 달리, 마키아벨리의 '현실주의'를 더욱 적극적으로 평가하고자 했던 많지 않은 인물들 가운데 하나는 데 상티스(Francesco De Sanctis)였다. 19세기 이탈리아 최고의 문학비평가이면서 가리발디와 카부르 정권 아래서 교육장관을 역임했던 그는, 헤겔적 관념론의 영향 아래 마키아벨리를 당시의 상투적 이미지에서 벗어나 좀더 깊이 이해하려고 하였다. 그에 의하면, 《군주론》은 그 논리적 과학적 가치에서보다는 지나치게 도덕적 가치의 입장에서 바라봄으로써 흔히 '폭정의 법전'으로 왜곡되어 왔다. 그러나 마키아벨리의 양심은 결코 공허하지 않았으며, 이탈리아의 자유가 쇠퇴하고 있을 때 메디치가를 수단으로 삼아 이탈리아의 독립이라는 과제를 숙고했다고 말하면서, 그는 마키아벨리의 애국심에 담긴 성실성과 진지성을 찬양하였다. 그는 나아가서 이 세계의 과학적 기초는 상상이나 감정이 아니라 경험과 관찰로 입증되는 '현실적인 것'으로서, 이러한 인식이야말로 '진정한 마키아벨리즘'이며 '근대세계의 강령'이라고 선언하였다. 정의란 힘으로부터 나오는 것이며 양심의 자유나 국가의 독립, 그리고 민족성 이 모두가 투쟁으로부터 산출되는 것이다. 마키아벨리즘은 사악한 수단만이 아니라 동시에 고귀한 목적도 요구한다. 무릇 수단이란 상대적이고 시간에 따라 변하게 마련이지만 목적은 영원히 남으며, 바로 이러한 전망이야말로 우리가 마키아벨리에게 '영광'을 돌리는 이유이다. [43] 데 상티스는 진정한 의미의 마키아벨리즘을 잘 이해하는 민족이 경쟁에서 승리할 것이라고 믿었으며, 이러한 의미에서 그의 유명한 《이탈리아문학사》(Storia della letteratura italiana, 1870~1871)는 단순한 문학서가 아니라 이탈리아 인민을 근대적으로 계몽코자 하는 일종의 윤리서였던 것이다.

V. 마키아벨리즘의 현대적 의미

1. 좌파와 마키아벨리즘

20세기로 들어와서 마키아벨리즘은 지금까지와는 전혀 다른 이유로 사회주의자들의 관심을 끌게 되었다. 마르크스와 엥겔스는 마키아벨리에 대해 자세히 언급하지는 않았으나 그의 통찰력에 찬사를 표시하였다. 이후 러시아 사회주의자들은 이들의 권위 아래서 대체로 마키아벨리를 계급투쟁의 개념적 선구자로 간주하는 경향이 있었다. 1933년 마키아벨리의 러시아 번역판을 간행하면서, 카메네프는 그를 봉건사회에서 자본주의 사회로 이행하던 당시의 주요 문제들을 날카롭게 제기했던 '정치선전가'로 간주하였다. 그는 비록 마키아벨리가 권력의 사회적 성격보다는 좁은 사회집단 안에서의 권력투쟁에 관심을 쏟았다는 한계를 지니고 있기는 하지만, 그럼에도 불구하고 국가와 권력의 본질을 신비주의나 관념론에 파묻힘이 없이 명쾌하게 기술하였다고 높이 평가하였다. 카메네프에 따르면, 마키아벨리 자신이야말로 당시의 정치현실을 가장 생생하게 보여주는 시대의 초상이었다. 그의 저술들 속에서 교황과 군주들, 은행가와 상인들이 "아무런 가식 없이 걸어다니고" 있으며, 그들의 행동은 변증법적 유물론의 창시자들이 제시한 역사관이 얼마나 진실에 가까운 것인가를 대변하고 있다. 간단히 말해서, 마키아벨리는 마르크스·엥겔스에서 레닌과 스탈린에 이르기까지, 계급사회 속에서 권력이 지니는 진정한 성격을 구명하고자 하는 일련의 노력에 커다란 선구적 기여를 하였던 것이었다.[44]

마키아벨리를 이론적 측면에서 바라본 러시아 사회주의자들과는 달리, 오히려 그를 하나의 혁명적 '신화'로서 해석하려는 매우 독창적인 시도를 한 사회주의자는 그람시(Antonio Gramsci)였다. 일찍이 통일운동기의 사회주의자 페라리(Giuseppe Ferrari)는 마키아벨리가 인민대중보다는 일인 전제군주의 통치술에 관심을 집중함으로써 미래에 대한 전망을 제시하기에는 미흡했다고 비판한 바 있다.[45] 그러나 그람시는 오히려 마키아벨리에게서 대중을 혁명적으로 이끌 수 있는 잠재력을 발견하였다. 그는 《근대의 군주》(Il moderno principe, 1929~1934)라는 글에서, 마키아벨리의 《군주론》이 어떤 이론적 체계를 다룬 논술이 아니라 정치 이데올로기와 정치과학이 신화라는 극적인 형태 속에 융합되어 '살아 숨쉬는' 책이라고 천명하였다. 그것은 싸늘한 유토피아나 합리적 이론을 제시하기 위해서가 아니라 버림받은 인민들의 '집단의지'를 분기시키고 조직화하기 위해 씌어진 것이었다. 비록 《군주론》이 겉으로는 논리적 엄격성과 과학적 초연함을 보이고 있기는 하지만, 주제는 시종일관 인민들을 새로운 국가건설로 인도하려는 것이었다. 이탈리아 독립을 외치는 26장의 호소는 결코 단순히 장식적인 꾸밈말이 아니었다. 이것이 바로 《군주론》을 마지막 장에 의거하여 해석해야 하는 이유이다. 간단히 말해서, 마키아벨리의 책은 정치권력에 관한 이론서가 아니라 압박받는 대중을 위한 하나의 '정치 선언문'이었던 것이다.[46]

그람시는 사회주의 혁명가로서 언제나 남부의 농민들이 북부의 노동자와 힘을 합쳐 이탈리아 혁명을 완수해야 한다고 주장하였다. 그는 이러한 전망 아래 마키아벨리의 신군주를 사회주의의 입장에서 완전히 재해석하였다. 그에 따르면, 근대의 군주는 실제의 개인이 아니라 혁명의 신화를 창출하는 어떤 '조직체'이며 '정당'으로서, 다양한 민족들 속에서 언제나 인민을 위한 새로운 국가의 건설을 지향한다.[47] 결국 그람시는 자신이 창설한 이탈리아 공산당을 근대의 신군주로 간주함으로써 자신을 마키아벨리와 동일시하였던 것이다.

그의 이러한 해석은 물론 16세기의 마키아벨리가 실제로는 거의 의
도하지 않았던 것일 수 있겠지만, 이탈리아 리소르지멘토의 전통을
마르크스주의 속에서 독창적으로 변용시킨 보기 드문 예라고 말할
수 있을 것이다.

2. 마키아벨리즘의 현대성

제2차세계대전을 전후하여 유럽의 자유주의자들은 마키아벨리즘
을 독일의 군국주의 정권과 같이 보려는 경향이 있었다. 독일의 역
사가 리터(Gerhard Ritter)는 1940년 《권력국가와 유토피아》(*Machtstaat
und Utopie*)를 통해 권력의 악마적 성향에 대해 고찰하였다. 그는 여
기서 각각 마키아벨리와 토머스 모어(Thomas More)로 대표되는 대륙
의 권력국가와 영국의 복지국가를 대비하였다. 이는 당시 자유주의
자들에 의해 나치스의 노골적인 부도덕성에 반대하여 내밀하게 서양
문명의 '더 고귀한 전통'을 찬양하는 것으로 받아들여졌으며, 그
뒤를 이은 히틀러의 몰락은 '권력정치'(Machtpolitik)의 말로가 파국
뿐임을 입증하는 것으로 생각되었다.[48]
히틀러 정권으로부터의 도피자들 가운데 하나였던 카시러(Ernst
Cassirer)는 리터보다는 좀더 국가이론적 측면에서 마키아벨리즘의 위
험성을 경고하였다. 그는 유고작인 《국가의 신화》(*The Myth of the St-
ate*)에서, 일찍이 마키아벨리가 예시한 바와 같이 근대국가는 완전히
독립적이며 따라서 모든 종교적 형이상학적 가치로부터 완전히 격리
된 힘의 공백 속에 홀로 존재한다는 사실을 상기시키고 있다. 그에
따르면, 바로 이러한 절대적 격리상태야말로 극도의 위험스러운 결
과를 초래시킬 수 있는 가장 큰 원인이었다. 마키아벨리 이후 그러
한 위험성의 정도는 점점 더 커져 왔다. 마키아벨리가 관심을 쏟았
던 16세기 이탈리아 소군주들의 폭정은 절대국가와 현대 독재정권
들이 일으킨 비극에 비하면 오히려 "아이들의 장난"에 불과한 것이

다. [49] 카시러의 우려는 마키아벨리즘을 제어하는 마지막 보루였던 자연법 이론마저 쇠퇴한 가운데 국가주의가 득세하던 20세기 초·중반 유럽 자유주의 지식인의 시각을 잘 보여주고 있다.

개인주의에 기반한 현대의 자유민주주의 이데올로기가 마키아벨리즘의 제어세력이 될 수 있을 것인가? 그것은 물론 마키아벨리즘이 호전적인 국가주의로 표출되는 것을 어느 정도 저지할 수는 있을 것이다. 그러나 우리가 국가라는 테두리 속에서 삶을 영위하는 한, 마키아벨리즘은 결코 제거될 수 없을 것이다. 왜냐하면 마키아벨리즘이야말로 근대국가를 존재케 한 이념적 기초들 가운데 하나이기 때문이다. 더 넓은 의미에서 마키아벨리즘은 권력과 함께 인류역사 속에서 항상 존재한다고 말할 수 있다. 이러한 인식 아래서 우리의 과제는 마키아벨리즘에 내재된 권력의 자의성을 이성과 법을 통하여 어떻게 적절히 제어할 것인가를 성찰하는 일이 될 것이다.

주

1) 마키아벨리즘(혹은 反마키아벨리즘)의 역사를 전반적으로 개관한 연구로는 다음과 같은 것들이 있다. O. Tommasini, *La vita e le scritti di Niccolò Machiavelli nella loro relazione col machiavellismo*, 2 vols. (Roma, 1883~1911) ; C. Benoist, *Le machiavélisme*, 3 vols. (Paris, 1907~1936) ; F. Meinecke, *Machiavellism : The Doctrine of Raison d'Etat and Its Place in Modern History*, tr., D. Scott (New Haven, 1957 ; 독일어판 원본, München, 1924) ; A. Sorrentino, *Storia dell'antimachiavellismo europeo* (Napoli, 1936) ; A. Panella, *Gli antimachiavellici* (Firenze, 1943) ; G. Prezzolini, *Machiavelli*, tr., G. Savini (London, 1968 ; 이탈리아어판 원본, Roma, 1954) ; F. Fido, *Machiavelli* (Palermo, 1965) ; G. Procacci, *Studi sulla fortuna del Machiavelli* (Roma, 1965) ; F. Gilbert, "Machiavellism", Philip P. Wiener, ed., *Dictionary of the History of Ideas* (New York, 1973), Ⅲ, 116~126 ; J. Macek, *Machiavelli e il machiavellismo* (Firenze, 1980).

2) G. Prezzolini, *Machiavelli*, p. 185.

3) M. Wilks, *The Problem of Sovereignty in the Later Middle Ages* (Cambridge, 1963), pp. 217~218.

4) 이러한 관점에 대해서는 다음이 참조된다. 곽차섭, 〈바로크시대 이탈리아의 마키아벨리즘 연구 : 국가이성론과 타키티즘을 중심으로〉(서강대 박사논문, 1992). 비슷한 시기에 비롤리는 다른 접근방법으로 비슷한 결론에 도달하고 있다. M. Viroli, *From Politics to Reason of State* (Cambridge, 1992).

5) Reginald Pole, *Apologia ad Carolum Quintum Caesarum* (1539), I : 28~29 ; 이는 다음에 이탈리아역으로 발췌 수록되어 있다. *Il Pensiero politico del Rinascimento e della Controriforma*, ed., L. Firpo (Milano, 1966), pp. 591~594.

6) *Ibid.*, I : 30, pp. 595~596.

7) Jeronimo Osorio, *De nobilitate christiana*(Lisbon, 1542) ; 이는 다음에 이탈리아역으로 발췌 수록되어 있다. *Il Pensiero politico del Rinascimento e della Controriforma*, ed., L. Firpo (Milano, 1966), pp. 607~613.

8) Ambrogio Caterino Politi, *De libris a Christiano detestandis et a Christianismo penitus eliminandi*(Roma, 1552) ; 이는 다음에 이탈리아역으로 발췌 수록되어 있다. *Il Pensiero politico del Rinascimento e della Controriforma*, ed., L. Firpo (Milano, 1966), pp. 614~620.

9) Mario Praz, "The Politic Brain : Machiavelli and the Elizabethans", *Proceedings of the British Academy* 13(1928) ; *The Flaming Heart* (Gloucester, Mass., 1966), p. 90에 재수록.

10) Innocent Gentillet, *Anti-Machiavel*, ed., C. Edward Rathé (Genève, 1968), pp. 19~21.

11) *Ibid.*, Partie III, maxime IX, pp. 387~388.

12) *Ibid.*, Partie III, maxime X, p. 391.

13) 이 절의 주제 전반에 대해서는 곽차섭, 앞의 글 참조.

14) Girolamo Frachetta, *Discorso della ragione di Stato* (1592) ; Scipione Ammirato, *Discorsi sopra Cornelio Tacito* (1594) ; Lodovico Zuccolo, *Della Ragione di Stato*(1621).

15) Reginald Pole, *Apologia ad Carolum Quintum*, I : 35, p. 606.

16) Alberico Gentili, *De legationibus libri tres*, tr., Gordon L. Laing (New York, 1924), p. 156.

17) Traiano Boccalini, *Ragguagli di Parnaso e scritti minori*, ed., L. Firpo, 3 vols. (Bari, 1948), I, 89, pp. 326~328.

18) Baruch de Spinoza, *A Theologico-Political Treatise and a Political Treatise*, tr. and intro., R. H. M. Elwes (New York, 1951), p. 378, 315.

19) 이러한 해석의 현대적인 예로서는 Garrett Mattingly, "Machiavelli's Prince : Political Science or Political Satire ? ", *The American Scholar* 27 (1958), pp. 482~491 참고.

20) E. Levi-Malvano, *Montesquieu and Machiavelli*, tr. and ed., A. J. Pansini (Kopperl, Tex., 1991) 참조.

21) Montesquieu, *Considérations sur les causes de la grandeur des Romains et de leur décadence*, Jean Ehrard 서문(Paris, 1968), ch. Ⅰ, p. 27(Machiavelli, *Discorsi*, Ⅰ : 39 참조).

22) Montesquieu, *The Spirit of the Laws,* ed., A. Cohler *et al.* (Cambridge, 1989), ⅩⅩⅨ : 19, p. 618 ; ⅩⅩⅠ : 20, pp. 389~390.

23) Denis Diderot, "Machiavelisme", Diderot & D'Alembert, eds., *Encyclopédie, ou Dictionaire Raisonne des Sciences, des Arts et des Métiers*, (리프린트 판, Stuttgart, 1966~1967).

24) J.-J. Rousseau, *The Social Contract*, tr. and intro., Maurice Cranston (Harmondsworth, 1968), Ⅲ : 6, p. 118 n.

25) E. Levi-Malvano, *Montesquieu and Machiavelli*, pp. 1~2.

26) Frederick of Prussia, *Anti-Machiavel*, tr. and intro., Paul Sonnino (Athens, Ohio, 1981), foreword, p. 31.

27) *Ibid.*, pp. 112~114.

28) Paul Sonnino, *Anti-Machiavel*, Introduction, p. 14.

29) Peter Gay, *The Enlightenment : An Interpretation*, 2 vols. (New York, 1964), Ⅰ, p. 286에서 재인용.

30) J. G. Herder, *Briefe zur Beförderung der Humanität Sämmtliche Werke*, ed., B. Suphan(Berlin, 1881), ⅩⅦ, pp. 321~323.

31) G. W. F. Hegel, *Kritik der Verfassung Deutschlands*, *Werke*, 12 vols. (Frankfurt am Main, 1971), vol. 1, pp. 553~555.

32) Hegel, *Vorlesungen über die Philosophie des Geistes*, *Werke*, 12 vols. (Frankfurt am Main, 1971), vol. 12, p. 482.

33) J. G. Fichte, "Ueber Machiavelli, als Schriftsteller und Stellen aus seinen Schriften", ed., Ⅰ. H. Fichte, *Werke*, 11 vols. (Berlin, 1971), vol. 11, p. 420.

34) *Ibid.*, pp. 426~427.

35) F. Meinecke, *Machiavellism*, p. 350.

36) *Ibid.*, p. 391.

37) A. De Gaetano, "The Influence of Machiavelli on the Neapolitan Intellectual Leaders of the Risorgimento", *Italian Quarterly* 5(1961), p. 48.

38) V. Alfieri, *Del principe e delle lettere* ; id. *Vita*, G. Cattaneo 서문·주 (Milano, 1977), pp. 183, 254, 86.

39) U. Foscolo, *Della patria, della vita, degli scritti e della fama di Niccolò Machiavelli* (1811).

40) C. Balbo, *Sommario della Storia d'Italia* (Firenze, 1856), pp. 300~302.

41) G. Mazzini, "Ai giovani, ricordi", *Scritti editi e inediti* (Milano, 1863), Ⅵ, pp. 336~337.

42) G. Mazzini, "La situazione", *Scritti* (Roma, 1876), Ⅸ, p. 332.

43) F. De Sanctis, *Storia della letteratura italiana*, ed., N. Gallo, (Torino, 1971), pp. 560~561, 606~607.

44) Lev Kamenev, "Preface to Machiavelli", *New Left Review* 15(1962. 5·6.), pp. 39~42(마키아벨리의 러시아어 번역본, *Socineniia … Kniaz, Mandragola i melkie proizvedemia* [Mosca-Leningrad, 1933]의 서문).

45) G. Ferrari, *Corso sugli scrittori politici italiani* (Milano, 1862), pp. 199~204.

46) A. Gramsci, "Il moderno principe", *Note sul Machiavelli, sulla politica, e sullo Stato moderno*, 개정판(Roma, 1991), pp. 3~4.

47) *Ibid.*, pp. 6, 24.

48) G. Ritter, *The Corrupting Influence of Power*, intro., G. P. Gooch, tr., F. W. Pick(Westport, Conn., 1979), pp. viii~ix

49) E. Cassirer, *The Myth of the State*, intro., Charles W. Hendel(New Haven, 1946), pp. 140~141.

공화주의
Republicanism

조 승 래

I. 머 리 말

지난 20여 년 동안 영국과 미국의 정치사상사 학계에서 가장 심도 깊게 논의되었던 주제는 공화주의(共和主義)라고 할 수 있다.[1] 공화주의란 개인주의적 자유주의 혹은 소유적 개인주의[2](possessive individualism)에 대비되는 개념으로서 개인이 사적으로 누려야 할 권리의 확보보다는 시민(혹은 공민)으로서 갖추어야 할 덕(德 ; virture)의 고양을 강조하는 정치적 이데올로기를 말한다. 즉 개인적인 이해관계를 떠나 선공후사(先公後私)의 정신으로 공동체의 일에 헌신함으로써 인간은 자아를 실현할 수 있으며 아리스토텔레스가 이미 규정한 바 있는 정치적 동물(zoon politikon)로서의 목적을 달성할 수 있다는 주장이다. 덕이란 바로 이러한 공동체에의 헌신과 그 조건을 말한다. 그 조건이란 공동체에 동등자로서 참여 헌신할 수 있는 물질적 도덕적 기초를 말하는바, 그것은 곧 경제적 군사적 독립을 지탱하여 인격의 자율성을 확보하는 것을 말한다.[3]

그런데 시민적 공화주의론자들에 의하면 영국혁명을 거쳐 미국혁명과 프랑스혁명을 전후한 시기의 영미세계의 역사형성력으로 작용한 주요한 정치적 저술들은 바로 이러한 공화주의의 언어로써 씌어졌다는 것이다. 즉 이 시기의 정치사상사의 주류는 부르주아지의 성장에 발맞춘 로크의 자연권사상과 계약론에 바탕을 둔 개인주의적 자유주의 혹은 소유적 개인주의의 등장과 발전이라고 보아온 전통적 역사해석에 대한 일대 도전으로서 시민적 공화주의론이 사학계에 등장했던 것이다.

이러한 공화주의론의 사학사적 혹은 지성사적 뿌리는 바런(Hans Baron)과 아렌트(Hannah Arendt) 등과 같은 나치의 제3제국으로부터 망명한 지식인들의 지적 작업이라 할 수 있다. 일찍이 바런은 시민적 휴머니즘(civic humanism)론을 통해 15세기 피렌체 공화국 지식인들의 적극적 현실 참여의 공화정신을 밝혔으며,[4] 아렌트는 공공적 정치적 삶의 중요성을 설파하였음은 널리 알려진 사실이다.[5] 공화주의론의 주창자라고 할 수 있는 포코크(Pocock)는 바로 바런의 시민적 휴머니즘이라는 역사적 개념과 아렌트의 '활동적 공공적 삶'(vita activa)이라는 정치철학적 개념을 원용하여 산업화 이전의 영미 세계에서 역사형성력으로서 작동하고 있던 공화주의라는 이데올로기를 찾아낸 것이었다.

그에 의하면 적어도 17~18세기 영미사회는 자본적 부르주아계급 대 봉건적 귀족계급이라는 구도로는 파악할 수 없으며, 또한 그 역사과정을 자본적 부르주아계급의 빛나는 승리의 과정으로 파악할 수도 없다는 것이다. 그리하여 봉건적 질서가 극복된 다음 필연적으로 나타나야 할 자본주의적 자유주의의 성장을 주제로 하여 로크의 정치사상에 초점을 맞추는 종래의 18세기 정치사상사는 수정되어야 한다는 것이다. 오히려 17세기말 금융혁명(金融革命) 이후 사회가 상업화되어가는 과정에서 종속적 인간관계의 심화와 이로 인한 정치적 부패의 만연에 대항해 시민적 덕의 고양을 외치는 공화주의가 훨씬 더 큰 역사적 영향력을 발휘하고 있었다는 것이다.[6]

Ⅱ. 근대 공화주의의 기초
—'시민적 휴머니즘', 아리스토텔레스, 마키아벨리

근대 공화주의의 직접적 기초는 바로 바런에 의해 주창된 이탈리아 르네상스시대의 '시민적 휴머니즘'이라고 할 수 있다. 그렇다면 구체적으로 시민적 휴머니즘의 골자는 무엇인가? 그것은 바로 '활동적 삶'(vita activa)과 '공공적 삶'(vivere civile)이라고 할 수 있다.[7] 그것은 바로 '명상적 삶'(vita contemplativa)에 대립되는 개념으로서 인간의 자기완성은 시민(혹은 공민)으로서 행동할 때 비로소 가능하다고 보고 이를 실천하는 삶이다. 그런데 시민(혹은 공민)이란 자율적으로 의사를 결정하는 정치공동체 —— 폴리스 또는 공화국 —— 에 의식적으로 그리고 자율적으로 참여하는 인간을 말한다. 밀라노의 비스콘티(Visconti) 가문의 침략과 메디치가의 권력독점이라는 자유의 위기적 상황에 직면한 피렌체의 휴머니스트들은 전(前) 시대의 페트라르카와는 달리 세속사로부터의 금욕적 격리와 명상적 삶이 아니라 정신적 시민으로서의 활동적인 삶, 즉 공공적 삶이 인간존재의 최상의 형태라고 보았고, 그리하여 성 아우구스티누스의 신국(神國)에서나 얻을 수 있는 영원한 시민권이 아니라 15세기 피렌체에서 누릴 수 있는 역사적 시민권을 추구했다는 바런의 주장이 바로 '활동적 삶'과 '공공적 삶'이라는 추상적 개념의 역사적 내용이라고 할 수 있다.

또한 포코크에 의하면 이러한 시민적 휴머니즘은 16세기를 전후로 하여 피렌체의 대표적인 정치사상가인 마키아벨리와 구치아르디니 등에게 이어졌다.[8] 이들은 모두 정치사회에서 우연성과 불확실성에 맞서 싸워나가는 활동적인 시민적 삶이 세속을 피해 영원하고도 보편적인 진리를 사유하는 현자적(賢者的) 삶보다 우월한 가치를 지니고 있다는 생각을 가지고 있었다. 그리하여 이들은, 특히 마키아벨리는, 중세적 패러다임을 뛰어넘어 아리스토텔레스가 말하는 정치적 동물로서의 인간의 목적 실현을 시간과 역사의 특수한 상황에서 공화국이 살아남을 수 있는 유일한 길이라고 생각하였다. [9]

그런데 포코크에 의하면, [10] 마키아벨리가 피렌체 공화국은 내외의 전제적 힘의 압력을 어떻게 뿌리치고 — 시간과 역사 안에서 나타나는 적대적 상황을 어떻게 극복하고 — 스스로 살아남을 수 있을 것인가 하는 문제로 고심하면서 해답을 구하려고 했던 그 순간은 앞으로 나타날 17, 18세기 영미세계의 정치적 논쟁의 본질을 이미 함축하고 있었던 순간이었다. 즉 마키아벨리가 고심했던 그 문제를 17, 18세기 영미세계의 정치적 저술가들이 바로 자신들의 문제라고 인식하고 고심하였으며 마키아벨리가 추구한 해답을 제시하였는 바, 이는 바로 시민적 휴머니즘이 산업화되기 이전 영미세계의 정치사상 패러다임으로서 존재하였음을 말해준다는 것이다. 또한 이러한 패러다임은 인간들로 하여금 덕(virtue) 대 그 반대인 부패(corruption)라는 언어적 구도 안에서만 정치사회의 변화에 대해 무엇인가를 인식할 수 있게 하였다는 것이다.

그런데 덕이란 아리스토텔레스가 규정한 정치적 동물로서의 인간의 목적을 실현하는 것을 말한다. 시간의 적대적 상황에 늘 노출되어 있는 공화국이 살아남기 위해서는 시민들은 그들의 덕을 높여야 한다는 것이 — 덕만이 운명(fortuna)을 막을 수 있는 튼튼한 둑이다 — 바로 마키아벨리의 지론(旨論)인 것이다. 즉 "시민들은 시간의 정치학을 반드시 마스터해야 되는 것이다." 시간의 횡포, 즉 운명의 변덕을 이겨내고 공화국이 살아남기 위해 마키아벨리 등 피렌체의 시민적 휴머니스트들이 해석한 아리스토텔레스의 정치학의 골자를 포코크는 다음과 같이 정리하고 있다. [11]

인간은 본성상 시민(혹은 공민)이다. 시민의 덕은 자치적 공화국에 참여하는 것인바, 공화국은 그 구성원들이 각기 다른 자질과 능력을 지니고 있다는 점에서는 계서적(階序的)이고 그들이 서로의 특별한 자질과 능력을 서로 인정하면서 동등자로서 지배하고 지배받는다는 점에서는 평등적이다.

이러한 이상적 공화국의 시민이 되기 위해서는, 즉 인간의 본성상의 목적을 실현하기 위해서는 각각의 시민들을 반드시 도덕적 물질적으로 충분한 자율성을 확보하여 그의 행위가 그 자신의 것이요 공화국의 것이지 다른 인간 혹은 다른 집단의 도전할 수 없는 명령에 따른 것이 아님을 보여주어야 한다. 한 인간이 경제적으로 타인에게 종속되어 있다면 그는 하인이지 시민은 아니며, 시민들도 사회적 관계가 변화해 타인에게 정치적으로 종속되어가면 공화국은 곧 부패해간다. 즉 인간이 시민이기 위해서는 물질적 도덕적 자율성은 필수불가결한 것이다. 시민이 되는 것이 인간본성을 실현하는 것이기 때문에 시민으로서의 덕은 —— 그의 평등과 공공적 행위의 능력은 —— 그의 도덕적 심리적 건강에 필수적이다. 만약 덕을 잃는다면, 즉 자율성과 자유와 평등을 잃는다면, 그것은 곧 인격의 본질적 구성내용을 잃는다는 것이요, 그리하여 타인에게 종속된다는 것은 자신의 자아의 일부를 떼어준다는 것이니, 이는 곧 공화국과 시민의 부패을 초래하는 것이다. 아리스토텔레스는 이러한 시민적 혹은 공공적 인격의 물질적 기초를 가계(家計 ; oikos)로 표현하였다. 자신의 여자와 자녀들, 그리고 하인들을 지배하면서 시민은 지배의 첫번째 수업을 하며 그것은 그가 동등자들 사이에서 지배하고 지배받는 능력을 키워준다는 것이다. 자신의 가계 안에서 살고 지배한다는 것은 타인의 가계 안에서 살며 지배받을 필요가 없다는 것을 말해준다.

그런데 포코크에 의하면,[12] 마키아벨리는 아리스토텔레스의 가계 개념에서 무장의 개념으로 강조점을 옮긴다. 개인이 그 자신을 무장시킨다면 그것은 공화국을 위해 쓸 수 있고, 그럼으로써 개인은 시민이 된다는 것이다. 그런데 무력수단을 다른 개인을 위해 사용하면

──예를 들어 봉건기사나 용병처럼──그 무력수단의 소유자는 시민이 아니다. 무기소유자들이 종속적 지위로 몰락하면 공화국은 부패하고 몰락한다. 카밀루스와 신시나투스의 로마에서 폼페이우스와 케사르의 로마로의 이행이 이를 보여준다. 따라서 시민군(militia)의 존재 유무가 자유의 존재 유무요 공화국과 인간적 덕의 흥망성쇠의 관건이다. 마키아벨리에게서 재산 혹은 부는 무장수단을 소유하기 위한 선행조건일 뿐 덕의 척도는 아니다. 즉 재산이 많으면 많을수록 더 유덕하다는 논리가 성립하지 않는다는 것이다. 오히려 마키아벨리는 부와 사치에 대한 고전적 의심을 가지고 있었다. 그의 스파르타적 엄격성과 질박성에 대한 찬양이 이를 잘 나타내준다.

이러한 덕과 부패, 그리고 시민군의 시민적 휴머니즘과 마키아벨리의 언어는 포코크에 의하면, 17세기 영국의 제임스 해링턴에게 전수되고 그것은 하나의 패러다임으로 형성된다. 그렇다면 이탈리아 도시국가의 시민적 휴머니즘이 봉건적 농경사회의 영국왕국에서 받아들여질 수 있었던 이유는 무엇일까? 이에 대한 포코크의 대답은 비교적 간단하다. 첫째, 영국의 퓨리터니즘은 영국을 하나의 선택된 국민(elect nation)의 공동체로 설정하여 정치적 혁신의 필연성을 주장하고 국민들에게 이를 인식시키고 있었기 때문이며, 둘째로 1642년 찰스 1세의 '19개조에 대한 답변'(His Majesty's Answer to the Nineteen Propositions of Both Houses of Parliament)에서 명백히 나타나듯 하향성 권위를 지니는 세습 절대군주정으로서의 영국이라는 관념 대신 왕·귀족·평민, 즉 1인·소수·다수에 귀속된 국가라는 아리스토텔레스와 폴리비우스 이래의 혼합정체(mixed constitution)론이 사회에 정착되고 있었기 때문이다. [13]

이러한 배경에서 시민적 휴머니즘을 받아들여 그것을 영국화하여 18세기 영미세계의 정치사상의 패러다임으로 형성시킨 인물은 바로 제임스 해링턴이라고 포코크는 주장한다. 18세기 정치사상의 축은 홉스와 로크가 아니라 마키아벨리와 해링턴이라는 것이다.

Ⅲ. 해링턴의 공화주의

포코크에게 해링턴은 바로 영국정치사상사의 낡은 패러다임을 깨고 나온 인물이었다. 해링턴은 시민적 휴머니즘과 마키아벨리적 공화주의의 개념들에 비추어 영국사의 해석을 수정하고 새로운 정치이론을 제공한 인물이라는 것이다. 일찍이 포코크는 해링턴을 "봉건주의에 대한 역사가"로 파악하면서, 해링턴의 주관심사는 군사적 의무를 지닌 종속적인 봉건적 토지소유자들이 역사의 무대에서 사라진 뒤 어떻게 안정된 정치체제가 가능한가 하는 문제였다고 규정한다. 그리하여 해링턴의 《오세아나》(*Oceana*)는 그러한 문제에 대한 해답으로서 "봉건주의에 대한 마키아벨리적 고찰"이라는 것이다.[14]

이는 해링턴이 당시 봉건적 과거에 대한 논쟁에서 그것을 법적인 문제가 아니라 덕의 문제로 접근하였다는 것을 뜻한다. 스튜어트 왕조의 왕들과 의회와의 마찰이 심화되어가는 과정에서 '고래의 헌정'(the Ancient Constitution)을 주장하는——즉 영국의 헌정은 오랜 과거로부터 변하지 않고 존재해왔기 때문에 하원의 역할과 지위는 의심받아서는 안 되는 하나의 관습(custom)이라고 주장하는——헌정파와 노르만 정복자(Norman Yoke)들에 의해 파괴된 색슨족의 민주주의를 부활시켜야 된다고 주장하는 급진파들, 그리고 봉건제적 원리에 의존하는 왕당파들이 제각기 논쟁을 벌이는 가운데 이들이 발견한 것은 바로 지난 시대에 영국에 봉건법이 존재하였다는 사실이라고 포코크는 지적한다. 그리하여 이 봉건법과 고래의 관습법과의 투쟁이 바로 해링턴의 정치사상의 배경이라는 것이다. 그런데 포코크에 의하면 해링턴은 정치적 현실의 구성요인을 실정법이든 관습법이든간에 법적인 것으로 파악하려는 이러한 전통을 거부하였다.

정치현실을 법적이고 권리적인 것으로 파악한 17세기의 대표적인 정치사상가는 바로 홉스라고 할 수 있다. 포코크는 홉스와 해링턴을 다음과 같이 대비하고 있다. 즉 홉스는 권리들이 모여 주권을 구성함으로써 법적으로 복종해야 하는 주권통치국가(imperium)가 나타난다고 보았으나 해링턴은 신에 의해 인간본성 안에 심어진 그 무엇에 의해, 자치능력의 적극적인 실천을 통해 실현될 수 있는 덕에 의해, 공동체로서의 공화국(respublica)이 나타난다고 보았다는 것이다.[15] 홉스가 이탈리아 도시국가인 루카(Lucca)의 탑들에 그 시민들의 자유의 권리가 새겨져 있기 때문에 시는 그 시민들에게 절대적인 주권을 행사할 수 없다고 주장하는 데 대하여 해링턴은 이를 홉스의 오해라고 지적하면서 루카의 시민들의 자유의 권리는 그들이 공동체로서의 공화국에 참여하는 구성원이기 때문에 존재하는 것이라고 단정하고 있는바,[16] 이것을 예로 들어 포코크는 해링턴이 법적인 문제에 정치적 관심을 집중시키는 사법적 전통(jurisprudential tradition)의 정치사상가가 아니라 공동체에의 참여를 통해 덕을 실현하느냐 못하느냐에 정치적 관심을 집중시키는 공화주의적이고 휴머니스트적인 전통의 정치사상가라고 규정하고 있는 것이다.

그렇다면 돌아가서 해링턴이 파악한 봉건제의 본질은 무엇인가? 포코크에 의하면 그것은 바로 부패이다. 봉토를 매개로 봉신들의 주군에게로의 종속은 바로 시민적 평등이 상실된 부패 그 자체라는 것이다. 해링턴은 이를 '근대적 분별'(modern prudence)과 '고대적 분별'(ancient prudence)이라는 용어로 대비시킴으로써 표현한다. 전자는 케사르 이후 고트왕국들의 봉건시대까지 지속된 통치방식으로서 사적 이해에 의해 통치하는 것이요, 후자는 공동의 이익과 선에 의해 통치하는 고대 도시국가들(polis)의 통치방식이라는 것이다.[17] 바로 포코크의 해링턴에 대한 해석을 뒷받침해주는 주장이라고 할 수 있다.

그런데 해링턴에 의하면 튜더왕조 이래 영국사회에서 부의 새로운 분배현상이 일어났는바, 이제 근대적 분별에 의한 통치는 끝나고 다시 자유토지 보유농(freeholder)의 고전적 분별에 의한 통치로의 회복이 이루어져야 한다. 왜냐하면 다 알다시피 해링턴의 정치사상의 기초적 원리는 바로 권력은 부를 따른다는 것이기 때문이다. 이러한 해링턴의 역사해석은 역사변화에 대한 경제적 원인 고찰이라기보다는 고대의 순환사관의 그것이라고 포코크는 지적한다. 즉 폴리비우스 식의 정체순환론의 원리인 퇴락(degeneration)으로부터의 회복이라는 방식으로 해링턴은 영국역사를 해석했다는 것이다. 뿐만 아니라 이러한 고전적 분별, 즉 덕의 회복으로 스파르타적이고 로마적인 자유토지 보유농들의 공화국의 원리가 영국에서 실현될 수 있는 이 기회는 공화국이 시간의 변화라는 운명의 변덕을 극복하고 탈시간적 안정성을 획득할 수 있는, 일찍이 마키아벨리가 언급한 바 있는 바로 그러한 기회라고 해링턴은 파악했다는 것이다.[18]

포코크의 이러한 해링턴 해석은 17세기 중반 영국사회에서 시장원리에 입각한 부르주아적 이데올로기인 소유적 개인주의의 등장을 찾아내려는 맥퍼슨의 해석을 정면으로 거부하는 것이다. 맥퍼슨에 의하면 해링턴은 그 당시 영국사회에 나타난 시장원리에 입각한 기업적 경제행위로의 이행이라는 현상을 인지하고 있었으며, 해링턴이 《오세아나》에서 제시한 〈농지법〉이 규정한 5천 명의 토지보유자들도 공개적인 토지시장의 존재를 원하고 있었던 기업적 집단으로서 토지의 가치를 시장지향적으로 파악하고 있었다는 것이다.[19] 포코크는 이러한 주장은 곧 장원에서 시장으로의 필연적 이행이라는 마르크스주의의 도식적 역사해석의 일환이라고 비판하면서,[20] 해링턴은 근대적 인물인 아닌 고전고대적 인물임을 다음과 같이 재차 강조한다.

첫째, 해링턴에게 경제라는 것은 아리스토텔레스적인 가계(oikos)의 개념이었지 근대적 부르주아 개념이 아니라는 것이다. 이는 유산자가 무산자에게 행사할 수 있는 권력이 양자의 경제적인 관계로 설정되는 것이 아니라 양자의 독립의존관계로 설정된다는 뜻이다. 즉 스스로 독립적인 가계를 이끌어나갈 수 있는 주인시민(master)과 그렇지 못하고 주인시민에게 의존할 수밖에 없는 하인(servant)이라는 구분이 있을 뿐이지, 유산자가 곧 지배계급이요, 무산자가 피지배계급이라는 구분은 있을 수 없다는 것이다. 예를 들어 오두막살이 품팔이 농부(cottager)도 독립적인 가계를 유지하는 한 곧 시민이 될 수 있다는 것이다. 경제적으로 임금을 받고 고용된 인간도 독립적인 가계를 타인에게 의존하지 않고 유지할 수 있는 한 이미 공공적 행위의 가능성을 지니고 있기 때문에, 즉 덕을 발휘할 수 있는 잠재능력이 있기 때문에, 시민으로서 권리를 행사할 수 있다는 것이다.[21]

둘째, 해링턴은 토니(R. H. Tawney)가 주장하듯이 당시 영국사회를 경제적으로 퇴락하는 봉건귀족과 신흥 젠트리라는 구도로 보지 않았다는 것이다. 해링턴이 목격한 것은 토지를 빌리는 대가로 군사적 의무를 지고 있는 차지인(借地人), 즉 타인의 사사로운 싸움에 참여해야 하는 봉건적 차지인과 자신과 공동체를 위한 싸움에 참여하기 위해 자유롭게 무장할 수 있는 능력이 있는 자유토지 보유농이라는 구도였다. 즉 부패 대 덕의 구도 안에서 영국사회을 보았지 전근대적 봉건적 요인 대 근대적 요인의 구도 안에서 영국사회를 본 것은 아니라는 뜻이다. 그리하여 해링턴의 '오세아나'는 오늘날 마르크스주의자들이 말하는, 혹은 일반적으로 말해지는, 자유민주주의 사회가 아니라 그것은 곧 유산자 전사인 시민들의 확산된 폴리스요, 확대된 백인대회(百人隊會 ; comitia centuriata)라는 것이다. 해링턴에게도 마키아벨리와 마찬가지로 자유는 곧 시민들이 무장할 능력이 있을 때 가능한 것이지 재산에 대한 더 많은 권리를 행사할 때 가능한 것은 아니라는 뜻이다. 그리하여 시민군은 바로 덕의 학교인 것이다.[22]

이러한 해링턴의 현실인식 구도는 명예혁명 이후 혹은 휘그 과두정(寡頭政)이 수립된 후 궁정파의 독점적 지배체제가 굳어진 후 격렬해진 지방파의 현실 비판에서 그대로 나타난다고 포코크는 주장한다. 그리하여 그는 이러한 지방파의 이데올로그들——예를 들어 Hanry Neville, Andrew Flectcher, John Trenchard, Thomas Gordon, Lord Bolingbroke 등——을 신해링턴주의자(Neo-Harringtonians)라고 하였던 것이다. 포코크에게서 18세기 정치사상은 바로 이들이 상업 사회의 변화해가는 여러 조건에 대해 벌인 일종의 지적 전투였다.

Ⅳ. 18세기 공화주의

포코크는 해링턴과 신해링턴주의자 사이에는 약간의 차이는 있지 만 그것이 단절적인 것은 아니라고 주장한다. 그 차이라는 것은 해 링턴은 고래의 헌정이라는 것이 존재하지 않았고 오직 근대적 분별 의 봉건제만이 존재했다고 주장한 반면, 신해링턴주의자들은 고래 의 헌정이 바로 '고트적 자유'의 봉건제로 존재했으며, 봉건적 고 딕사회는 바로 독립 무장 토지보유자들의 공동체였다고 주장하는 것 이다. 해링턴이 튜더왕조와 함께 독립무장토지 보유자들의 공동체 가 등장할 수 있게 되었다고 본 반면에, 신해링턴주의자들은 거꾸로 튜더왕조의 등장과 함께 그러한 공동체가 퇴락하게 되었다고 본 것 이다. 어떻게 보면 이것은 단정적인 차이로 보인다. 해링턴이 부패 그 자체라고 본 봉건사회가 신해링턴주의자들에게는 오히려 덕의 공 동체로 보였으니 말이다. 그러나 해링턴이나 신해링턴주의자들이나 모두 독립무장토지 보유자들의 덕의 실천으로 실현되는 공화국을 인 간적 정치질서의 규범적 형태로 본 것은 둘 사이에 본질적인 차이가 존재하지 않음을 말해준다고 포코크는 강변한다. 두 사람 모두 아리 스토텔레스적인 가계(oikos)의 개념과 마키아벨리의 무장의 개념에서 인간적 자유의 원천을 찾으려고 했다는 것이다.[23]

포코크는 이러한 신해링턴주의자들의 등장을 가능케 했던 배경적 요인으로 명예혁명 이후 나타난 궁정파의 독점적 지배와 1690년대의 금융혁명을 들고 있다. 명예혁명 이후 로크의 《계약론》대로 정부가 말소되었기에 새로운 체제를 만들어야 한다는 주장과 그보다는 고래의 헌정체제를 잘 수호하여 앞으로 왕권을 철저히 제한시키면 된다는 주장이 대립되었으나 후자의 주장이 압도적으로 우세하여 여기서 신해링턴주의자들이 나타날 수 있었다는 것이다. 그러나 결정적으로 중요한 계기는 1690년대의 금융혁명이었다. 영국은행의 발전과 공채(公債)의 지속적인 발행으로 새로운 형태의 재산을 소유하게 되는 계층이 나타나면서 이들 때문에 부패가 만연되고 있다고 비판하는 신해링턴주의자들이 등장하게 된다는 것이다. 포코크는 1975년에 출간된 자신의 대작 《마키아벨리적 순간, 피렌체의 정치사상과 대서양적 공화주의 전통》(*The Machiavellian Moment, Florentine Political Thought and the Atlantic Republican Tradition*)의 중심 내용이 바로 이러한 금융혁명이 영국과 스코틀랜드의 정치적 이데올로기의 근대사에서 하나의 전환점이라는 주장이라고 스스로 규정한다.[24]

그리하여 포코크는 이데올로기의 역사에서 금융혁명은 명예혁명보다 그 의의가 훨씬 더 크다고 주장한다. 이는 곧 18세기 정치사상사에 대한 그의 수정적 해석의 출발점이 된다. 앞서 지적하였듯이 그는 로크적 부르주아적 이데올로기의 18세기에 대한 획일적 지배를 단호히 거부한다. 18세기 그 어느 시점에서도 자유주의가 당당히 승리하는 계기를 찾을 수 없다고 그는 주장한다. 이는 로크의 계약론적 정부론과 재산권론이 명예혁명과 향후 부르주아계급의 지배에 정당성을 부여했으며, 이는 18세기 정치사상사의 방향을 제시하는 것이라는 종래의 해석을 거부하는 것이다. 포코크는 이를 "자유주의라는 패러다임과 이것과 관련된 로크적 패러다임의 왕관을 벗기는" 작업이라고 규정하였다. 이러한 그의 작업의 — 즉 로크의 18세기에 대한 권위을 해체하는 작업의 — 기저에는 로크가 금융혁명으로 야기된 정치적 논쟁과 지적 전투에 무관심했고 그 소용돌이의 바깥에 존재했다는 사실이 깔려 있다. 포코크에게 18세기 정치사상사는 금융혁명으로 야기된 정치적 논쟁과 지적 전투의 소용돌이의 파문에 불과한 것이었기 때문에, 또한 모든 사상의 역사적 의미는 그것이 하나의 사회적 사건으로서 존재할 때 비로소 나타난다는 그의 믿음 때문에 '로크의 신화'는 마땅히 해체되어야 한다는 것이다.[25]

그렇다면 포코크가 주장하는 금융혁명으로 야기된 정치적 논쟁과 지적 전투의 본질적 내용은 무엇인가? 그것은 바로 덕 대 부패의 전투였다. 포코크는 금융혁명으로 야기된 당시의 정치사회적 변화를 다음과 같이 기술하고 있다.

금융혁명으로 토지가 아닌 화폐적 이익(monied-interest)에 근거한 재산소유자들이 사회에 등장하게 되었는바, 이들은 정부가 발행하는 공채에 투자한 계층이었기에 정부에 의존하여 그 후원(patronage) 아래서 살아가고 있었다. 또한 정부는 공채를 통해 빌린 돈으로 상비군(standing army)이라는 전례가 없는 근대적 제도를 수립하고 의원들을 매수하고 전쟁을 통해——7년전쟁에서 미국 식민지와의 전쟁과 혁명 프랑스와의 전쟁에 이르기까지——공채의 발행을 계속 확대해가고 있었다. 이러는 가운데 자연스럽게 부패는 만연하고 정부는 과두정적인 성격으로 바뀌어가고 있었다. 이러한 상황에서 이를 비판하는 세력들은——지방의 젠트리이건 아니면 도시의 무역상, 또는 대표권이 없는 수공업자이건간에——모두 해링턴적 언어를 사용하여, 즉 덕 대 부패라는 구도 안에서, 새롭게 전개되는 사회의 병적 변화를 진단하고 거부하였다.

여기서 포코크는 이러한 비판세력과 체제옹호세력을 진보 대 보수, 휘그 대 토리, 자본 대 봉건, 도시 대 농촌이라는 양분법적 사고로는 파악할 수 없다고 주장한다. 오로지 존재하는 것은 마키아벨리적 해링턴적 언어를 사용한 지방파와 그렇지 않은 궁정파였다는 것이다. 즉 지방파와 궁정파는 사회경제적인 계급적 대립의 정치적 표현이 아니라는 것이다. 물론 지방파의 해링턴적 언어세계는 토지라는 부동산을 재산의 규범적 형태라고 규정하고 있지만 상업과 무역에 종사하는 계층도 재산을 인격의 독립 즉 덕의 실천의 조건으로 보는 한 그러한 마키아벨리적이고 해링턴적인 수사의 틀 안에서 자신의 사고를 펼쳐나갈 수 있었다는 것이다. 포코크는 이러한 마키아벨리적이고 해링턴적 언어가 공채에 투자한 토지귀족이나 고교회파 그리고 구왕당파에서만은 발견될 수 없다고 보고하고 있다.

신해링턴주의자들이 새롭게 나타나는 사회적 조건들에 대해 처음 시작한 전투는 바로 상비군 논쟁이었다. 아우구스부르크 동맹전쟁이 1697년 라이스위크 조약으로 끝나자 상비군을 유지하려는 정부에 대해서 신해링턴주의자들은 신랄한 공격을 퍼부었다. 이 논쟁에서 중요한 이슈는 군사적 제도 자체가 아니라 그 밑바닥에 깔려 있는 재산의 기능에 관한 것이었다. 즉 재산의 기능이 도덕적 정치적 인격으로서 독립적으로 행위할 수 있는 능력을 키워줌으로써 덕을 확고히 해주는 것인가, 아니면 새로운 물질적 문화적 욕구를 만족시켜줄 수 있는 능력을 증대시켜주는 것인가 하는 문제가 논쟁의 핵심이라는 것이다. 여기서 신해링턴주의자들은 재산의 기능을 개인의 시민적 덕과 독립성을 유지시켜주는 것으로 본 것은 두말할 나위도 없다. 그들에 의하면 로마시민과 게르만 자유인들은 그들 자신이 토지와 무기를 소유하고 그들 자신의 정부를── 즉 자신들이 직접 참여하는 정부를── 운영하였는데, 16세기 이래 시작된 근대 유럽사회에서 인간들은 상업과 문화를 추구하면서 전사로서의 시민의 덕을 포기하고 자신들을 전문적 직업군대에 의해 보호받기를 선호한 결과 절대군주의 지배 아래 놓이게 되었다는 것이다. 이는 곧 근대사회에 들어와 나타난 인간적 기능의 전문화(specialization)에 대한 첫번째 공격이었으며, 그것은 인간의 도덕적 군사적 정치적 역할을 하나로 즉 불가분의 것으로 보아온 고전적 르네상스적 시민정신과 덕이라는 이상의 이름으로 행해진 부패에 대한 공격이었다. 포코크에 의하면 이들 신해링턴주의자들이 고전적 이상과 함께 영국 고래의 헌정으로서의 봉건제의 '고트적 자유'를 내세우나 이는 봉건제를 옹호하기 위한 것이 아니다. 왜냐하면 그 당시에 옹호해야 할 봉건제가 이미 사회적으로는 존재하지 않았기 때문이다. 이들의 공격은 거시적으로는 르네상스 이후 상업사회의 도래로, 미시적으로는 금융혁명으로 나타난 사회적 조건들의 변화에 대한 고대적 생산양식에 입각한——즉 가계(oikos)와 폴리스라는 개념에 입각한—— 공격이었다. [26)]

이러한 신해링턴주의자들의 공격에 대해 상업사회에서의 기능의 전문화와 이에 입각한 상비군제를 옹호하고 나선 인물은, 즉 근대적 상업사회와 금융혁명 이후 영국사회의 변화에 대한 정당성을 마련해 준 인물은 바로 데포(Daniel Defoe)였다. (여기서 포코크는 당시 로크가 이러한 역할을 수행하지 않았다고 강조한다) 그는 비전문적 전인적 시민이라는 고전적 개념에 반대하면서 타인에게 돈을 지불하여 군사적 행정적 기능을 전문적으로 수행케 하고 자신은 자신의 전문적 에너지를 자유롭게 사용하여 부와 여가를 추구하는 상업적 문화적 개인이라는 개념을 제시하였다. 그에 의하면 비전문적 전인의 이상은 화폐경제 이전 시대의 이상이다. 개인적이고 사적인 서비스가 교환의 매개가 되던 시대의 이상이라는 것이다. 그리하여 고대의 시민은 바로 노예 소유주였으며, 중세의 자유인은 농노의 주군이었으니 그러한 사회에 일반적 자유라는 것은 존재하지 않았다. 이제 화폐임금과 화폐가격의 시대에 들어와 인민의 대의체가 공공의 재부를 조정하게 됨으로써 인간의 일반적 자유가 가능하게 되었다는 것이다. [27)]

포코크에 의하면 이러한 고대적 전인적 인간 대 근대적 전문적 인간의 대립은 향후 18세기의 정치적 논쟁의 핵심으로서 프랑스혁명 시대에 이르기까지 지속된다. 포코크의 논지 대로라면 18세기 정치사상사는 "근대성에 대한 비판으로서의 마키아벨리적 사고의 출현"을 그 주제로 삼아야 하며 "적극적 참여적 자유와 소극적 자유라는 두 개념 사이의 긴장상태"를 기술해야 되는 것이다. 그런데 18세기에는 고전적 이상이 아직도 강력히 존재했기 때문에 "시장 행위가

인간존재를 인간적으로 만드는 데 필요한 모든 것"이라는 소박한 의
미로 부르주아 이데올로기를 만들어내기란 힘들었을 것이며, "지대
(地貸) 금리 취득자와 기업가를 부패한 인간으로 규정하는 아리스토
텔레스적이고 시민적 휴머니즘적인 가치에 따라 부르주아 이데올로
기는 곳곳에서 그 출현이 저지되고 있었으니 마르크스주의자들의 도
식처럼 부르주아 이데올로기는 역사적 필연성에 의해 자연스럽게 출
현한 것이 아니고, 자신의 존재를 구축하기 위해 투쟁하지 않으면
안 되었고, 또한 그 투쟁에서 — 적어도 18세기에는 — 승리한 것
같지도 않다"는 것이 포코크의 주장이다. 그리하여 18세기는 바로
"덕의 시대"(the Age of Virtue)라고 할 수 있다는 것이다.[28]

포코크는 공화주의론을 미국사 해석에까지 연장시킨다. 그에 의
하면 미국사학의 전통 안에는 두 가지 정언명령(定言命令)이 있다.[29]

첫번째 정언명령은 건국신화로서 성약(聖約)의 신화가 반드시 존
재해야 된다는 것이다. 미국국민은 그 시초부터 신 혹은 인류역사
앞에서 특정원리를 앞으로 계속 고수하겠다고 서약했는바, 역사가
의 임무는 그러한 성약이 지켜온 것에 대한 찬양 아니면 그것이 지
켜지지 않은 것에 대한 예레미아적 꾸짖음이라는 것이다. 즉 미국사
가들은 미국의 시민종교(civil religion)의 해석자요 사제라는 것이다.
이것은 곧 미국사의 일회적 특수성에 대한 강조인바 포코크는 이를
부정한다. 그에 의하면 미국사는, 특히 초기 미국사는, 18세기 영
국사의 연장이라고 할 수 있다. 즉 근대성과의 마키아벨리적 논쟁에
미국인들도 끼여 있었다는 것이다.

두번째로 그가 지적하는 정언명령은 로크적 자유주의는 미국사의
피할 수 없는 운명으로 전제되어야 한다는 것이다. 이러한 정언명령
의 전형은 하르츠(Louis B. Hartz)의 미국사 해석에서 찾아낼 수 있
다. 미국에는 봉건제가 존재하지 않았기 때문에 유럽과는 달리 자유
주의적 투쟁 없이 자유주의적 사회가 애초부터 존재해왔으며, 따라
서 로크 이외의 그 어떤 정치철학도 미국사회에 발붙일 수 없었다는

것이다. 그리하여 미국사가들은 자유주의의 역기능은 비판할 수 있어도——하르츠도 그 가운데 하나인데——미국사에서 자유주의의 절대적 지위는 부정할 수 없는 것으로 믿으며, 그것을 곧 미국의 정체성으로 규정한다는 것이다. 그러나 포코크는 이러한 정언명령도 거부한다. 이미 혁명 전 미국사회 안에서 자유주의에 대한 불만이 존재하고 있었으며 공화주의적 언어가 자유주의에 대한 자아비판과 자기 의심의 양식을 제공해주고 있었다는 증거는 충분히 발견되고 있다는 것이다. 그의 미국사 해석의 본질도 "로크를 제쳐두고 마키아벨리를 강조하는 것이다."

그리하여 미국독립혁명은 "혁명적 계몽사상의 최초의 정치적 행위라기보다는 르네상스 최후의 위대한 행위"이며, 혁명 후 나타난 해밀턴의 연방파 대 제퍼슨의 공화파의 대립은 바로 18세기 영국의 궁정파 대 지방파 대립의 재연이었다. 즉 "덕의 고대 대 상업의 근대"의 대립이라는 것이다. 포코크에 의하면 제퍼슨은 "자영농들의 공화국을 보존하는 것이 덕을 유지시킬 수 있는 비밀이라고 본 티베리우스 그라쿠스와 같은 인물"이었다. 또한 공화파의 제퍼슨주의자들은 바로 18세기 영국 지방파의 언어로 말하고 있었으며 또한 그렇게 하고 있음을 스스로 알고 있었다. 반면에 해밀턴이 의식적으로 데포의 주장을 반복하고 있었는지는 확실치 않지만——왜냐하면 18세기 영국과 미국에서 데포의 수사는 잘 전파되지 못했기 때문에——그는 근대성과 상업을 옹호하는, 제퍼슨파가 볼 때 바로 자영농들의 공화국을 위협하는, 부패의 장본인이었다. 더 나아가 잭슨(Andrew Jackson) 대 애덤스(John Quincy Adams)의 대립도 바로 덕 대 부패의 대립이었다. 잭슨은 애덤스 행정부의 부패를 정화한 고전적 정치가로서 상업적 근대성의 상징인 미국은행과 투쟁한 "마지막 마키아벨리적 로마 시민"이라는 것이다. 급기야 "마키아벨리는 곧 미국 인민주의의 아버지"라고 포코크는 단언한다. 이러한 덕 대 부패의 투쟁은 터너(F. J. Turner)가 1890년 프런티어가 소멸되었다고 이사야적 음조로 선언했을 때 그 종말에 다다르게 된다. 바로 미국 사에서의 프런티어는 포코크에게는 독립자영농들의 덕의 실천장이 었기 때문이다. 연방파의 헌법 제정으로 덕 대 부패의 투쟁에서 상 업적 근대성이 승리한 것이 아니다. 공화국의 혼은 바로 프런티어였 고, 헌법이 덕을 깍아먹은 것보다 더 많이 프런티어가 덕을 보충하 고 있었다는 것이다. [30]

V. 공화주의론에 대한 논쟁
― 자유주의 대 공화주의

공화주의의 핵심은 인간적 삶의 가장 고귀한 형태는 시민적 삶이 라는 주장이다. 시민이란 그의 가계(oikos)를 지배하고 더 나아가 공 공의 일을 공공이 결정하는 공동체에 동등자로서 참여하여 지배하거 나 지배받는 인간을 말하며, 이렇게 시민이 되는 것이 곧 덕을 발휘 하는 것으로서 인간의 목적을 실현하는 것이라는 주장이다. 이러한 공화주의의 주장은 확실히 개인적 자유주의와는 근본적으로 다르다.

개인적 자유주의는 인간이라면 누려야 할 권리를 논하는 것이기 때문이다. 즉 개인적 자유주의는 사회는 자신들의 욕구와 자기 이익 을 실현하려는 평등한 개인들의 집합체라고 보지 공화주의와 같이 인간의 존재론적 목적이 실현되어야 하는 공동체라고 보지 않는다. 그리하여 개인적 자유주의는 사적 개인적 만족을 극대화시키려고 할 뿐, 일반적 공동선을 위한 봉사와 헌신에는 관심이 없는 경제적 인 간에게 알맞는 세계관이라고 할 수 있다. 그러나 공화주의 관점에서 볼 때 이러한 인간은 인간 존재의 충분성을 실현하지 못하고 있는 것이며, 개인적 사적 이익의 제한없는 추구는 공동의 재산으로서의 공화국을 보존하는 일과는 양립할 수 없는 것이다. [31] 그렇다면 과연

18세기 정치사상사의 주류는 공화주의인가 아니면 개인적 자유주의인가. 이 문제에 대해 공화주의론을 가장 선명하게 공격한 인물은 크램닉(Isaac Kramnick)이었다. [32]

크램닉은 공화주의론의 로크에 대한 평가절하는 18세기 전반에는 들어맞을지 몰라도 18세기 후반에는 생각조차 할 수 없는 일이라고 주장한다. 물론 공화주의론이 로크적 자연권 사상과 개인주의에 경쟁하는 정치문화의 고전적 이상의 연속성을 보여주는 데는 성공했으나 18세기 부르주아 자유주의와 사회경제적 급진주의를 너무 소홀히 하는 어리석음을 범했다는 것이다. 1760년 이후 영미사회를 궁정파 대 지방파, 즉 덕 대 부패와 상업의 대립구도로 파악하기란 지극히 어려운 일이라는 주장이다. 그에 의하면 1760년대는 정치사상사에서 결정적인 전환점으로서 공화주의론에서 말하는 덕의 문제는 이제 정치의 본질적인 문제가 될 수 없었다. 그 이유는 미국 식민지인들과의 마찰 과정에서 나타난 세금논쟁으로 대표권의 문제와 그 밑바탕이 되는 정부와 권위의 기원 문제가 정치의 본질적인 문제로 등장했기 때문이다.

뿐만 아니라 1760년대 이후 급진파들의 주장은 토지에 기반을 둔 독립적 유덕(有德)시민의 대표들이 정치적 지도력을 발휘해야 된다는 것이 아니라, 소외된 도시와 상업계층의 이해를 그들의 대표들이 의회에서 반영해야 된다는 것이었다. 대표권의 문제는 이제 권리의 문제로서 등장하였고, 인민들이 신탁한 바에 어긋나는 입법이 이루어질 경우 인민들은 그러한 입법을 폐지하거나 변경시킬 수 있는 최고의 권리를 가지고 있다는 식으로 로크의 정치사상이 원용되면서 로크는 정치사상의 왕위에 복귀할 수 있었다는 것이다. 그런데 여기서 주목해야 될 것은 이러한 문제를—— 즉 덕의 문제가 아니라 권리의 문제를—— 제기하면서 권위와 복종의 역사적 근거가 아닌 순수한 이론적 근거를 캐려고 하던 계층은 바로 윌크스(Wilkes)운동에서 목격할 수 있듯이 상인·수공업자 등 도시의 반귀족적 중산계급이었다는 사실이다. 드디어 인간이라면 보편적으로 가지고 있는 양도할 수 없는 자유의 권리를 주장하는 급진적이고 자신만만한 부르주아계급이 등장하고, 이들과 함께 로크의 정치사상은 새롭게 부상하게 되었다는 것이다.

그리하여 공화주의론에서는 지방파의 마키아벨리적이고 해링턴적인 언어세계 안에서 그들의 수사를 펼쳐나갔다고 보는 버그(James Burgh), 프리스틀리(Joseph Priestley), 프라이스(Richard Price) 등 18세기 중·후반의 정치이론가들이 크램닉에 의해서는 모두 로크의 교리를 전파하는 급진적 중산계급의 교사로서 묘사된다. 이들은 영국사회를 덕 대 부패라는 구도로 파악하지 않고 유능한 중산계급 대 무능한 귀족계급이라는 대립구도로 파악하였으며, 근면과 재능 그리고 생산성을 중요한 도덕적 가치로 내세웠지 토지를 보유하여 인격의 독립을 유지하는 것을 도덕적 완성이라고 보지는 않았다는 것이다.

1780년대와 1790년대에 나타난 급진적 개혁을 요구하는 런던의 협회들도 마찬가지이다. 대표적으로는 '헌정정보협회'(the Society for Constitutional Information)와 '런던통신협회'(the London Corresponding Society) 등의 이데올로그들도 신해링턴주의자들이 주장하던 고래의 헌정론이 말하는 과거에는 존재했으나 오늘날에는 상실한 채 있는 역사적 권리를 되찾자는 주장을 하지는 않았다. 그들이 주장하고 나선 것은 로크가 말하는 자연과 이성에 기초한 보편적 자연권이었다. '런던통신협회'가 그들의 〈권리선언〉에서 모든 인간은 자연적으로 자유롭고 평등하며 모든 개인은 사적권리(civil right)를 갖는데, 그 가운데 첫번째 것은 자신의 자유·생명, 그리고 재산을 보호할 수 있는 평등한 권리라고 규정하고 있는 사실을 보아도 알 수 있다는 것이다. 또한 이들도 영국사회를 덕 대 부패의 구도 안에서 파악하지 않았다. '런던통신협회'가 회원의 선별기준을 "세금을 내고 근면하며 유용한 주민"이라고 규정하고 있는 것을 보면 이들도 영국사

회를 '유능하고 근면하며 유용한 계층' 대 '무능하고 나태하며 무
용지물인 계층'이라는 구도로 파악했음을 알 수 있다. 이는 당시의
부르주아 계급의── 정확히 말해서는 프티 부르주아 계급의── 정
치적 사회적 상상력이 더 이상 전근대적이고 고전적인 이상에서
출발한 것이 아님을 보여준다는 것이다.

그리하여 크램닉은 결론적으로 주장하기를 18세기 후반의 영미세
계에서는 로크의 자연권 사상과 재산론에 입각한 중산계급의 자유주
의와 소유적 개인주의가 확고한 지위를 굳혔다는 것이다. 특히 산업
혁명으로 인해 영국사회는 계급적 정치사회로 변화하였고, 이러한
사회에서 덕이라는 언어는 공동선을 위한 공공적 헌신이라는 의미를
잃어가고, 대신 경제적 생산성과 근면이라는 의미로 바뀌어갔으
니, 더 이상 고전적이고 르네상스적이며 마키아벨리적인 이상이 발
붙일 수 없게 되었다는 것이다. 일찍이 크램닉은 신해링턴주의적 지
방파의 공화주의를 몰락해가는 지주 젠트리들의 향수적(nostalgic)이
고 반동적인 이데올로기라 규정한 바 있다.[33] 이에 대해 포코크는
간단히 답하고 있다. 즉 18세기 영국사회는 계급적 양극 구도로는
파악할 수 없으며, 오로지 언어적 양극 구도로만 파악할 수 있다는
것이다. 아리스토텔레스적이고 마키아벨리적이며 해링턴적인 언어
를 쓰는── 여기에는 젠트리도 있고, 상인도 있고, 휘그도 있고,
토리도 있다.── 지방파와 그렇지 않고 데포 식의 수사를 사용하는
── 여기에도 젠트리도 있고, 상인도 있고, 휘그도 있고, 토리도 있
다── 궁정파가 있을 뿐이다. 그리하여 포코크는 왜 18세기말 도시
의 반대파 운동권(oppositions)의 언어에서 사회계급적으로 볼 때에는
전혀 이질적인 농촌적인 공화주의의 어휘 또는 토리적 어휘들이 발
견될 수 있으며, 또한 그것이 왜 19세기초 급진주의의 언어에까지
침투해들어가 자리를 잡고 있는지를 설명해보라고 요구한다. (크램닉
도 급진파 가운데는 시민적 휴머니즘의 언어를 구사하는 인물이 있음을 인
정한다. 예를 들어 '런던통신협회'의 주도적인 인물의 하나였던 위빌

[Christopher Wyvill] 같은 인물이 그렇다는 것이다)

그에 의하면 공화주의의 목표는 마치 종교적 천년왕국설의 목표와 비슷한 것이어서 언제나 추구되지만 늘 다다르지는 못하는 그러한 것이다. 그리하여 공화주의는 크램닉의 주장처럼 정치사회에서 그들의 지도력을 회복하려는 농촌 젠트리들의 향수를 구체화시킨 것도 아니요, 톰슨(E. P. Thompson)의 주장처럼 지배계급 내부의 불만 분자들이 지배적 휘그들에 의해 조정되는 억압적 의회에 반대하는 데 민중을 끌어들이기 위해 사용한 패터날리즘적 전략에서 나온 것도 아니라는 것이다.[34]

그러나 포코크의 공화주의론에 대한 비판은 계속되었다. 특히 미국사학계에서의 논쟁은 치열하게 전개되었다. 공화주의가 결코 미국인들의 정신세계에 뿌리내리지 못했음을 보여주려는 시도는 애플비(J. O. Appleby)와 디긴스(J. P. Diggins)에 의해 대조적인 방향에서 주도되어왔다. 애플비가 미국혁명의 수호성자(守護聖子)로서 자유주의의 아버지 로크를 복권시키고, 로크의 충실한 제자로서 제퍼슨의 위상을 확고히 정립시키려고 했다면,[35] 디긴스는 미국사에서 자유주의의 역기능——사적 자기 이익적 소유행위——을 비판하면서도 미국인들이 그러한 자유주의에서 빠져나오지 못했음을 보여준다. 그에 의하면 그 탈출구는 공공적 봉사와 헌신의 덕을 강조하는 공화주의가 아니라 미국적 칼뱅주의의 죄의식과 양심이었으니, 남북전쟁세대의 위대한 인물들이——링컨, 멜빌, 헨리 아담스 등이—— 이를 마련했다는 것이다.[36] 그리하여 애플비를 제퍼슨주의자라고 한다면 디긴스는 링컨주의자라고 할 수 있을 것이다. 애플비가 당당히 시장적 근대사회에서 자유주의의 적합성과 근대적 자유주의자로서 제퍼슨의 진취성을 논하는 데 반하여, 디긴스는 제퍼슨을 자신이 비판하는 그러한 자유주의의 대표자라고 긍정하면서도——"미국민의 성격이라고 할 수 있는 것에 대해 깊이 비판하면서도"[37]——그것의 헤게모니는 철저히 인정하고 있는 것이다.

이러한 비판에 대해 포코크는 기본적으로 자신의 연구가 공화주의의 이데올로기가 18세기 미국사회를 획일적으로 지배하고 있었음을 주장하는 것은 아니라고 답한다. 자신의 주장은 18세기 미국사회에서 근대적 자유주의가 아무런 방해 없이 역사적 필연성에 의해 자연스럽게 나타난 것이 아니라 공화주의라는 고대적 르네상스적 이상에 의해 늘 저항을 받아왔다는 것이라고 말한다. 즉 근대적 자유주의의 패러다임을 부정하지는 않았다는 것이다. 특히 애플비가 자신의 방법론이 유일 패러다임과 그 안에서의 변화에 대한 유일한 적응밖에 허용하지 않는다고 비판하는 데 대해, 자신은 정치공동체는 과학공동체와는 달라서 사고와 저술을 통제하는 유일 패러다임이라는 것은 존재하지 않음을 강조한 바 있고, 패러다임의 세트도 여러 개가 함께 존재할 수 있음을 인정하고 있으며, 따라서 공화주의적 언어세계를 능히 세계관을 제공할 수 있는 패러다임으로 기술했지 그밖에 다른 패러다임은 없었다고 얘기하지는 않았다고 답한다. [38] 이러한 그의 응답은 어떻게 보면 포코크가 후퇴하는 것이 아닌가 하는 느낌이다. 그의 제자인 배닝(Lance Banning)이 애플비에 대해서 서로 공화주의나 자유주의의 18세기 미국에 대한 일원적 지배를 주장하지 말자고 제안하면서 양측은 각자의 주장을 뒷받침할 수 있는 증거는 어디에서나 찾아낼 수 있기 때문에 자신들이 찾아낸 증거에만 집착하지 말고 왜 이러한 현상이 일어날 수 있는가를 연구하자고 호소하는 것을 보면 알 수 있다. [39]

이러한 애플비에 대한 공격은 영국 서섹스 대학의 교수인 윈치(Donald Winch)가 맡았다. [40] 일찍이 아담 스미스를 부르주아 개인주의적 자유주의의 틀로써 해석하는 것을 반대하고 시민적 공화주의의 틀로써 새로운 해석을 시도한 [41] 그는, 애플비가 자유주의적 이데올로기를 너무나 단순하고 시대에 뒤진 개념으로 구성하고 있다고 비판한다. 애플비에 의하면 1680년대에 경제를 자연법에 의해 지배되는 자율적인 영역으로 파악하려는 경제사상가들이 나타났고, 이들이 씨뿌린 것을 아담 스미스가 거두게 되었는바——비록 중간에 중상주의에 의한 탄압이 있었지만——그 사상적 핵심은 '개인주의', '낙관론적 유물론', '경제적 합리성', '물질적 생활의 민주화' 등이다. [42] 여기서 아담 스미스가 말하는 경제적 합리성의 본질은 인간의 경제적 행위는 합리적 계산에 기초한 욕망에 의해서 지배받는다는 사실이라는 것이다. 아울러 모든 인간에게 시장행위는 자연스러운 것이며 공통적인 것이라는 아담 스미스의 주장은 바로 개인주의적 자유주의 시장사회의 이데올로기를 제공하는 것이 아니고 무엇이겠느냐는 것이다. 그런데 애플비는 바로 이러한 사상이 미국으로 건너가 제퍼슨적 농본주의적 자본주의의 형성을 도왔으며, 특히 아담 스미스의 경제발전에 대한 추상적 설명이 경제적으로는 진보적이며 사회적으로는 평등하고 정치적으로는 경쟁적인 시민들의 사회를 위한 청사진이 되었다고 주장한다. [43]

그러나 윈치는 애플비가 아담 스미스의 사상의 핵심이라고 규정한 바는 바로 아담 스미스가 홉스와 맨더빌의 사상이라고 규정하면서 비판한 것이라고 주장한다. 아담 스미스는 경제를 추상적이고 합리적이고 물질적인 비인간적 비정치적 세계로 다룬 것이 아니라고 한다. 아담 스미스는 상업과 자유의 상관관계의 문제, 비인간화되어가는 노동의 문제, 공채의 발행문제, 상비군의 문제 등, 당시의 정치 사회적 문제를 시민적 공화주의의 틀 안에서 풀어나가려고 하는 과정에서 그의 《국부론》을 형성해갔다는 것이다. [44]

이렇듯 18세기 정치사상사의 주류가 공화주의인가 아니면 자유주의인가 하는 논쟁이 계속되고 있을 때 몇몇 마르크스주의 사가들은 과연 공화주의와 자유주의가 양립 불가능한 것인가, 즉 따지고 보면 둘은 부르주아 이데올로기의 동전의 앞뒷면과 같은 것이 아닌가 하는 문제를 제기하고 나섰다.

이탈리아의 마르크스주의 사가인 페치올리(Renzo Pecchioli)는 시민적 공화주의론은 마르크스주의의 역사해석을 공격하고 미국의 지배계급의 이익을 보호하기 위한 것이라고 신랄하게 비판한다. 시민적 공화주의의 토대라고 할 수 있는 바런의 시민적 휴머니즘론은 그의 나치로부터의 망명이라는 개인적 경험에 근거한 것이어서 그것은 출발에서부터 유럽적 자유의 도피처는 미국이며 미국은 유럽적 자유의 전통의 완성이라고 보는 미국의 자유주의적 제국주의 이데올로기를 강화시켜주는 것일 수밖에 없다는 것이다.

　이러한 비판에 대한 포코크의 답은 우선 자신은 뉴질랜드 사람이기 때문에 유럽과 미국의 지배이데올로기적 세계관과는 무관하다는 것이다. 이는 어떻게 보면 학문외적인 무지막지한 공격에 대한 같은 류의 궁색한 답변이라고 할 수 있다. 그 다음 포코크는 자신이 미국적 이데올로기의 선전과는 관계없는 인물이라는 사실은 자신에 대한 디긴스의 비판을 보면 알 수 있다고 한다. 이는 충분히 수긍할만한 것이다. 디긴스에 의하면 건국의 원훈(元勳)들은 덕이 결코 정치의 원리가 될 수 없음을 일찍이 인식하고 있었으며, 포코크가 말하는 프런티어도 시민적 덕의 실천장이 아니라 고독한 개인의 삶의 터전이었다. 프런티어는 미국과 유럽의 단절의 상징이지 결코 포코크가 주장처럼 유럽적 전통의 계속성을 상징하지는 않는다는 것이다. 그리하여 미국의 지성인들은 대체적으로 미국의 기원을 그리스 로마적인 세속적인 것에서 찾지 않고 성서적인 것에서 찾았다는 것이다. 이렇듯 포코크는 미국사학계의 전통을 대변하는 디긴스 같은 미국사가가 —— 포코크는 디긴스를 앞서 말한 예레미야적 전통의 역사가로 본다 —— 자신의 공화주의론이 미국적 전통과는 무관한 것이라고 비판하는데 왜 자신을 미국적 지배 이데올로기의 옹호자라고 몰아붙이는지 반문하는 것이다.

　이러한 속류 마르크스주의적 비판과는 달리 마르크스의 원전에 입각해 공화주의 대 자유주의의 논쟁을 무의미한 것으로 보는 비판이 이삭(Jeffrey C. Isaac)에 의해서 제기되었다.[45] 그에 의하면 자유주의적 자본주의 사회의 정치저술에서 공화주의와 개인주의의 언어 ——

예를 들어 공적인 것과 사적인 것, 시민정신과 개인주의 등——는 상호배척적이지 않고 공존하고 있다. 그 이유는 무엇인가. 마르크스가 여기에 답을 준다. 특히 그의 '유대인 문제'를 읽어보면 된다. 마르크스에 의하면 정치혁명으로 신분·길드·사단·특권 같은 것으로 인간의 공동체 생활을 가로막던 봉건주의가 해체됨으로써 분산되었던 인간들의 정치생활이 다시 부활되었다. 인간들의 개인적 사적 물적사회(civil society)에서의 차이를 뛰어넘는 일반적 공동관심사로서의 정치공동체가 등장하게 되었다는 것이다. 즉 인간들은 공동체적 존재 혹은 공민으로 행동하는 정치적 공동체에 살면서 동시에 사적인 개인으로서 행동하는 사적 물질적 사회(civil society)에 살게 되었다는 것이다. 마르크스가 정치공동체에서의 공민적 삶이라는 것이 사적 물질적 사회의 이기주의의 가면이요, 자유주의적 자본주의 사회에서 시민정신이란 하나의 신비화에 불과한 것이라고 보면서, 그것이 별개의 것이 아니라 자본주의적 자유주의의 정체의 양면성에 불과한 것이라는 사실을 일찍이 간파하였다는 것이다. 그리하여 이삭에 의하면 공화주의적 언어가 부르주아계급의 봉건주의와 절대주의에 대한 투쟁의 역사에서, 즉 자유주의 국가의 수립을 위한 투쟁에서 그 역사적인 역할을 훌륭히 수행했다. 공화주의는 반자유주의적이기는커녕 자유주의의 과거에 대한 투쟁에 공민적 애국적 어휘를 제공함으로써 그것을 더욱 더 생동적인 것으로 만들었다는 것이다.

이러한 이삭의 해석은 논리적으로는 자유주의와 공화주의가 양립 불가능하지만 역사적으로는 그것이 가능했는데——미국 혁명세대의 인물들이 그렇다는 것이다——그 이유는 무엇일까라고 묻는 배닝의 의문을[46) 풀어준 것처럼 보인다. 그러나 주지하다시피 마르크스가 '브뤼메르 18일'에서도 프랑스혁명 지도자들이 로마적 의상을 입고 부르주아 혁명을 수행했다고 하면서도 '신성가족' 등에서는 프랑스혁명의 과격파들이 부르주아 사회의 본질적 특징에 맞지 않는 고대적 로마적 이상을 실현하려고 했기 때문에 실패할 수밖에 없었다고 지적하는 것을 보면, 마르크스가 고전적 시민적 공화주의를 부르주아 이데올로기의 한 부분이라고 확신하고 있었는지는 의문의 여지가 있다. 뿐만 아니라 미국의 초기 노동계급이라고 할 수 있는 수공업자(artisan)들이 자본가들의 경쟁적 개인주의적 자유주의에 맞서 공동체와 덕을 강조하는 공화주의적 언어와 수사를 사용했음을 밝힌 최근 미국 노동사가들의 연구를 보더라도, 공화주의와 개인적 자유주의가 부르주아 이데올로기의 동전의 앞뒷면이라고 볼 수 있는지 의문이다. [47)]

Ⅵ. 맺 음 말

　지금까지 포코크의 공화주의론의 내용을 정리해보고 이에 대한 논쟁을 검토해보았다. 공화주의론의 사학사적 의의는 그것이 17～18세기 영미세계의 정치사상의 주류였는가의 여부를 떠나서 지금까지는 소홀히 해왔던 — 외면당했다고 할 수 있는 — 세계관의 역사적 존재를 부각시킴으로써 서양의 민주주의의 또 다른 기초를 발견했다는 사실에서 찾아야 할 것이다. 대학의 정치사상사 교재로 사용하는 그야말로 고전적인 텍스트들에서 시민적 공화주위론에 대한 언급을 찾아보기란 거의 불가능한 실정이다. 홉스와 로크만 알면 전산업화(前產業化)시대의 정치사상사는 다 아는 것처럼 되어온 것이 관례이며, 그 결과 고등학교의 사회과목의 시험에서조차 미국혁명과 프랑스혁명에 가장 큰 영향을 준 사상가는 누구인가라는 문제의 답은 로크로 확정된 지 오래이다. 이 결과 민주주의로 가는 길은 로크 이외에 없으며, 개인주의적 자유주의에 경의를 표하지 않는 것은 민주주의로부터 멀어지는 것으로 생각되어왔다. 특히 파시즘과 스탈린주의의 사이비 공동체주의 악몽에서 깨어난 지 얼마 안 되는 20세기 후반의 인간들에게, 개인보다는 공동체, 권리보다는 덕을 우선시하는 시민적 공화주의론은 심히 의심스러운 이데올로기로 보일지 모른다. 주지하다시피 벌린(I. Berlin)은 시민적 공화주의의 자유론이라 할 수 있는 적극적 자유는 이미 그 안에 전제의 씨앗을 가지고 있다고 지적하였던 것이다. [48]

그러나 공동체에 대한 무관심과 무절제한 사적 이해의 추구 등 사회병리적 현상이 만연되고 있는 오늘날 공화주의가 요구하는 참여정신은 그것이 공동체의 자유를 지키려고 하는 것인 만큼 추구해야 할 소중한 가치의 하나라고 아니할 수 없다. [49] 분명히 말해 공화주의는 국가와 민족이라는 이름으로 공동체를 신비화하고 또 그 이름으로 그 지배자에게 맹목적 복종을 강요하는 그러한 이데올로기가 아니다. 공화주의는 어디까지나 공동체의 자유의 위기를 느낀 지식인들의 정치적 상상력이었다. 공화국을 호시탐탐 노리는 전제적 세력으로부터 공화국을 지키기 위해서는 그 시민들의 참여와 헌신이 절실히 요구된다는 것이 공화주의 핵심이다. 또한 공화국을 그 적대적 세력으로부터 구해낼 수 없는 시민은 더 이상 시민이 아니라는 것이며, 인간이 인간답기 위해서는 우선 시민이 되어야만 하며 그러한 시민들의 자유로운 공동체로서의 공화국만이 인간이 인간답게 살 수 있는 곳이라는 주장이다. 그리하여 실로 인간적 자유는 은밀한 자신의 창고에 자물쇠를 잠그면서 확보되는 것이 아니라, 공동체의 '저 높은 곳'(acropolis)에서 자신의 창검을 들고 두 눈을 부릅뜰 때 확보된다는 것이다.

주

1) Issac Kramnick, "Republican Revisionism Revisied", *American Historical Review*, vol. 87, no. 3(1982), p. 629 ; J.O. Appleby, "Republicanism and

ldeology", *American Quarterly*, vol. 37, no. 4(1985), p. 461 ; Don Herzog, "Some Questions for Republicans", in "Civic Republicanism and lts Critics", *Political Theory*, vol. 14, no. 3(1986), p. 473.

2) J. B. Macpherson, *The Political Theory of Possessive Individualism, Hobbes to Locke* (1963).

3) J. G. A. Pocock, *Political, Language and Time, Essays on Political Thought and History* (이하 *P. L. T*라 함 ; 1971), pp. 80~147 ; J. G. A. Pocock, *The Machiavellian Moment, Florentine Political Thought and the Atlantic Republican Tradition* (이하 M. M이라 함 ; 1975) ; J. G. A. Pocock, *Virtue, Commerce, and History, Essays on Political Thought and History Chiefly in the Eighteenth Century* (이하 V. C. H라 함 ; 1985), pp. 37~71, pp. 91~123.

4) Hans Baron, *The Crisis of the Early Italian Renaissance, Civic Hamanism and Republican Liberty in an Age of Classicism and Tyranny* (1966) ; 金榮漢, 〈H. 바론의 市民的 휴머니즘에 관한 論議〉, 《史學論志》 4·5 합집(1977), pp. 1~32.

5) Hannah Arendt, *The Human Condition* (1958) ; *On Revolution* (1963).

6) *P. L. T.*, p. 144 ; *M. M.*, p. 424, 469, 529, 548 ; J. G. A. Pocock, "Virtue and Commence in the Eighteenth Century", *Journal of Interdisciplinary History*, 3(1972), p. 124, 127, 129, 130~131, 134 ; J. G. A. Pocock, "Early Modern Capitalism : the Augustan Perception"(이하 E. M. C라 함), E. Kamenka and R. S. Neale, eds., *Feudalism, Capitalism and Beyond* (1975), pp. 63~64, 70, 82~83 ; J. G. A. Pocock, "The Machiavellian Moment Revisited : A Study in History and Ideology"(이하 M. M. r. 이라 함), *Journal of Modern History*, vol. 53, no. 1(1948), p. 58 ; J. G. A. Pocock, "Radical Criticisms of the Whing Order in the Age between Revolutions"(이하 R. C. 라 함), Margaret Jacob and James Jacob, eds., *The Origins of Anglo American Radicalism* (1984), pp. 38~39.

7) M. M., ch. Ⅲ, Ⅳ.

8) M. M., ch. Ⅴ, Ⅵ, Ⅶ, Ⅷ.

9) *P. L. T.*, p. 86 ; M. M., p. vii, 66.

10) *P. L. T.*, pp. 90~91 ; M. M., pp. vii~ix.

11) M. M., pp. 66~72 ; E. M. C., pp. 64~65.

12) *P. L. T.*, pp. 89~90 ; M. M., ch. vi. vii ; E. M. C, pp. 65~66.

13) M. M., pp. 345~347, 361~371.

14) J.G.A. Pocock, *The Ancient Constitution and the Feudal Law* (1957), pp. 141～147.

15) M.M., p.397.

16) James Harrington, "The Commonwealth of Oceana(1656)", J.G.A. Pocock, ed., *The Political Works of James Harrington* (1977), pp.170～171, p.229.

17) James Harrington, *op. cit.*, p.161.

18) V.C. H., p.96 ; J.G.A. Pocock, "Modernity and Anti-Modernity in the Anglophone Political Tradition", *Patterns of Modernity*, vol. Ⅰ : S.N. Eisenstadt, ed., *The West* (1987), p.51.

19) C.B. Macpherson, *op. cit.*, ch.6, pp.182～188.

20) E.M.C., pp.70～71.

21) *P.L.T.*, pp.111～112.

22) *P.L.T.*, p.114.

23) *P.L.T.*, p.127 ; M.M.r., p.61.

24) M.M.r., p.64.

25) *P.L.T.*, p.144 ;V.C. H., p.124, 127～129 ; M.M., p.424 ; J.G.A. Pocock, "The Myth of John Locke and the Obession with Liberalism", J.G.A. Pocock and Richard Ashcraft, eds., *John Locke* (1980), pp.3～21 ; M.M.r., p.65 ; V.C. H., p.108.

26) M.M.r., pp.64～67.

27) M.M., pp.432～436 ; M.M.r., p.66.

28) V.C. H., p.66.

29) J.G.A. Pocock, "Between Gog and Magog : The Republican Thesis and Ideologia Americana", *Journal of the History of Ideas*, vol.xlviii, no.2 (1987), pp.337～342.

30) M.M., pp.526～545.

31) Lance Banning, "Jeffersonian Ideology Revisited : Liberal and Classical Ideas in the New American Republic", *William and Mary Quarterly*, vol.43, no.1(1986), pp.11～12.

32) Isaac Kramnick, "Republican Revisionism Revisiter", *American Historical Review*, vol.87, no.3(1982), p.629, 664.

33) Isaac Kramnick, *Bolingbroke and His Circle, The Politics of Nostalgia in the Age of Walpole* (1968), pp.236～260.

34) R. C., pp. 38~39 ; V. C. H., pp. 241~243.

35) 가장 대표적인 최근의 저서로서는 J. O. Appleby. *Capitalism and a New Social Order : The Jeffersonian Vision of the 1790s* (1984).

36) J. P. Diggins, *The Lost Soul of American Politics : Virtue, Self-Interest, and the Foundations of Liberalism* (1984) ; "Commrades and Citizens : New Mythologies in American Historiography", *American Historical Review*, vol. 90, no. 3(1985), pp. 630~638.

37) Paul Conkin, "Comment on J. P. Diggins", *ibid.*, p. 642.

38) J. G. A. Pocock, "Between Gog and Magog : The Republican Thesis and the Ideologia Americana", *Journal of the History of ideas*, vol. xiviii, no. 2(1987), pp. 344~345.

39) Lance Banning, *op. cit.*, pp. 12~15.

40) Donald Winch, "Economic Liberalism as ldeology : The Appleby Version", *Economic History Review*, 38(1985), pp. 287~297.

41) Donald Winch, *Adam Smith 's Politics, An Essay in Historiographic Revision* (1978), p. 26.

42) J. O. Appleby, *Economic Thought and Ideology in Seventeenth-Century England* (1978).

43) J. O. Appleby, *Capitalism and a New Social Order : The Jeffersonian Vision of the 1790 's* (1984), pp. 49~50, p. 60.

44) Donald Winch, "Economic Liberalism as Ideology : The Appleby Version", *Economic History Review*, 38(1985), p. 292 : Donald Winch, *Adam Smith 's Politics, An Essay in Historiographic Revision* (1978), ch. 4~7을 참조. 그런데 최근 J. T. Kloppenberg가 이에 동조하고 나섰다. 그에 의하면 J. O. Appleby의 '개인적 자유주의'나 J. B. Macpherson의 '소유적 개인주의'는 분명히 로크와 아담 스미스의 사상과는 관련이 없다. 그것은 홉스의 사상에 기초한 것이다. 왜냐하면 John Dunn이 일찍이 밝혔듯이 로크의 사상 밑바탕에는 칼뱅주의적 청교도 정신이 자리잡고 있어서 사적 이해의 무제한적 추구라는 관념은 로크로부터 나올 수 없기 때문이다. 신에 의해 만들어진 자연법이 그러한 충동을 늘 제한한다는 것이다. 또한 아담 스미스도 시장 기능이 도덕적 목표의 완성으로 가는 수단일 뿐이지 그 자체가 정치경제의 목적이라고 보지는 않았다는 것이다. J. T. Kloppenberg, "The Virtues of Liberalism : Christianity, Republicanism, and Ethics in Early American Political Discourse", *Journal of American History*, vol. 74, no. 6(1987), pp. 16~18.

45) Jeffrey C. Isaac, "Republicanim vs Liberalism ? A Reconsideration", *History of Political Thought*, vol. Ⅸ, no. 2(1988), pp. 349~377.

46) Lance Banning, *op. cit.*, p. 12.

47) 미국 수공업자들의 공화주의에 대해서는 다음을 참조. Rowland Berthoff, "Peasants and Artisans, Puritans and Republicans : Personal Liberty and Communal Equality in American History", *Journal of American History*, vol. 69, no. 3(1982) pp. 579~598 ; Sean Wilentz, "Artisan Republican Festivals and the Rise of Class Conflict in New York City, 1799~1837", M. H. Frisch and D. J. Walkowitz, eds., *Working-Class America : Essays on Labour, Community, and American Society* (1983), pp. 37~77.

48) Isiah Berlin, *Four Essays on Liberty* (1969), pp. 118~172. 이에 대한 반론으로는 Quentin Skinner, "The idea of Negative Liberty : Philosophical and Historical Perspectives", Richard Rorty, J. B. Schneewind and Quentin Skinner, eds., *Philosophy in History* (1984), pp. 193~219 ; 조승래, 〈스피노자의 政治思想 — 市民的 共和主義와 관련하여〉, 《西洋史論》 29 · 30 합집 (1988), pp. 191~192 참조.

49) 공화주의의 현대정치철학에 대한 영향에 대해서는 다음 책들을 참조. Alasadir MacIntyre, *After Virtue. A Study in Moral Theory* (1981) ; Michael J. Sandel, *Liberalism and the Limits of Justice* (1982) ; *Liberalism and Its Critics*, ed., Michael Sandel(1984). 매킨타이어에 의하면, 자유주의는 사회를 단지 자신들에게 유용하고 좋다고 생각되는 것만을 안정적으로 추구하려는 개인들이 모인 장소 정도로만 생각하기 때문에, 근대 자유주의적 정치는 다른 수단에 의해 진행되어온 내전(civil war)에 지나지 않는다는 것이다. (Alasadir MacIntyre, *op. cit.*, p. 219 · 236.) 그리하여 지방적 형태에 공동체를 구성하여 우리 앞에 이미 닥쳐온 이 암흑의 시대에 시민적 도덕적 삶이 유지될 수 있도록 하자고 주장한다.(*Ibid.*, p. 245) 또한 Sandel은 과거의 정치 전통 안에 존재했던 공동체의 당파의 이상이 옳다면 우리 세대의 가장 급박한 도덕적 정치적 임무는 현재 시들어가고 있는 공화주의의 정신을 되살리는 것이라고 주장한다.(M. Sandel, *Liberalism and Its Critics*, p. 7.)

신자유주의
New Liberalism

송 규 범

I. 머리말

자유주의는 근대 이래 여러 세기에 걸쳐 서구의 모든 나라에서 광범하게 전개되어온 사상으로서, 다양다기한 전통을 풍부하게 상속받아 엄밀한 개념 규정이 불가능할 정도로 다양한 의미를 포함하고 있다. 그러나 그것이 하나의 이념이나 실천목표의 일관된 체계로 발전하게 된 것은 17, 18세기 이후의 일이며, 특히 구체적인 이데올로기 형태로 완성된 것은 이데올로기의 시대인 19세기에 와서의 일이다.[1] 그리고 그것이 가장 전형적으로 발전한 곳은 영국이었다. 오직 영국에서만이 자유주의는 하나의 국가철학으로, 그리고 동시에 국가정책으로서의 위치에 이를 수 있었다. 유럽의 대륙에서도 미국에서도 초기 자유주의는 영국과 비슷한 양상으로 발전하지 못하였다. 그래서 우리가 '고전적 자유주의'라는 용어를 쓸 때, 그것은 통상 영국과 관련해서인 것이다.[2] 영국에서 19세기는 자유주의의 세기라 해도 전혀 지나침이 없을 것인바, 그동안 영국은 산업혁명을 수행하면서 엄청난 사회적 변화를 경험했지만 자유주의는 그 소용돌이 속에서도 줄곧 지배적 이데올로기의 지위를 누렸던 것이다.

그러나 세기가 저물어가면서 자유주의는 심각한 위기를 맞이하였다. 많은 자유주의자들은 이제 그들의 신조가 생명이 다한 형체로 화석화해가고 있음을 느끼고, 저 위대했던 운동이 썰물처럼 퇴조의 운명을 겪고 있는 것을 목격하였다. 그러한 가운데 많은 진보적 자유주의자들은 그들의 신조를 변화된 시대상황에 부응할 수 있도록 새로운 형태로 탈바꿈시키고, 그리하여 그것에 새로운 생명을 불어넣고자 하였다. 비록 밀(J. S. Mill)과 같은 거두는 없었지만, 여론 형성을 주도할 수 있는 일단의 지성들이 추상적이고 철학적인 문제보다는 구체적이고 현실적인 문제를 집단적으로 궁리하는 과정에서 새로운 형태의 자유주의를 발전시켜나갔던 것이다. 그것은 곧 그만큼 자유주의의 탄력성과 적응력을 의미하는 것이기도 하다. 세기초에 완성을 본 자유주의에 우리는 흔히 '고전적'이라는 수식어를 붙이거니와, 이 고전적 자유주의를 세기말에 이르러 사뭇 새로운 모습으로 계승 발전시킨 사상가들은 그들의 것을 이전의 것과 구별하여 '신'자유주의라 불렀다.

Ⅱ. 신자유주의의 배경, 개념 및 범주

자유주의는 항상 개혁의 이념 역할을 스스로 맡아왔다. 봉건적 귀족적 특권에 대한 저 위대한 공격은 광범위하게 성공을 거두어왔다. 많은 고전적 자유주의의 요구들, 이를테면 정치적 법적 평등이나 사상과 그 표현의 자유 등에 대한 요구들은 아주 충실하게 성취되었다. 그러나 그 오랜 공격의 표적이었던 정부 권력과 귀족제는 차츰 더 복잡한 산업사회의 문제로 대치되었다. 19세기말에 이르면 이렇게 변화된 환경 속에서 기존의 자유주의는 개혁을 위한 적절한 이론적 틀을 제공하지 못하고, 그에 따라 기력이 쇠해가고 있었다.

자유주의의 기본적 가정들에 대한 최대의 충격은 번영의 그늘에 가려 그 실상이 제대로 드러나지 않았던 빈곤과 실업의 참상에 대한 새삼스런 인식에서 왔다. 자유주의는 빅토리아기의 영국인들에게 다음과 같은 믿음, 즉 경제제도는 정상적으로 일할 의사와 능력이 있는 모든 사람에게 일자리와 생계임금을 보장해줄 수 있으며, 그리고 곤궁과 불행은 사회적 메카니즘에서보다는 개인의 악덕과 낭비벽 등에서 초래된다고 하는 믿음을 심어주었다. 그리고 구빈법(救貧法)과 같은 빅토리아기의 전형적 사회입법의 이론적 근거를 제공해 준 것은 바로 이러한 믿음이었다. 빈민의 도덕적 황폐화를 막기 위해 구제는 항상 생계임금 수준보다 못해야 한다는 원칙을 엄격하게 적용할 것을 주장하던 자선기구협회(Charity Organization Society)는 1860, 1870년대에 그 문제에 대한 자유주의적 접근법을 전형적으로 보여주는 것이었다. 이 협회는 자선이 자칫하면 수혜자들의 의타심을 조장하여 오히려 빈곤을 증대시키는 경향이 있다고 하면서, "물고기를 주지 말고, 물고기 잡는 법을 가르쳐주라"고 주장하였다.

그런데 찰스 부스(Charles Booth)가 1889년 런던의 빈민가에 대한 획기적 연구로, 그리고 뒤이어 라운트리(Seebohm Rowntree)는 1901년에 요크(York)에 대한 조사를 통해 영국에 엄청난 정도의 빈곤이 실재함을 밝혀냄으로써 사람들을 놀라게 하였다. 이들에 의하면 이들 도시지역의 경우 인구의 거의 3분의 1이 단순히 생존을 위해 필요한 최저수준의 수입에도 미치지 못하였다.[3] 빅토리아기 영국의 자본주의는 전대미문의 부를 생산하면서 또한 동시에 빈곤의 악순환에 갇혀 있는 수많은 산업 프롤레타리아를 낳아놓은 것이다. 이와 같은 연구 결과 등으로 이제 일반 대중들은 점점 빈곤이 산업의 발전과 더불어 사라지고 있는 것이 아니라는 점, 그리고 빈곤이 빈번히 개인적인 결함의 결과가 아니라 복합적인 사회적 경제적 요인의 결과라는 점을 인식하게 되었다.

그리고 이제 새롭게 밝혀진 빈곤과 실업의 실상에 대해 사회적 관심이 집중되면서 그에 대한 논쟁이 개인과 사회의 관계, 국가 간섭의 성격과 필요성 등에 관한 정치적 토론을 명료하게 하는 데 촉매구실을 하였다. 점점 더 정치를 지배해가고 있는 것은 '개인의 자유'라기보다는 '국민의 생활 상태' 문제였다. 그것은 물론 부분적으로는 선거권 확장의 결과요, 그에 따라 정당들이 대중의 지지를 끌어낼 수 있는 정책을 개발할 필요성 때문이기도 했다. 실제 정치에서 신자유주의적 정책을 추진하고자 노력했던 처칠(W. S. Churchill)은 "정치의 미답의 영역"이라는 제목의 글에서, 자유당 내부에서 일어나고 있는 중요한 관념상의 변화에 대해 언급하였다. 그는 자유당이 그 어떤 측면에서도 자유를 위한 역사적 투쟁을 포기하지 않았지만, "그러나 자유당은 정치적 자유가 아무리 소중하더라도 최소한 어느 정도의 사회적 경제적 독립이 없이는 전혀 완전하지 못하다는 사실을 날카롭게 인식하게 되었다. …… 전세계에 걸쳐서 분열의 선은 순전히 정치적인 것에서 벗어나 사회적이고 경제적인 것으로 되어가고 있다"는 사실을 지적하였다. 그리고 처칠은 더 나아가 빈곤이나 실업 혹은 이것과 관련된 여러 사회악들이 "사물의 본성에 내재한 것이라거나, 그 치유는 인간의 지혜를 넘어서는 일이라고 말하는 것은 잘못이고 비열한 짓이다"고 하면서, 국민이 그에 대한 과감한 교정책을 강구할 것을 요구하고 있다고 썼다. [4]

　페비안주의자들을 두드러진 예외로 한다면, 실증주의 철학자들과 같이 19세기 영국의 많은 이데올로기 집단들은 현실과 유리된 공허한 이론화에 몰두하였다. 그런 반면 신자유주의자들은 극심한 빈곤·실업·질병 등과 같이 당시 정책 입안자나 결정자들이 시급히 대처해야 할 민감한 현안 문제들을 다루었다. 사회적 현안에 대한 증대하는 인식, 1884년의 선거법 개혁으로 인한 유권자의 증대, 그에 따라 나타나는 정치적으로 능동적인 민중 진영의 확대 등의 변화된 상황 속에서 정치제도에 대한 새로운 요구들이 대두하는 시대에 신자유주의자들은 필요한 해결책을 진지하게 모색했던 것이다. 처칠의 이 글에서 우리는 이러한 신자유주의의 기본적인 사고틀을 엿볼 수 있다. 사실 신자유주의는 첫째, 완전한 자유를 위해서는 사회적 경제적 독립이 필수적이라는 점, 둘째, 그런 독립을 저해하는 이른바 사회악이 자연 질서의 일부가 아니라 치유 가능한 것이라는 점, 그리고 마지막으로 그 과제는 국가적 차원에서 추진되어야 한다는 점 등에 대한 인식을 바탕으로 하고 있는 것이다.

신자유주의자들은 도시 빈민들의 빈곤이 사실 그들 자신의 결점 때문이 아니라 잘못된 사회 혹은 경제제도 탓임을 지적하였다. 빈민들은 그들의 통제권 밖의 이유 때문에 경제적 박탈의 고통을 겪고 있는 것이며, 이들의 빈곤은 제도적 결함의 당연한 결과였다. 빈곤에 대한 이러한 인식은 중요한 이론적 함의를 지니고 있었다. 만일 사람이 경제제도에 의해 이런 빈곤에 빠지게 될 운명이라면, 그러면 그들은 실질적으로 자신의 재능을 계발하는 자유를 상실당하게 된다. 그런데 각자가 자신의 재능을 계발하는 자유야말로 밀이 정의한 정치적 자유의 초석인 것이다. 그렇다면, 그리고 만일 이 자유주의의 이상이 견지되어야 하는 것이라면, 그런 잘못된 제도는 마땅히 변경되어야 할 것이었다. 그런데 전통적 자유주의 경제정책은 이러한 상황에 대한 아무런 구제책도 제시하지 않았다. 신자유주의자들이 무엇보다 강력히 수정할 것을 제의한 것이 바로 이 정책이었다. 그리고 그들에 의하면 이런 개혁을 추진할 주체는 국가가 될 것이었다.

신자유주의는 몇몇 개인들의 창조물도, 혹은 어떤 단체나 기구의 공식적인 신조도 아니었다. 그것은 비슷한 생각과 경험을 공유하고 있는 사람들의 공동의 산물로서, 이들은 많은 포럼을 통해 생각을 교환하고 공통의 견해를 정립해나갔던 것이다. 그들은 서로간에 느슨한 형태로 결합되어 있었을 뿐, 페비안주의자들처럼 그들만의 독자적인 기구를 가진 조직화된 집단이 아니었다. 그들은 《네이션》(Nation)지가 주최하는 주례 오찬모임, 《진보평론》(The Progressive Review)을 발간하여 다양한 색깔의 진보적 지식인들의 구심점 역할을 했던 무지개회(Rainbow Circle), 그린(T. H. Green)의 사회적 양심에의 호소에 영향을 받아 설립된 여러 윤리협회들, 각종 사회개혁 단체, 기타 자유당 주변에서 운영되던 각종 소집단 등에서 활동하였다. 그러나 그 무엇보다 신자유주의 지식인들이 상호 의사를 소통하고 그들의 영향력을 행사했던 것은 언론을 통해서였다. 언론이야말로 그들의 주된 무기이자 활동무대였으며, 두드러진 신자유주의자들 대부분이 또한 언론인들이었다.[5] 그리고 그들이 활동한 많은 언론 기관 가운데서도 가장 대표적인 것은 《데일리 크로니클》(*Daily Croni-cle*), 《네이션》, 《맨체스터 가디언》(*Manchester Guardian*) 등이었다.

《데일리 크로니클》은 매싱엄(H. W. Massingham)이 1890년대에 이 잡지의 편집인 등으로 일하면서 런던에서 신자유주의의 지도적 주창자의 역할을 담당하였다. 그러나 보어전쟁(Boer War)이 발발하고, 이 신문 사주(社主)가 전쟁 찬성 정책을 채택하자 매싱엄은 편집인을 사퇴하였다. 그후 그는 여러 신문과 잡지를 위해 일하다가 1907년 《네이션》의 편집을 맡았다. 이후 《네이션》은 신자유주의 사상의 전파를 위한 가장 중요한 잡지가 되었다. 비록 발행부수는 수천 부에 불과했지만, 그것은 당시 신자유주의의 가장 책임 있고 영향력 있는 잡지로 인정받았다. 주요 신자유주의 언론인이나 이론가들은 거의 모두 직간접으로 《네이션》과 접촉하였고, 그것이 주선한 주례 오찬 모임은 모든 종류의 사회개혁가들과 정부 안의 진보적 자유주의자들의 편리한 모임장소 구실을 하였다. 그리고 《가디언》은 스코트(C. P. Scott)의 편집책임 아래 영국에서 가장 진보적이고 존경받는 자유주의 신문의 하나가 되었다. 매싱엄과 더불어 신자유주의의 가장 빼어난 언론인이었던 스코트는 또한 1897년 홉하우스(L. T. Hobhouse)를 《가디언》의 논설위원으로 초빙함으로써, 그를 언론계에 데뷔시키고 활발한 사회활동의 길을 열게 하였다.[6] 이후 홉하우스는 10년 뒤에 런던 대학 사회학 교수로 자리를 옮긴 다음에도 계속 《가디언》을 위해 글을 쓰고, 스코트와 긴밀한 관계를 유지하였다.

　　많은 지식인들이 신자유주의를 정립하는 데 이바지하였지만 그들 대부분은 어떤 일관성 있는 이론체계를 만들어내지는 못했으며, 그들의 작업은 단편적인 것이었다. 그런 가운데서도 홉하우스와 홉슨(J. A. Hobson)을 신자유주의의 전반적 현상에 그 형태와 목소리를 부여한 양대 이론가로 꼽는 데는 아무런 이론의 여지가 없다. 홉하우스는 주로 사회학으로, 그리고 홉슨은 주로 경제학으로 신자유주의 사상의 이론적 골격을 형성하는 데 이바지하였다. 그들은 긴밀한 친구 사이로 약간의 차이는 있지만, 서로의 저술에 크게 영향을 미치면서 상호보완적 관계를 유지하였던 것이다.

　　우리는 이제 용어와 관련된 약간의 혼란을 정리할 필요가 있다. 위에서 언급한 매싱엄과 스코트 등의 언론인을 포함하여, 우리가 홉하우스와 홉슨 같은 인물들의 사상을 신자유주의의 본질로 삼는 것은 당시 그 용어가 가졌던 것보다 더 엄격한 정의를 부여하는 것이 된다. '사회주의'라는 말의 당시 사용이 그러했던 것과 마찬가지로, 신자유주의라는 용어도 여러 복합적인 이데올로기적 신념들을 지칭하는 것으로 쓰였다. 일찍이 1884년에 한 언론인이 편집한 《신자유주의 강령》(*New Liberal Programme*)이라는 제목의 책에서 기고자들은 주로 토지와 아일랜드의 개혁 등을 주장했고, 홉슨이나 홉하우스의 신자유주의와는 거의 아무런 유사성도 지니지 않았다. 급진주의자 존즈(L. A. Jones)는 1889년에 '근대 자유주의 사상'을 가리키기 위해 그 용어를 썼다. 그리고 보수주의자 레키(W. Lecky)는 신자유주의자들을 "깊고 고요한 바다 위의 물거품 조각처럼 영국 정치사상의 표면 위에 떠도는 사회주의자들, 변덕쟁이나 혁명론자들의 시끄러운 집단"들과 연결시키면서 신자유주의를 경멸적으로 사용하였다. 말하자면 그 당시에 신자유주의라는 용어는 때로는 상당히 막연하게 사용되었고, 보통은 자유방임 이상이라는 대중 이데올로기로부터 벗어나는 어떤 것을 지칭하는 데 쓰였다.[7]

　　신자유주의라는 용어가 이렇게 더 포괄적인 의미로 사용되었기 때문에 당시 스스로도 신자유주의의 지도자로 자처하였고, 또한 대체로 그렇게 통하기도 했던 일단의 인물들이 우리의 신자유주의의 범주에서는 제외된다. 말하자면 자유제국주의자로 알려진 일단의 자유당 정치가들 —— 예를 들면 로즈베리(Rosebery), 애스퀴스(Asquith), 홀데인(Haldane), 그레이(Grey) —— 이 그들이다. 비록 애스퀴스가 1908년 이후 자유당 정부를 이끌었고, 저 유명한 자유당 개혁을 주도했지만, 그와 기타 자유제국주의자들은 홉슨이나 홉하우스 등과 같은 신자유주의자들과 명확히 구별되어야 한다. 비록 그들 대부분은 빈곤이나 자유당의 정치적 취약점 등에 대한 공통의 관심을 나누어가졌지만, 둘 사이의 차이는 유사점보다 훨씬 더 크게 남아 있다. 자유제국주의자들은 국가 효율성의 이름으로 사회개혁을 지지했다. 즉 영국의 인종적 자원을 개선하고 대영제국을 국제무대에서 더욱 효율적인 경쟁자로 만들려는 시도에서 그랬던 것이다. 그들은 신자유주의의 가장 중요한 특징을 이루는 요소, 즉 자유주의 이상들의 재정립의 사상을 공유하지 않았다. 또한 그들은 시장에 대한 국가 간섭의 방향으로 나아가려 하지도 않았다. 무엇보다 중요한 것은 신자유주의자들은 결코 제국주의자가 아니었다는 점이다. 그들은 평화적인 외교정책을 신자유주의의 본질적 요소로 생각하였다. 그것은 곧 윤리적 기준이 개인들에 대해서와 마찬가지로 정부들에 대해서도 똑같이 적용될 수 있다는 믿음이었다.[8]

참으로 홉하우스에게는 외교정책이 국내 정치에 대한 태도보다 더 확실하게 기본적 정치 도의의 초석이었다. 그리고 그것은 홉하우스의 정치적 충성과 혐오를 가르는 기준에서 결정적인 요인이었다. 확고한 개인주의자는 독단적이거나 맹목적일 수는 있지만, 그러나 최소한 그의 입장이 도덕의 부정에 근거하지는 않았다. 그와는 달리 열렬한 제국주의자는 국내 정치에 대한 견해가 무엇이든간에 믿을 수 없는 존재였다. 그래서 당시의 더욱 집단주의적 성향의 정치 지도자들도 대외문제에 대한 부도덕한 정책 때문에 홉하우스에게는 저

주받을 대상들이었다. [9]

　자유제국주의와 더불어 또 하나, 급진주의 역시 신자유주의와 구별해야 한다. 급진주의는 그 정신에서 개혁주의적이며 또 몇몇 현안에 대해서는 피상적으로 볼 때 신자유주의와 유사한 견해를 취했지만, 그것과 일치되는 것은 아니었다. 급진주의는 개인의 존엄성과 독립성을 정치 참여의 기회 확장과 극도의 불평등의 부분적인 완화 등을 통해서 확립할 것을 추구해왔다. 그래서 그것은 주로 의회개혁·자유무역·교육개혁 등의 대의를 지지하였는데, 신자유주의의 집단주의적이고 유기체론적인 특성이 아니라 개인주의적인 특성을 여전히 그 기반으로 삼았던 것이다. [10]

　여러 다양한 견해가 신자유주의라는 같은 이름 속에서 함께 뒤섞였듯이, 신자유주의자들은 또한 자신의 새 이론을 묘사하기 위해 다양한 용어를 사용하기도 했다. 그들은 간혹 '신급진주의'라는 표현을 쓰기도 하고, 때로는 '근대적' 혹은 그보다 더 자주 '진보적'이라는 표현을 쓰기도 하였다. 이 '진보적'이라는 명칭은 다양한 색깔의 사상가들에게 적용되었는데, 《진보평론》을 중심으로 사회개혁의 대의를 위해 모였던 일단의 진보적 인사들이 스스로를 무지개회라고 불렀던 것은 이런 사실을 익살스럽게 인정한 것이었다. 신자유주의자들은 자유당의 부흥을 위해 일했지만, 그러나 그들은 개혁 지향의 자유주의자와 우익 노동주의자를 똑같이 공동의 목표를 나누어 가진 더 넓은 '진보운동'의 구성원으로 간주하였다. 물론 동시에 '신'자유주의라는 용어도 사용되었지만, 그것이 더욱 보편적인 용어가 된 것은 오직 소급 과정을 거쳐서인 것으로 보인다. 말하자면 다른 몇 가지 표현을 밀어내고 '신자유주의'가 채택된 것은 어느 정도 역사가에 의해서인 것이다. [11]

　'신자유주의'라는 용어는 단순히 자유주의의 지적 분위기의 전반적 변화를 지적해줄 뿐만 아니라, 또한 자유주의 전통의 연속성을 강조해주기도 하는 이중의 이점이 있다. 신자유주의의 특징을 집단

주의로, 그리고 전통적 자유주의의 본질을 개인주의로 파악하고자
할 때, 어떤 이는 그것이 과거와의 깨끗한 단절이나 방향의 급격한
선회로 간주되는 위험성에 대해 경계해야 한다고 지적하기도 한다.
신자유주의로의 발전을 이분법적 관점에서 보는 것은 이론과 실제의
끊임없는 상호작용을 무시하는 것이며, 또한 자유주의를 끊임없이
발전하는 철학이 아니라 정체된 철학으로 보는 것이라는 지적이다.[12]
그런데 이런 지적은 틀린 것은 아니지만, 그러나 불필요한 것이다.
왜냐하면 신·구 자유주의의 연속성은 구태여 강조할 필요가 없기
때문이다. 만일 그것이 차이가 나지 않고 새롭지 않다면 '신'이라
는 형용어를 사용하여 구별할 필요조차 없을 것이며, 그리고 만일
공통요소와 연속성을 갖지 못한 별개의 것이라면 '자유주의'라 이
름하지 않았을 것이다. 이를테면 '신자유주의'의 용어 그 자체가
신·구 자유주의의 차별성과 연속성을 동시에 말해주고 있는 것이
다. 두 자유주의의 차이는 정도의 차이일 뿐 질의 차이는 아니다.
그러나 또한 그 정도의 차이는 충분한 의미를 지닐 만큼의 차이인
것이다.

　신자유주의는 빅토리아 말기 영국의 사회적 경제적 문제들에 대
한 대응이었다. 20세기 초두에 이르면 진보적 자유주의자들 가운데
는 정부가 이전에는 사적 자선에 맡겨졌던 이른바 '사회문제'를 직
접 다루어야 한다는 것이 상식이 되었다. 사회문제를 해결하기 위한
주된 수단으로 국가 간섭의 필요성을 받아들인 것은 이전의 자유주
의 이데올로기로부터의 변화였다. 그런데 이 변화는 사회주의를 취
하기 위해 자유주의를 버리는 방식으로 이루어진 것이 아니라, 사회
나 시장경제에 대한 전통적인 자유주의 개념의 확장에 의해 이루어
졌다. 신자유주의자들은 항상 자유주의 정치이론의 초석이었던 개
인의 자유를 강조하는 자세를 견지하였다. 자유주의 이론을 변화된
상황에 적응시킴에서 그들은 자유주의 전통의 생명력을 증명해보였
다. 개인의 자유와 자아의 발전을 강조함에서, 그리고 정치적 경제

적 문제에 대한 윤리적 접근방법에서 그들은 분명 그린과 더불어 또
한 밀의 상속자들이었다. [13]

Ⅲ. 경제이론

신자유주의는 무엇보다 가난한 사람들의 고통에 냉혹하게 눈감는
'우울한 학문'에 대한 근본적인 비판을 통해 형성되었다. 세기말의
상황은 정통 정치경제학의 소박한 낙관주의가 더 이상 통할 수 없게
만들었다. 1870년대 전반기에 시작된 경기침체는 20년 이상 지속되
는 장기 불황을 가져왔다. 그리고 여러 사회조사에서도 드러났듯이,
빈곤을 자연현상의 일부로 파악하여 그 해결을 자선에 맡기거나 혹
은 그 수렁에 빠진 당사자들의 도덕적 결함만을 탓하는 것으로 만족
하기에는 빈곤은 너무나 광범하고 심각한 현상이었다. 고전경제학
은 산업혁명이 가져온 결과들에 대해 적절한 이해와 통찰을 가지고
있지 못하다는 사실이 드러났다. 그것은 오늘날의 말로 하자면 '경
제성장의 비용'이라 부를 것들, 이를테면 저임금, 장시간 노동, 열
악한 근로·주거환경, 기술적 실업, 노동분업의 비인간적 영향, 그
리고 인구과밀현상 등과 같은 문제의 의미와 중요성을 제대로 이해
하지 못하였다. 그것은 오로지 생산과 성장의 신만을 신봉하였던 것
이다.

그러나 이제 경제학은 차츰 단순히 부의 생산만이 아니라 그것이
삶의 질에 미치는 효과의 측면에도 관심을 갖기 시작했다. 러스킨
(J. Ruskin)의 "삶을 도외시한 부란 있을 수 없다"는 유명한 경구가
경제학의 이러한 변모의 좌우명이 되었다. 생산에만 전념하던 경제
학이 소비자로서의 개인에 대해 관심을 기울이고, 분배문제의 중요
성에 눈을 뜨게 되었다. 그리고 자유롭고 자율규제하는 시장이라는

관념은 각종 사회·경제적 악폐들에 대한 인식에 의해 드러난 사실들에 직면하여 붕괴되어갔다. 더욱이 대량실업과 더불어 재발되는 자본주의의 위기는 그 체제의 어떤 내적 결함을 지적해주는 것이라고 할 수 있는바, 공급은 그 자신의 수요를 창출하지도 않거니와 경제질서를 조절해주는 '보이지 않는 손'도 없어보였다. 이러한 관련 속에서 고전경제학을 뿌리째 뒤흔드는 '저소비주의'이론이 탄생되었다.[14]

많은 신자유주의자들이 고전경제학을 새롭게 재정립하는 데 이바지하였지만, 그 가운데서도 핵심적 역할은 단연 홉슨의 몫이었다. "세기의 전환기에 신자유주의 이론가들 가운데 가장 독창적이고 통찰력 있는"[15] 인물이었던 홉슨은 정통 경제학에 정면으로 도전하였다. 경제사상의 측면에서는 그는 누구보다 특히 러스킨의 영향을 많이 받았다. 정치경제학에 대한 러스킨의 윤리적 비판은 홉슨의 경제이론의 기초를 형성하였다. 홉슨은 경제적인 힘이 인간의 의지와 독립하여 작용한다는 고전경제학을 거부하고 경제학에 인간의 의식적 노력을, 달리 말해 윤리를 도입하였던 것이다. 그런 의미에서 그는 기본적으로 도덕론자였으며, 그의 경제학은 협동과 평등이라는 윤리적 이상에 기초한 사회의 실현 가능성과 그것의 이점을 증명해보이려는 것이었다. 그런 면에서 당시의 경제제도에 대한 그의 주된 비판이 산업자본주의가 야기한 삶의 질과 관련한 것이었음은 당연하다 할 것이다.

세기말에 이르러 빈곤에는 경제적 이유가 있을 수 없다는 신념은 사회조사와 같은 비이론적 작업에 의해 논박되고 있었지만, 경제이론은 여전히 그와 같은 신념을 묵수하고 있었다. 그러므로 빈곤을 이론적 근거에서 설명할 수 있기까지는, 개혁가들은 자신의 사회개혁 정책을 위한 경제적 명분에서는 취약할 수밖에 없었다. 이런 점에서 홉슨이 경제학자이자 사회개혁가로서 끼친 두드러진 공헌은 빈곤이 경제적 원인, 그것도 명백히 시정 가능한 경제적 원인에서 기인한다는 사실을 이론적으로 증명한 일이었다. 그시대 사람들 사이에서는 거의 유일하게 흡슨은 빈곤의 근원적 원인이 대규모 실업을 가져오는 주기적인 경기침체에 있음을 간파하였다. 그의 저술은 거의 모든 실업이 경기주기의 부침과 성쇠에 관련되어 있음을 보여주었다. 이런 생각은 물론 현대 경제이론의 핵심에 있는 것이지만, 1890년대에는 혁명적이라고 할 수 있었다. 왜냐하면 그것은 실업에는 전혀 경제적 원인이 있을 수 없다는 고전경제학의 도그마에 어긋났기 때문이다.

생산은 자신의 수요를 창출한다고 믿었던 고전경제학자들에게 과생산―저소비란 있을 수 없는 일이었고, 실업은 경기순환이 야기하는 경제적 현상일 수도 없었다.[16] 그런데 사실 생산은 수요의 크기에 의해 제한된다는 생각은 적어도 17세기까지 거슬러올라간다. 중상주의자들은 그렇게 믿었다. 그러나 아담 스미스(Adam Smith)와 리카도(D. Ricardo)의 고전적 정치경제학이 수립됨에 따라 과잉생산의 가능성에 관한 옛 생각은 완전히 잊혀졌다. 리카도는 생산과 소비가 일치한다고 주장하고, 밀도 저축을 소비의 한 형태로 간주함으로써 리카도의 주장을 재확인해주었다. 그리하여 19세기말의 경제사상에서는 과저축과 과생산은 불가능하다는 것이 하나의 도그마가 되었다. 흡슨은 바로 이 과생산은 불가능하다는 교의를 논파하였다. 흡슨은 리카도나 밀과는 반대로 저축을 소비의 한 형태가 아니라 더 많은 생산을 가져오는 투자로 보았다. 과도한 저축은 곧 소비의 부족과 같은 것으로서, 결국 과생산으로 이어질 것이었다. 다시 말하자면 공급과 수요 불균형의 가능성이 존재하며, 이것은 상품의 과잉을 초래하고 그리하여 마침내는 경기침체를 가져올 것이었다.

그러면 저소비와 과저축이라는 현상은 왜 나타나는가? 흡슨은 그 원인을 시장경제의 잘못된 분배체계에서 찾았다. 그는 "자유경쟁에 의한 조화로운 분배"라는 고전경제학의 교의를 거부하였다. 고전경제학은 시장에서의 자유로운 경쟁이 특정 생산요소에 대해 어떠한 잉여도 허용하지 않고 조화로운 분배를 창출해낸다고 주장하였다. 그러나 홉슨이 보기에 시장은 항상 불완전 경쟁 혹은 독점적 경쟁이 지배적인 양식이었다. 그는 생산의 각 요소들이 서로에 대해 불균등한 교섭력을 갖고 있으며, 시장경제에서 분배는 결국 경제적 강자의 힘에 의해 결정된다고 믿었다. 그 결과는 불공평한 분배, 유휴 과잉자본으로 전화되는 불로소득의 발생이었다.

시장은 불완전한 경쟁을 통해 부자에게는 소비할 수 있는 이상의 소득을, 그리고 빈자에게는 생계를 위해 필요한 수준에도 미치지 못하는 소득을 분배한다. 그 결과는 저축과 소비의 불균형이다. 부자가 쓸 수 있는 모든 것을 쓰고도 남는 것은 자동적으로 저축이 된다. 이 저축이 소비력과 생산력의 균형을 파괴할 것이었다. 뿐만 아니라 그것은 효율 면에서 여러 가지 방법으로 낭비적이었다. 그것은 소득을 최대의 결과를 얻을 수 있도록 가장 효율적으로 배분하는 데 실패했을 뿐 아니라, 자동적으로 과생산이라는 경제적 무질서를 불러일으켰다. 그리고 무엇보다 실업이라고 하는 엄청난 자원의 낭비를 초래하였다. 그리하여 고전경제학자들에게는 그토록 공평무사하고 정의가 실현되는 장(場)으로 믿어졌던 시장이 홉슨에게는 비난의 대상이었다. 그에게 시장경제는 사회 정의의 견지에서는 부도덕하고, 경제적 효율의 견지에서는 비합리적일 뿐이었다.

홉슨은 이렇게 과생산 — 저소비의 존재 가능성을 증명함으로써 실업을 경제적 원인으로, 따라서 빈곤을 일차적으로는 경제질서의 모순에서 비롯되는 것으로 설명할 수 있었다. 그는 또한 이러한 논의를 통해 빅토리아 시대의 최고의 덕성의 하나였던 절약의 과학적 논거에 대해 심각한 의문을 제기하면서, 소비의 경제학적 지위를 생산과 동등한 지위로 끌어올렸다. 그리고 동시에 그는 노동계급과 같은 저소득층의 기능은 오로지 생산 부문에만 놓여 있을 뿐이어서, 소비나 저축을 위해서는 거의 아무런 경제적 의미를 지니지 못한다는 정치경제학적 가정을 비판하였다.

홉슨은 스스로 경제학의 이단자임을 자처하였는데,[17] 아무튼 정통 경제학에 대한 자신의 이러한 급진적 비판 덕분에 그는(런던대학의 사회학 교수직을 누렸던 홉하우스와는 달리) 어떤 대학에서도 정식 교수직을 얻지 못하는 푸대접을 받았다. 그러나 그는 자신의 이단 경제학을 통해 당시에는 사회개혁가들이 찾고자 했던 재분배를 위한 이론적 기초를 확립하였고, 훗날을 위해서는 케인스(J. M. Keynes)혁명을 예비하기 위한 길을 닦아놓았다. 그의 저소비 이론은 한마디로, 자본주의의 위기를 해결하기 위해서는 강력한 소득 재분배 정책을 취함으로써 저소득층의 소비력을 증대시켜야 한다는 것을 의미하였다. 따라서 그는 노동조합의 역할이나 기능을 확대하려는 시도를 지지하고, 생산과 효율을 자극하기 위한 수단으로 고임금, 더 짧은 노동시간, 증대된 여가 등의 경제를 옹호하였다. 그리고 그는 다른 모든 신자유주의자들과 더불어 무엇보다 불로소득에 대한 누진과세 정책을 주장하였다.

사실 누진과세와 또 그것을 통한 부의 재분배는 신자유주의의 사회개혁 방안 가운데 핵심의 하나였다. 홉하우스는 많은 사람들이 아직도 재산을 개인에게 내재한 절대적 자연권으로 생각하고, 따라서 모든 과세를 마치 전적으로 한 개인의 것인 어떤 것을 그로부터 빼앗아가는 것으로 잘못 생각하고 있는 점을 비난하였다. 그는 과세를 부의 요소 가운데서 사회적 기원의 것을 사회가 다시 되찾는 것이라고 생각하였다. 그는 이러한 입장에서 당시 부의 재분배를 위한 조세정책에 반대하던 논의, 즉 "갑에게 지불하기 위해 을에게서 훔치기"라는 논리로 표현되고 있던 반대 논의를 비판하였다. 홉하우스가 보기에 진실은, 국가가 갑에게서 훔치는 것이 아니라 "국가에게서 훔치려 하고 있는 것이 바로 갑"인 것이다. 왜냐하면 갑이 세금으로 내야 할 몫은 원래 그의 것이 아니라 사회적 요소의 부로서 애초에 국가의 몫이었기 때문이다.[18]

홉하우스의 이와 같은 논의는 신자유주의자들이 재화의 사회가치설을 받아들이고, 또한 전통적인 재산권 개념의 수정을 시도하고 있음을 의미하는 것이었다. 고전경제학에서 재산은 개인 인격의 근본 조건이자 그 표현의 하나로서 불가침의 권리였지만, 이제 그것은 상대적이고 조건부의 권리였다. 왜냐하면 재산은 단순히 개인 자신의 노력의 결과일 뿐만 아니라 사회적 노력의 결과이기도 하기 때문이었다. 홉슨이 사회가치설을 주장하는 데서 그 이론적 근거로 삼았던 것은 특히 불로증식(unearned increment)이라는 개념이었다. 자본가치, 특히 토지와 관련된 자본가치의 증식은 그 소유자의 노력에 의한 것이 아니라 사회의 활동에 의한 것이었다. 그는 우월한 교섭력에 의해 지배되는 불공정한 시장체제에서 생겨난 비생산적 잉여의 발견에서도 이러한 사회적 가치를 확인할 수 있었다. 이렇게 재산의 많은 부분이 사회에 힘입은 것이라면 사회는 절대적인 사유재산의 인정을 거부하고, 사회도 자신이 그 창출을 도운 바 있는 사회적 가치에 대한 몫을 가질 권리가 있는 것이었다.[19]

여기에 사회개혁가들의 재정 정책의 열쇠가 있다. 잉여에 대한 과세가 노동자의 고임금과 결합되어 잘못된 분배구조를 시정하고, 더 평등하고 안정된 사회를 건설하는 방법이다. 신자유주의가 그 개인주의적 자유주의 과거와 가장 현격하게 단절되는 것은 바로 재정 정책 영역에서였다. 홉슨이 1909년의 이른바 '인민 예산'을 사회개혁의 재정 확보를 위한 대담한, 심지어 혁명적인 접근이라고 환영한 것은 당연한 일이었다. 이 급진적 예산은 홉슨을 위시한 신자유주의자들이 오래 전부터 주창하여 온 과세이론을 거의 그대로 따른 것이었다. 그것은 불로증식의 상당 부분을 국가의 몫으로 확보하려는 최초의 국민적 시도였던 것이다.[20]

이상에서 우리는 홉슨의 저소비이론을 간략하게 살펴보았다. 그것은 자본주의의 위기를 소비력의 불평등 분배와 그에 따른 유효 수요의 부족에서 찾고, 그 근원적 치유책으로 생산력을 충분히 이용할 수 있는 수준까지 다수 대중의 소비력을 국가정책에 의해 확대할 것을 요구하였다. 그런데 그의 이러한 치유책은 과생산의 해소를 위해서는 식민지 시장을 확보해야 한다는 제국주의 정책과는 어긋나는 것이었다. 공급 과잉 혹은 과생산 현상이 현행 자본주의 체제에 본질적이고 항상적인 것이라는 사실을 인식한 점, 그리고 그 해결을 위해 자유방임주의를 거부하고 국가 개입의 필요성을 인정한 점에서 홉슨과 제국주의자들은 일치하였다. 그러나 국가 개입의 방법에서 둘은 서로 상반되었던 것이다. 제국주의자들은 자본주의경제의 분배체계를 정상적인 것으로 보았고, 따라서 과생산의 해소를 '외적' 방안, 즉 제국주의에 호소하였다. 그에 비해 홉슨은 그것을 잘못된 것으로 보았기 때문에 '내적인' 방법, 즉 그러한 체제 자체를 개혁할 것을 주장하였다. 그에게 제국주의는 다수 대중의 관심을 외부의 문제, 곧 제국의 문제로 돌려 맹목적 애국심을 부추기고, 그럼으로써 그들의 사회개혁과 민주주의를 위한 압력을 회피하면서 계급 지배를 유지하려는 기득권 계급의 효율적인 수단으로 보였다.[21]

Ⅳ. 정치·사회이론

　자본주의경제에 대한 홉슨의 비판은 여러 가지 면에서 사회주의자들의 것과 닮았다. 그러나 그는 표면적 유사성에도 불구하고 사회주의자가 아니었다. 사회주의자들은 자본주의의 완전한 대체 혹은 폐지를 주장했지만, 홉슨은 자본주의 경제의 모순들이 누진과세와 여러 사회개혁을 통한 잉여의 재분배로 교정이 가능하다고 믿었다. 그리하여 그의 해결책은 혁명이 아니라 개혁이었고, 그 개혁을 위한 이념이 신자유주의였다. 그런 면에서 신자유주의는 자유주의를 빅토리아 중기의 자유방임 이상에 봉사하는 이데올로기로부터 산업적 빈곤을 해결하기 위해 국가 행동과 사회개혁에 기초한 집단주의 철학으로 수정한 것이다. 가장 두드러진 변화의 측면은 바로 경제질서에 대한 국가 간섭의 정당화였는데, 이를 위한 가장 확실한 이론적 근거를 제공해준 인물이 홉슨이었다.

그런데 홉슨을 포함한 신자유주의자들의 집단주의적 담론이 왜 다른 이름이 아닌 자유주의 —— 그러니까 집단주의와는 대립되는 개인주의를 그 주된 특징으로 하고 있다고 일반적으로 인식되는 바로 그 자유주의의 이름으로 불리는가? 그것은 다름이 아니라 국가의 개입 행위에 대한 그들의 옹호가 바로 자유의 수호라는 대의 아래 이루어졌다는 점 때문이다. 홉슨은 시장경제가 개인의 자유에 대한 주된 위협이 될 수 있다는 것, 그리고 그것에 대한 국가의 어떤 통제가 개인의 자유를 신장하는 데 절대 필요하다는 것을 주장하였다. 그는 국가가 자유의 억압기구가 아니라 어떤 면에서는 개인의 자유를 위한 불가결의 도구가 될 수 있다고 믿었다. 왜냐하면 더욱 민주적인 시대에, 게다가 산업사회에서, 자유에 대한 위협은 정치 권력에서 나오기보다는 오히려 비정치적 형태의 권력에서 나오고, 이런 형태의 위협에는 국가의 보호가 필요하기 때문이었다. 홉하우스 역시 "국가 이외에 다른 자유의 적들이 있으며, 사실 우리가 이것들과 싸워온 것은 국가를 통해서였다"는 사실을 깨닫고 있었다.

그런데 "국가 이외의 다른 자유의 적들", 혹은 자유를 위협하는 비정치적 권력에 대한 인식은 곧 전통적인 자유의 개념의 변화를 전제로 하는 것이었다. 이를테면 그러한 인식은 자유의 본질적 의미를 기회의 평등과의 관련에서 이해하는 길로 나아가게 되는 것이었다. 홉슨에게는 "개인의 자유에 가해진 어떤 정치적 경제적 속박의 제거를 명확한 사명으로 하는 소극적인 자유주의 개념은 단지 철학적으로 결함이 있을 뿐만 아니라 역사적으로도 잘못된 것"이었다. 그는 사람이 그 동료와 더불어 인격 개발과 일을 위한 모든 물질적 도덕적 수단을 획득할 평등한 기회를 갖지 못한다면 그는 결코 자유롭지 못하며, 따라서 자유주의는 각 방면에서 평등한 기회를 확보하는 데

그 힘을 바쳐야 한다고 주장하였다. [22] 홉슨은 자유의 본질적 의미를
속박이나 제약의 부재라는 소극적 관련에서가 아니라 기회의 평등이
라는 좀더 적극적 관련에서 파악하였던 것이다. 그가 부의 재분배를
주장하였던 것도 그것이 경제체제를 좀더 합리적으로 만들 뿐만 아
니라, 또한 경제적 자유를 창출할 것이었기 때문이다. 그는 결코 다
른 무엇을 얻기 위해 자유를 그 대가로 치를 생각이 없었다.

이와 같이 자유를 기회의 평등이라는 용어로 정의한다는 것은 당
시 대부분의 사회개혁가들과 견해를 같이하는 것이었다. 다만 홉슨
의 분석에서 새로웠던 것은 그것을 경제이론의 용어로 진술한 데 있
었다. 그린과 홉하우스 같은 다른 자유주의 이론가들은 기회의 평등
이 공동선의 구현에 도덕적으로 필요하다고 주장하였다. 그에 비해
홉슨은 그 경제적 정당화를 제공한 첫 인물이었다. 그렇게 함으로써
그는 신자유주의에 그의 가장 중요한 공헌을 하나 했다. [23]

홉슨의 이런 공헌에 힘입어 신자유주의의 정치이론을 확립한 인
물은 홉하우스였다. 경제학자 홉슨이 고전경제학과 맨체스터 급진
주의를 수정할 때, 홉하우스는 밀과 그린의 전통을 계승 발전시켜나
갔다. 홉슨이 19세기 경제이론의 윤리적 실제적 오류들을 논증하는
동안, 홉하우스는 개인 자유의 존중과 집단적 행동의 필요성을 동시
에 표현해줄 정치이론을 창출하려고 노력하였다. 그것을 위해서는
자본주의의 경제적 불의와 비합리성에 대한 비판적 이해뿐만 아니라
인간과 사회에 대한 새로운 통찰이 필요하였다. 산업주의가 초래한
사회는 또한 비인간화를 포함한 많은 문제를 야기하였고, 그것은 기
존의 인식틀을 부적절한 것으로 만들었기 때문이다. 이러한 새로운
통찰은 당시 발전하던 사회학과 같은 학문이 제공해주었다. 홉하우
스는 이런 학문에 힘입어 인간과 사회에 대한 새로운 가정들을 정립
하고, 그것에 기초하여 자유의 개념을 새롭게 해석하였던 것이다.

홉하우스는 자유가 진짜 자유이기 위해서는 그 개념 속에 평등을
포함해야만 하며, 만일 그렇지 않을 경우 그것은 한갓 허구에 지나

지 않는다고 주장하였다. [24] 그는 그 전형적인 예를 자유방임적 자유
주의에서 거의 절대적 신조의 지위를 누린 이른바 계약의 자유에서
보았다. 그가 보기에 계약 행위에서 그 당사자는 외부로부터 아무런
간섭이나 통제가 없다고 해서 자유로운 것은 아니었다. 계약의 자유
는 거래를 맺거나 거부할 수 있는 실제적인 선택권을 의미하는데,
그것은 당사자가 서로간에 실질적으로 평등해야만 가능한 것이었다.
그런 선택권이 평등하게 보장되지 못한 경우, 계약의 자유의 원리는
자유의 보장이 아니라 위장된 억압의 도구에 불과한 것이다. 해고나
굶주림 이외에 다른 아무런 선택의 여지가 없다면, 그것은 결코 자
유일 수는 없었다. 누구든 자유롭기 위해서는 적어도 선택의 기회가
있어야 하며, 그 기회에서 서로간에 평등해야 하는 것이다. 그러므
로 홉하우스에게 "평등 없는 자유는 추한 성과에 붙인 고상한 이름"
에 다름 아니었다. 이렇게 볼 때, 홉하우스가 사람들 사이에 불평등
을 가져오는 여러 사회 경제적 상황들이야말로 참으로 제거되어야
할 자유의 적이라고 규정하고, 또한 그것들을 제거하기 위한 국가의
간섭을 자유의 억압이 아니라 오히려 그 확대라고 환영한 것은 당연
한 일이었다.

 홉하우스에게 자유는 이처럼 기회의 평등, 혹은 하고자 하는 그
무엇을 행할 능력을 의미하였는데, 자유의 이와 같은 적극적 개념은
이미 그에 앞서 그린이 훌륭하게 개척해놓은 것이었다. 그린은 자유
를 "행하거나 누릴 값어치가 있는 그 무엇을 행하거나 누릴 적극적
인 힘이나 역량을 의미한다"고 정의하였던 것이다. 다만 홉하우스
는 이 정의에서 그린의 철학을 특징 짓던 헤겔류의 관념론적 요소를
제거하였을 뿐이었다. 그는 그린을 따라서, 참된 자유는 각자가 자
아를 가장 잘 구현할 수 있도록 가능한 최대한의 기회를 가질 때 찾
을 수 있다고 생각하였다. 이렇게 자유가 하고자 하는 것을 행할 기
회나 힘을 의미한다면, 자유는 또한 그러한 기회나 힘을 저해하는
장애물을 제거하고 그 힘을 증대시키는 어떤 통제나 강제에 의존한

다는 것을 의미한다. 다시 말하면 자유는 강제의 부재가 아니라 오히려 강제 그 자체에 의존하는 것이었다.

홉하우스는 물론 강제가 개인의 자유를 결정적으로 제한한다는 것을 인정하였다. 그러나 그는 그럼에도 불구하고 강제가 사회의 다른 개인들의 자유를 보호하기 위해 필요하다고 주장하였다. 그러니까 통제 그 자체는 자유에 이로운 것도 해로운 것도 아니었다. 문제는 그것이 개인의 삶이나 정신적 질서를 옭아매는 것이냐, 아니면 그것들의 자유롭고 방해받지 않는 발전을 위한 외적 물질적 조건의 확보를 목적으로 하는 것이냐에 있었다. 따라서 자유를 위해 관건이 되는 것은 통제를 줄이느냐 늘이느냐 하는 문제가 아니라 통제를 어떻게 재조직하느냐는 문제였다. 홉하우스는 영국 사람들이 개인의 자유와 국가의 통제 사이의 대립이라는 관념 속에 너무 깊이 빠져 있다고 생각하였다. 그런데 그가 보기에 국가권력 그 자체는 자유와 친화적이지도 대립적이지도 않거니와, 사실 많은 경우 오히려 자유에 이로운 것이었다. 자유는 제약 없이 있을 수 없고 또 제약은 자유의 신장을 위한 수단이 된다면, 국가의 '적극적' 개념은 개인의 자유의 진정한 원리와 전혀 어긋나지 않을 뿐만 아니라 오히려 그것의 효과적인 실현에 필수적인 것일 터이었다. 이제 홉하우스와 다른 신자유주의자들에게 국가는 단순한 야경꾼이 아니었다. 국가는 개인의 자유를 억압하는 여러 사회적 경제적 상황들을 제거함으로써 사회를 개선하고 공동선을 추구할 은혜로운 주체로 나타난 것이다. 그것은 더 이상 필요악이 아니라 필요선이었다.

국가에 대한 신자유주의자들의 이러한 재평가는 또한 인간과 사회의 본질에 대한 새로운 가정에 기초한 것이었다. 구자유주의자들은 사회를 단순히 개인들의 집합으로 생각하였다. 이런 견해와는 대조적으로 신자유주의자들은 빅토리아기의 사회학과 철학적 관념론에 의거하여 사회를 하나의 유기체적 존재로 파악하였다. 그들에게는 사회에서 격리된 단자와 같은 존재로서의 개인은 있을 수 없었다.

그런 개인이란 기껏해야 '논리적 유령' 혹은 '단순한 추상물'에 불과하였다. 그리고 사회는 사회 이전에 이미 천부적으로 부여받은 자연권을 가지고서, 재산을 보호하기 위해 모인 자기 충족적 개인들의 단순한 집합체가 아니었다. 그것은 그 부분들의 단순한 총합 이상의 그 무엇, 이를테면 유기체적인 존재였다. 그리고 인간은 사회를 떠나서는 살 수 없으며, 또한 오직 사회 안에서만이 진정 자유로울 수 있는 존재였다.

사실 유기체적 사회 개념은 결코 새로운 것이 아니었다. 그런데 보수주의 사상과 몇몇 형태의 관념론에서 그것은 개혁이 아니라 오히려 사회의 변화에 대한 반대 주장과 결부되어 있었다. 왜냐하면 그런 변화는 유기체의 자연적 균형과 조화를 깨뜨릴 것이기 때문이다. 그러나 신자유주의자들은 더욱 역동적이고 목적론적인 사회 개념을 발전시키고, 그리하여 그것을 개혁에 이바지하게 만들었던 것이다. 홉하우스는 사람들은 계발되어야 할 어떤 잠재적인 재능을 가지고 있으며, 따라서 최선의 사회란 그런 재능이 최대한으로 계발될 수 있도록 하고, 개인의 완성을 위한 기회와 조건을 마련해주는 사회라고 생각하였다. 개인의 완성을 위한 이러한 기회들은 여러 종류의 사회기구, 예를 들어 노동조합이나 협동조합에 의해 도움을 받을 수도 있다. 그러나 무엇보다 국가에 의해 가장 효율적으로 그럴 수 있다는 것이었다. 이렇게 말하는 것은 개인의 발전이 외부로부터 강제될 수 있다는 의미가 아니라, 인성은 오직 내부에서 성장하며 단지 국가의 강제력이 이런 성장을 위해 가장 적절한 조건을 만드는 일을 도울 수 있다는 사실을 의미할 뿐이다. 따라서 국가행동이나 그것이 수반할 강제의 목적은 내적 성장을 위해 가장 유익한 외적 조건을 확보하는 것이다. 좀더 구체적으로 말하자면 공동체의 모든 구성원에게 훌륭하고 충족된 삶을 위한 물질적인 필요물들을 마련해주는 것이었다.

홉하우스는 개인의 존엄성과 자유를 자신의 정치 사상의 출발점으로 삼았다는 점에서, 전통적인 자유주의가 의미했던 개인주의의 연장선상에 있다고 할 수 있다. 그는 개인의 발전이 윤리적 선이라는 것을 하나의 공리로 받아들인다. 그리고 그는 그러한 발전을 위해서는 각 개인이 가능한 최대의 자유를 필요로 한다고 믿었다. 그는 이렇게 한편으로 개인주의 이상을 받아들이면서도 또한 동시에 그것을 넘어섰다. 왜냐하면 그는 결코 개인의 자유를 절대적으로 내세우지 않았으며, 어디까지나 그것을 사회적 조화나 공동선 등의 개념과 결합시키기 위해 노력하였기 때문이다.

홉하우스에게는 재산이 사회적 가치를 지니고 절대적이 아니듯이, 자유 또한 사회 안에서만 누릴 수 있는 것으로서 절대적이 아니었다. 자유는 공동체의 권리에 대립하거나 혹은 그것을 제한하는 것으로서의 개인의 권리에 기초를 두고 있지 않은 것이다. 그는 가장 훌륭한 사회생활은 공동체의 모든 구성원들의 최선의 재능을 최대로 계발할 수 있도록 조화롭게 협동하는 데에 있다고 믿었다. 그런데 그러기 위해서는 개인 자유의 원리만이 아니라 그와는 다른 원리, 이를테면 상호부조의 원리 역시 필요하였다. 홉하우스의 직접적 표현을 빌리자면,

> 또한 나는 자유가 만병통치약이라거나, 자유의 관념이 참다운 사회철학이 기초할 수 있는 유일한 토대라고 주장하고 있지 않다. 반대로 자유는 사회적 삶의 한 측면에 불과한 것이다. 상호부조가 상호방임보다 덜 중요하지 않으며, 집단행동의 이론이 개인 자유의 이론보다 덜 기본적이지도 않다

는 것이다.

홉하우스는 이 '개인 자유의 이론'과 '집단행동의 이론'을 서로 절충하고 통합하여, 조화에 기초한 사회이론을 수립하고자 하였다. 그것은 곧 진정한 자유주의와 참된 사회주의의 종합, 그가 이름한바

‘자유사회주의’의 모색이었다. 그 속에서는 사회와 개인이 서로 갈등 관계에 있는 것이 아니라 보완의 관계를 이루고 있었다. 이러한 특성은 그의 유기체적 사회관에서 잘 드러난다 할 것이다. 그는 한편으로 사회에서 독립된 개인을 부정하고 사람은 기본적으로 사회 속에서 유기적으로 결합되어 있다고 생각하였다. 그러나 그는 다른 한편으로 이것이 사회에 대한 개인의 예속을 의미하게 될지도 모를 위험성을 경계하였다. 그래서 그는 또한 사회는 그 구성원의 인성과 분리된, 그리고 그것에 우월한 그 어떠한 독자적 인성도 가지고 있지 않다는 점, 사회는 결코 그 구성원을 초월해 있는 어떤 신비적 실체가 아니라는 점을 강조하였다. 이러한 면에서 사회는 전체의 요구에 대해 부분들을 상호 적응시킴으로써 스스로를 하나의 전체로 유지하는, 그러한 상호의존적 부분들의 체계이다. 부분들 사이의 유기적 조화가 존재하는 한, 그리고 사회가 부분들의 자유로운 협동에 의존하는 한, 그 부분들은 상호의존과 자기 결정 즉 자유를 동시에 가진다. 홉하우스는 이러한 유기체적 사회관에 입각하여 ‘자유와 사회적 협동의 종합’, 개인 자유의 필요성과 사회적 연대의 필요성의 접목을 성취하려 하였던 것이다.

Ⅴ. 역사적 의의와 평가

영국의 신자유주의가 학문적 관심을 끌게 된 것은 비교적 최근의 일이다. 그러니까 대략 1970년대에 들어와서부터 부쩍 많은 관심이 신자유주의와 관련된 주제에 집중되고, 그리하여 이를테면 일종의 연구 붐이라고 할 수 있는 현상이 일어났다.[25] 그러나 그전까지만 해도 그것은 비교적 소홀한 대접을 받아왔다. 그 자신 신자유주의에 관한 선구적인 종합적 연구를 수행하고, 그럼으로써 이러한 연구열

의 확산에 기여한 프리던은 자유주의 정치 전통에 끼친 공헌과 관련
해볼 때 신자유주의는 받아야 할 만큼의 관심과 주목을 받지 못했음
을 지적하였다. 고전 자유주의에 관해서는 수많은 저술이 나오고 또
그 주된 정치사상가들도 철저하게 연구된 반면, 자유주의가 고도로
산업화된 사회의 문제나 쟁점과 씨름하게 된 과정을 밝히려는 노력
은 거의 없었다. 대부분의 교과서나 개론서에서 영국 자유주의는 그
린과 더불어 끝나고, 이따금 홉하우스에 대해서는 지나가는 언급이
있을 뿐이라는 것이다. 그러면서 그는 역사학자들과 정치사상의 연
구자들에게 그들의 저술에서 신자유주의와 관련한 모든 것을 생략해
버린 데 대하여 그 책임을 질타하였다. [26]

사실 홉하우스만 하더라도 신자유주의 정치이론과의 관련에서보
다는 주로 영국 사회학의 선구자로서 더 많은 주목을 받아왔다. 그
리고 홉슨 역시 케인스에 의해 그렇게 칭송된 이후 근대 경제사상의
선구자로, 또한 레닌에 의해 많이 인용된 이후 제국주의의 비판적
연구자로 잘 알려져 있다. 그렇지만 그가 제1차세계대전 이전의 영
국에서 일어난 신자유주의라는 새로운 상표의 아마도 가장 투철한
이론가요 지도자였다는 사실, 게다가 오늘날 우리가 알고 있는 바의
사회복지사상의 예언자였다는 사실은 종종 간과되어왔던 것이다.

신자유주의자들이 이처럼 제대로 평가받지 못한 이유의 일부는
아마도 역사적 우연의 탓으로 돌릴 수 있을 것이다. 만일 자유당이
영국 정치에서 주요 개혁정당으로 존속하고 또 계속 복지국가를 건
설해나갔더라면, 그들은 아마 이러한 성취의 주된 건축가로서 주목
을 받을 수 있었을 것이다. 그러나 그들은 대부분이 비록 이후에 노
동당에 가입하기는 했지만, 일차적으로는 실종된 대의나 몰락한 정
당과 결부되었던 것이다. 그리고 노동당이 복지국가를 건설했기 때
문에 그들보다는 동시대 사람인 페비안 사회주의자들이 훨씬 더 많
이 알려져 있는 것이다.

그러면 신자유주의는 당시의 산업 갈등 혹은 노동의 대두가 야기

한 여러 사회적 정치적 문제들에 대한 이상적인 지적 대응이었던가? 이 점에 대한 평가는 논자에 따라 다를 수 있다. 어떤 이는 그것이 당시의 사회문제를 대처해 나가는 데서 다른 어떤 경쟁 이데올로기보다 지적으로 더 잘 갖추어진 것으로 평가한다. 따라서 자유당의 붕괴는 다른 무엇으로 설명하든간에 그 당의 이론가들의 지적 실패로써 설명할 수는 결코 없다는 것이다. 그러나 다른 한편에서는 이런 견해에 의문을 제기한다. 그렇다면 어째서 자유당은 그렇게 급속한 붕괴의 운명을 맞이했단 말인가? 실제로 자유당의 신자유주의에로의 적응은 여태까지 주장되어온 것보다는 덜 완전하고 좀더 피상적이었으며, 신자유주의자들은 궁극적으로 자유주의의 전체 물줄기를 그 전통적인 물길로부터 돌려 새롭게 방향을 트는 데는 실패했다는 것이다. [27]

　사실 정치적 곤경에 처해 있던 자유당을 자신들의 개혁 이념을 실현할 기구로 재건하려던 신자유주의자들의 직접적 목표는 달성되지 못하였다. 그들은 자유당을 그들이 새로 제시한 이념으로 완전히 개종시키지 못하였다. 신자유주의 정책은 정당의 분열을 치유하지 못했을 뿐만 아니라 어떤 면에서는 오히려 분열을 더욱 완전하게 만드는 데 일조하기도 하였다. 더욱이 그것은 여전히 자유방임의 이상을 고수하는 많은 중간계급을 보수당에게 빼앗기는 희생을 치르면서도 그 대신 다수 노동대중의 지지를 대가로 확보하지는 못하였다. 이들 노동자들은 점점 그들의 충성을 새로이 대두하는 그들 자신의 독자적인 정당에 바치기 시작하였던 것이다. 자유당의 분열과 그 궁극적인 쇠퇴가 물론 신자유주의자들의 탓은 아니지만, 그러나 그들은 기울어가는 그 정당을 그들의 개혁이념으로 구해내지는 못하였다.

　그리고 그들이 화석화해가는 자유주의에 새로운 기운을 불어넣어 생명력 있는 항구적 이데올로기로 부활시키고자 하였다면, 그러한 원대한 희망 역시 완전히 성취되지는 못하였다. 신자유주의자들은 자유주의의 전체 흐름을 완전히 대변하지는 못하였다. 아직도 옛 관념은 완강하게 남아 있었는데, 스펜서(H. Spencer)는 그 탁월한 수호자였다. 이 자유방임 교의의 충직한 사도는 19세기의 마지막녘에 서서도 자유는 제약의 부재에 있다는, 그리고 사유재산권을 포함한 개인의 권리들은 정부의 존재보다 앞선다고 하는 옛 신념을 굳건하게 지키고 있었다. 게다가 그는 생물 진화에 관한 다윈(C. Darwin)의 적자생존의 원리를 인간사회에 그대로 적용하였다. 그것에 의하면 무능자, 게으른 자, 약자 등등의 고통은 받아 마땅한 것일 뿐 아니라, 전체 인류의 진보를 위해 치러야 할 불가피한 대가라는 것이었다. 이 과정에 개입하는 것은 잘못된 자비에 불과하였다. 왜냐하면 그것은 고통을 감소시키기보다는 오히려 증가시킬 뿐이며, 생존에 부적격한 자들을 번식시키는 데 이바지하고 그 결과 적자들의 번식을 방해하기 때문이었다. 스펜서의 견해로는 모든 고통이 다 예방되어야 하는 것은 아니며, 그 가운데 많은 것은 고쳐질 수 있겠지만, 또 많은 것은 불가피한 것이다. 따라서 어떤 것이 잘못되어가고 있다고 느낄 때마다 정부가 개입해야 한다는 생각은 무엇이 가능하고 무엇이 은혜로운 것인가에 관한 잘못된 가정에 근거한 것이었다. 스펜서의 이와 같은 교의는 맬서스(T. R. Malthus)의 교의의 메아리를 담고 있는 것으로서, 빈자들의 상태를 개선하려는 당대의 관심이 무익한 것일 뿐만 아니라, 또한 오도된 것이라고 믿고 싶어하는 부류의 부르주아지를 계속 추종자로 확보할 수 있었다. 이들에게 그것은 더 없이 달콤한 음악이었던 것이다. [28]

  신자유주의는 제1차세계대전을 맞아 그 국가이론의 결점도 드러내었다. 그것의 약점은 개인을 전체에 종속시킨 데 있지도 않고, 반대로 개인에게 절대적 자유를 허용한 데 있지도 않다. 이런 점보다 그것은 진보에 대한 지나친 믿음과 관련이 있다. 많은 신자유주의자들은 윤리적이요 불편부당한 국가의 성장에 대해 지나치게 낙관적이었다. 그들은 국가가 개인의 복지 증진과 인류의 개선에 이바지할 것을 믿고 그 간섭의 증대를 환영하였다. 그러나 전쟁은 그들의 이런 믿음을 저버렸다. 그들이 보기에 국가는 더 이상 전체의 선을 위해 불편부당하게 행동하는 것이 아니라, 다른 사람들의 희생을 대가로 특정 사회집단에 이로운 정책을 추구하고 있다고 믿었다. 그들은 전쟁을 군국주의자들, 자본가들 및 보수주의자들, 즉 자신의 사적이고 모리배적이며 반사회적인 이익을 국민 전체의 것인 양 속이려는 자들의 합작품이라고 비난하였다. 전쟁 동안의 경험들——검열, 노동조합 권리의 제한, 비밀 체포, 경제에 대한 대대적 통제 등 ——은 이전에 국가의 행동 반경의 확장을 주장하던 사람들을 실망시켰다. 이 모든 것으로 신자유주의자들은 국가의 효용성과 그 역사적 필요성에 대한 믿음과 그것을 실현하고자 하는 열성에 상처를 입었다. 그렇지만 그들은 애초에 국가에 대해 걸었던 희망을 버리지는 않았다.[29]

이 모든 것에도 불구하고 신자유주의는 장차의 진보주의자들을 위해서 중요한 유산을 남겨놓았다. 성패에 대한 세부적인 평가에서는 서로간에 다를 수 있겠지만, 아무도 신자유주의가 자유주의 사상의 발전과정에서 차지하는 중요성을 부정하지는 않을 것이다. 그것의 역사적 영향은 단순히 정치활동에 미치는 즉각적인 효과나 단기적인 정당 정책과의 관련에서가 아니라 더 넓은 이데올로기적 문화적 현상으로 측정되어야 할 것이기 때문이다.

신자유주의는 영국의 정치적 담론과 사유의 성격을 크게 변화시켰다. 그리고 그것은 사회구조나 국가의 역할과 관련하여 새로운 개념과 논의를 도입하였다. 그것은 국가는 인간사의 광범한 영역에서 일정한 몫이 있음을 주장하였다. 그런데 그것은 몇몇 사회주의적 대안과는 달리 사적이고 자발적인 에너지와 상당한 정도의 협동을 허용하는 것이었다. 민주적 참여와 개인의 발전이라는 문제들은 사회복지나 인간 평등의 요구와 전적으로 양립 가능한 것을 받아들여졌다. 신자유주의에서는 공동선과 사회복지는 집단적 행동을 통해서 얻을 수 있었다. 그러나 그러한 행동은 개인의 자유와 존엄성, 자아

발달 등의 추구와 전적으로 일치하며, 더 나아가 그에 의존하는 것이었다. 이러한 논의들은 하나의 정치이론으로서 많은 부분이 실현된, 간명하고 작동력 있는 이데올로기를 제공하였다. 그리고 궁극적으로는 영국 복지국가의 형태로 값진 열매를 맺었다.

주

1) 샤피로(J. S. Schapiro)에 의하면 자유주의라는 용어는 19세기초 스페인에서 입헌정부를 옹호한 자유당(Liberales)이라는 정당 이름에서 유래하여 처음 쓰였다고 한다. 노명식 편, 《자유주의》(종로서적, 1983), p. 34 참조.

2) D. G. Smith, "Liberalism", D. L. Sills, ed., *International Encyclopedia of the Social Sciences*, vol. 9 (Macmillan and Free Press, 1974), pp. 278~279.

3) 구빈법, 자선조직협회, 그리고 부스나 라운트리의 사회조사 등에 관해서는 필자의 〈신자유주의의 복지국가 이념〉, 양병우 편, 《복지국가의 형성》(민음사, 1983), pp. 92~96 참조.

4) *The Nation*, 1907년 11월 7일자, pp. 812~813 ; W. H. Greenleaf, *The British Political Tradition*, vol. 2, *The Ideological Heritage* (London, 1983), pp. 152~153에서 재인용.

5) M. Freeden, "The New Liberalism and its Aftermath", R. Bellamy, ed., *Victorian Liberalism : Nineteenth-Century Political Thought and Practice* (London, 1990), ch. 10, p. 176.

6) P. Weiler, *The New Liberalism : Liberal Social Theory in Great Britain, 1889~1914* (London, 1982), p. 19, pp. 104~105.

7) 인용문을 포함하여 이 문단은 *ibid*, p. 23에 의거하였다.

8) *Ibid.*, pp. 3~4, p. 22.

9) S. Collini, *Liberalism and Sociology ; L. T. Hobhouse and Political Argument in England 1880~1914* (Cambridge, 1983), pp. 81~82.

10) M. Freeden, *op. cit.*, pp. 182~183.

11) P. Weiler. *op. cit.*, p. 23 ; R. Barker, *Political Ideas in Modern Britain* (London, 1978), p. 18 ; W. H. Greenleaf. *op. cit.*, p. 143 등 참조.

12) R. Pearson & G. Williams, *Political Thought and Public Policy in the Nineteenth Century, An Introduction* (London, 1984), p. 144.

13) P. Weiler, *op. cit.*, p. 23.

14) M. Freeden, *The New Liberalism : An Ideology of Social Reform* (Oxford, 1978), pp. 19~20.

15) *Ibid.*, p. 253.

16) 이하 홉슨의 저소비이론과 관련한 부분은 대체로 P. Weiler, *op. cit.*, pp. 162~168 ; H. V. Emy, *Liberals, Radicals and Social Politics, 1892~1914* (Cambridge, 1973), pp. 106~110 ; 서정훈, 〈홉슨(J. A. Hobson)의 제국주의론 연구〉(서울대 박사논문, 1993), Ⅱ-나) 등에 의거한 것이다.

17) 홉슨은 자신의 자서전에 《한 경제적 이단자의 고백》(*Confessions of an Economic Heretic*, 1938)이라는 제목을 붙였다.

18) 송규범, 〈홉하우스의 신자유주의〉, 《서양사론》 41(1993. 12), p. 150, 153.

19) 송규범, 〈신자유주의의 복지국가 이념〉, p. 100 참조.

20) M. Freeden, "J. A. Hobson as a New Liberal Theorist : Some Aspects of his Social Thought Until 1914", *Journal of the History of Ideas*, vol. 39, no. 3 (1973), p. 433.

21) 서정훈, 앞의 글, pp. 35~36, p. 195.

22) 송규범, 〈신자유주의의 복지국가 이념〉, p. 104, 106.

23) P. Weiler, *op. cit.*, p. 166.

24) 이하 홉하우스에 관한 진술은 대체로 필자의 〈홉하우스의 신자유주의〉 제 3, 4장과 〈신자유주의의 복지국가 이념〉 제4장을 부분적으로 발췌, 재구성한 것이다.

25) K. Rohe, "Sozialer Liberalismus in Grossbritannien in Komparativer Perspektive", K. Holl, G. Trautmann & H. Vorlander, eds., *Sozialer Liberalismus* (Göttingen, 1986), p. 110.

26) M. Freeden, *The New Liberalism : An Idedogy of Social Reform*, p. 1.

27) A. Arblaster, "A 'New Liberalism' ? ", *The Rise and Decline of Western Liberalism* (Oxford, 1984), ch. 16, pp. 288~289.

28) *Ibid.*, pp. 289~290.

29) M. Freeden, "The New Liberaism and its Aftermath", pp. 187~189.

코포라티즘
Corporatism

이 내 주

I. 머 리 말

1960년대에 이르러 유럽의 정치계에서는 코포라티즘(corporatism)[1] 이라는 용어가 새롭게 등장하여 사용되기 시작하였다. 그 전까지 코 포라티즘은 국가에 종속된 조합(組合, corporation)으로 사회 전체를 조직하는 이론과 그 실제로서 이해되어왔다. 이에 의하면, 자본가 와 노동자는 산업이나 전문조합으로 조직되어 각 조직을 통해 정치 적 대표성을 나타낸다. 이러한 코포라티즘의 기원은 중세 봉건사회 까지 거슬러올라갈 수 있으며, 특히 19세기 이후 산업화로 인한 급 격한 사회변화와 이로 인해 야기된 혼란상을 해결하고자 모색했던 뒤르켕(Emile Durkheim), 핀(La Tour du Pin), 라테나우(Walter Rathe- nau), 스판(Othmar Spann), 로코(Alfred Rocco) 등과 같은 대륙의 지 식인들에 의하여 피력되었다.[2] 최근까지 슈미터(P. C. Schmitter), 렘 부르크(G. Lehmbruch), 코손(A. Cawson) 등 현대의 대표적인 연구자 들은 개념 정의의 문제 등에 대해 논란을 계속하고 있지만,[3] 코포 라티즘이 현대 산업사회에서 이익집단(interest group)과 국가의 관계 를 새로운 각도에서 분석할 수 있는 틀을 제공한다는 데는 서로 공감한다.

역사적으로 중세 가톨릭 지배 사회의 길드(guild) 개념에 연유하는 기능적 단체인 조합에 그 구조적 근원을 두고 있는 코포라티즘이 하나의 정치용어로써 널리 알려지게 된 것은 20세기에 접어들면서였다. 우리는 그 대표적인 모습을 무솔리니(Benito Mussolini) 통치 아래 있던 제1, 2차세계대전 사이의 이탈리아에서 찾을 수 있다. 무솔리니는 집권 후에 전국을 22개의 신디케이트(syndicates) 혹은 조합으로 구성하여 국가를 통제하였다. 이러한 이유로 인하여 제2차세계대전으로 무솔리니의 정권이 몰락했음에도 불구하고 코포라티즘은 여전히 파시즘(Fascism)과 동일한 것으로 이해되어왔다.

그러나 이러한 견해는 코포라티즘의 일면만을 본 소치이다. 왜냐하면 코포라티즘적인 경향이 제2차세계대전 전에 파시스트 국가는 물론 서유럽의 자유민주주의 진영에서도 활발하게 논의되었기 때문이다. 이 점을 감안하여 어느 학자는 코포라티즘을 이탈리아의 경우와 같이 국가의 강압적 판단에 의하여 이익 분배의 메카니즘에 포함 또는 배제되는 '국가 주도 코포라티즘'(state corporatism)과, 영국이나 프랑스에서와 같이 상대적으로 자율적인 단체들(associations) 사이의 자발적인 합의에 의하여 아래로부터(from below) 형성된 '사회 코포라티즘'(societal corporatism)으로 구분하였다. [4] 제2차세계대전 후에 비약적인 세계경제의 성장과 더불어 대두된 정치경제의 문제를 해결하는 데서 서구의 여러 나라에서 코포라티즘이 유용한 이론적 모델로 수용되었다.

코포라티즘의 개념이 무엇인가에 관하여는 학자들 사이에서도 의견이 분분하다. 하지만 이 글에서는 코포라티즘을 개괄적으로 다루고 있으며, 그것도 주로 사회 코포라티즘(＝자유주의적 코포라티즘)에 주목하고 있다. 왜냐하면 국가 주도 코포라티즘은 무솔리니의 파시즘과 연결되어 그동안 많은 연구들이 이루어졌으며, 무엇보다도 이 연구는(비록 1960년대말 이후에 특히 남미의 개발도상국들에서 국가 주도 코포라티즘이 권위적 통치의 수단으로 등장했지만) 그 초점이 서유럽 자유민주주의 산업사회에 대한 이해에 놓여져 있기 때문이다.

과거 중세 이래의 코포라티즘이 사회의 단결과 질서를 유지하기 위한 정태적 성격의 기능을 가진 것이었다면, 20세기에 접어들어 출현한 코포라티즘은 복잡한 선진 산업사회 안에서 야기되는 이해관계 해결이라는 동태적인 경향을 띠고 있다. 다시 말해 코포라티즘은 현대사회의 다원적 성격을 긍정하며 또한 그것을 전제로 하여 전개된다. 다원적 사회관이란 한 사회나 국가는 여러 집단들 사이에서 발생하는 이해의 차이와 그로 인한 마찰로 작동된다는 관점이다.

그러므로 이러한 사회에서의 공동선은 일반의지나 공익이 아니라 온갖 종류의 집단들이 추구하는 이해관계가 실제적 타협에 이르는 과정으로 규정된다. 사회는 동질적인 것이 아니라 모두가 각자 자기의 이익을 추구하는 그룹들의 모자이크로서 제각기의 이해관계들은 충돌하게 마련이다. 그렇다면 이익집단들이 서로 경쟁하는 다원화된 사회에서 어떻게 정부는 국가의 정책을 결정하고 실행할 것인가. 이익집단들간의 경쟁에서 국가는 어떠한 위치를 차지해야 되는가. 오로지 중립자로 있을 것인가, 무조건 국가의 의지대로 이끌어갈 것인가. 아니면 단순히 교통순경의 역할만을 할 것인가.

위의 질문들은 왜 코포라티즘이 1970년대에 새롭게 각광을 받게 되었는가와 밀접하게 연결되어 있다. 20세기에 접어들어 서구의 선진된 국가들은 이른바 산업사회로 접어들었다. 이러한 산업사회는 제2차세계대전 이후에 성취된 고도의 경제성장에 힘입어 질적, 양적으로 팽창하였다. 이러한 산업사회의 출현과 성숙은 사회 안에서 제기되는 문제의 복잡성을 내포하고 있으며, 이를 순조롭게 해결하기 위해서는 종래의 정책결정들로는 어렵게 되었다. 따라서 산업사회 안에서의 정치(politics in industrial society)를 설명할 필요에 따라 여러 이론들이 등장하였으며, 그 가운데 대표적인 것이 1960년대에 풍미한 다원주의(pluralism), 네오마르크시즘(Neo-marxism), 그리고

1970년대에 크게 주목을 받은 코포라티즘이었다.

그렇다면 왜 코포라티즘이 요구되었을까? 한마디로 이는 기존의 이론인 다원주의나 네오마르크시즘이 산업사회에서의 국가와 시민 사회의 관계, 특히 경제문제와 관련하여 정책결정과정을 설명하는 데 한계를 드러내었기 때문이다. 여러 요소들 가운데 가장 핵심적인 것은 이익집단들간의 경쟁에서 국가가 어떠한 역할을 해야만 하는가였다.[5] 다원주의 아래에서 국가는 '중립적'(neutral)인 존재였으며, 네오마르크시즘에서 국가는 자본가의 이해를 반영하는 도구에 불과한 것으로 인식되었다. 그러나 역사적 사실은 산업사회 안에서 국가가 중립자로 존재하는 것이 불가능하며, 또한 국가는 언제나 자본가 계급의 이해만을 반영하지 않음을 보여주고 있다. 그래서 국가의 역할이 요구되었으며, 이는 국가와 이익집단간의 관계를 어떻게 정립할 것인가의 문제로 귀착되었다. 여기서 바로 국가와 이익집단의 대표와의 협의를 거쳐서, 또는 후자의 도움을 얻어 정책결정과 실행을 하는 모델인 코포라티즘이 요구되었던 것이다.

코포라티즘의 등장은 '산업화'(industrialization), '전문화'(professionalization)와 밀접한 관련이 있다. 즉 산업이 발달하고 그에 따라 사회가 분화되면서 수많은 전문화된 이익집단들이 형성되기 시작하였다. 이들은 조직을 만들어 자신들의 이익을 서로간의 관계에서는 물론 정부와의 관계에서도 확보하고자 꾀하였다. 그러나 경쟁만 하다 결국에는 서로 에너지만 소진하는 결과를 가끔씩 초래하였다. 따라서 정치지도자들 사이에서 이를 극복하려는 움직임이 나타났다. 19세기말 이래 경쟁국들의 급속한 산업화에 직면했던 영국의 경우, 대외경쟁에서의 승리를 위해 국내에서 노사간에 분규 등으로 국력을 소비할 것이 아니라 서로 적절히 타협함으로써 이른바 국가적 효율성(national efficiency)을 달성해야 한다는 운동으로 표출되었다.

산업화의 성숙은 국가조직 안에서 의회와 행정부가 갖고 있던 기존의 역학관계에 변화를 가져왔다. 다시 말해 행정부의 위상이 상대적으로 높아진 것이었다. 왜냐하면 사회가 전문화 복잡화됨에 따라서 해당 분야에 대한 전문적인 지식이 요구되었으며, 이를 국가 안에서 소화하는 것은 바로 관료집단(civil service)이었기 때문이다. 그동안 단순히 정치학 이론으로만 인식되어온 코포라티즘을 역사학 연구에 접목시키는 데 선구적 역할을 한 미들마스(R. K. Middlemas)에 의하면, 비록 법안 자체는 여전히 의회에서 통과될지언정 해당 법안이 성안(成案)된 이면을 보면 실제적인 정책결정과 실행의 헤게모니는 행정부내 해당 부처 관료들이 장악하고 있다는 것이다. 그는 영국의 경우 20세기에 접어들어 정책결정과정의 중심기관이 하원(Parliament)에서 행정부(Whitehall)로 옮겨지게 되었다고 주장한다.[6] 다시 말해 의회를 통한 대표성의 정도가 기능적인 이익집단으로 대표되는 것에 비하여 점차로 약해져왔음을 지적하였다.

또 다른 문제는 이익집단과 정부내 해당부처간의 관계이다. 코포라티즘 아래에서 국가의 권한이 증가되는 경향이 있지만, 다른 한편으로 국가는 이익집단과 권한을 나누어 가져야만 한다. 그러나 문제는 관련된 분야의 모든 대소 이익집단과 정부가 접촉을 가질 수는 없다는 점이다. 따라서 그들 가운데 핵심적이며 대표적인 이익집단만을 선택하여 이의 리더들을 정책결정과정에 참여시켜야 한다. 그러기 위해서는 먼저, 미들마스의 지적과 같이, 이들을 일종의 '통치기구화'(governing institution)해야만 되었다.[7] 이는 구체적으로는 기업체 연합(business corporations), 노동조합(trade unions), 그리고 정부라는 삼자관계로 구성된다. 그렇다면 수많은 이익집단의 조직들 가운데에서 어느 것을 어떠한 원칙에 입각하여 정부와 이익집단들을 연결해주는 대표적 이익집단 단체로 선정할 것인가. 그리고 이 선정된 단체의 리더들은 정부와 합의한 사항을 어떻게 구성원들에게 강제하고 동시에 이들을 훈련(discipline)시킬 것인가.

이상의 질문을 산업 분야에 적용해볼 경우, 정부와 상대하기 위해서는 고용주와 노동자의 전국조직이 있어야 하며, 이들 조직이 구성원 개인이나 관련 산업에 대하여 어느 정도의 구속력을 구비해야 함을 시사한다. 이러한 면에서 대륙의 산업국가들에 비하여 상대적으로 국가의 전통이 약하였던(또는 자유방임의 전통이 강하게 남아 있었던) 영국이 가장 취약하였다.[8]

1970년대에 구미의 학자들 사이에서 코포라티즘에 관한 연구가 활기를 띠게 되었다. 모두 이 이론을 이용하여 점점 더 복잡해지는 정치와 경제의 관계를 분석하려고 시도하였다. 하지만 코포라티즘에 관한 대부분의 연구들이 주로 제2차세계대전 이후 즉 1945년 이후의 시기에 집중되어 있으며, 코포라티즘의 맹아가 형성되었다고 여겨지는 제2차세계대전 이전의 시기에 관해서는 거의 주목하지 않았다. 단지 몇몇 연구자만이 이 시기를 다루고 있으며, 특히 미들마스는 20세기 전반기의 영국을 연구하여 "합의로의 편향"(corporate bias)이라는 신조어를 만들어내기도 하였다. 그의 연구 때문에 제2차세계대전 전에 코포라티즘의 맹아가 영국에서도 존재하였음이 일반적으로 인정되기에 이르렀다.

이 글의 주목적은 코포라티즘이 무엇인가를 개괄적으로 살펴보려는 것이다. 우선 제2차세계대전 이전까지 코포라티즘이 어떻게 발전되어왔는가를 알아보겠다. 이어서 종전 후에 거의 잊혀졌던 코포라티즘이 왜 1960년대말에 접어들어 구미의 학계에서 새롭게 주목을 받게 되었는가를 다원주의나 네오마르크시즘과의 비교를 통해 고찰하겠다.

Ⅱ. 코포라티즘의 역사적 배경

이익집단 연구에서 새로운 시각을 제시하는 코포라티즘은 순수하게 20세기에 등장한 이론이 아니다.[9] 역사적으로 코포라티즘의 이

넘적 근원은 중세의 봉건주의(feudalism)와 가톨릭 교회까지 거슬러올라갈 수 있다. 서양의 중세사회는 영주와 농민간에 하나의 유기체적 공동체를 이루고 있었다. 따라서 자연히 사회작동의 원리로서 충성·질서·조화가 강조되었으며, 이를 정신적으로 유지하는 역할을 가톨릭 교회가 담당하고 있었다. 이는 뒤에 나타날 코포라티즘의 청사진을 보여주고 있는 것이다. 봉건 영지의 주변에 등장하기 시작한 자율적인 풍조의 도시와 이로 인한 영향은 봉건사회의 기반을 서서히 무너뜨리기 시작하였다. 봉건 영주의 화폐에 대한 욕구는 지대와 부역의 금납화(金納化)를 가져왔으며, 이는 중세 경제의 핵을 이루고 있던 장원제도의 몰락으로 이어졌다.

중세 도시의 등장도 마찬가지로 코포라티즘의 모습을 보여주고 있다. 도시의 등장으로 중세 사회는 왕실, 귀족 계층, 그리고 도시민으로 구성된 일종의 삼각체제의 구도를 갖추게 되었다. 이는 (비록 조야하지만) 국가, 자본가, 그리고 노동조합으로 구성된 현대 코포라티즘의 모습이라고 상정할 수 있다. 삼자(三者)는 서로 돕는 입장에 있었으며, 비록 국왕의 세력이 서서히 신장되어가는 상황에 있었지만, 국왕도 마찬가지로 새로 등장하는 도시민들의 경제적 협력이 필수불가결하게 되었다. 도시민들은 대표기구를 설치하여 국왕과의 관계를 유지해나갔다. 비록 표면적으로는 두 세력 사이에 갈등이 있었지만, 저변을 흐르는 원리는 전통과 통일에 대한 추구였다. 즉 중세 이래의 유기적인 응집력이 여전히 강조되었던 것이다. 그리고 중앙에서의 통제가 강력하지는 않았지만, 기능적인 멤버십이 중요하였고 거래와 협상의 네트워크가 경제구조의 핵을 이루고 있었다.[10]

14, 15세기 이후에 교회의 엄격한 지배 아래 있던 중세 사회가 점차로 산업사회로 전환되면서 중세의 공동체적 요소들이 약화되어갔다. 자유주의의 대두로 인하여 집단이나 사회적 유대보다는 개인이나 경쟁이 강조되게 됨으로써 중세 이래의 전통적 끈으로 연결되었던 기존 사회의 구조가 위협을 받게 되었다. 이러한 변화를 더욱 가속

화한 것은 18세기 중엽 이후 영국에서 시작되어 대륙의 국가들로 확산된 산업혁명(Industrial Revolution)이었다. 산업화와 더불어 정치적으로 자유주의가 발전함에 따라 국가의 역할은 더욱 축소되기에 이르렀다. 특히 19세기 후반에 거세게 등장한 사회주의(socialism)는 국가의 위치는 물론 국가권력과 그동안 밀접히 연결되어 있던 교회의 권위마저 크게 위협하였다. 그렇다고 하더라도 중세 이래의 코포라티즘적인 전통이 완전히 소멸된 것은 아니었다. 다른 한편에서는 여전히 국가나 공동체의 중요성을 강조하는 외침을 발견할 수 있었다.

이 가운데서 대표적으로 1891년에 선포된 교황 레오 13세의 칙서 〈새로운 것에 관하여〉(Rerum Novarum)를 들 수 있다. 이는 당시에 거세게 확산된 사회주의의 영향으로 노동운동이 점증함에 따라 이에 대한 교회측의 입장을 드러낸 것이었다. 이 교서에서 레오 13세는 중세 공동체를 지탱하였던 길드조직을 대체할 수 있는 사회적 매개체가 당대에 결여되어 있음을 지적하였다. 구체적으로 교황은 산업화로 인하여 육체노동자들이 "매정한 자본가들과 통제되지 않은 탐욕적인 경쟁"에 아무런 대책도 없이 내던져지게 되었음을 개탄하였다. 교황은 평등의 달성 가능성과 계급투쟁의 불가피성을 거부하면서 이러한 문제에 대한 해결 방안으로 일종의 코포라티즘을 제창하였다. 다시 말해 "자본가와 노동자는 각자의 조직을 통해 서로 밀접히 연결됨으로써 대립을 완화시킬 수 있다"고 믿었다.[11] 40년 후에 이 교서를 기념하는 자리에서 교황 피우스 11세도 산업계와 전문직업계가 자신들의 이해를 대변할 단체를 결성하는 것은 시민사회 안에서 자연스러운 현상이라고 논평하였다.

이처럼 중세 길드조직의 부활을 은근히 주장하고 있는 듯한 반동적인 인상을 주는 가톨릭계의 주장이 코포라티즘의 등장에 기여했음은 사실이다. 특히 가톨릭이 강한 영향력을 유지하고 있던 독일 남부나 이탈리아에서 제2차세계대전 후에 코포라티즘이 등장하는 데는 앞에서 언급된 바와 같은 가톨릭 사회사상의 영향을 간과할 수 없다.

코포라티즘이 그것으로부터 전적인 이론적 기반을 얻은 것은 아니지만, 이는 19세기말의 급속한 산업화와 이로 인해 대두된 대중민주주의에 대한 비판가들의 사상과 연결되어 있다. 토크빌(Alexis Tocqueville)은 대중민주주의, 대의제 정부, 평등의 신조와 물질적인 세속주의 등에 대한 혐오감을 노골적으로 표현하였다. 퇴니스(Friedrich Tönnies)는 계약관계에 의해서 유지되는 이익사회(Gesellschaft)에 대하여 자발적인 동질화, 의지의 합의 등이 강조되는 공동사회(Gemeinschaft)를 암묵적으로 지지하였다.

그러나 다른 누구보다도 코포라티즘에 관하여 구체적으로 관심을 기울인 사상가는 뒤르켕이었다. 뒤르켕은 자신의 박사논문이자 첫 주요 저작인 《사회분업론》(1893)에서 개인과 집단간의 관계를 다루었다. 즉 다수의 개인이 어떻게 하여 하나의 사회를 이룰 수 있는가. 개인들은 어떻게 하여 사회적 존재의 조건이 되는 합의를 성취할 수 있는가.

이에 대한 답을 구하는 데서 뒤르켕은 유기적 연대(organic solidarity)의 개념을 사용하였다. 그가 '유기적'이라는 용어를 쓴 데는 다음과 같은 이유가 있다. 하나의 살아있는 유기체의 모든 기관은 각각 하나의 고유한 기능을 수행하고 있기 때문에 각자는 생명체 유지에 동등하게 불가결한 것이 된다. 따라서 이렇게 서로 역할이 다른 기관들이 하나의 생명체를 유지하기 위해서는 일정한 합의에 도달해야 된다.[12] 비록 근대사회에서 개인간에 맺어지는 계약의 역할이 점증하고 있음을 부인하지는 않았지만, 그는 근본적으로 유기적 연대를 갖는 사회를 계약으로 대치할 수 없다고 강조하였다. 즉 오직 사회를 전체라는 관점에서 파악해야만 개인들은 무엇이며, 어떻게 그리고 왜 그들이 자유롭게 서로 타협하는가를 이해할 수 있다고 주장하였다. 이러한 합의를 도출할 수 있는 도구로써 뒤르켕은 이타주의와 도덕적 응집력으로 결합된 전국적 규모의 직업별 조합(professional association)의 설치를 촉구하였다.

고전적인 사회학자들 가운데에서 독특하게 뒤르켕은 코포라티즘의 원리에 입각하여 사회질서가 유지되어야 함을 역설하였다. 그는 조합(corporation)을 정치조직의 필수적인 기반을 형성하는 것으로 인식하였다. 조합은 기능적으로 서로 구분되어 있고 민주적으로 대표되며 설립에서는 법적이고 중앙의 권위에 우선적으로 종속될 성격을 갖고 있었다. 이러한 기능적인 단위들이 모여서 전국적인 조합의 거대 체계를 이루게 될 것임을 예시하였다. 구체적으로 이는 전국적으로 생산을 통제하고 문화활동의 기회를 제공하는 명문화된 조합의회(Corporate Assembly)의 설치를 의미하였다. 이러한 것이 실현되면 산업분규가 드물어질 것이고, 설사 문제가 발생하였을 경우에도 노동자들이 임의적 결정에 의해 피해를 당하지 않도록 중재재판소에서 조정이 가능할 것이라고 믿었다.

비록 그의 일생을 통하여 사회민주주의의 발전을 위하여 노력하였지만, 다른 한편으로 뒤르켕은 사회의 안정을 위해서는 필요한 경우 집단이 우선시되어야 한다고 주장하였다. 이는 바로 그가 코포라티즘적인 색깔을 짙게 갖고 있었음을 암시하는 것이다. 무솔리니는 자신의 전(全) 정치생애를 통하여 생시몽(Saint-Simon), 푸르동(P. J. Proudhon), 소렐(G. Sorel)과 더불어 뒤르켕의 사상으로부터도 강한 영향을 받았음을 고백하였다. [13]

뒤르켕의 뒤를 이어 이념적으로 코포라티즘을 주장한 이들은 프랑스의 핀, 오스트리아의 스판, 그리고 이탈리아의 파시스트 로코 등이었다. 이들은 모두 전통주의·질서·연대 등과 같은 공동체의 덕목을 강조하였다. 핀은 "코포라티즘 체제야말로 자유주의에서 사회주의로의 전이(轉移)를 피할 수 있는 유일한 길이다"고 말하였다. 경쟁적인 자유주의 체제에서 배태된 사회적 대립주의, 쾌락적 개인주의 등을 치유할 수 있는 방법은 사회적 동질성의 정신을 재생시키는 데 필수적인 과거의 제도들을 부활시키는 것이었다. 이러한 정신

은 충성, 신념과 국가적 긍지, 그리고 조화와 안정을 불러일으켜 곧
혼돈과 분쟁을 대체할 것으로 기대되었다. 이러한 것을 실현할 도구
로써 핀은 조합의 존재를 주목하였다. 그의 이론은 제2차세계대전
동안에 프랑스의 비시(Vichy) 정권에 의하여 입법개혁의 중요한 시
금석으로 채택되었다. [14] "가정, 직장, 그리고 국가"라는 모토를 내
건 비시 행정부는 국가적 결속과 조직의 형태로서 코포라티즘에 기
초한 국가의 원리를 강조하였다. 비록 역사적 평가와 적용에서는 단
명하였지만, 핀은 국가의 행정개혁을 고취한 영향력 있는 사상가로
주목을 받았다.

　스판의 이론적 틀은 핀의 주장에 비하여 다소 경직성을 띠고 있
다. 현대 코포라티브 국가의 기원을 찾는 데서 그는 과거로 좀더 멀
리 나아갔다. 그는 과거 게르만족의 특질을 추려내어 이를 피, 명예,
그리고 민족으로 요약하였다. 유기적 코포라티즘(organic corporat-
ism)에 관한 그의 주장은 계급전쟁, 상업주의, 그리고 물질주의 등
의 원리를 공격하는 것이었다. [15] 특히 광범위한 사회의 이해관계에
종속적인 존재로 국가의 개념을 설정한 핀과는 달리 스판은 국가를
다른 무엇보다도 우월한 위치에 놓았다.

　이탈리아 정부의 법무장관이었던 로코는 파시스트의 코포라티즘
적 법률을 만드는 데 주도적 역할을 담당하였다. 로코는 제1차세계
대전 직전에 이탈리아에 급속히 퍼지고 있었던 생디칼리슴(syndical-
isme)을 방지해보려는 의도를 갖고 그 대안으로서 코포라티즘을 제
창하였다. 그는 노동자들의 스트라이크나 파업권에 대항하여 고용
주측의 공장폐쇄의 정당성을 내세웠다. 또한 모든 조합의 권한을 초
월하는 것으로 지도자(Duce)의 카리스마적인 통치력을 강조하였
다. 이는 얼마 뒤에 무솔리니에 의하여 실제로 실험될 파시즘의 원
리를 준비했다고 볼 수 있다. [16]

　비록 대륙에서 등장한 코포라티즘에 비하여 그 강도에서는 매우
약하였지만, 제1, 2차세계대전 사이에 영국에서도 코포라티즘이 주

목을 받게 되었다. 코포라티즘에 대한 주창자는 영국 파시스트당의 리더였던 모슬리(Oswald Mosley)와 주로 보수당의 우익 정치가들이었다. 이들은 주로 1930년대에 활동하였으며 대부분 특히 1930년대 초반에 영국이 처한 경제적 어려움을 극복하기 위해서는 전통적인 모토인 "평상시 대로"(business as usual)보다는 국가의 결속을 다질 수 있는 다른 대안을 찾기를 원하였다. 이러한 맥락에서 이들은 당시에 무솔리니가 이탈리아에서 구축한 체제를 주목하고, 그곳에서 추구되고 있던 질서, 규율, 애국심 고양 등 코포라티즘적인 덕목을 영국에서도 적극적으로 실천해야 한다고 강조하였다. 이것이야말로 영국이 당면하고 있는 경제적 어려움을 극복할 수 있는 유일한 방편이라는 것이었다. [17]

사상가들보다도 보수당의 소장의원으로서 당시 명성을 날리기 시작한 맥밀란(Harold Macmillan)이 대표적 인물이었다. 자신의 정치적 동조자였던 니콜슨(Max Nicholson), 부스비(Alan Boothby), 그리고 살터(Arthur Salter) 등의 도움을 받아서 그는 코포라티즘의 주장을 담은 두 권의 저서[18]를 출간하기까지 하였다. 그에 의하면 국가는 더 이상 19세기 자유방임주의 아래에서와 같이 방관자가 되어서는 안 되었다. 비록 대륙에서와 같이 개인의 자유를 억압하는 정도까지는 아니더라도 정부는 국가이익이라는 차원에서 국가경제의 메카니즘에 관여해야만 했다. 이러한 목적을 위해 그는 경제 분야를 전담하는 일종의 참모본부로서 중앙경제위원회(Central Economic Council)와 산업계의 입장을 대변할 산업자문위원회(Industrial Advisory Committee)의 설치를 건의하였다. [19] 동시에 노동자들도 기술적 문제 등에 관하여 조언할 수 있도록 위원회 산하에 다양한 산업카운실을 둘 것을 첨가하였다. 이를 위해서는 노동자측도 하나의 단체로 통합되어야만 하였다. 왜냐하면 경제문제를 논의하는 데 노동자측도 한 목소리를 내기 위해서는 대표적인 조직으로 결합되어 있어야만 효율을 극대화할 수 있다고 믿었기 때문이었다. 당시에 무솔리니 통치하의 이탈리아와 스탈린 지배 아래의 소련, 특히 1933년 이후에는 뉴딜정책 아래의 미국에서 경제영역에 대한 국가의 적극적 개입이 매우 효과를 얻고 있음이 적절한 예로서 제시되었다.

코포라티즘이 등장한 근본적인 조건은 산업화와 이로 인한 현대자본주의사회의 출현이었다. 일찍이 19세기에 산업화를 경험한 영국의 경우가 보여주듯이 산업화의 과정은 전통적인 소규모 단위의 농촌사회를 대규모의 도시사회로 변화시켰다. 또한 소규모 공장을 생산의 중심으로 하였던 초기의 산업사회를 노동자들에 대한 새로운 규율의 부과와 순응을 수반하는 대규모 기업 중심의 현대자본주의사회로 변모시켰다. 산업화의 진전은, 비록 물질적 풍요는 수반하였지만, 급격한 사회적 변화와 이로 인한 사회 구성원간에 긴장관계를 초래하였다. 이는 19세기말에 거세게 등장한 사회주의와 이와 연계되어 대두한 급진적인 각종 정치적 요구로 인하여 더욱 심각한 정치 사회적 위기를 조성하였다. 이러한 상황에 직면한 기득 계층은 국가 역할의 강화를 통해 노동자 계급의 도전을 억압 또는 적당한 선에서 수용함으로써 사회나 정치체제의 위기를 극복하고자 꾀하였다.

따라서 코포라티즘의 강도와 형태를 결정짓는 데서 중요한 영향을 끼친 것은 해당 국가의 '산업화 시점'이었다. 다시 말해 독일이나 이탈리아와 같이 산업화가 늦었던 나라에서는 국가가 절대적 권위를 행사한 파시즘이라는 일종의 국가 주도 코포라티즘으로 나타났다. 반면에 영국과 같이 산업화가 빨랐고 또한 사회내에 개인의 자유와 평등, 관용 등의 자유주의 원리가 일찍이 확산되었던 나라에서는 국가가 중요한 역할을 담당하기는 하나 강압적이고 권위주의적이지 않은 사회 코포라티즘의 모습을 보여주었던 것이다.

유럽에서 코포라티즘이 두드러지게 나타난 것은 전쟁으로 기존의 자유주의적 자본주의 체제가 와해된 제1차세계대전 이후였다. 이는 전쟁 후에 유럽 여러 나라가 처했던 상황과 밀접하게 관련되어 있다. 종전과 더불어 유럽에는 경기불황, 대량실업, 고율의 인플레이션,

과잉생산 등의 여러 문제가 드러났으며, 더구나 이는 심각한 계급갈
등의 모습을 야기하게 되었다. 노동자들의 파업이나 스트라이크가
끊이지 않았으며, 무엇보다도 직업의 불안정성과 실업을 직접적으
로 경험한 중산계급이 심각한 위기의식을 느끼게 되었다. 전쟁으로
인한 극심한 인플레이션은 중산계급의 저축을 빼앗아갔으며, 동시에
이들에게 깊은 좌절감을 가져다 주었다. 자유경쟁의 원리에 입각한
시장경제와 '보이지 않는 손'에 의한 자동 조정 기능에 기초한 19세
기식의 자유방임사상은 이제 그 설득력을 상실하게 되었다.

　이와 같은 일련의 사태는 기존의 의회주의 통치에 대한 불신으로
나타났으며, 상대적으로 안정을 최우선으로 설정하는 분위기가 고
조되었다. 이는 곧 보호주의, 산업의 합리화, 독점적인 기업합병이
나 연합, 그리고 중앙의 권위가 확대되는 모습으로 구체화되었다.
혼란스러운 상황에 처하여 코포라티즘의 기본 요소들인 유기적인 통
일, 조화, 그리고 광범위한 합리화 등이 최선의 해결책으로 인식되
었다. 민족국가의 이익을 위해서는 강력한 국가의 권위 앞에 개인의
자유는 유보될 수도 있다고 믿어졌다. 제1차세계대전 이후에 초래
된 자유경제질서의 붕괴와 이에 따라 전개된 유럽내 산업국가들간의
이기적인 자국 이익추구 분위기 아래에서 코포라티즘은 유럽내 후진
산업국가들로 파급되어 급기야는 파시즘의 형태로 나타나게 되었다.

　이러한 경향의 코포라티즘은 제1차세계대전 직후에 이탈리아에
서 무솔리니에 의하여 구체적으로 실천되었다. 1922년에 집권한 그
는 자본가·노동자·전문직업인 등을 직능별 집단인 조합으로 조직
하여 국가의 통제 아래 두었다. 그리고 이를 모체로 하여 파시스트
당에 의한 지배를 강화하는 이른바 조합국가(corporate state)의 건설
을 시도하게 되었다. 1926년 무솔리니는 조합국가의 형성을 위한
기본법을 제정함으로써 생산단위 안에서 모든 집단을 조합화하여 통
제할 수 있는 제도적 장치를 마련하였다. 비록 1927년에 선포된 노
동헌장을 통해 "사기업의 이니시어티브(initiative)가 생산의 극대화를

보장하는 유일하게 효과적인 방법임을 인정하고 국가는 이에 대해 모든 지원을 아끼지 않겠다"고 천명하였지만, 동시에 사기업 차원에서의 이니시어티브가 기대한 만큼 충분하지 않을 때는 국가이익이라는 관점에서 국가가 기업의 경제활동과 생산과정에 깊이 개입할 것임을 강조하였다. 따라서 노동조합이나 고용주 단체들은 정부의 공식적 인가 아래 개별 노동자와 고용주를 대표할 수 있는 독점권을 행사하였으며, 정부는 조합대표자의 임명에 관여하는 등 이들에 대한 통제를 강화하였다.

무엇보다도 파시스트 정권 아래에서 코포라티즘은 노동조합의 활동을 통제하고 파시스트 체제에 적합한 노동질서를 확립하는 것이 핵심이었다. 예를 들면, 1927년에 선포된 노동헌장에 입각하여 조직적으로 노동자를 통제하였는바, 일종의 관제노동조합을 결성하여 고용주와의 협상에 임하게 하였다. 특히 파시스트들은 법적인 범위 안에서만 노동조합의 활동을 허가함으로써 노사관계에서 고용주측을 유리한 위치에 놓았다.[20] 다시 말해 코포라티즘은 국가권력과 대기업과의 동맹이라는 방법을 통하여 기득 계층의 이해를 방어하려는 파시즘의 성격을 띠게 되었다.

제2차세계대전에서 파시스트 국가들의 패전과 더불어 코포라티즘은 전후에 거의 잊혀진 정치이론이 되었다. 왜냐하면 코포라티즘이 파시즘과 동일한 것으로 간주되었기 때문이었다. 실제로 전쟁 직후의 분위기가 잔존하던 1950년대를 통하여 코포라티즘은 별 다른 주목을 받지 못하였다. 그러나 1960년대에 접어들어 코포라티즘에 대한 관심이 서구에서 점차 되살아나기 시작하였다. 이때 우선적으로 제기된 핵심 문제는 코포라티즘이 파시즘과 구별된다는 점을 보여주는 것이었다. 1970년대말에 코포라티즘에 관한 논의를 활성화시키는 데 기여한 슈미터도 코포라티즘을 현대자본주의사회의 정치경제를 분석하는 유용한 이론으로 발전시키기 위해서는 이를 과거 파시즘과의 연계로부터 분리하여 이해하는 것이 필요하다고 주장하

면서 "우리는 여전히 코포라티즘의 시대에 살고 있다"고 선언하였다.[21]

이러한 측면에서 1920~1930년대에 등장한 코포라티즘에 대비하여 제2차세계대전 이후의 것은 '신코포라티즘'(Neo-corporatism)이라고 불리기도 한다.[22] 중요한 차이는 전자가 국가통제를 위한 이데올로기적인 성격이 강하게 부각되어 파시즘과 동일한 것으로 인식된데 비하여, 1960년대 이후에 서구에서 재등장한 후자는 정치적 이데올로기라기보다는 산업사회에서 국가와 이익집단 사이의 관계를 설명하는 일종의 이익대표체계의 성격을 강하게 갖고 있다는 점이다. 따라서 후자에서는 강제보다는 협상과 타협이 중요한 구성요소가 되었다.

코포라티즘에 대한 논의가 재개된 이면에는 특히 제2차세계대전 이후에 서구의 산업국가들에서 국가와 조직화된 주요 이익집단들(organized interests)간의 관계가 좀더 빈번하고 복잡해졌다는 사실이 놓여 있다. 다시 말해 노동분화에 따라서 새롭게 형성된 국가와 이익집단간의 변화된 관계를 기존의 이론들이 제대로 설명해주지 못하자 코포라티즘이 새롭게 주목을 받게 된 것이었다. 왜냐하면 서로 경쟁하는 관계로만 국한되어 있던 이익집단들이 미들마스가 명명한 바와 같이 단순한 로비단체에서 일종의 통치기관으로 전환되었기 때문이다.[23]

그러나 문제는 구체적으로 무엇이 코포라티즘인지 이에 대한 정의가 매우 다양하다는 점이다. 코포라티즘에 관한 최근의 연구자 가운데 하나인 파니치(Leo Panitch)가 언급한 바와 같이, "코포라티즘에 관한 글을 읽는 독자가 맨 먼저 부딪히는 문제는 코포라티즘이 무엇인가에 대한 합의가 아직까지 이루어져 있지 않다"는 점이다.[24] 이는 그만큼 현대산업사회 안의 여러 요소들이 복잡하기 때문에 이를 설명하려는 시도가 연구자들의 관점에 따라 또는 그들이 대상으로 하는 국가에 따라 차이가 생길 수 있음을 의미한다. 예를 들면,

팔(R. E. Pahl)과 윙클러(J. T. Winkler)는 통합·질서·민족주의·성공의 원리에 입각하여 개인 소유의 기업을 국가가 계획하고 간혹 통제하는 경제체제로, 위어다(H. J. Wiarda)는 정치문화적 측면에서 파시즘과 동일시되는 것으로, 오페(C. Offe)는 서구의 선진국가에서 노조와 같은 조직을 국가에 제도화시키는 종속적인 개념에서, 그리고 1970년대에 코포라티즘에 관한 논의를 불 붙인 슈미터는 국가와 이익집단 사이의 관계를 설명하는 틀로써 코포라티즘을 파악하고 있다. [25]

그렇다면 코포라티즘의 적용과 해석에서 이처럼 차이를 갖게 하는 근본적인 변수는 무엇인가? 다른 무엇보다도 이는 국가의 역할이다. 즉 이익집단과의 관계에서 또는 좀더 넓은 의미에서는 산업사회 안에서 국가가 경제활동의 영역에 어느 정도로 개입하느냐에 따라 다양한 유형의 코포라티즘이 도출될 수 있다.

따라서 (앞에서 언급한 바와 같이) 국가의 역할 정도라는 관점에서 슈미터는 코포라티즘을 두 유형으로 대별하였다. 즉 이는 서구의 자유민주주의 산업사회에서 등장한 사회 코포라티즘 또는 자유주의적 코포라티즘(liberal corporatism)과 제2차세계대전 전의 이탈리아나 1970년대 초·중반에 주로 남미의 신흥개발도상국에서 등장한 국가주도 코포라티즘이었다.

사회 코포라티즘의 경우 국가가 정책결정과정에서 중심적 역할을 하지만, 고용주와 노동자로 대별되는 이익집단도 정부기구 안에 설치된 각종 위원회에 참여시킴으로써 이들의 의사를 정책결정에 반영코자 한다. 그동안 망설임 속에서 간헐적으로 유지되어오던 자본(capital), 노동(labour), 그리고 국가(state)간의 접촉이 긴밀한 협의체제로 전환된 것이다. 이는 중앙정치 차원에서 규모가 큰 개별노조 또는 고용주 단체가 정부와의 산업정치에 깊숙히 관여됨을 의미하였다. 이제 이익단체들은 종래의 사적이며 다분히 이익방어적인 성향의 조직에서 중앙정부의 관련 부처와 정규적인 접촉과 호혜적 관계를 유

지함은 물론, 자신의 산업 분야나 산업계 전체와 관련된 정책의 입
안과 실행 때 정부에게 의견을 제시하는 대표성을 띤 단체들로 격상
되었다. 미들마스는 이러한 변화를 "단순히 이익집단에 불과하던
단체들이 정치의 영역으로 편입되어 확장된 국가의 일부분이 되었
다"고 적절하게 표현하였다. [26] 서구의 경우 1960년대 이후에 주로
정치적 안정과 지속적 경제성장이라는 목표를 달성하기 위하여 임금
을 억제하고 노동시장을 통제하기 위한 방편으로 정부·고용주·노
동자의 대표가 함께 참여하는 각종 위원회가 등장하였다.

　이는 실질적 차원에서 자본주의 사회의 대표적 이익집단이라고
볼 수 있는 기업가 조직과 노동자 단체의 리더들과 정부(행정부)의
대표가 삼자협상을 통하여 국가의 주요 경제정책을 결정하는 이른바
'삼자협의체제'(tripartite structure)의 형태로 발전되었다. 예를 들면,
영국의 국민경제발전평의회(NEDC), 독일의 협력위원회(Konzertierte
Aktion), 오스트리아의 가격 및 임금규제문제위원회, 스웨덴의 국가
노동시장위원회(AMS) 등은 모두 1960년대초부터 1970년대에 걸쳐
등장한 코포라티즘적 정책결정기구들이었다. [27]

　위의 삼자협의체제 아래에서 생산자(자본가와 노동자) 집단은 그들
의 이익집단를 통하여 자신들의 이해를 대변하고 실제로 그 과정에
참여함으로써 정부의 정책결정에 영향을 미칠 수 있게 되었다. 하지
만 동시에 이들은 그 대가로 국가경제정책의 원활한 수행을 위해 국
가의 요구에 가능한 한 협력해야만 되었다. 이와 같은 코포라티즘적
정책결정 형태는 이에 참여하는 이익집단에 대해 조직이나 활동 등
전반에 걸쳐서 커다란 영향을 미치게 된다. 왜냐하면 이익단체는 그
들이 대표하는 범주에서 이해의 독점적 대표권을 국가로부터 보장받
는 대신에, 입안된 국가의 경제정책이 효과적으로 수행될 수 있도록
자체의 역할을 조정함은 물론 단체의 구성원들을 설득하고 통제하는
것이 요구되기 때문이다. [28]

　이에 반하여 국가 주도 코포라티즘은 1920년대에 이탈리아에서

보인 것과 같이 국가가 독단적으로 이끌어가는 형태인 것이다. 물론 고용주나 노동자측을 협의(協議)의 메카니즘에 참여시키지만 본질적으로 이는 명목상에 불과하다. 이익집단이 존재하나 대부분 국가의 권위에 의하여 위로부터 조직된 것으로 통상적으로 국가의 강력한 통제와 간섭 아래 놓여 있다. 결과적으로 산업계를 대표하는 공식적인 기구들은 관제(官制)의 성격이 강하며, 대부분의 경우에 하부 구성원들의 의사를 제대로 반영하지 못하고 있다. 이는 제2차세계대전 후에 국가의 권력이 대부분 중앙정부에 집중된 역사적 경험을 갖고 있던 스페인이나 포르투갈과 같은 서구의 후진 지역에서, 그리고 1970년대 이래 급속한 산업화의 필요에 직면하였던 브라질·칠레·페루 등 남미의 개발도상국들에서 주로 등장하였다.

이들 국가들에서는 산업화의 여건 마련이라는 측면에서 국가가 사회의 안정과 질서 유지를 위해 적극적으로 경제활동을 통제하는 역할을 하였다. 이러한 과정에서 특히 노동자 집단을 강제적으로 정치체제 내부로 편입 또는 배제시키기 위한 여러 가지 정책을 실행하였다. 따라서 이익집단의 정책결정과정 참여가 자발적이라기보다는 인위적이며 또한 합의에 의하기보다는 강제적인 성격을 띠게 되었다.

Ⅲ. 코포라티즘의 본질과 재등장

현대산업사회 안에서 정책결정 과정을 설명하는데 왜 코포라티즘이 유용한 분석틀인가. 왜 기존의 정치이론으로서는 설명이 미흡하였는가. 전통적으로 다른 무엇보다도 개인의 자유를 옹호하는 영국의 정치사상가들은 가능하면 국가가 시민생활에 개입을 않는 것이 좀더 개인권을 보장하는 것으로 인식하였다. 사회란 단순히 개인들의 집합체라는 전제 아래 국가의 강압적인 권력을 반대하고 개인의 나아가서는 집단의 상호관계에 의한 사회의 재구성을 강조하였다. 이러한 시각에 의한다면, 한 사회에서 결정되는 공공정책이란 그 사회에서 활동하는 관련된 이익집단 상호간의 경쟁과 이들의 상대적인 영향력에 비례하여 나타나는 결과였다. 따라서 국가 즉 정부는 단지 이익집단간의 계속적인 타협과 조정에 의하여 형성된 공통요소에 따라서 행동한다는 것이다.

그러나 역사적 사실들은 현대산업사회에서 국가는 결코 중립적인 존재로서만 머물 수 없음을 보여준다. 역으로 산업사회의 여러 문제들을 해결하는 주체로서 국가는 이른바 ‘통치력’(governability)을 구비해야 할 필요성이 대두되었다. 더욱이 1970년대에 이르러 서구의 선진자본주의국가들이 만성적인 인플레, 성장의 둔화, 실업률의 증가 등으로 시달리면서 이를 해결하기 위해서는 산업 분야에 대한 국가의 통제와 간섭이 증가되어야 한다고 믿게 되었으며, 이를 뒷받침할 수 있는 이론으로 코포라티즘이 새롭게 주목을 받게 되었다. 물론 코포라티즘도 마찬가지 문제점이 없는 바는 아니다. 하지만 이 이론이 이익집단 연구와 관련하여 국가의 개념에 대해 새로운 시각을 제시하여주고 있음은 분명한 사실이다. [29)]

어떠한 이론이든 현대의 정치이론이 형성되는 데서 핵심적인 전제 요건은 바로 이익집단의 존재에 관한 것이다. 이익의 다원화, 대표원리의 변질, 정부 기능의 확대가 가속화되고 있는 상황 아래서 사회 속에 흩어져 있는 다양한 이익집단의 중요성이 가중됨은 자연스러운 현상이었다. 이익집단이 무엇인가에 대해서는 여러 설명들이 있다. 그러나 일반적으로 “개인들의 집합체로서 공유된 목표 또는 가치를 달성하기 위하여 부단히 상호작용(interaction)을 하는 집단”으로 정의할 수 있다. [30)]

또한 이는 단순히 성원들 사이에 취미활동을 꾀하기 위하여 조직된 단체와는 달리 집단의 이익을 달성하기 위하여 정부의 정책형성

과 결정과정에 영향을 끼치려고 시도한다. 이러한 측면에서 이익집
단은 일종의 정치조직체(political organization)의 성격을 띠고 있다. [31)
더욱이 20세기초 이래로 산업사회가 성숙됨과 아울러 전통적으로
국가정책의 입안과 결정에서 구심점 역할을 해온 정당의 위상이 저
하되고 상대적으로 행정부의 역할이 강화됨으로써, 후자와 긴밀하
게 연결된 이익집단에 대한 관심이 고조되었다. 한마디로 20세기
산업사회의 정치과정에서 이익집단은 정당과 더불어 시민사회와 국
가간의 매개체 역할을 수행하는 중요한 정치적 행위자(political actor)
로서 등장하게 된 것이다.

　이익집단은 언제 그리고 왜 형성되었는가. 이익집단은 오로지 현
대산업사회의 정치과정에서만 출현한 것은 아니었다. 정치학이나
사회학 분야에서 고대 그리스의 철학자 플라톤이나 아리스토텔레스
에 관한 연구가 보여주듯이, 고대사회에서도 이익집단과 같은 단체
는 형성되었던 것이다. 그러나 이의 영향력이나 중요성은 미미했으
며, 이러한 추세는 중세에도 변함이 없었다. 근대에 이르러서도 초
기에는 집단의 존재나 그것의 이익의 중요성에 대한 인식은 제대로
발현되지 못하였다. 이러한 모습에 근본적으로 변화의 영향을 끼친
것은 18세기 중엽부터 영국을 중심으로 서유럽에서 시작된 산업혁
명이었다. 산업혁명은 옛부터 내려오던 사회구조를 크게 변화시켰
으며 급기야는 이를 정치적 변혁으로 연결되게 만들었다.

　산업사회의 성숙과 아울러 구조적 분화가 심화되면서 자연스럽게
사회 속에서 이해관계가 다양화 첨예화되기에 이르렀다. 서로 치열
하게 경쟁하는 사회 속에서 자신의 이익을 지키고 얻기 위해서는 과
거와 같이 단순하게 비(非)조직적인 상태 아래에서 이익을 구하기보
다는 좀더 조직화된 모습으로 이익을 대변할 필요성을 느끼게 되었
다. 이러한 현실적 요구에 부응하여 이익집단의 중요성이 새롭게 인
식되고 강조되기에 이르렀던 것이다. [32) 사실상 다수의 집단이 경쟁
하며 상호작용을 하는 다원주의적인 사회에서 이해관계를 함께 하는

개인들이 자신들의 이익을 추구할 목적으로 조직을 결성하는 것은 자연스러운 역사적 현상이라고 볼 수 있다.

이익집단의 등장과 연계하여 주목해야 할 또 다른 중요한 요소는 국가의 역할이다.[33] 특히 20세기에 접어들어 사회가 크게 다양화되었기에 시민사회 속에서 국가의 위치는 더욱 중요성을 갖게 되었다. 왜 국가는 이익집단의 활동에 통제를 가해야 하는가. 이것이 내포하고 있는 정치경제적인 의미는 무엇인가. 서구의 선진산업국가들에서 19세기말 이래로 산업화로 인한 여러 폐단들이 드러나게 되고, 이를 해결하는 과정에서 불가피하게 국가의 역할이 증대하게 되었다. 이는 특히 경제 분야에 대한 국가의 간섭과 통제정책으로 나타났으며, 이에 따라 각종 중요한 정책결정이 중앙정부에 의하여 이루어지게 되었다.

이러한 상황 아래에서 사회의 구성원들은 각자의 이해에 따라 단체를 조직하거나 기존의 단체에 가입함으로써 국가와의 관계에서 자신들의 이익을 대변하고자 하였다. 즉 심화되는 경쟁의 열기 속에서 특정 이익추구를 위한 조직된 힘의 필요성이 이익집단의 출현으로 나타난 것이다. 단체 구성원들의 요구를 적절한 차원에서 정부의 관련 부처로 전달하고, 때로는 이를 관철시키기 위하여 정치적인 영향력을 행사하는 역할을 이익집단이 수행하였다. 역으로 정부의 정책결정자도 마찬가지로 접촉하는 이익집단으로부터 정책의 입안이나 실행에 필요한 구체적인 정보들을 입수할 수 있는 상호작용이 이루어졌다.

그동안 이익집단에 관한 연구를 주도하여온 이론은 다원주의였다. 이익집단이라는 개념 자체가 오랫동안 서구사회를 지배하여온 다원주의적 구조 아래에서 배태된 것이었기에, 그러한 분위기는 당연한 것으로 이해되었다. 다원주의적 구도 아래에서는 자본주의의 형성논리인 경쟁의 개념이 매우 중요시되었다. 더욱이 이러한 관점은 이익집단의 활동은 물론 국가의 개념에까지 확대되어 적용되었다. 즉 다원주의의 연구자들은 국가를 "사회질서의 조건을 반영하는 피사체" 또는 "경쟁적인 이익집단들의 집합체"로 파악하였다. 이처럼 한 사회에서 결정되는 징책이란 그 사회 속에서 활동하는 이익집단들 상호간의 경쟁의 결과로써 이해되었기에, 다원주의 사회에서 국가는 주도적인 또는 결정적인 역할을 수행하는 독립변수라기보다는 각 집단간의 경쟁의 반영물로 간주되는 종속변수로 인식되었다. 이러한 다원주의적 국가 개념은 최근까지 역사적으로 국가 전통이 상대적으로 약한 미국·영국 등 서구의 선진산업국들의 정책결정과정을 설명하는 데 정통적인 분석틀로 믿어져 왔다. [34]

그러나 산업사회가 성숙해감과 아울러 다원주의는 국가와 사회간의 관계를 분석하는 이론으로써 한계점을 드러내게 되었다. 비판자들에 의하여 주로 지적되고 있는 다원주의의 핵심적인 한계는 그것이 산업사회 속에서 국가의 역할을 너무 '수동적'(negative)으로 설정하고 있다는 점이다. 즉 자율적인 이익집단에 대하여 정부가 행사하는 영향력을 너무 무시하고 있다는 사실이다. 이는 근본적으로 다원주의가 정부의 정책결정을 이른바 정치무대에서 활동하는 이익집단들간의 자발적(voluntary)인 경쟁을 통하여 형성되는 것으로 파악한 때문이었다. 다원주의적 설명에 의한다면, 국가는 공적인 것과 사적인 것간에 엄격한 제도적 이념적 경계를 설정하고, 각 이익집단들의 이해관계에 관여하지 않는 중립적인 위치에 있어야만 한다. 한마디로 다원주의는 "단순하고 사소한 이익집단이었던 각 조직들이 정책결정 영역으로 편입되어 일종의 확장된 국가가 되었다"는 역사적 사실을 제대로 설명해주지 못하였다. [35]

다원주의와 함께 주목된 또 다른 설명틀은 네오마르크시즘(Neo-marxism)이었다. 사실상 그 시작부터 네오마르크시즘은 다원주의적인 설명이 안고 있는 약점들을 정확하게 간파하였다. 예를 들면, 이는 국가에 관한 이론 정립의 필요성을 강조하고 더 나아가서 다원주의에서 주장하는 바와 같이 각 개인적 선호(選好)의 단순한 집합으로 이익(interest)의 개념을 정의해서는 안 된다고 주장한다.[36] 그러나 네오마르크시즘은 정책결정의 과정을 기본적으로 경제적인 것으로 귀착시키려는 성향에서, 그리고 정치적 이해관계를 경제적인 계급관계에 의하여 구조적으로 설정된 것으로 가정하는 면에서 결점을 지적받고 있다. 즉 자본가 계급의 우월성이 국가의 여러 기관을 통하여 이미 구조적으로 보장되어 있다는 것이다. 비록 폴란차스(N. Poulantzas) 같은 이론가들에 의하여 국가가 반드시 계급적 이해관계만을 반영하고 있는 것은 아니라는 실증적 증거들이 제시되기도 하였지만, 그럼에도 불구하고 네오마르크시즘의 핵심 가운데 하나는 여전히 국가의 계급적 대변성임을 부정할 수 없다.

한마디로 위의 두 이론은 국가의 역할을 사회 속에서 주도적인 계급의 도구로써 혹은 계급투쟁이 전혀 배제된 분야로써 한정시키는 결과를 초래하였다. 이 설명에서는 국가의 자율성이 과소평가되었음은 물론, 국가권력과 계급을 대표하는 조직들과의 경험적이며 실제적인 관계가 이론적인 가정에 의하여 미리 배제되어 있다. 자(自)계급에 대한 충성이 점점 약화되고 있는 반면에 비(非)계급적 이해(non-class interests)의 중요성이 가중되고 있는 분명한 역사적 사실을 두 이론은 충분히 설명하지 못하고 있다. 물론 코포라티즘도 이러한 문제들을 설명하는 데 많은 한계성을 보여주고 있다. 하지만 이는 현대산업사회에서 국가와 사회간의 관계를 분석하는 데 다원주의나 네오마르크시즘이 간과한 중요한 문제들을 새로운 각도에서 조명함으로써 일단의 해결책을 제시하고 있다.

그렇다면 왜 코포라티즘이 산업사회 속에서 공공정책을 입안하고 실행하는 데 적합한 이론으로 평가되고 있는가. 정책결정 과정에서 영향을 끼치는 세 종류의 중요 요소들 —— 개인(individuals), 조직(organizations), 이해관계(interests) —— 가운데에서 다원주의는 이해관계의 기본 개념으로 개인적인 선호를 강조한 반면에, 네오마르크시즘은 계급의식을 내세웠다. 물론 두 이론 모두 집단과 조직의 중요성을 인식하고 있음은 사실이다. 하지만 집단적 행동에 대한 이론적인 분석은 두 이론이 갖고 있는 핵심 가정들로 인하여 크게 제약을 받고 있다. 다양한 종류의 이익집단과 국가의 끊임없는 상호작용을 통하여 전개되는 산업사회에서의 정치학을 다원주의나 네오마르크시즘으로서는 충분하게 설명할 수 없다는 지적이다.

코포라티즘에 관한 선도적 연구자들 가운데 한 사람인 오페는 이익집단을 분석하는 데 필요한 요소로써 개인·조직, 그리고 사회체제(social system)를 들고 있다. 그는 다원주의적 접근은 셋 가운데에서 단지 개인에만 초점을 두고 있고, 네오마르크시즘도 근본적으로는 사회체제에만 관심을 집중하고 있기 때문에 한계를 내포하고 있다고 지적한다. 그에 의하면, 산업사회 속에서 복잡하게 전개되는 이익집단의 정치학을 정확하게 이해하기 위해서는 세 요소 전부를 결합하는 작업이 필요하며, 이러한 면에서 코포라티즘의 특별한 기여가 있다고 한다. 즉 코포라티즘이야말로 "한 조직이 내세우는 이익은 근본적으로 이를 구성하는 성원들 각자가 추구하는 개인적 이익에 의하여 형성되지만, 동시에 조직은 성원들의 이익을 조건지우고 통제한다"는 복잡한 상관관계를 적절하게 설명해줄 수 있는 이론이라는 것이다. [37]

다원주의적인 설명은 "각 이익집단들간에 존재하는 힘의 불균형은 누적적(cumulative)인 것이 아니고, 이들에게는 민주적인 기관에 의하여 보장되는 경쟁적인 정치의 장(場)에 참여할 수 있는 기회가 균등하게 주어진다"는 가정을 갖고 있다. [38] 물론 코포라티즘도 부분적으로는 다원주의에서 중시하는 경쟁의 원리를 인정한다. 하지만 그 전제나 의미에는 차이가 있다. 즉 후자가 동등한 입장에서 이익집단들간의 무한경쟁을 상정한 데·반해, 전자는 서로 경쟁하는 집단들은 평등한 것이 아니라 계서적(階序的)이며, 동일한 범주에 속하는 조직들도 정부와의 관계에서 독점적인 위치를 점하기 위해 서로 경쟁하는 경향이 있음을 주장한다. 따라서 구성원의 이익을 대변하

는 조직과 국가간의 상호관계는 코포라티즘의 핵심을 이룬다고 볼
수 있다.

코포라티즘과 관련하여 가장 두드러진 것은 상호경쟁보다는 대표
성을 띤 이익집단과 국가간에 대화와 타협을 통하여 이해가 서로 접
근되는 과정이다. 그러나 이는 고용주와 노동자를 대변할 수 있는
성격을 갖춘 단체의 존재가 선결조건임을 암시하고 있다. 다시 말해
코포라티즘적인 정책결정이 이루어지기 위해서는 먼저 대표성을 구
비한 이익집단이 형성되어야만 한다. 영국의 경우, 산업계의 이해
를 대변하는 단체들이 구체적으로 등장하는 것은 제1차세계대전 기
간중이었다. 전쟁 기간을 통하여 위상이 높아진 노동자측의 요구 증
대와 경제 영역의 각 방면에 걸쳐 급속히 진행된 국가통제의 확대는
그동안 분산되어 있던 고용주들로 하여금 여러 산업 분야 사이에 또
는 해당 산업 분야 속에서 협동의 필요성을 자극하였던 것이다. 이
러한 움직임은 곧 산업계 전체적으로 크게 주목을 받은 세 개의 전
국 규모 고용주 단체의 출현으로 현실화되었다. 이들은 바로 1915
년에 조직된 전국제조업자연맹(National Union of Manufacturers), 1916
년말에 형성된 영국산업체연합(Federation of British Industries), 그리고
1919년에 등장한 고용주단체전국연합(National Confederation of
Employers' Organizations)이었다. [39]

현대산업사회에서 국가는 대표성을 띤 이익집단의 대두에 주목할
것을 요구받고 있다. 다시 말해 다수의 이익집단들 가운데에서 어느
것을 정책입안과 결정시 대표성을 가진 파트너로서 상대할 것인가를
결정해야만 한다. 이러한 과정에서 국가는 불가피하게 여타의 이익
집단을 배제해야 할 필요에 직면하게 된다. 이에 더하여 공공정책을
실행시 가끔씩 공적인 권한을 코포라티즘적인 이익집단에게 위임해
야 할 경우도 있다. 왜냐하면 정부와 이익집단 모두가 서로 논의하
여 합의된 사항이 수용되도록 하는 데는 국가가 직접 나서는 것보다
는 구성원들에 대해 통제력을 갖고 있는 대표적인 이익집단에게 의

존하는 것이 더욱 효과적이기 때문이다. 그러므로 정부와 직접적으로 접하게 되는 코포라티즘적인 조직은 동일한 범주에 속한 대소 이익집단들을 대표할 뿐만 아니라, 이들에 대하여 행사할 수 있는 어느 정도의 통치력을 구비해야만 한다. [40]

자유주의적 코포라티즘에서 코포라티즘적 조직과 국가간의 관계는 일종의 거래(bargain)로 특징되는 정치적 교환 과정이라고 볼 수 있다. 즉 국가는 해당 이익집단에 유리한 정책을 입안하되 이의 실행을 이익집단을 통해서 하는 것이다. 이는 국가가 직접적으로 이익집단을 통제하는 또는 네오마르크시스트들이 주장하듯이 국가의 기관들이 특수한 계급적 이해관계에 의하여 좌우되는 그러한 관계가 아니다. 동시에 논의에 임하는 해당 이익집단도 논의가 결렬된다면 국가는 자신들에 대하여 법적이며 관료적인 힘을 행사할 수도 있음을 충분히 인식하고 있다. 또한 국가는 상대하는 이익집단으로부터의 도움이나 합의가 없이는 해당 정책을 입안하고 실행하는 데 요구되는 전문지식을 충분히 갖고 있지 못하며, 또한 이익집단을 고려하지 않고 사안을 실행에 옮길 정도로 강제력을 구비하고 있지도 않다. 한마디로 이러한 종류의 정치적인 교환이란 이익집단과 국가 모두가, 비록 일련의 제약 아래에서지만, 각자 어느 정도의 자율성을 확보하고 있음을 전제로 하고 있는 것이다.

코포라티즘에 대한 정의가 연구자에 따라 차이를 보이고 있음은 주지의 사실이다. 하지만 앞에서 논의된 바를 바탕으로 일반적으로 동의되고 있는 내용을 요약하면 다음과 같다. 코포라티즘은 기존의 분석틀인 다원주의나 네오마르크시즘이 성숙된 산업사회 속에서 국가와 이익집단간의 관계를 만족하게 설명하지 못함에 따라 이에 대한 대안으로써 서구에서 다시 주목을 받았다. 특히 자유민주주의적 전통이 강한 서구의 국가들에서는 이른바 사회 코포라티즘의 모습으로 나타났다. 실천적인 면에서 이는 정부가 전면에 나서서 직접적으로 경제활동을 통제하기보다는 이익집단의 이익대표권을 인정함으로써 이를 통해 국가경제의 메카니즘을 작동시킴을 의미하였다. 이를 위해 정부는 대표적인 이익집단을 협상의 파트너로서 인정하고, 더 나아가서는 후자의 조직화와 계서화를 지원해주어야만 되었다. 다시 말해 대표적인 이익집단의 이른바 '정부화'가 이루어지는 것이다. 이상은 정부 부처와 고용주, 노동자를 대표하는 이익집단간에 상호협조적인 관계가 어느 선까지는 계속 유지되어야 함을 전제로 하며, 이는 바로 사회 전체의 통합, 안정과 질서 유지, 그리고 효율성의 극대화를 내용으로 하는 코포라티즘의 주목적에 부합되는 것이다.

Ⅳ. 맺음말

역사상 많은 종류의 이론이나 사상이 등장하였다. 물론 앞에서 논의되었듯이 코포라티즘의 역사도 중세 또는 더 멀리까지 거슬러올라갈 수 있다. 하지만 다른 이데올로기에 비하여 코포라티즘은 주로 20세기에 들어와서 본격적으로 논의되고 주목을 받게 되었음을 알 수 있다. 무엇보다도 제2차세계대전 이후 급속한 경제성장과 더불어 확대되고 성숙된 산업사회 속에서 정부와 산업의 관계를 설명하는 데 기존의 이론틀인 다원주의와 네오마르크시즘이 부족함을 드러내자 이를 해결하기 위한 일종의 대안으로서, 특히 1970년대 초반 이후에 새롭게 조명을 받게 된 것이다. 분석적으로 말하여 20세기의 전반기에는 주로 파시즘과 동일한 이데올로기로 인식되었으나, 제2차세계대전 이후에는 산업사회 안에서 정부·자본·노동간의 관계를 설명하는 이론, 다시 말해서 일종의 이익대표체계로 이해되었다.

다원주의 아래에서 이익의 표출은 주로 정당이나 의회와 같은 정책기관을 상대로 이루어지는 데 반하여, 코포라티즘 아래에서는 정책의 실제 집행기구인 정부의 행정기구를 통하여 이루어진다. 구체적으로 말하면, 관련 정부 부처가 주관하는 각종 위원회에 대표를 파견하여 소속 이익집단의 이해를 대변하고 관철하고자 시도한다. 이밖에 다원주의의 주 목표가 사회 속의 갈등을 해결하기 위한 것으로 미시적이며 경쟁적인 성격을 띠고 있는 데 반하여, 코포라티즘은 일명 더불어 사는 사회를 추구하는 것으로 거시적이며 비경쟁적인 성격을 띠고 있다. 왜냐하면 근본적으로 후자는 유기체적인 사회관에 입각하여 사회적인 노동분화에 따라서 형성된 다양한 이익집단들 사이의 조화를 상정하고 있기 때문이다.

코포라티즘의 본질과 관련하여 가장 중요한 요소는 국가의 역할 정도이다. 다시 말해 시민들의 경제활동에 국가가 어느 선까지 개입하느냐 하는 것이다. 자유민주주의가 오래 전부터 성숙해온 서구의 산업국가에서는 앞에서 언급된 바와 같은 사회 코포라티즘이 등장하였다. 즉 정부가 개입은 하되 매우 타협적인 자세를 견지함은 물론, 무엇보다도 네오마르크시즘에서 주장하듯이 정부가 전적으로 자본가측의 입장만을 취하지는 않는다는 점이다. 엄밀히 말하여, 코포라티즘적 정책결정과정에서 이익대표체계는 자본주의 사회 속에서 자본과 노동간의 힘의 불균형 상태를 내포하고 있다. 또한 코포라티즘적 의사결정의 주 논제가 본질적으로 부의 재분배라기보다는 임금수준의 책정에 관한 것이기에, 삼자협의 과정에서 노동자측의 요구가 (흔히 경제성장이라는 대의명분에 밀려) 상대적으로 약하게 반영될 소지가 있다. [41] 이러한 문제를 인식하고, 앞에서 살펴본 영국의 역사적 경험이 보여주듯이, 삼자관계에서 정부는 필요한 경우에 자본가측을 견제하고 상대적으로 노동자측의 위상을 높여주었다.

한편, 자유주의의 전통이 미약한 곳에서는 국가의 일방적인 독주 아래에서 정부와 산업 사이의 관계가 형성되고 유지되었다. 정부의 교섭 파트너 역할을 할 단체들은 국가에 의하여 허가되었으며, 필요한 경우에는 만들어지기조차 하였다. 특히 정부는 점차 성장하는 노조세력을 국가경제발전의 요구에 합당한 조직체로 바꾸려 시도하였으며, 동시에 조직화된 노동자들이 국가이익(national interest)에 반하여 집단이익(sectional interest)을 추구하는 것을 억압하였다. 이렇게 조직된 단체들은 정부를 등에 엎고 소속 구성원들에 대해 강한 통제를 행사하였다. 이와 같은 특질로 인하여 코포라티즘은 그동안 제1, 2차세계대전 사이 기간에 등장한 파시즘과 동일한 것으로 인식되어왔다. 더욱이 이러한 이른바 국가 주도 코포라티즘은 1970년대 이후에 특히 라틴 아메리카와 같은 신흥개발도상국에 수용되어 권위주의적 정치체제를 형성하고 유지하는 이데올로기적 수단으로 이용되었다.

이처럼 코포라티즘은 어떤 사회에서든 등장할 수 있는 보편적인 현상이다. 하지만 구체적인 적용은 그 사회가 갖고 있는 정치·경제·사회적 환경과 역사성에 의해서 다양한 형태를 띠게 됨을 알 수 있다.[42]

그동안 코포라티즘에 관한 논의는 규모상 대부분 매크로 레벨(macro level), 즉 전국적 차원에서 정부·자본·노동 사이의 삼자관계를 분석하는 데 집중되어왔다. 그리하여 이는 산업관계의 전체적인 모습을 체계 있게 설명해주는 데 기여하였다. 하지만 좀더 깊이 분석하고자 할 경우, 자본이나 노동 모두 본질적으로 다양한 특질을 갖는, 다시 말해 서로 이해관계가 상이한 산업 분야들로 구성되어 있기 때문에 개별 산업 안의 노사관계를 제대로 설명하기가 곤란하였다.

이러한 취약점을 해결하기 위하여 최근에 이르러 연구 대상의 규모을 좀더 좁히고 세분화해야만 한다는 주장들이 제기되었다. 그 결과 메조 레벨(meso level, 각 산업 분야)과 심지어는 마이크로 레벨(micro level, 개별 기업체)까지 확대하여 적용 연구하는 경향이 등장하였다. 특히 코포라티즘에 관한 대표적 연구자 그룹에 속하는 코손

은 메조 레벨 코포라티즘에 관한 연구의 중요성을 강조한다. [43) 그에
의하면, 이 정도의 수준이라야 자유민주주의 아래의 산업사회 속에
서 코포라티즘의 원리들을 실제로 적용하는 것이 가능하며, 무엇보
다도 정부, 자본, 그리고 노동으로 구성되는 삼자체제가 실질적으
로 작동할 수 있다고 한다.

주

1) 국내에서 코포라티즘은 흔히 조합주의로 번역되어 사용된다. 혹자는 이를
   담합주의로 부르기도 한다. 용어의 번역에서조차 이러한 차이가 나는 것은
   각자마다 코포라티즘의 특질에 대한 이해에 차이를 보이기 때문이라고 생각
   한다. 필자는 이 글에서 이를 구태여 번역하지 않고 발음을 따라서 그냥 코
   포라티즘으로 쓴다. 왜냐하면 조합주의나 담합주의 모두 코포라티즘의 의미
   를 충분하게 전달해주지 못하기 때문이다. 전자의 경우, 최장집 교수가 이
   미 지적한 바와 같이, 생디칼리슴(syndicalisme)과 혼동될 소지가 있을 뿐만
   아니라, 코포라티즘이 원래 내포하고 있는 '유기체적'(organic)인 의미를
   표현하기 어렵다. 후자의 경우에는 암묵적으로 코포라티즘을 노동통제를 위
   한 수단이라는 관점에서 보기 때문에, 정부·자본·노동의 삼자관계에서
   정부가 언제나 자본측만을 편들지는 않는다는 역사적 사실을 제대로 함축하
   지 못하고 있다. 직접적으로 용어의 문제를 다루고 있지는 않지만, 이 글의
   주제와 관련하여 국내에서 연구된 바를 참고로 몇 가지 소개하면 다음과 같
   다. 최장집, 〈한국 노동조합 연구의 정치학적 접근 : 코포라티즘(Corpo-
   ratism)의 적용을 중심으로〉, 《국제정치논총》 제23집(1983), pp. 363~
   383 ; 〈국가의 역할증대와 조건 : 민족주의와 코포라티즘을 중심으로〉, 한국
   정치학회 편, 《현대한국정치와 국가》(법문사, 1986), pp. 95~119 ; 김영
   래, 〈한국이익집단에 대한 국가의 통제 : 조합주의적 시각을 중심으로〉, 한
   국정치학회 편, 《현대한국정치와 국가》(법문사, 1986), pp. 345~375 ;
   《한국의 이익집단 : 국가조합주의적 시각을 중심으로》(1987) ; 배영수, 〈현
   대 자본주의〉, 《서양사강의》(한울, 1992), pp. 487~534.
2) A. Cox, "Neo-corporatism versus the Corporate State", A. Cox and N.
   O'Sullivan, eds., *The Corporate State : Corporatism and the State Tradition in
   Western Europe* (Cambridge, 1988), p. 32.

3) A. Cawson, *Corporatism and Political Theory* (Oxford, 1986)에서 특히 "What is Corporatism？", pp. 22~44 참조.

4) P. C. Schmitter, "Still the Century of Corporatism？", P. C. Schmitter and G. Lehmbruch, eds., *Trends Toward Corporatist Intermediation* (Beverly Hills, 1979), pp. 21~30.

5) 헤겔의 영향을 받은 정치철학자들은 다소 추상적인 의미에서 국가를 정의하고 있다. 하지만 이 글에서는 권력의 분배 또는 공유라는 관점에서 국가의 본질을 상정하고 있다. 즉 국가를 선거에 의해 어떠한 정당이 정부를 구성하든 관계없이 항상 독립적인 상태로 존재하는, 그리고 정부의 정책을 입안하고 실행하는 데 핵심적인 역할을 하는 주체로서 파악한다. 이와 같이 정의할 경우 국가의 주요 구성원은 군대, 사법부, 경찰과 정보 담당부서, 그리고 관료집단(civil service)이라고 볼 수 있다. 이 글은 이 가운데서도 특히 관료집단으로 구성되는 행정부에 초점을 두고 있다. 국가에 대한 다양한 논의에 관해서는 대표적인 학자들의 저술에서 중요 내용만을 발췌하여 편집한 David Held et al. eds., *States and Societies* (New York, 1983)을 참조.

6) R. K. Middlemas, *The Politics in Industrial Society : The Experience of the British System since 1911* (London, 1979), pp. 307~336.

7) *Ibid.*, p. 373.

8) 대륙에 비하여 영국에서 코포라티즘이 약한 역사적 요인에 관해서는 S. Vickerstaff and J. Sheldrake, *The Limits of Corporatism : The British Experience in the Twentieth Century* (Avebury, 1989)를 참조.

9) 구미에서도 코포라티즘의 역사를 다룬 연구는 극히 드물다. 대부분의 연구들이 20세기 이전에 관해서는 매우 간략하게만 스케치하고 있다. 이 가운데에서 그래도 이 분야를 자세히 다루고 있는 연구는 O. Newman, *The Challenge of Corporatism* (London, 1981) 가운데 특히 "Part One Corporatism : the Background" (pp. 3~71)이다.

10) *Ibid.*, p. 4.

11) W. Grant, "Introduction", *The Political Economy of Corporatism* (Basingstoke, 1985), p. 5.

12) 레이몽 아롱 저, 이종수 역, 《사회사상의 흐름》(홍성사, 1980), 〈제6부 뒤르켕〉, pp. 301~303.

13) O. Newman, *op. cit.*, p. 8.

14) *Ibid.*, p. 10.

15) *Ibid.*, p. 11.

16) *Ibid.*, pp. 12~13.

17) L. P. Carpenter, "Corporatism in Britain, 1930~1945", *Journal of Contemporary History*, vol. 11(1976), pp. 3~25 참조.

18) H. Macmillan, *Reconstruction : A Plea for a National Policy* (London, 1933) ; *The Next Five Years* (London, 1935).

19) H. Macmillan, *Reconstruction* (London, 1933), p. 9.

20) B. Mussolini, "The Law of April 3, 1926, On Collective Labour Relations", *Fascism, Doctrine and Institutions* (Rome, 1935), pp. 75~90.

21) P. Schmitter, "Still the Century of Corporatism ? ", P. Schmitter & G. Lehmbruch, eds., *Trends toward Corporatist Intermediation* (Beverly Hills, 1979).

22) N. O'Sullivan, "The Political Theory of Neo-corporatism", A. Cox and N. O'Sullivan, eds., *op. cit.*, pp. 3~26.

23) R. K. Middlemas, *op. cit.*, p. 372.

24) L. Panitch, "Recent Theorizations of Corporatism : Reflections on a Growth Industry", *British Journal of Sociology* (1980), p. 159.

25) P. E. Pahl & J. T. Winkler, "The Coming Corporatism", *New Society* (1974), p. 71 ; H. J. Wiarda, *Corporatism and National Development in Latin America* (Boulder in Colorade, 1981), p. 66 ; C. Offe, "The Attribution of Public Status to Interest Group : Observations on the Western German Case", S. Berger, ed., *Organizing Interests in Western Europe* (New York, 1981), pp. 146~147. 이상은 김영래, 《한국의 이익집단 : 국가조합주의적 시각을 중심으로》(1987), pp. 63~64를 참고하였다. 코포라티즘이 1970대에 들어서서 이익집단에 관한 연구와 관련하여 새롭게 주목받기 시작한 것은 다른 누구보다도 코포라티즘을 이익대표체계라는 용어로 정의한 슈미터에 의해서였다. (P. C. Schmitter, *op. cit.*, p. 13).

26) R. K. Middlemas, *op. cit.*, pp. 371~385.

27) 최장집, 〈국가의 역할증대의 조건 : 민족주의와 코포라티즘을 중심으로〉, 한국정치학회 편, 《현대한국정치와 국가》(법문사, 1986), p. 110.

28) 위의 책, p. 111.

29) A. Cawson, "Pluralism, Corporatism and the Role of the State", *Government and Opposition*, vol. 13, no. 2(1978), pp. 178~181.

30) 김영래, 앞의 책, pp. 29~32.

31) J. Q. Wilson, *Political Organizations* (New York, 1973)을 참조.

32) H. Perkin, *The Rise of Professional Society : England since 1880* (London, 1989), pp. 17~26.

33) 자유민주주의 사회 안에서 국가의 역할을 설명하는 이론에 관해서는 P. Dunleavy and B. O'Leary, *Theories of the State : The Politics of Liberal Democracy* (Basingstoke, 1987) 참조.

34) 김영래, 〈한국이익집단에 대한 국가의 통제 : 조합주의적 시각을 중심으로〉, 한국정치학회 편, 《현대한국정치와 국가》(법문사, 1986), p. 348.

35) R. K. Middlemas, *op. cit.*, p. 373.

36) A. Cawson, "Introduction. Varieties of Corporatism : the Importance of the Meso-level of Interest Intermediation", A. Cawson, ed., *Organised Interests and the State : Studies in Meso-corporatism* (London, 1985), p. 2.

37) *Ibid.*, pp. 3~4.

38) *Ibid.*, p. 5.

39) J. Turner, "The Politics of 'Organised Business' in the First World War", J. Turner, ed., *Businessmen and Politics : Studies of Business Activity in British Politics 1900~1945* (London, 1985), pp. 33~49 참조.

40) A. Cawsom, *op. cit.*, p. 6.

41) G. Lehmbruch, "Liberal Corporatism and Party Government", P. Schmitter and G. Lehmbruch, eds., *op. cit.*, p. 167.

42) A. Cox and N. O'Sullivan, eds., *The Corporate State : Corporatism and the State Tradition in Western Europe* (Aldershot, 1988) 참조.

43) A. Cawson ed., *op. cit.* ; *Corporatism and Political Theory* (Basingstoke, 1986)에서 특히 "Vareties of Corporatism", pp. 68~82 참조.

Ⅲ. 과학과 진보의 신앙

◇ 합리주의 / 임상우

◇ 계몽주의 / 주명철

◇ 실증주의 / 최종덕

◇ 실용주의 / 조지형

합리주의
Rationalism

임 상 우

I. 머 리 말

합리주의는 지성사적 의미에서 현대세계의 근간을 이루고 있는 가장 중요한 사조(思潮)의 하나다. 그것은 서구의 근대사회의 형성에서 하나의 정신적 대전제가 되었고, 또한 일관성 있는 대원칙으로 근대사회의 응집성을 유지해왔기 때문이다. 이런 의미에서 합리성(rationality)은 여러 경우에서 근대성(modernity)과 대치되어도 무방한 개념이라 할 수 있다.

한편, 현대의 지성사는 현실세계의 수많은 부조리와 이에 따른 정신적 방황으로 점철되고 있다. 근대사회가 합리성의 기초 위에 세워진 것이라면 현대세계는 전통적인 합리성으로 해결하지 못할 여러 가지 문제들에 직면하게 되었기 때문이다. 따라서 현대의 지성사에서는 '이성의 상실' 또는 '합리성의 붕괴'에 대한 열띤 논의가 벌어지고 있다. 최근에 날이 갈수록 혼란의 깊이를 더해가는 탈근대성(post-modernity)에 대한 논의는 한마디로 '탈합리성'(post-rationality) 또는 '합리성의 해체'에 관한 논의로 귀결되고 있다.

현대세계의 정신적 모습은 이와 같이 합리주의의 양면성이 제기

하고 있는 문제로서 파악될 수 있다. 이 글에서는 이러한 양면성을
염두에 둔 채 합리주의에 대한 이해를 시도하고자 한다. 합리주의의
정의와 그에 대한 이해는 우선 철학적인 고찰로써 접근하는 것이 상
례이다. 그러나 이 글에서는 그러한 철학적 접근을 유보하고, 근대
합리주의가 어떠한 지성사적 맥락 속에서 형성되었으며, 현대세계
에서 어떠한 역사적 의미를 내포하고 있는지를 중점적으로 살펴보고
자 한다.

Ⅱ. 합리주의의 역사적 승리

1. 합리주의의 정의

'합리주의' 또는 '합리적'이라는 말들은 우리 현대인들에게 너무
도 친숙하게 들리는 말이어서 얼핏 보기에 더 이상의 논의를 필요로
하지 않을 듯하다. 그러나 당연히 보이는 개념일수록 정확히 정의하
기 어렵고 때로는 중대한 오해가 그 가운데 끼여 있는 경우가 많다.
'합리'란 말은 대단히 긍정적인 가치를 표현하고 있어, '합리적'으
로 사고하고 행동해야 하는 '합리주의'의 정신은 누구나가 따라야
하는 현대의 시대정신으로까지 여겨지고 있다. 그 반면에, 대단히
왜곡되어 도저히 수긍할 수 없는 사태를 억지로 '합리화'한다는 뜻
에서 보듯이 부정적 의미까지로도 쓰이고 있다.

합리주의의 가장 일반적인 정의는 이 우주의 삼라만상이 이성(理
性, reason)에 합치되게 존재하고, 이성에 합치되게 움직인다는 원리
이다. 따라서 이성을 무엇으로 정의하느냐, 그것이 누구에 의해 주
어지느냐에 따라 시대마다 합리주의의 내용이 달라지게 마련이다.
고대와 중세에서 추구된 이성이 각각 다르고 근대 서구에서 정의된

이성도 그 이전의 것과 기본적으로 공유하는 부분이 있더라도 결국에는 다른 내용을 가진 것으로 구별된다고 할 수 있다.

근대 합리주의는 인간을 둘러싼 세계와 우주는 인간의 정신이 작동하는 것과 같은 방식으로 작동한다는 믿음에 근거한다. 뒤집어서 말하면 인간은 경험하는 모든 것을 궁극적으로 이해할 수 있다는 믿음과 통한다. 즉 인간은 이성을 가지고 있고 우주에도 같은 이성이 존재하므로, 인간은 수학문제에 내재되어 있는 이성적 질서를 합리적으로 풀어내듯이 이성에 지배되는 우주의 비밀을 합리적으로 하나하나 풀어갈 수 있다는 믿음이다.

이러한 믿음은 중세의 지배적 사고였던 기독교 신앙과는 판연히 구분되는 것이다. 비록 일부 스콜라 철학자들에 의해 신의 질서를 이성적으로 논증하려는 시도가 중세에 있었다 하더라도, 근대 합리주의는 인간이 경험하고 이해할 수 없는 초자연의 세계를 부정함으로써 하나의 새로운 세계관을 준비한 것이었다. 합리주의는 '자연적'인 것 이외에는 다루지 않았으며, 실로 '자연적'이지 않은 것을 합리주의는 가정하지 않았다.

2. 과학혁명과 합리주의

근대의 여명기인 17세기의 '과학혁명'(Scientific Revolution)은 이러한 합리주의적 사고의 결과물이었다. 그리고 합리주의의 가장 큰 옹호자는 이 시기의 자연과학자들이었던 것은 당연하였다. 원래 합리적(rational)이란 말은 'ratio(비율, 이성)에 맞는'이라는 뜻을 갖는데, 이제 과학혁명시대에 와서 이성은 곧 수학적 비율로 표현되는 것이었다. 한 예로, 수학에서 무리수(無理數, irrational number)는 비율(ratio)을 '합리적'으로 나타낼 수 있는 유리수(有理數, rational number)의 제곱근으로서만, 즉 유리화(rationalize)하여야만 이해가 가능하고, 또한 합리적 수학 질서에 편입되어 사용될 수 있는 것이었다.

이러한 수학적 질서에 의해 우주가 이해되기 시작하여 천체운동의 오묘한 이치는 이 시기의 천문학자들에 의해 차례로 그 신비의 베일이 벗겨지기 시작했다. '코페르니쿠스의 회전'(Corpernican Revolution)은 천체의 운행에 관한 가설이었으나, 이는 인간의 우주질서에 대한 인식에서 하나의 혁명적인 발상의 전환이라는 이중적 의미를 갖는다. 천체운동에 관한 코페르니쿠스(Nicholas Corpernicus, 1473~1543)의 가설은 케플러(Johannes Kepler, 1571~1630)에 의해 수학적 합리성의 체계로 자리잡았고, 마침내 뉴턴(Isaac Newton, 1642~1727)에 의해 몇몇의 수학공식으로 질서 있는 합리적 우주관이 종합화되었던 것이다. 갈릴레오(Galilei Galileo, 1564~1642)의 표현을 빌리자면 "우주는 수학적 언어로 씌어진 책"이었고, 뉴턴에게 우주는 하나의 '세계 기계'였다.

이들 합리적 우주관을 가진 천문학자들에게는 하나의 기본적인 가정이 필요했다. 즉 이 우주는 균질(均質)의 공간이라는 것이다. 이 우주의 어느 곳에서나 같은 수학적 질서가 적용되어야만 했던 것이다. 이러한 우주관은 20세기에 들어와 아인슈타인(Albert Einstein, 1879~1955)의 '상대성 이론'에 의해 붕괴될 운명을 가진 것이긴 했으나, 하나의 통합된 우주관의 성립을 위해서는 그 안에서 하나의 원리가 통하는 우주를 가정해야 했던 것이다. 다시 말해 이 우주는 하나의 로고스(logos, 동양철학에서 보았을 때 '理'로 표현할 수 있는 것)에 합치되는 합리성이 지배하는 우주였던 것이다.

물론 이들 자연과학자들이 밝혀낸 기계적 우주는 신의 질서를 떠나 자율적으로 움직이는 것은 아니었다. 오히려 그러한 조화로운 우주의 질서는 다름 아닌 신의 완벽한 계획을 따르는 것이었기 때문에 이는 곧 웅변으로 신의 실재를 증명하는 것이었다. 베이컨(Francis Bacon, 1561~1626)에게 자연과학은 "실락원(失樂園)을 회복하기 위해 신이 부여한 도구"였으며, 갈릴레오에게 우주의 완벽한 대칭적 조화는 '장엄한 신의 언어'였고, 뉴턴의 자연철학은 물활론적 범신론(物活論的凡神論)에 가까운 것이었다.

이러한 신의 이성과 그것과 같은 원리로 작동되는 인간의 이성은 자연과학의 문제를 해결하는 데 한정되지 않았다. 이성은 우주의 어디에나 존재하는 것이기 때문에 인간은 윤리적 미학적 문제에서도, 심지어는 신학적 문제에서까지도 자연과학과 같은 방법으로 이성을 사용하여 해결할 수 있으리라고 믿게 되었던 것이다. 결국 신의 이성을 인식하는 것은 바로 인간의 이성이었다.

이렇게 볼 때 근대 서구의 합리주의는 그 출발부터가 인간중심적 사고에 기반했다고 볼 수 있다. 즉 합리주의의 형성에는 르네상스의 인문주의(humanism)에서 비롯한 인간중심주의가 크게 영향을 미치고 있음을 부정할 수 없다. 합리주의의 인간중심적 사고는 곧 중세의 대전제이었던 '신의 완전성'이라는 자리에 '인간 이성의 완전성'이 대신 들어앉는 것을 의미했다. 이러한 합리주의는 신을 포함한 자연의 모든 비밀을 알아낼 수 있다는 다소 막연한 신념이라고 할 수 있겠는데, 이렇게 볼 때 합리주의는 그 출발부터가 신비적 요소를 그 속에 감추고 있었던 것이다.

3. 철학에서의 합리론의 성립

17세기 자연과학 사상에서 합리주의의 발전은 철학에서 합리론(rationalism)의 성립과 짝을 이루는 것이었다. 데카르트(René Descartes, 1596~1650)로 대표되는 유럽대륙의 합리론은 인식론적 차원에서 합리주의를 정착시켰다. 데카르트는 《방법서설》의 첫부분에서 "양식(良識)은 이 세상에서 가장 공평하게 분배되어 있는 것이다"고 언명하였다. 여기서 양식이란 세속적인 상식과는 구별되는 것이다. 양식은 모든 사람이 그것을 통해 진리에 도달할 수 있는 '보편적 이성'을 의미했다.

이러한 보편적 이성을 소유한 모든 인간은 한결같이 사고한다는,

아니 한결같이 사고해야만 한다는 근대 합리주의의 철학이 여기에서
탄생했다. 데카르트는《철학의 원리》에서 '자연의 빛', 즉 '신으로
부터 우리에게 부여된 인식능력'이 인간의 '이성'이고, 이 이성이
'명석 판명'하게 지각하는 대상은 모두 참된 것이라 했다. 중세의
신학과 근대의 자연과학 및 철학은 전혀 다른 것으로 보이지만, 데
카르트의 예에서 보듯이 신의 완전성이라는 환상이 인간 이성의 완
전성에 대한 환상으로 바뀐 것이라 할 수 있다. 다시 말하면 데카르
트는 신을 이용해 인간이성의 완전성을 증명하려 한 것이다.

스피노자(Baruch Spinoza, 1632~1677)와 라이프니츠(Gottfried Leib-
niz, 1646~1716)로 이어져 발전된 합리론은 우선 인식론적 이원론에
근거하고 있다고 정리할 수 있다. 즉 인간의 정신과 인식되는 사물
이라는 두 가지 실체가 먼저 존재하고 있다는 이원론이다. 그러면
어떻게 정신은 그것과 독립적으로 존재하는 사물을 인식할 수 있는
가. 이 두 가지의 실체는 모두 신에 근거하고 있으므로 그 둘 사이
에는 이성에 근거한 자연과학적 법칙이 존재하는 것이고, 이성에 지
배되는 우리의 정신은 역시 같은 이성에 지배되는 사물을 '명석하고
판명하게' 인식하게 되는 것이다. 따라서 "나는 생각한다, 고로 존
재한다"(cogito ergo sum)는 데카르트의 명제는 바로 근대 합리주의
철학의 이원론적 요체를 드러내는 말이다. 즉 이성적으로 생각하는
'나'라는 정신이 명백히 존재할 때 그 정신의 인식대상인 '내'가
명백히 존재하는 것이고 이렇게 인식된 주체는 합리적으로 존재하는
이 우주의 모든 사물을 궁극적으로 인식할 수 있는 것이다.

4. 17세기의 정치사상

근대 초기의 합리주의적 시대정신은 비단 자연과학이나 철학의
차원에만 머루르는 않았다. 새로운 역사적 상황과 새로운 지적 사조
에 발맞추어 정치사상에서도 역시 새로운 지적 추구가 일어나고 있

었다. 홉스(Thomas Hobbes, 1588~1679)를 비롯한 17세기의 정치사상가들은 군주권의 신성성을 인정하지 않았다. 즉 합리주의적 세계관은 전통적인 기독교적 신성을 부정해야만 했던 것이다. 그들은 신의 주권만큼이나 절대적으로 올바른 정치적 관계가 인간 자신에 의해 성립될 수 있다고 믿었다. 즉 인간의 주권은 인간의 본성에 의하여 합리적으로 창출될 수 있는 것이었다. 여기에 사회계약설의 사상적 근거를 발견할 수 있겠다.

마키아벨리(Niccolo Machiavelli, 1469~1527)도 정치에서 초자연적 요소와 신의 개입을 부정한 정치사상가였다. 따라서 그의 정치관은 매우 현실주의적이었다. 어떤 의미에서 그는 마치 그 시대의 자연과학자들이 시도하던 일을 하고 있었다고 말할 수 있다. 즉 여러 정치현상을 주의깊게 관찰하고, 이에 근거하여 어떤 주어진 테두리 안에서 미래에 벌어질 일들을 성공적으로 예언할 수 있게 하는 법칙들을 세우는 일이었다. 이는 곧 자연계의 법칙을 합리적 체계로 수립하려는 자연과학자들의 노력을 인간활동의 세계에 적용하려는 시도였다. 따라서 마키아벨리의 정치사상은 20세기의 사회과학(특히 정치학)의 선구가 된다고도 볼 수 있는 것이다. 그러나 자연과학자들이 아직도 자연현상을 하나의 체계로 묶어내기에는 너무도 많은 예외적 우연적 요소를 제거해야만 했듯이, 마키아벨리도 인간활동에서 변덕이나 우연의 요소가 개입된다는 것을 적극적으로 인정해야만 했다. 이렇게 볼 때, 이 시기의 휴머니스트적 정치사상가들은 모두 합리주의의 세례를 받은 것은 사실이었지만, 그들은 18세기의 계몽주의적 정치사상가들의 완전한 낙관론에까지 이르지는 못하였다.

5. 계몽사상과 합리주의

18세기에 들어와 계몽사상(Enlightenment)의 발흥과 더불어 과학과 종교는 완전한 결별을 선언했다. 과학혁명시대에는 종교와 과학은 하나의 합리적 세계관 아래 통일되어 있었으나 점차로 합리주의적 정신은 종교를 떠나 세속화되기 시작했다. 계몽사상가들은 기독교의 우주관을 격렬히 비난했는데, 기독교의 우주관이 틀린 것이라면 그 종교가 설파하는 가치와 의미도 틀릴 것이라는 논리적 결론에서였다. 그렇다면 무엇이 과거의 절대적 존재의 자리를 대신하여 새로운 진리의 원천이되고 인식의 기준이 될 것인가. 그것은 바로 이성이었다. 그러나 계몽사상가들의 이성은 신에 의해 보장받는 이성이 아니었고 이성 그 자체로 완벽한 것이었다.

물론 많은 계몽사상가들은 아직도 유일한 창조자인 신(그것이 인격적인 것이던 비인격적인 것이던)을 부정하지는 않았다. 볼테르(Voltaire, 1694~1778)를 비롯한 이 시기의 많은 사상가들은 이신론(理神論, Deism)에서 가치와 존재의 근거를 찾고 있었다. 다만 그들은 모두 기독교를 도덕적 또는 인식론적 근거로 하여 사회현상을 이해하려 하지 않았다는 데서 일치했다. 이제 중세 이래의 기독교적 우주관은 이성과 자연법칙으로 대체된 것이고, 이러한 이성은 새로운 사회 문화적 질서의 기반이 될 것이었다. 이에 따라, 근대 합리주의는 그 성립기부터 동거해오던 신과 종교를 떠나 새로운 국면으로 접어들게 되었다.

6. 이성과 진보

초기(18세기 전반)의 계몽사상가들이 견지했던 이신론적이며 비교적 온건한 이성중심주의와 대비되어, 후기(18세기 후반)의 계몽사상가들은 이성의 영역을 과격할 정도로 확대시켰다. 이에 따라 그때까지 내세에만 가능하다고 생각되던 인간의 완전한 경지가 여기 이 지상에서 이루어질 수 있다고 믿게 되었다. 콩도르세(Marie C. Condorcet, 1743~1794)의 말을 빌리면 천상에서의 신의 구원이 아닌 지상에서의 '자연적 구원'으로 인간은 영원히 살 수 있다는 것이었다.

베커(Carl Becker, 1873~1945)는 이를 가리켜 "계몽사상가들의 하늘나라"라고 표현한 바 있다. 무엇이 이를 가능하게 하는가. 계몽주의자들은 이를 대문자로 써서 이성(Reason)이라 하였다. 드디어 신의 자리에 이성이 차지하고 앉은 것이다. 이 이성은 그 밝은 빛으로 미신적 종교의 불합리와 모순을 일소하여 궁극에 가서 인류를 지고한 행복의 상태로 인도할 것이었다.

이렇게 신에서 독립한 이성은 점차로 그 영역을 무제한으로 넓혀갔다. 이제 이성은 물리적 세계에만 적용되는 것이 아니라 인간의 사회와 역사에도 적용되는 것이 되었다. 이러한 변화는 브린튼(Crane Brinton)의 말 대로 "기독교가 가졌던 내세의 초자연적 하늘나라로부터 합리주의자가 가지게 된 이 지상의 자연적인 하늘나라로의 변화"였다. 볼테르는 《깡디드》(Candide)에서 "이 세상에서 가능한 모든 것 가운데 최선의 것"(the best of all possible world)이 계몽주의의 이상임을 설파했다. 이러한 낙관론이 현실사회의 변화를 위한 실제적 노력으로 귀결된 것은 당연한 일이었다.

이에 따라 계몽사상은 프랑스혁명의 발발 배경으로서 또한 혁명의 진행의 원동력으로서 지대한 영향을 끼쳤다. 특히 급진적 이성지상주의는 이 혁명을 통해 그 과격한 측면을 여실히 보여주었다. 공포정치를 영도하던 로베스피에르(Maximilien Robespierre, 1758~1794)는 이성을 신으로 하는 이성교(理性敎, Religion of Reason)를 제도화하기까지 했던 것이다. 혁명지도자들의 합리주의 숭상을 단적으로 표현하는 또 하나의 예는 단두대(guillotine)이다. 이는 흔히 공포정치의 잔혹성과 야만성을 상징하는 것으로 여겨지지만, 그 기구를 사용했던 근거(rationale)는 처형되는 사람에게 가장 짧게 고통을 주면서 소기의 목적을 효율적으로 달성하려는 것이었다. 다시 말하면 단두대는 혁명기의 계몽사상가들의 후예들에게는 가장 '합리적인' 처형 방법이었던 것이다.

이 시기의 온건한 이신론자들과 급진적인 이성숭배자들은 모두 유물론(materialism)과 무신론(atheism)을 신봉했는데, 이는 일종의 회의론(懷疑論)이라기보다는 오히려 우주가 물질로서만 구성된 하나의 큰 기계와 같은 것으로 생각한 것이었고, 이러한 믿음은 하나의 적극적인 신앙으로 발전했다. 이러한 계몽주의자들의 믿음은 진보(progress)에 대한 신앙과 연결되었다. 그들은 인류는 한 단계의 문명에서 더 높은 단계의 문명으로 진보해나간다고 믿었다. 이러한 진보의 동력이 무엇인가에 대해서, 그들은 다름 아닌 이성의 확대, 즉 계몽(이성의 빛)의 확대로 인해 이루어질 것이라 서슴지 않고 대답할 수 있었다. 그들은 계몽에 의해 구질서의 모든 모순과 불합리는 궁극적으로 타파될 것을 굳게 믿었다. 이후 서구에서 '진보'는 이성숭배와 함께 근대인의 새로운 신앙이 됨에 따라, 이성과 과학과 진보는 점차 동의어가 되어갔다.

7. 산업혁명과 진화

19세기에 들어서면서 이성의 진보에 대한 계몽사상기의 순박한 낙관론은 제어된 듯했지만, 당시의 역사적 상황은 인간사회가 진보하고 있고 그 진보는 합리주의적으로 달성될 수 있다는 확신을 더욱 굳게 만들었다. 무엇보다도 프랑스혁명이 내걸었던 자유와 평등에 대한 이상은 19세기를 통하여 우여곡절을 겪었지만 끊임없이 확산되고 있음이 명백했다. 또한 산업혁명이 한창 진행되고 있는 과정에서 과학과 기술의 진보는 중단 없이 계속되고 있었고, 갈수록 폭발적인 공업의 경이로운 발전과 그에 따른 경제생활의 향상은 진보에 대한 믿음을 더욱 굳건히하기에 충분했고 합리주의의 승리는 의심의 여지가 없는 것이었다.

이 시기에는 과학적 역사학이 성립하여 역사학은 학문의 왕좌의 지위에 오르고, 인간역사뿐만 아니라 사회와 자연의 모든 부문이 역사적으로 탐구되기에 이르렀다. 자연사(自然史)에서 역사적 시각을 원용한 지질학은 자연이 시간에 따라 변화하고 있음을 알려주었고, 다윈(Charles Darwin, 1809~1903)의 진화론에 힘입어 생명계를 포함한 자연계는 물론 심지어는 인간의 역사 역시 진화하고 있음을, 즉 진보하고 있음을 유추토록 한 것이다. 스펜서(Herbert Spencer, 1820~1903)로 대표되는 사회진화론(Social Darwinism)은 이러한 과학지상주의적 지적 배경에서 형성된 것인데, 여기서 '과학적'이라고 생각되었던 것은 결국 유추에 근거한 막연한 믿음이었다는 점을 지나쳐서는 안될 것이다.

그럼에도 불구하고 다윈의 진화론은 19세기의 지식인들에게 진보에 대한 확신을 심어주었고, 계몽사상에서 물려받은 합리주의에 대한 신념을 한층 강화시켰다. 그러나 다른 한편으로는 당시에 팽배한 국가 또는 종족의 진화론적 우월감은 극심한 국가-민족 경쟁체제를 창출하는 데 커다란 기여를 하였다. 또한 인간의 모든 제도 —— 정치적 경제적 사회적 문화적 —— 는 합리성의 원칙에 의해 지배되는 것이고, 이 원칙에 따라 모든 일이 기획되고 수행되면 또한 합리적 결과를 도출할 것이라는 믿음은 19세기가 깊어감에 따라 서구인들 사이에는 상식을 넘어서 신앙에 가까운 신조가 되어갔다. 나아가서 이러한 합리주의의 세계는 그렇지 못한 지구의 다른 지역으로 확산되어야만 할 '명백한 운명'을 지닌 것으로 생각되었다. 여기에서 19세기말 서구인들의 제국주의적 팽창의 도덕적 철학적 기반을 발견할 수 있다.

8. 국가와 이성

19세기초에 이르러 칸트(Immanual Kant, 1724~1804)에서 헤겔(G. W. F. Hegel, 1770~1831)에 이어지는 독일의 관념주의적 철학의 전통은 이성을 또 다른 의미에서 최고의 지위에 오르도록 했다. 칸트는 우연적이고 불확실한 판단을 주는 오성(悟性, Verstand)과 도덕적 직관을 통해 옳고 그름을 구별할 수 있는 이성(理性, Vernunft)을 구별하였다. 헤겔에 이르러서 독일의 관념론은 이성을 도구로 보기보다는 하나의 목적으로 정립시켜, 이성에 도덕적 미학적 껍질을 입혀 최고의 지위를 완성시켰다. 헤겔에게 이성은 하나의 세계정신(Weltgeist)으로서 스피노자가 범신론적으로 생각한 신과 같은 것이었다.

헤겔은 인간의 역사가 세계정신 또는 절대이성(absolute Vernunft)의 구현과정이라 설파하면서, 역사의 우여곡절을 '이성의 간지(奸智)'로 표현했다. 따라서 "현실적인 것은 이성적인 것이요, 이성적인 것은 현실적인 것"으로 귀착되는데, 이는 또 다른 의미에서 이성의 양면성을 보여주고 있다. 헤겔은 독일의 국가체제에서 변증법적 진테제(synthese)를 찾으려 했다. 즉 현실적 국가에서 절대이성의 실현을 구하려 한 것이다. 칸트 역시 계몽을 설파하는 가운데에서도 프로이센의 권위주의적 국가체제를 옹호하는 모호한 태도를 보인 바 있었다. 계몽주의 이래 이성의 추구는 본질적으로 진보적 성향을 표출할 수밖에 없었는데, 이제 독일의 관념철학에서의 이성은 현실인정의 보수적 경향을 드러내게 되었다.

19세기말에 이르러, 서구에서는 지식인은 물론이고 일반대중들에게까지도 이 지상에서 궁극적 행복이 실현될 수 있으리라는 계몽주의적 신조가 부정되지 않았다. 다만 이들은 계몽주의적 이상주의의 성급함에서 벗어나 서서히 이루어지는 진보를 확신하고, 꾸준한 교육과 계몽을 통해 목표를 달성하리라 믿었던 것이다. 그러한 믿음의 근간이 된 합리주의적 세계관은 자유주의적 원칙 아래 자본주의 경제체제의 비약적 발전기를 목도하면서 확고부동한 것으로 되었다. 이제 서구문명은 곧 이성을 대표하는 문명이 되었던 것이다. 19세기를 풍미했던 국가주의(nationalism)는 이제 합리주의적 진보관에 의한 지지를 획득하게 되었다.

그러나 이러한 합리주의적 진보관은 비단 자유주의자들에게만 국한된 것은 아니었다. 자본주의의 방만한 팽창 속에서 인간성의 상실을 우려한 사회주의자들은, 합리주의의 세계관을 거부하면서 자본주의 체제를 공격했던 것은 아니었다. 그들 또한 진보적 낙관론(어떤 의미에서는 유토피아적이라 할 수 있는데)을 가진 채, 인류의 바람직한 미래를 갈구한 것은 변함없었다. 다만 자유주의자들에 비해서 이들은 더욱 급진적인 태도, 즉 혁명(revolution)이라는 과정을 진화(evolution)와 진보의 개념에 추가했던 점이 달랐다. 이렇게 볼 때 19세기의 지식인들은 현실체제를 긍정하든 부정하든 모두 합리주의의 아들들이었고, 합리주의는 명실공히 하나의 시대정신으로서의 위치를 확고히 하면서 그 승리를 구가하게 되었던 것이다.

Ⅲ. 합리성 — 그 양면성의 변증법

1. 이성과 반이성

앞에서 살펴본 대로 서구의 근대문명의 발전은 한마디로 합리주의의 발전과 궤를 같이한 것이었고 많은 지성사가들은 이 점에 동의하고 있다. 또한 경제사적 의미에서 볼 때 서구문명의 근대성이란 자본주의의 경제체제라는 말로 바꾸어 쓸 수 있다. 자본주의 경제학의 고전적 이론들은 경제활동에 참여하는 구성원들이 모두 ‘합리적’으로 행위한다는 기본적 가정에 근거했다. 결국 자본주의 경제체제의 정신적 근간을 이루는 합리주의에 대한 신앙이 오늘날까지도 확고부동한 위치를 점하고 있는 것을 부정할 수 없다. 그러나 다른 한편으로는 이러한 신념이 극성기에 달한 19세기 중반부터 서서히 흔들리기 시작한 것도 또한 사실이다.

20세기에 들어서면서 이러한 회의는 도처에서 표출되었다. 특히 제국주의적 각축의 결과로서 두 차례에 걸친 세계대전을 겪으면서 서구인들은 그들의 문명의 우월성과 이를 보증했던 이성의 확고한 승리에 대해 더 이상의 확신을 가질 수 없게 된 것이다. 20세기는 사상의 일대 혼란기로 표현되고 있는 것이 사실인데, 그 양상은 합리주의에 대한 여러 종류의 근본적인 회의와 아니면 그에 대한 궁극적인 옹호로 요약될 수 있다.

다시 말해 '합리주의의 불합리한 결과'라는 양면성에 직면한 금세기의 사상가들은 과거의 낙관적인 이성숭배 내지는 합리주의의 신앙과 결별하고 더 진지한 자세로 합리주의의 본질을 파악하려 노력하고 있다. 말하자면 합리주의가 궁극적으로 인류를 구원할 것인가 아니면 이성만능주의를 타파하고 새로운 세계관을 구축해야 할 것인가 하는 문제가 금세기의 진지한 지성인들을 괴롭히고 있다 하겠다. 합리성의 본질은 무엇인가, 합리적인 것은 도덕적인 것인가, 그것이 도덕적이라면 어째서 합리주의의 이름 아래 커다란 죄악들이 저질러지는가, 합리성의 세계가 종말을 고했다면 이에 따라 근대세계는 끝이 나고 새로운 역사시대가 열리는가, 아니면 합리성의 해체는 단순한 논리의 함정에 빠진 결과인가 등의 여러 문제에 대한 해답을 추구하는 과정은 비단 지성사적 관심의 대상일 뿐 아니라 실로 인류가 끝내 해결은 못하더라도 꼭 거쳐야 할 정신적 발전과정의 한 단계가 아닐까 한다.

2. 역사적 유물론

자본주의 세계의 합리성에 대한, 바꾸어 말하자면 근대 서구사회의 정당성에 대한 최초의 조직적 회의는 19세기 중반 마르크스(Karl Marx, 1818~1883)에 의해 제기되었다. 그 이전에도 여러 종류의 사회주의자(socialists)들이나 무정부주의자(anarchists)들은 인간의 인간에 대한 착취가 없는 미래 사회를 열망해 오긴 했으나, 마르크스의 합리적 역사적 사고에서 볼 때 그 열망은 한낱 유토피아적 꿈에 불과한 것이었다.

　그는 헤겔의 변증법적 논리를 그대로 이용하여 근대국가의 존재가 이성의 발로라고 정당화했던 헤겔의 주장을 정면으로 반박했다. 마르크스는 근대국가 체제 아래서 소외되고 있는 인간성과 그 체제를 뒷받침하는 자본주의적 사회의 비인간성—— 계몽주의적 전통에서 볼 때 비합리성—— 을 깊게 인식했다. 따라서 헤겔이 근대국가는 이성이 최고도로 실현된 것이라 본 것은 오직 '관념' 속에서의 이성의 실현인 것이고, 그 이성의 실현은 '실제적'으로 이루어져야 할 것이었다.

　다시 말해 근대시민사회에서의 '윤리적 생활'의 상실과 자본주의 경제체제의 파국적 행보와 노동자 계급의 비인간화는 관념 속에서 부정되기보다는 현실적으로, '역사적 가능성'으로서 부정되어야만 했다. 따라서 인간성의 실제적 해방은 현실적 운동을 통한 '혁명'으로만 가능한 것이었다. 엥겔스(Friedrich Engels, 1820~1895)의 표현을 빌리면, 이러한 혁명을 기획했던 마르크스는 사회주의를 '유토피아적'인 것에서 '과학적'인 것으로 전환시킨 것이었다. 요컨대 이성의 실현은 관념을 통해서가 아니라 과학을 통해서 이루어진다는 믿음이었는데, 이러한 측면에서 볼 때 마르크스는 계몽주의의 19세기적 상속자라고 할 수 있겠다.

　그렇다고 해서 자본주의적 사유재산사회의 종말이 곧 계급 없는 사회의 도래를 논리적으로 보장하는 것은 아니었다. 마르크스가 반복해서 강조한 것은 사회주의 사회의 조건들이 자본주의 사회의 모태에서 이미 잉태되어 있다는 것이다. 다시 말하면 공산주의는 단순한 이상(ideal)이 아니라 자본주의 생산관계 안에서의 변증법적 부정의 과정을 통해 지양되어 나오는 필연적 결과라는 것이다. 일반적인 추측과는 달리, 그는 합리주의에 지배되는 자본주의 체제의 역동성과 기술적 진보를 찬양하였다. 다만 그러한 합리적 체제가 창출한 비인간화라는 비합리성에 그는 주목했던 것이다. 그리고 그러한 비합리성의 제거는 그의 역사적 유물론 안에서 지극히 합리적인 지평 위에서 논의되고 있다. 그가 자본주의 사회에서 공산주의 사회로 가는 길에 혁명이 필연적이라고 주장했다고 해서, 현재와 미래가 다른 논리체계로 격리된 것은 아니었다. 즉 이성의 현실적이고 완전한 발현으로서의 미래사회는 기존의 현실체제의 합리적 체제 안에서 잉태되고 성장한다는 연속적 논리체계였고, 이는 바로 총체적이고 포괄적인 합리주의적 체계였던 것이다.

3. 반지성주의

근대 합리주의 문명에 대해 마르크스보다 근본적으로 과격한 비판을 가한 사람은 세기말의 철학자 니체(Friedrich Nietzsche, 1844~1900)였다. 그는 여러 의미에서 시대를 앞서 살아간 사상가였다. 무엇보다도 그는 근대 서구문명의 존재가치를 전면 부정했다. 서구문명의 정당성을 거부한 그의 주장은 또 다른 세기말인 요즈음에 와서 문제가 되고 있는 이른바 탈근대성(post-modernity) 논의의 선구로 치부되고 있다.

그가 부정한 서구문명의 내용은 한마디로 합리성(rationality)이었다. 당대에 번성하고 있던 부르주아 문명의 천박성을 신랄히 지적하면서, 소인배들이 지배하고 있는 '민주주의적' 생활양식의 안이한 태도를 철저히 공박했다. 자유민주주의적 정치관은 그에게는 유약한 가축들의 '떼거리'의 지배를 의미했다. 즉, 도덕적으로 힘없는 자들이 자신의 이익을 옹호하기 위한 '시기와 게으름'의 문화였다. 그리고 그러한 문화는 합리주의라는 원리에 의해 정당화(즉 합리화)되고 있다고 보았던 것이다.

그가 대망하던 가치는 도덕적으로 타락한 '떼거리'의 문화가 아닌, 세속적 가치로부터 절연시켜 자신을 도덕적으로 스스로 갱신할 수 있는 초인(超人, Übermensch)의 영웅주의였다. 따라서 그는 근대문명이 제시하고 있는 '모든 가치의 재평가'를 요구하였고, 그러한 논의는 결국 소크라테스 이래 확립된 서구문명의 이성중심주의(즉 합리주의)를 전면적으로 거부하기에 이르렀던 것이다.

니체의 이러한 반(反)지성주의, 반(反)합리주의, 반(反)민주주의적 사고는 20세기초에 들어 여러 갈래의 문명비판적 철학 논의와 사회운동의 사상적 선구가 되었다. 특히 그는 꿈에도 나치즘(Nazism)을 수립하려 의도하지는 않았지만, 반민주주의적 영웅주의를 주장한 나치 이데올로기의 진정한 건설자였다는 비난을 받기도 한다. 사실 나치즘을 포함한 파시즘(Fascism)은 부르주아 지배 문명의 합리주의에 대한 반지성주의적 시대 분위기 속에서 성장했던 것을 부정할 수 없기 때문이다.

프로이트(Sigmund Freud, 1856~1939)가 인간 행위의 결정 동기에 '무의식'(unconsciousness)의 차원을 도입한 것은 합리주의적 의식세계로 인간의 사고를 국한시켰던 그때까지의 태도를 혁명적으로 변화시킨 것이었다. 당대의 엘리트주의적 사회학자 파레토(Vilfredo Pareto, 1848~1923) 역시 인간행위 가운데 합리적인 부분과 비합리적인 부분을 나누려고 시도했다. 인간행위는 논리적으로 실험할 수 있는(logico-experimental) 합리적 부분이 있는 반면, 내용상 논리실험적이 아닌(nonlogico-experimental) 부분이 있다는 것이다. 즉 과학적으로 검증할 수 없는 동기 —— 일찍이 베이컨은 이를 우상(idol)이라 불렀는데 —— 에서도 얼마든지 행위할 수 있는 것이고, 다만 인간은 그것을 '합리화'하여 설명할 뿐이라는 것이다. 이와 같이 금세기초에, 서구문화의 기저에서 3세기 이상 면면히 흐르고 있었던 합리주의적 사고의 전통과 과격한 단절이 모색되고 있었다. 이러한 지적 모색은 근대적 지성(intellect)의 역할에 대한 회의와 반동을 의미했으나, 그럼에도 불구하고 니체의 경우처럼 합리성 그 자체를 완전히 거부할 때까지는 20세기의 역사적 경험이 좀더 필요했다.

4. 합리주의의 비합리적 질곡

금세기초의 종합적 사상가인 베버(Max Weber, 1864~1920)에게도, 마르크스에게와 마찬가지로, 근대자본주의 문명의 역사적 발전과정과 이를 움직였던 동력이 무엇이었고, 이 문명의 미래는 어떤 것일까가 필생의 관심사였다. 그러나 20세기초에 베버가 직면한 근대문명은 마르크스 시대에 비해 훨씬 더 진전된 산업사회였고, 그에 따라 거기서 제기된 문제도 더욱 심각하고 다양하여 마르크스주의적 변증법으로는 더 이상 해결할 수 없는 것이었다. 근대문명의 성격과 미래에 관하여 베버가 제시했던 것은 바로 합리주의의 성격에 관한 논의였다. 이는 금세기 중반기에 루카치(Georg Lukács, 1885~1971)를 비롯한 신마르크스주의적(Neo-Marxists) 사상가들과 프랑크푸르트 학파(Frankfurt School)에 이어져 한층 심도 있는 논의로 발전되었다. 뒤에 가서 살펴보겠지만, 그 논의의 핵심에 있었던 것은 다름아닌 합리주의적 근대세계에서 '진보와 계몽의 변증법적 관계'였다.

베버는 하나의 보편사적 세계사(universal historical)의 관점에서, 근대세계의 역사를 한마디로 "점진적인 합리화의 역정"으로 규정했다. 여기서 합리화란 합리성의 증대를 의미했다. 합리성의 증대에 따라 이 세계는 점진적으로 '주술(呪術, 또는 마법)로부터 해방(Entzauberung)'되는 과정을 밟고 있다는 것이었다. 따라서 베버는 역사를 이성을 도구로 하여 진보하는 과정으로 파악한 점에서 진정한 의미의 계몽주의의 후예였다. 그러나 베버에게 '합리성'의 개념은 양면성을 갖는 것으로 파악되었다.

그가 '목적합리성'(Zweckrationalität)이라 규정한 일종의 합리성이 근대세계를 일관되게 구축해온 원동력으로 파악되었다. 그것은 미리 설정된 목적에 맞게 가장 효율적인 수단들을 선택하여 그 목적을 스스로 합리화해가는 체제의 합리성을 말하는데, 자본주의 발전의 역사로 볼 때 경제적 효율성과 관료행정적 효율성으로 귀착되는 것이었다. 혼돈되고 질서 없는 이 세계 상황에 응집적이고 체계적인 질서를 부여한 것이 바로 이 목적합리성이었고, 이것은 주술적 세계에서 우연적으로 파악되었던 사물을 필연성의 세계로 들어오게 하는 것이었다. 따라서 합리성의 증대는 일관성, 체계적 조직, 예측 가능성, 통제 가능성, 조직적 기획의 증대를 의미하게 되었다. 근대 부르주아 사회 안에서 이러한 합리성의 증대는 법률이 형식을 갖추어 성립되고 보편적으로 적용되는 사회를 창출했고, 관료주의적 사회 기제를 재조직하여 확립시킨 것이었다.

이러한 하나의 세계적 차원에서의 합리화 과정은 순차적으로 여러 차원의 하부적 체계의 질서에서도 이루어졌고, 그들 사이에 상호 관계마저도 합리적 질서로 작동되는 것이었다. 이렇게 하부체계를 통괄하는 총체적인 질서가 논리적 현실적으로 필요했고, 근대사회가 마련한 이러한 합리성을 베버는 '형식합리성'이라 불렀다. 그러한 전체 체계 안의 내적 논리는 필연성을 갖는 것이어야 했고, 그 논리에 따라 모든 사회 조직은 형식화·도구화·관료화의 길을 밟았던 것이다.

그런데 바로 여기에 '합리화의 역설'이 존재했다. 주술에서 해방된 인간의식의 세속화된 인식체계 아래서 합리화의 과정을 밟아감에 따라 자율적이고 합리적인 개인의 존재를 위한 사회적 기반이 점차로 침식되어서 결국에는 새로운 형태의 '비인간화'의 길을 걷게 되는 것이다. 즉 합리화가 완성되어 가는 만큼 근대인은 새로운 질곡 속에 갇히게 되는 것인데, 베버는 이를 일컬어 '새로운 예속의 철의 새장(iron cage)'이라 불렀다.

베버는 인류가 합리적으로 되어가는 것은 운명적이라 생각했고, 그 과정의 내적 논리에 따라 인간의 사회적 관계는 비인간화의 방향으로 나아간다고 보았다. 이러한 과정은 결국 인간생활을 합리화된 익명적 통치체제의 비인격적 논리에 종속시키는 것이었다. 또한 이는 한마디로 인간생활을 기계적이고 부자유하고 의미 없는 것으로 만드는 역사적 과정이었다. 이런 점에서 베버의 역사의식은 하나의 날카로운 예언을 가능케 했다. 그는 러시아에서 사회주의 혁명이 일어나기 훨씬 전에, 인간자유를 목표로 한 사회주의 혁명이 발발할 것이고, 그 사회주의 체제는 오직 목적합리적인 관료주의의 승리로 귀착될 것이라 정확히 예언했던 것이다.

근대 자본주의 문명의 합리화 과정을 새로운 질곡의 창출이라고 보았던 점에서 베버의 세계관과 역사관은 지극히 비관주의적 철학에 근거하고 있다고 볼 수 있다. 그러나 이러한 평가는 그의 더욱 적극적인 인간관을 간과한 것이라 할 수 있다. 그가 근대합리주의의 역기능적 결과를 파악했다고 해서, 비합리주의의 도피처에서 안식을 찾은 것은 아니었다. 베버가 궁극적으로 추구한 인간상은 니체의 영웅주의를 계승한 것으로서, 합리적 근대질서의 질곡 속에서도 가능한 한 많은 자율성을 확보하기 위해 절망적 투쟁을 영위하며 의미 있는 가치를 실현하려는 '책임의 윤리'(Verantwortungsethik)에 충실한 인간상이다.

결국 베버는 이성이 창출한 질곡 속에서 최대한의 용기와 이성을 발휘하여 합리주의의 비합리적 결과에 전략적으로 대처하는 실존주의적 인간상을 간절히 원했다. 그런 의미에서 베버는 계몽주의의 20세기적 계승자임이 분명했다. 다만 그는 서구 문명이 그동안 낙관적으로 받아들였던 합리성이라는 테제에 대한 비합리성(irrationality)이라는 안티테제를 제시했고, 이의 변증법적 지양의 시도는 그를 계승한 후학들에 의해 이루어져야 할 것이었다.

5. 반합리주의

이상에서 본 바와 같이 금세기초에 이르러서는, 합리성의 일관성에 관한 회의가 철학과 사회과학적 논의에서 심각하게 제기되고 있었다. 이에 발맞추어 자연과학 분야에서의 새로운 발견으로 말미암아 근대 자연과학의 합리주의적 패러다임이 종언을 고해야 했다. 아인슈타인이 제기한 '상대성 이론'은 뉴턴 이래 가정되어왔던 균질적인 합리적 공간으로서의 우주를 더 이상 가정할 수 없게 했다. 단수적인 수학적 원리로 이해될 수 있는 우주는 더 이상 존재할 수 없었던 것이다. 더욱이 하이젠베르크(Werner Heisenberg, 1901~1976)가 제시한 '불확정성의 원리'는 인간이 자연계의 현상을 파악하는 것이 더 이상 필연적 인과관계가 아닌 우연적 요소가 끼여든 확률적 개연성의 문제임을 밝히게 되어, 근대 자연과학의 실증주의적 근거마저 흔들어 놓았다.

제1, 2차세계대전과 1968년 학생혁명을 겪으면서 서구 지성계에는 근대 서구문명의 정당성에 관한 급진적인 거부의 움직임이 일어났다. 이른바 해체주의(de-constructionism)로 대표되는 반(反)합리주의(anti-rationalism)적 사조였다. 이는 마르크스주의적 패러다임으로 해결하지 못한 자본주의적 현대 세계의 현실적 모순을 이론적으로 타개하려는 동기에서 시작되던 만큼, 그 논의는 철학적 성찰을 중심으로 이루어졌다. 여기에 많은 영향을 끼친 철학자는 푸코(Michel Foucault, 1926~1984)였다. 그는 근대사회의 모순을 경제생산관계의 구조 속에서만 파악하려는 고전적 마르크스주의자들의 한계를 벗어나, 합리주의 문명에서의 지식의 생산구조를 권력의 이데올로기적 억압구조로 파악하였다. 또한 정치의 개념을 대단히 넓게 확장시켜 인간생활의 모든 측면(현실 정치는 물론이거니와 종교, 학문, 심지어는 가족 안에서까지)에 권력의 지배―피지배의 갈등 관계를 설정했다. 이에 따라 근대 세계가 옹호하는 이성적 진리는 한낱 권력 재창출의 기반으로 전락했고, 합리성은 바로 권력의 억압구조로 지탱하는 근대세계의 윤리로 여겨지게 되었다.

6. 해체주의

합리성의 권력구조에 대한 비판은 더 과격한 반합리주의적 경향으로 나아가게 되었는데, 데리다(Jacques Derrida)는 하나의 권력구조를 어떤 '입장'에서 비판한다는 것은 바로 그 입장 위에 또 하나의 새로운 권력구조를 세우는 것에 지나지 않는다고 생각했다. 따라서 데리다는 철학적인 의미에서 더욱 근본적으로 합리주의적 인식체계에 도전했다. 그는 무엇보다도 근대인의 인식체계의 골간을 이루는 데카르트 이래의 인식의 이원론적 주―객(主客)모델을 해체(deconstruct)했다. 왜냐하면 주체 중심으로 파악된 이성은 필연적으로 전체주의적 억압구조를 창출하는 것이고, 근대 합리주의의 체계는 이러한 억압구조의 대표적 경우였기 때문이다. 따라서 인식의 주체를 소멸시키고 인식의 대상이나 객체를 합리주의적 논리체계에서 독립시키는 가운데 상대적이고 복수적인 의미를 옹호할 수 있어야만, 자본주의 기제의 현대 서구사회의 이데올로기적 폭압성에 전략적으로 대응할 수 있다는 것이었다.

사실 이러한 인식론적 주―객 모델의 해체는 불완전했지만 마르크스에 의해 이미 수행되었다고도 볼 수 있다. 마르크스는 관념적 의식(즉 이데올로기의 상부구조)은 사회적 노동(즉 경제적 하부구조)의 반영에 불과하므로, 주체 중심적 이성에서 의식의 자기 관계로 환원된 사회적 관계의 회복을 주장했던 것이다. 즉 헤겔의 관념 속에 자리잡은 주관적 이성을 역사 안에서 실천적 맥락 속에서 객관적 이성을 자리잡게 하려는 시도였다. 다시 말해 자본주의 사회의 추상적 합리성의 지배구조를 표현하고 있는 주체 중심적 이성을 '자유로운 생산자 연합'이라는 사회주의적 사회의 포괄적 합리성으로 지양하려는 시도였다.

그러나 이와 같은 마르크스의 총체적 합리성은 데리다에게는 또 다른 하나의 합리성의 구조에 불과했다. 이 구조에서는 아직도 개별자의 독립성과 행위의 우연적 계기가 말살되는 전체주의적 합리성의 지배가 해체될 가능성이 배제된 것이었다. 따라서 데리다는 아직 끝나지 않은 근대사회의 합리주의적 지배구조를 도처에서 공략하여 해체하려는 전략을 숙고하고 있고, 기실 이러한 '입장 없는 전략적 입장'에는 상당한 추종자들이 모여들어 현재 진행되고 있는 탈근대성(post-modernity) 논의를 이끌어가고 있는 형편이다. 그리고 이 논의의 핵심은 합리성 자체를 근원적으로 거부하려는 탈합리성(post-rationality)의 성격을 드러내고 있다.

자본주의적 현대세계 질서가 공고한 만큼 그에 따라 수많은 모순들이 심화되어가고 있는 데 따라, 데리다의 합리성 비판은 일종의 문명비판적 성격을 띠면서 상당한 매력을 주고 있는 것이 사실이다. 그러나 합리성과 이성 그 자체를 거부하고 나선 그의 주장은 하나의 심각한 문제점을 안고 있음을 부정할 수 없다. 즉 합리성의 억압구조에 대한 비판에서 비판자 자신은 무엇을 딛고 서서 비판하는가 하는 문제이다. 물리학적 의미에서 어떤 대상을 타격하는 주체는 무엇인가를 디디고 서 있어야만 그 타격의 힘이 대상에 전달될 수 있는 것이다. 다시 말해, 합리성에 대한 비판의 발판은 이성 말고 또 무엇이 있겠는가 하는 문제이다.

데리다의 비판은 진리의 타당성을 검토하는 데 유용할지는 몰라도, 그 비판이 제3자와의 대화 속에서 어떻게 의미를 가지고 전달될 수 있는가가 문제로 남는 것이다. 결국 합리주의의 주체 중심적 이성이나 이를 비판하는 비합리주의적 전략도 모두 전체적이고 포괄적인 이성의 지평에 속한 부분적인 한 계기에 불과한 것이라 할 수 있다. 데리다의 비판은 우연성의 늪으로 빠져들어 인류의 미래를 알 수 없는 힘에 맡기는 또 다른 형태의 신비주의적 태도로 귀결될 수밖에 없는 것으로 보인다.

7. 포괄적 합리성에 의한 근대성의 완결

이렇게 볼 때 합리성에 대한 비판 자체는 좀더 광범위한 합리성에 의지할 수밖에 없다는 결론에 도달한다. 하버마스(Jürgen Habermas)는 이러한 합리성을 구축하기 위해 '근대성의 기획'(project of modernity)을 시도하고 있다. 그가 본 근대문명의 위기, 즉 합리성의 위기는 합리주의체제가 완결되었기 때문이 아니라, 아직 합리성이 모자라는 데서 기인한 것이었다. 즉 근대성(modernity)은 더 포괄적인 합리성의 추구를 통해 완결되어야 할 과제로 남는 것이다. '포괄적 합리성'은 베버의 합리성에 대한 논의를 발전시킨 것이다. 이것은 '인식적-도구적 합리성', '도덕적-실천적 합리성', 그리고 '미학적-표현적 합리성'을 모두 포괄하는 것이다. 하버마스는 특히 프랑크푸르트 학파에 의해 시도된 '도구적 이성'의 비판은 '인식적-도구적 합리성'이 포괄적 이성의 부분적 한 계기임을 파악하지 못한 오류라 보았다.

이에 따라 하버마스는 합리성을 재개념화했다. 기존 인식체계의 인지와 행위의 주-객 모델을 언어와 의사소통행위의 이론으로 대체한 것이다. 기존의 주-객 모델의 인식체계는 합리성을 최소한으로 적용하여 인식의 논리적 일관성만을 검증할 뿐이었다. 이는 형식적 외피적 타당성만을 주목함으로써, 인식 주체들 사이의 내적인 상호 주관적 관계(intersubjectivy)의 합리성을 도외시한 것이다. 따라서 이러한 개별적 인식주체간의 상호적 인지를 보장하는 합리성을 추구하여야 했고, 하버마스는 이를 '의사소통적 합리성'(communicative rationality)이라 불렀다. 이 의사소통의 합리성은 인간의 언어구조에 함축적으로 내재해 있고, 또한 여타의 모든 합리성의 가장 기본적인 기준이 된다는 것이다.

이러한 재개념화를 통해 하버마스는 개별자의 다양한 주체성을 강압적 전체로부터 독립시키면서도, 데리다가 빠져들었던 우연성의 늪을 피할 수 있었다. 왜냐하면 그가 바라는 완결된 근대사회란 그에 속한 개인들 사이에 의사소통의 행위를 통해 이루어지는 의미 있는 삶인 것이고, 그 삶은 '의사소통의 유동성'(communicative fluidization)으로 보장되는 것이기 때문이다. 이를 통해 하버마스는 합리주의의 이원론적 주체중심주의를 용해시키면서도, 더 포괄적이고 유동적인 새로운 합리성 위에 이상적 미래사회를 건설하고자 시도하고 있다. (현대의 물리학에서도 '카오스 이론'은 합리적 우주관을 부정하자는 것이 아니라 좀더 유동적인 합리성을 추구하는 것으로 볼 수 있다. 또한 현대물리학의 최대 관심사의 하나인 '통일장 이론'도 더 포괄적인 합리성의 추구로 해석해도 좋을 것이다)

　　비판이론이라고 불리는 하버마스의 위와 같은 근대성 완결의 기획은 이중적인 의미에서 변증법적 지양을 시도한 것이라 보이는데, 이는 합리주의의 역사적 이해를 위해 살펴보고 넘어가야 할 부분이다. 한편으로 하버마스의 이론은 헤겔의 통합적 이성이라는 테제의 자기소외적 모순과 마르크스의 정치경제학 비판의 새로운 합리성이라는 안티테제를 변증법적으로 지양하려는 시도이다. 이러한 시도가 의미 있는 이유는 마르크스의 해방(emancipation)은 자본주의적 지배체제의 패권적 공고성을 탈피하기 위해 하나의 새로운 자유가 새로운 제도화를 통해 달성되어야 했는데, 그 제도를 유연화하는 과업은 아무리 유토피아적이라 할지라도 역사적으로 미래의 현실세계에 달성되어야 할 것이기 때문이다.

　　다른 한편으로는 하버마스의 이론이 마르크스의 낙관적 인간론의 테제와 베버의 비관적 인간론의 안티테제의 대립을 지양하려 시도하고 있다고 보인다. 현존 자본주의체제가 인간성 실현이라는 차원에서는 부정적이지만 체제 정당화 과정에서 엄연히 진보하고 있다는 사실을 수긍하는 데서, 마르크스주의적 해방의 역사적 기획이 출발할 수 있는 가능성이 열리기 때문이다. 헤겔과 마르크스, 그리고 베버는 모두 계몽의 아들로서 역사적으로 시대마다의 이성의 소명에 충실했다. 이제 하버마스는 위와 같은 이중적인 변증법적 지양을 추구하는 가운데 근대성 완결이라는 이 시대의 소명에 응하고 있는 것으로 보인다.

Ⅳ. 맺음말

과학혁명이 제기한 우주관과 이를 뒷받침한 합리적 사고방식이 근대 서구문명의 찬란한 업적을 이루는 데 지대한 기여를 했다는 것은 명백한 사실이다. 그러나 여기에는 '너무도 인간적인' 한계를 처음부터 잉태하고 있었다는 점을 간과해서는 안 된다. 이 우주의 모든 비밀을 인간의 정신으로 알아낼 수 있고, 그 인간의 정신은 또한 인간 자신에 의해, 즉 이성에 의해 관찰될 수 있다는 생각은 애초부터 인간 능력에 대한 지나친 믿음에서 비롯되었다고 할 수밖에 없다.

이렇게 볼 때 서양의 합리주의는 그 성립시기부터 고전고대의 형이상학의 체계를 대신하는 것이었고, 나아가서는 중세시대의 종교의 대용물 노릇까지 한 것이었다. 현대에 와서 한편으로는 합리주의적 세계관이 흔들리고 있는 가운데도 다른 한편으로는 과학문명과 이의 지주인 합리성에 대한 확신이 계속되고 있는 것은, 바로 과거에 종교가 하던 역할을 합리주의가 대신하고 있는 것이라고 볼 수도 있겠다.

계몽주의적 낙관주의는 유토피아를 이 지상에 실현하려는 합리주의자의 유토피아였다. 그러나 19세기부터 시작된 근대세계의 지주로서의 합리성에 대한 회의는 금세기에 들어와 신앙으로서의 합리주의가 종언을 고하도록 했다. 20세기말이라는 시점에 선 인류는 베버가 파악한 대로 목적합리성의 세계가 견고해질수록 그것이 이룩하려는 이성의 제국은 그 기반이 침식되고 있는 패러독스를 인식하고 있다. 이에 따라 계몽주의의 순박한 낙관도 끝이 났다.

그러나 인류가 합리성의 추구를 포기했다고 볼 수는 없다. 야스퍼스(K. Jaspers, 1883~1969)는, 근대인은 과학을 이성과 일치시킴으로써 과학을 미신화하였다고 설파했다. 현대인이 포기해야 하는 것은 과학만능주의의 신화화(神話化)된 이성일 뿐이다. 합리성의 세계를 전면 거부하려는 탈근대론(post-modernism)은 합리주의의 신화를 거부하려는 것이지 합리성 전체를 거부하려는 의도로 발전할 수는 없다. 이는 파괴가 능사일 수 없기 때문이다. 이성의 제국주의는 해체되고 있음이 분명하지만, 해체는 무엇인가를 건설하기 위해서만 그 의의를 갖는다. 합리성의 신화를 검토하는 유일한 방법은 역시 합리적 체계의 지평 위에서만 가능한 것이다. 근대 서구문명은 중세적 기독교의 신에서 이성의 신으로 도피했던 과정이었다고 해서, 이제 근대의 황혼기에 접한 인류는 또 다른 신비주의로 도피할 수 없다고 본다.

지금 사회주의권의 붕괴에 따라 승리감에 도취한 자본주의적 질서는 자유주의와 합리주의를 내용으로 하는 민주주의의 이데올로기를 강화해가는 중이다. 여기서 진정한 '자유'는 무엇인가, 진정한 '합리성'은 무엇인가를 밝히는 일은 인류가 궁극적으로 지향하는 자유롭고 합리적인 민주적 생활양식을 유지하는 데 심각하게 고려해야 할 일이라 아니할 수 없다.

만약 지금의 팽창적인 자본주의적 생산양식이 인간의 환경질서를 점진적으로 잠식하는 것이라면, 인간의 의식과 사회적 관계를 계속적으로 소외시키는 것이라면, 또한 특권층의 과도한 소비와 그렇지 못한 사람들의 빈곤화를 재촉하는 것이라면, 인류의 미래는 절망적이다. 한마디로 말해서 우리는 비판적 합리성을 추구할 것인가 아니면 신화화된 합리성의 노예로 남아 거대자본의 무기력한 대중에 대한 약육강식의 무질서를 방관해야 할 것인가를 선택해야 할 기로에 서 있다고 본다. 따라서 우리는 이성의 신비주의에 안주하거나 이성의 회의주의로 침몰해서는 안 된다.

　이러한 선택을 위해서는 우리에게 대화의 공공영역이 확보되어야 한다. 그리고 이 영역에서 대화적 이성이 지배해야만 한다. 왜냐하면 자기소외적 합리성에 대한 비판은 개방된 합리성에 근거한 대화로만 가능하기 때문이다. 금세기의 지성사는 이러한 노력의 역정을 보여주고 있다. 즉 합리성의 지평을 확대하기 위해서는 그 합리성의 잣대까지 회의해야 한다는 데카르트 이래의 전통이고, 진보와 계몽의 변증법적 대화는 포괄적 합리성의 지평 위에서만 가능한 것이다. 이러한 소망이 비관적 현실에서 도피하기 위한 유토피아적 망상으로 치부될 수도 있다. 그러나 비관적일 만큼 냉철한 현실인식 위에서 인간역사의 진보를 가능하게 하는 것은 결국 유토피아적 꿈이다. 그리고 그 유토피아야말로 이성의 빛을 향한 계몽의 행진을 가능케 하는 것이다.

계몽주의
Enlightenment

주 명 철

계몽주의가 무엇인가 알기 위해서 우리는 그것을 역사의 흐름 속에 자리잡도록 해야 한다. 그리하여 그 현상이 나라마다 시간의 차이를 두고 다른 모양과 색깔을 띤 것이라는 사실을 밝히고 나서, 그러한 다양성 가운데 하나를 이루는 것은 무엇인지 말할 수 있어야 한다.

I. 계몽주의의 다양성[1]

유럽의 도처에서 계몽주의는 18세기의 특징이지만, 18세기와 혼동될 수 없는 것이다. 그것은 18세기의 다양한 모양 가운데 하나일 뿐이기 때문이다. 그리고 나라마다 그것을 다른 이름으로 불렀다. 영국은 Enlightenment, 프랑스는 Lumières, 독일은 Aufklärung, 스페인은 Ilustracion, 이탈리아는 Illuminismo라고 각각 불렀는데, 여기

서 영국어는 독일말 이름을 19세기에 옮긴 것이다. 칸트는 1784년
〈계몽주의란 무엇인가?〉(Was ist Aufklärung?)에서 그것은 "용기를
내어 알고자 하는 것"(Sapere aude)이라고 정의를 내리면서, "사람들
은 용기를 내어 자신의 이해력을 자기 목적에 맞도록 써야 하며, 이
것이 바로 계몽주의의 좌우명"이라고 말하였다. [2]

사실, '알고자 하는 용기'가 18세기에 처음 생긴 것은 아니겠지만,
그것은 18세기 계몽주의와 결부되어 있다. 그 이유는 무엇인가. 사
람들은 그 이전의 어떤 시대보다도 18세기가 새로운 시대를 맞이하
기 위한 준비기의 마지막을 이룬다고 생각하기 때문이 아닌가. 우리
는 이렇게 생각할 수 있는 논리적 근거를 제시할 수 있다. 무엇보다
도 18세기는 '장기적 중세'[3]의 끝이기 때문이다. 첫째, 장기적 중
세는 성격상 단순재생산을 지향하는 봉건적 생산양식의 지배를 받는
시대인데, 18세기에는 영국에서 시작된 산업혁명 —— 이것은 확대재
생산을 지향한다 —— 으로 그러한 생산양식에서 벗어나려고 하는 노
력이 보인다. 둘째, 장기적 중세는 그리스도교가 지배하는 시대였
다. 16세기부터 프로테스탄트의 종교개혁과 가톨릭의 반종교개혁이
서로 다투게 되어 그리스도교 내부의 심각한 분열을 보여주었다. 그
리스도교는 정치와 밀접한 관계가 있었는데, 나라마다 현실이 달라
서 일반화시키기는 어렵지만, 특히 프랑스의 18세기는 이전의 어느
때보다 그리스도교에 대한 공격이 드세지는 시기였던 것이다.

16세기 이래, 지중해 유럽이라는 공간과 시간 속에서, 여러 가지
변화가 일어나 세계적인 차원으로 번졌는데, 18세기, 즉 계몽시대
의 유럽은 계속 성장하여 고전시대(17세기)의 유럽을 사라지게 만들
었으며, 계몽주의는 18세기말에 더욱 확장되고 변화하여, 자기가
원인을 제공한 산업혁명 속에서도 살아남았다. 그것은 18세기에 특
별한 뜻을 지닌 낱말들 —— 이성·자유·평등·자연·철학·편견·
미신·관용·덕성·진보·개혁 따위 —— 과 함께 살아남았다. 사실,
오늘날의 우리도 따지고 보면 '계몽주의자'가 아닌가.

계몽주의시대의 유럽은 몇 개의 강박자를 가지고 있다. [4] 첫번째 강박자는 아자르(P. Hazard)가 "유럽인의 의식의 위기"라고 부른 1680∼1715년으로서, 데카르트(R. Descartes, 1596∼1650)가 존속시킨 두 가지 특별한 분야── ① 계시의 부분, ② 사회적 서열과 권력의 전통적인 전달── 에 대한 비판이 일어난 시대다. 갑자기 기계론에 의하여 자연을 탐험하는 방법이 특별한 영역에 스며들었다. 그리하여 이 시기에 자연의 종교, 사회과학이 처음 확인되고, 그 이상으로, 정치에 대해서 경험보다 앞선 합리적인 행동을 요구하게 되었다. 이렇듯 17세기와 18세기의 접점은 변화의 시기였다.

두번째 강박자는 1730∼1770년으로, 이 시기 유럽의 거의 어디서나 두 세대 동안 인구가 늘어났는데, 우리는 글을 읽고 쓰는 능력을 가지고 이들을 사회적으로 두 개 접경에 의하여 세 부류로 가를 수 있다. 먼저 라틴 말을 읽는 사람들, 그리고 통상어를 줄줄 읽는 사람들, 그리고 나머지 10분의 9에 해당하는 사람들. 마지막 대다수는 동쪽으로 가면 갈수록 훨씬 많았는데, 이들에게 지식의 전달, 다시 말해서, 글로 쓰는 말을 다루는 문명의 차원이 아니라, 단순히 문화인 것의 전달은 전통의 방식을 따랐다. 말하자면, '보고 배우기'와 '듣고 배우기'의 방식으로 지식이 전달되거나 습득되었다.

그런데 두번째 시기에는 두 접경이 움직였다. 첫번째 접경이 지워지고, 라틴 말은 특권을 잃게 되었지만, 두번째 접경은 강화되었다. 다시 말하자면, 18세기에는 '새로운 접경'이 생겨나서, 효과적인 독서의 수준을 습득한 사람과 전통사회의 사람을 갈라놓았던 것이다. 그런데, 이 '새로운 접경'은 시간의 흐름과 함께 전통사회쪽으로 옮겨가서, 결국 유럽의 계몽주의는 지식인의 숫자를 처음으로 10배나 늘여놓았다고 말할 수 있다.

오늘날과 달라서 18세기 사람들은 기껏해야 출판물을 통해서 새로운 지식을 얻을 수 있었다. 그러므로 우리는 문자 해독자의 증가를 알아보면 어디까지 계몽주의의 혜택을 받았는지 알 수 있을 것이라는 가설을 세울 수 있다. 계몽주의시대의 어느 한 시점에서 셀 수 있는 유럽의 인구는 1억 2천만 명이며, 18세기의 약 90년 동안 잇달아 살다간 사람은 모두 5억 명으로 계산할 수 있는데, 이들이 18세기에 살았다 해도, 문화적으로 같은 시대를 살았다고 말할 수 없다. 이들 가운데 작은 부분만이 계몽주의의 혜택을 주고 받았다고 할 수 있다. 예를 들어, 프랑스는 18세기를 통하여 문자 해독자의 비율이 20퍼센트에서 40퍼센트로 늘어나는데, 지방별로 살펴보면, 오베르뉴의 농민은 1770년경에도 90퍼센트가 문맹이었지만, 노르망디의 오즈 지방 농민은 80퍼센트가 문자해독을 하였다. [5]

또한 위에서 말한 계몽주의의 낱말들이 '새로운 접경'의 이동에 따라 어떠한 경로로 확산되는가 살펴보면 다음과 같다. 우리는 글말을 익힌 정도에 따라서 사람들을 다섯 가지 차원으로 분류할 수 있다. 제1의 차원은 라틴 말의 전용구역이던 과학과 철학의 차원으로서, 1680~1690년 이래, 서부에서는 이 분야에서 통속어로 글을 쓰는 경우가 대부분으로서, 프랑스 말이 영어를 앞섰다. 그러나 동부에서는 1770년대까지 라틴 말에 기대는 지식인이 많았다(칸트의 경우가 대표적인 보기다).

제2의 차원은 연극에서 콩트에 이르는 글, 서한체의 글에서 소설에 이르는 글에 관한 것이며, 제3의 차원은 통신에 쓰는 일상어, 자동으로 쓰이는 글말, 아무 생각 없이, 어디서나 붓끝에서 자연스럽게 흘러나오는 말이며, 제4의 차원은 역사를 거슬러올라갈 수 있는 대로 거슬러올라가 만나는 끝에 자리를 잡는다. 이 경우에는 글말의 낮은 쪽 경계에 있는 사람들이 쓰는 입말이 살짝 드러나는 것이다. 그리고 끝으로 전혀 읽거나 쓸 줄 모르는 사람들의 순수한 입말 표현의 차원이 있다.

계몽주의의 낱말들(나라마다 같은 가치를 지닌 낱말이 있다)이 어떻게 확산되는지 추적하면 시간과 공간 속에서 유럽의 '계몽주의 지도'를 그릴 수 있을 것이다. 그러한 말은 서부에서 동부로, 북부에서 남부로 흘러든다. 그것은 점점 제1의 차원에서 2, 3, 4, 그리고 5의 차원으로 내려가면서 사라진다. 제1의 차원은 영국·프랑스·홀란드에서는 17세기말부터 찾을 수 있다. 제2의 차원은 영국의 경우 1720~1730년, 프랑스의 경우 1730~1740년까지 지속되다가 제3의 차원으로 내려갔다. 제4의 차원은 1789년 정복되었다. 제5의 차원은 19세기에 영향을 받게 될 것이다.

이 낱말들이 독일에서는 1700년경 제1의 차원에 있었고, 제4의 차원은 서부독일의 경계를 1800년경에 넘었다. 동부독일에는 19세기 후반에 이르기까지 침투하지 못하였음이 분명하다. 스페인은 1730년경 제1의 차원, 1750년경에 단지 제2의 차원에 달했다. 이탈리아는 몇 년 앞섰을 뿐이다. 제4의 차원은 '자유화와 통일화 운동'(Risorgimento)의 시기가 되어서야 넘었다. 스페인의 제4의 차원은 20세기초까지도 오지 못하였다. [6]

이렇듯 18세기는 여느 때와 마찬가지로 비공시성이 공존하는 시기였다. 계몽주의는 소수의 문화였으며, 계몽된 유럽은 꼭대기에만 존재하는 것으로서, 이 꼭대기는 공간상 서쪽에서 동쪽으로 가고, 시간상 1770년에서 1680년으로 거슬러올라갈수록 점점 엷어지는 꼭대기이다. 그러므로 계몽주의를 이해하는 일은 소수의 역사를 이해하는 일이라는 점을 분명히 알아두어야 한다. 자신에 대해서 표현하지 못하는 큰 바다 속에 떠오른, 자신의 생각을 나타낼 수 있는 사람들의 섬.

이러한 섬들이 얼마나 흩어져 있었는지 앞서 암시하였지만, 이제 조금 더 자세히 알아볼 필요가 있다. 그들을 18세기에는 철학자(philosophe)라고 불렀는데, 1694년, 프랑스의 아카데미 프랑세즈에서 발간한 사전을 보면, 철학자는 "모든 학문의 연구에 몸 바치고, 그 학문의 원인과 원리에서 결과를 알려고 하는 사람"이라고 정의하였다. 이들은 그 시대의 절대주의의 지배이념인 그리스도교가 던진 문제를 합리적으로 해결하려는 사람들이다.

이들은 각 나라마다 차이를 두고 활동하였다. 프랑스보다 영국이 한 세대 정도 빠른데, 18세기 사상의 지배자는 로크(J. Locke, 1632~1704)와 뉴턴(I. Newton, 1642~1727)이었다. 로크의 인간 이해력에 관한 철학이 대륙에 전파된 것은 18세기초이다. 1700년, 코스트(Coste)는 로크의 《인간오성론》을 프랑스 말로 번역하였다. 뉴턴의 천체구조에 관한 학설은 좀 느리게 전파되었다. 그것은 영국과 네덜란드에서 먼저 승리하였다. 프랑스의 계몽주의 선구자 가운데 한 사람 퐁트넬(Fontenelle, 1657~1757)은 데카르트의 이론에 매달려 있었다.

그러나 뉴턴의 사상은 프랑스에서 결국 승리하였다. 볼테르는 1730년을 결정적인 해로 생각하였다. 과학 아카데미 종신 사무총장인 퐁트넬은 데카르트 정신에 매달려 있었지만, 뉴턴의 추종자들이 그 아카데미의 문을 밀고 들어갔던 것이다. 이처럼 생테브르몽(Saint-Evremond, 1616~1703), 퐁트넬, 베일(P. Bayle, 1646~1706) 같은 선구자에서 계몽주의의 제1세대인 몽테스키외(Charles de Secondat, baron de La Brède et de Montesquieu, 1689~1755)와 볼테르(Voltaire, 본명은 François Marie Arouet, 1694~1778)에 이르는 이행기를 거치면서, 프랑스의 계몽주의는 영국을 앞서게 된다.

거기에 중요한 노릇을 한 작품이 몽테스키외의 《페르시아인의 편지》(1721)이다. 이 재판장은 커다란 안목을 가지고, 그때까지 나타난 다양한 경향을 한데 모으면서, 모든 계시에 앞선 정의와 자연에 바탕을 둔, 말하자면 이성의 근본적인 요구에 바탕을 둔 이상적인 질서를 넌지시 찾았다. 이 작품과 함께 벌써 그 시대의 종교·정치·경제 문제에 대한 대답이 갖춰지기 시작하였는데, 그것은 자유주의와 이신론이며, 비판적인 성찰과 개혁의 요구였다.

한편, 유럽 대륙은 이 18세기초 계몽주의를 제대로 접하지 못하고 있었다. 준비기나 성숙기를 늦게 맞이한 곳에서는 따로 떨어진 요소들이 나타나지만 아직 커다란 흐름에 합류하지 못하였다. 필립

5세(1700~1746)의 스페인에서는 지식인과 경제학자들이 사상의 합리화를 요구하기 시작하고, 나폴리의 비코(G. Vico, 1668~1744)를 모르고 지내던 이탈리아에서, 각별히 빅토르 아메데 2세(Victor-Amédée Ⅱ, 1713~1730)의 피에몽에서, 새로운 엘리트가 교회와 국가의 관계에 관한 새 이론을 끌어내려고 노력하였다.

독일의 계몽운동의 준비기는 더욱 다양하고, 더욱 복잡하다. 볼프(Wolff, 1679~1754)의 합리주의는 엄격하긴 해도, 아직 종교와 정치를 다룰 만큼 대담하지는 못하였다. 프랑스와는 달리, 독일의 지식인들은 1740년 프러시아의 프리드리히 2세(Fridrich Ⅱ, 1712~1786)가 볼프에게 권하였듯이, 행동을 정치가에게 맡기고, 오직 생각하기만 하였다. 여기서 한 가지 짚고 넘어갈 것은 계몽전제정의 개념이 프리드리히 2세에 의하여 나타나고 있다는 점이다. 철학자들은 사상의 테두리 안에 있어야 하고, 군주는 행동을 한다는 것이다.

북유럽의 스웨덴·폴란드·러시아에서 계몽주의는 좀더 늦게 나타난다. 아니 좀더 늦게 들어왔다. 여기서 자유를 요구하는 것은 프랑스 같은 나라와는 다른 성격을 가졌다. 그것은 군주의 절대주의 의지 앞에서 자기네 특권을 지키려고 노심초사하는 귀족에 관한 일이었고, 프랑스의 철학자들은 이러한 논의와 정당화를 제공하였다.

프랑스의 계몽주의는 눈부시게 발전하고, 그것은 유럽으로 확산되어 계몽전제주의와 개혁운동이 결정적으로 발전하는 데 이바지하였다. 그리하여 1760년대말까지 계몽주의는 유럽을 정복하였다. 샤를르 3세(1769~1788)의 스페인, 드 폼발(de Pombal, 1751~1777) 후작의 포르투갈, 레오폴트 대공(Léopold Ⅱ, 1747~1792)의 나폴리에서 토스카나까지, 그리고 밀라노, 이처럼 유럽의 여러 지역에서 1763~1773년의 10년은 계몽주의가 결정적인 승리를 거두는 시기였다.

이 사이 영국의 계몽주의 중심은 스코틀랜드로 옮겨갔다. 유럽에서 제일 먼저 시작된 영국의 계몽주의는 무엇보다도 자유주의를 누렸으며, 이러한 점에서 몽테스키외와 볼테르는 한결같이 영국을 가장 자유로운 나라로 생각하면서 '영국광'(Anglomanes)이 되었던 것이다. 그러한 자유는 무엇보다도 종교적 풍토에서 찾을 수 있는 것이다.

이러한 뜻에서 우리는 신중한 태도로 Enlightenment, Lumières, Aufklärung을 서로 바꿔쓰지 말아야 한다. 예를 들어, 프랑스 'Lumières'에 비해, 영국 'Enlightenment'은 종교적 관용을 위하여 싸우지 않았다. (볼테르는 이렇게 말한다. "영국인은 자유로운 인간으로서 자기가 좋아하는 길을 통해서 하늘로 올라간다") 그리고 독일 'Aufklärung'은 반종교적인 임무를 가지고 있지 못하였다.[7]

다시 말해서, 영국의 계몽주의는 프랑스보다는 덜 급진적이었다. 그것은 확고한 질서 속에서 발전하였던 것이다. 종교에 관한 한, 무신론은 거의 없었고, 종교적 감성이 활발했으며, 신교가 여러 가지 면에서 문학의 생산과 철학사상을 물들였다. 흄(D. Hume, 1711~1776)이 회의주의에 빠져 전통종교를 비판하였지만, 돌바크(d'Holbach, 1723~1789) 남작과 엘베시우스(C. A. Helvétius, 1715~1771)의 전투적인 무신론과는 거리가 멀었다. 흄은 가톨릭을 비판하였지만 이신론의 범위 안에서 그것을 합리화시키려고 노력하였다. 그리고 정치적인 면에서도 역시 온건하고 화해의 풍토를 띠어, 반대가 있다 해도 체제의 틀을 벗어나지 않았던 것이다.

이 시대는 현실주의와 공상, 익살과 감수성이라는 특성을 지닌 시대였다. 문학 범주에서 소설이 아주 유행하였고, 사회와 철학의 반향을 불러일으켰다. 데포(D. Defoe, 1660~1731)의 《로빈슨 크루소》(1719)는 상당한 영향을 주고, 이를 따른 작품이 많다. 스위프트(J. Swift, 1667~1745)의 《걸리버 여행기》(1726)는 지독한 풍자소설이며, 필딩(H. Fielding, 1707~1754)의 《톰 존스》(1749)는 부르주아의 윤리를 다루었다. 스턴(L. Stern, 1713~1768)의 《트리스트램 샌디》(1759)와 골드스미스(O. Goldsmith, 1728~1774)의 《웨이크필드의 보좌신부》(1766)도 언급할 만하다. 디드로는 영국의 "리처드슨(S. Richardson, 1689~1761) 예찬론"(Eloge de Richardson, 1761)에서 이렇게 말한다.

  "오늘날까지 사람들은 소설이란 공상 속의 사소한 사건들을 짜맞춘 것으로 생각하였다. 나는 리처드슨의 작품에 대해서는 다른 이름으로 불러주었으면 한다. 그의 작품은 인간 정신을 함양하고, 영혼을 감동시키며, 어디서나 선에 대한 사랑을 생생하게 보여주고 있지만, 사람들은 그것을 역시 소설이라 부르고 있는 것이다."[8]

  그런데 앵글로색슨계에서 스코틀랜드와 미국의 계몽주의는 좀더 특별한 성격을 가진다. 먼저 스코틀랜드에 대해서 말하자면, 여기서는 정치와 경제적 관심이 뒤섞이고, 종교와 윤리의 요구가 뒤섞인 사상의 흐름이 있었다. 이곳의 계몽주의는 주로 몽테스키외의 영향을 받아서 발전하였다. 디드로(D. Diderot, 1713~1784)가 유럽에 두루 영향을 미쳤듯이, 몽테스키외의 제국도 미국에서 러시아까지, 퍼거슨(Adam Ferguson, 1723~1816)의 스코틀랜드에서 필란지에리(Filangieri, 1752~1788)의 나폴리까지 뻗쳐 있었다. 그 가운데서도 스코틀랜드가 그의 영향을 제일 많이 받았다. 흄은 그의 '추상적인 도덕론'을 비판하였지만, 그를 박학다식한 천재로 생각하였고, 퍼거슨은 그를 '현대의 고전'이라고 생각하였다. 그는 몽테스키외에 대해 강의하고, 자기 학생들에게 그를 추천하고, 비판 없이 그를 인용하고, 아무런 고백 없이 마구 의역하였다. 사실 몽테스키외가 쓴 《법의 정신》은 학자의 토론에 공통주제가 되었던 만큼, 퍼거슨이 그의 글을 일일이 밝히면서 인용할 필요는 없었을 것이다.

  스코틀랜드에서 그를 받아들인 이유는 그가 철학과 과학을 결합시킨 방식이 그곳에서 비슷한 풍토를 만났기 때문이다. 그곳에서는 18세기초부터 세속의 사회학 문제에 관한 전통을 발전시키고 있었다. 그곳에는 윤리주의 철학자요 사회의 연구자인 허치슨(F. Hutcheson, 1694~1746)을 필두로 흄, 밀러(John Millar), 퍼거슨 같은 훌륭한 지성인 집단이 있었다. 이 집단은 다음 세대에도 스미스(Adam Smith, 1723~1790), 스튜어트(Dugald Stewart, 1753~1828)를 중심으로 명맥을 이어나갔다. 이 모두는 윤리주의 철학자로서, 사회를 과학적으로 연구하였다. 이들의 문제는 사회학의 고전적인 문제가 되었다. 문명사회의 기원, 사회에서 인간의 위치, 말의 발전, 계급들이 맺는 관계, 인구 증가와 감소, 그리고 인구가 경작과 번영에 대해 미치는 영향, 정부의 형태 등. 이 학파는 양식과 실용성의 가치를 옹호하고, 철학적 성찰과 역사와 사회 비판의 필요성을 결합시키면서 영국 사상보다 더욱 빛을 발하였다. [9]

또한 미국에서는 무엇보다도 유토피아의 꿈이 구현되었다. '새 영국', '새 프랑스'가 모든 희망을 담고 있었다. 영국 식민지에서 혁명의 시대가 열렸을 때, 그 꿈은 현실로 나타나는 듯하였다. 프랭클린(B. Franklin, 1706~1790)이나 제퍼슨(T. Jefferson, 1743~1826)의 작품에 나타난 자유주의 정치와 경제의 탁월함이 확인되었다. 〈버지니아 인권선언〉(1776. 6. 1.), 독립선언(1776. 7. 4.)은 계몽주의 역사와 박자를 맞추었다. 미국은 계몽주의시대가 끝나고 있을 때, 사람들에게 철학자 시민, 공화파 민족주의자, 애국자 군인들의 공화국이라는 보기를 주었다. 정치의 실천 속에 그 시대의 중심개념을 담은 신세계에서 철학은 실현되는 것 같았고, 미국혁명은 본보기의 가치를 지닌다. 콩도르세(marquis de Condorcet, 1743~1794)는 "미국혁명이 유럽의 여론과 입법에 미친 영향"을 이렇게 평가하였다.

"인류의 권리는 철학자들의 책과 성실한 사람들의 가슴 속에 씌어 있으므로, 무식하거나 약한 사람이 위대한 인민의 보기에서 그러한 권리를 읽을 수 있도록 해야 한다. 미국은 우리에게 이러한 보기를 주었다."

다른 나라에서는 어떠한가. 오스트리아가 지배하던 벨기에 지방에서는 지적 생활이 통제를 받아 문학활동은 거의 잠들거나 꺼져 있었다. 교회가 모든 사상을 검열하면서 통제하였다. 네덜란드에서는 그 앞세기의 역동성이 정체와 체제순응주의 속으로 잠들어갔다. 비록 출판업계는 활발히 활동을 하였지만, 그것은 그 나라를 위한 것이 아니라, 외부의 주문에 따른 것이었다. 이러한 조건 속에서, 자연과학자 캄페르(Camper, 1722~1789) 같은 사람들의 과학적 활동은 계속되고 있었다.

독일의 경우, 계몽주의는 무엇보다도 대학교, 신교도 부르주아와 관련된 도시의 현상이었다. 대학 가운데 특히 1694년에 설립된 할레대학과 1734년에 특허를 받은 괴팅겐대학이 유명하다. 토마시우스(Thomasius, 1655~1728)와 프랑크(Francke, 1663~1727)를 중심으로 할레대학은 계몽주의의 첫세대를 가졌는데, 이들은 종교개혁과 계몽주의를 이어 놓았다. 괴팅겐대학에서는 할레대학에서 온 볼프(이 사람과 함께 독일 말은 철학을 위한 말이 되었다)의 합리주의에 바탕을 둔 독일 계몽주의가 수많은 잡지와 과학단체를 통하여 확산되었다. 그러나 당시에 조각난 독일의 계몽주의는 지방에 따라 성격이 달랐다. 칼뱅이슴 지방에서는 좀더 부르주아 성격을 띠고, 루터파 지방에서는 좀 덜하며, 바로크와 로코코가 꽃핀 오스트리아와 바이에른 지방 같은 가톨릭 지방에서는 좀더 귀족적이다. 그 가운데서 프리드리히 2세의 프러시아가 가장 힘차게 계몽주의의 합리적이고 실용적인 가치를 받아들여 개신교를 변화시키고, 행정의 실천을 물들이면서, 결국은 국가의 철학을 이루었다.

독일지방에서는 프랑스 취향에 물든 철학적 제국주의에서 벗어나려는 기운이 일기 시작하였다. 그들은 독일의 민족적 성격을 천거하고, 문화적 독립성을 찾으려는 의지를 보였다. 경건주의의 영향은 언제나 활발하였으며, 프랑스 계몽주의의 급진주의, 각별히 무신론에 대해 적대감을 보였다. 괴테(Goethe, 1749~1832)는 스트라스부르에서 돌바크를 비난하였다. 1770~1780년, '질풍과 노도'(Sturm und Drang) 운동이 감정과 민족의 막연한 힘을 다시 부추겨, 독일 문학의 발전에 크게 이바지하였다.

스페인에서는 종교재판이 지적 생활을 지배하고 깨뜨렸기 때문에, 늦게 외부에서 접목된 계몽주의는 별로 빛을 발하지 못하였다. 교회는 계몽주의를 일종의 이단으로 보았던 것이다. 계몽사상은 무엇보다도 필립 5세 치세부터 가톨릭교에서 미신의 잔재를 몰아내기 위하여 노력하였기 때문이다. 이 분야의 선구자는 스페인의 퐁트넬로 불리운, 베네딕트파의 페이호(Feijoo, 1676~1764)이다. 그러나 파블로 데 올라비데(Pablo de Olavide, 1725~1803)의 경력에서 볼 수 있듯이, 스페인의 계몽주의는 불안정하였다. 그는 대지주로서 볼테르와 백과사전파를 추종하였으며, 안달루시아의 지사를 지냈는데, 1776년 종교재판에 회부된 뒤 추방되어, 철학을 버린다고 맹세한 다음에야 비로소 되돌아올 수 있었다. 끝까지 마음을 바꾸지 않고, 계몽주의 운동에 열렬히 참여한 고야(F. Goya, 1746~1828)는 프랑스에 망명중 사망하였다.

이탈리아의 경우, 정치적 분단과 불균형으로 지역에 따라 계몽주의가 다른 정도로 보급되었다. 베니스에는 프랑스 책이 거물급 가정의 도서관까지 들어갔지만, 조금도 돌아다니지 못하고, 따라서 큰 반향도 불러일으키지 못하였다. 그곳 출신의 계몽사상가가 있었다 해도, 다른 곳에서 글을 썼다. 알가로티(F. Algarotti, 1712~1764)는 세계주의자로서, 볼테르와 프리드리히 2세와 사귀면서, 두루 여행을 하였고, 카사노바(Casanova de Monferrato, 1725~1798)도 보헤미아에서 글을 썼다.

베니스는 18세기 내내 계몽사상에 끈질기게 저항하는 중심지를 이루었으나, 스페인의 부르봉 가문의 지배를 받은 나폴리 왕국은 이탈리아 계몽사상 중심지 가운데 하나였다. 그러나 '현대화'의 시도는 아주 소심하였고, 표현의 자유는 억압당했으며, 지성인의 층은 늦게 나타났다. 비코는 거의 주목을 받지 못하였고, 자유주의 역사가이며 반교권주의자인 지아노네(Giannone)는 박해를 받았으며, 외교관인 갈리아니(Galiani, 1728~1787) 신부는 파리에서 《곡식 매매에 관한 대화》(1770)를 썼지만 나폴리에서는 주목을 받지 못하였고, 법학자인 필란지에리는 젊어서 죽었다.

밀라노와 롬바르디아는 다른 방식으로 눈부신 중심지를 이루었다. 합스부르크 가문의 보호를 받아 국가와 행정을 재편할 수 있었기 때문에, 그곳에는 경제발전과 새로운 지배층 부르주아의 압력이 함께 나타났다. 밀라노에서는 베리 형제(Pietro Verri, Alessandro Verri)가 영국의 《스펙테이터》나 《태틀러》 같은 잡지 《일 카페》(커피집)를 1763년 창간하였다. 또한 베카리아(C. B. Beccaria, 1738~1794)는 계몽시대의 가장 훌륭한 저작 가운데 하나로 인정받은 《범죄와 형벌》(1764)을 썼다. 1760년대, 그 시대의 작가 필라티(Pilati)의 표현대로 '이탈리아의 개혁'(riforma d'Italia)이 나타났다.

동유럽의 폴란드는 계몽주의 유럽에 편승하였지만, 계몽주의는 귀족주의자의 얕은 층에만 관계되었다. 프랑스의 루소(J. J. Rousseau, 1712~1778) 같은 사람들이 관심을 보인 나라였지만, 끝내 독립을 지키지 못한 폴란드의 계몽주의가 가장 눈부시게 빛난 곳은 오히려 외국이었다. 그곳은 프랑스의 뤼네빌르로서, 이곳에는 루이 15세의 장인이며, 1704년과 1733년에 두 번 폴란드 왕에 뽑히고, 두 번 밀려난 스타니슬라스 레쉬친스키(Stanislas Leszczynski, 1677~1766)의 궁정이 있었던 것이다.

더욱 동쪽의 러시아에서는 귀족의 작은 집단, 인텔리겐치아의 좁은 테두리에만 계몽주의가 번졌다. 표트르 대제는 1724년 성 페테르스부르크에 아카데미를 창설하여 독일의 라이프니츠(G. W. Leibniz, 1646~1716)의 염원 가운데 하나를 실현시켜주었다. 표트르 황제가 죽은 지 40년 뒤에 카테리나 여왕은 계몽주의를 구현하는 것처럼 보였다. 그러나 러시아의 계몽사상은 19세기초에 들어서야 미약한 빛을 내다가, 곧 1825년 '12월 당원'(Décabristes, 니콜라이 1세를 폐위시키려는 조직)의 음모가 있은 뒤 박해를 받고 어두워졌다.

Ⅱ. 계몽주의의 통일성

이처럼 계몽시대의 특징은 나라마다 제각기 차이를 주장하는 데 있다. 영국인은 미·적분법의 발견을 뉴턴의 업적으로 돌리지만, 독일인은 라이프니츠의 업적으로 돌리며, 프랑스인은 퐁트넬의 미소로 만족한다. 계몽사상가들도 여러 경우에서 담론의 일치를 경험하지 못한다. 퍼거슨은 루소의 '자연상태'를 비판하고, 디드로는 '귀여운 나폴리 사람' 갈리아니가 《곡식 매매에 관한 대화》를 쓰는 것을 도와주면서, 처음에는 지지하던 중농학파의 이론에 등을 돌렸다. 그렇다고 해서 우리는 계몽주의의 공통점을 말할 수 없을까.

시간이 흐를수록, 의사소통의 특별한 통로를 통하여 더욱 촘촘해지는 지식인의 통신 그물을 상상해볼 수 없을까. 책을 쓰고, 만들고, 보급하는 과정에서, 또한 책을 읽고, 토론하는 과정에서 신분사회의 장벽을 뛰어넘어 생기는 이념상의 그물은 완전한 가설에 불과한 것일까. 우리가 그러한 그물의 모습을 완벽하게 파악할 수 없다 해도 잡지, 백과사전, 소설, 역사, 신문, 독서클럽, 독서실, 공공도서관, 각종 공식학회나 비공식학회, 중등학교, 대학교, 실험실의 증가를 통해서 읽을 수 있는 지식의 생산과 소비의 그물이 있음을 알 수 있다.

1776년, 미국의 독립과 아담 스미스의 《국부론》이 발간된 해, 영국에서는 신문이 하루 평균 3만 3천 부나 팔렸다. 볼테르의 저서는 7년간 150만 부나 팔렸다.[10] 수도원장 신부 레이날(Abbé Raynal, 1713~1796)의 저서(《두 개의 인도에서 유럽인이 벌인 식민활동의 역사》)는 1770년부터 1780년까지 20판 이상 제작되었다.[11] 이같은 보기를 가장 상징적으로 대표할 수 있는 것은 디드로와 달랑베르

(d'Alembert, 1717~1783)의 《백과사전》이라 하겠다. 150명 이상이 직접 쓰는 데 참여하여 만든 이 사전은 규모나 값으로 계몽주의의 한 국면을 말해준다.

18세기, 유럽에서 디드로의 《백과사전》은 거의 2만 4천 질이 돌아다녔다. 그 가운데 얼마나 프랑스에 남아 있는지 정확히 알기는 어렵지만, 그러나 대강 추정해보면 약 1만 1,500질이 남았을 것으로 계산할 수 있다. 1751년에 나오기 시작한 초판(2절판)의 한 질 값은 980리브르(오늘날의 가치로 바꾸기 위해 약 40배 하면 3,920프랑)인데, 참고로 이것을 노동자의 생활비와 비교해볼 필요가 있다. 1764년, 아브빌의 방직공 가족의 1주일 생활비는 6리브르 1솔 3드니에였다. [12] 이렇게 볼 때, 《백과사전》 초판의 값은 이 가족의 161주, 다시 말해서 3년 1개월치 생활비에 해당한다. [13]

《백과사전》은 우여곡절 끝에 처음에 계획했던 것 —— 영국의 두 권짜리 체임버즈(Chambers) 사전(*Cyclopedia or Universal Dictionary of the Arts and Sciences*)을 프랑스 말로 옮기는 일 —— 과는 아주 다르게, 모두 28권(본문 17권은 1751~1765, 도판 11권은 1762~1772)으로 나왔다. 이 사전의 항목을 쓴 사람들에 대해서 알아보려 할 때, 현재의 수준으로 우리는 전체 항목의 거의 5분의 3 이상에 대한 필자의 신원을 밝히기 어렵다. [14] 이름을 밝히지 않은 항목 다수가 이미 우리에게 알려진 기고가의 손에서 씌었다는 것은 사실이다. 그들은 디드로나 돌바크부터 좀더 덜 유명한 사람에 이르기까지다. 또한 그것들은 우리가 이름을 모르는 여남은 명의 작업일지도 모른다.

또한 이 사전에는 영국사전에서 옮긴 항목도 많지만, 디드로와 달랑베르, 그리고 달랑베르가 손을 뗀 뒤에는 디드로와 슈발리에 드 조쿠르(Chevalier de Jaucourt, 1704~1779)가 많은 항목을 새로 집필하거나 집필시켰다. 집필자 150여 명 가운데 거의 3분의 1이 하나 이상의 항목을 쓰지 못하였다. 몽테스키외의 '취미'(Goût), 프라드(Abbé de Prades, 1720~1782) 신부의 '확신'(Certitude), 보르되(Thé-

ophile de Bordeu, 1722~1776)의 '위기'(Crise)는 이들의 유일한 항목
이다. 나중에는 르 사즈(Georges Louis Le Sage, 1724~1803), 네케르
(Louis Necker, 1730~1804), 의사 트롱셍(Dr Th odore Tronchin, 1709
~1781) 같은 주네브 출신의 수학자들도 각 한 항목만 기고하였다.

　3분의 2의 신원을 알 수 있는 집필자는 기껏해야 평균 5항목을
썼다. 볼테르는 5권에서 8권까지 일했지만 44개 항목을 썼다. 그러
나 이것도 두 편집인에 비하면 아무 것도 아니다. 달랑베르는 '낙관
주의'라는 짧은 항목도 썼지만, 주로 수학과 과학에 대한 항목을 마
지막 10권에 썼는데, 그것들은 대체로 1,500항목으로, 상당수가 아
주 길었다. 그리고 1권부터 10권까지 디드로의 표시 —— 모든 집필
자는 저마다 *, A 따위로 신원을 나타냈다 —— 가 있는 것은 5천 항
목 이상이다. 이 가운데서 3,500정도가 첫 두 권에 나타나는데, 단
몇 줄짜리라는 것을 알아야 한다. 부셰르 다르지스(Boucher d'Argis)
의 표시는 3권부터 나타나기 시작하는데, 4,500항 이상이다. 조쿠
르의 항목은 1권에는 없고, 2권에는 단 7개 항목이 있지만, 결국
전체 항목(대체로 72,000항)의 4분의 1이 조금 안 되는 1만 7천 항목
을 썼다.

　그리고 1745년 이 사전을 처음 계획하였을 때부터 참가하였던 것
으로 볼 수 있는 21명이 주로 많이 썼는데, 이들 가운데 여섯 명——
D'Argenville, Formey, La Chapelle, Le Blond, Louis, Rousseau——
만이 17권 모두에 기고한다. 여기에 아마 이봉(l'abbé Yvon) 신부를
덧붙여 원래 짝이라고 생각할 수 있을 것이다. 이 21명 가운데 500
항에서 900항 정도를 쓴 사람이 많다. [15] 이처럼 방대한 사전을 만드
는 작업에 참여할 만한 인적 자원을 갖추고 있었다는 점이 계몽시대
의 프랑스가 '프랑스풍의 유럽'을 이끌어나갈 수 있었던 힘이라고
말할 수 있다.

　《백과사전》은 무엇을 담고 있는가. 그것의 제목을 소개하면 벌써
어떤 목표를 담고 있음을 알 수 있다. 《백과사전, 또는 과학, 예

술, 직업의 합리적 사전》(*Encyclopédie, ou dictionnaire raisonné des sciences, des arts et des métiers*)은 두 가지 목표를 분명히 말해주고 있다. 1751년에 나온 제1권에 달랑베르가 부친 '서론'(*Discours préliminaire*)은 그 목표를 이렇게 설명한다.

"우리가 시작한 작업은 두 가지 목표를 가지고 있다. …… 그것은 백과사전으로서, 우리 지식을 될 수 있는 대로 정리하고, 관련을 맺도록 만드는 것이다. 그리고 그것은 과학·예술·직업의 합리적 사전으로서, 과학의 각 분야와, 학예건 공예건간에 예술의 각 분야에 대해서 그 바탕을 이룰 일반원리와, 그 몸통과 본질을 이룰 가장 중요한 부분들을 담고 있어야 한다."

달랑베르는 이 사전이 '지구 전체'(la mappemonde)를 보여주어야 한다고 말한다. 또한 그는 《백과사전》의 발간계획서(Prospectus)에서 이것을 "지식의 나무"(l'arbre de la connaissance)라고 말하였다. 이 수학자가 자부하는 것처럼 《백과사전》은 계몽시대의 지식과 사상의 집대성이었다. 거기에 나타난 항목들은 표면적으로는 현실참여의 성격을 띠고 있는 것 같지 않다. 그러나 형식보다는 내용에서 사리에 밝게 사건을 다루며, 종교, 사회, 또는 정치를 비판하고 있다.

끝으로, 이 사전이 새롭다고 할 수 있는 점은 기계적이고 기술적인 면을 많이 다루고 있다는 데 있다. 백과사전파는 기술적인 면을 상세히 묘사하기 위하여 직접 작업장에 가서 가장 숙련된 기술자의 거동과 진술을 보고 들은 것을 토대로 썼다. 이것은 산업혁명의 준비기로서 아주 중요한 단계이다. 이 사전은 그때까지 인간이 쌓은 기술을 규격화하고 있는 것이다.

18세기는 전통 도구의 발전이 최고조에 이른 시대였다. 그러한 도구는 그것을 더 잘 이용하고, 예상 밖의 가능성을 가져다준, 글을 읽을 줄 아는 사람들에 의하여 종종 다루어진 것이다. 18세기는 완전에 가까울 정도로 다루어진 완전한 도구의 시대로 규정될 수 있을 것이다. 그것은 곧 기계와 싸움을 벌이게 될 것이다. 물론, 기계가 나오기 전의 도구이다. 18세기의 도구와 영국의 기계는 조금도 모순되지 않았다. 산업혁명의 여러 조건 가운데 중요한 것은 제 손으로 재료를 잘 다루고, 철을 가지고 일하며, 크고 작은 톱니바퀴와 축을 만들고, 전달장치 피대줄을 이용하며, 널리 확산된 솜씨와 방법을 무한히 갖추고 수많은 실제문제들을 해결할 수 있는 장색의 솜씨에 달렸다. [16]

　이처럼 물질을 다루는 기술과 이론상의 배경이 되는 과학정신은 계몽주의 정신에서 가장 중요한 요소라 해도 지나침이 없을 것이다. 과학정신은 신학의 독단에 맞서 싸우는 철학(계몽사상) 못지않게, 자연에 대한 실험으로 종교의 미신을 하나하나 타파해 나가는 중요한 도구였기 때문이다. 철학자와 함께 과학자는 합리주의 —— 데카르트의 '타고난 관념'(idea innata)을 부정하고, 로크의 경험주의에 바탕을 둔 합리주의 —— 로 자유·평등의 사상을 보급하는 데 이바지하였다.

　대중의 호기심과 합리주의는 무엇보다도 과학이 유행하면서 더욱 부추김을 받고 충족되었다. [17] 이렇게 볼 때, 계몽주의는 근대과학의 출발점이 된 17세기의 연장이었다. 여러 가지 분야에서 급속도의 발전이 있었다. 학자들은 전문분야를 갖기 시작하였다. 아주 호기심 많고 확대되어가던 대중은 새로운 것이라면 모든 것에 관심을 보였다. 1686년부터 퐁트넬은 《세계의 복수성에 관한 대담》(Entretiens sur la pluralité des mondes)을 가지고 과학의 보급에 앞장섰다. 이 책은 과학을 유행시킬 정도로 큰 성공을 거두었다.

　과학자들은 살롱의 장식품이 되었다. 각국 군주들은 학자들과 과학이론을 논하고, 다투어 과학 아카데미와 각종 학회를 설립하였다. 부잣집에서 식물을 채집하고, 아주 아름답지만 거의 완벽해진 기구를 갖춘 실험실을 가진다는 일은 세련되고 품위 있는 일로 여겨졌다. 이때는 계몽된 애호가들의 시대였기 때문이다. 사회는 전기와 자기의 실험에 너도 나도 참여하려고 흥분상태에 있었고, 그것을 너무 단순하게 믿을 정도였다. 볼테르·루소·디드로 같은 위대한 문학가들도 과학에 심취하였다. 영국의 뉴턴이 사상적으로 승리를 거두면서, 과학적 실험 방법이 반계몽주의·신학·철학보다 성행하였다.

각국 정부는 원거리 탐사여행을 조직하여 측량과 동식물계를 연구하도록 하였다. 프랑스 정부는 1736년 라 콩다민(La Condamine, 1701~1774)을 시켜 자오선을 측정케 하였다. 왕립식물원장 뷔퐁(Buffon, 1707~1788)은 1749년부터 꾸준히 《자연의 역사》(*Histoire naturelle générale et particulière*)를 발간하여 44권을 세상에 내놓는다. 마담 뒤 쿠드레(Mme du Coudray)는 왕령에 따라 왕국 전체에 분만술을 가르치는 임무를 받았다. 거의 20년 동안, 그녀는 각 도시마다 두세 달씩 머물면서, 이론보다는 실습을 강조하는 강의를 하였다. 스스로 고안한 '허수아비' 덕택에 번번이 산파를 100명에서 200명 이상씩을 길러내고, 해마다 새로운 학생을 가르칠 몇몇 실연자도 길러냈다. 계몽주의시대의 정부는 인구가 정치·경제·사회의 핵심문제임을 깨달았던 것이다.

라이프니츠, 스위스 수학자 오일러(Leonhard Euler, 1707~1783), 이탈리아 생물학자 스팔란차니(Lazzaro Spallanzani, 1729~1799)의 업적이나 라이덴 병 같은 것도 잊어서는 안 될 것이다. 이와 함께 프랑스의 파리학파는 수학의 기본영역에서 라그랑즈(Lagrange, 1736~1813), 라플라스(Laplace, 1749~1827), 몽즈(Monge, 1746~1818), 르장드르(Legendre, 1752~1833) 같은 사람의 업적으로 빛났다. 1744년부터 카시니 3세(Cassini Ⅲ, 1714~1784)는 삼각측량법에 근거하여 1대 8만 6,400의 비율로 아름다운 프랑스 지형도를 제작하였다.

식물학자 투른느포르(Tournefort, 1656~1708), 자연과학자 도방통(Daubenton, 1716~1800), 식물학자 쥐시외(Jussieu, 1686~1758), 뷔퐁은 근대 자연과학의 창시자들이며, 과학자의 상징인 라부아지에(Antoine-Laurent de Lavoisier, 1743~1794)는 근대화학의 창시자일 뿐 아니라 화학용어의 창조자이기도 하다. 라부아지에는 1785년 물을 분해하고 합성하였다. 1789년은 그의 《화학의 기본론》이 나온 중요한 해이기도 하다.

이렇듯 18세기의 계몽주의는 과학을 기본요소로 가진다. 과학의 발달은 경험을 중시하는 데서 비롯되었다. 뉴턴은 가설을 만들어내지 않았다고 자부하며, 로크는 영혼의 이야기를 쓰기보다는, 영혼의 역사를 쓰려고 노력하였다. 경험의 영역에서 진리를 추구하는 방식은 귀납법일 뿐이다. 귀납법은 분석적이다. 거기서 18세기의 이중의 고정관념이 나온다. 그것은 구성요소로 분해하고, 원래 상태로 거슬러올라가는 일이다. 이리하여 사상의 분석은 단순한 관념, 말에서 자연스러운 외침까지, 지각(이해)에서 감각이나 기초 인상까지, 사회에서 개인까지 거슬러올라가는 것이다.

개인을 사회 속에서 자연상태로 옮겨놓고 다룬다. 그것은 사회의 발생을 연구하기 위함이다. 단순한 관념을 가지고 사상을, 감각을 가지고 지각(이해)을, 개인을 가지고 사회를 재구성하는 것이다. 이러한 면에서 18세기 사람들은 데카르트의 '타고난 관념'을 부정하였지만, 그의 분석과 종합의 방법을 버리지는 않았다.[18] 아무튼, 로크가 인간 이해력의 발전을 어린이가 태어날 때부터, 또는 동물의 거동과 비교해서 추적하고자 할 때 가진 계획은 근원으로 거슬러올라가면서, 그 대신 발생론적 방법을 가질 수 있다는 믿음에서 나온 것이다.[19]

계몽사상가들은 사회를 어떻게 비판하였는가. 프랑스의 경우를 중심으로 살펴보면, 18세기 전반기에는 2개의 커다란 사상적 흐름이 발전하였다. 그것은 고등법원과 특권층에게 전제주의에 대항할 논거를 제공한 몽테스키외의 《법의 정신》이 만들어낸 흐름과, 성직 계급에 대한 증오와 때로는 종교 자체에 대한 반감을 표시하였지만, 정치적으로는 보수성을 띠었던 흐름이다. 18세기 후반기에는 여기에 덧붙여 더욱 민주주의적이며, 더욱 평등주의적 색깔을 띤 새로운 사상이 출현하였다.

계몽사상가들은 정부에 대한 정치적 문제에서 시작하여 재산에 대한 사회적 문제로 중심을 옮겼다. 중농주의자들은 보수적인 경향을 띠었지만, 경제문제를 불러일으켜 새로운 사상적 방향을 유도하는 데 이바지하였다. 개인이건, 학파를 이루었건, 이러한 계몽사상가들의 확고한 지도자는 볼테르였다. 그는 1750년부터 '왕 볼테르' 노릇을 하다가 1778년 죽기 직전에는 '신 볼테르'가 되었다.[20]

그러나 몽테스키외·볼테르·루소의 차이는 크다. 몽테스키외가 권력을 고등법원 인사를 중심으로 한 귀족에게 넘겨주고, 볼테르가 절대군주제에 개혁을 가져와 부유한 부르주아의 손에 정부를 넘겨줄 것을 바랐다면, 루소는 민중계급 출신으로서, 하층 부르주아 수공업자 계층의 정치, 사회의 이상을 나타낸 사람이다. 볼테르는 부자에게 정치적 권한을 확보해준다. 그는 거물급을 깎아내리려 하였지만, 그렇다고 해서 인민의 위치를 높여줄 의도는 전혀 없었던 것이다. 그는 상층 부르주아에게 권력을 확보해준다.

평민 출신인 루소는 시대의 흐름에 역행하였다. 1750년, 디종 아카데미의 현상논문에서 자기 시대의 문명을 비판하고, 문명의 혜택을 받지 못한 사람을 옹호하였다. "사회는 우리의 도시에서 가엾은 사람 100명을 먹여살리는 대신, 농촌에서는 10만의 가난한 사람을 멸망시킨다."(학문과 예술론) 또한 1755년의 제2 논고(인간불평등 기원론)에서 그는 재산권을 공격하고 있다. 그러나 재산권을 부정하지는 않았다. 그의 이상은 부자와 가난한 사람의 격차를 최소화하는 것이다.

몽테스키외가 귀족에게 권력을 주고, 볼테르가 상층 부르주아에게 권력을 주었을 때, 루소는 《사회계약론》(1762)에서 비참한 사람을 해방시켰고, 권력을 모든 사람의 손에 넘겨주었다. 국가의 임무는 개인의 재산권이 남용되는 것을 처벌하고, 유산에 대한 입법을 하여 누진세를 적용하면서 사회적 형평을 유지하는 것이라고 루소는 주장하였다. 바로 이때문에 그는 백과사전파뿐 아니라, 볼테르와 회복할 수 없을 정도로 대립하게 되었다.

계몽주의는 절대군주정도 물들였다. 다시 말해서, 계몽된 대신과 계몽사상가 사이의 연합이 이루어지거나, 계몽사상가가 대신이 되어 정치 개혁을 담당하였던 것이다. 마쇼 다르누빌(Machault d'Arnouville, 1701~1794)은 5퍼센트세를 창설하여, 세제상 특권을 타파하고 조세의 평등을 수립하려 노력하면서, 계몽사상가들의 정치적 요구사항을 실천하는 의지를 보여주었다(1745~1754년). 말제르브 (Lamoignon de Malesherbes, 1721~1794)는 특히 1750년부터 1763년 사이 도서출판행정 총감직을 수행하면서 계몽주의의 산물인 《백과사전》과 계몽사상가를 보호하여주었다.[21]

절대군주정이 계몽주의를 키우기도 하였다. 절대군주정은 계몽주의의 정예 집단을 주위에 두고 자문을 받았던 것이다. 17세기, 아카데미 프랑세즈가 왕의 보호를 받으면서, 그 뒤를 이어 비명문학 (碑銘文學) 아카데미, 왕립과학아카데미 같은 기관이 파리에 생기고, 17세기말부터 18세기초 지방의 32개 도시에 파리를 본받아 정식 인가장을 얻은 아카데미가 생겼다는 것은 절대왕정이 인재를 필요로 하여, 합법적인 경로로 길러냈음을 뜻한다. 따라서 계몽사상가가 18세기의 가치관을 바꾸어놓았고, 프랑스혁명은 계몽주의의 산물이라고 믿고 싶다 할지라도, 우리는 그 이상의 뜻을 찾아야 할 것이다.

계몽시대의 프랑스에서 지방 아카데미는 파리에서 쓰는 표준말에 지방의 정예가 동참한다는 표시였으며, 그것은 중앙집권의 표현인 동시에 지방주의의 표현이기도 하였다. 지방 아카데미는 일단 국왕의 특허를 받은 뒤에는 지방의 특색을 살리는 방향을 찾으려 들었기 때문이다. 여기서 각 아카데미 내부의 평등주의와 함께, 아카데미 사이의 평등주의를 읽을 수 있다. 18세기의 약 90년 동안 아카데미를 거쳐간 6천여 명은 '투사'이기에 앞서 권력기관의 자문기관이 되고 싶어하였고, 철학자들이 군주에게 조언을 해주면서 가졌던 기능을 권력의 주위에서 유지하고 싶어하던 사회 정예의 집단의지를 보여주었다. 한마디로 그들은 파리의 문화에 참여하면서도, 지방분권주의를 지향하고, 학술경진대회를 통해서 '말의 질서'인 문학과 '사물의 질서'인 과학의 발전에 크게 이바지하였다. [22]

1750년부터 1789년 사이를 우리는 계몽사상가들이 확실한 승리를 거두는 시기로 본다. 그들은 각종 아카데미, 학회, 살롱, 프리메이슨 집회소에서, 또한 저술활동을 통하여 그 시대의 정신을 이끌었다. 그리고 계몽주의의 거물급 인사들이 하나하나 왕립 아카데미의 회원으로 뽑혔다. 1763년 마르몽텔(J.-F. Marmontel, 1723~1799)은 아카데미 프랑세즈의 회원이 되었고, 1754년 이 학회에 들어간 달랑베르는 1772년 종신 사무총장에 취임하였던 것이다. 아카데미의 회원 선출방식이 호선(cooptation)이었음은 뜻깊은 일이다. 그들이 서로 상의하여 계몽사상가를 받아들였기 때문이다. 그리고 계몽사상가들은 프랑스뿐 아니라, 유럽의 중요한 아카데미에 회원으로 두루 초대되었다.

또한 1750년부터 1763년까지 프랑스 정부는 거의 중립의 태도를 지켜 계몽사상의 승리를 도왔다. 그 자신도 계몽사상가인 말제르브의 도움을 받은 백과사전파나 그 밖의 사상가들은 특권층은 물론 종교까지 공격하였다. 그들은 계몽주의에 대한 정부의 태도가 바뀌었을 때는 전력을 다하여 저항하기도 하였다. 그리하여 1770년 이후 계몽주의 선전은 승리하고, 1780년대 중반까지는 계몽사상가들이 이성을 빛을 이끌어나갔다.

위대한 사상가들은 1780년대에 사망하였다. 볼테르, 뷔퐁, 마블리(Mably, 1709~1785), 루소, 디드로, 콩디약(Condillac, 1715~1780), 달랑베르가 세상을 떴다. 그러나 콩도르세 같은 사람은 여전히 지도자의 위치를 계속 지켜나갔다. 계몽주의를 이끌어간 사람들이 사라져갔어도 그 내용을 더욱 급진적으로 담아 퍼뜨린 투사들이 있었다. 이들은 '시궁창의 루소'(Rousseau des ruisseaux)로서 두드러진 공격성을 보여주는 중상비방문을 쓰고, 체제가 금기로 삼은 것 —— 신, 왕, 성(性) —— 에 대한 저질문학을 퍼뜨렸다. 이 '문단의 방랑자들' (la bohème littéraire)은 존경과 사랑의 표현을 질식시키면서 하층민의 대변인 노릇을 하였다. 이들은 계몽사상가들의 전언을 믿었고, 자신도 그들에 속하는 것을 목표로 삼았지만, 대부분 정규교육도 받지 못하고, 원칙도 없이, 그 대신 공격성만 키워나갔다. 이들이 계몽사상가보다 더 직접 체제의 밑둥을 갉아내는 데 이바지하였을 것이다.[23]

계몽주의가 전파한 주제는 무엇인가. 그것은 무엇보다도 이성의 우월성이다. 튀르고(Anne Robert Jacques Turgot, 1727~1781)는 1750년 "인간정신의 진보에 대한 철학적 도표"에서 이렇게 말한다.

"마침내 모든 그림자는 사라지고, 어디서나 찬란한 빛이 비친다! 지상의 모든 종류의 피조물 가운데 인간은 얼마나 위대한 존재인가! 인간의 이성은 얼마나 완전한 것인가!"

이성을 잘 활용하면, 사람은 타고난 권리로서 자유와 평등을 알게 되고, 결국 이제까지 그릇된 사회생활을 청산하여, 행복한 삶을 보장해줄 새로운 사회를 세울 수 있을 것이다. 결국 이제까지 과학의 발달과 사람의 정신의 발달에서 보기를 찾을 수 있듯이, 사람에게는 진보가 있을 것이다.

18세기의 위대한 저술은 모두 자유의 문제를 다루었다. 자유, 그것은 개인적 자유에서, 경제적 자유에 이르기까지 모든 영역에서 주장되었다. 계몽사상가의 행동에서 볼 수 있는 근본적 국면 가운데 하나는, 특히 볼테르의 경우에서 볼 수 있듯이, 종교적 관용과 자유를 위한 투쟁이었다. 관용은 자유를 위한 행동강령이었다. 계몽사상가들은 절대군주제만을 공격하지 않고, 천계종교(天啓宗敎)도 비판하였다. 볼테르는 지옥을 웃음거리로 생각하게 만들었다. 그는 편지의 끝에 언제나 "불경한 것을 타파합시다"(Ecrasons l'infâme)라는 귀절로 끝맺는다. 이것은 바로 가톨릭을 겨냥한 것이었다.

그들 대부분은 이신론자(理神論者)였다. 그들은 우주의 설계자로서 신적인 존재가 있다고 가정하였다. 어떤 사람들은 무신론자였으나, 그들의 영향은 아주 한정되었다. 그러나 모두가 투쟁에 참가하였고, 신교도 장 칼라(Jean Calas, 1698~1762)를 변호하던 볼테르처럼 더욱 많은 종교적 관용을 얻기 위해 싸웠다. 툴루즈의 신교도 도매상인 칼라는 가톨릭이 되고 싶어 하다가 자살을 한 자기 아들을 죽인 혐의로 산 채로 찢겨죽었다. 볼테르는 《관용론》(*Traité sur la tolé- rance*, 1763)을 써서 그를 복권시켜주었다.

저는 사람들이 아니라, 바로 당신, 모든 존재와 모든 세상과 모든 시대의 신이신 바로 당신에게 이 말을 드립니다. ……
당신은 우리가 서로 미워하도록 마음을 주셨거나, 서로 목을 조르도록 손을 주시지 않았습니다. 우리가 서로 도와 이 잠시 지나가는 힘든 인생의 짐을 나눠지도록 하셨으며, 우리의 허약한 몸을 덮은 옷 사이에, 우리가 쓰는 불충분한 말 사이에, 우리의 우스운 관습 사이에, 우리의 불완전한 법률 사이에, 우리의 무분별한 의견 사이에, 우리가 보기에 그처럼 어울리지 않지만 당신의 앞에서는 아주 평등한 우리의 조건 사이에, 거의 차이가 없도록 만드셨으며, 인간이라고 불리는 원자들을 서로 구별하게 만드는 아주 작은 차이는 미움과 박해의 표시가 아니도록 만드셨습니다.

그들은 종교에 대한 관용을 주장하였을 뿐 아니라, 다른 종류의 개인적 자유를 주장하였다. 그들은 자의적인 인신구금과 고문을 고발하였고, 자유로이 생각하고 글을 쓸 수 있는 가능성을 강력히 요구하였다. 그들은 사상을 통제하는 수단인 검열제도를 치욕적인 것으로 여겼다. 그들의 사상적 힘은 덕과 행복을 갖춘 진보 사회를 상기시켰다. 이러한 주장이 나오는 가운데, 계몽주의가 적용될 수 있음을 증명하는 사건이 일어났다. 아메리카의 영국 식민지가 해방된 것이다. '반란자들'은 인권선언을 하였고, 헌법을 투표로 통과시켰다. 귀족인 라파예트(Marie Joseph Gilbert Motier, marquis de La Fayette, 1757~1834)는 1777년 미국에 파견되어 그곳의 사정을 직접 목격하고 돌아와, 프랑스인에게 보고하였다.

자유보다 아마 더욱 논란의 대상이 된 문제가 있다면, 그것은 평등에 관한 문제일 것이다. 계몽사상가의 대부분은 법 앞에서 민사적 평등만을 주장하였다. 볼테르는 《철학사전》에서 불평등을 영원하고 운명적인 것이라고 평가하였다. 디드로는 물질의 봉사를 기초로 하는 정당한 특권과 부당한 특권을 구별하였다. 루소야말로 그 시대 사상의 흐름에 진정한 평등주의 관념을 도입하였다. 그는 모든 시민에게 정치적 평등이 수립되어야 한다고 주장하며, 국가의 임무는 사회적 형평을 확립하는 것이라고 지적하였다. 1788년, 전국신분회(Etats Généraux)의 소집에 앞서 제3신분의 대표수를 두 배로 하고, 신분별 투표가 아니라 개인별 투표방식을 택해야 한다는 주장은 평등주의를 바탕으로 둔 것이다. [24]

자유와 평등은 무엇보다도 행복을 위한 것이었다. 이성에 대한 믿음은 사람에게 자유와 평등을 되찾아주어 그를 행복한 존재로 만들어줄 것이라는 데서 비롯되었는데, 이 문제를 설명하기 위하여 계몽사상가들은 '자연'이라는 주제를 발전시켰다. '자연'이 여러 가지 뜻을 가졌지만, 그 가운데서 가장 중요한 뜻은 '자기완성능력'일 것이다. 사람은 본성상(자연스럽게) 이 능력을 가지는데, 이러한 능력은 바람직한 형태의 사회 속에서 더욱 완전히 발휘될 것이다. 계몽사상가들에게 '자연'은 현실과 이상을 함께 설명하고, 경험과 규범을 함께 지향하는 개념으로서, 새로운 도덕을 세우는 데 바탕을 이루는 개념이었다. 이러한 '자연도덕'(morale naturelle)의 목적은 바로 사람의 행복이었다. 디드로는 "사람의 의무가 단 하나뿐인데, 그것은 행복해지는 것이다"라고 말하였다. 볼테르는 "행복은 자연이 우리에게 판 재산"이라고 말하였다.

사람의 본성은 착하거나, 아니면 착하지도 않고 악하지도 않은데,

기존의 사회에서 나빠졌다는 문제는 '역사철학'(볼테르가 만든 말이다)의 핵심이었다. 역사철학은 두 가지에 바탕을 둔다. 첫째는 사료 없는 역사로서, 대부분 상상의 산물이며, 추론된 역사에 바탕을 둔다. 그것은 비코에서 루소에 이르기까지, 그리고 루소에서 헤겔에 이르기까지, 인간역사 발전의 여러 단계를 재발견한다. 둘째는 사료에 바탕을 둔 역사에서 비롯된 철학으로서, 점점 더 정확해진다. 이 철학은 과학의 발전을 보고 있는 모든 사람에게—— 루소를 빼고—— 인간정신의 발전에 관한 철학이 될 것이다. [25]

이러한 발전의 강박관념으로 18세기는 교육가(éducateurs)의 시대가 되었다. 페늘롱(François de Salignac de La Mothe-Fénelon, 1651~1715)은 최초로 여자 아이의 교육에 관심을 보여주었으며, 루소는 자신의 백과사전적 심상을 담고 있는 《에밀》에서 감정과 이성의 발달순서에 맞는 교육을 이야기하였다. 또한 엘베시우스와 칸트에 이르기까지 모두 교육에 관심을 보여주었다. 페스탈로치(Johann Heinrich Pestlozzi, 1746~1827)는 루소의 추종자로서, 루소의 이론을 수정하면서 발전시켰다. 계몽주의시대는 페늘롱의 《텔레마크》(Télémaque) 이래 교육소설(Bildungsroman)의 시대이며, 모든 소설은 스스로 교육적 가치를 가진다고 자부하였다.

교육의 목적은 사회에서 완전한 역할이 가능하도록 개인의 자발성과 독창성을 최대로 이용할 수 있게 준비시키는 것이다. 이처럼 진보관은 교육가를 부추기기에 충분하였으나, 경제학자를 부추기기에는 충분치 못하였다. 18세기는 아직도 상업(그리고 은행들. 그러나 철학자들은 결코 은행을 이해하지 못하였다. 그것은 'Law 체제'가 붕괴하였기 때문인가?)과 중농주의자의 자연 사이를 오갔으며, 농업의 성격과 '내버려두기'(자유방임, laisser-faire) 철학 사이에는 안정된 조화를 이룬 시대였다. 그렇지만 새로운 기운이 점점 커가고 있었는데, 그것은 감수성의 회복이 가져다준 로맨티시즘이었다.

Ⅲ. 맺음말

이제까지 우리는 머리와 꼬리 없는 사상사를 살펴보았다. 이제 이 몸통에 머리와 꼬리를 달아줄 차례다. 먼저, 계몽주의의 원류를 어떻게 말할까? 이제까지의 관념에 비추어, 15세기의 르네상스를 현대성(modernity)의 출발로 볼 때, 계몽주의는 유럽사람의 세계관을 바꾸어놓은 지리상의 발견과 종교개혁, 과학혁명의 끝이라 할 수 있다. 그러나 그것은 앞시대의 어떠한 철학보다도 더 큰 결과를 가져왔다. 그것은 18세기의 발전과 발걸음을 맞추면서 전에 없는 변화를 가져왔다. 사람들은 종교와 이성을 조화시키거나, 어느 한 가지만을 더욱 옹호하는 편으로 갈라져 서로 공격하면서, 그 시대의 정치·사회·경제발전의 흐름에 따라 새로운 정치와 사회의 이론을 다듬어냈다. 그러므로 계몽주의 운동은 세속의 삶이 그리스도교에서 벗어나는 과정이 최고조에 달했을 때의 운동이라 할 수 있다.

17세기의 체계(데카르트·스피노자·말브랑슈)와 19세기의 체계(헤겔과 그의 추종자) 사이에 놓인 계몽주의는 경험론에 바탕을 둔 합리주의를 주창하였다. 그러나 벌써 흄·백과사전파·루소 같은 사람들은 이성의 한계를 말하였다. 칸트(Immanuel Kant, 1724~1804)의 비판정신(《순수이성비판》, 1781 ; 《실천이성비판》, 1788)은 로크와 그의 추종자가 지식을 오직 감각경험에 바탕을 둔 것으로 믿은 데 비해, 지식의 주관적인 성격을 인정하였다. 사람의 정신은 거울처럼 단순히 주위의 사물을 반영하는 것이 아니라, 오히려 그것은 능동적으로 감각경험의 세계에 여러 가지 형태의 감수성과 이해의 범주를 제공한다고 칸트는 믿었다.

이처럼 18세기가 다 지나기 전에 벌써 로맨티시즘이 고개를 쳐들었다. 역사가들은 이러한 풍조가 19세기의 문화생활을 지배하였다고 하면서도, 마치 계몽주의에 대해서 그랬듯이, 로맨티시즘의 다양한 성격을 쉽게 요약할 수 없다. 우리는 루소의 《신 엘로이즈》, 《에밀》 같은 선구적인 작품 속에서 이미 상상력·감수성을 고취시키는 면을 찾아낼 수 있다. 프랑스혁명과 함께 영국의 워즈워스(William Wordsworth, 1770~1850)와 코울리지(S. T. Coleridge, 1772~1834)는 《서정적 담시》(*Lyrical Ballades*, 1798)에서 '감정의 자발적 발로'를 외치게 될 것이다.

계몽사상가들은 자연을 일종의 기계로 보았다. 그러나 이제 로맨티시즘을 주장하는 사람들의 눈에 자연은 나무·호수·산·구름·별이 가득 찬 곳으로 변한다. 수학자의 논리로 자연을 읽는 것이 아니라, 시인의 감수성과 상상력으로 자연을 느끼는 시대가 열렸다. 계몽사상가들은 중세를 암흑과 미신의 시대로 보았지만, 19세기 사람들의 눈에는 중세는 물론, 모든 시대가 신 앞에 평등하였다. 계몽주의가 추구한 평등은 이처럼 로맨티시즘으로 더욱 보완되었다. 그리하여 계몽주의자가 생각한 역사 —— 사람의 어리석음에 대한 보기를 찾아 변증법적 발전에 이바지하는 목적을 가졌다 —— 와는 달리, 19세기 사람들은 역사상의 시대는 저마다 개인처럼 자기의 시대정신을 가지는 하나의 실체라고 생각하였다.

프랑스혁명에 계몽사상이 끼친 영향을 굳이 찾으려 한다면, 우리는 모르네(D. Mornet)와 함께 이렇게 말할 수 있다. 1787년 이전에 사상은 크게 작용하지 않았다. 1787년부터 정치적 현실에 대해 사상은 직접 작용하였다. 1789년 봄부터 전국신분회 대표선출의 문제를 놓고, 제3신분 대표자수를 두 배로 늘리는 문제 —— 이 문제는 해결되었다 —— 와 함께, 신분별 투표가 아니라, 개인별 투표에 관한 논의 —— 이것은 해결되지 않았다 —— 가 활발하게 진행되었던 것은 벌써 계몽주의의 개인주의적 성격을 반영한다. 그리고 전국신분회가 1789년 6월부터 제헌의회를 선포하고 헌법을 제정하는 일에

손을 대는 것에서, 그리고 〈인간과 시민의 권리선언〉과 그 밖의 입법활동에서 우리는 계몽주의의 구실을 본다. 이리하여 우리는 프랑스혁명을 법적 개인주의를 실현하기 위한 민주주의 혁명으로 부를 수 있을 것이다.

18세기의 특징 가운데 하나이지만, 18세기와 동일시할 수 없는 계몽주의, 그것은 현대화의 이념으로 물들어 있다. 전통사회의 가치를 현대화하는 과정으로 볼 수 있는 계몽주의는 자유·평등이라는 인간의 권리에 대해 근본적인 질문을 던지고, 정치와 함께 그것의 표현인 법으로 나아간다. 그것은 19세기의 여러 가지 현실과 함께 변질되어, 18세기와 함께 화석화된 것처럼 보이지만, 사실은 18세기 이후의 방향을 결정지어놓았고, 그 이후의 발전 속에서 여러 모로 작용하여 오늘에 이르고 있다. 현대를 준비하는 오랜 여정 속에 최고조에 달한 18세기와 함께 우리는 계몽주의를 말하지만, 아직도 우리는 그 주제를 실현하지 못하고 있지 않은가.

주

1) 이 부분을 정리하기 위하여 주로 다음을 참조하였다.
   A. Soboul, *Le siècle des Lumières*, 2 tomes(P. U. F., 1977) ; "Le siècle des Lumières", *Histoire de la Philosophie*, vol. Ⅱ : *De la Renaissance à la Révolution kantienne, sous la direction d'Yvon Belaval*(Gallimard, 1973).
   특히 먼저 책에서는 유럽 각 나라의 계몽주의 현실에 대한 큰 줄거리를 잘 해설해놓았기 때문에 많은 도움을 받았다. 따라서 이 부분은 위의 두 책을 바탕으로 하고, 다른 연구자들의 업적으로 보충하는 방식으로 꾸며보았다. 그러므로 별도로 주를 달지 않은 부분은 주로 Soboul의 책을 정리한 것임을 밝힌다.
2) Soboul, *ibid.*, p. 378에서 인용.
3) Jacques Le Goff 저, 유희수 역, 〈장기적 중세를 위하여〉, 《서양중세문명》 (문학과지성사, 1992), pp. 11〜17.
4) P. Chaunu, *La civilisation de l'Europe des Lumières* (Arthaud, 1971), pp.

19~41.

5) ‘읽고 쓰기’에 관한 문제는 문화사(histoire des cultures)의 중요한 주제가 되었다. 앙시앵 레짐부터 19세기 제2제국의 프랑스에서 문자 해독자가 어떻게 늘었는가에 관한 중요한 연구로는 F. Furet et Jacques Ozouf, *Lire et Ecrire*, 2 tomes(les Editions de Minuit, 1977)가 있다. 프랑스혁명이 단순한 논리로 앙시앵 레짐을 거부한 것이 아니라, 앙시앵 레짐의 산물이라는 관점에서 이 연구는 프랑스혁명의 문화적 기원을 밝히는 중요한 업적이라 하겠다. 그러나 우리나라에서는 퓌레가 프랑스혁명에 대한 실증적 연구 업적을 가지지 못하였다고 평가를 하는 학파가 있다. 그들은 퓌레를 오해하거나, 무시하거나, 모르는 것이다. 프랑스혁명을 1789년부터 단 10년 동안의 사건으로 다루고자 하는 사람에게는 이 학파가 퓌레에 대해서 가지는 편견이 그럴 듯하게 보일 것이다. 문화사에 관한 소개의 글로서는 주명철, 〈사회사에서 문화사로〉(《한국사시민강좌》 제8집, 1991)와, 그 내용을 좀더 쉽게 쓰고자 노력한 〈프랑스 역사학의 새 경향 : 사회문화사 연구방법〉(《역사비평》 23, 1993년 겨울)이 있다. 또한 “한국의 역사학 연구와 문화사”를 공동주제로 한 제37회 전국역사학대회(1994년 5월 27일)의 주제발표 〈새로운 역사연구와 문화사〉(발표요지 pp. 62~82)도 참조.

6) Chaunu, *op. cit.*, pp. 24~25.

7) Belaval, “Le siècle des Lumières”, *op. cit.*, p. 601.

8) D. Diderot, “Eloge de Richardson”, *Oeuvres* (Gallimard, 1951), p. 1059.

9) P. Gay, *The Enlightenment*, “An Interpretation”, “II. The Science of Freedom”(Norton, 1977), p. 323 이하.

10) Hellmut O. Pappe, “Enlightenment”, *Dictionary of the History of the Ideas* (McMillan Press).

11) 주명철, 《바스티유의 금서》(문학과지성사, 1990), p. 225.

12) F. Lebrun, *La vie conjugale sous l'Ancien Régime* (Armand Colin, 1975), 제2장, ‘부부가족’에서 인용.

13) R. Darnton, *La Bohème littéraire* (Editions du Seuil, 1983), pp. 177~198 : *L'aventure de l'Encyclopédie* (Perrin, 1979).

14) J. Lough, *The Contributors to The Encyclopédie* (Grand & Cutler, 1972).

15) *Ibid.*.

16) Chaunu, *op. cit.*, pp. 33~34.

17) 다니엘 모르네 저, 주명철 역, 《프랑스 혁명의 지적 기원》(민음사, 1993) 참조.

18) R. Mousnier et E. Labrousse, *Le XVIIIe siècle. L'Epoque des "Lumières"* (1715~1815), 6e éd. (P.U.F., 1985), p. 8.

19) Belaval, *op. cit.*, pp. 601~608.

20) 모르네, 앞의 책, 특히 제1부 제2장, 제2부 제1장과 제2장 참조.

21) 주명철, 《바스티유의 금서》 제1부 참조.

22) D. Roche, *Le siècle des Lumières en province*, 2 tomes(Mouton, 1978).

23) Darnton, *op. cit.* ; 주명철, 《바스티유의 금서》 참조.

24) 프랑스혁명을 '합법적인 절차'로 보는 관점은 신선하다. 그런 뜻에서 1789
년 1월 24일의 전국신분회 의원 선거법에 따라 농민부터 귀족까지 전체가
투표를 경험한 것은 혁명의 중요한 단계가 된다. 그러나 이 1789년의 선거
는 오랫동안 그 중요성을 인정받지 못하였다. R. Halévi, "La monarchie et
les élections : position des problèmes"와 F. Furet, "La monarchie et le rè-
glement électoral de 1789"는 1789년이 왜 혁명의 원년인가 하는 점, 그리
고 정치적 사건과 함께 작용하는 계몽사상의 영향에 대해서 시사해준다. 이
상의 논문 두 편은 모두 K.M. Baker, ed., *The French Revolution and The
Creation of Modern Political Culture*, vol. 1 : *The Political Culture of The Old
Regime* (Pergamon Press, 1987)에 실려 있다.

25) Belaval, *op. cit.*.

실증주의
Positivism

최 종 덕

I. 머 리 말

실증주의에 대한 본격적인 논의는 19세기와 20세기에 들어와서 주관적이고 관념적인 철학사조에 대항하는 경험적 철학 내지는 역사학과 사회학의 세력으로 등장되기 시작되었으나, 역사적으로 보면 계몽주의시대와 같이 출발한다. 휴머니즘(Humanism)을 번역한 '인문학'이라는 뜻은 자연학과 대비되는 것으로 계몽주의 정신의 중요한 결실이었다. 인간에 대한 탐구정신의 열망은 신에게 얽매였던 중세를 벗어나는 계기가 되었다. 동시에 소크라테스의 인간학을 염두에 둔 그리스 철학의 회귀를 염원하게 되었다. 신이 만든 작품보다는 인간이 만든 작품에 더 관심을 기울이게 되면서 자연성과 인위성을 구분하였고, 인위성의 가치를 새로운 각도로 보기 시작하였다. 이러한 시각 아래서 자연 그 자체보다는 인간이 자연을 어떻게 인식할 수 있는가의 방법이 중시되었다. 따라서 인간의 감각적 요인이 중시되고 감각을 통한 검증 가능성의 문제가 대두되고 이것이 실증주의의 싹이 되었다. 즉 실증주의는 자연보다는 인위성의 문제를 다루고 혹은 인위성을 통한 자연의 문제를 다룬다.

역사적으로 볼 때 실증주의는 앞서 말했듯이 영국과 프랑스 계몽주의의 소산물로 이해된다. 영국 경험론 전통의 베이컨, 버클리와 흄, 그리고 프랑스의 달랑베르의 과학적 정신은 실증주의적 과학방법론의 잉태와 직접 연관된다. 그리고 콩트와 더불어 밀과 스펜서는 고전실증주의를 정립하는 결정적 역할을 한 사상가이다. 물론 더 거슬러올라가면 중세의 오캄(William of Ockham, 1285~1350)에까지 그 근원을 찾을 수 있다. 오캄의 사유의 절약(Denk Ökonomie)의 원리는 쓸데없는 존재자의 설정을 배제하면서 법칙적 관계의 끈을 최소의 기술방식으로서 풀어나가야 한다는 점을 강조하였다. 이 점은 실증주의의 부분적 입장과 연계되면서 17세기초 베이컨과 19세기말 마흐(Ernst Mach, 1838~1916)와 아베나리우스(Richard Avenarius, 1843~1896)에 이어지면서 현대의 논리실증주의에까지 이르게 되었다. 이 글은 이와 같은 실증주의의 사적 고찰과 더불어 현대에 들어와 실증주의가 가져다준 여파를 살피면서, 그에 대한 비판적 견해들을 검토하는 시안이다.

Ⅱ. 고전실증주의

인위성이라는 사유방식은 17세기초 베이컨(Francis Bacon, 1561~1626) 철학에서 그 싹을 볼 수 있다. 베이컨은 중세 보편논쟁에서 문제된 보편적 실재가 실제로 존재하는가의 문제를 강한 회의심을 갖고 대했다. 그의 저서인 《노붐 오르가눔》(*Novum Organum Scientiarum*)에서 인간이 갖고 있는 네 가지의 오류를 지적하였다. 종족의 우상, 동굴의 우상, 시장의 우상, 그리고 극장의 우상이 그것이다. 이 가운데 동굴·시장·극장의 우상은 후천적인 것이지만 종족의 우상은 선천적인 것으로 말한다. 여기서 종족의 우상은 인간이 갖고 있는 오성 능력의 형이상학적 오만함을 지적한 것이었다. 인간은 자연 속에서 있지도 않은 관념적 질서체계를 쓸데없이 만들어놓는 경향을 갖는다는 것이다.[1] 그에 의하면 플라톤의 이데아는 관념적 사유결과일 뿐이었고, 삼위일체론에서 말하는 성부와 성신과 성자는 실제로는 하나인 것을 셋의 존재로 간주하려는 초과 존재론적 이름일 뿐이라는 것이다. 후일 실증주의가 형이상학을 무의미한 것으로 보게 된 단초인 셈이다. 형이상학의 존재론은 실제로 있는 존재에 대한 언사가 아니라 이름뿐인 것을 말하는 공허한 체계라고 보았다.

베이컨은 인간이 경험적으로 인식할 수 있고 지배할 수 있는 자연만을 다루어야 한다는 생각이었다. 따라서 그가 본 자연은 인간의 제어 능력 아래에 들어와 있는 대상이며, 그것을 어떻게 하면 잘 운영할 수 있겠는가의 문제만이 남는다. 자연 자체보다는 인간의 인위성을 통해 구속된 자연이 문제였다. 결국 자연은 인간과 대립적 관계일 뿐이며, 역사는 인간이 자연과 투쟁하는 대결의 역사일 뿐이다. 인간은 자연의 역사를 물을 수 없으며 물을 필요도 없는 것이라고 보았다. 이와 같이 인위성만을 강조하는 태도는 과학의 방법론을 잉태시키는 중요한 역할을 했지만 결국은 인간과 자연을 완전히 분리시키게 되었다.

이러한 배경을 갖고 하나의 방법론적 패러다임으로서의 실증주의는 콩트(Auguste Comte, 1798~1857)로부터 시작된다. 정밀과학의 근거로서 혹은 과학의 기준으로서 실증성을 내세운 콩트는 경험과학적 인식의 가능성을 '실증주의적 지평'(positives Stadium) 안으로 끌어왔다. 경험적 증거와 증명, 그리고 확인을 통해서만 인식의 가능성을 담보하였다. 따라서 실증주의적 기준으로 볼 때 형이상학과 신학은 설명력의 차원을 넘어선 무의미 체계로 전락되며 단지 역사적 의미만을 갖게 된다. 철학도 과학의 범주에서 설명될 뿐이다. 설명의 기준으로서 실증주의는 과학방법론이며 철학도 이러한 실증적 과학방법론 아래서 논의되어야 한다고 콩트는 보았다. 실증적 태도는 인간의 본유적 정신이기 때문이라고 보았다. 콩트는 이러한 자신의 입장을 '실증주의 철학'으로 정형화하였다.[2]

그의 실증주의의 내용은 다음과 같다.[3]

① 과학적 분석의 대상은 사실(Tatsachen)을 통해 확증되어야 한다. 따라서 과학적 분석은 관찰 가능한 현상들의 본성과 원인을 다루는 것이 아니라 그 현상들 사이의 법칙적 관계만을 다룬다. 그러므로 존재의 본질을 다루는 형이상학은 사실세계에 대한 확증의 철학이 아니므로 무의미하다.

② 진리의 최고성이 문제되지 않으며, 간주관적으로 이해되는 확실성이 문제된다. 과학은 순수 논리적 기술(Deskription)로서 만들어지는 것이 아니다. 관찰결과가 기존의 이론체계와 논리적으로 일관성을 유지할 때 비로소 인식의 정밀성이 가능하다.

③ 법칙적 관계에 대한 지식의 목적은 설명력과 예측성에 있다.

④ 존재와 의식이 같지 않다. 즉 우리의 지식은 원리적으로 무한하지만 상대적이다.[4]

결국 그의 실증적 방법론이란 직관과 상상력을 철저하게 배제하며 관찰사실을 수집 결합하는 방법을 말한다. 형이상학이나 종교와 달리 절대적 진리체계를 인정하지 않음에 따라 모든 것은 인간의 감각자료를 통해 들어온 것만을 인정하는 상대주의적 인식론에 이른다.

Ⅲ. 신실증주의

헤겔(G. W. F. Hegel, 1770~1831) 이후 서구 관념론 패러다임에 도전하는 새로운 기운이 나타나게 된다. 에이어(A. J. Ayer, 1910~   )

에 의하면 그것을 크게 셋으로 분류해볼 수 있다.[5] 하나는 실체론적 형이상학으로 무장된 합리론에 의해 소외된 인간의 실존성을 찾아보려는 노력이다. 그리고 개체화된 인간보다는 사회적 인간학을 시도하는 이데올로기적 경향이다. 셋째로 기존 형이상학이 갖는 경험부재의 철학에 대한 반세력으로서 실증주의적 과학주의가 등장하였다. 이들 모두는 서구 2,500년 관념론적 사상사의 결정체라고 스스로 말하고 있는 헤겔주의에 대한 반작용으로서 그 각각은 실존주의, 마르크스주의, 그리고 신실증주의라는 이름으로 불리게 된다. 그 이후 실존주의와 신실증주의는 서구에서, 마르크스주의는 동구에서 정치문화사적으로 꽃을 피게 된다. 특히 실존주의는 베르그송 (Henri Bergson, 1859~1941)의 '생의 철학' 그리고 현상학과 만나 현대 대륙철학으로 이어졌으며, 오스트리아와 독일을 중심으로 일어난 신실증주의는 독일의 나치를 피해 미국으로 건너가게 되면서 현대 미국철학의 원조가 되었다.

　이러한 역사적 전개와 함께 실증주의는 급속하게 20세기초 유럽의 정신을 지배하게 되었다. 근대 실험과학의 정신이며 산업혁명의 정신적 원동력이기도 하였던 실증주의는 특히 19세기말과 20세기초에 철학을 거의 지배하다시피 한 중요한 사조로 새롭게 등장하였다. 이들의 기본입장은 철학과 과학을 통합하는 데 있었다. 화이글 (H. Feigl, 1902~　)과 모리스(Charles Morris, 1901~　)로 대표되는 '논리실증주의'(logischer Positivismus)와 제1차세계대전 이후 카르납 (Carnap, 1891~1970)과 노이라트(Otto Neurath, 1882~1945), 그리고 슐릭(Moritz Schlick, 1882~1936) 등에 의해 기초가 잡힌 비인학파(Wiener Kreis)는 고전실증주의의 정신 위에 태어난 철저한 과학주의와 환원주의의 철학이었다. 이들의 실증주의 입장을 총칭하여 넓은 의미의 '신실증주의'(Neopositivismus)라고 부른다.

　실증주의는 학문의 엄격성을 보장하기 위한 필요조건이기는 하지만 충분조건이 될 수 없다는 반성이 일기 시작하였다. 실증주의는 학문의 과학적 방법론이 될 수 있지만 학문의 내용을 통제해서는 안 된다는 입장을 포함한다. 실증주의는 기본적으로 합리성을 전제로 하고 잉태된 패러다임이며 논리주의와 깊게 연관되어 있다. 특히 논리실증주의자들은 철학을 문장의 유의미성의 한계 안으로 끄집어 내렸다. 즉 논리실증주의가 갖는 의도의 출발점은 언어의 논리적 분석을 통한 형이상학의 배제와 과학의 통일이었다. 형이상학의 배제는 그들이 갖는 주요 논리적 무기인 검증원리를 통해 실현하려 했다. 그리고 과학의 통일은 비인학파의 중심과제인 여러 과학의 언어를 물리언어로 환원시키려는 작업에서 나타났다. 당시 비인학파의 통일과학운동의 기조는 ① 물리적 실재론, ② 그것을 기술하는 방식에 있어서 물리언어를 통한 환원주의, ③ 이론과 대상의 직접적인 1대 1 대응관계로 요약될 수 있다. 비인학파는 초기에 생화학자·물리학자·지질학자, 그리고 사회학자와 심리학자들이 모여 사회학은 심리학으로 심리학은 생물학으로 생물학은 물리학의 언어로 환원시키고자 했다. 물리주의를 통한 철저한 환원주의이다. 이러한 환원주의는 과학의 영역으로 들어올 수 없는 예술이나 가치학, 그리고 모든 존재론의 철학을 배제하면서 과학 제일주의로 나가게 되었다.

하여간 20세기 영미철학사에서 논리실증주의의 타격은 기성 철학의 반성과 더불어 큰 전환점을 가져오게 한 것이 사실이었다. 그 전환의 핵심은 언어적 전환이다. 실로 언어의 전환은 과학으로서의 철학이 갖는 지성적 구도를 크게 바꾸어놓았다. 철학 안에서 언어적 전환의 주된 의도는 기성 형이상학에 대한 거부에서 형성되었다.

내용적으로 볼 때 그러한 의도를 채우기 위한 논리실증주의의 두 가지 규정이 있는데, 첫째, 인식의 원천 규정과, 둘째, 인식의 방법 규정이 그것이다. 둘째의 방법 규정 때문에 이른바 기존의 실증주의 대신 논리실증주의라는 간판을 갖게 된다. 그 규정은 철학의 문장이 명제들의 집합으로 환원될 것을 요구하였고, 따라서 형이상학은 그 진위 판단의 대상조차 되지도 못한 감탄사들의 나열로 전락

하였다. 엄밀성의 과학언어만이 철학의 논의 대상이 되어야 한다고
보았다. 기존의 구실증주의는 형이상학을 단순하게 무시하였지만
논리실증주의는 형이상학을 포함한 비인식적 신념의 문제를 논리적
언어분석을 통해 배제하였다. 이들에게 철학의 임무는 단지 과학적
언어를 논리적으로 분석하는 일이다. 논리실증주의의 언어분석을
통해 과거의 대부분의 철학적 문제들이 언어의 불완전성 혹은 언어
의 맴돌이에서 생긴 사이비 문제라는 것을 보이고자 했다.

　이들의 대체적인 경향은 언어분석의 방법과 과학이론의 구조 분
석을 통해 추상적이고 공허한 종합명제적 형이상학적 주장들의 무의
미성을 밝히는 데 있었다. 형이상학은 세계에 관한 개념적 구상을
존재론으로 연결시킨 것이다. 형이상학의 개념적 구상의 일차 근거
는 세계의 질료성에서 찾아진다. 그러나 '형이상학적'이라는 수식
어가 마치 공허하고 추상적으로 많이 받아들여지는 이유는 출발점으
로서의 질료성에서 이미 벗어나 그것을 관념화시켰기 때문이다. 그
책임의 많은 부분은 근대 형이상학에 돌아간다. '자아'가 철학의
중심으로 자리를 잡기 시작하면서 고대 자연철학에서부터 근거지워
지는 질료적 형이상학은 관념의 옷을 입게 되었고, 따라서 세계에
관한 주장은 '이성'이라는 이름 아래 자아의 문제로 환원되는 그런
관념론 철학 속에서 형이상학의 최초 근거(Begründung)인 세계질료에
서 형식체계로 더 나아가 지나쳐버렸다. 이와 같은 형이상학을 거부
하는 것이 바로 논리실증주의가 언어분석을 통해 얻은 결과 가운데
하나다. 형이상학을 비판하는 실증주의적 언어분석철학은 형이상학
의 보편화의 구조가 구체성의 내용을 무시했다는 점에서 형이상학을
비판한 것이다. 결국 그들의 철학에서 질료적 내용은 배제되고 있으
며, 형식의 구조분석이 계속 강조된다. 그들의 철학은 무시간적이
며, 역사성을 일체 배제한 채 순수 논리-언어체계로 간주될 수 있
다. 의미론을 배제하며 언어의 구문론을 문제삼았다.

Ⅳ. 포퍼의 반증주의

신실증주의의 흐름은 현대 과학방법론 논쟁과 연계되면서 철학뿐만 아니라 사회학이나 역사학에도 큰 영향력을 끼쳤다. 특히 실증주의는 자신들의 구체적 도구인 귀납주의에 대한 반론이 포퍼(Karl R. Popper, 1902~)에 의해 제기되면서 어쩔 수 없는 반성의 시대로 접어들었다. 과학철학자로서의 포퍼의 원래 관심은 과학과 비과학의 구획기준(demarcation)에 있었다. [6] 그의 철학은 무엇이 과학을 과학이게끔 하는 것이며, 과학적 인식의 본질이 무엇인지를 물었다. 그의 답은 전통 합리주의 전통에서 내려졌지만, 기존의 실증주의적 기준과는 약간의 차이가 있었다. 포퍼는 실증주의자들이 공통으로 갖고 있는 귀납주의에 대한 신봉을 여지없이 붕괴시키면서 새로운 반증주의라는 방법론을 확립시켰다. [7]

실증주의의 전통은 자연과학에 뿌리깊게 심어지면서 근대과학의 실험정신을 정초시킨 원동력이 되었지만, 과연 귀납주의의 정당성이 근원적으로 확보될 수 있는가의 문제가 제기되면서 실증적 방법론의 기틀이 흔들리게 되었다. 근대과학은 플라톤의 존재론적 측면과 실증주의적 인식론의 두 기둥 위에서 발전되었다고 볼 수 있다. 자연의 운동을 배후에서 조정하는 기하학적 질서의 존재를 상정하는 것은 뉴턴 전후의 천체과학자에게 흔히 볼 수 있다. 문제는 세계 속에 존재할 것이라는 그 기하학적 틀을 갖는 질서체계를 기술하는 언어는 인간의 언어이어야 한다는 점이다. 뉴턴은 인간언어로서 신이 제작한 생산물의 구조를 기술할 수 있다고 보았으며, 그 결과를 우리는 법칙이라고 한다. 따라서 과학적 법칙은 세계 안에 존재론적으로 실재하는 것이며 인간의 과학적 인식이란 그 실재성을 찾아가는 도구이다. 그 도구로서 인식론이 도입된다. 그 목적을 위해 쓰이는 도구, 즉 인식론적 도구를 우리는 귀납 추론이라고 규정한다.

귀납 추론은 기본적으로 인간의 현실적 관찰영역 안에 들어오는 자료들만을 분석 추론하여 일반화로 이끄는 종합방식이다. 포퍼는 과학자가 자연현상 혹은 자연의 개체를 모두 취합하는 것이 불가능하기 때문에 관찰자가 선택한 자연현상, 혹은 개체의 특성으로부터 일반화한 이론이 자연 그 자체를 기술하는 1대 1 대응관계의 정의체계(Zuordnungsdefinition)가 될 수 없으며, 단지 잠정적인 가설(ad hoc Hypothese)일 뿐이라고 말한다. 그러나 가설이 잠정적이라는 것은 이론형성 과정에서 가치평가가 개입했음을 뜻하는 것도 아니고, 혹은 이론 형성이 우연한 선택의 결과라는 것을 뜻하는 것도 아니다. 그것은 단지 과학자가 궁극적인 실재를 포기하지 않고 그것을 향해가는 과정으로서의 잠정성이다. 이론의 잠정성과 관련하여 관찰된 자료를 갖고서 아직 관찰되지 않은 사태를 포용할 수 있는 논리적 근거는 없다고 보는 포퍼의 반대입장이 크게 호응을 얻게 되었다. 그와 더불어 실증주의에 대한 반성의 시대가 요청되었다. 실증주의에 대한 반론을 제기한 포퍼는 귀납주의 대신 반증주의를 과학과 비과학의 구획기준으로 선언하였다.

포퍼의 반증주의는 과학을 정의하는 도구적 이론이다. 과학은 열린 체계이며, 따라서 자연의 모든 사태들을 실제적으로 수집 관찰할 수 없으며, 결국 귀납주의가 갖고 있는 실천적 난제 때문에 귀납주의는 더 이상 설 땅이 없다고 보았다. 오히려 기존의 이론이 과학이 될 수 있는 이유는 그 이론이 가능한 관찰대상에 적용되었을 때 반증될 수 있는 사례가 존재하기 때문이다. 예를 들어 "모든 까마귀는 검다"라는 과학적 명제가 있다고 하자. 귀납주의자에 의하면 그 명제가 확증되기 위하여 지구상에서 존재할 수 있는 모든 까마귀를 관찰하고, 그 결과 즉 관찰한 까마귀들이 모두 검어야만 한다. 그러나 실제로 지구상의 모든 까마귀를 관찰할 수 없으므로 엄밀하게 그 명제가 확증된 것이라고 말할 수 없다. 이런 문제 때문에 포퍼는 귀납주의의 타당성을 부정하면서 오히려 검지 않은 까마귀를 한 마리라도 발견하거나 혹은 발견 가능성을 포함하고 있을 때 그 명제는 과학명제의 지위를 얻는 것이라고 보았다. 따라서 그의 반증이론에 의하면 과학명제는 스스로 반박 가능할 때 타당성을 확보하게 된다. 이러한 반증주의에 따라서 기존의 형이상학이나 마르크스주의, 그리고 종교를 다시 가늠질하였다. 형이상학이나 종교는 반박 가능성을 원초적으로 닫아놓은 도그마의 형식이므로 그것들은 과학이 될 수 없다고 보았다. 엄밀하게 말해서 그의 의도는 기존의 형이상학이나 마르크스주의와 종교를 부정하려는 것이라기보다는 그것을 과학과 혼동하는 처사를 비판하는 것이다. [8]

포퍼는 이와 같은 입장에서 기존의 역사주의를 비판한다. 그 기본입장은 역사적 이론을 과학이론으로 간주하는 것에 대한 우려에서 출발하였다. 그에 의하면 역사는 단순 사료(역사적 자료)들의 집합이 아니다. 역사는 본질적으로 검증 불가능한 사태들의 계기들이라고 본다. 따라서 실증적 방법론을 갖고 역사를 설명하는 것은 순환론법에 빠진다고 보았다. 그는 역사적 이론을 과학적 이론과 대비하여 '일반적 해석'의 대상이라고 보았다. 즉 역사는 검증을 통한 설명의 차원이 아니라 가설적 초기 조건에 의해 방향지워지는 해석의 차원이었다.

포퍼에서 과학이론의 궁극적인 목표는 주관에 독립적인 객관적 사실을 기술하고 결코 거짓으로 증명될 수 없는 완강한 원리를 기술하는 데 있다. 이러한 관점은 존재론적인 지평에서 말한 것이며, 인식론적인 관점에서는 그러한 엄연한 원리를 찾아나서는 데서 점진적이고 우회적인 통로를 제시한다. 즉 점진적 단계를 거치면서 최종의 원리를 찾아나서고자 했다. 이러한 그의 생각을 철학적으로 말해서 점진적이고 진보적인 인식론이라고 말하며, 역사학으로 말해서 진보사관이라고 말할 수 있다. 그런데 그는 철저하게 진보의 역사관을

갖고 있지만 역사의 진보성이 역사 그 자체 속에 있다고 보는 보편
사를 거부하였다. 역사에는 아무런 의미가 없다고 본다. 철학적으
로 말하면 역사의 실체성을 부정하는 것이다. 따라서 목적 지향적인
기독교 역사관을 비판하며, 실체의 실재성을 강조하는 플라톤적 역
사관도 비판한다. 그런데 여기서 우리는 미묘한 그의 철학적 입장을
고려해야만 한다. 포퍼는 기본적으로 플라톤주의자이다. 단지 그의
플라톤주의가 철학과 과학에서 이야기하는 과학방법론의 기본정신
에만 적용된다는 점, 그리고 역사에는 적용되지 않는다는 점을 인지
해야 한다. 이 점은 그가 자주 강조했듯이 역사를 과학처럼 보는 데
대한 반론의 차원에서 이해해야 한다. 그는 역사가 그 자체로 의미
를 갖는 것이 아니며, 단지 우리가 역사에 의미를 부여할 뿐임을 상
기시킨다.

　포퍼는 이와 같이 과학과 비과학의 구분을 강조하면서, 그것이
단지 구분되어야 한다는 당위성에 머무는 것이 아니라 그 구분의 기
준이 합리적으로 설정 가능하다는 점을 말한다. 이런 점에서 그를
합리주의자라고 말한다. 그러나 우리는 합리주의의 숨겨진 이면성
을 간과해서 안 된다. 그 이면성이란 과학주의의 우월성을 잠재적으
로 말하고 있다는 점이다. 그것이 직접적인 검증성이든지 완화된 확
증성이든지 아니면 포퍼처럼 반증성이든지간에 인문학과 자연과학
의 종합을 어렵게 만드는 요소를 갖고 있다는 사실이다. 역사학이
자연과학이 아닌 것은 분명하지만 역사학을 단순하게 인간의 해석학
문으로만 보는 것에 대하여는 의문을 제기할 수 있다. 포퍼의 이런
입장은 역사를 인간의 학문에서 자연의 학문으로 끌어올린 헤겔의
역사관에 대한 반론적 태도를 은연중에 포함하고 있다.

V. 실증주의 비판

실증주의는 기본적으로 의미론을 거부하고 있다. 그 결과는 형식적 구문론만을 숭앙하는 극단적인 형태로 나타날 수 있다. 구문론은 과학적 논증의 타당성을 뒷받침하는 추론 형식의 틀을 마련했다는 점에서 높이 평가할 만하나 탐구대상의 내용을 간과해버리고 논리학으로 환원하는 폐단을 낳았다. 실증주의가 순수철학적 논증 안에서 하나의 과학적 방법론으로 논의될 때는 별 문제가 없겠지만 그것이 사회과학이나 인간학에 적용될 때 많은 문제를 야기시킨다. 방법이나 형식이 내용을 선점해서는 안 되기 때문이다.

역사학에서도 마찬가지로 랑케의 역사주의는 실증주의의 흐름에서 볼 때 합리성이 내용을 지배해버린 결과라고 볼 수 있다. 이러한 랑케적 역사주의는 합리성을 가장한 역사적 실체주의이며 환원주의적 기술사라고 보는 입장이라고 반박하는 반실증주의 역사관의 형성을 주시할 필요가 있다. 실증주의에 반기를 들고 나온 콜링우드가 등장하면서 역사 속에는 이른바 객관적이라고 하는 편년사에 의해 환원될 수 없는 부분이 있으며, 그러한 부분이 역사의 흐름에 더 큰 영향을 끼칠 수 있다고 했다. 그러한 부분을 콜링우드의 독특한 표현으로 말해서 역사적 '선전제'(presupposition)라고 한다.[9] 역사의 선전제는 역사의 행간을 뜻한다. 정확히 말해서 행간이 문자에 영향을 준다는 것이며 형식론보다는 의미론이 중시되어야 한다는 뜻이다. 그 행간의 의미는 화이트헤드(A. N. Whitehead, 1861~1947)가 말한 '사고의 지평선'과 유사한 개념이다.[10]

콜링우드가 말한 역사의 선전제는 역사의 의미론을 함의한다. 선전제가 의미하는 것은 객관적 기술사(history of description) 이외의 전

역사가 보이지 않는 측면에서 개별사를 제어하고 있다는 점을 시사하고 있으나 결코 주관적 형태의 역사관을 말하는 것이 아니다. 필자는 이러한 콜링우드의 역사관을 랑케의 그것과 대비시켜 랑케의 역사관을 환원주의적 역사관이라고 말할 수 있다면, 콜링우드의 역사관을 전일적 역사관이라고 부르려 한다. 환원주의적 역사관은 실증주의라는 당시대의 과학표본주의의 한 소산물이라고 본다. 역사를 객관적으로 기술할 수 있는 개별사들의 집합이라고 볼 수 있다면 인간의 역사적 사태 또한 과학의 대상이 될 수 있으며, 동시에 객관적 분석이 가능해진다. 그러나 자연사는 인위사로 환원될 수 없으며, 따라서 형식의 체계로 환원될 수 없다. 물론 실증주의의 역사관은 자연사의 한계를 지적하고 인위사가 할 수 있는 능력의 최대화를 시도하는 것이다. 역사의 의미를 잘못 해석하는 의미 확대의 오용을 막고, 역사의미를 형이상학화해서 역사의 지배논리로 오용되는 것을 방지하여 역사의 공유화를 시도했다. 이런 점에서 실증주의 역사관은 계몽주의 역사관과 연결될 수 있고 역사학의 과학성이 보장될 수 있다는 점에서 긍정적으로 평가될 수 있다. 문제는 그러한 객관적 공유화와 과학적 기술화가 역사의 실제 내용을 지배해서는 안 된다는 사실이다.

이러한 콜링우드의 역사관은 앞서 말한 포퍼의 비판적 역사주의에 의해 재반박되었다. 포퍼의 비판적 역사주의는 기본적으로 고전적 의미의 실증주의를 거부하지만, 콜링우드와 또 다른 반실증주의자로 이해된다. 방법론으로서의 실증주의는 오히려 콜링우드가 껄끄럽게 여겼던 합리주의의 전통을 계승한다. 포퍼가 역사 속에 내재된 의미를 부정하면서 단지 역사의 의미는 인간의 해석행위라고 한 점은 역사를 과학과 분리시키면서 각기의 직분 분담을 강조하는 차원에서 이루어졌다. 그러나 포퍼도 기본적으로는 역사를 변화시키는 내적 관계사가 외적 기술사에 의해 최소한 원리적으로 환원 가능하며, 또 당위적으로 그렇게 되어야 한다는 입장을 취한다. 그런 점에서 그를 합리주의자라고 부른 것이다. 여기서 체계사의 변화를 설명하는 대립된 입장이 나온다. 하나는 포퍼와 같은 합리주의이며, 또 하나는 체계사의 변화를 체계 내적인 조건에 의해 객관적으로 설명할 수 없다는 역사주의의 입장이다. 여기서 말하는 역사주의는 역사학에서 말하는 것과 동일한 연장선 위에 있는 것은 아니며, 합리적 객관주의와 대립되는 넓은 의미의 역사주의이다. 포퍼 이후 쿤(Thomas Kuhn, 1922~   )이 등장하면서 과학방법론에서 합리주의와 역사주의의 논쟁은 과학철학의 많은 부분을 할애하였다.

　과학철학에서 위의 논쟁의 기원은 핸슨(N. R. Hanson, 1911~   )과 그리고 더 앞서 듀앙(P. M. M. Duhem, 1861~1916)으로부터 유추할 수 있다. 핸슨은 과학이론의 형성과정이 객관적이라고 하는 주장을 반성하면서 관찰이 이론 의존적이라는 생각을 하게 되었다.[11] 대상 혹은 사태를 보는 시각의 객관적 중립성이란 실제로 가능하지 않다는 점을 지적한 것이다. 관찰은 그 관찰을 시도하는 역사적 상황으로 조건화된다는 것이다. 핸슨의 반성은 인간지식의 한계를 지적했다는 점에서 실증주의와의 연결성을 볼 수 있으나 동시에 실증주의의 핵심도구인 검증 혹은 확증의 타당성 여부를 비판적으로 되물어보는 계기가 되었다. 검증주의가 철저한 객관성을 표방하고 있지만 그 객관성 자체가 이미 절대적으로 객관화될 수 없다는 것이 핸슨의 입장이었다.

　그러면 관찰을 지배하는 역사적 조건이란 무엇인가. 그것은 객관화시킬 수 없는 요소를 지니고 있다는 것이 사실이다. 따라서 상대주의라는 비난의 소지가 있을 수 있다. 그러나 상대주의라는 비난은 역사의 실체성을 주장하는 사람들이 갖고 있는 잣대로 본 비판이다. 신실증주의자들이 역사주의를 상대주의라고 비판하는 것은 신실증주의 역시 관념론적 실체주의를 포기하지 않았다는 증거가 된다. 그것은 또 하나의 형이상학에 안주하는 결과가 된다.

　앞서 질문한 역사적 조건이 무엇인지 다시 물어본다. 예를 들어

핸슨이 말한 관찰의 이론 의존성이 의미하는 것은 관찰결과가 단순히 '주어진' 관찰조건에 맞추어진다기보다는 '주어지지 않은' 관찰 외적 요인에 더 많은 영향력을 받을 수 있음을 시사한다. 그러한 관찰 외적 요인이 바로 역사적 조건의 하나일 수 있다. 실증주의는 그러한 역사적 조건을 인정할 수 없었다. 실증주의는 체계 내적 조건에 의해서만 체계를 설명해야 하는 거대규칙이 있다. 왜냐하면 체계 외적 요인은 검증의 영역 밖에 놓이기 때문이며, 또한 합리성이라는 투망 안에 들어올 수 없는 부분이기 때문이다. 그것은 바로 실증주의 방법론을 자연과학 외에 다른 인문학, 즉 역사학과 같은 사회과학에 그대로 적용할 수 있는가의 문제를 제기할 수 있다. 그러나 그보다 앞서 과연 자연과학에도 반성 없이 적용할 수 있는지 다시 질문할 필요가 있다.

이러한 질문은 구체적으로 과학의 진보에 대한 질문에서 그 실례를 찾는다. 과학의 진보성을 묻기 위해 먼저 과학의 본질을 알아야 한다. 그러나 과학의 본질을 직접 질문하는 방식은 그 과학의 전체적 조망을 불가능하게 할 수 있으며, 자칫 형이상학으로 빠질 수 있기 때문에 과학사의 흐름을 통해서 본 과학의 진보 양상을 추이함으로써 그 답을 찾으려는 시도가 최근 크게 일어났다. 과학의 변화를 보는 두 가지 기본 입장을 누적적인 과학진보론과 절연된 과학혁명론으로 나눌 수 있다. 전자는 기존 이론의 부분적 수정, 확장 혹은 개선을 통한 연속적 발전이며, 후자는 기존 이론의 거부, 근본적인 시각변환, 그리고 인식의 단절을 통한 비연속적 변이이다.

합리주의의 전통을 계승하는 실증주의는 주로 과학적 발전주의를 신봉한다. 과학의 발전은 연속적이며, 발전의 계기들을 합리적으로 설명할 수 있다는 입장이다. 이러한 입장의 시효는 베이컨의 유명한 문구인 "et augebitur scientia"(and knowledge shall increase)에서 찾아볼 수 있다. 지식의 진보는 연속적이며 지식의 진보를 위해 지식체계 외의 전역사적 상황조건들을 고려할 필요가 없다.[12] 이러한 전통은

밀과 스펜서로 이어지고 실증주의의 역사관으로 계승된다. 그리고 레싱(G. E. Lessing, 1729~1781), 칸트(Immanuel Kant, 1724~1804), 헤르더(J. G. Herder, 1744~1803)와 헤겔의 발전적 역사관과 연계된다. 여기서 역사학에서 본 발전적 역사관과 철학에서 본 발전적 지식관 혹은 발전적 과학관이 동일한 내용을 말하는 것이 아닐 뿐더러, 더 더욱 그의 대립개념인 회귀적 혹은 순환적 역사관과 혁명적 혹은 비연속적 지식관과 과학관은 아무 관계가 없는 듯 여겨진다. 그러나 최소한 발전적 역사관과 발전적 지식관은 기본적으로 인간이성에 대하여 신뢰를 둔다는 점에서 같은 합리주의의 지평에 있다고 말할 수 있다. 이들의 발전사관 속에는 전통 합리주의와 환원주의, 그리고 실증주의가 정교하게 얽혀 있다는 점을 인지할 필요가 있다. 특히 후기산업혁명 이후 발전사관에는 과학 맹신주의가 숨어들어가게 된다. 이 점은 후일 프랑크푸르트 학파에 의해 비판된다.

반면에 과학의 누적적 진보관에 반기를 들고 나오면서 과학의 변화를 설명할 수 있는 합리적 기준이 있다는 것을 부정하는 쿤의 등장으로 인해 실증주의 역사관에 대한 반전이 시도되었다. 쿤에게서 역사의 의미는 체계 외적인 환경조건을 모두 포괄하는 뜻으로 사용된다. 근래에 들어와서 포퍼 사상의 원조격인 딩글러(Dingler)에서, 본격적으로는 1962년 토머스 쿤의 《과학혁명의 구조》[13]를 시작으로 자연과학의 구조 분석, 좁게는 과학이론의 구조를 다루는 과학방법론의 문제가 논의되고 있다. 쿤의 과학방법론의 철학은 과학의 역사적 자료를 도입한 점에서 기존의 철학과 크게 다르다. 과학의 본질을 과학 안에서뿐만 아니라, 과학 외적인 요소에서 찾으려는 쿤의 작업은 과학의 구조와 발전에 대한 기준을 크게 바꾸어놓았다. 과학사적 사료를 통해서 본 자연과학은 과학자 집단의 간주관적 '결정'을 중시하며, 이론 형성의 과정에서 과감한 이론 외적인 사회적 경쟁의 역할도 수용한다. 이러한 쿤의 과학방법론을 보통 역사주의라고 부른다.

쿤의 역사주의는 이성보다 역사를 강조한다. 그러나 엄밀하게 말해서 이성 자체를 거부한다기보다는 실증주의에서 벗어나지 못한 이성, 즉 실증주의적 이성에 대한 비판적 반성이라는 관점에서 그의 역사주의를 보아야 한다. 그의 역사주의는 구체적으로 과학철학을 과학사와 분리해서는 안 된다는 입장에서 출발했다. 그는 과학의 전이를 설명하는 과학방법론이 실증적 혹은 합리적 구도만이 아니라는 점을 과학의 역사 속의 사례를 통해 보여주었다. 과학이 객관적인 합리성에 의해 지배받는 것이 아니라 사회적이고 역사적 조건들, 즉 과학 외적 요소에 의해 지배받고 있음을 강조하였다. [14]

전과학과 새로운 과학(그에 표현에 의하면 '정상과학', normal science)에는 공통분모의 개념이 없다고 봄으로써 전개념과 새로운 개념 사이의 합리적 교량을 인정하지 않았다. 따라서 그들 사이에서 비교 가능한 중재언어가 없으며, 결국 그들 사이에서 체계의 우열을 말할 수 없다. 즉 과학에서 중립적 관찰언어가 있을 수 없다는 뜻이다. "경쟁 패러다임 사이에 우위를 가를 수 있는 타당한 기준은 없다"[15]는 쿤의 주장은 곧 이론들 간의 통약불가능성(incommensurability)의 주장과 연계된다. 이 불가공약성의 주장은 전통적인 합리주의자가 수용할 수 없는 결정적인 부분이 된다. [16]

쿤의 주장은 여러 측면이 비판받고 있지만 그 가운데서도 통약 불가능성이나 새로운 과학의 패러다임 형성과정의 문제가 가장 심하다. 그점 때문에 쿤은 상대주의자라는 오명을 끊임없이 받고 있다. 배중률적인 상대주의와 합리주의라는 옷을 입은 절대주의 사이의 구분은 여전히 기존의 실증주의가 휘두르고 있는 기준일 뿐이다. 실증주의 입장과 달리 쿤은 과학의 변화에 대하여, ① 과학이론의 체계 내적인 차이가 아니라 근본적으로는 체계 외적인 요인 사이의 사회적 경쟁과 갈등의 표현인 사회의 다원적 특성으로 보며, ② 개인의 심리적 성향과 더불어 집단적 군중심리와 같은 권위체계의 역사성을 삽입하며, ③ 과학의 변화가 마치 종교의 개종과 같다는 표현을 쓰면서[17] 비합리적 요소를 도입하였다.

쿤이 역사성을 강조했다는 점에서 그를 가다머(Hans-Georg Gada-mer, 1900~)와 비교해볼 수 있다. 물론 가다머는 정신과학을 자연과학과 다른 자신의 고유성(Eigentlichkeit)의 소산물로 보고 있지만 그들 사이의 내재적 상관성이 있음을 부정할 수 없다. 가다머는 '사실'만의 독자성을 거부하면서 패러다임을 형성하게 해주는 전인식을 강조한다. 그 전인식을 가다머는 영향사(Wirkungsgeschichte)의 차원에서 말한다.[18] 진리는 역사 속에 있으며 역사 속에 개방(Off-enheit)되어 있다고 가다머는 본다. 우리는 쿤 이후의 과학철학의 논쟁들, 즉 폴라니(Michael Polanyi, 1891~1976), 화이어아벤트(Paul Karl Feyerabend, 1924~), 더 나아가 로티(Rorty)의 관점을 수용하는 부정, 그리고 부정의 부정의 철학을 가다머와 내적으로 연관시키는 데 주저할 필요가 없다. 그 내적 연관성은 개별 경험에서부터 일반화 혹은 보편의 통일로의 과정에 대한 근거 물음에 대한 것이다. 가다머는 그 근거로서 기억(Mneme)을 들고 있다. 그가 말하는 기억은 해석학에서 말하는 시간의 현재성으로서의 기억만이 아니다. 가다머의 기억은 기존의 전통과 권위를 포괄하며 역사적 이성의 이해조건으로 등장한다. 앞선 논의와 관련해서 본다면 그가 말한 기억이란 사실에 국한되는 것이 아니라 개인과 사회의 총체성에서 볼 때 역사의 가치가 인식체계 패러다임 형성에 결정적인 역할을 한다는 것이다. 따라서 가다머가 말하는 경험은 실증주의자들이 말하는 대로 인식조건의 기본이 되는 감각자료들의 다발이 아니다.

가다머에서 진리의 궁극적인 근거를 질문하는 것은 무의미하다고 보기 때문에 과학 혹은 지식체계의 패러다임 전이의 합리적 조건을 묻는 것 또한 불필요하다고 본다.[19] 그렇다고 그가 진리의 추구를 포기하는 것은 아니다. 가다머에서 진리를 충동(Trieb)해 나가는 힘은 기존의 체계를 부정하고 새로운 경험을 위한 개방성에서 찾을 수 있다. 그 개방성은 포퍼처럼 추측(conjecture)에 의한 개방성이라기보다는, 기하학적 합리성에 국한되지 않은 신화까지 포함될 수 있는 개방성이다. 이런 점에서 가다머 자신은 쿤의 논의방식과 어느 정도 비교될 수 있다고 본다. 그 비교의 공분모가 바로 역사주의를 이해하는 과정이다. 가다머는 딜타이(Wilhelm Dilthey, 1833~1911)와 달리 해석학이 방법론 차원에서만 이야기될 수 있는 것이 아니라고 본다. 이런 입장에 서서 가다머가 본 해석학은 과거의 현재화에서 멈추는 것이 아니라, 오히려 그 현재화의 조건이 역사의식 속에 배어 있다는 점을 말하고 있다.

Ⅵ. 맺 음 말 — 이성의 독단

앞서 실증주의의 문제점을 제기하면서 방법이 내용을 지배하거나 구문론이 의미론을 배척하는 것을 경계해야 한다. 과학방법론의 체계화는 20세기 학문의 위대한 성과로 이어졌으며 인간 이성의 승리라고 자체 평가하기에 이르렀다. 이로 인해 자연과학이 발전될 수 있었으나 인문학에서는 다른 문제를 낳았다. 왜냐하면 이성은 방법론 구축에 결정적인 기여를 하기는 했지만 내용과 구체적 현실, 그리고 역사를 간과했기 때문이었다. 다시 말해서 이성의 기여가 의미론보다는 형식적 구문론에 치우쳤다는 지적이다. 형식론은 그 자신을 변모시키지 않고서도 왜곡된 의미를 산출할 수 있는 위험성을 내포하고 있기 때문이다. 이러한 위기의식은 20세기 중반에 들어서면서 역사적 현실 속에서 왜곡된 형식론을 지적하고 실증주의적 이성사관에 대한 비판이 심각하게 제기되었다. 즉 내용을 압도해버린 왜곡된 합리성, 혹은 카리스마화된 합리성에 대한 문화사적 이성비판의 문제제기이다.

이성에 대한 비판은 구체적으로 검증주의를 바탕으로 한 과학주의에 대한 반성을 제기함으로써 시작된다. 현대 과학주의의 모계(母系)는 실증주의에서 찾을 수 있기 때문에 우리는 서구의 과학주의가 갖는 함정을 눈여겨 보아야 한다. 실증주의는 인간인식의 한계를 지적하고 그 한계 안에서 인식의 최대화를 시도하는 것이다. 그러나 실증주의가 과학주의와 연계되면서 인식 가능성의 한계 밖에 있는 것을 억지로 인식의 영역으로 제한하는 모순이 나오게 되었다. 형식화할 수 있는 대상을 형식화하는 것은 문제가 있을 수 없으나 원래 형식화할 수 없는 것을 형식의 구도로 집어넣음으로써 이성의 독단은 시작되었다. 이러한 이성의 독단은 방법론으로서의 실증주의가 태동되는 시기와 맞물린다. 즉 라이프니츠와 뉴턴에게서 이성의 독단의 씨앗이 싹튼 셈이였다.

그 예로서 라이프니츠의 미·적분학의 발견을 들어본다.[20] 미·적분학은 곡선으로 둘러싸인 폐쇄공간의 면적을 계산하는 대수식이다. 사각형의 면적계산과 달리 2천 년 이상 숙제로 남았던 문제였다. 라이프니츠는 곡선의 폐쇄공간을 무한분할하여 무한소의 사각형의 막대로 환원한 다음, 그렇게 환원된 막대 사각형의 면적을 합하여 곡선으로 둘러싸인 전체 공간의 면적을 계산하였다. 즉 연속성의 세계를 비연속성의 세계로 환원하는 작업의 위대한 결실이었다. 그리고 의미론을 구문론으로 바꾸어놓은 작업이었다. 이러한 환원의 성공으로 말미암아 근대과학이 태동되었으며 넓은 의미에서 학문의 근대화를 정초시킨 셈이다. 연속성을 비연속성으로 환원하는 작업의 일등 공신은 당연히 계몽주의의 이성이다. 그러나 그것으로 인해 인간 이성의 오만함이 싹트기 시작하였다.

여기서 비연속성으로 환원하는 작업에 대한 무지한 단순비판을 하려는 것이 아니다. 과학의 발전을 위해서는 필연적으로 비연속성의 형식화가 요청된다. 문제는 그러한 비연속성의 형식화는 연속성을 근사적으로 설명하기 위한 도구적 방법일 뿐이지 연속성 자체가 비연속성으로 대체되는 오류를 범해서는 안 된다는 점을 지적하는 것이다. 그러한 환원성은 수학과 같은 형식과학에서 문제가 될 수 없다. 그리고 자연과학과 같은 경험과학에서는 반성적으로 수용될 수 있다. 반성적 수용이란 고전역학과 양자역학 사이에서, 그리고 인공지능의 과학에서 행해지는 최근의 환원주의와 실증적 방법론에 대한 논쟁이 그것이다. 그러나 역사학과 사회학, 그리고 가치학 등과 같은 사회과학에서는 철저하게 실증주의가 재반성되어야 한다. 사회과학은 기본적으로 연속성의 과학이기 때문이다. 사회과학에서 과학화하는 작업은 연속성을 비연속성으로 전환시키는 것이 아니라 단지 인식론적 도구의 한계에서 이루어져야 함을 인지해야 한다.

이러한 실증주의에 대한 반성은 20세기 들어와서 다양한 패러다임 속에서 나타나고 있다. 제2차세계대전 이후 프랑크푸르트 학파를 통해 이성비판이 사회비판과 문화비판의 차원에서 이루어지고 있으며, 프랑스 계열에서는 포스트모더니티 조류에서 이성의 해체라는 강한 부정철학으로 연계되고 있다. 현대 과학철학의 방법론 논쟁에서도 실증주의적 이성의 횡포에 대한 반기가 올려졌으며, 더 나아가 일선 자연과학의 발견의 논리의 문제에서, 그리고 물리학의 존재론적 근거물음에서도 전통적 이성의 권위가 반증되는 사례들이 계속 보이고 있다.

양의 위치로 들어선 진자추는 영의 중립적 위치에 서는 것이 아니라 음의 위치로 재진동된다. 문제는 실증주의에 대한 위와 같은 반성 혹은 반작용이 자칫 반과학주의나 비합리주의 혹은 주술적 신비주의로 빠지는 신보수주의의 오류를 강하게 경계해야 한다. 우리는 이성 자체를 거부한다기보다는 이성의 독단을 거부하는 것이기 때문이다.

주

1) Reinhard Brandt, "ber die vielf ltige Bedeutung der Baconschen Idole", *Philosophisches Jahrbuch* 83(1976).

2) Karl Löwith, *Weltgeschichte und Heilsgeschechen* (Stuttgart, 1953), 'Comte' 부분 참조.

3) I. Fetscher, (Hg) : *Rede über den Geist des Positivismus* (Paris, 1849), S. 41.

4) 이런 관점에서 콩트는 신의 존재를 상정하지 않는 종교의 가능성을 '실증주의적 종교'의 범주에서 말하였다.

5) Alfred Jules Ayer, *Logical Positivism*, Glencoe Ⅲ, 1959. 이 책은 논리실증주의를 가장 잘 정리한 것으로 평가받고 있다.

6) K. Popper, *Realism and the aim of science* (Totowa : Rowman, 1983), pp. 159~161.

7) 그의 대표작은 *Logik der Forschung* (Tübingen : Mohr)이다.

8) 신중섭, 《포퍼와 현대의 과학철학》(서광사, 1991), pp. 153~192 참조.

9) R. G. Collingwood, *The Idea of Nature* (Oxford, 1960), pp. 29~30.

10) 화이트헤드 저, 오영환 역, 《과학과 근대세계》(서광사, 1989), 2장.

11) Hanson, *Patterns of Discovery* (Cambridge, 1958), pp. 12~14, p. 62, 65.

12) Rom Harr, *Problems of Scientific Revolution* (Oxford · Clarendon, 1975), pp. 42~44.

13) T. Kuhn, *The Structure of Scientific Revolutions* (Chicago, 1962).

14) T. Kuhn, *The Essential Tension* (Chicago, 1977), p. 13.

15) T. Kuhn, *The Scientific Revolutions*, p. 34.

16) Lorentz Krueger, *Thomas S. Kuhn* (Suhrkamp), S. 45.

17) T. Kuhn, *The Scientific Revolutions*, p. 19, 151.

18) Gadamer, *Wahrheit und Methode* (Tüebingen · Mohr), S. 346~348.

19) *Ibid.*, pp. 48~50.

20) A. Koyre, "Leibniz and Newton", H. G. Frankfurrt, ed., *Leibniz*, pp. 240~249.

실용주의
Pragmatism

조 지 형

Ⅰ. 실용주의의 정의와 특징

실용주의는 1870년대초 하버드대학 출신의 지식인들이 중심이 되어 결성한 '형이상학 클럽'(Metaphysical Club)에서 비롯되었다.[1] 이 클럽은 주로 찰스 퍼스(Charles Peirce, 1839~1914) 혹은 윌리암 제임스(William James, 1842~1910)의 집에서 모임을 가졌다. 이 클럽의 핵심인물로는 퍼스와 제임스를 비롯하여 법률가 홈즈(Oliver Wendell Homles, Jr.)와 그린(Nicholas St. John Green), 역사학자 피스크(John Fiske), 성직자 에보트(Francis E. Abbot) 등이 있었다. 그들은 주로 흄(D. Hume), 밀(J. S. Mill), 스펜서(H. Spencer), 다윈(C. Darwin), 칸트(I. Kant), 헤겔(G. W. F. Hegel), 그리고 베인(A. Bain) 등의 저작들을 읽고 철학의 전반적인 문제에 관하여 의견을 나누었다. 이 클럽에서의 토론과 사색의 결과로 퍼스는 1877년 11월과 다음해 1월에 실용주의에 관한 두 논문을 《월간 대중과학》(*Popular Science Monthly*)에 발표하였으며, 그 이후 철학뿐만 아니라 여러 학문 분야에 실용주의가 하나의 지적(知的) 운동으로서 확대되었다.

형이상학 클럽의 논제에서 쉽게 파악할 수 있는 것과 같이, 실용주의는 대륙의 관념론과 영국의 경험론의 미국적 종합이었다. 로크 (J. Locke)와 흄을 중심으로 하는 영국의 경험론은 이미 1770년대와 1780년대의 미국혁명기에 접어들기 이전에 미국에 막대한 영향을 끼쳤다. 영국의 경험론철학은 철학관계 저작뿐 아니라 독립선언서와 미국연방헌법에서 볼 수 있는 것처럼 미국의 정치사상에도 깊은 영향을 미쳤다. 1830년대 낭만주의를 통하여 칸트의 관념론이 소개되고 여기에 힘입어 에머슨(R. W. Emerson)과 소로우(H. D. Thoreau) 등이 초월주의(Transcendentalism)를 발전시켰다. 1880년대에 이르러서는 헤겔의 관념론이 세인트루이스 학파(St. Louis School)에 의하여 절정에 도달하였다. 하지만 초기에 듀이가 잠시 헤겔의 관념론에 심취하였을 뿐, 헤겔의 관념론은 미국 철학사상사에서 경험론에 비하여 별다른 영향력을 가지지 못하였다. 헤겔의 관념론이 그 절정에 도달하기 이전 실용주의는 그 출현을 알렸다. 이와 같이 실용주의는 유럽의 여러 철학이 수용되고 미국 안에서 이성과 경험, 종교와 과학, 윤리적 심미적 가치와 행동에 대하여 많은 철학적 논의가 이루어진 결과였다.

실용주의자들은 유럽의 철학자들과는 달리 이분되어 논의되고 있는 여러 주제들, 즉 보편과 개체, 종교와 과학, 이성과 경험, 주관과 객관, 물질과 정신, 선과 악 등을 포괄적인 관점에서 접근하였다. 미국의 종교철학이었던 초월주의의 영향을 받고 성장한 그들은 이분법적인 사고를 버리고 유기체적 접근방법을 통하여 기존의 형이상학과 인식론을 비판하면서 새로운 철학과 지적 경향을 창조하였다. 무엇보다도 그들은 양분되었던 것들을 통합하고 재구성하려고 노력하였다. 그들은 특히 관념론과 경험론의 진리이론에 관심을 기울였다. 진리란 무엇인가. 실용주의자들에 의하면, 인간이 인식하지 못하는 진리란 '인간에게' 진리일 수 없다. 인간에게 진리가 되려면 그것은 반드시 인지 가능한 것이어야만 한다. 그런데 인간의 인식은 한계를 가지고 있으며 그것은 인간 각자의 경험에 따라 다르

다. 그러므로 인식된 진리는 모든 시대의 모든 사람에게 보편타당하
며 절대적일 수 없다. 어제의 진리는 오늘의 거짓일 수 있으며 오늘
의 거짓은 내일의 진리일 수 있다. 또한 나의 진리는 다른 사람에게
거짓일 수 있으며 다른 사람의 진리는 나에게 거짓일 수 있다. 진리
는 시대마다 사람마다 다르다. 이러한 의미에서 실용주의자였던 루
이스(C. I. Lewis)는 실용주의를 "모든 진리에 대한 판단은 가치에 대
한 판단이며, [진리에 대한] 증명은 가치를 결정하는 것이며, 진리에
대하여 기준을 설정하는 것은 가치를 실현하는 것이라는 주장으로
정의할 수 있을 것"[2] 이라고 하였다. 요컨대, 실용주의는 인식주체
로서의 인간과 인식객체로서의 진리간의 관계를 고정된 것이 아니라
상대적이며 변화하는 것으로 파악함으로써 관념론과 경험론의 한계
를 극복하려고 노력하였다고 말할 수 있다. 인식주체의 능동성의 강
조는 즉 경험주체의 능동성의 강조를 의미하였기 때문이다.

    그렇다면 상대적이며 변화하는 진리를 진리라고 말할 수 있을
까. 여기에 실용주의를 쉽게 이해할 수 없게 하는 장애물이 있다.
아마도 진리라는 용어보다도 '가정' 혹은 '가설'이라는 용어를 썼
다면 쉽게 이해되었을지도 모른다. 가정은 언제든지 어느 상황 속에
서도 그 가치가 변화할 수 있기 때문이다. 실제로 실용주의자들은
자연과학법칙의 절대성과 필연성을 부정하고 상대성과 개연성을 주
장하였으며 '가설'이라는 용어를 사용하기도 하였다. 우연과 개연
성의 주장에도 불구하고 실용주의자들은 진리라는 용어를 포기하지
는 않았다. 어느 특정한 순간에만 진리이고 그 전후로는 진리가 아
니라 하더라도 바로 그 순간에서만은 진리였다는 사실은 변화하지
않기 때문에 실용주의자들은 진리라는 용어의 사용을 고집하였다.
사실 이러한 실용주의자들의 태도는, 진리는 상대적이며 변화한다
는 경험론의 극단적인 회의론과 그래도 진리가 여전히 존재한다는
관념론의 이상을 동시에 보여주는 것이었다. 비록 이러한 진리에 대
한 실용주의자들의 열망이 혼선을 가져오기는 하였지만, 실용주의

의 진리에 대한 열망에서 우리는 기존 유럽철학을 종합하려는 간절한 노력의 단적인 모습을 찾아볼 수 있는 것이다.

특히 실용주의는 다윈주의(Darwinism)와 사회 다윈주의(Social Darwinism)의 미국적 비판적 수용을 의미하였다. 생존경쟁과 자연도태, 그리고 적자생존(適者生存)을 통하여 자연의 진화과정을 설명한 다윈주의는 인간을 포괄하는 것이었으며, 다윈주의의 '자연법칙'을 인간사회에 적용시킨 스펜서(H. Spencer)의 사회 다윈주의는 적자에 대한 자연적 절대적 정당성을 부여하는 것이었다. 따라서 19세기 후반의 미국사회에서 자본가와 실업가는 '적자'로서 인정되었으며 그들의 치부는 그들의 온전한 노력의 대가로서 정당화되었다. 그러나 인간행위는 단순히 다윈주의식의 '자연법칙'에 근거하여 이루어지는 것이 아니며 인간의 의식과 목적을 통하여 이루어진다는 결론에 도달하게 되고, 인간사회의 법칙은 생존경쟁과 적자생존에 있는 것이 아니라 인간간의 협동과 조화에 있다는 각성이 생겨났다. 이러한 인도주의적 각성은 인간의 관념과 행동의 전반적인 재조명을 요청하였으며, 그 결과가 지적 운동으로서의 실용주의로 열매 맺게 되었던 것이다. 말하자면 실용주의의 인식주체와 경험주체의 강조는 이러한 인도주의적 각성의 일환이었다. 따라서 실용주의자들은 인식주체와 경험주체를 무시하는 '진화론적 자연주의'(evolutionary naturalism)를 배격하고 인간의 능동성을 강조하는 '과학적 자연주의'(scientific naturalism)를 내세웠다. 실용주의는 그 연구방법론으로서 진화적 방법론을 채택하되 인간성을 무시한 '자연법칙'의 절대성을 부정하고 인간의 역동성과 상대성을 강조하는 철학적 색채를 띠게 되었다.

이러한 맥락에서 보면, 지적 운동으로서의 실용주의가 관념의 의미와 진리에 대한 철학적 탐구에서 머물지 않았다는 것은 그리 놀라운 일이 아니다. 실용주의자들은 기존 철학의 기저에 깔려 있는 전제 자체를 의문시함으로써 현재의 철학적 여러 문제들을 해결하려고 하였다. 따라서 그 시작은 진리이론과 의미이론에 있었지만 여기에 머물지 않았다. 그들은 철학적 문제로부터 시작하여 법·역사·경제 등 다양한 지적 분야에 실용주의적 진리이론과 의미이론을 적용함으로써 인간의 가능성과 다양성, 그리고 인도주의를 추구하였던 것이다. 따라서 실용주의는 포괄적으로 인간의 가능성과 다양성, 그리고 인도주의에 입각한 지적 운동이라고 정의할 수 있다. 좀더 구체적으로는 실용주의는 진리의 절대성과 불변성을 부정하고 역사적 진화에 입각한 경험의 중요성을 강조함으로써 진리와 의미의 상대성을 강조하려는 지적 경향이라고 요약할 수 있다.

실용주의를 좀더 명확히 이해하기 위해서는, 무엇보다도 실용주의를 물질주의·실리주의·상업주의·황금만능주의와 구별하여 인식하여야 한다. 이 구별이 명확하지 않았던 까닭은, 첫째로 실용주의가 출현하였던 시대적 상황에 있었다. 19세기 후반의 미국의 급속한 자본주의 발전과 경제적 번영, 그리고 제국주의라는 역사적 사실은 실용주의의 출현과 맞물리면서 실용주의를 미국 자본주의의 이데올로기로 단정짓고 말았던 것이다. 그러나 앞서 설명하였던 것과 같이 실용주의는 미국 자본주의를 철학적으로 옹호하고 있던 다원주의 혹은 사회 다원주의를 비판함으로써 출현하였다. 더욱이 사회이론으로서의 실용주의는 생산노동의 존엄성을 강조하는 ‘생산자주의’(producerism)의 형태로 발전하였던 것이다.[3] 그러나 이것은 실용주의가 노동자와 민중의 편에 섰다는 것을 의미하지는 않는다. 좀더 포괄적으로 말하면, 실용주의는 현실개혁의 도구로서 관념과 지식을 강조하는 것은 아니었다. 왜냐하면 실용주의를 추진하였던 사람들은 될 수 있다면 ‘계급적 관점’에서 벗어나 ‘객관적 관점’에서 진리와 의미를 이해하려고 노력하였기 때문이다. 그들은 ‘객관적 관점’에서 저술하되 그 기저에 미국 자본주의의 본격적인 비판과 개혁의 소리를 심었다. 따라서 그 소리를 듣기 위해서는 실용주의를 역사적 연관관계 속에 놓고 전체적인 조망을 통하여 살펴보아야 한다.

둘째, 실용주의의 정의가 통속화된 것은 실용주의의 한 측면, 특히 경험주의적 측면을 편파적으로 강조한 철학적 인식 때문이었다. 철학을 쉽게 풀어 일반인들에게 보급하였던 윌리암 듀란트(William Durant)는 실용주의의 요체를 "어떤 관념의 의미를 발견하기 위해서는 그 [관념]이 행동에 초래하는 결과를 조사해야 한다"[4]는 것으로 이해하였다. 관념의 결과에 대한 강조는 개념과 현실 사이의 관계성과, 미래의 현실에서 나타날 수 있는 관념의 가능태를 무시하는 경향을 가져왔다. 따라서 이러한 관념의 결과에 대한 강조는 실용주의를 통속적인 결과를 중요시하는 실리적 철학으로 단정하는 경향으로 이어졌다.

셋째, 실용주의를 경험적 공리주의로 매도하게 된 이유 가운데 하나는 실용주의의 대표자였던 제임스의 학문적 부주의에 있었다. 그는 《실용주의》에서 공리주의자였던 "존 스튜어트 밀(John Stuart Mill)에게 바침. 그로부터 실용주의의 개방정신을 배웠을 뿐 아니라 만약 그가 오늘날 살아있다면 우리의 지도자가 되었으리라는 부질없는 생각을 해본다"[5]는 헌정사를 썼던 것이다. 이것은 실용주의를 공리주의자인 밀과 연관시킴으로써 실용주의를 공리성, 나아가 물질주의, 황금만능주의를 강조하는 철학으로 속단해버리는 결과를 가져왔다. 이러한 제임스의 학문적 부주의는 그로부터 퍼스를 멀어지게 하였으며, 퍼스는 자신의 실용주의철학을 제임스의 철학과 구별하기 위해 프래그머티즘(pragmatism)이 아니라 '프래그머티시즘'(pragmaticism)이라고 명명하기까지 했던 것이다.

넷째, 실용주의의 통속화 경향은 무엇보다도 실용주의 자체의 다양성에 기인한 것이었다. 제임스의 제자였던 역사학자 러브조이(A. O. Lovejoy)는 13개의 다른 유형의 실용주의를 논의하였다.[6] 그가 분석한 바와 같이, 실용주의는 그 자체에 모순되거나 상충되는 관념들을 포용하고 있다. 이러한 다양한 관념 가운데 어느 한 부분에 대한 편협한 강조는 실용주의의 왜곡과 통속화 경향을 가져올 수 있는 것이다. 사실 실용주의를 물질주의 혹은 관념을 '현실개혁의 도구'로 강조하는 것도 이러한 다양한 실용주의의 편향된 시각에 근거한 것이다. 이러한 다양성에도 불구하고 영국의 실용주의 철학자였던 쉴러(F. C. S. Schiller)는 실용주의자 수만큼 실용주의의 종류가 있다는 사실에 대하여 오히려 환영하였다. 실용주의는 진리의 상대성이라는 토대 위에 세워진 지적 운동이었기 때문에 어떤 이론이 관념과 경험 사이의 관계성을 존중하는 것이되 어느 쪽에 대한 지나친 강조가 아니라면 그 이론이 가지고 있는 독특성을 묵과하고 실용주의의 한 이론으로 간주되었다. 진리의 다양성과 상대성을 강조하는 실용주의는 그 자체의 다양성에 관하여서도 관용적이었던 것이다.

이 철학적 관용성은 퍼스가 처음 실용주의를 일반에 공개하였을 때 이미 명확하게 표현되었다. 1878년 《월간 대중과학》에 발표한 〈관념을 명확하게 하는 방법〉(How to Make Our Idea Clear)이라는 논문에서 그는 비록 '실용주의'라는 용어는 직접 사용하지 않았지만 '실용주의의 격언'(pragmatic maxim)을 언급하였다. 그는 어떤 개념을 올바르게 이해하기 위해서는 "그 개념이 우리 인간들의 행동에 대해서 어떤 영향을 가지고 있는가를 생각해"[7] 보고 나서 그 개념과 현실(경험) 사이에서 나타날 수 있는 '영향의 총화(總和)'가 바로 그 개념의 진정한 의미라고 파악하였다. 요컨대, 퍼스의 '실용주의의 격언'에서 나타난 실용주의의 핵심적 사고는 첫째, 개념과 현실(경험) 사이의 역동적 관계성, 둘째, 그 관계 속에서 나타날 수 있는 '영향의 총화'에 있다.

따라서 실용주의는 좁게는 퍼스, 제임스, 그리고 존 듀이(John Dewey)에 의해 이룩된 '의미, 진리, 그리고 선(善)에 관한 이론'[8]이며, 넓게는 일반적으로 미국인들이 가지고 있었다고 여겨지는 원리와 원칙, 그리고 전통에 대한 거부를 의미한다.[9] 이러한 두 정의을 통하여 우리는 실용주의의 기본적인 특징을 쉽게 찾아볼 수 있다. 즉, 실용주의는 진리의 절대성과 객관성, 그리고 보편성을 부인하고 상대성과 다원성을 강조한다. 따라서 실용주의는 상대적이며 다원적인 원리에 입각하여 운동하는 현실사회와 물질세계를 고정되어 있지 않고 인간의 의지와 목적에 반응하여 움직이는 역동적인 존재로 파악한다. 여기에서 실용주의는 인간의 의지와 목적을 단순히 지식인 계층이나 정치지도자들의 의도만을 뜻하는 것이 아니라 사회 모든 구성원들의 목적과 의지를 포함하는 전반적이며 포괄적인 것으로 이해한다. 이러한 이유로 실용주의는 인도주의적이라고도 할 수 있다.

이러한 실용주의의 기본 개념들과 특징이 구체적으로 철학에서 어떻게 전개 발전하였는지, 그리고 다른 학문 분야에서 실제로 어떻게 구현되었는지 살펴보도록 하자. 앞서 설명한 것처럼 우리는 실용주의를 통속화 경향으로부터 분리하되 단순히 철학의 한 분야로 국한시키지 않고 19세기말과 20세기초의 지적 운동으로서 살펴보아야 한다.

Ⅱ. 철학이론으로서의 실용주의
― 프래그머티즘

일차적으로 실용주의는 철학의 한 이론으로서 구체적으로는 철학의 의미이론이며 진리이론이다. 철학이론으로서의 실용주의는 당시 유행하고 있던 여러 철학이론, 즉 다원주의, 헤겔의 관념론, 영국의 경험론의 미국적 종합이었다. 19세기는 역사학·심리학·사회학, 그리고 생물학의 세기였으며, 19세기말 출현하였던 실용주의는 무엇보다도 이러한 학문적 발달을 철학적으로 수용하려는 미국의 노력의 결과였다.

1877년 퍼스는 《월간 대중과학》에 발표한 '신념의 확신'(the fixation of belief)에서 실용주의적 진리이론을 전개하면서, 진리의 객관성을 거부하였다. 관찰자의 추론에 상관없이 진리는 언제나 진리로 거짓은 언제나 거짓으로 존재하는 것은 아니다. 진리는 추론을 통해서만이 인간에게 인식된다. 왜냐하면 추론은 "이미 우리가 알고 있는 것을 고찰함으로써 우리가 모르고 있는 다른 어떤 것을" [10) 이해하도록 해주기 때문이다.

따라서 추론의 방법은 진리인식의 관건이 되는바, 퍼스는 다음 네 가지 방법을 제시하였다. 첫째, 외고집방법(method of tenacity)이다. 이것은 어렸을 때 획득한 지식을 진리로 간주하고 자신의 지식과 배치되는 모든 것은 백안시하는 것이다. 이러한 방법의 결정적 결점은 서로 달리 생각하는 사람끼리 만났을 경우 이 접촉이 가져다줄 지적 변화를 수용하지 못한다는 점에 있다.

둘째, 권위의존방법(method of authority)으로, 사회적 전통이나 관습으로 인정받은 지식에 추론의 근거를 두는 것이다. 이 추론방법의 결함은 "어떤 제도도 모든 문제에 관하여 의견을 규제할 수 없다" [11) 는데 있다. 왜냐하면 언제나 새로운 문제들이 발생하게 마련이고, 이러한 문제들에 관하여 전통과 제도는 확고한 의견을 개인에게 제공하여주지 않기 때문이다.

셋째, 주로 철학자들이 주장하는 선험적 방법(a priori method)이다. 이것은 어떤 근본적인 주장과 지식이 '이성에 합치하는' 것으로 파악하고 이를 조건 없이 받아들이는 것이다. 비록 선험적 추론방법이 앞에서 논한 두 가지 방법에 비하여 "이성의 관점에서 볼 때 매우 지적이며 존경할 만한 것" [12) 이기는 하나, 자명한 것이라고 여겨지는 것도 시간이 흐르면 그렇지 않을 수도 있기 때문에 선험적 추론방법을 신뢰할 수가 없다. 이러한 선험적 방법의 결정적 결점에 대한 퍼스의 지적은 선험적 방법의 기저에 깔려 있는 가정에 대한 근본적인 부정을 의미하였다. 선험적 방법의 기저에는, 어떤 실제가 인간의 관념과 관계없이 독립적으로 존재하고 있고, 그 실제는 일정한 법칙에 따라 인간의 경험에 영향을 미치며, "인식법칙에 의지한 이성의 추론을 통하여 그 [실제]가 진정으로 무엇인지를 확인할 수"[13] 있고, 우리는 이러한 추론을 통하여 진정한 진리에 도달할 수 있다는 확신이 깔려 있는 것이다. 그러나 퍼스는 이러한 선험적 방법의 가정의 정당성에 대하여 의문을 제기하였다. 선험적 추론방법의 가정은 자체의 방법으로 정당화될 수 없다는 것이 퍼스의 핵심 논리였다. 그는 실제에 대한 개념적 의문을 넘어 어떤 실제가 그 실제에 대한 인간의 인식에 독립하여 존재한다는 근본적 가정을 가능하게 하는 선험적 방법론의 개념체제 자체를 의문시하였던 것이다.

마지막으로, 퍼스는 과학적 방법(method of science)을 진정한 지식을 구축하는 데 "가장 놀라운 개가(凱歌)"[14]로서 제시하였다. 그러나 그는 위의 세 가지 추론방법을 전적으로 무시한 것은 아니었다. 퍼스는 모든 사람은 "결국 자신의 견해가 사실과 부합하기를 원하며, 전술한 세 가지 방법의 결과가 그렇게 되지 말라는 법은 없다. 이러한 결론에 도달하는 것이 과학적 방법"[15]으로 도달하고자 하는 것이라고 주장하였다. 퍼스는 진리 추론에서 모든 방법론의 가능성을 열어놓았다. 따라서 전술한 세 가지 방법과 특히 가장 확신할 수 있는 과학적 방법을 통하여 "조사한 모든 사람들이 결국 인정하게 될 의견이 우리가 말하는 진리이며, 이러한 의견에 나타나는 객체가 실체이다"[16]고 결론지었다. 요컨대, 진리 인식에서 퍼스는 과학적 경험을 중요시하였으나 '과학적 천년왕국'(scientific millennium)에 전적으로 의지하지 않았던 것이다.

이러한 진리인식의 절대성에 대한 부정과 진리 추론의 다각적인 방법론을 기반으로 하여 퍼스는 실용주의적 의미이론을 전개하였다. 1878년의 논문 〈관념을 명확하게 하는 방법〉에서 그는 이것을 간략히 요약하고 있다. "사고행위는 의심의 자극에 의해 흥분되고 신념이 갖추어지면 정지하게 된다. 즉, 신념을 갖는다는 것은 오로지 사고작용일 뿐이다."[17] 진리는 지식으로 획득되지 않으며, 다만 신념만을 가질 뿐이다. 그러나 "무엇이 신념인가?" 신념이 가지는 철학적 중요성에도 불구하고 퍼스는 신념에 대해 자세히 논의하지 않았다. 단지 그는 신념의 세 가지 특징만을 적었다. 그에 의하면, 첫째, 그것은 우리가 인식하고 있는 것이며, 둘째, 그것은 의심의 자극을 순화(純化)시키는 것이며, 셋째, 그것은 우리의 행동규칙의 본성화 혹은, 간단히 말한다면, 습관화되는 것과 관련된다. [18]

퍼스의 이러한 설명 가운데 신념의 세번째 특징이 논리의 핵심을 이룬다. 즉, 특정한 신념은 특정한 행동의 습관화와 깊이 연관되며, 그 신념이 특정행동방식을 유지하는 한, 그 신념에 대한 의심은 일어나지 않게 된다. 그러므로 이러한 반복적 행동 속에서 신념은 더욱 확고하게 인식되는 것이다. 따라서 이러한 퍼스의 신념의 행위주의 이론은 '행동'(action)과 신념간의 관계성을 강조하게 된다.

따라서 퍼스의 유명한 '실용주의의 격언'은 이러한 관계성에 대한 강조를 단적으로 보여주는 것으로 파악된다. 어떤 한 관념은 개인 각자들의 경험과 행동을 통하여 각 개인의 특정한 의문과 의심을 해소해주는 특정한 관념, 즉 신념의 형태로 각자에게 존재하며, 그 신념은 각자의 특정한 행동을 통하여 각 개인들에게 '특정한' 진리로서 확고하게 자리잡게 된다. 따라서 어떤 관념의 진정한 의미를 이해하기 위해서는 현실에 나타날 그 개념의 행동 혹은 실제에 대한 모든 '영향의 총화'[19]를 이해하여야만 한다.

개념의 실제에 대한 모든 영향을 총체적으로 이해하기 위해서는 과학적 방법에 의존하여야 한다. 1905년의 〈실용주의는 무엇인가〉라는 논문에서 퍼스는 "모든 명제의 합리적 의미는 미래에 있다"[20]고 주장하였다. 그에게서 어떤 개념의 진정한 의미를 제시한다는 것은 반드시 과거와 현재, 그리고 미래를 포함하는 그 개념의 '모든 실험적 현상'[21]을 일반적으로 서술할 수 있을 때만 가능한 것이다. 따라서 모든 실험적 현상을 조사하고 이해하려면, 관찰자는 반드시 과학적 추론방법을 이용하여야 한다.

　　그러므로 퍼스의 실용주의는 진리이론과 의미이론을 통하여 진리와 의미의 상대성과 경험적 실험정신을 강조하였다. 진리는 고정된 어떤 것이 아니라 앞으로 계속 탐구되어야 할 것이었다. 동시에 관념의 진정한 의미도 불변하는 것이 아니며 인간의 행동과 더불어 변화하는 것이다. 따라서 진리에 대한 실용주의적 추구는 이러한 변화와 진화를 올바르게 연구할 수 있는 것이어야 한다는 결론에 도달한다. 무엇보다도 퍼스는 그 방법으로서 과학적 연구방법을 강조하였다. 그럼에도 불구하고 그의 진정한 목적은 과학적 방법 자체에 있었던 것은 아니다. 진리이론과 의미이론 속에 숨어 있는 과학적 방법에 대한 퍼스의 경의는 진리에 대한 영원한 탐구정신을 반영하는 것이기 때문이다.

　　비록 퍼스의 진리이론과 의미이론은 제임스에 의해 대체로 수용되어 발전되었지만, 제임스는 퍼스와 달리 의미와 진리의 정의를 명료하게 하려는 노력에 머무르지 않았다. 제임스의 진리이론은 일반적으로 어떤 명제가 실제에서 실용적인 경우에 한하여 진리로 받아들여질 수 있다는 주장으로 요약할 수 있다. 똑같은 방식으로, 제임스의 의미이론은 만약 어떤 신념이 실제에서 행동으로 이어지는 경우에 한하여 신념으로 확고하게 된다는 주장으로 요약될 수 있다. 달리 말하자면, 퍼스와 제임스의 차이점은 퍼스가 의미이론에 주로 전념하였다면 제임스는 실제 경험상에서 나타나는 관념의 기능을 주로 연구하였다고 할 수 있다. 제임스는 의미이론과 진리이론을 도덕적 종교적 그리고 심리학적 문제들에 적용하였다. 따라서 제임스의 실용주의가 더욱 구체성과 현실성을 띠게 되었다는 것은 별로 놀라운 일이 아니다.[22]

　　비록 구체성의 강조가 여러 철학적 몰이해와 속단을 유발하기는 하였지만, 제임스의 구체성에 대한 노력은 여기서도 다시 강조할 필요가 있다. 그러나 오해를 피하기 위하여 우선 실용주의자와 경험론자간의 차이를 알아둘 필요가 있다. 흄과 같은 경험론자들은 감각경험을 관념의 원천으로 파악한다. 말하자면, 사고의 모든 관념·생각·느낌·상상 등은 각각 경험으로부터 도출된 결과이며 이러한 추상적 일반적 개념은 새로운 경험의 복합성을 단순한 경험적 관찰의 언어로 환원시킨다.

그러나 이러한 환원주의적(reductionist) 경험론은 실용주의자들에게는 받아들일 수 없는 것이었다. 그러나 그들은 경험론을 무시하지 않고 오히려 경험론을 더욱 극도로 발전시켰다. 관념(혹은 신념)과 행동(혹은 경험) 사이의 관계를 역동적으로 파악하였던 것이다. 이러한 관념과 경험의 역동성은 제임스가 직면해야 했던 실용주의에 대한 통속화와 왜곡을 극복하는 데 관건이 된다. 제임스에 의하면, 관념과 신념은 '행동의 계획'(plans of action)이며 행동은 관념을 구체화한다. 실제에서 행동을 결여한 관념은 진리일 수 없으며, 행동, 즉 경험에 의하여 지지되지 않는 관념은 허구이다. 따라서 보편적이고 절대적인 관념은 존재하지 않으며, 설사 그러한 관념이 있다 할지라도 그 관념은 허구이다. 왜냐하면 실제에서 관념은 모든 가능태를 구현할 수 없으며 상황에 구속받게 된다. 따라서 관념이 특정 상황 아래서 행동으로 이어질 수 있느냐는 의문, 즉 관념의 '실용성'(workableness)은 그 관념의 진리의 척도로 등장하게 된다. 만약 실제적인 실용성이 결여되면 그 관념은 실제로 쓸모없는 것이 되어 선(善)도 아니고 진리도 아닌 것이 된다. 그러므로 제임스의 관념의 윤리적 상대성 주장은 관념과 경험의 역동성, 그리고 관념의 역사성과 밀접하게 관련을 맺게 된다. 달리 표현하자면, 제임스는 실용주의의 의미이론을 가치판단과 연결시킴으로써 선(善)이론으로서의 진리이론을 도출하였던 것이다.

그러나 제임스의 진리이론은 무엇보다도 종교적 문제에 적용시킴으로써 많은 혼란을 야기시켰다. 그의 《믿으려는 의지》(*Will to Believe*)는 비(非)그리스도교인에게 절대자의 존재에 대한 철학적 옹호를 통해서 종교적 신념을 그럴 듯하게 정당화하려고 하는 것으로 여겨졌다. 다른 한편으로 그리스도교인에게는 《믿으려는 의지》는 절대자의 존재근거를 인간의 의지에서 찾는 불경스러운 것으로 간주되었다. 그러나 제임스에게 《믿으려는 의지》는 관념과 경험의 역동성을 쉽게 설명하기 위한 것이었을 뿐만 아니라 형이상학적 종교적 주제들에 관한 그의 실용주의적 '지적 실험'을 보여주기 위한 것이기도 했다. 그에게 신의 존재론적 문제 자체는 중요한 것이 아니었다. 형이상학적 종교적 문제가 다른 신념이나 경험과 연결되어 어떻게 실용적인 관계 속에 설정되는가 하는 문제가 제임스에게 가장 중요한 문제였다. 제임스는 사실과 직접적인 관계를 가지고 있지 않은 형이상학적 종교적 문제에까지 실용주의를 확대함으로써 진리이론을 정립하려고 하였다. 그에게는 형이상학적 종교적 진리조차도 변화하는 것이며 상대적인 것이었다. 요컨대, 《믿으려는 의지》는 모든 범주에서 경험 가능한 인식주체와 인식객체의 역동적 관계, 즉 '진리관계'(truth-relation)[23]에 대한 체계적 연구의 일환이었던 것이다. 모든 범주에 실용주의, 즉 제임스가 말하였던 '급진적 경험주의'(radical empiricism)를 적용하는 것이 그에게는 가장 중요한 철학적 과제였다.

그러나 앞서 잠깐 설명한 것처럼 제임스의 '급진적 경험주의'는 실용주의의 왜곡과 통속화 경향에 많은 영향을 남겼다. 실용주의를 일반인도 쉽게 이해할 수 있도록 하기 위하여 제임스는 여러 독특한 표현들을 사용하였다. '현금가치', '이윤'과 같은 용어들은 급속한 자본주의의 발전과정 속에 있었던 미국인들에게 실용주의를 쉽게 이해시키는 데 도움이 되었지만, 결코 실용주의를 제대로 이해시키는 데는 성공하지 못하였다. 또한 그의 철학적 논리는 겉으로는 단순명쾌한 듯이 보였다. 예를 들어, 그는 실용주의를 최초의 것, 원리 등 이른바 필연성에서 눈을 돌려 최후의 것, 성과, 결과 등을 바라보는 태도로 규정하였다. 많은 사람들이 제임스의 이러한 간단명료한 정의를 추종하였다. 그러나 그들은 제임스가 이러한 정의의 기저에 깔고 있었던 경험주체와 경험객체간의 역동적인 관계를 인식하지 못하였다. 관념은 경험과 분리되어 원인이 되고 경험은 그 결과로 구분될 수 있는 성질의 것이 아니었다. 제임스에게는 관념은 경험의 연속이며 동시에 경험은 관념의 연속이었기 때문이다.

제임스가 초래하였던 실용주의에 대한 많은 혼란과 왜곡을 딛고 존 듀이(John Dewey, 1859~1952)는 실용주의를 단단한 토대 위에 올려놓았다. 퍼스와 제임스가 하였던 것처럼, 듀이는 경험론의 이원론적 인식론을 비판하였다. 그러나 듀이의 진리이론은 제임스의 이론보다 퍼스의 이론에 가까웠다. 초기에 듀이는 진리를 '실현 가능한'(working) 또는 '만족할 만한'(satisfactory)[24] 관념으로 제시하였으나 후에 '정당한 단언성'(warranted assertibility)[25] 으로 정의하였다. 만약 문젯거리가 되는 상황이 있다고 설정하자. 그 상황을 해결하기 위하여 여러 생각을 통하여 탐구하고 조사하게 될 것이다. 그리고 그 해결하려는 노력, 즉 탐구나 조사에 의하여 충분히 뒷받침되어 어떤 일을 하게 되면 그 상황을 해결할 수 있을 것이라는 결론 혹은 주장(왜냐하면 그 '결론'도 절대적인 것이 아니기 때문에 주장이라고 말할 수 있을 것이다)에 도달할 것이다. 듀이가 말하는 진리는 궁극적으로 실제의 어떤 문제 혹은 불확실한 상황을 해결하는 (그것이 결국 가설적인 것이지만) 최종적인 판단으로 정의된다. 그 판단은 해결하려는 노력에 의하여 충분히 보장되고 정당한 것으로 간주되며, 그 판단은 결국 하나의 주장이며 단언이기 때문이다. 여기에서 문제가 되는 상황과 주장(혹은 단언) 사이에는 일정한 대응관계를 갖게된다. 대응관계 속에서 대응의 한 요소는 경험의 범주에 속하며 다른 한 요소는 경험의 범주에서 벗어나 있는 것이다. 이러한 특징을 갖는 진리의 대응관계는 듀이의 가장 특징적인 진리이론으로 규정된다. 이러한 맥락에서, 버트란트 러셀과의 논쟁에서 듀이는 자신의 진리이론을 '대응설'[26] 로 정의하였다. 경험론 철학과 관념론 철학의 형이상학과 인식론의 비판적 수용에서 비롯된 실용주의는 드디어 듀이에 와서 대응설로서 체계화되었던 것이다.

관념과 경험의 역동성을 기반으로 하는 대응관계는 듀이가 말하였던 도구주의(instrumentalism)의 철학적 핵심을 이룬다. 듀이는 도구주의를 다음과 같이 정의하였다.

> 도구주의는 여러 가지 형태의 개념, 판단, 추론에 관한 정확한 논리적 이론을 구성하기 위한 시도이다. 이것은 사고가 미래의 결과들에 관한 실험적 결정에 있어 어떻게 기능하는가를 일차적으로 고찰함으로써 이루어진다. …… 그것은 보편적으로 인식되는 논리의 차이와 규칙을 이성에 속해 있는 재구성적 또는 매개적 기능으로부터 도출함으로써 확립하는 것이다. [27]

도구주의는 단순히 관념을 사회변화의 도구로서 이용하는 철학이 아니라 '미래의 결과'들에 대한 논리이론이다. 이 이론은 다양한 관념과 경험 사이의 유기체적 관계, 즉 판단과 추론을 통하여 그리고 일단 실험된 결과의 해석과 재실험을 통하여 이룩된다. 관념의 일시적 효과 혹은 결과가 이론 구축에 중요한 관건이 되는 것은 사실이지만, 그 현실적 효과 혹은 결과는 실용주의의 요체일 수는 없다. 비록 어떤 관념이 일시적 효과와 현실적 결과가 없다 할지라도 이 실험은 논리이론을 구축하는 데 재구성을 요구하는 중요한 역할을 담당하기 때문이다. 달리 말하자면, 끊임없는 과학적 실험과 미래의 결과에 대한 추구가 현실적 결과보다 오히려 더 중요한 것이다. 그러므로 실용주의로서의 도구주의는 관념과 경험의 유기체적 통일성이 존중되는 이론이라고 할 수 있다.

이러한 맥락에서 우리는 듀이의 민주주의에 대한 추구를 이해하여야 한다. 즉 단순히 관념은 '현실 변혁의 도구'라는 쉽게 왜곡될 수 있는 관점에서가 아니라 끊임없는 인간과 사회의 대화를 통하여 진리를 발견하려는 관점에서 사회의 변화와 진보를 추구하였던 실용주의자들을 이해하여야 한다. 듀이는 민주주의의 실용주의적 이상을 다음과 같이 표현하였다.

> 민주주의라는 것은 경험과정이 경험에서 얻어진 어떤 특정결과보다
> 도 중요하며 따라서 성취한 특정결과는 그것이 진행중인 과정을 풍요
> 하게 하고 그 과정에 질서를 부여해주는 때만이 궁극적인 가치를 갖는
> 다는 것을 신뢰하는 믿음이다. ……경험 자체가 끝에 도달하기 전에
> 는 누구도 끝에 도달할 수 없기 때문에 민주주의의 과제는 모든 사람
> 이 함께 향유하고 모든 사람들이 기여하게 될 더욱 자유스럽고 더욱
> 인간적인 경험의 창조를 영원히 추구하는 데 있다. [28]

관념과 경험 사이의 역동적 관계를 갖는 "개념과 추론의 일반형
태이론"[29] 을 이끌어내기 위해서 듀이는 실험을 강조한다. 실험은
경험의 영원한 창조에 가장 적합한 과학적 방법인 것이다. 실험에
대한 강조는, 퍼스에서 볼 수 있는 것처럼, 관념과 경험 사이의 관
계의 '총화'를 추구하려는 이상에서 비롯된 것이다. 그러나 자연과
학과 달리 사회 인문과학에서는 실험실에서 하는 실험을 실행할 수
없다. 이러한 이유로 듀이는 역사를 실험의 유일하게 가능한 대치물
로 파악하고 역사연구방법의 중요성을 강조하였다. 이러한 역사 연
구방법의 중요성은 철학으로서의 실용주의에서보다 다른 분야, 즉
법이론·역사이론·경제이론으로서의 실용주의에서 더욱 강조되고
활용되었다.

Ⅲ. 법이론으로서의 실용주의
― 법실용주의

형이상학 클럽의 구성원이었던 올리버 홈즈(Oliver Wendell Holmes,
Jr., 1841~1935)는 미국 법사상에 실용주의를 도입하였다. 홈즈는

듀이가 실용주의에 발을 딛기 이전에 이미 실용주의에 심취되어 있었다. 퍼스와 제임스의 친구였던 홈즈는 기존의 법형식주의(legal formalism)의 논리를 거부하고 경험에 입각한 법사상, 즉 '법실용주의'(legal pragmatism)[30]를 내세웠다.

퍼스와 제임스가 철학에서 하였던 것처럼, 홈즈는 법학에서도 법 진리의 절대성을 거부하였다. 그는 당시 유행하고 있던 오스틴적 법의 관념에 대항하였다. 영국의 법리학자였던 존 오스틴(John Austin)은 법을 주권자의 명령으로 파악하였다. 그에 의하면, 법원은 주권자를 대변하며 따라서 법원의 결정은 주권자의 결정이다. 법원의 결정은 재판관의 개인적 심리상태에 의하여 영향을 받기도 하지만 재판결정에 대한 영향일 뿐 법 일반에 대한 영향은 아니다. 홈즈는 이러한 오스틴의 법개념을 편협하며 극단적으로 단순화된 관념으로 보았다.

1897년 1월 보스턴대학 법대에서 '법의 길'(The Path of the Law)에 관한 연설을 하면서 홈즈는 법에 대한 정의와 법과 사회와의 관계에 대한 자신의 실용주의적 견해를 피력하였다. 홈즈에 따르면, 일반적으로 법이라고 말하는 것, 즉 법령집·판결집·조약집·조례집 등은 단순히 법을 연구하기 위한 '수단'일 뿐이다. 이러한 수단을 통하여 법률가들은 법원이 어떻게 사건을 결정할 것인가를 예견할 수 있게 되는 것이다. 법원은 단순히 '수단'으로서의 법조문과 판결문에 얽매여 있지 않고 당시의 사회와 밀접하게 연관되어 영향력을 주고받으면서 특정한 사건을 결정한다. 따라서 법률가들은 이러한 사회와의 긴밀한 유대관계 속에 있는 법원이 내린 결정을 예견하려고 노력하여왔으며, 그 결과 그들이 이루어놓은 예견들(predictions)이 누적이 되고 체계화되어 이론으로서 등장하였다. 바로 실제로 법원이 하려는 것에 대한 이론 혹은 '체계화된 예견'[31]이 홈즈에게는 법 연구의 대상이 되는 법이었던 것이다.

이러한 법의 경험주의적 정의를 통하여 홈즈는 법학을 경험주의적 학문으로 전환시켰다. 홈즈의 견해에 따르면, 법률가는 법원의 행위를 경험론적으로 예견하는 사람들이며, 그들의 성공은 예견 능력에 달려 있다. 또한 법률가를 가르치는 법학대학은 법원행위에 대한 예견의 적중률을 높이기 위하여 과거의 법원재판기록과 판결문을 잘 정리하여 법원의 일정한 경향을 가르치는 기관이어야 한다. 이와 같은 맥락에서 볼 때, 홈즈는 논리적인 일반화와 추론을 거부하지는 않았음에도 불구하고 그에게 법의 생명은 논리가 아니었다.

이미 1881년 법실용주의를 구체화한 《커먼로》(*Common Law*) 에서 홈즈는 법에 대한 연구는 논리를 통하여 이루어지는 것이 아니며 과학적이며 경험주의적 방법에 의하여 이루어져야 한다고 주장하였다. 《커먼로》의 첫장에서 그는 법연구에는 "논리가 아닌 다른 도구들이 필요하다"[32] 고 역설하였다. 홈즈는 법 연구방법으로 무엇보다도 역사 연구방법을 강조하였다. 역사 연구방법의 중요성은 법의 역사적 발전을 통하여 증명된다. 왜냐하면 법이 만들어졌을 "당시에 느꼈던 필요성, 유행하던 도덕이론과 정치이론, 공공정책에 대한 의식적 혹은 무의식적 직관(直觀), 당시의 일반인들과 함께 가지고 있었던 재판관들의 편견이 법을 제정하는 데 연역적 추론논법보다 더욱 많은 역할을 담당하였다. 법은 수세기를 걸친 한 국가의 발전의 이야기를 포함하며, 법은 마치 수학책의 공리나 추론들을 담고 있는 것처럼 다룰 수는 없기"[33] 때문이다.

이러한 역사적 법 연구의 중요성은 실제로 홈즈의 법 연구에서 나타났다. 그는 법 용어와 법의 진정한 의미를 파악하기 위하여 법의 역사와 입법과정이론에 대한 세심한 연구를 거듭하였다. 실제로 그의 《커먼로》는 역사 연구방법을 통한 결실이었던 것이다. 《커먼로》의 핵심은 다음의 주장을 실제로 보여주려는 것이었다.

원시사회의 관습, 신념, 혹은 필요는 규칙 혹은 정칙(定則)을 출현시킨다. 수세기를 통하여 관습, 신념, 혹은 필요는 사라지고 규칙만이 잔존하게 된다. 규칙이 나타난 이유들을 잊어버리게 되고 유식한 사람들이 규칙이 어떻게 형성되었는가를 설명하여준다. 정책의 몇 가지 근거는 규칙을 설명하여 주는 것 같으며 그 근거들은 규칙과 현재 상태와 잘 맞아떨어지는 것처럼 간주된다. 그리하여 규칙은 새로운 요구에 맞게 조정이 되고 새로운 특성을 지니게 되는 것이다. 이전의 형태가 새로운 내용을 받아들이고, 어떤 경우에는 수용된 새 의미에 맞추어 형태 그 자체까지도 변형된다. [34]

1897년의 〈법의 길〉에서도 홈즈는 법 연구에서 역사 연구방법의 중요성을 다시 역설하였다. 그에게 역사 연구는 법 연구의 기초적 단계였다.

현재, 매우 많은 경우에, 만약 우리가 왜 법 규칙이 이와 같은 특정한 형태를 갖추게 되었는가를 알고 싶을 때, 그리고 혹은 만약 우리가 법 규칙이 왜 존재하게 되었는가를 알고 싶을 때, 우리는 전통을 찾아간다. 우리는 전통을 찾아 연대기, 그리고 아마 연대기를 넘어 프랑크족의 살리부족의 습관에 이르게 된다. 혹은 우리는 과거 어느 곳, 게르만의 숲속, 노르만 왕들의 필요, 어떤 지배계층의 주장들, 법에 대한 일반적 관념조차 없는 곳에 도달하기도 한다. 그곳에서 우리는, 현재 그 법 규칙을 받아들이고 있다는 단순사실에 의하여 그리고 사람들이 그 법 규칙에 익숙해져 있다는 이유로 법이 정당화되고 있다는 것을 알게 되고 정당화되고 있는 역사적 사실에 대한 실제적인 동기가 무엇인지를 알게 된다. 법의 합리적 연구는 아직까지도 상당부분 역사 연구인 것이다. 역사 연구 없이는 우리가 담당하여야 할 법의 명확한 범주를 이해할 수 없으므로, 역사는 법 연구의 한 부분이어야 한다. 역사 연구는 계몽된 회의주의, 즉 이러한 규칙의 가치에 대한 세밀한 재고찰에 대한 첫걸음이므로 역사 연구는 합리적인 법 연구의 한 부분이어야 한다. [35]

역사 연구방법을 통하여 홈즈는 법은 절대적 도덕적 원칙에서 유래한 것이 아니라는 결론에 도달하였다. 그에 따르면, 법과 윤리는

절대적인 가치를 구현하는 것이 아니며, 항상 변화하는 것이며 주관
적인 것일 뿐이다. 법은 도덕윤리원리 혹은 그 가치로부터 유래하는
것이 아니라 역사적 상황 속에서 잉태하는 것이기 때문이다. 홈즈에
게서 윤리도덕과 법은 확연히 구분된다. 예컨대, '커먼로'에서 계
약의 의무라는 것은 만약 그 계약을 지키지 않으면 계약의 불이행에
서 오는 손해를 배상한다는 법적 예견에 근거하는 것이다. 계약의
불이행에서 오는 도덕적 의무란 법률적으로 볼 때 전혀 의미가 없는
것이다. 손해배상을 해주면 그것으로 모든 법률적 의무는 종결되기
때문이다.

　　비록 당시의 사회개혁가들과 같이 사회개혁의 원동력으로서 법과
윤리의 불일치를 강조하지는 않았지만, 홈즈는 법의 내용이 윤리적
이 아니라는 점에 사회개혁가들과 의견을 같이하였다. 그에 의하
면, 법률가는 법원의 행위를 경험론적으로 예측하는 사람이므로,
그들의 임무는 어떤 사람이 의뢰인이 되었을 때 그에게 법원이 이
사건을 어떻게 다룰 것이며 어떻게 결정할 것인가를 말해주는 데 있
다. 법률가의 의무는 의뢰인이 도덕적으로 옳거나 그르거나 관계 없
이 그를 법률적으로 보호하는 데 있다. 따라서 법률가는 반드시 사회
개혁의 선구자일 필요가 없다. 사회개혁과 법(혹은 법률가)은 아무런
상관관계를 갖지 않는다. 요컨대, 법을 다루는 일은 절대적 윤리에
입각한 개인의 자유와 사회정의를 수호하는 것이 아니라 의뢰인의
법적 권리를 보호해주는 "분명한 한계를 가진 사업"[36] 인 것이다.

　　그러나 홈즈의 법과 윤리의 구분은 법의 완전한 탈윤리를 의미하
는 것은 아니다. 법은 그 시대와 함께 호흡하는 것이다. 따라서 법
의 윤리는 그 시대의 상황 속에서 찾아진다. 그 시대를 사는 사람들
의 의지에 따라 법은 변화하고, 변화하는 법의 윤리는 바로 변화하
는 사람들의 의지에서 찾아져야 한다. 비록 홈즈의 개인적인 사회관
은 그의 사회 정치적 이해관계 속에서 출발한 것이었으며, 따라서
당시의 사회개혁가들의 사회관에 긍정적이지 못했지만, 변화하는

사회의지를 무엇보다도 중요하게 생각하였다.

1902년 홈즈는 하버드 법대의 교수, 매사추세츠 주의 대법원장을 거쳐 연방대법관에 올랐다. 당시 자유방임주의자들은 제14조 수정조항을 통하여 독립선언서에 보장되어 있는 '생명, 자유, 그리고 행복의 추구' 권리가 연방헌법에 수용되었다는 주장에 근거하여 미국자본주의 기업의 자유를 촉구하였다. 또한 연방대법관 스티븐 필드(Stephen J. Field)는 이러한 친(親)자유기업의 논리를 헌법상의 절대적 권리로 인정하고 있었다.

1905년 로크너(Lochner)사건에서 홈즈는 이러한 자본주의와 자유기업의 논리근거가 되고 있는 자유방임주의에 대하여 일격을 가하였다. 로크너사건에서 대부분의 대법관들은 당시의 지적 풍토에 따라 제과업계에 일당 10시간 근무와 주당 60시간 근무를 규정한 뉴욕주의 법률을 근로자와 사업자간의 계약의 자유를 침해한 것으로 판결하였다. 그러나 홈즈는 이러한 판결에 반대하여 소수의견을 제시하였다. 홈즈에 의하면, "이 사건은 이 나라 대부분의 지역에서 받아들여지지 않고 있는 경제이론에 입각하여 결정된 것"[37] 으로 파악하였다. 홈즈는 역사 연구방법을 이 사건에서 동일하게 적용하였다. "연방헌법 제14조 수정조항은 허버트 스펜서의 《사회정학》(*Social Statics*)을 법률화하는 것이 아니다"[38] 고 그는 단언하였다. "연방헌법은 온정주의와 주(州)에 대한 시민의 관계에 관하여서든 혹은 자유방임에 관하여서든 어떤 특정한 경제이론을 구현하려는 것은 아니다. 이것은 근본적으로 다른 견해를 가진 국민들을 위하여 제정된 것이다"[39] 고 홈즈는 자신의 주장에 역사적 근거를 덧붙였다. 이러한 홈즈의 소수의견은 그가 연방대법원에서 은퇴하기 전에 대법원으로부터 법원의견으로 받아들여지기 시작하였으며, 그의 법 실용주의는 법 사실주의(legal realism)로 발전하였다.

Ⅳ. 역사이론으로서의 실용주의
— 신역사학

  실용주의는 19세기말과 20세기초의 역사가들에게도 깊은 영향을 미쳤다. 철학에서 진리의 절대성이 거부된 것처럼, 역사학에서는 역사 사실의 절대성이 거부되었다. 그러나 철학에서와는 조금 다르게 역사이론으로서의 실용주의는 과거의 역사 사실의 객관적 존재 자체에 대한 존재론적 의심에 근거한 것이 아니었다. 역사이론으로서의 실용주의의 이론적 근거는 역사 사실에 대한 인식론적 비판에 있었다. 투키디데스 이후 랑케(Leopold von Ranke)에 이르기까지 당연하게 여겨온 역사 사실의 객관적 인식에 대하여 의문이 제기되고, 과거 사실의 객관적 진리의 추구는 '고상한 꿈'으로 간주되었다. 역사가는 과거 사실을 인식하기 위해서는 자신의 이성을 반드시 이용하여야 하고, 그 이성은 과거 사실을 반영할 뿐 과거 사실 그 자체는 아니었다.

  이러한 상대주의적 역사인식 방법은 전통적 역사학에 대한 거부를 의미하였다. 전통적인 '과학적 역사가'들에게는 이러한 상대주의적 역사방법은 이단이었다. 과학적 역사가였던 조지 뱅크로프트(George Bancroft)의 객관적 진리의 추구는 "자연을 왜곡하며 신의 섭리를 거부하지 않고서는 [역사가]는 왜곡된 시각을 지닐 수 없다"[40] 는 역사 사실의 객관적 인식의 절대성에 의존하고 있었다. 물론 과학적 역사가들도 현재의 실제에서 역사적 진리의 완전한 객관적 인식을 불가능한 것으로 보았다. 그러나 완전한 객관성의 임시적 불가능성은 인식과정의 불완전한 기술적 결함에 기인하는 것일 뿐이며, 학계의 발전과 과학적 역사방법의 개선에 의하여 점진적으로 완전한 객관성으로 나아갈 것이었다. 따라서 전통적 역사가들은 랑케가 말하였던 것처럼 역사는 일어난 그대로 서술하여야 하며 서술할 수 있다고 신뢰하였던 것이다.

실용주의 역사가들은 전통적 역사가들이 품고 있었던 랑케적 이상에 근본적인 의문을 제기하였다. 랑케가 사실이 '일어났던 그대로' 사실을 서술해야 한다고 말하였을 때, 그 사실은 객관적으로 인식된 사실을 의미하는가. 진실로 역사가는 객관적 역사 사실을 객관적으로 인식할 수 있는가. 이러한 질문에 대한 실용주의 역사가들의 대답은 부정적이었다. 그들에 의하면, 역사사실은 객관적으로 과거에 그리고 과거에서만이 존재하며 현재의 역사가는 그 과거의 역사 사실을 객관적으로 인식할 수는 없다.

역사 사실의 객관적 인식 가능성의 부정은 역사 사실의 절대성의 부정을 의미하였다. 역사는 역사 사실과 역사가의 상대적 지적 교류를 통하여 탄생하며, 역사의 탄생은 역사가 자신의 '상상'(想像)을 통하여 이루어진다. 실용주의 역사가였던 칼 베커(Carl L. Becker, 1873~1945)는 역사가의 역사 서술에는 상상의 요소가 있다고 지적하였다. 역사가는 상상력을 이용하여 역사 사실을 이해하며 나아가 그 상상을 통하여 역사에 대한 체계화된 이론을 가지게 되는 것이다. 말하자면, 그에게 "역사 사실은 결국 매우 알기 어려운 것이며 확정짓기 매우 어려운 것이고, '이론'과 분리하기 거의 불가능한 것"이었다. 따라서 베커는 "역사의 실제는 영원히 사라졌으며, 역사의 '사실'은 그것이 무엇이든지간에 그것을 이해하기 위하여 역사가가 만든 정신적 상(像) 혹은 영상(映像)일 뿐이다"[41] 고 결론지었다.

객관적 역사 사실의 상대적 인식을 강조한 신역사학(New History) 역사가들은 역사의 효용성에도 의문을 제기하였다. 역사의 효용성에 대한 오랜 전통적 해석에 의하면, 현재는 과거의 의하여 이해되어야 한다. 인간의 역사는 일정한 유형의 반복을 통하여 움직이며,

따라서 과거 속에서 이러한 유형의 발전은 현재를 이해하는 데 결정적인 역할을 할 것이었다. 더욱이 엄격한 역사적 증거를 강조한 과학적 역사가들은 역사에서 교훈을 획득하는 방법과 그 획득의 정당성을 거부하였다. 그들에게는 역사학의 대상은 과거일 뿐이며 현재와 미래는 아무런 역할을 기대할 수 없는 것이었다. 그럼에도 불구하고 역사교훈의 현실적인 필요성 때문에 그들은 역사의 효용성을 강조하여야만 하였다. 그들은 역사학 과목을 "미국사회의 의미의 이해와 시민의 의무에 대한 가장 좋은 준비"[42] 과목이라고 주장하였다.

실용주의 역사학자들은 이와 같은 역사의 효용성에 대한 기존 역사가들의 태도를 비판하였다. 역사에서 유형을 발견함으로써 역사적 교훈을 이끌어내려는 전통적인 접근방법은 현재에 사는 사람들에게 변하지 않는 절대적인 역사교훈을 가져다줄 것이라는 신뢰에 근거한 것이었으므로 필연적으로 현재를 과거에 얽어매는 역사상을 가지게 할 것이었다. 전통적인 접근방법은 과거에 경험하였던 인간의 한계를 현재의 사람에게도 동일하게 적용되는 한계로서 인식될 것이다. 또한 전통적인 접근방법은 때로는 현재의 상태를 정당화시키고 기존 세력층을 옹호하는 경향을 띨 것이며, 새로이 발생한 사회문제와 정치쟁점들에 대하여 아무런 교훈을 제시하지 못하고 방치하게 될 것이다. '신역사학'을 주장하는 사람들은 그들이 처한 "상황은 마치 한 세기 전의 정치적 군사적 선례들조차 어떤 가치의 가능성도 가질 수 없는 것처럼 매우 새로운" 세계라고 간주하였다. 따라서 실용주의 역사학자들은 역사의 역동적 흐름의 이해를 가로막는 절대적 가치를 강조한 이데올로기, 즉 "플라톤적 이데아, 아리스토텔레스적 실체, 그리스도교의 특별창조의 도그마, 그리고 일반적인 '영원한 진리'"[43] 에 근거한 모든 역사교훈을 맹렬히 비판하였다.

이러한 절대성을 강조한 전통적인 접근방법의 결점에 날카로운 인식을 보여준 '신역사학'은 과거·현재, 그리고 미래의 관계를 새로이 정립함으로써 새로운 역사교훈이론을 이끌어냈다. 1907년 로빈슨(J. H. Robinson, 1863~1936)과 찰스 비어드(Charles A. Beard, 1874~1948)는 《근대 유럽의 발달》(*The Development of Modern Europe*)에서 역사가들은 "철저하게 과거보다 현재를 중요시하여야 한다"[44]고 강조하였다. 그들은 "지금까지 현재는 과거의 자발적인 희생물이 되어 왔다"고 전제하고 "이제 과거에 항거하여 진보를 위하여 과거를 이용하여야 할 때가 도래하였다"[45]고 선언하였다. 이러한 선언에 따라 역사가는 단순히 과거의 역사를 발견하는 것에 만족하지 말고 미래의 역사적 진보에 방해가 되고 있는 현재의 장애물들을 발견해야만 한다. 말하자면, 역사가는 현재에 사는 사람들에게 진보에 방해되는 장애물을 지적해줌으로써 역사교훈을 줄 수 있는 것이었다.

따라서 '신역사학자'의 역사교훈의 기준은 과거나 현재라기보다는 미래에 있었다. 그들은 단순히 역사를 현재의 어떤 개혁이나 혁명을 정당화하는 데 역사의 가치가 있다고 생각지 않고 미래의 진보가 역사 연구의 최대기준이 되어야 한다고 믿었다. 비록 그들은 전통적인 역사교훈의 절대성을 부정하였지만, 진보의 운명을 신뢰하였다. 비록 그들은 다윈의 필연적인 진화를 거부하였지만, 진화론적 진보를 믿었다. 그들이 믿은 진보는 인간의 노력에 상관없이 다가오는 것이 아니었다. 인간의 노력 여하에 따라 현재는 단순히 과거에 종속된 시간에 불과할 수도 있으며 미래의 진보를 당기는 역동적 순간이 될 수도 있다. 그들에게 현재는 윌리암 제임스가 말했던 '결단의 시간'이었던 것이다. 따라서 역사가는 "역사의 그림맞추기식의 수수께끼의 인내력 있는 해결사가 아니라 창조의 협력자"[46] 이어야 한다.

그들은 전통적 역사가들이 신봉하였던 랑케의 사실관(事實觀)을 공격함으로써 창조의 작업을 시작하였다. 실용주의 역사가들에 의하면, 랑케의 사실중심주의와 금욕적인 자기소거(自己消去)는 사실 그 자체를 지나치게 강조함으로써 역사의 흐름을 망각하는 결과를 가져왔다. 역사는 시간 속에 정체되어 있는 것이 아니라 역동적으로 움직이는 것이다. 또한 역사의 전체상을 고려할 때, 랑케의 '사실'은 정치사에 강조점을 두는 너무 좁은 의미를 지닌 것이었다. 실용주의 역사가들은 역사를 모든 종류의 사회적 사실들의 연구로 규정하고 역사 사실을 포괄적으로 관찰하려고 노력하였다. 이러한 역사의 포괄적 이해의 일환으로서 비어드는 《연방헌법의 경제적 해석》(*An Economic Interpretation of the Constitution of the United States*, 1913)을 제시하였다.

비어드는 이미 《근대 유럽의 발달》에서 자신의 실용주의적 역사 방법의 기초를 다지고 있었다. 그는 독일의 법학자들로부터 법이란 절대적인 고정된 원칙으로부터 연원하는 것이 아니라 사회와 함께 변화하며 성장한다는 것을 배웠으며, 미국의 법 실용주의 법학자들로부터 법은 하나의 과정이며 변화하는 사회에 대한 해석의 결과라는 것을 배웠다. 요컨대, 비어드에게서 법은 사회적 경제적 이해(利害)의 반영이었다. 이러한 비어드의 법에 대한 역사적 인식은 1911년 《연방대법원과 연방헌법》(*The Supreme Court and the Constitution*)에서 연방대법원의 위헌법률심사(judicial review)의 원리를 연구함으로써 구체화되었다. 그는 홈즈 대법관이 하였던 것과 같이 위헌법률심사의 기원과 발달을 역사적으로 설명함으로써 당시의 연방대법원이 옹호하고 있던 자유방임주의 철학을 공격하였다.

그러나 더욱 본격적인 법의 역사 연구는 그의 《연방헌법의 경제적 해석》에서 나타났다. 이미 1901년 영국의 《산업혁명》(*The Industrial Revolution*)을 통하여 랑케의 정치사로부터 탈피하여 포괄적 역사 연구를 추구하였던 비어드는 신성시되고 있던 연방헌법을 상대적인 관점으로 볼 수 있도록 끌어내렸다. 그의 목적은 연방헌법 제정 당시의 역사적 상황에 놓고 제헌자들의 경제적 이해관계를 살피는 데 있었으며, 정치적 사회적 문화적 요소들을 배제하는 데 있었던 것은 아니었다. 그의 핵심적 주장은 연방헌법은 다른 요소들에 의하여 영향을 받았지만 "근본적으로는 경제적 문서"[47] 라는 데 있었다. 비록 비어드 자신이 경제적 해석을 채택하였지만 다른 해석을 배제하지는 않았다. 실용주의의 절대성에 대한 부정과 열린 세계에 대한 추구를 또한 여기에서도 엿볼 수 있는 것이다.

V. 경제이론으로서의 실용주의
― 제도주의

진리의 절대성을 거부하였던 실용주의는 경제학 분야에도 동일하게 적용되었다. 기존의 경제이론이 지지하고 있던 도덕적 가치가 부정되었고 자연법칙처럼 여겨지던 경제이론들이 거부되었다. 철학·법학·역사학에서 외부적 요소, 특히 경제적 요소가 강조된 것처럼 경제이론으로서의 실용주의에서도 외부적 요소, 즉 비경제적 요소들이 강조되었다. 경제이론으로서의 실용주의를 가장 잘 표현한 사람은 소스타인 베블린(Thorstein Bunde Veblen, 1857~1929)이었다.

퍼스의 제자였던 베블린은 경제학은 진화적 학문(evolutionary science)이 되어야 한다고 생각하였다. 1898년 〈왜 경제학은 진화적 학문이 아닌가?〉라는 논문에서 그는 경제학은 무엇보다도 다윈의 진화론적 방법론으로부터 배워야 한다는 것을 지적하였다. 그의 주요한 비판대상은 무엇보다도 고전경제학이었다. 고전경제학자들은 이상적인 상황을 가정하고 다른 경제적 사실들을 배제하면서 수요와 공급의 요소를 중심으로 상황을 단순화시킴으로써 경제학이론을 정립하였다. 그러나 베블린은 그들의 단순화된 가정을 비판하였다. 만약 어떤 사람이 어떤 동기에 의하여 움직인다면, 만약 완전경쟁이 이루어진다면 하는 가정들은 전혀 현실적 가능성이 없는 사색의 유희에 불과하다는 것이다. 더구나 이러한 가정들은 그 기저에 도덕적 가치를 깔고 있으므로 고전경제학자들이 도덕적 사회적으로 바람직하다고 여기는 사회의 단순형태를 보여주는 것에 지나지 않는다는 것이다.

베블린은 또한 고전경제학의 추상적 선험적 연구방법을 비판하였다. 고전경제학은 단순한 가정을 이용하여 인간행위의 변화를 연구하였을 뿐만 아니라 통계연구의 결과나 사실의 뒷받침 없이 이론을 선험적으로 추론하였다. 밀이 정의했던 것과 같이, 고전경제학은 비록 "인간이 처했던 여러 상황들에서 나타났던 인간본성의 경향성"을 살펴보는 학문이었다. 그러나 밀 자신이 고백한 것처럼, 고전경제학자들이 도달한 결론은 "비록 역사가 우리에게 어떠한 정보를 제공하지 않더라도……전혀 어떤 확실성도 상실하지 않을 것"[48] 이었다. 따라서 밀의 '경험주의'는 베블린을 만족시켜줄 수 없었던 것이다. 이러한 추상적 선험적 연구방법은 베블린의 역사주의적 제도주의적(institutionalist) 연구방법에 의하여 비판되었다. 요컨대, 경제학이 진화론적 학문으로 발전하기 위해서는 반드시 역사적 진화론적 문화적 연구방법을 적용해야 된다고 그는 주장하였다.

그러나 베블린은 경제학의 역사학파에 만족하지 않았다. 그는 역사학파가 사실을 다룬다는 측면에서 역사 연구방법을 적용하였다고 인정하였으나 '사실'에 대한 이론을 세우는 데 실패하였다고 지적하였다. 그에 의하면, 진화론적 학문은 반드시 사실의 '전개과정이론'(theory of a process)[49] 을 정립하여야만 한다. 진화론적 학문으로서의 경제학은 "경제적 이해에 의하여 결정되는, 문화성장 과정에 관한 이론, 즉 전개과정 그 자체의 관점에서 논의되는 경제제도의 누적된 결과에 관한 이론이어야 한다"[50] 는 것이다. 그리고 문화의 전개과정을 가장 잘 보여주는 것은 다름 아닌 제도(institution)이다.

시카고대학 경제학 교수였던 베블린의 역사주의적 제도주의적 연구방법은 경제학의 역사학파, 특히 헤겔 좌파의 연구방법과 상당히 유사한 점을 많이 가지고 있다. 사회관계의 변화에 대한 강조, 누적된 결과에 대한 강조 등과 같은 유사점에도 불구하고, 베블린의 경제학 연구방법은 도덕적 가치의 배제라는 점에서 마르크스와 차이를 가지고 있었다. 고전 정치경제학에 대한 비판에도 불구하고, 베블린은 정치적 목적을 가지고 있지 않았다. 또한 변화하는 사회에 대한 연구에도 불구하고 그는 계급 없는 사회의 이상을 지니고 있지도 않았다. 베블린의 역사적 진화과정은 "아무런 경향도, 어떠한 최종단계도, 어떠한 완성도 있을 수 없는 맹목적인 누적된 인과관계의 체계"[51] 였던 것이다. 이와 같은 특징은 경제적 요소를 강조하였던 비어드와 같은 다른 실용주의 학자들에게도 적용될 수 있는 것이었다.

비어드가 역사 연구에서 경제적 요소를 강조하였던 것과 같이, 베블린은 경제연구에서 역사적 연구방법의 중요성을 강조하였다. 그의 《유한계급론》(*The Theory of Leisure Class*)은 이러한 지적 토대 속에서 진화론적 경제학의 시도로서 제시되었다. 모간(L. H. Morgan)과 같이, 베블린은 사회진화를 세 가지 단계, 즉 미개사회(savagery)에서 야만사회(barbarism), 현대사회(modern society)로 구분하였다.

유한계급은 야만사회에 출현한 계급이다. 유한계급은 평화롭고 가난하며 개인의 소유가 인정되지 않았던 사회에서는 존재하지 않았다. 그러나 전쟁이 사회제도화되면서 유한계급의 출현의 기반이 다져졌다. 일부 사람들이 노동에 참여하지 않아도 될 만큼 어느 정도 충분한 물자(物資)가 생산과 전쟁을 통하여 공급되면서 유한계급이 출현하게 되었다. 개인소유와 사적 재산이 인정되면서 유한계급은 무력을 통하여 약탈과 착취의 형태로 개인적 부를 획득하기에 이르렀다. 유한계급은 산업사회의 도래에도 불구하고 산업과정에 참여하지 않고 계속 야만사회에서 차지하였던 역사적 위치를 고수함으로써 현대 산업사회에 적응하지 못한 상태로 남아 있는 것이다. 이러한 유한계급의 출현과정을 서술함으로써 베블린은 유한계급의 역사적 기원을 설명하려는 데 목적이 있었던 것이 아니라 그들에 대한 도덕적 가치평가를 배제하고 "현대사회 속의 유한계급의 경제적 요소로서의 가치"[52]를 객관적으로 설명하려는 데 목적이 있었다.

따라서 베블린이 규정하였던 유한계급의 특징은 실용주의의 지적 구조 안에서 조심스럽게 다루어져야 한다. 《유한계급론》은 유한계급을 비난하기 위하여 저술된 것이 아니었다. 비록 그 기저에는 미국 자본주의에 대한 맹렬한 비판을 담고 있는 것이었으나 그 구체적 내용은 계급적 관점과 성격을 배제한 것이었다. 이러한 '객관적 관점'에서의 실용주의의 전개는 그의 경제적 전문용어에 대한 조심스러운 사용에서 극단적으로 나타난다. 그에 의하면, 유한계급의 행태(行態)는 '낭비적'(wasteful)이다. 시간의 낭비인 동시에 물자의 낭비이다. 그러나 베블린의 유한계급의 설명은 조심스럽게 이해되어야 한다. 베블린에 의하면, "'낭비'라는 용어의 사용은 어떤 점에서 안타까운 일이다. 일상생활의 언어 사용에서 그 용어는 그 기저에 비하(卑下)의 의미를 가지고 있다. 여기에서는 동일한 동기나 현상을 적절하게 보여줄 수 있는 더 나은 용어가 없어 그 용어를 사용하였는데, 인간의 생산물이나 인간의 생명을 부정하게 소비하는 것을 의미하는 부정적인 의미로 간주되어서는 안 된다. 경제이론의 관점에서 볼 때 문제시되는 소비는 다른 소비와 별다른 차이가 없는 정당한 것이다. 여기에서 '낭비'라고 지칭한 것은 이러한 소비가 전반적인 인간생활과 복지에 선용되지 않기 때문이며…… 소비자가 어떤 형태의 소비를 택하더라도 혹은 선택할 때 어떤 목적을 가지고 있던지간에…… 개별적인 소비자의 관점에서 보면 소비성의 문제는 경제이론 그 자체에서는 일어나지 않는다."[53]

따라서 그의 실용주의적 경제이론의 핵을 이루는 생산과 비생산의 구분은 절대적 가치를 추구하는 도덕적 판단에 입각한 것이 아니라는 것을 기억해야 한다. 생산집단과 비생산집단의 구분, 예를 들면 미개사회에서의 성적 노동분화 형태나 산업사회에서의 산업(industry)과 기업(business), 기술과 소유권, 산업적 직업과 금전적 직업 등의 구분은 근본적으로 물건을 생산하는 집단과 단순히 물건을 옮김으로써 부를 축적하는 집단의 구분이다. 이러한 구분은 당시 사회 다원주의에 의하여 '최적자'로서 찬양되던 기업가와 재벌에 대한 베블린의 '객관적' 판단을 보여주는 것이다. 베블린에 의하면, 현대산업사회 속에서 실제의 생산과정에 참여하지 않고 있는 기업가와 같은 비생산집단은 현대산업사회의 기술상의 변화에 대한 적절히 적응하지 못한 결과이며, 그들은 역사의 진보에 걸림돌 역할을 하고 있는 것이다. 비생산집단인 유한계급은 현대산업사회에서 기술적 발전과 혁신에 아무런 기여를 하고 있지 않는 기생충에 불과한 것이다. 그러나 그들의 '낭비적' 생활양식은 전사회구조에 스며들어가고 있으며, 이러한 이유로 현대산업사회의 구성원들이 상대적으로 더욱 가난하다고 느끼는 것이다.

경제학으로부터 절대적인 도덕적 가치와 판단을 배제하고자 하였던 베블린은 대신에 역사주의적 연구방법을 통하여 자신의 연구의 토대를 구축하였던 것이다. 그가 사용한 역사주의적 연구방법은 이상화된 가정에 기초한 고전경제학이 설명해줄 수 없었던 현대의 산업사회 구조와 현대인의 경제행위를 객관적으로 설명하였다. 제도는 과거의 소산이며, 끊임없이 변화하는 상황과 관계를 가지면서 미래의 진보를 위하여 현실에 적응하여 변화하게 될 것이었다. 현대사회의 가장 중요한 역사적 동인(動因)인 경제적 요소의 관점에서 이러한 제도의 발달과정을 살펴보는 것은 베블린에게는 가장 중요한 학문적 요청이었다. 그의 학문적 요청은 경제학의 제도학파에 이어져 경제학 분야에서 실용주의를 보급하는 데 이바지하였다.

Ⅵ. 맺음말

실용주의는 단순히 철학하는 방법에 머물지 않았다. 실용주의는 철학이론에 머물러 있지 않고 법이론·역사이론·경제이론으로 발전하였다.[54] 철학 분야에서 퍼스·제임스, 그리고 듀이가 하였던 일을 법에서는 홈즈, 역사학에서는 비어드, 그리고 경제학에서는 베블린이 하였다. 그들은 자신들의 분야에서 형이상학적 진리의 절대성과 객관성을 부정하는 대신에 진리의 상대성과 주관성을 강조하였다.

실용주의자들은 진리를 역사주의적 방법, 진화론적 방법, 경험론적 방법에 의하여 획득되는 것으로 파악하였다. 그들은 주로 다윈의 영향을 받아 진화론적 입장에서 진리를 연구하였으나, 다윈주의가 가지고 있었던 결정론을 부정하였다. 또한 그들은 영국의 경험론에 많은 영향을 받았으나 영국 경험론이 철저하게 경험주의에 입각하고 있지 않다고 비판하였다. 요컨대, 기본적으로 다윈주의와 영국 경험론의 비판적 수용이 실용주의의 주요한 지적 기반이었으며, 이러한 기반 위에 실용주의는 각 학문 분야의 '형식주의에 대한 반항'[55]으로 표현되었던 것이다.

더 폭넓은 사회적 지적 풍토에서 본다면, 실용주의는 사회 다윈주의와 영국 경험론의 미국 자본주의에 대한 옹호에 대한 근본적인 비판이라고 할 수 있다.[56] 그들은 절대적 윤리와 가치가 현상태를 옹호하고 변화와 성장을 억제하는 현실을 개혁하고자 하였다. 그러나 그들은 자신들의 이론을 사회개혁에 적극적으로 옹호하는 이론으로 만들 수 없었다. 이러한 한계는 그들 자신들의 이론이 기본적으로 절대적 가치의 부정을 의미하였기 때문에 유래한 것이다. 그럼에도 불구하고 실용주의는 기존의 지적 풍토를 점검하고 각 지적 분야의 방법론까지 재검토하는 혁신적인 것이었다. 따라서 이러한 맥락에서 보면, 실용주의자들이 그들의 선구자들을 뒤쫓아 사회개혁에 적극적인 역할을 담당하게 되었다는 것은 별로 놀라운 일이 아니다.

지적 운동인 동시에 역사적 운동이었던 실용주의는 19세기 후반에 등장하기 시작하여 20세기 중반기에 접어들면서 운동력을 거의

상실하였다. 1930년대의 나치즘과 파시즘의 등장, 이에 따른 통속
화된 실용주의에 대한 비판, 그리고 1960년대의 반체제문화운동
(counterculture)이 실용주의의 쇠퇴에 주요한 동기를 제공하여주었
다. 그럼에도 불구하고 실용주의의 주요한 주장들은 여전히 철학[57]
을 비롯하여 많은 지적 분야에서 독특한 방법론과 인식론을 제공하
여주고 있다.

주

1) Philip P. Wiener, *Evolution and the Founders of Pragmatism* (Cambridge :
   Harvard University Press, 1949), pp. 413~444 ; Max H. Fisch, "Was There
   a Metaphysical Club in Cambridge ? ", Edward C. Moore and Richard S.
   Robin, eds., *Studies in the Philosophy of Charles Sanders Peirce*, Second Series
   (Amherst : University of Massashusetts Press, 1964), pp. 3~32.

2) John D. Goheen and John L. Mothershead, Jr., eds., *Collected Papers of
   Clarence Irving Lewis* (Stanford : Stanford University Press, 1970), p. 280.

3) Andrew Feffer, *The Chicago Prgmatists and American Progreddivism* (Ithaca :
   Cornell University Press, 1933), p. 12.

4) William Durant, *The Story of Philosophy : The Lives and Opinions of the Greater
   Philosophers*, 2nd ed. (New York : Simon and Schuster, 1950), p. 383.

5) William James, *Pragmatism : A New Name for Some Old Ways of Thinking*,
   Bruce Kuklick, ed., and with introduction(Indianapolis, 1907 ; Hackett Pub-
   lishing Company, 1981), p. 2.

6) Arthur O. Lovejoy, "The Thirteen Pragmatisms", *Journal of Philosophy*, 5
   (January 2, 1908), pp. 1~12 ; (January 16, 1908), pp. 29~39.

7) Charles S. Peirce, *Collected Papers of Charles Snaders Peirce* (이하 CP라
   함), 8 vols, Charles Harthorn, Paul Weiss, and Arthur W. Burks, eds.
   (Cambridge : Belknap Press of Harvard University Press, 1931~1958), 5 :
   402.

8) David A. Hollinger, "The Problem of Pragmatism in American History",
   In the American Province (Bloomington : Indiana University Press, 1985), p.

24.

9) 실용주의의 정의에 대한 연구 가운데 홀린저(D. A. Hollinger)의 정의 이외에 테이어(H. S. Thayer)의 정의가 가장 주목할 만하다. 테이어에 의하면, 실용주의는 첫째, 개념의 의미을 설명하는 데서 "철학과 과학의 격언 혹은 절차원칙(procedural principle)"이며, 둘째, "지식, 경험, 그리고 실제에 대한 이론"이며, 셋째, "경험의 개념화에 대한 광범위한 철학적 태도"이다. H. S. Thayer, *Meaning and Action : A Critical History of Pragmatism*, 2nd ed. (Indianapolis : Hackett Publishing Co., 1981), p. 431.

10) CP, 5 : 365.

11) CP, 5 : 381.

12) CP, 5 : 382.

13) CP, 5 : 384.

14) CP, 5 : 387.

15) *Ibid.*.

16) CP, 5 : 407.

17) CP, 5 : 394.

18) CP, 5 : 397.

19) CP, 5 : 402.

20) CP, 5 : 427.

21) *Ibid.*.

22) 이 구체성의 추구 때문에 많은 사람들은 퍼스를 실재론자(realist)로 파악하는 반면 제임스를 유명론자(nominalist)로 간주하곤 한다.

23) William James, *The Meaning of Truth : A Sequel to 'Pragmatism'* (New York : Longmans, Green, and Co., 1927), p. xiv.

24) John Dewey, *Reconstruction in Philosophy* (1920 ; Boston : The Beacon Press, 1948), pp. 156~157 참조.

25) John Dewey, *Logic : The Theory of Inquiry* (New York : Henry Holt and Company, 1938), p. 7.

26) John Dewey, "Propositions, Warranted Assertibility and Truth", *Problems of Men* (New York : Philosophical Library, 1946), p. 344.

27) John Dewey, "The Development of American Pragmatism", *Studies in the History of Ideas*, The Department of Philosophy, Columbia University, ed., 3 vols. (New York : Columbia University Press, 1918~1935), 2 : 367.

28) Irwin Edman, ed., *John Dewey, His Contribution to the American Tradition*

(New York : 1955), pp. 314~315.

29) *Ibid..*

30) 하버드대 법학원의 학장이며 사회학적 법리학(sociological jurisprudence)를 주창하였던 로스코 파운드(Roscoe Pound, 1870~1964)는 실용주의자 (pragmatist)라고 자칭한 최초의 중요한 법사상가였다. Roscoe Pound, "A Practical Program of Procedural Reform", *Proceedings of the Illinois State Bar Association*, 34(1910), p. 373, 375.

31) Oliver W. Holmes, "The Path of the Law", *Harvard Law Review*, 10 (1897), p. 458.

32) Oliver W. Holmes, *The Common Law* (1881 ; New York : Dover Publications, 1991), p. 1.

33) *Ibid..*

34) *Ibid.*, p. 5.

35) Holmes, "The Path of the Law", p. 469.

36) *Ibid.*, p. 171.

37) *Lochner v. New York*, 198 U. S. 45(1905) at. 75.

38) *Ibid..*

39) *Ibid..*

40) Russell B. Nye, *George Bancroft : Brahmin Rebel* (New York : Alfred A. Knopf, 1944), p. 199.

41) Carl L. Becker, "The Detachment and the Writing of Hisotry", *Atlantic Monthly*, 106(October 1910), p. 527, 528.

42) "The Meeting of the American Historical Association of Chicago [1904]", *American Historical Review*, 10(April 1905), p. 497.

43) James H. Robinson, *The New History* (New York, 1912), p. 36, pp. 127~128.

44) James H. Robinson and Charles A. Beard, *The Development of Modern Europe : An Introduction to the Study of Current Opinion*, 2 vols. (Boston : Ginn, 1907~1908), 1 : iii.

45) *Ibid.*, p. 24.

46) Ernst A. Breisach, *American Progressive History : An Experiment in Modernization* (Chicago : University of Chicago Press, 1993), p. 63.

47) Charles A. Beard, *An Economic Interpretation of the Constitution of the United States* (1913 ; New York : The Macmillan Company, 1948), p. 324.

48) John Stewart Mill, "On the Definition of Political Economy", *Essays on Some Unsellted Questions of Political Economy* (London, 1844), pp. 142~143.

49) Thorstein Veblen, "Why is Economics Not an Evolutionary Science ?", *The Place of Science in Modern Civilisation and Other Essays* (New York : Huebsch, 1919), p. 58.

50) *Ibid.*, p. 77.

51) Thorstein Veblen, "The Socialist Economics of Karl Marx and His Followers [Ⅱ]", *The Place of Science in Modern Civilization and Other Essays*, p. 436.

52) Thorstein Veblen, *The Theory of Leisure Class* (New York : The Macmillan Company, 1899), p. v.

53) *Ibid.*, pp. 97~98.

54) 지적 운동으로서의 실용주의는 철학이론 · 법이론 · 역사학이론 · 경제학이론뿐만 아니라 사회이론 · 교육학이론 · 예술이론 · 종교이론 등으로 발전하였다. H. S. Thayer, *Meaning and Action*, p. 3.

55) Morton White, *Social Thought in America : The Revolt Against Formalism* (Boston : Beacon Press, 1947).

56) 듀이, 미드(George H. Mead) 등의 시카고대학을 중심으로 하는 이른바 시카고 학파(Chicago School)의 실용주의자들은 개인과 사회간의 관계를 재검토하고 개인과 사회의 유기체적 관계를 주장함으로써 미국 자본주의에 대한 비판을 전개하였다.

57) Richard Rorty, *Consequences of Pragmatism : Essays 1972~1980* (Minneapolis : University of Minneapolis Press, 1982).

Ⅳ. 반이성의 이데올로기

로맨티시즘
Romanticism

이 종 훈

로맨티시즘이란 무엇인가. 넓게 보아서 그것은 18세기말에서 19세기 전반에 걸쳐 주로 계몽주의의 합리적 기계론적 세계관에 반발하여 일어난 범유럽적 사상 운동이다. 이 운동은 계몽주의를 이념적 지주로 삼았던 프랑스 대혁명, 그리고 혁명 이념의 전파자였던 나폴레옹에 맞서 싸웠던 독일인들의 이른바 해방전쟁(Befreiungskrieg)을 거치는 정치적 격동기 속에서 더욱 심화되었다.

로맨티시즘은 왜 계몽주의에 반발하였는가. 우선 로맨틱들은 계몽주의의 세계가 너무 편협하다고 생각하였다. 왜냐하면 계몽주의가 기하학적 사고에 기초하고 있으며, 신고전주의나 로크적 경험론과 이념적으로 긴밀한 관계에 있었기 때문이다. 기하학적 정신은 모든 삶을 이성(理性)에 종속시키려 함으로써 삶을 기계화하고 품격을 훼손시키는 것으로 간주되었다. 한편 18세기 합리주의의 한 양태인 신고전주의는 자연을 초월한 이상적 유형의 미를 추구하려는 야심에서 예술가의 개성과 자유로운 상상력을 억누르고 그 대신 보편적 기준으로써 고전 양식을 지나치게 강요하는 것처럼 보였다. 그런가 하

면 경험론은 회의적인데다가 인간의 지식을 현상계와 감각의 영역에
엄격하게 국한시키려는 것으로 생각되었다. 뉴턴은 이러한 편협함
을 집약한 대표적인 상징이었다. 뉴턴적 패러다임의 방법론에 근거
한 과학 지식의 추구는 주관의 영역에 대해서도 계량화 가능성을 전
제함으로써 인간에 대하여 보잘것없고 추상적인 관념만을 제시하며,
인간 관계 그리고 인간과 자연의 관계에 내재된 친밀하고 감성적인
특성에 대하여 아무런 설명도 제시할 수 없는 것으로 보였다. [1]

　이러한 입장의 로맨티시즘은, 비록 하나의 문예사조에서 비롯된-
것이기는 하나, 단순한 문예운동의 테두리를 벗어나 종교·철학·
사회·정치·경제·역사·사상 전반에 심대하고 지속적인 영향을
주었다. 심지어 마르크스의 사상 형성에까지 영향을 끼쳤다거나, [2]
오늘날까지도 로맨티시즘의 영향 아래 있다는 주장이 제기될 정도
다. [3] 이에 따라 로맨티시즘의 내용과 계몽주의와의 대립 요소를 인
간관·자연관·사회관·역사관에 중점을 두어 고찰할 것이다. 다만
본격적인 논의에 앞서 로맨티시즘이란 말의 기원을 간략히 언급하고
자 한다.

　로맨티시즘은 어떠한 기원을 갖는가? 우선 유럽의 주요 언어에
서 로맨티시즘이란 말이 나타나는 시기는 19세기 전반으로서 사실
상 로맨티시즘 운동이 이미 출범한 뒤의 일이다. [4] 그러나 로맨티시
즘의 어원인 '로맨틱'(romantic)이란 말은 이미 17세기 후반에 영어
와 프랑스어에 나타나고 있다. 이 말은, 중세 로망스에서 파생된 것
으로, '비현실적, 놀라운, 지나치게 환상적인, 감상적인' 것을 가
리키는 부정적인 의미로 사용되었다. 그후 18세기에는 의미가 확대
되어 전원적 풍경이나 반대로 황량한 풍경을 모두 수식하는 '회화
적'(繪畵的)이라는 뜻까지 지니게 되었다. [5]

　18세기 후반에 독일로 흘러들어간 이 말은 여러 가지 의미로 사
용되다가 아우구스트 슐레겔(August W. Schlegel)에 의해서 '고전적'
이라는 말에 대립되는 개념으로 자리잡게 되었다. 아울러 슐레겔은

'고전적 — 로맨틱'의 관계를 '기계적 — 유기적' 그리고 '조형적 — 회화적'이라는 새로운 대응 관계와 결부시켰다. 이후 슐레겔이 의미를 규정한 '로맨틱'의 개념은 독일로부터 유럽 각지로 전파되었던 것이다.

이러한 전파의 중심지는 1790년대 중반에 결성된 예나(Jena) 클럽이었다. 여기에 속한 문인과 동호인들로는 아우구스트 슐레겔과 그의 동생인 프리드리히 슐레겔(Friedrich Schlegel), 노발리스(Novalis), 슐라이어마허(F. Schleiermacher), 티크(L. Tieck) 등이었다. 예술의 쇄신을 목표로 했던 이들은 고전적 고대의 모범에 충실한 시(詩)와 구별되는 '근대적' 시를 추구한다는 취지에서 '로맨틱'이라는 말을 사용했던 것이다. 이들은 고전적 규범과 장르를 배격하면서 독창성과 즉흥적인 자연스러움(spontaneity)을 강조하였으며, 아울러 창작 과정의 필수적인 자질로서 예술가의 상상력을 중시하였다. 또한 이들은 규범적 획일성과 고대인들에 대한 비굴한 모방에 얽매인 탈(脫)역사적 미학에 반발하여, 각 민족과 국민의 천재들이 표현해낸 모든 예술 형태에 대하여 획일적으로 평가할 수 없으며 모두 동등한 가치를 지닌다는 입장을 취하였다. 더 나아가 이들은 개성, 다양성, 그리고 유기적 통일성을 예술뿐만 아니라 삶에 대한 이해에 지침이 되는 규범적 범주로 확립하고자 하였다.

시에 대한 이러한 새로운 개념은 근대문명 전반에 대한 포괄적 이론으로 확대되어 이후 영국에서는 예나의 로맨틱들과 가까이 지낸 쉘링(Schelling)을 통하여 코울리지(Samuel T. Coleridge)를 비롯한 이른바 '호반시인'(湖畔詩人)들에게 영향을 주었다. 그러나 영국·아메리카뿐만 아니라 프랑스와 이탈리아에서 로맨틱 사조의 전파에 결정적인 중개역을 담당했던 것은 무엇보다도 스탈 부인(Madame de Staël)의 《독일론》(De l'Allemagne, 1813)이었다.[6]

Ⅰ. 反이성주의
—— 감성과 직관의 강조

로맨티시즘은 계몽주의의 이성에 대립하여 감성적 요소, 즉 감정·느낌·격정·상상력·영감 등을 강조하였다. 그런데 이러한 전조는 아이러니컬하게 계몽사상가인 루소에게서 나타나고 있었다. 그는 계몽주의의 전형적인 관점에서는 상당히 벗어나 있었기 때문에 순수한 이성의 원리에 입각한 사회 재건을 꿈꾸는 백과전서파와 갈등을 빚기도 했다.[7] 그는 이성의 불완전성을 지적하였으며 이성에 못지 않게 느낌과 감수성을 중시하였다. 이러한 연유에서 유럽 전체를 울음바다로 만든 루소의 《누벨 엘로이즈》(*La Nouvelle Héloise*, 1762)는 종종 로맨티시즘의 서막으로 간주된다.[8] 괴테의 작품 《젊은 베르테르의 슬픔》(*Die Leiden des jungen Werthers*, 1774)도 이에 필적하는 것이었다.[9] 이후 예민하고 열정적이고 탐미적이고 자아도취적인 젊은 작가들이 비극적으로 삶을 마감한 데에는 미지의 것에 대한 동경(Sehnsucht), 수그러들지 않는 불안과 고뇌, 알 수 없는 우울이 도사리고 있었다.[10]

그런가 하면 청년 괴테와 함께 질풍노도(Sturm und Drang)의 문예운동을 주도했던 쉴러의 초기 작품 《군도》(群盜 ; *Die Räuber*, 1781)에서 예시되었듯이, 심지어 '증오', '유린된 자부심', '억압된 분노',[11] 영웅적인 투쟁성, 열렬한 반란 본능 같은 것도 문학과 예술의 주제가 되었다.

이에 반해 계몽주의는 이성에 의지하여 정신의 평정과 균형, 감정의 절제를 강조하는 편이었다. 여기에는 나름대로 역사적인 배경이 있다. 17세기 후반부터 루소 시대 이전까지 유럽인들의 의식을 지배한 것은 종교전쟁과 몇 차례 내전에 대한 기억, 강렬한 욕망이 초래한 혼돈과 무질서에 대한 경계심, 안정에 대한 집념이었다. 신중함은 최고의 미덕으로 간주되었으며, 지성과 세련된 몸가짐은 야만에 대한 방벽으로 예찬되었다. 천체들이 불변의 법칙에 따라 태양을 중심으로 궤도를 그리며 회전하는 뉴턴적 우주 질서는 이상적 통치 질서를 상징하는 것이었다. 욕망의 절제는 교육의 주된 목적이었으며 신사의 제일 요건이었다. [12) 감정적 요소란 계몽주의에서는 천박한 것으로 배격되었다.

계몽주의의 이러한 가치관을 예술 영역에서 반영하고 있는 것이 바로 신고전주의였다. 신고전주의 미술을 지배한 것은 무엇보다도 이성이었다. 신고전주의의 그림과 조각에는 일반적으로 동작뿐만 아니라 감정까지도 절제되어 있다. 신고전주의에는 빙켈만(Johann J. Winckelmann) 이래 '고요함 대 격정'이라는 이분법이 존속하였다. 아무리 격정적이고 격동적인 소재라고 하더라도 루벤스(Rubens)의 경우처럼 흘러넘치는 것이 아니라 억제되어 있다. 예를 들어, 전사한 트로이의 왕자 헥토르의 시신 앞에서 그의 아내는 눈물을 보이지 않는다. 심지어 분노한 아킬레아스가 트로이 사람들이 보는 앞에서 헥토르의 시신을 거칠게 다루는 격렬할 수밖에 없는 장면에서도 화가들의 성향은 아킬레아스의 오만과 거친 동작을 극소화하며 겁에 질린 구경꾼들은 거의 보이지 않게 그려내고자 하는 것이다. 분묘 조각이나 죽음에 관한 그림은 신고전주의적인 감정 절제를 가장 잘 드러낸다. 죽음에 대하여 몸부림 치는 바로크적인 격통(激痛)은 사라지고 죽음과 수면을 동일시하는 차분한 장면 속에는 정적(靜寂)이 지배한다. 죽음에 대한 신고전주의의 이러한 간결한 자세는 세속적 피에타(pietà)의 걸작인 다비드(Jacques Louis David)의 작품 〈살해된 마라〉(Marat assassiné, 1793)에서 절정에 이른다. 그의 또 다른 작품인 〈브루투스에게 자식들의 시신을 인도하는 법무관〉(Les licteurs rapportant à Brutus des corps de ses fils, 1789)의 주제는 스토아적인데, 프랑스혁명기의 이상적 인간형을 상징하는 브루투스는 로마와 콘술인 자신에게 반역을 꾀한 자식들의 처형을 받아들여 개인적인 정리보다는 국가의 안녕을 중시한 공인의 전형으로서, 작품 속에서는 집으로 들어오는 자식들의 시신을 뒤로한 채 꼿꼿이 앉은 자세로 내면적인 격정을 억제하고 있는 것이다. 특히 손가락으로 자신의 머리를 가리키는 브루투스의 모습은 신고전주의 작품의 전형적인 자세로서 감정에 대한 이성의 우위를 상징하는 것이다. [13]

로맨틱들이 반대한 것은 이러한 감정 절제의 가치관이었다. 그것은 예술가의 자유분방한 상상력과 꿈에 따른 자연스러운 창작을 억압하는 것이었다. 진정한 아름다움에 도달할 수 있는 것은 어디까지나 감성의 세계였다. 예술가는 그 내면에 영속적인 존재(the Eternal)가 머무르며 스스로를 표현할 수 있는 그릇에 비유되었다. 화가이며 시인이었던 블레이크(William Blake)는 시작(詩作)의 자동성(poetic automatism)을 신봉하였다. 블레이크는 자신의 작품 《밀턴》(Milton, 1804)에 대하여 말하기를, "직접 받아적기를 통하여, 미리 구상함이 없이, 심지어 내 자신의 의지에 반(反)해서 이 시를 써왔다"고 하였다. 역시 화가인 프리드리히(Caspar D. Friedrich)도 같은 맥락에서 "순수하고 겸허하며 어린이 같은 순종심"을 강조하고 "화가는 의지를 가져서는 안되며 단지 그리기만 하면 된다"고 하였다. [14]

자동적 창작을 가능케 하는 무의식은 주로 꿈속에서 표출되는 것이었다. 여기에서 로맨틱 사상과 계몽주의 사상 사이의 대조가 극명해진다. 후자는 꿈을, 감각 경험에서 비롯되며 기계적 법칙으로 설명될 수 있는 자연현상으로 축소시키고자 하였다. 완전히 깨어 있는 상태는 우월한 상태였다. 꿈속에서 '영혼'은 현실세계와의 접촉을 상실하는 것이었다. 그러나 카루스(Carl G. Carus)나 슈베르트(Gotthilf Heinrich von Schubert) 같은 로맨틱 심리학자들은 이러한 전제를 완전히 뒤집어놓았다. 꿈속에서 인간은 우월한 언어로 말한다. 또한 인간은 통상적인 시간적 제약에서 벗어나서 뒤를 돌아다보고 앞을 내다볼 수도 있으며, 따라서 예언적으로 될 수 있는 것이다. 꿈 속에서 영혼은 감각 인상으로부터 벗어나 있다는 바로 그 이유에서 신적인 실재(divine reality)와 접촉을 갖는 것이며, 그에 따라 인간 내면의 '숨어있는 시인'이 나타날 수 있는 것이다. [15]

이처럼 로맨틱들이 감정과 직관의 세계를 강조한 의의는 단지 예술 분야에 국한되는 것이 아니다. 그들은 인식론에 사실상 일대 혁명을 가져왔다. 계몽주의의 기초를 이루는 로크적 인식론은 지식을 거의 감각 인식에 의존하는 것으로 만들었다. 계몽사상의 철학적 집성자인 칸트마저도 지식의 영역을 현상계에 국한시켰다. 그러나 칸트는 감각 인식을 인정하면서도 로크의 경험론에서 나타나는 지식 형성의 전적인 수동성을 비판하고 선험적으로 인간정신에 내재된 인식요소를 인정하였다. 따라서 칸트는 종교·도덕·예술상의 진리에 대한 과학 지식의 우위를 주장한 계몽주의자들과는 달리, 둘 다 동등한 타당성을 갖는다고 보았던 것이다. 이처럼 칸트는 과학 지식의 한계를 지적함으로써 신념과 직관의 타당성을 회복하려고 하였기 때문에 계몽주의와 첨예하게 대립하던 로맨틱들의 인식론에 결정적 영향을 주었다. 이러한 점에서 칸트는 로맨티시즘의 아버지는 아니라고 하더라도 아저씨 뻘에 해당된다. [16]

특히 반(反) 로크적이었던 코울리지는, 오성(悟性 ; Verstand, Understanding)과 이성(理性 ; Vernunft, Reason)을 엄격히 구분한 칸트의 이론을 적극 수용하고 심화시켰다. 코울리지를 포함한 로맨틱들에게 오성이란 현상만을 알 수 있는 것이었다. 그것은 쇼펜하우어의 비유대로, 성벽 둘레를 맴돌며, 결코 그 안으로 들어가는 입구를 찾지 못한 채 그 전면(前面)만을 스케치하는 것과 같은 것이다. 반면 성벽을 관통하는 것, 즉 현상을 뛰어넘어 물자체(物自體)에 이를 수 있는 것은 이성이었다. [17]

그러나 이처럼 코울리지가 직관적 능력과 동일한 의미로 '이성'이란 말을 사용했다면, 도대체 로맨틱들이 배격한 계몽주의의 '이성'

의 의미는 무엇인가? 그것은 더 이상 17세기 합리주의(데카르트·
말브랑슈·스피노자·라이프니츠)에서 의미하는 이성처럼 "인간 정신
과 신이 공유하는 영원한 진리의 영역"이나 "사물들의 절대적 본질
을 들추어내도록 선험적으로 부여된 본유 관념의 총합"은 아니었
다. 오히려 그것은 "진리의 발견과 결정에 지침이 되는 독특한 지적
인 힘"이었으며, 진리의 본체가 아니라 "그 작용과 효과를 통해서
만 완전히 파악될 수 있는 일종의 에너지"였다. 18세기 내내, 즉
계몽주의에서, 이성은 이러한 의미로 인식되었다. 이처럼 이성의
도구적 성격 내지는 한계성을 전제하는 것은 로크의 저작 《인간오성
론》(*An Essay concerning Human Understanding*, 1690)에서 극명하게 드러
난다. 여기서 로크는 이성을 항해용 수심 측정 사슬에 비유하였다.
사슬의 길이에는 한계가 있기 때문에 바다의 깊이를 완전히 파악할
수는 없지만, 정작 중요한 것은 항해를 위해 너무 얕지 않은 일정한
수심에 대한 확인이다. "여기서 우리 일은 모든 것을 아는 것이 아
니라 우리 행동과 관련된 것을 아는 것"이라고 로크는 말했다.[18]

　이러한 로크의 영향을 받은 계몽주의자들에게서 진리의 두 기둥
은 이성과 관찰이었다. 이에 근거하여 그들은 사회의 모든 측면——
종교, 정치, 도덕, 각종 제도——을 자연과학자처럼 탐구하면서 비
합리성이 드러날 경우 이를 무자비하게 비판하고 그 변혁을 요구하
였다. 특히 로크의 사상은 엘베시우스(Helvetius), 올바크(Holbach),
라 메트리(La Mettrie) 같은 프랑스 계몽사상가들의 유물론 형성에
영향을 주었는데, 유물론은 특히 교회의 독단에 대항하는 효과적인
이념적 무기가 되었다.[19]

　샤토브리앙(François-René de Chateaubriand)과 슐라이어마허를 비롯
한 로맨틱들은 계몽주의의 이러한 반종교적 성향에 반발하였다.[20]
그러나 그들은 교리를 다듬거나 신의 존재를 애써 논증하는 방법을
택하지는 않았다. 가톨릭인 샤토브리앙과 프로테스탄트인 슐라이어
마허가 공통적으로 강조한 것은 '느낌'이었다. 샤토브리앙은 가톨

릭 교회의 가르침이 진리라고 말하지는 않았다. 그러나 그는 고뇌에 찬 예민한 영혼에는 가톨릭이 더 없이 좋다고 생각했다. 그에게 종교성의 요체는 '탄식과 기도와 믿음'(j'ai pleuré, j'ai prié, j'ai cru)이었다. 샤토브리앙은 자신의 저작 《그리스도교의 정수》(*Génie du Chris-tianisme*, 1802)에서 그리스도교를 일종의 열정으로 간주하였다. 이 책은 유치한 논리 전개에도 불구하고 로맨티시즘의 경전으로 불리며, 그 저술 동기는 인간 심층에 매몰된 경건함을 회화적— 감동적 묘사로 일깨우는 것이었다. 그에 따라 여기에서 강조된 것은 종교의 신비적— 시적(詩的) 성격, 그리고 고딕 성당 내부에서 우러나오는 경건한 마음이었다.

샤토브리앙이 문인이라면 슐라이어마허는 철학수업으로 나름대로의 논리를 갖춘 신학자였다. 그럼에도 그의 신학은 '느낌의 신학'으로 불린다. 그는 이성의 한계 안에서 종교의 문제를 다루려는 칸트에 반발하게 되었다. 진정한 종교란 도덕이나 철학과도 달라야 했기 때문이다. 그것은 슐라이어마허에게는 "무한한 존재에 대한 감각과 취향"을 의미했다. 그는 칸트의 기본 입장에는 동조하지 않았지만, 칸트로부터 신의 존재에 대한 논증이 무의미함을 터득하였다. 따라서 그는 '무한한 존재'란 무엇보다도 개개인의 내밀한 영혼, 즉 느낌 속에서 발견된다고 주장하였다.

이처럼 로맨틱들은 느낌과 감성을 내세워, 계몽주의의 공격으로 만신창이가 된 그리스도교의 재흥을 자극하였다. 아울러 로맨틱들의 경건한 심성은 자연 속에서 신을 찾고 그와 교류하려는 데에서도 나타났다. 이러한 지향성과 밀접히 관련된 것이 자연예찬과 신비적 자연관이었다.

Ⅱ. 자연예찬과 신비적 자연관

로맨티시즘은 자연적인 것을 추구하였다. 계몽주의에서는 문명적인 것, 인공적이고 세련된 것, 도시적인 것이 추구되었다. 계몽주의 시대의 대표적 비평가인 존슨(Samuel Johnson) 박사에게 매력적인 것은 그 어떠한 전원 풍경보다는 런던의 플리트 거리(Fleet Street)였다. 그는 "런던에 싫증난 자는 인생에 싫증난 자"라고 말했다.[21] 산은 서양 문명에서 실로 오랜 동안 사람의 왕래를 가로막는 무익한 장애물 또는 이단자와 산적들의 소굴 같은 부정적 이미지를 지녔다. 즐거움을 위해 산을 오른다는 생각은 데카르트나 뉴턴 같은 사람들에게는 아마 가소로운 일이었을 것이다.[22] 그러나 루소는 알프스를 예찬할 수 있었다. 로맨티시즘에서는 문명적 요소가 가미되지 않은 순박한 것이 추구되면서, 인적 없는 황야나 삼림을 아름다운 것으로 볼 수 있는 미적 기준이 달라졌던 것이다. 이러한 변화는 '호반시인'들과 프리드리히, 컨스터블(John Constable) 같은 풍경화가들의 작품 속에서 나타나고 있다. 특히 워즈워스(William Wordsworth)와 각별한 우정을 나누었던 컨스터블은 다음과 같이 말했다.

> 물방앗간의 댐을 빠져나오는 물소리, 오랜 부엽토(腐葉土)가 쌓인 개울 둑, …… 이러한 풍경들이 나를 화가로 만들었다. 나는 행복하다.[23]

그러나 신고전주의는 자연미를 부정하였다. 즉 완전미는 자연 속에서 발견되지 않는다는 것이었다. 그림의 차원을 높이는 유일한 길은 오로지 자연의 '불완전성', '추함', '불균형'을 개선해나아가는 것이다. 예술은, 마치 "꿀벌이 뭇은 식물에서 꿀을 모으는 것"처럼, 자연에 대하여 성찰하고 그것을 개선함으로써 우월한 미를 창조해야 하는 것이다. 다섯 여성의 다양한 아름다움에서 헬레네의 완벽한 이미지를 합성해낸 고대 그리스의 미술가 제욱시스(Zeuxis)는 이상주의자들에게는 하나의 친숙한 본보기였다. 일반화되고 이상화된 미를 위해 개별적인 것은 제거되었다. 바로 여기에 개성을 추구하는 로맨틱들이 받아들일 수 없는 신고전주의의 획일성이 존재하였던 것이다.[24]

로맨틱 사상은 자연에 대한 새로운 관념 속에 집중된다고 자주 이야기된다. 로맨틱들은 자연을 단순히 기계적 체계로 본 것이 아니라, 인간정신과 친근하고 아름다움과 신비의 옷을 입고 있는 하나의 생동하는 유기적 전체로 보았다.[25] 로맨틱들의 자연예찬에는 신비한 외경이 내재되어 있다. 특히 자연과 신을 떼어놓고 말하기는 어렵다. 물론 몇몇 예외적인 경우——드 비니(Alfred de Vigny), 블레이크, 바이런——가 없는 것은 아니지만, 대부분의 로맨틱들은 자연 속에서 신을 발견하였다. 이들 자연적 초자연주의자들은 뉴턴적 기계론에 반발하면서, 자연을 인간이 다시 신과 가까이 하며 사는 터전으로 삼고자 시도하였으며, 데카르트 시대 이래 인간과 자연을 엄격히 구분해온 이원론의 문제를 해결하고자 하였다.[26]

이러한 새로운 자연 신비주의는 특히 프리드리히의 풍경화나 워즈워스의 시를 통하여 표출되었다. 프리드리히는 자연을 '그리스도의 성서'라고 불렀으며, 그 속에서 신이 나타남을 보여주는 상징들을 발견했던 것이다. 그의 작품 〈달을 바라보는 남녀〉(Ein Mann und eine Frau in Betrachtung des Mondes, 1819)는 그가 풍경화를 통하여 전달하고자 의도했던 종교적 외경감을 보여준다. 여기서 그는 황혼의 모습을 현상계와 초월적 세계 사이의 경계로서 끌어낸다. 그림 속의 두 인물에게 자연은 실제로 내세와 연결된 것이거나 또는 저 멀리서 그곳으로 인도하는 것이다.[27] 그런가 하면 워즈워스는 "저물어가는 태양빛 속에, 그리고 둥근 대양과 생동하는 대기 속에, 그리고 푸른 하늘과 인간의 마음 속에 머무는” 신을 동경하였다.[28] 이처럼 로맨틱들은 신의 초월성보다는 내재성을 강조하였다.

이러한 범신론(汎神論), 즉 신이 모든 곳에 편재하며 삼라만상 속에 살아 있다는 믿음은 로맨틱 사상의 매우 중요한 한 요소를 이룬다. 왜냐하면 바로 이로부터 이른바 역동적 사고(dynamic thinking)가 대두하였기 때문이다. 이러한 사고방식은 세계를 완전히 생동하는 것으로 간주하는 한편, 그 속에 숨겨진 ‘인과 연쇄의 추이’(sequences)와 ‘유비’(類比 ; analogies)를 발견할 수 있다고 전제하였던 것이다. 예컨대 로맨티시즘의 선구자 가운데 하나인 헤르더(Herder)는 “단일 유기체의 유비는 이 지구상의 전체 생명체를 통해 관철됨”을 확신하여 《인류역사의 철학적 고찰》(*Ideen zur Philosophie der Geschichte der Menschheit*, 1784~1791)에서 다음과 같이 말했다.

> 역사에서 내가 찾는 신은 자연의 신과 같다. 왜냐하면 인간이란 전체의 미세한 한 부분에 불과하기 때문이며, 인류사는 벌레 —— 그 자신의 세포조직과 밀접한 관계에 있는 —— 의 역사와 유사하기 때문이다. 따라서 신적인 존재가 스스로를 드러내는 수단인 자연법칙은 인간 속에서도 마찬가지로 관철된다.

즉 헤르더는 이처럼 자연에서의 유기적 진화에 근거하여 자신의 역사관을 정립했던 것이다. 그의 논리에 따르면, 만물은 자연에서 유기적으로 관련되어 하나의 조건이 다른 조건으로 이어져서 결국 진화적 연쇄의 최고·최종 표현인 인류에 이르는 것인데, 인간의 이성마저도 똑같은 진화 과정을 겪는다는 것이었다. “여기에 인류사의 원리가 있다”고 그는 단언하였다. 이에 따라 사고는 세계를 단순히 반영하는 것이 아니라 세계의 운동에 동참하게 되는 것이다. 바꾸어 말해서 인간의 정신은 더 이상 세계를 지배하는 일반 법칙을 인식하는 것이 아니라, 세계의 성장·부침(浮沈)과 조화를 이루며 운동하는 것이다. 즉 이러한 범신론자들은, 추상적인 발생 개념에 근거한 합리주의자나 자연법 사상 신봉자들로서는 결코 이해할 수 없는 역동성을 느끼게 된 것이다. 계몽사상이나 자연법 사상의 특성은 역사적 변화에 영향을 받지 않는 불변의 자족적 이성을 전제하는 일종의 정태적 사고라고 할 수 있다. 이에 대응하는 최대의 논리적 무기가 역동적 이성의 개념이다. 즉 로맨틱들의 범신론적 논리에 따르면 이성이란 것 자체가 자연과 역사 속에서 변화하고 운동한다는 것이었다. 이러한 논리 전개가 바로 헤르더에서 전형적으로 나타났던 것이다.[29]

한편 자연에 대하여 로맨틱들이 지녔던 외경심은 미학에서 단순한 '아름다움'(the beautiful)과 구별되는 '장엄'(the sublime)이라는 새로운 영역에 주의를 환기시켰다. 물론 '장엄'이라는 관념이 로맨틱들의 창안은 아니다. 이미 1세기경에 론기누스(Longinus)가 〈장엄에 관하여〉라는 글에서 산맥·대양을 묘사하면서 자연의 웅대함과 광폭함에 대한 느낌을 기록한 바 있다. 또한 17세기말에서 18세기 초에 알프스를 다녀온 영국인들이 장대한 경관에 두려움과 아울러 고양된 감정을 기록하였다. 이러한 선구적 요소들이 블레이크·바이런과 그의 찬미자인 터너(J. M. W. Turner)의 작품에 영감을 주었다. 그러나 이보다 앞서 가장 중요한 성과는 버크(Edmund Burke)와 그의 영향을 받은 칸트에게서 나타난다. 특히 버크의 미학 이론서인 《장엄과 아름다움이란 관념의 기원에 대한 철학적 탐구》(1757)는 신고전주의로부터 로맨티시즘으로의 취향의 변화를 알리는 이정표로 평가된다.[30] 칸트는 《판단력 비판》(*Kritik der Urteilskraft*, 1790)에서 장엄의 문제를 다음과 같이 요약한 바 있다.

위압적인 바위, 뇌우를 뿌리는 구름, 화산, 태풍, 끝없는 대양, 드높은 폭포 등은 우리에게 그 위용과 비교해서 하잘것없는 순간적 저항감을 야기한다. 그러나 우리 자신의 위치가 안전하다면, 이러한 것들의 여러 측면은 그 공포성에도 불구하고 매력적이다. 그리고 우리는 이러한 대상들을 장엄하다고 부른다. 왜냐하면 이러한 것들은 통속적 높이를 넘어서는 영혼의 힘을 일깨우기 때문이다. [31]

한편 버크는 ‘장엄’과 ‘아름다움’을 다음과 같이 대비시켰다.

장엄한 대상은 그 차원에서 광대하다. 아름다운 대상은 비교적 아담하다. 아름다움은 부드럽고 세련된 것이어야 한다. 장대한 것은 억세고 다듬어지지 않은 것이어야 한다. 아름다움은 직선을 회피해야 하지만, 그로부터 살며시 벗어나야 한다. 많은 경우에 장대함은 직선을 애호하지만, 일단 그로부터 벗어날 경우 빈번이 파격적으로 나타난다. 아름다움은 어슴푸레해서는 안 된다. 장대함은 어둡고 음산해야 한다. 아름다움은 가볍고 섬세해야 한다. 장대함은 견고하고 심지어 육중해야 한다. [32]

버크에 따르면 이러한 판이한 성격의 두 영역은 역시 판이한 감흥을 불러일으킨다. ‘아름다움’은 적극적인 기쁨(positive pleasure)을 통해 사랑·애정·온유함을 유발한다. 반면에 ‘장엄’은 공포를 유발한다. 그러나 이것이 완화되거나 일정한 거리를 두게 될 경우, 희열(delight)과 놀라움을 느끼게 된다. 특히 버크에서 희열은 고통과 관련된 기쁨 내지는 상대적인 기쁨으로서 아름다움에서 비롯되는 적극적인 기쁨과는 질적으로 다른 것이다. 또한 놀라움은 그 정도가 약화되면 예찬·숭상·존경의 감정을 일으킨다. 더 나아가 버크는 두 영역과 관련된 덕성에도 차이가 있다고 보는데, 장엄과 관련된 것으로는 강인함·정의·지혜 등이며, 아름다움과 관련된 것으로는 동정·친절·너그러움 등이다. [33]

그런데 정작 중요하면서도 이제껏 정치학자들이 지나쳐버린 점은 버크가 당시의 정치 문제를 바라보면서 이러한 미학상의 범주에 근거한 관점을 투영시켰으며, 더 나아가 그의 보수주의 정치사상의 기

초로 삼은 사실이다. [34]

버크는 1780년까지만 해도 주로 아름다움과 결부된 감정, 즉 애정이라는 관념을 동원하여 당대의 정치적 문제를 파악해나갔다. 예컨대 인도와 아메리카 식민지 문제에 대하여 '가정적' 덕성, 완화·온유함·자상함의 필요성을 강조하고, 영국 정부의 협박·강제·오만을 비난했던 것이다. 그런데 1780년 이후 버크는 근대 정치의 추진력 속에 내재된 위험의 깊이를 느끼면서 과거·관습·전통 등의 문제에 주의를 기울이게 되었다. 왜냐하면 1780년대의 헌정개혁 요구 속에서 과거를 무시하고 폄하하려는 자세가 나타났기 때문이다. 영국 헌정제도의 풍부한 유산이 갑자기 정당화될 수 없는 부담, 인민의 불만 대상, 단지 낡고 억압적인 관행의 저장소 등으로 반전된 것에 버크는 큰 충격을 받았다. 특히 프랑스혁명은 이러한 가치관의 전도를 상징적으로 대변하는 일대 사건으로 받아들여졌다. 따라서 버크는 자신의 저서 《프랑스 혁명에 대한 고찰》(1790)에서 "감성과 태도와 도덕적 견해상의 혁명"을 가장 심각한 문제로 규정하였던 것이다. [35] 이러한 변화에 직면해서 버크는, '과거에 대한 건전한 지향성을 유지시켜주는 것은 어떠한 감성인가'를 고찰하게 되었다.

버크의 결론은 아름다움과 장엄에서 각각 유발되는 대표적 감정인 애정과 존경심의 결합이었다. 이러한 결합 사례는 이미 그의 미학 이론서에서 암시된 바 있다. 가정에서 아버지와 어머니가 각각 장엄과 아름다움의 영역을 상징하는 존재라고 한다면, 오랜 연륜 속에 엄격성이 완화된 권위가 여전히 유발하는 존경과 아울러 애정의 대상인 할아버지의 존재가 그것이다. 이러한 인식의 연장은 "의회에 대한 애정과 아울러 신을 두려워하고 외경심으로 국왕을 우러러본다"고 그가 힘주어 말한 데서 잘 나타난다. [36]

프랑스혁명에서 '애정'의 영역과 관련된 심각한 문제는 과거의 관행과 제도에 대한 관심의 증발이었다. 이것은 이미 1780년대 영국의 정치 상황 속에서 버크가 감지했던 것으로 프랑스에서는 더 장기적으로 지속된 현상이었다. 또 하나의 문제는 사회적인 애정적 유대의 이완현상이었다. 특히 버크는 프랑스 왕비가 당하는 "모욕에 복수하기 위해 칼집에서 수만의 칼이 튀어나오지" 못한 것을 개탄하였다. 그것이 버크에게 의미한 것은 '지위와 여성에 대한 충성' (generous loyalty to rank and sex) 즉, 기사도 정신의 소멸이었다. 개인들을 대하는 온유함은 공중(公衆)에 대한 배신으로 간주되었으며, 시해(弑害)라는 관념 자체가 미신으로 매도되고 평범한 살인에 불과하다고 간주되는 냉혈적 심성이 나타났던 것이다. [37]

　프랑스혁명에서 '장엄'의 영역과 관련된 심각한 문제는 건전하고 신뢰할 만한 장엄을 대체한 왜곡되고 인위적인 새로운 형태의 장엄이었다. 전자가 인간에게 유익한 공포와 아울러 인간의 한계성을 일깨워주는 것이라면, 후자는 오히려 인간 의지의 무한성을 내세우는 것이었다. 버크는 왜곡된 '장엄의 원리'(sublime principles)가 프랑스혁명기의 고양된 상황에서 사람들에게 주입되는 것을 지켜보았다. 혁명가들은 신의 자리를 대신하려고 했으며, 그들의 희망은 불멸성으로 충만하여 있었다. 그들은 자신들의 합리적 상상력과 결합된 무한의지를 발휘하여 세계에 풍부한 유산을 남기겠다는 영원한 명성과 영예를 추구하였다. 이에 걸맞는 경탄할 구조를 구축하면서 모든 기성 제도는 불필요한 것으로 간주되었다. 버크는 이미 급진적 성향의 영국 정치인들 속에서도 위선적인 '장엄한 사고'(sublime speculations)가 대두하는 것을 느끼고, 영국의 헌정제도가 향유의 대상이라기보다는 변경의 대상으로 언급되는 현실을 개탄하였다. [38] 결국 버크가 진단한 프랑스 사태의 본질은 왜곡된 '장엄'의 취향과 아울러 과거에 대한 애정 —— '아름다움'의 영역과 관련된 —— 의 고갈이었다.

　이렇게 볼 때 버크의 보수주의의 가장 기본적인 범주들은 그의 미학에서 비롯된 것임을 알 수 있다. 아름다움과 장엄은 지성인과 정치인에게 요구되는 차분함(self-possession)과 과거 전통의 계승(take-over)으로 치환될 수 있는 것이었다. 둘을 모두 거부한다는 것은 정

치적인 타락인 동시에 미학적인 타락을 의미하였다. [39] 반면 마르크
스주의자인 이글턴에 따르면, 미학은 보수주의와 제휴할 경우, 일
종의 내면화된 억압의 성격을 갖게 된다. 즉 보수주의 미학이란 사
회적 힘으로 종속시킨 사람들의 바로 그 몸속 깊숙이 사회적 힘을
심어놓는 "정치적 패권의 가장 효과적인 양식"인 것이다. 그러한
의미에서 버크의 장엄은 "적절히 분산되고 심미화된 앙시앵 레짐의
여러 가치"란 지적을 받기도 한다. [40] 그러나 로맨티시즘과 보수주의
의 제휴는 미학에 국한된 것만은 아니다. 둘의 제휴는 개성주의와
유기체적 사회관 속에서 가장 체계적으로 폭넓게 이루어진다고 할
수 있다.

Ⅲ. 개성주의와 유기체적 사회관

　　로맨티시즘의 특성은 개성주의(individualism, particularism)와 유기
체적 사회관, 그리고 둘의 조화에 있다. 그것은 계몽주의, 특히 자
연법 사상에서 나타나는 보편성 원리에 대한 부정을 의미한다. 한
나라의 제도를 다른 나라에 '자의적으로 이식하는 것'을 거부하는
개성주의나 유기체적 사회관은 한편으로 프랑스혁명으로 쇄신된 정
치·사회제도의 보편적 적용을 배격한다는 점에서 보수주의 이념과
밀접한 관계에 있다. 보수주의는, 단지 봉건제의 잔재나 지역별 차
이를 해소하려는 '관료적 행정적 합리주의'와 맞섰던 단계를 벗어
나, 기성 사회질서 전체를 문제시하여 이를 근본적으로 혁신하려는
'부르주아 합리주의' —— 계몽사상에 내재된 —— 와 대결하게 되었을
때 그 사상적 기반 전체를 역으로 문제삼을 수 있는 새로운 시각과
대응논리를 필요로 하게 되었다. 그런데 이것은 바로 로맨티시즘과
의 제휴를 통해서만 가능했던 것이다. [41] 그러나 로맨티시즘의 영향

은 보수주의 사상에 국한된 것은 아니었다. 왜냐하면 부르주아 사회의 사상적 기반에 대한 로맨티시즘의 공세는 마르크스의 혁명적 이념에도 그 비판적 시각을 제공하였기 때문이다.

계몽주의는 인간 이성의 보편성을 전제하며, 그에 따라 인간적인 여러 가치의 보편적 적용을 확신하였다. 그런데 프랑스혁명 이념의 전파자인 나폴레옹의 정복활동과 결과는, 로맨틱들의 입장에서 볼 때, 고유한 전통과 문화의 민족적 개성을 유린하는 평등적 파괴적 보편성을 의미했던 것이다. [42] 이에 대한 로맨티시즘의 반발이 개성주의 또는 개체주의로 표출된 것이다. 이러한 성향은 독일에 국한된 것이 아니었다. 예를 들어 영국의 작가 스코트(Walter Scott)는 다음과 같이 주장하였다.

> 자연이 우리를 창조한 바대로 남으리라. 서로 각자의 특성을 유지하면서 잉글랜드인으로, 아일랜드인으로, 스코틀랜드인으로. 우리가 모두 무수한 매끄러운 동전처럼 서로 닮았다면 우리는 무가치한 존재가 되리라. …… 자연은 현대 정치가들이 절대적 일률성을 위한 어떤 방법 같은 것을 집행하려는 것과 같은 획일성을 피하고자 하는 것이다. [43]

로맨티시즘의 이러한 성향은 문화적 민족주의의 발전과의 긴밀한 관계를 보여주는 것이기도 하다. 아무튼 '개성에 대한 강조'는 로맨티시즘의 가장 큰 특징이라고 할 수 있다.

한편으로 계몽주의의 보편성에 대한 부정은 유기체적 사회관에서도 드러난다. 로맨틱들에 따르면 사회는 발전의 내적 법칙과 과거에 깊은 뿌리를 두고 자연스럽게 형성되어온 유기적 통합체인 것이다. 따라서 유기체의 성장 과정을 무시한 이념과 제도의 무차별적 이식은 거부된다.

유기체적 사회관은 이처럼 보편성에 대한 부정인 동시에 또한 계몽주의의 사회계약론에서 극명하게 드러나는 원자론적 사회관——

사회는 고립된 개인들에 의해서 이루어졌다는 관점 —— 에 대한 거부
인 것이다. 여기에서 개개의 사회 구성원은 고립된 원자라기보다는
전체 유기체와 분리해서 생각할 수 없는 세포 하나하나에 해당되는
것이다. 따라서 전체에 대한 개인의 예속적 관계가 전제된다. 이러
한 점에서 로맨티시즘은 훗날의 이른바 ‘전체주의’의 싹을 지녔
다고도 할 수 있다.[44] 로맨틱들은 사회를 그 개별 구성원들의 단순
한 총합 이상의 것으로 확신하였다는 점에서 일종의 사회 실재론자
였던 것이다. 이들의 입장은 계몽주의의 사회 유명론(唯名論), 즉
단지 개인들만이 존재하며 사회는 상호 관계를 맺는 개인들에 불과
하다는 견해와 정면으로 대립되는 것이다.[45]

　물론 사회적 유기체론이 새로운 관념은 아니다. 그러나 로맨티시
즘에서 이것은 새로운 의미와 시대적 호소력을 갖게 되었던 것이다.
그것은 혁명시대의 혼돈에 대한 공포를 반영하는 것이며 제도의 붕
괴와 전통적 유대의 해체에 직면하여 단지 귀족뿐만 아니라 많은 사
람들이 체험한 당혹감을 반영하는 것이다. 계몽주의, 자연법 사상,
사회계약론 등은 개인 대 사회라는 이분법을 동원하여 여러 권리의
근거를 사회·국가보다는 자연상태의 개인에게 두어 국가권력에 윤
리적 제약을 가하면서 동의에 의한 통치와 저항권을 내세움으로써
봉건적인 사회적 유대로부터 개인을 해방시키려는 혁명 이념이었
다. 아메리카의 〈독립선언〉, 프랑스혁명기의 〈인간과 시민의 권리
선언〉, 스미스(Adam Smith)의 《국부론》 등의 사상적 기초는 전체에
대한 개인의 우위를 전제하는 개인주의(individualism)였던 것이다.[46]

　여기서 유의해야 할 점은 ‘individualism’이란 말이 경우에 따라
대립 관계에 있는 두 이념 —— 로맨티시즘 대 계몽주의 —— 의 특성
인 개성주의와 개인주의로 각각 해석될 수 있다는 점이다. 그런데
로맨티시즘의 개성주의가 본래는 ‘질풍노도’ 문예사조의 영향을 받
아 천재적 개인의 창의력을 예찬하는 것, 즉 어느 정도 개인주의적
요소를 표방하는 것이기 때문에 문제는 복잡해진다. 로맨티시즘의

개성주의는 작가 개개인이 어떠한 규범에도 얽매이지 않고 자신의 풍부한 감정과 무한한 상상력을 자유롭게 표현함으로써 각자의 개성을 드러내는 것에서 유래한 것이다. 그렇다면 이 점은 개인보다는 전체를 중시하는 유기체적 사회관과 어떻게 조화될 수 있는가?

이해의 열쇠는 'individualism'이란 말을 프랑스-영국-미국 식으로 해석하지 않고 독일 식으로 해석하는 데 있다. 독일어에서 이 말은 개성, 개인의 독창성, 자아실현이라는 로맨틱 관념에 강조점을 두는 성향이 있는데, 처음에는 특히 예술가 같은 천재적인 개인을 예찬하는 데 적용되다가, 그후 공동체, 주로 민족이나 국가에 관한 유기체론으로 발전된 것이다.[47] 즉 나폴레옹 제국의 팽창주의는 특히 독일에서 개인과 국가 사이의 강한 일체감을 파생시켰던 것인데, 해방전쟁의 절정 속에서 로맨틱들은 개인 —— 특히 천재적 개인 —— 의 존엄성을 지키려고 유의하면서도, 이러한 개인이 협동적 공동체 속에서, 그리고 무엇보다도 문화적 지도자를 대표하는 국가의 도움 속에서 자신의 잠재력을 가장 잘 발휘할 수 있다는 이론을 발전시켜 나갔다.[48] 바로 이러한 식으로 로맨티시즘은 개성주의와 사회유기체론을 합성하였던 것이다.

뿐만 아니라 개성주의와 유기체적 사회관과의 밀접한 관계는 사회계약론이나 원자론적 사회관의 출발점이 되는 '추상적' 인간을 부정한다는 점에서도 나타난다. 자연 상태에 살던 인간이 공동체 건설에 동의한다는 계약론에서 '개인에 대한 사회로부터의 가장 완벽한 추상화'가 이루어졌다고 할 수 있다.[49] 이와 관련하여 매스트르 (Joseph de Maistre)는 다음과 같이 반박한 바 있다.

1795년 헌법은 선행 헌법과 마찬가지로 인간 일반[l'homme]을 위해서 만들어졌다. 그러나 세상에 그러한 인간 일반은 존재하지 않는다. 내가 평생 보아온 것은 프랑스인들, 이탈리아인들, 러시아인들 등이다. 몽테스키외 덕분에 페르시아인도 있을 수 있다는 것까지 안다. 그러나 나는 인간 일반이란 평생 만나본 바 없다고 단언한다. 그런 사람이 존재한다면 내게는 완전히 미지의 인물일 것이다. [50]

즉 계몽주의자들이 '추상적 개인'(Man)을 보았던 곳에서 로맨틱들은 '구체적인 인간들'(men)을 보았던 것이다. [51] 이와 유사한 관점은 로맨티시즘의 영향을 받은 마르크스에게도 나타난다. 그는 《헤겔 법철학 비판 서문》에서 인간은 결코 "추상적이거나 세계 밖에 웅크리고 있는 존재"가 아니라고 하였으며, 오히려 "인간이란 인간세계·국가·사회"라고 하였다. 그런가 하면 대표적인 로맨틱 사상가로서 마르크스와는 전혀 다른 정치 성향을 지닌 뮐러(Adam Müller)도 "국가 밖에 존재하는 인간은 생각될 수 없다"고 단언하였다. [52]

다만 로맨틱들이 가족·신분, 특히 국가의 구성원으로서의 인간을 논했다면 마르크스는 계급 구성원으로서의 인간에 주목했던 것이다. 그는 《공산당선언》에서 "어느 계급에도 속하지 않고 현실적으로는 결코 존재하지 않으며 오직 철학적 환상의 안개 속에서만 존재하는 인간"이라는 관념을 비판하였으며, 《정치경제학 비판 서문》에서는 인간은 사회적 생산에서 "불가피할 뿐만 아니라 자신들의 의지와는 독립된 특정한 여러 관계" 속에 놓인다고 하였다. '의지와 무관한 관계'가 의미하는 바는 사회가 개인의 임의적 선택대상일 수 없다는 것이며, 이는 마르크스가 로맨틱들과 공유한 관점이기도 했다. 마르크스는 이러한 '사회적으로 규정된 개인'이 아닌 추상적 개인을 경제학의 출발점으로 삼은 스미스나 리카도를 '18세기의 로빈슨 크루소주의자들'(18. -Jahrhundert-Robinsonaden)이라고 비난하였다. [53] 마르크스의 이러한 인간관이 말해주는 바는 그가 로맨틱들과 세계관의 근본적 차이에도 불구하고, 근대 부르주아 이념이라는 양쪽의 주된 공격대상은 일치했다는 점이다.

로맨틱들이 이처럼 계약론의 기반인 '자연 상태의 개인', 즉 사

회 이전에 존재한다고 전제된 추상적 개인이라는 관념의 비현실성과
비역사성을 부각시켰던 데에는 나름대로의 정치적 동기가 있었다.
로맨틱들은 이러한 계약론의 전제를 인정할 경우, 동의라는 측면이
너무 강조되면서 국가 체제가 실제적인 선택 —— 혁명의 가능성까지
포함한 —— 의 문제로 등장할 위험성을 간파했던 것이다.[54] 그들로서
는 체제의 선택이라는 문제 자체를 아예 제기할 수 없게 만들 필요
를 느꼈던 것이다. 그러기 위해서는 우선 국가가 계약의 산물일 수
없다는 점을 분명히해야 했다. 뮐러는 국가란 '시민생활의 편리함
이나 기쁨을 위한 발명'이 아니라 '인간이 존재하는 순간부터 필요
하고 불가피한, 시민 생활의 총체'였던 것이다. 슐라이어마허도 1814
년 베를린의 왕립 학술원 강연에서 "가장 불완전한 국가조차도 결코
제작된 경우는 없다"고 주장하였다.[55]

　개개의 사회 구성원이 임의로 사회 체제를 선택할 수 없음은 그가
속한 사회의 기성체제에 순응하며 살아야 함과, 더 나아가 기성체제
를 자의적으로 변경시킬 수 없음을 의미하는 것이었다. 뮐러는 국민
의 요구에 부응하여 국가 체제의 수립을 의도하는 정치가들을, 고객
의 취향에 만족할 몇 개의 가구를 만들어놓고 그 옆에 서서 판매를
기다리는 목수에 비유하며 마치 "그 자신의 국가를 벗어나 그 옆에
서 있는 정치 예술가"와 같다고 혹평하였다. 아울러 그는 "국법은
발명될 수 없다"고 단언하고, "이러한 문제에 관한 가장 명석한 계
산도 전적인 무지만큼이나 헛된 것"이라고 주장하였다. 슐라이어마
허도 당대의 정치적 '기사'(技士)들이 항상 '자기의 재간을 발휘해
야 하는 대상'인 양 국가를 다루고 있다고 비난하였다.[56]

　사실상 이러한 사상의 원조는 버크라고 할 수 있다. 그는 혁명가
들이 인간성이나 역사를 도외시한 채 정치를 마치 기하학 증명처럼
취급한다고 개탄하며, "새로운 정부의 제작이라는 관념 자체"만으
로도 혐오감을 갖기에 충분하다고 하였다.[57] 그의 사상은 코울리지
같은 영국의 로맨틱 시인들에게뿐만 아니라 독일의 로맨틱 사상가들

에게도 지대한 영향을 미쳤다. [58) 이들의 관점에서는 계몽사상의 이론을 실현시키려는 혁명가들의 과욕이야말로 프랑스를 뒤덮은 혼란과 악의 원천이었던 것이다. "이성에 의한 잘못되기 쉽고 무기력한 고안물들"을 개탄하는 버크는 로맨틱들에게 큰 호소력을 지녔다. [59) 예를 들면 1792년을 원년으로 삼는 프랑스 혁명력의 채택은 전통과의 명백한 단절을 상징하는 합리적 창안이었다. 또한 신생 아메리카 합중국에서 제퍼슨과 프랑스 건축기사 랑팡(l'Enfant)의 합리적인 계획에 따라 포토맥 강변의 허허벌판에 건설된 워싱턴 시야말로 "프랑스 계몽사상의 아들"이었다. [60) 매스트르가 아메리카인들의 인위적인 연방 수도 건설사업이 실패하고야 말 것이라고 장담한 것도 반(反)계몽주의적 시각에서 비롯된 것이다. [61)

로맨틱들이 전통과의 단절이나 급진적 개혁을 비난하며 내세운 또 하나의 명분은 사회 각 부분들의 상호의존성 내지는 상호관련성이었다. 이것 역시 유기체적 사회관의 중요한 한 측면이다. 본래 일부 로맨틱들이 프랑스혁명의 발발을 환호했던 것은 여기에서 임박한 '총체적' 사회 변화의 전조를 보았기 때문이다. 그러나 변화의 양상이 사회생활의 외형적이고 형식적인 수정에 머무는 정치적 혁명이라는 생각이 들자 이들의 기대는 환멸로 바뀌었다. [62) 이후 로맨틱들은 사회 각 부분의 상호의존성이라는 문제를 더욱 보수적으로 해석하게 되었다. 즉 사회의 관습·믿음·제도 등은 유기적으로 얽히고 짜여 있어서 한 부분에서의 변화와 개조는 전체 사회의 안정성을 유지하는 복합적인 관계를 해치게 된다는 것이었다. [63) 이러한 요소는 부르주아지의 개인주의적 관점을 공격했던 마르크스에 의해서 부분적으로, 아니 비판적으로 수용되었다. 즉 사회 각 부분의 상호의존성 때문에 아무것도 바뀔 수 없다는 것이 매스트르 같은 보수주의자의 시각이었다면, 바로 같은 이유 때문에 무엇인가 바뀌려면 모두 바뀌어야 한다는 것이 마르크스의 입장이었다. [64)

그러나 부르주아 산업사회 비판에서 마르크스 사상은 사회의 공동체적 성격을 강조하는 로맨티시즘과 다시 공통점을 보여준다. 로맨틱들은 산업사회에서 유기적인 유대가 소멸되어가는 것을 개탄하였다. 이들에 따르면 산업사회에서 각 개인은 상대방을 비인격적인 힘(제도, 돈)의 대변자로 대한다. 그래서 이들은 진정한 집단생활이나 전통적인 공동체가 더 이상 존재하지 않음을 인식하고 개인과 집단 사이의 완벽한 조화로의 복귀를 열망했던 것이다. 이것은 사회계약론과 이를 기반으로 하는 자유주의에 대한 공격을 의미하였다. 사회계약론에 따르면, 인간 행동은 이기적 동기의 지배를 받기 때문에 각자의 대립적 이해 관계는 합리적 법 체계에 의해서만, 즉 상호간에 자유를 제약함으로써만 화해가 가능한 것이다. 따라서 모든 개인은 타인의 타고난 적으로 규정되며, 개개의 자유는 각각의 자유를 제약함으로써만 존립할 수 있다. 반면에 로맨티시즘에 따르면, 부정적인 이해 관계의 결합이 아니라 타인과 교류하는 자연스러운 공동체에 사는 것이 인간의 타고난 운명이다. 이러한 사회에서 강제와 통제는 불필요하며 각 개인은 자신을 전체와 동일시하는 것이다. 마르크스는 로맨티시즘의 바로 이러한 비판적인 산업사회관을 수용했던 것이다. 그의 소외론과 특히 《경제학 – 철학 수고》에서 제시된 화폐론은 이러한 측면을 보여준다. 사람들은 화폐의 폭정과 무자비한 자본 축적의 과정 아래 놓이게 된다. 생산 과정과 생산 결과로부터 소외되는 노동자는 말할 것도 없고, 자본의 논리에 따라 움직이는 자본가마저도 화폐의 화신으로 더 이상 자기 행동의 주체가 아니기 때문에 그 자신의 인격을 상실한 소외된 존재인 것이다. 이와 대조적으로 미래 공산주의 사회에서는 유기적 유대가 부활됨으로써 개인과 전체가 합일되고 개인이 자발적으로 자신을 전체와 동일시하여 강제는 소멸되고 그럼으로써 갈등의 원천은 소멸되는 것이다. 이처럼 마르크스가 생각한 이상사회에서도 로맨티시즘의 요소가 짙게 배여 있다. [65)]

물론 마르크스 사상에서 나타나는 로맨티시즘의 요소는 어디까지나 부분적이라는 점이 전제되어야 한다. 무엇보다도 마르크스가 근대 산업사회를 반드시 거쳐야 하는 극복 대상으로 보고 자본주의의 범세계적 발전 속에 민족주의는 의미를 상실할 것으로 전망했던 데 반하여, 로맨틱들은 근대 산업문명을 부정하는 과거 지향성을 보였으며 민족공동체를 이상화했기 때문이다. [66] 그러나 로맨티시즘이 사회주의에 앞서 근대 산업사회의 문제를 예리하게 지적하고 그 비판 양식을 후자에 제공한 것은 사상사에서 커다란 의미를 지닌다고 할 수 있다.

이와 관련하여 로맨틱들의 중세 재평가에 주목할 필요가 있다. 왜냐하면 뮐러, 코울리지, 사우디(R. Southey), 카알라일(Carlyle) 같은 로맨틱들은 봉사와 보호의 인간 관계에 근거한 중세의 위계적 질서를 이상화하면서 이와는 극명한 대조를 이루는 근대 상업주의나 산업주의의 파괴적 결과들을 지적할 수 있었으며, 형식적으로 평등한 권리의 간판 뒤에서 자행되는 착취와 지배의 새로운 양식을 폭로할 수 있었기 때문이다. 또한 혁명 이후 프랑스 사회의 재구성을 위한 모델로서 중세적 질서를 염두에 두고 계급과 당파의 대립으로 인한 산업사회의 분열적 성격을 예리하게 지적한 보날(Louis de Bonald)의 글은 부르주아 사회에 대한 준엄한 비판으로서, 관점의 차이에도 불구하고 사회주의 사상을 예견했다는 평가를 받는다. [67]

중세 예찬은 계몽주의에 의해서 중세가 '암흑시대'로 매도된 것에 대한 반발이기도 하지만, 공동체의 통합적 기능에 대한 로맨틱들의 강한 집념을 반영하는 것이다. 노발리스는 중세를 통일성에 의해 특징지어지는 위대한 신앙시대로 이상화한 대표적인 경우다. 그의 저작 《기독교 세계 혹은 유럽》(*Christenheit oder Europa*, 1799)의 주제는 과거 황금시대로의 복귀라기보다는 중세 가톨릭교와 유사한 공통된 신앙에 의해서 다시 한번 유럽이 통합될 수 있는 미래를 기대하는 것이다. [68] 이와 유사한 취지에서 보날은 교회의 통일성을 파괴했던 종교개혁을 증오했던 것이다. 그는 중세의 통합성을 파괴하였던 역사적 힘과 성향들을 분명히 인식하였는데, 종교개혁뿐만 아니라 계몽주의나 프랑스혁명을 야기한 점진적인 세속화에 커다란 우려를 표명하였다. 그는 전통적인 농업사회의 통합성과 우월성을 부각시킨 반면, 산업사회의 문제점으로서 가정——가장 자연스럽고 신성한 사회적 단위인——의 결속력 약화를 지적하였다. 이 점에서 보날은 뒷날 중세의 공동사회로부터 근대 이익사회로 유럽사회가 변질되어가는 역사적 흐름에 관심을 가졌던 여러 이론가들을 예견했던 것이다.[69]

한편 사회적 통합에 대한 로맨틱들의 염원은 '문화적 민족주의'로 나타나기도 하였다. 즉 로맨티시즘은 '국가'라는 관념을 '민족'이라는 관념과 결합시킴으로써, 법과 정부라는 제도적 틀 너머로 정치적 논의의 초점을 확대시켰으며, 바꾸어 말해 개인의 권리에 대한 법제적 보장이나 정치제도에 대한 개인의 능동적 참여에 관해서는 일언반구 언급할 필요 없이, 공통된 언어·종교·민속예술·관습 등에 존재하는 사회적 결속의 비합리적이고도 다중적인 유대에 주의를 환기시켰던 것이다.[70]

그러나 민족의 통합을 추구하는 문화적 민족주의가 역설적으로 통합을 저해하는 정치적 운동의 추진 요인으로 작용한 점도 부인할 수 없다. 그것은 비록 폴란드와 노르웨이 왕국을 부활시키려는 시도로 나타나기도 했지만, 반면에 오스트리아나 러시아 제국을 무너뜨리는 요인으로 작용하기도 했기 때문이다. 한 민족이 일단 문화적 통일체로 규정될 경우, 필연적으로 이로부터 제외되고 소외감을 갖는 집단이 나타내게 마련이다. 따라서 이들은 자신들의 고유 문화를 내세우며 기존 국가로부터 분리 독립하려는 움직임을 보이는 것이다. 에스파냐에서 오늘날까지 계속되는 카탈루냐와 바스크 분리주의자들의 움직임이 대표적 예이다.[71]

그러나 로맨티시즘과 민족주의의 연결고리를 생각하면서 유념해야 할 점은 정치적 요소보다는 문화적 요소를 강조하는 로맨틱 민족

관념이 후대 민족주의 이데올로기에서 나타나는 권력과 팽창주의의 추구와는 별로 관계가 없다는 점이다.[72] 로맨틱들이 특히 헤르더로부터 배웠던 민족적 독특성에 대한 자부심이 이민족의 전통에 대한 공감과 양립할 수 없는 것은 아니었기 때문이다. 로맨티시즘의 지속적 기여는 비(非)유럽 문명까지 포함하여 역사적 지리적으로 다양한 문화와 언어에 대한 비교연구에 불어넣은 영감이었다.

'문화적 민족주의'의 선구자는 여러 민족문화의 개성을 신봉한 헤르더였다. 그에 따르면, "각 민족, 각 시대는 마치 각 천구(天球)가 그 자신의 중력의 중심을 갖고 있듯이, 자체에 자기 행복의 중심을 지니고 있는 것이다." 그렇기 때문에 판단의 어떠한 보편적 기준도 있을 수 없는 것이다. 즉 헤르더는 보편성을 내세우는 계몽주의에 반발하여 일종의 '문화적 시대별 상대주의'를 천명했던 것이다. 그가 주장한 바는 만일 그대가 다른 나라나 세기를 이해하고 싶다면 그 속에 깊이 빠져들어야 하고 "모든 것을 그대 자신의 내면에서 느껴야 한다"는 것이었다.[73] 이러한 점에서 역사주의의 사상적 선구자이기도 한 헤르더는 그리스·로마뿐만 아니라 이집트·페니키아문화에 대해서도 역사적 의미를 부각시켰다. 그리고 그는 무엇보다도 '암흑시대'의 오명으로부터 중세의 명예를 회복시켰다. 중세는 특히 독일 민족에게 자신들의 고유한 문화와 정서가 형성되는 요람기를 의미했던 것이다.[74]

그러나 로맨티시즘시대의 중세예찬은 지역적으로 독일에 국한된 것이 아닐 뿐만 아니라 여러 방면에 걸친 광범위한 문화 현상이었다. 종교사상에서는 샤토브리앙의 그리스도교 옹호론, 영국의 옥스퍼드 운동, 그리고 역사·서술에서는 노르만 정복, 부르고뉴 공, 십자군 등에 대한 연구와 티에리(Thierry) 형제, 드 바랑트(de Barante), 미쇼(Michaud) 같은 역사가들의 활동, 그리고 《독일 사료 집성》(Monumenta Germaniae Historica, 1819) 같은 고문헌 편찬, 소설에서는 스코트·위고·샤토브리앙 등의 작품이 대표적인 예에 속한다. 한편 건축과 미술에서는 1834년 화재 후 배리(Charles Barry)가 고딕 양식으로 설계한 영국 의사당, 퓨진(Welly Pugin)이 세운 신 고딕 양식의 교회들, 쾰른 대성당 같은 중세 건축물의 중건(重建), 중세 회화의 수집열 등이 이를 말해준다.[75]

　이렇게 볼 때 로맨티시즘의 개성주의나 유기체적 사회관은 중세 예찬과 아울러 보수주의뿐만 아니라, 민족주의·사회주의·역사주의나 각종 학술·문예 활동에 이르기까지 광범위한 영향을 미쳤다. 로맨티시즘이 지닌 이러한 영향력은 전통 숭상과 역사적 사고를 떼어놓고 생각할 수 없게 한다.

Ⅳ. 전통 숭상과 역사적 사고

　전통을 존중하고 사회적 문제를 역사적으로 고찰하려는 로맨티시즘의 특성은 이미 개성주의와 유기체적 사회관에서 드러나고 있다. 이러한 성향은 계몽주의자들의 이성에 대한 과신에서 비롯되는 비역사적 추론에 대한 반발이다.

　계몽주의에서 이성은 역사와는 대립 관계였다고 할 수 있다. 즉 이성의 이름으로 역사에 대한 경멸과 거부가 선언되었던 것이다.[76] 계몽주의나 자연법 사상에서 올바른 이성은 자족적인 것으로서 역사로부터 영향 받지 않는 자율적 영역이다. 오히려 점진적 지속적 역사 발전은 순전히 부정적 요소로 인식된다.[77] 계몽주의시대의 대표적 역사가인 볼테르에게도 역사의 연속성이라는 개념은 없었다. 역사란 그의 표현대로 '인간 오류의 집성에 불과한 것'이었다.[78]

　그렇다면 계몽주의시대에 역사 저작이 지녔던 인기는 어떻게 설명될 수 있는가. 역사란 앙시앵 레짐을 난타하고 개혁의 필요성을 납득시킬 여러 사실의 보고(寶庫)였기 때문이다. 이러한 의미에서 오류로 점철된 역사는 역설적으로 인간 경험의 위대한 교사였던 것이다. [79] 볼테르는 역사의 효용을 다음과 같이 말했다.

> 과거의 커다란 실수들도 여러 가지 점에서 매우 유용하다. 어느 누구도 이토록 빈번이 죄악과 재앙을 떠올릴 수는 없을 것이다. …… 역사 연구를 그만두어 보라. 그러면 프랑스에서는 새로운 바르돌로뮤 학살과 영국에서는 새로운 크롬웰을 보게 될 것이다. [80]

과거에 대한 이러한 불신이나 부정과 짝을 이루는 것이 자기 시대에 대한 낙관과 긍정, 그리고 진보에 대한 신념이었다. 이러한 성향은 "현세대가 미래에는 신세계의 아담으로 보일 것"이라는 페인(T. Paine)의 말 속에 함축되어 있다. [81]

그러나 이러한 입장은 로맨틱들의 관점에서는 과거를 묻어버린 진보관 또는 몰역사적 자세를 의미했던 것이다. 이들은 계몽사상의 신봉자들이 프랑스혁명기에 보여준 '인간의 여러 권리'를 출발점으로 삼는 연역법적인 논리 전개에 충격을 받았으며, 이제까지 국가·사회·법이 형성되어온 과정을 상기시키는 방식으로 대응하려고 했던 것이다. [82] 그 전형적인 예는 프랑스혁명에 대한 버크의 대응이다. 그것은 다름 아닌 과거 전통에 대한 존중이었다. 버크는 전통을 경시하는 사람을 '밑천 없이' 장사를 시작하는 경우에 비유하였다. 다음과 같은 버크의 언급은 전통과 역사에 대한 최대의 찬사라고 할 수 있다.

> 우리는 아무 발견도 하지 않았음을 안다. 그리고 도덕에서도, 위대한 통치의 원리에서도, 자유의 관념에서도 아무런 발견도 이루어지지 않으리라고 생각한다. 이러한 것들은 우리가 태어나기 오래 전부터 이해되었던 것이다. …… 우리의 오랜 선입견을 버리는 대신에 우리는 그것을 소중히 간직한다. [83]

이러한 주장에 근거한 로맨틱들의 관점을 정리해보면, 과거는 현재 속에 살아간다는 것, 문화 전통이란 지속적인 것으로 그에 대한 개개인의 주관적 태도와 무관하게 개개인에게 각인된다는 것, 과거의 유산이란 필연적으로 현재를 규정하는 요인이라는 것 등이다.

이러한 로맨티시즘의 영향은 법과 경제에 대한 연구에서 고전경제학과 법실증주의에 대립되는 새로운 방법론을 역사학파에 초래하였는데, 이에 따르면 실제적인 경제와 법의 성격을 구체적인 역사적 발전을 통하여, 그리고 다른 모든 사회제도와의 상호관련성을 통하여 이해하는 것이다.

역사적 사고에서 비롯된 또 한 가지 중요한 것은 '발전'에 대한 새로운 인식이다. 이미 헤르더의 범신론적 사고 속에서 태동하고 있었던 문제의식은, 역사는 어떻게 '영원한 프로테오스처럼' 변모하여가는가, 각 민족은 어떻게 선대의 유산을 간직하면서도 나름대로의 독특한 방식으로 완전한 인간성(Humanität)에 좀더 가까이 다가가는가에 관한 것이었다. 이처럼 스스로 제기한 문제에 대하여 헤르더는 다음과 같이 선언적으로 답했다. "실로 이것은 진정한 진보, 지속적 발전이다. 장대한 규모의 형성 과정이다!"[84]

헤르더 이후 세대인 노발리스, 프리드리히 슐레겔 등에서 나타나듯이, '발전'이라는 개념이 유행하였다. 노발리스는 중세 이후 세상이 타락했다고 믿었음에도 불구하고 옛 그리스도교 세계보다 더 위대한 정신적 높이에 이를 새로운 황금시대의 도래, 새로운 유럽의 도래를 믿었다. "전향적이고 항상 증대되는 진화가 역사의 본질"이라고 그는 말했다. 그리고 슐레겔은 '고전적' 시보다 '근대적'(로맨틱) 시에서 새롭고 좀더 흥미로운 문학사의 조짐을 보았던 것이다. 즉 그는 새로운 형식을 창조하기 위해 낡은 규칙을 분쇄하려는 후자의 의도, 후자의 영원한 간단 없음 내지는 '형성'의 정신, 그러면서도 좀더 훌륭한 무한(Unendlichkeit)의 감각을 예고하는 후자의 초월적 가능성에 호감을 갖게 되었다. 또한 카알라일은 "진리는 항상 형성되어 가는 것이지 결코 처음부터 완전하게 존재하는 것은 아니다”라고 쉴러의 말을 인용하여 말한 바 있다. 이처럼 로맨틱들은 끝없는 변화의 세계 속에 살고 있음을 투철히 인식한 점에서 계몽사상가들보다 오히려 더 근대적인 면모를 보여주었다.

V. 맺 음 말

이상 살펴본 바와 같이 로맨티시즘은 계몽주의로 대표되는 합리주의 사상 전통에 대한 안티테제라고 할 수 있다. 부르주아혁명의 이념적 기반인 계몽주의에 대립했다는 점에서 로맨티시즘은 보수주의 정치사상과 밀접한 관계에 있다. 심지어 그 반(反)이성주의의 유기체적 사회관은 국수주의, 파시즘, ‘전체주의’의 사상적 선구자로 주장되기도 한다. 그러나 단순한 반동사상으로 매도되기에는 인간정신의 계발에 미친 로맨티시즘의 영향은 매우 큰 것이다. 이를 뒷받침하는 몇 가지 견해를 인용하여 맺음말에 대신하고자 한다.

로맨틱 운동은 단순한 퇴영적 반동이 아니다. 로맨틱 정신은 이미 근대적 합리주의의 공헌을 흡수하고 중화(中和)시켰다. 로맨티시즘을 단지 합리주의에 대한 정반대되는 전적으로 이질적인 반동으로 간주하는 것으로는 불충분하다. 그것은 오히려 진자(振子)의 왕복 —— 한 쪽 극에 이른 것에 대한 급작스런 반전을 의미하는 —— 에 비유되어야 한다. ……오로지 진자의 왕복으로써만 설명될 수 있는 점은 로맨티시즘이, 부인할 수 없는 근본적인 대조에도 불구하고, 18세기 합리주의를 생각나게 하는 측면들을 보여준다는 사실이다. 즉 계몽주의로서는 그 추상적 방법을 총동원해서도 결코 진정으로 이해할 수 없었을 정신의 모든 비합리적인 힘들을 합리화하는 성향이 그 선언적 비합리주의와 공존하였다.[85]

　　18세기는 역사에 대한 순전히 합리주의적인 개념을 지녔다. 이에
대한 반발이 나올 수밖에 없었는데 이는 반동적이 아니라 오히려 전향
적이었다. 로맨티시즘은 비역사적 추론과 합리주의의 형식 논리에 대
한 반발이었다. 그것은 순수한 주지주의(主知主義)에 대한 감성과 상
상력의 반발이었다. 또한 형식에 대한 느낌의 반발이었으며, 체계의
폭압에 대한 개성주의의 반발이었다. [86]

　　20세기의 파시즘·인종주의·군국주의의 여러 원인으로서의 로맨티
시즘에만 초점을 둔다면 결국 로맨틱 정치 사상을 그 자체의 좀더 폭
넓은 미학적 철학적 기반으로부터 분리시킴으로써 로맨티시즘이 역사
와 문화, 그리고 정치의 성격에 대한 우리의 이해를 혁명적으로 일변
시킨 점을 지나쳐버리게 될 것이다. [87]

주

1) Franklin L. Baumer, "Romanticism(ca. 1780-ca. 1830)", Philip P. Wie-
ner, ed., *Dictionary of the History of Ideas. Studies of Selected Pivotal Ideas,*
vol. Ⅳ (New York, 1978), p. 199 ; id., *Modern European Thought, Continuity
and Change in Ideas, 1600~1950* (New York, 1977), pp. 270~271 ; Ursula
Vögel, "Romanticism", D. Miller, ed., *The Blackwell Encyclopaedia of Political
Thought* (Oxford, 1987), p. 453.

2) M. Levin, "Marx and Romanticism : Marx's Debt to German Conserva-
tism", B. Jessop, ed., *Karl Marx's Social and Political Thought. Critical As-
sesments,* vol. Ⅰ : id., *Marx's Life and Theoretical Development* (London,
1990), pp. 204~221 ; Leszek Kolakowski, *Main Currents of Marxism,* vol. Ⅰ :
The Founders, tr., P. S. Falla (Oxford, 1978), pp. 409~412 ; cf. Paul
Breines, "Marxism, Romanticism, and the Case of Georg Lukács : Notes on
Some Recent Sources and Situations", *Studies in Romanticism* ⅩⅥ (Fall 1977),
pp. 473~489.

3) Bertland Russell, *A History of Western Philosophy* (1945), A Touchstone Book
editon (New York, 1972), p. 675.

4) 'Romantik'이라는 독일어는 1802년에, 'romantisme'이라는 프랑스어는 1816년에, 'romanticisimo'라는 이탈리아어는 1818년에, 'romanticism'이라는 영어는 1823년에 각각 나타났다. (cf. René Welleck, "Romanticism in Literature", Wiener, ed., *Dictionary of the History of Ideas*, vol. Ⅳ, p. 193)

5) *Ibid.*, p. 187.

6) *Ibid.*, pp. 189~193 ; "Romantisme", *Encyclopédie philosophique universelle*, publié sous la direction d'André Jakob, vol. Ⅱ : *Les notions philosophiques, Dictionnaire* (Paris, 1990), pp. 2284~2286 ; Vögel, pp. 452~453.

7) Terry Eagleton, *The Ideology of the Aesthetic* (Oxford, 1990), p. 26.

8) Roland N. Stromberg, *An Intellectual History of Modern Europe*, 2nd ed. (Englewood Cliffs, N.J., 1975), p. 223 ; Maurice Cranston, "Romanticism and Revolution", *History of European Ideas* XⅦ, no. 1(1993), p. 19.

9) 그러나 정작 괴테 자신은, 이 작품과 아울러 무한한 욕망 추구를 소재로 한 작품 《파우스트》에서 전형적인 로맨티시즘의 정신을 보여주고 있음에도 불구하고, 로맨티시즘을 불건전한 질병으로 규정하고 오히려 고전주의 정신을 예찬하였다.

10) Eugen Weber, ed., *Paths to the Present, Aspects of European Thought from Romanticism to Existentialism* (New York, 1970), pp. 13~14. 이러한 예에 속하는 작가는 결투에서 有命을 달리한 푸쉬킨 · 레르몬토프 ; 전사한 산도르 페터피 · 바이런 ; 사고나 병으로 죽은 키츠 · 셸리 · 노발리스 ; 자살한 클라이스트, 제라르 드 네르발 등이다.

11) Russell, p. 681에서 인용

12) *Ibid.*, p. 677.

13) David Irwin, "Neo-Classicism in Art", Wiener, ed., *Dictionary of the History of Ideas*, vol. Ⅲ, pp. 365~366, p. 368, pp. 370~371 ; *The Random House Library of Painting and Sculpture*, vol. Ⅲ : *The History of Art*, Pt. ii : *From the French Revolution to the Present* (New York, 1981), p. 57.

14) Baumer, *Modern European Thought*, p. 284에서 인용 ; Lorenz Eitner, ed., *Neoclassicism and Romanticism, 1750~1850. Sources and Documents*, vol. Ⅱ : *Restoration, Twilight of Humanism* (Englewood Cliffs, N.J., 1970), p. 56.

15) Baumer, *Modern European Thought*, pp. 284~285.

16) Stromberg, p. 219 ; 짜이틀린 저, 이경용 · 김동노 공역, 《사회학 이론의 발달사》(한울, 1985), pp. 64~65.

17) Baumer, *Modern European Thought*, pp. 283~284.

18) Ernst Cassirer, *The Philosophy of the Enlightenment*, tr., F. Kollen *et al.*
    (Princeton, N.J., 1951), p. 13 ; Locke, *An Essay concerning Human Under-*
    standing (1690), Book Ⅰ, ch. Ⅰ, para. 6(Hellmut O. Pappe, "Enlighten-
    ment", *Dictionary of the History of Ideas*, vol. Ⅱ, p. 95에서 재인용).

19) 짜이틀린, 앞의 책, p. 17, 24.

20) 종교에 관한 두 사람의 입장에 대해서는 Baumer, "Romanticism(ca. 1780
    -ca. 1830)", pp. 201~202 ; id., *Modern European Thought*, pp. 277~278 ;
    Cranston, pp. 24~25 ; 랑송 저, 정기수 역, 《랑송 불문학사》 하권(을유문
    화사, 1983), pp. 27~30 참조,

21) Russell, p. 678에서 인용.

22) Kenneth Clark, *Civilization. A Personal View* (London, 1969), p. 190.

23) *Ibid.*, p. 198에서 인용.

24) *Irwin*, p. 368 ; Weber, ed., p. 14.

25) Frederik Coplestone, *A History of Philosophy*, vol. Ⅶ : *Fichte to Nietzsche*
    (London, 1963), p. 16.

26) Baumer, "Romanticism(ca. 1780-ca. 1830)", p. 201.

27) Baumer, *Modern European Thought*, p. 279.

28) Wordsworth, *Tintern Abbey* (1798), pp. 97~99, Stromberg, p. 231과 Bau-
    mer, *Modern European Thought*, p. 279에서 재인용.

29) 이러한 점에서 만하임은 19세기 범신론이 '역사적 범신론'으로 나타났다
    고 지적하였다. 이상의 내용에 대해서는 Karl Mannheim, "Conservative
    Thought", K.H. Wolff, ed., and introduction, *From Karl Mannheim* (New
    York, 1971), pp. 175~176, 189~190 ; James W. Thompson, *A History of*
    Historical Writing, vol. Ⅱ : *The Eighteenth and Nineteenth Centuries*
    (Gloucester, Mass., 1967), p. 135, 137 참조, 재인용

30) Cf. Marjorie Hope Nicolson, "Sublime in External Nature", Wiener, ed.,
    Dicionary of the History of Ideas, vol. Ⅳ, pp. 333~337 ; "Sublime", Ian
    Chilvers & H. Osborne, eds., *The Oxford Dictionary of Art* (Oxford, 1988),
    pp. 481~482 ; Clark, pp. 217~218 ; Stromberg, p. 210.

31) Immanuel Kant, *Critique of Judgement*, Eitner, ed., vol. Ⅰ : *Enlightenment,*
    Revolution, p. 98.

32) Edmund Burke, *A Philosophical Enquiry into the Origin of Our Ideas the Sublime*
    and Beautiful, ed., with an introduction and notes by James T. Boulton
    (London, 1958), p. 124.

33) *Ibid.*, p. 36, 39~40, 51, 57, 110~111, 160.

34) 버크의 미학과 정치사상과의 관계에 대해서는 Stephen K. White, "Burke on Politics, Aesthetics, and the Dangers of Modernity", *Political Theory*, XXI, no. 3(August, 1993), p. 507~508, 514, 516~523 ; Eagleton, pp. 26~28, 52~60 참조.

35) Edmund Burke, *Reflections on the Revolution in France and on the Proceedings in Certain Societies in London Relative to That Event*, 초판 1790, Penguin Books Edition, C. C. O'Brien의 서문이 붙은 개정판(London, 1969), p. 175. [이하 *Reflections*이라 함]

36) Cf. Burke, *Philosophical Enquiry*, p. 111. ; id., *Reflections*, p. 182.

37) *Ibid.*, pp. 161, 169~170, 171.

38) *Ibid.*, p. 155, 188, 189.

39) Paul H. Fry, "The Possession of the Sublime", *Studies in Romanticism* XXVI (Summer 1987), pp. 189~190.

40) Eagleton, p. 28, 54.

41) Cf. Mannheim, pp. 174~176, 203, 207.

42) Jacques Droz, "Romanticism in Political Thought", P. Wiener, ed., *Dictionary of the History of Ideas*, vol. IV, p. 206.

43) 쉔크 저, 이영석 역, 《유럽 낭만주의의 정신》(대광문화사, 1991), p. 20 에서 재인용.

44) Peter Viereck, *Metapolitics : The Roots of Nazi Mind* (1965, New York), pp. 29~34 ; Jon Klancher, "Romantic Criticism and the Meanings of the French Revolution", *Studies in Romanticism* XXVIII (Fall 1989), pp. 479~480.

45) 짜이틀린, 앞의 책, p. 87. 로맨틱들과 합리주의자들의 국가관의 차이에는 12세기 실재론 대 유명론 논쟁의 재연이라는 측면이 있다(cf. Thompson, pp. 132~133).

46) Cf. Levin, p. 212.

47) 'induvidualisme'이란 말은 본래 19세기 계몽주의와 프랑스혁명에 대한 반발에서 유래를 찾을 수 있는데, 그 때문에 프랑스어에서는 아나키 상태와 사회적 무질서의 원천을 가리키는 부정적인 의미로 사용되었다. 그 뒤 이 말은 반동세력과 민족주의자들뿐만 아니라 사회주의자와 심지어 자유주의자 —사회 해체 원인에 대한 견해를 달리하면서도— 에 의해서도 이러한 의미로 사용되었다.

　　영국에서 이 말은 순응하지 않는 비국교도적 자세, 영국인들(특히 중간계급)의 신뢰할 만한 자립성, 영국 자유주의의 사상적 기반, 최소정부론, 사회주의나 집산주의에 대한 반대 등을 의미하는 것으로 사용되었다.

미국에서는 자유 기업, 제한 정부, 개인의 자유, 그리고 이러한 것들을 지지하는 자세와 행동과 열망 등을 의미하는 것으로 사용되었다. 특히 후버(Herbert Hoover)가 대통령 선거 연설에서 찬양한 '억센 경쟁적 개인주의'(rugged individualism)는 대표적 용례에 속한다.

이상의 내용에 대해서는 Steven Luke, "Individualism", *The Blackwell Encycliopaedia of Political Thought*, pp. 239~240 참조.

48) Baumer, *Modern European Thought*, p. 290.

49) Levin, p. 213.

50) Joseph de Maistre, *Considérations sur la France* (1797), *Ecrits sur la révolution*, textes choisis et présentés par Jean-Louis Darcel(Paris, 1989), p. 145.

51) Levin, p. 212.

52) *Marx-Engels Werke*, Bd. Ⅰ (Berlin, 1959), S. 378[마르크스 저, 홍영두 역, 《헤겔 법철학 비판》(아침, 1988), p. 187] ; A. Müller, "Elements of Politics", H. S. Reiss, ed., *The Political Thought of the German Romantics, 1793~1815* (Oxford, 1955), p. 145.

53) *Marx-Engels Werke*, Bd. Ⅳ (Berlin, 1959), S. 486[김재기 역, 《마르크스-엥겔스 저작선》(거름, 1988), p. 75] ; *Marx-Engels Werke*, Bd. ⅩⅢ, S. 8 ; 615[마르크스 저, 김호균 역, 《경제학 노트》(이론과실천, 1988), p. 11, 15~16].

54) Levin, p. 214.

55) Müller, "Elements of Politics", H. S. Reiss ed., p. 145 ; F. E. D. Schleiermacher, "On the Concepts of Different Forms of the State", H. S. Reiss, ed., p. 175.

56) Müller, "Elements of Politics", H. S. Reiss, ed., p. 144 ; Müller, *Über König Friedrich Ⅱ und die Natur, Würde, und Bestimmung der preussischen Monarchie* (Berlin, 1810), S. 49, Mannheim, *Ideology and Utopia*, Routledge Paperback Edition(1960), p. 210, n. 1에서 재인용 ; Schleiermacher, "On the Concepts of Different Forms of the State", H. S. Reiss, ed., p. 175.

57) Burke, *Reflections*, p. 117.

58) 특히 버크의 저서 《프랑스혁명고》는 독일어권에서 1793년까지 세 가지 완역본이 나올 정도였다. 그 가운데 가장 유명한 것은 보수주의 정치가인 프리드리히 겐츠의 것이었는데, 그의 번역본은 1794년에 쇄를 거듭해야 했다.

그밖에도 많은 해적판들이 급증하는 수요에 졸속으로 대처했던 것이다. 이 점은 정치 문제에 대한 관심이 식자층에 국한되어 있고 더욱이 이들의 상당 수가 버크의 저서를 이미 영어로 읽었다는 점을 감안할 때 주목할 만한 점 이다. 이상의 내용에 대해서는 Reinhold Aris, *History of Political Thought in Germany, From 1789 to 1815* (New York, 1965), p. 252 참조.

59) Burke, *Reflections*, p. 117에서 인용.

60) Clark, p. 186.

61) Cf. de Maistre, pp. 154~155.

62) Vögel, p. 454.

63) 짜이틀린, 앞의 책, p. 87.

64) Levin, p. 213.

65) Kolakowski, pp. 409~411.

66) *Ibid.*, pp. 411~412.

67) Vögel, p. 454. ; 짜이틀린, 앞의 책, p. 78, 79.

68) Vögel, p. 454.

69) 짜이틀린, 앞의 책, p. 78~80.

70) Vögel, p. 454.

71) Cranston, p. 28.

72) Tompson, p. 138 ; Carlton J. Hayes, *The Historical Evolution of Modern Nationalism* (New York, 1931), pp. 32~33.

73) Johann Gottfried von Herder, *Yet Another Philosophy of History*, F. M. Barnard, ed., *Herder on Social and Political Culture* (Cambridge, 1969), p. 182에서 인용.

74) Tompson, p. 137 ; Cranston, p. 23.

75) Baumer, *Modern European Thought*, pp. 296~297.

76) Benedetto Croce, *Philosophy, Poetry, History. An Anthology of Essays*, tr. and introduced by C. Sprigge(London, 1966), p. 1071.

77) Mannheim, "Conservative Thought", p. 175, 194.

78) Thompson, p. 67.

79) *Ibid.*, p. 94.

80) Voltaire, "On the Usefulness of History", F. Stern, ed., *The Varieties of History. From Voltaire to the Present*, 2nd ed. (London, 1970), p. 44, 45.

81) Thomas Paine, *Rights of Man* (초판 1791 ; London, 1958), p. 278.

82) Mannheim, "Conservative Thought", pp. 206~207.

83) Burke, *Reflections*, p. 122, 182, 183.
84) Herder, *Yet Another Philosophy of History*, Barnard, ed., pp. 215~216에서
   인용.
85) Mannheim, "Conservative Thought", p. 182~183.
86) Tompson, p. 132.
87) Vögel, p. 455.

역사주의
Historicism

김 현 식

Ⅰ. 역사주의의 다의성

역사주의를 간단 명료하게 정의하기는 쉽지 않다. 역사주의는 통일된 개념이라기보다는, 다의적 개념이기 때문이다. 일부에서 역사주의를 반계몽주의로 못 박으면,[1] 일부에서는 오히려 역사주의를 계몽주의의 완성으로 단정한다.[2] 한편에서 헤겔(G. Hegel)을 역사주의의 정수라고 주장하면,[3] 다른 한편에서는 헤겔을 비판한 랑케(L. Ranke)의 사상이야말로 역사주의의 완성이라고 단언한다.[4] 그런가 하면 모든 지식의 주관성과 상대성을 역설함으로써 랑케의 '고귀한 꿈'을 조각낸 딜타이(W. Dilthey)가 역사주의의 귀결로 강조되기도 한다.[5] 역사적 예측과 법칙의 발견이 역사주의의 중심사상으로 부각되기도 하고,[6] 이와 정반대로 일반화와 법칙화의 거부가 그 핵심으로 주장되기도 한다.[7] 정치사에 집중된 역사주의의 편협성을 비난하는 학자들이 있는 반면에,[8] 사상사라는 새로운 지평을 개척한 공로를 역사주의에 돌리는 학자들도 있다.[9] 일군의 역사가들이 역사주의를 특정한 시대와 장소에서 명멸한 일시적 사조로 간주하였다면,[10] 일단의 철학가들은 시대와 장소를 초월한 초역사적 사조로서 역사주의를 평가하였다.[11] 한편에서 역사주의를 서구사상이 경험한 가장 위대한 정신적 혁명으로 극찬하면,[12] 다른 한편에서는 역사주의야말로 서구문명의 토대를 위협하는 사조라고 몰아붙였다.[13] 이처럼 수없는 논의의 와중에서 애매하게 된 '논쟁적 개념',[14] "너무 폭넓게 제멋대로 사용되어 이제는 쓸모없게 되어버린 개념",[15] 불필요한 논쟁을 방지하기 위해 사용되어서는 안 된다고 경고까지 받은 개념,[16] 이것이 바로 역사주의이다.

역사주의 개념의 이같은 복잡성은 이 말의 역사를 살펴보면 더욱 분명해진다. 1797년 슐레겔(F. Schlegel)은 이 말에 구체적인 의미를 부여함이 없이, 역사의 위상을 강조하는 모든 철학을 포괄적으로 지칭하는 데 사용하였다. 그러나 1839년 포이에르바하(L. Feuerbach)는 역사주의란 종교적 전통과 알 수 없는 과거의 사실에 얽매여 현재의 삶을 부자유하게 만드는 입장이라고 강력히 비판하였다. 이에 비해 브라니스(J. Braniss)는 1848년 보다 중립적인 의미로 이 말을 사용하였다. 그는 변화와 운동을 실체의 본질로 간주하는 입장을 역사주의로 지칭하였고, 이의 대표자로 세계사를 이념의 변증법적 자기발전의 과정으로 파악한 헤겔을 들었다. 그러나 4년 뒤인 1852년 프란틀(C. Prantl)은 개체를 그 구체적인 시간적 공간적 발생 상황에서 인식하려는 태도를 '참된 역사주의'라고 명명하여, 헤겔적 관념론으로부터 역사주의를 날카롭게 구분하였다. 그런가 하면 1879년 베르너(K. Werner)는 비코(G. Vico)의 사상 즉, 인간이 역사를 만들기 때문에 인간은 역사를 알 수 있다는 명제를 언급하는 데 역사주의라는 용어를 사용하였다.

1850년대 이후 역사주의는 법학과 경제학 분야에서까지 사용되기 시작하였다. 법학의 경우 법을 고유한 민족정신의 역사적 산물로 간주한 사비니(F. Savigny), 아이히호른(K. Eichhorn), 기르케(O. Gierke) 등은 역사주의 법학파로 호칭되었다. 사비니에 따르면, "법과 민족의 특성 사이에는 유기체적 연관성이 존재"[17]하는바, 모든 법은 불가피하게 한 민족의 전체적인 역사발전과 얽혀 있다는 것이다. 따라서 법학자의 임무는 모든 시대와 민족에 적용될 수 있는 추상적 법전을 만드는 것이 아니라, 역사 연구를 통해 그 민족에 고유한 관습법을 발견하고 이를 순화하는 일이었다. 역사주의란 이와 같이 해당분야 역사 연구의 중요성을 강조하면서, 추상적 보편적 이론의 가치를 거부하는 입장을 지칭하는 개념이었다.

역사주의의 이러한 의미는 경제학 분야에도 적용되었는데, 로셔(W. Roscher), 크니스(K. Knies), 슈몰러(G. Schmoller) 등이 역사주의 경제학파로 불리게 되었다. 이 학파의 특징은 고전경제학의 거부로서, 어떠한 상황에도 적용될 수 있는 경제적 법칙이 추론될 수 있다는 주장에 반대하는 것이었다. 그들이 볼 때, 한 국가의 경제생활은 그것의 독특한 문화적 역사적 발전을 통해서만 이해될 수 있는 것이었다. 경제학이 허구의 이상형적 '경제인'의 합리적 행위로부터 경제적 여러 법칙을 추론해내는 연역적 학문이 아니라, 특수한 사회적 환경에 놓인 개별적 인간들의 구체적인 경제적 행위에 관한 귀납적 과학이 되어야 함은 이때문이다.[18] 1884년 《독일 정치경제학에서의 역사주의의 제오류》에서 멩거(C. Menger)는 이러한 이론을 역사주의라고 규정한 후, 역사주의가 경제학에서 역사의 중요성을 과장하였으며, 경제이론과 경제사를 혼돈하는 오류를 범하고 있다고 공격하였다. 결국 법학과 경제학에서의 역사주의란 일반화·추상화·법칙화의 가치를 부인하는 입장을 뜻하며, 나아가 추상적 이론적 방법의 적용 대신 경험적 역사적 탐구의 중요성을 강조함으로써 자연주의적 일원론(naturalistic monism)의 위협으로부터 문화과학의 자율성을 지키려는 입장을 의미하는 것이었다.[19]

20세기에 이르러, 역사주의 개념의 혼란성은 1936년 포퍼(K. Popper)가 상호모순된 의미까지도 역사주의에 포함시킴에 따라 가중되었다. 사실 역사주의의 다의성은 트뢸치(E. Troeltsch)와 마이네케(F. Meinecke) 등의 독일 학자들과 이탈리아 학자인 크로체(B. Croce)

의 견해가 영·미학계에 소개되는 과정에서 야기된 용어상의 혼란으로 이미 정점에 달한 상황이었다. 영·미학계에서는 역사주의를 의미하는 말로서 20세기를 전후하여 독일어 'historisimus'를 직역한 'historism'이 사용되었다. 그러나 1930년대 이후 'historicism'이라는 용어가 새로이 등장하였는데, 이는 크로체의 이탈리아어 'storicismo'를 영역한 것이었다. 그 이후 크로체의 사상이 갖는 영향력으로 인해 'historicism'이 더욱 널리 사용되기 시작하였고, 이로 인해 용어상의 혼란은 종식되는 것처럼 보였다. 그러나 포퍼는 이같은 추세에 역행하여 'historicism'과 'historism'에 상이한 의미를 부여한 후 이 모두를 사용함으로써, 통일된 용어의 사용에 대한 기대감을 소멸시켰다.

《역사주의의 빈곤》과 《개방사회와 그 적(敵)들》에서 포퍼는 역사주의를 둘로 구분한다. "모든 지식과 진리는 상대적"이며, "사회학적 학설들은 특정한 시대의 지배적인 편애나 이해관계와 연관된다"고 믿는 역사주의(historism)가 그 하나이고,[20] "역사적 예측과 역사 진행 방향의 예견이 사회과학의 주된 목적"이며, "이는 역사 진보의 밑바닥에 깔려 있는 규칙적인 흐름, 패턴, 법칙이나 경향을 발견함으로써 달성될 수 있다"고 확신하는 역사주의(historicism)가 다른 하나이다.[21] 후자는 또한 두 개의 상반된 사조로 세분되는데, '반자연주의적' 역사주의와 '자연주의적' 역사주의가 바로 그것이다. 전자의 내용이 사회과학과 자연과학의 분명한 차이를 부각시키는 것이라면, 후자의 핵심은 오히려 이들의 유사성을 강조하는 데 있다. 그리하여 반자연주의적 역사주의는 물리적 세계의 규칙성과 사회적 생의 불규칙성을 대조시키고, 물리학적 실험의 반복 가능성과 사회적 실험의 반복 불가능성을 대립시킨다. 뿐만 아니라 물리적 현상의 인과적 설명이라는 물리학의 목표와, 목적과 의미의 공감적 이해라는 사회학의 상이한 목표를 강조함으로서, 자연과학과 사회과학의 건널 수 없는 간격을 부각시킨다. 반자연주의적 역사주의가 자연과학적 방법을 사회과학에 도입시키려는 그 어떠한 시도에도 단호히 반대하는 이유가 여기에 있다. 반면에 자연주의적 역사주의는 "사회학도 물리학과 마찬가지로 이론적인 동시에 경험적인 것을 목표로 하는 지식의 한 분야"이기 때문에, 그것은 이론이나 보편적 법칙의 도움을 받아 여러 사건을 설명하고 예측하지 않으면 안 된다고 주장한다. 즉, 사회적 변화에 대한 해석인 사회학은 사회 발전의 저변에 흐르는 일반적 추세에 관한 가설을 정식화함으로써 발전의 법칙을 발견하여야 하며, 이에 의거하여 미래까지도 예측하여야 한다는 것이다. 결국 자연과학적 방법의 사회과학에 대한 적용이야말로 자연주의적 역사주의의 핵심 내용인 것이다.

포퍼의 역사주의 속에는 이처럼 상호모순된 주장까지도 병존하고 있다. 그럼에도 불구하고 포퍼가 볼 때, 이는 모순된 것이 결코 아니었다. "비록 역사주의가 근본적으로 반자연주의적일지라도 자연과학과 사회과학의 방법에는 공통된 요소가 있다는 것은 결코 부정될 수 없는"[22] 사실이고, 그럼으로써 역사주의 속의 반자연주의적 경향은 자연주의적 경향과 자연스럽게 융합할 수 있다는 것이었다. 포퍼의 이론에서 자연주의적 역사주의가 반자연주의적 역사주의를 병합하여, 역사적 예측과 발전의 법칙 탐구가 역사주의의 궁극적인 교리로서 등장하는 이유가 여기에 있다.

역사주의 개념의 다의성을 고려해볼 때, 이같은 포퍼의 역사주의 조차도 정당화된다고 할 수 있을지 모른다. 그러나 포퍼의 논리는 궤변일 뿐이다. 일례로 자연과학과 사회과학의 방법에서 공통된 요소를 부정하는 입장이 어떻게 "자연과학과 사회과학의 방법에는 공통된 요소가 있다"는 주장을 인정할 수 있다는 것인가. 그리고 예측과 법칙 탐구를 역사주의의 중심교리로 간주한다면, 이를 완강히 부인하는 입장을 구태여 '역사주의'라는 같은 용어로 호칭하여 혼란을 야기시킬 이유가 어디에 있는가. 포퍼 자신도 헤겔의 변증법을 비판하면서, 한 이론 속에 상호모순된 견해의 양립을 결코 용납할 수 없다고 언급한 바 있다. 이를 허용하면, 학문 발전의 불가결한 요소인 '비판'이 소멸되기 때문이다. 비판이란 어떠한 이론에 담겨진 모순의 지적을 핵심적 기능으로 삼는바, 일단 상호모순된 견해까지도 수용될 수 있다고 간주되면, 이에 대한 비판은 사실상 불가능해진다는 것이었다. [23] 요컨대 포퍼 자신에게도, 상호모순된 주장이나 혼란된 용어의 사용은 결코 용납될 수 없는 오류였다. 그러나 역사주의에 대한 포퍼의 논의는 자신의 이같은 황금률을 스스로 파괴하는 것이며, "한 명제와 그 부정이 동시에 진리일 수 없다"는 모순율을 위반한 허위일 뿐이고, "충분한 설명이 없는 것은 어느 것도 진리일 수 없다"는 충족이유율에 의해 제거되어야 할 궤변일 따름이다.

그럼에도 불구하고, 포퍼가 남긴 악영향은 근절되지 않고 있다. 포퍼의 선례에 따라 'historism'과 'historicism' 모두를 사용하고 있는 학자들로는 화이트(H. White), 네이들(G. Nadel), 칼러(E. Kahler), 그리고 메길(A. Megill)을 들 수 있다. 화이트와 네이들은 포퍼의 사용법을 수용하여, 역사적 예측과 발전의 법칙 탐구를 추구하는 역사주의(historicism)와 랑케로 대변되는 독일의 역사사상을 지칭하는 개념으로서의 역사주의(historism)를 구분하였다. [24] 반면에 칼러는 "모든 것을 역사적으로 바라보고 설명하려는" 초기 역사주의(historism)와 19세기말의 상대주의적 역사주의(historicism)를 구분하였다. [25] 이와 유사하게 메길은 19세기 독일 역사학계의 주된 흐름을 지칭하는 데는 'historicism'을, 18세기 계몽주의 속의 반계몽주의적 사조를 호칭하는 데는 'historism'을 각각 사용하였다. [26]

20세기 후반에 이르러, 역사주의 개념의 복잡성이 이처럼 극에 달하자, 일부 학자들은 그에 대한 통일된 정의를 포기하고, 그 다양한 의미들을 유형화하는 것으로 만족하기도 하였다. 리(D. Lee)와 베크(R. Beck)는 역사주의를 역사에 의한 설명과 평가, 생의 역사화, 철학의 역사화, 역사적 상관주의와 상대주의, 역사적 예측의 다섯 가지 유형으로 구분하였다. [27] 이에 비해 슈내델바하(H. Schnädelbach)는 역사적 탐구에서의 정신과학적 실증주의, 역사적 상대주의, 자연주의와 대립되는 세계관의 세 범주로서 역사주의를 정리하였다. [28) 반면에 모리스(W. Morris)는 형이상학적, 자연주의적, 민족주의적, 심미적 역사주의의 네 가지 유형으로 역사주의를 분류하였다. [29) 그런가 하면 일부 학자들은 역사주의라는 용어의 사용을 아예 포기하고, 이를 대체할 수 있는 개념을 새롭게 선택 사용하기도 하였다. 무엇보다 라이트(G. Wright)의 '해석학', 허크리스(J. Herkless)의 '신관념론' 등이 그 좋은 실례이다. [30)

개념의 혼란성을 고려해볼 때, 이같은 시도들은 분명 나름대로의 가치가 있다. 유형화할 경우, 좀더 다양한 의미들을 개념에 포함시킬 수 있으며, 다른 용어를 사용한다면, 개념정의를 둘러싼 불필요한 소모적 논쟁을 피할 수 있을 것이다. 그러나 엄밀히 말해, 이같은 시도들은 역사주의에 대한 통일된 정의가 불가능하다는 패배주의의 산물일 따름이다. 역사주의에 대한 연구가 많아질수록, 그 개념이 분명해지기는커녕, 오히려 더욱 혼란되고 모호하게 되고 있는 것은 사실이다. 그렇다면 역사주의라는 미궁에서 벗어날 수 있는 '아리아드네(Ariadne)의 실'을 과연 발견할 수 있는가.

Ⅱ. 역사주의와 상대주의

첨예한 사상적 분화에도 불구하고, 하나의 합일점이 역사주의 연구자들 사이에 존재한다. 역사주의와 상대주의의 연관이 바로 그것이다. 학자들은 역사주의를 상대주의와 동일시하거나, 적어도 상대주의로 전락할 위험성이 역사주의 속에 내포되어 있다는 데 동의한다. 어째서일까. 역사주의의 어떠한 명제때문에 학자들은 공통적으로 역사주의를 상대주의와 연관시키는 것일까.

역사주의와 상대주의를 연관지우는 교량적 개념은 실체의 역사성에 관한 강조이다. 역사주의는 한 마디로 변화와 운동을 실체의 본질로 간주하는 입장이다. 그런데 만일 만물이 유전(流轉)하는 것이라면, 인간의 이념이나 도덕률도 변화하는 것이 된다. 즉, 모든 가치와 규범은 일시적이고 상대적일 뿐이며, 모든 시대와 상황에 적용될 수 있는 절대적 보편적 진리는 존재하지 않게 되어버리는 것이다. 역사주의가 객관적 지식의 획득 가능성을 부정함으로써, 학문의 존재 자체를 위협한다고 거세게 비난받은 이유가 여기에 있다.

역사주의에 내포된 상대주의의 위험성을 '역사주의의 문제'라는 개념을 통해 명료화한 최초의 학자는 트룈치이다. 그에 따르면, 역사주의란 인간의 생과 사고를 계량화하고 도식화하려는 17세기 이래의 지배적인 경향인 자연주의에 반발하여, 지식과 사유의 철저한 역사화를 강조한 새로운 세계관이었다. 이러한 '인간과 사회 및 지식까지도 역사화하려는 사고방식'은 실체의 변화성을 강조함으로써, "국가·법·도덕·종교·예술을 역사적 생성의 흐름 속에서 용해시키고 역사적 발전의 구성요소로서 이해한다."[31] 역사주의가 사물에 대한 '발생적 역사적 접근방식'을 강조하는 이유가 여기에 있다. 변화하는 실체에 대한 지식은 그 발생적 기원을 탐구함으로써 획득될 수 있기 때문이다.

그러나 트룈치는 실체를 역사적인 관점에서 해석하려는 역사주의가 모든 가치의 상대성을 강조함으로써, 절대적 규범의 존재까지도 부정해버리는 위험성을 내포하고 있음을 간파하였다. 역사주의는 사물에 대한 진정한 이해를 가능하게 해주었지만, 그 대신에 "인간 존재에 대한 모든 확실한 규범들과 이상들"을 훼손시켰다. 법과 도덕 등은 일시적인 역사적 현상으로 간주될 뿐이었다. '절대적 종교'로서의 기독교의 지위도 파괴되었다. 기독교는 유일하게 참된 종교이기는커녕, 고대의 원시종교에 기원을 둔 수많은 종교들 가운데 하나에 불과할 따름이었다. 역사주의자이면서 신학자인 그가 자기모순적인 과제인 역사주의와 기독교적 유일신론의 화해를 일생의 과업으로 추구한 이유가 여기에 있다. 1922년 간행된 《역사주의와 그 문제들》과 그의 사후인 1924년에 편집·출간된 《역사주의와 그 극복》은 트뢸치의 이같은 '목숨을 건 모험'의 산물이었다. 두 작품에서 트뢸치는 한편으로는 모든 지식의 상대성을 인정하면서도, 다른 한편으로는 역사 속에 초월적인 진리와 가치가 반영되어 있다고 확신함으로써, '무제한적인 상대주의'의 수렁에서 탈출하고자 시도하였다. 이러한 시도는 '문화의 종합'이라는 원대한 프로그램을 산출하였는데, 트뢸치는 한 문화권 속의 다양한 여러 문화를 종합함으로써 근대 서구세계의 가치위기를 해결할 수 있다고 주장하였다. 개개의 문화는 역사에 반영되어 있는 초월적 가치의 단편이며 조각인바, 이들의 종합은 곧 이러한 항구적 가치의 발견을 의미하기 때문이었다. [32]

그럼에도 불구하고, 트뢸치는 자신의 이러한 노력이 '역사주의의 문제들'에 대한 부분적인 해결책에 불과하다는 것을 잘 알고 있었다. 그에 따르면, 변화하는 세계 가운데서 진리와 가치를 발견한다는 과제는 부분적으로만 달성될 수 있으며, 그 완전한 해결은 오직 신앙을 통해서만 이룩될 수 있는 것이었다. "역사의 수수께끼, 역사의 모순과 갈등에 대한 해결책"은 역사에서 찾아볼 수 없으며, 오직 "역사의 피안에 존재하는 신의 나라"에서만 발견되기 때문이다. [33] 롯시(P. Rossi)의 지적처럼, 트뢸치의 최후의 저서인 《역사주의와 그 극복》은 실패의 고백이다. [34] 트뢸치는 역사의 흐름 속에서 절대적 가치를 발견한다는 것은 불가능하다고 고백한 후, 보이지 않는 신에게 모든 것을 위탁하였던 것이다.

마이네케는 모든 지식의 역사성을 인정하는 토대 위에서 '역사주의의 위기'를 극복하려던 트뢸치의 정신적 후계자였다. 1923년 〈트뢸치와 역사주의의 문제〉에서 마이네케는 "만물은 유전한다. 내가 설 곳을 다오"라는 말로 트뢸치의 작품을 요약하였다. 즉, 모든 것이 역사의 흐름 속에 용해되어 있는 상황에서 생의 흔들리지 않는 확고한 발판을 발견하고자 노력한 사상가가 트뢸치라는 것이다. 이는 "허약한 정신만이 상대주의의 위협에 대하여 낙담하고 체념할 뿐"이라고 주장한 마이네케 자신에게도 해당되는바, 역사주의에 관한 그의 과제 역시 "상대주의의 독에 대한 해독제"를 발견하는 것이었다. 1924년 간행된 《국가이성의 이념》(제3편), 1925년의 〈역사에서 인과율과 가치〉, 1933년의 〈역사와 현재〉, 1936년의 《역사주의의 성립》, 1942년의 《역사에 대한 격언과 개요》 등은 바로 이러한 지칠 줄 모르는 노력의 결과였다. 그러나 문화의 종합을 통해 역사주의의 위기를 극복하려던 트뢸치와는 달리, 마이네케는 "더욱 허약한 세계관에 기초한 후기 역사주의"와 "서구사상이 경험한 가장 위대한 정신적 혁명의 하나"인 참된 역사주의를 구분함으로써 탈출의 실마리를 찾아내었다. [35] 마이네케가 볼 때, 상대주의의 늪에서 헤어나지 못하는 자기 시대의 역사주의는 타락한 역사주의에 불과했다. 진정한 역사주의란 스토아 학파부터 계몽주의자들에 이르기까지의 서구사상을 지배해온 자연법 사상을 타파한 18세기말 19세기 초의 독일 사조를 지칭하는 개념이었다. "종교개혁을 뒤 이은 독일 정신의 두번째로 위대한 개가"[36]인 이 혁명은 라이프니츠(G. Leibniz)로부터 헤르더(J. Herder), 괴테(J. Goethe), 훔볼트(W. Humboldt) 등을 거쳐 랑케에 이르러 완성되었는데, 그 핵은 역사를 다양한 개성의 개별적 발전과정으로 파악하는 데 있었다. 즉, 국가·민족·종교 등은 보편적 법칙의 개념으로 일반화 도식화될 수 없는 그 자체의 고유한 원칙에 따라 발전하는 개체이기 때문에, 기계론적인 인과법칙은 물론 논리적인 사고를 통해서도 파악될 수 없고 오직 미학적 직관이나 공감적 이해에 의해 감지될 수 있다는 주장이야말로 참된 역사주의의 요체였다.

마이네케는 물론 역사주의가 모든 가치의 상대성을 주장함으로써, 결국 가치의 무정부상태를 초래할 위험성이 있음을 인정하였다. 그러나 이같은 극단적 회의론으로 전락할 가능성을 내포한 것은 후기의 허약한 역사주의일 뿐, 초기의 강건한 역사주의는 이같은 위협으로부터 자유로웠다. 전자와 달리 후자는 각 개체의 고유한 운동을 전체의 보편적 발전과 연관시키는 매개체로서의 형이상학적 실체의 존재를 확신하였고, 그럼으로써 역사의 무한정한 흐름 속에서도 통일된 의미를 찾아낼 수 있었다. 마이네케가 랑케로의 복귀를 거듭 강조한 이유가 여기에 있다. 랑케는 '실재적—정신적(real-geistig)인 것'이라는 개념을 통해 개체의 개별적 발전과 역사의 전체적 운동의 종합을 이룩하였는데, 그에 따르면 각 개체의 발전은 정신적 실체의 보편적 섭리의 구체적인 발현과정에 불과한 것이었다. 이처럼 랑케는 "모든 개체의 출현을 가능케 하는 신(神)적인 동시에 공통적인 근본 원인"이 역사의 흐름 뒤에 존재한다고 확신하였고, 따라서 "모든 것은 보편적이며 동시에 개별적인 정신적 삶이다"라든가 "모든 시대는 신과 직결되어 있다"고 말할 수 있었다. 마이네케에 따르면, 랑케의 이러한 '숨겨진 신'(Deus absconditus)에 대한 신앙이야말로 모든 가치는 개체에 따라 상대적이라든가 모든 삶은 역사의 방대한 바다에 용해되어 있다는 상대주의의 독에 대한 유일한 해독제였다. 마이네케가 볼 때, '수평적인 경향'에서 시선을 흐름 자체에 고정시킬 때, 우리는 결코 상대주의의 위협에서 벗어날 수 없다. 탈출구는 역사의 순간에서 영속적인 것을 발견해낼 수 있는 '수직적인 방법'을 채택함으로써, 생성과 존재, 변화와 불변, 역사성과 초역사성 사이의 이상적인 균형을 이룩하는 것이었다. 마이네케는 이것이 바로 괴테와 랑케, 트뢸치의 의도였다고 결론지으며, 이것만이 역사적 상대주의의 문제를 해결할 수 있는 유일한 방안이라고 주장하였던 것이다.

그러나 이러한 마이네케의 견해는 20세기의 가장 위대한 역사철학자로 평가받는 크로체에 의해 전면 거부되었다. 크로체는 마이네케의 탁월한 통찰력을 인정하면서도, 그의 역사주의관에는 강한 불

만감을 표시하였다. 크로체는 물론 역사주의의 가치가 개체의 개성
적 발전이라는 관념을 통해 실체의 역동적이고 생생한 특성들을 통
찰하는 데 있음을 인정한다. 크로체에게도, 역사나 철학의 과제는
추상화와 일반화에 있는 것이 아니라, 개체 속에 내재해 있는 보편
성을 이해하는 것이었다. 즉, 역사가나 철학자는 독특한 개체들을
보편 그 자체의 구체적인 실현으로서 이해해야 하며, 그것의 발전과
정은 물리학이나 수학적 개념으로 도식화될 수 없음을 자각하여야
한다. [37] 이런 점에서 개체의 개별성과 발전성을 강조한 역사주의의
긍정성은 결코 부인될 수 없었다.

그러나 크로체는 괴테나 랑케가 아닌 헤겔이야말로 이같은 새로
운 역사적 감각의 개척자라고 단언하여, 마이네케와 날카롭게 대립
하였다. 뿐만 아니라, 크로체는 개성의 강조가 역사주의에 담겨진
주요 관념들 가운데 하나일 뿐, 역사주의의 요체가 될 수 없다고 주
장하였다. 그가 볼 때, 역사주의의 핵심은 역사의 논리성과 개체의
합리성에 있으며, 이 둘은 개별성과 보편성, 사상과 행동, 주체와
객체 등 모든 대립개념의 통일을 추구하는 헤겔의 '동일성 관념'에
서 비롯되는 것이었다. 1937년 크로체가 마이네케의 《역사주의의
성립》에 대한 비평에서, 역사주의의 정수는 "이성적인 것은 현실적
인 것이고, 현실적인 것은 이성적인 것"이라는 헤겔의 말로 요약된
다고 단정한 이유가 여기에 있다. 이제 크로체는 마이네케가 "역사
주의의 참된 개척자가 될 수도 있었던 사상가"라고 평가한 헤겔을
'관념론적 역사주의'의 완성자로 반전시켰으며, 마이네케가 반역사
주의의 상징으로 몰아붙였던 동일성 관념을 역으로 역사주의의 압축
된 표어로 추켜세웠던 것이다.

《국가이성의 관념》에서 마이네케는 분명 역사주의의 성립에 대한
헤겔의 공로를 인정하고 있다. 헤겔은 그 어떤 사상가보다 분명하게
개체의 중요성을 강조하였을 뿐만 아니라, 그 어떤 사상가보다 앞서
역사를 변화의 과정으로 파악하였다. 그러나 마이네케가 볼 때, 헤

겔의 이러한 역사주의적 사상은 그의 반역사주의적 동일성 관념에 의해 그 빛이 퇴색되어버렸다.[38] 마이네케는 헤겔의 역사의 도식화와 국가권력의 신성화를 동일성 관념의 필연적 결과로 상정하였다. 그에 따르면, 동일성 관념은 두 가지 주된 결과를 초래하였는데, 하나는 '이성의 간지(奸智)' 개념을 통한 개별적 인간의 역사에 대한 종속이며, 다른 하나는 "이성적인 것은 현실적인 것이고, 현실적인 것은 이성적인 것"이라는 말을 통한 현실의 합리화였다. 동일성의 추구를 목표로 삼은 헤겔에게, 개체의 강조는 그 자체가 목적이 될 수 없었다. 그것은 보편적인 역사적 흐름과 결합되어야 했던바, 이는 곧 역사적 개체와 세계 정신의 통합을 의미하는 것이었다. 이러한 목적의 달성을 위해 헤겔은 역사를 하나의 거대한 우주적 드라마로 간주하는 이른바 사변적 역사철학을 창조해내었고, 이같은 역사관에서 역사적 개체는 이 드라마의 저자이며 기획자인 세계정신의 목적성취를 위한 수단에 불과한 것이었다. 결국 헤겔의 역사철학은 보편적인 것에 대한 개별적인 것의 종속을 강요하는 것이었고, 개체에 대한 강조는 자신의 역사관을 정교화하기 위한 도구에 지나지 않았다.

한편 헤겔의 법철학은 현존하는 모든 것의 합리성을 강조함으로써, 권력국가의 출현을 정당화하는 위험성을 내포하고 있었다. 현실적인 것은 합리적이라는 주장으로 인해 현존하는 국가와 이성적 국가의 차이는 더 이상 존재하지 않게 되었다. 이같은 무비판적인 현상긍정주의는 현재의 국가는 역사의 변증법적 발전과정을 통해 도달한 최선의 국가라는 인식을 야기시키게 되었고, 그 결과 권력에 수반되는 악마적 요소의 간과, 국가에 대한 개인의 종속, 국가의 신성화 등의 위험성을 내포하게 되었다. 결국 마이네케가 볼 때, 헤겔의 중심사상은 개체의 발전을 강조하는 것이 아니라, 오히려 개성의 가치와 개체의 발전을 부정하는 것이었다. 이 점에서 헤겔은 역사주의의 창시자가 아니라 국가이성의 숭배자가 되어버렸다. 마이네케가 역사주의의 탄생에 대한 헤겔의 기여에도 불구하고, 헤겔과 랑케를 날카롭게 대립시키고, 역사주의의 주된 흐름을 헤르더·괴테·랑케에서 찾은 이유가 바로 여기에 있다.

크로체 역시 헤겔이 갖고 있는 역사의 기계론적 도식화나 국가의 신성화 경향에는 마이네케 못지않은 거부감을 표명하였다.[39] 하지만 크로체는 철학자로서의 헤겔과 인간 헤겔, 그리고 체계 수립자로서의 헤겔은 구분되어야 한다고 전제한 후, 헤겔의 오류는 동일성 관념의 필연적 산물이 아니라 그의 인간적인 측면에서 비롯되었음을 강조한다. 역사의 도식화는 충분히 파악하지 못한 변증법의 원리를 모든 분야에 적용해보려던 헤겔의 과욕에서 비롯된 것이며, 국가의 신성화는 권력에의 순종을 미덕시하였던 루터(M. Luther) 이래의 독일적 정신에서 빠져나오지 못한 헤겔의 지적 한계의 산물이었다. 그러나 이같은 인간적 오류에도 불구하고, 헤겔의 가치는 결코 과소평가될 수 없는 것이었다. 철학자로서의 헤겔의 탁월한 업적을 정당하게 평가하기 위해서는 그가 불완전하게 간파한 진리를 발견해야 한다. 이러한 시각에서 바라볼 때, 동일성 관념으로 요약되는 헤겔 사상의 주된 가치는 개체의 합리성과 발전의 논리성을 강조한 데 있었다. 크로체가 볼 때, 동일성 관념의 핵심은 '이성(理性)으로서의 신'과 그것의 구체적인 발현체로서의 국가에 대한 맹목적인 복종에 있는 것이 결코 아니다. 현실적인 것의 이성화가 갖는 중요성은 정신·관념·사상으로서의 실체의 내재적 발전과정이 역사이고, 역사 그 자체가 논리적 진행과정이라는 것을 불확실하게나마 간파한 데 있었다. 즉, 역사적 개별적 행위는 합리적 사고의 결과이고, 따라서 논리적 탐구에 의해 재사고될 수 있다는 발전의 논리가 바로 헤겔의 사상에 담겨진 진리의 싹이라는 것이다. 그러나 헤겔은 "모든 역사는 사상의 역사이다"라는 절대적 명제에까지는 도달하지 못하였고, 그러므로 역사는 과거 사상의 재사고라는 것을 결코 간파하지 못하였다. 오히려 헤겔은 역사에서 비합리적인 것과 우연한 것도 존재한다고 믿어, 현실적인 것과 이성적인 것의 분리로 나아갔다.

'헤겔의 신화'라 할 수 있는 그의 도식적 역사철학은 바로 이같은 혼란의 산물이기도 하였다. 동일성 관념을 포기하고 이원론으로 복귀함으로써, 헤겔은 현실적인 것과 이성적인 것, 보편적인 것과 개별적인 것을 연결해줄 수 있는 제3의 존재를 필요로 하게 되었고, 헤겔은 이를 역사에 내재하여 있으면서 동시에 역사를 초월해 있는 '이성으로서의 신' 개념에서 발견하게 되었던 것이다.[40] 결국 크로체가 볼 때, 헤겔은 모세(Moses)였다. 헤겔은 "모든 역사는 사상의 역사이다"라는 진리의 땅을 바라보면서도, 끝내 그곳에 발을 들여놓지 못한 예언자였던 것이다.

크로체가 헤겔을 관념론적 역사주의의 완성자로 삼으면서까지, 역사주의가 개체의 합리성을 강조하는 논리적 원칙임을 부각시킨 것은 지식으로서의 역사의 위상을 옹호하려는 그 자신의 노력에서 기인하는 것이었다. 1893년의 〈예술의 개념에 포섭된 역사〉라는 논문과 1902년의 《미학》에서 크로체는 역사란 개별적인 것에 대한 순수한 직관이며, 역사는 과학이 아니라 예술이라고 주장하였다. 그런데 문제는 역사적 지식을 직관의 산물이라고 단정할 경우, 그것은 결코 지식이 될 수 없다는 모순을 내포하게 된다는 데 있다. 사고를 포함하지 않는 순수한 직관은 실제적인 것과 상상적인 것을 구별할 수 없고, 따라서 역사는 진실과 허위를 구분할 수도 없는 우화의 수준으로 전락해버리게 된다. 자신의 이론에 담겨진 이러한 문제점을 자각한 크로체는 1909년 출간된 《논리학》에서 역사적 지식은 직관이 아니라, 사고에 기초한 판단의 산물임을 강조하였다. 즉, 개체에 대한 논리적 사고의 결실이 역사라는 것이다. 그런데 이같은 주장의 합리화를 위해 요구되는 전제조건의 하나는 역사의 대상이 역사가의 사고행위에 의해 재사고될 수 있는 논리적 구조를 지닌 것이어야 한다는 점이었다. 크로체는 이같은 조건의 충족 가능성을 헤겔의 사상에서 발견하였으며, 이를 한층 발전시켜 "우리의 역사란 우리 정신의 역사이며, 인간정신의 역사란 곧 세계사"라는 명제를 산출하게 되었던 것이다. 크로체가 구체적이고 보편적인 논리성으로서의 역사주의가 "계몽주의보다도 더 철저하게 합리주의적이어야 한다"[41]고 주장한 이유가 바로 여기에 있다. 크로체는 역사에서 비합리적인 것의 존재를 결코 인정할 수 없었던 것이다. 이처럼 헤겔의 동일성 관념이 역사의 합리적 진행과정에 대한 강조이며, 역사주의의 핵심이 개체의 논리적 특성의 부각에 있다는 크로체의 주장도 따지고 보면 자신의 논지를 정당화시키기 위한 필요성에서 산출된 것이었다.

이러한 크로체의 입장에서 볼 때, 역사적 지식의 획득방법으로 직관을 강조한 마이네케의 견해는 역사주의의 위기를 해결하기는커녕, 역사적 지식의 위상을 위태롭게 함으로써 오히려 역사주의의 위기를 자초한 것이었다. 사실 마이네케로 하여금, 헤겔의 동일성 관념을 배제하고, 괴테와 랑케에게서 역사주의의 주된 흐름을 발견하도록 만든 또 다른 중요한 요인은 개체에 '표현될 수 없는 그 무엇'이 포함되어 있고, 그럼으로써 개체는 논리적 사고에 의해서가 아니라 심미적 직관에 의해 통찰될 수 있다는 그의 신념이었다. 그러나 크로체가 볼 때, 이같은 마이네케의 주장은 자신의 젊은 날의 오류를 반복하는 것에 불과하였다. 뿐만 아니라 랑케로의 복귀도 역사주의의 위기를 해결할 수 있는 진정한 방법이 아니었다. 크로체가 볼 때, 보편적인 것과 개별적인 것을 연결해주는 형이상학적 실체에 대한 신앙은 헤겔의 세속적 역사철학의 종교화에 불과할 따름이었다. 즉, 랑케는 헤겔이 '이성'으로 세속화시켜버린 신을 다시 중세기의 기독교적 신의 위치로 복귀시켜놓았을 뿐이다. 결국 헤겔의 역사철학에 대한 경멸에도 불구하고, 랑케 그 자신도 '헤겔적 역사주의'의 오류와 한계에서 결코 벗어나지 못한 것이었다.

크로체가 볼 때, 역사주의의 위기를 극복할 수 있는 참된 방법은 역사주의를 절대화하는 것이었다. 즉, 비코, 칸트(I. Kant), 헤겔로 이어지는 관념론적 역사주의의 전통을 종합 발전시킨 자신의 '절대

적 역사주의’(Storicismo assoluto)로 나아가는 것이었다. 역사주의의
제1세대인 비코는 “진리는 창조된 것과 동일하다”(verum est ipsum
factum)는 명제를 통해 인간이 역사를 만들었기 때문에 인간은 역사
를 완전하게 파악할 수 있다고 주장함으로써, 역사적 지식의 가능성
과 확실성에 대한 대원칙을 제시하였다. 역사주의의 2기에 속하는
칸트는 선험적 종합을 통해 “내용 없는 사고는 공허하고, 개념 없는
직관은 맹목적이다”고 주장하여, 판단이 감성과 오성의 결합을 통
해서만 이룩된다는 것을 증명하였고, 그럼으로써 개별적인 것에 대
한 직관으로서의 역사와 보편적인 것에 대한 사고로서의 철학을 종
합시킬 수 있는 이론적 토대를 마련하였다. 제3기의 대표자인 헤겔
은 변증법을 통해 각종 이원론을 극복하고자 시도하였고, 실체는 역
사이고 역사는 사상임을 주장함으로써, 역사의 논리성을 부각시켰다.
역사주의의 제4기는 이러한 선구자들의 견해를 종합 발전시킨 크로
체 자신의 절대적 역사주의로 새롭게 시작되는바, 이의 요체는 동일
성 관념의 극대화를 통한 이원론의 완전한 극복과 대립 개념의 일치
(Coincidentia Oppositorum)에 있었다. [42] 이제 크로체의 역사주의 속에
서 현실적인 것과 이성적인 것의 구분은 역사와 사상의 동일화를 통
해서, 과거와 현재의 구분은 “모든 역사는 동시대사다”라는 명제를
통해서, 그리고 사실의 진리와 이성의 진리, 개별적인 것에 대한 지
식과 보편적인 것에 대한 지식의 분리는 역사와 철학의 동일화에 의
해 사라지게 되었다. 그리고 그 토대 위에서 “생과 실체는 역사이며
역사일 뿐”이라는 명제와 “모든 지식은 역사적 지식이며, 역사적
지식만이 참된 것이다”는 주장이 자라나는 것이었다.

결국 마이네케가 심미적 직관을, 크로체가 논리적 사고를 개체에
대한 역사적 지식의 특징으로 각각 부각시킴에 따라, 두 사람의 역
사주의관에는 결정적 틈이 벌어진 것이었다. 마이네케는 표현될 수
없는 그 무엇이 개성에 포함되어 있다고 확신하여, 개체의 이해에서
심미적 직관의 역할을 적극 강조한다. 이에 반해 크로체는 개체의

개별적 행위는 합리적 사고의 결과이고, 그러므로 논리적 사고를 통해 개체가 이해될 수 있다고 단정한다. 마이네케가 "개성은 필설로다 표현될 수 없다"(Individuum est ineffabile)는 괴테의 말을 역사주의의 표어로 부각시킨 반면에, 크로체가 "이성적인 것은 현실적인 것이고, 현실적인 것은 이성적인 것이다"라는 헤겔의 말을 역사주의의 핵심으로 각각 강조한 이유가 바로 여기에 있다. 마이네케가 볼 때, 논리로 파악될 수 없는 개별적 행위의 자발성에 대한 깊은 통찰이야말로 괴테와 랑케로 상징되는 역사주의의 부정할 수 없는 핵심이었다면, 크로체에게는 개별적 행위의 합리성을 강조한 헤겔의 동일성 관념이야말로 역사주의의 요체였던 것이다.

그러나 크로체와는 달리 마이네케의 해석을 수용하면서도, 역사주의는 그것에 내포된 오류로 말미암아 상대주의의 심연에서 결코 벗어날 수 없다고 주장한 최근의 학자가 있는데, 그가 바로 이거스(G. Iggers)이다. 이거스는 마이네케를 따라, 헤르더로부터 랑케로 이어지는 독일 사상의 주된 전통을 역사주의로 지칭한다. 뿐만 아니라, 역사주의의 중심사상에 반규범성·반개념성을 포함시킴으로써, 자신의 해석이 마이네케의 연장선 위에 있음을 분명히하였다. 즉, 모든 가치의 상대성을 주장함으로써 규범적이고 보편적인 가치를 부정하는 경향과 개체의 개별성은 합리적 사고가 아니라 직관에 의해 이해될 수 있다는 것은 역사주의의 부정할 수 없는 요체라는 것이다.

그러나 마이네케와 이거스의 불안한 동거는 여기서 끝이 난다. 이거스의 역사주의에 대한 평가는 마이네케와는 완전히 상반된 것이었다. 마이네케에게 역사주의가 서구 역사상 가장 위대한 지적 혁명의 하나였다면, 이거스에게 그것은 독일 정신의 몰락을 초래한 사상이었다. 역사주의에 관한 이거스의 다양한 논저들은 모두 역사주의는 독일 정신의 재생을 위해 극복되어야 할 구시대의 산물이라는 주제에 집중되어 있었다. 참으로 이거스만큼 냉철하면서도 격렬하게 역사주의를 비판한 학자는 존재하지 않을 것이다.

이거스는 우선 역사주의의 적용 범위를 확대시킴으로써, 역사주의를 200년이 넘도록 지속된 독일의 정통적 사조로 만들었다. 그에 따르면, 역사주의는 18세기말 헤르더와 괴테에서 비롯되어 랑케에게서 완성된 사조가 결코 아니었다. 역사주의는 오히려 훔볼트와 랑케에서 시작되어 드로이젠(J. Droysen), 딜타이 등을 거쳐 20세기초 트뢸치와 마이네케에게서 정점에 달한 "독일의 역사서술과 문화과학과 정치이론을 지배했던 독일 역사학과 역사사상의 주된 전통"[43]을 의미하는 것이었다. 이거스는 분명 18세기로부터 20세기까지 이어지는 이러한 독일의 지적 전통이 긍정적 업적을 산출하였음을 인정한다. 역사적 개체의 독특성과 개별성에 대한 강조와 문화과학의 독특한 방법론적 문제에 대한 관심이 바로 그것이다. 그럼에도 불구하고 역사주의의 긍정성은 그것에 내포된 치명적 오류에 의해 퇴색되어버린다. 상대론적 가치철학, 방법론적 편협함, 그리고 귀족주의적 편견이야말로 역사주의를 독일정신의 황폐화를 초래한 구세대의 보수주의적 이데올로기로 부패시켜버린 독소였다.[44]

이거스가 볼 때, 역사주의의 상대주의로의 몰락은 필연적인 귀결이었다. 모든 가치의 상대성을 피력함으로써, 가치의 무정부 상태를 야기할 위험성을 내포하고 있던 역사주의는 형이상학적 실체에 대한 신앙을 견지함으로써, 그 위기를 아슬아슬하게 넘기고 있었다. 그러나 니체(F. Nietzsche), 리케르트(H. Rickert), 베버(M. Weber) 이후 '숨겨진 신'에 대한 학자들의 믿음이 쇠퇴해감에 따라, 잠재해 있던 상대주의의 독소가 점차 전파되기 시작하였고, 이러한 경향은 모든 정신과학적 지식은 주관적일 뿐이라는 딜타이의 주장에 의해 가속화되었다. 이거스에 따르면, 이러한 위기를 극복할 수 있는 방법은 '잃어버린 신'을 되찾아 낙원을 복구시키는 것이 아니었다. 유일한 방법은 일반화·법칙화·개념화의 가치를 인정하고 이를 도입하여, 역사학에 객관성을 부여하는 것이었다. 그러나 보편적 절대적 진리에 대한 본래적인 회의와 실증주의의 영향으로부터 역사학

의 자율성을 지키려는 시도는 오히려 자연과학적 방법론의 도입을
완강히 거부하게 만들었고, 그 결과 역사주의의 위기에서 벗어날 수
있는 유일한 탈출구는 봉쇄되어버리고 말았다. 이거스가 볼 때, 역
사주의자들은 그 상대론적 가치철학과 방법론적 편협함으로 인해 자
신들의 목을 스스로 졸라맨, 자신들이 산출한 관념의 노예들이었던
것이다.

　역사주의자들의 편협함은 그들의 정치사에 대한 배타적 강조와
위인 숭배 경향에서도 명백하게 드러난다. 이거스에 따르면, 역사
주의자들은 역사에서 대중의 역할과 역사를 움직이고 있는 사회·
경제적 동인과 문화적 요인들을 철저하게 배격하였다. 이러한 성향
은 마이네케의 이념사(Ideengeschichte) 개념에서 극에 달하는바, 그
는 사상의 형성에 미치는 사회·경제적 여러 요인을 전혀 고려하지
않았다. 마이네케는 소수의 위대한 사상가들의 지적 편력에만 관심
을 집중하였고, 이를 통해 한 시대의 역사적 흐름을 조망하고자 시
도하였다. 이거스가 볼 때, 몇몇 산봉우리에 대한 분석으로 그 아래
세계의 윤곽을 파악하려는 마이네케의 입장은 정치를 한 줌의 정치
가들과 장성들과 외교관들의 산물로 간주하는 고전적 역사주의자들
의 편협한 정치사관의 이론적 정교화에 불과한 것이었다. 역사주의
의 이러한 편협성은 19세기말 이래 대두되기 시작한 사회경제사나
문화사에 대한 철저한 배격을 초래하였고, 따라서 역사에서 사회·
경제·문화적 여러 요인의 중요성을 강조한 람프레히트(K. Lampre-
cht), 힌체(O. Hintze) 등은 이단시되었다.

　이거스는 역사주의의 진정한 핵심은 권력국가의 신성화에 있다고
믿었으므로, 제1, 2차세계대전의 유발로 상징되는 독일 정신 몰락
의 궁극적인 책임을 은연중에 역사주의로 전가하고 있다. 그는 역사
주의가 정치적 이데올로기가 아니라고 주장하면서도, 그의 진정한
관심사는 역사주의와 정치이론과의 관계에 있음을 분명히한다.
즉, "역사주의 이론이 과연 어느 정도까지 자유민주주의 이론과 양

립할 수 있는가"의 탐구가 그의 연구의 주목적이라는 것이다. [45] 이
에 대한 이거스의 대답은 부정적이었던바, 역사주의는 자유민주주
의와 양립할 수 없다는 것이었다. 서구 자유민주주의는 시대와 장소
를 초월한 인간의 절대적 가치에 토대를 둔 자연법 이론이었고, 독
일 자유주의는 절대적 가치의 존재를 부정해버리는 역사주의의 상대
성에 이미 오염된 상태였다. 더욱이 역사주의는 국가를 자체의 목적
을 지닌 형이상학적 실체로 인정하여, 국가에 무한정의 권력을 부여
하였고 또한 이를 정당화하였다. 독일적 비극의 원인이 바로 여기에
있다. 권력의 악마적 성향을 간파하기는커녕, 오히려 국가의 이익
이 개인의 자유에 앞선다고 확신함으로써 독일은 히틀러(A. Hitler)
를 출현케 하였을 뿐만 아니라, 그에게 묵종하였던 것이다. 이처럼
이거스가 볼 때, 히틀러의 출현과 성공은 독일 정신의 필연적 산물
이었고, 이는 곧 200년이 넘도록 독일 국민의 정신을 지배해온 역
사주의의 필연적 귀결이었다. 역사주의의 권력국가에 대한 헤겔적
숭배와 현존하는 국가에 대한 맹목적 헌신이 독일의 대파국을 초래
하였던 것이다.

이거스가 마이네케가 독일 정신의 대표자로 강조한 괴테를 누락
시키고, 그 대신 훔볼트를 역사주의의 이론적 기초자로 등장시킨 것
도 따지고 보면 역사주의와 국가권력의 숭배 경향을 연관지으려는
의도의 산물이었다. 괴테의 사상에서 국가의 신성화 경향을 파악하
기가 어려운 반면에, 훔볼트에서는 국가를 형이상학적 실체로 간주
하여 그것에 권력을 부여하려는 경향이 쉽게 간파되기 때문이다. 역
사주의와 독일 관념론의 연관성을 거듭 강조하면서도, 훔볼트 자리
에 헤겔을 집어넣어 더욱 명확하게 자신의 주장을 도식화하지 않은
것은, 이거스에 대한 마이네케의 영향력이 아직 완전히 소멸되지 않
았기 때문일 것이다.

마이네케는 제2차세계대전 직후인 1946년 《독일의 파국》을 간행
하여, 어째서 괴테와 베토벤(L. Beethoven)으로 상징되는 위대한 독

일 정신이 히틀러라는 괴물을 산출할 정도로 몰락하였는가를 고찰한 적이 있다. 이거스의 《독일적 역사 개념》은 어느 면에서 마이네케의 《독일의 파국》에 해당된다. 왜냐하면 이 책 역시 세계시민적 민족주의에서 배타적 민족주의로 독일 사상이 몰락해온 과정을 묘사하고 있기 때문이다. 그러나 마이네케가 히틀러의 출현은 우연의 농간이었으며, 재생은 과거로의 복귀, 괴테로의 복귀를 통해서만 가능하다고 주장한 반면에, 이거스는 히틀러의 출현은 역사주의로 상징되는 독일 전통의 필연적 산물이라고 파악함으로써 과거와의 냉정한 결별을 선언한다. 이거스에게 괴테는 독일 정신의 표상이 아니라, 오히려 부르크하르트(J. Burckhardt), 쇼펜하우어(A. Schopenhauer), 니체와 같이 변경을 맴돈 주변인이며 이방인일 뿐이었다. 참된 독일 정신은 훔볼트와 랑케로부터 마이네케로 이어지는 계보에서 발견되는 것이었고, 그 핵심은 권력국가의 신성화에 있었다. 이제, 이거스에 이르러 역사주의는 변화의 관점에서 세계를 바라보는 세계관, 직관에 의해 개체가 이해될 수 있다는 지식원리의 차원을 가르키는 것이 아니라, 독일의 대파국을 초래한 정치적 이데올로기, 즉 맹목적 국가숭배의 위험성을 내포한 극우적 보수주의로 등장하는 것이었다.

Ⅲ. 역사주의의 위기와 극복

　역사주의는 실체의 역사성을 강조하는 사상이다. 역사주의는 실체 속에 유동적인 그 무엇(etwas Fließendes)이 있음을 강조하며, 끊임없이 생성 소멸하는 역동적인 힘을 실체의 본질로 간주한다. 실체는 고정불변의 존재의 세계(the World of Being)가 아니라, 변화하고 유동적인 생성의 세계(the World of Becoming)이다. 역사 과정 밑에 불변의 구조 내지 고정된 인간성이 깔려 있다는 신념에 기초한 계몽주의적 자연법 사상이 전면 거부되어야 하는 이유가 여기에 있다. 운동과 발전, 변화와 성장이 실체의 특성인 한, 인간과 사물은 유전(流轉)과 성장의 상태로서 경험될 수밖에 없다. 이같이 인간과 사회 및 지식까지도 역사화하려는 경향, 세계를 변화의 관점에서 바라보고 파악하려는 시간중심적 세계관, 역동적인 진화론적 세계관, 이것이 바로 역사주의이다. 그런데 존재하는 것은 곧 변화하는 것이고, 실체의 본질이 생성의 흐름(Fluß des Werdens) 속에서만 파악된다면, "진리는 시간의 딸"(Veritas Filia Temporis)이다. 왜냐하면 어떠한 사건이나 사물의 의미와 가치는 그것의 역사적 변화과정을 통해서 이해될 수 있기 때문이다. 이같은 측면에서 볼 때, 역사주의는 역사를 인간이 지닐 수 있는 최고 형태의 지혜로 간주하는 신념일 뿐만 아니라, 모든 지식은 곧 역사적 지식이라는 확신을 의미하기도 하는 것이다.

그러나 모든 것이 흐르는 삶 속에 용해되어 있다면, 우리는 역사의 무한한 무정형의 흐름 속에서 무엇을 파악할 수 있는 것일까. 만물이 유전하는 것인 한, 탐구의 목적은 역사적 실체의 일회적이고 모방 불가능한 개별성의 이해에 있다. 역사적 변화과정을 통해 형성된 실체의 고유한 개성이야말로 그 역사적 형성물의 본질이기 때문이다. 이처럼 역사적 실체의 개별적 삶과 그 숨겨진 삶의 깊이에서 형성되고 조형되는 원리에 최고의 가치를 부여하고 이를 간파하려는 열망이야말로 역사주의의 핵심인 것이다.

그렇다면 역사적 개성 그 자체의 순수한 가치를 파악할 수 있는 방법은 무엇인가. 그것은 바로 이해(Verstehen)이다. 다시 말하면, 인과론적 설명(Erklären)에 의해서가 아니라, 내적 체험(Erlebnis)을 통해서만 역사적 삶의 개별성과 다양성을 파악할 수 있다는 것이다. 자연과학적 방법론을 역사와 같은 정신과학에 도입할 수 없는 이유가 바로 여기에 있다. 자연과학자의 목표는 대상의 이해에 있지 않다. 자연과학의 대상은 자발적 의지의 산물이 아닌 자연계의 물리적 현상이다. 그러므로 자연과학자는 그 대상을 관찰 분류하고, 법칙에 의거하여 설명하려고 시도한다. 반면에 정신과학의 대상은 인간의 산물이며, 인간이 자신의 독특한 삶의 체험을 언어 등의 매개체를 통해 표현한 '객관화된 생'이다. 따라서 정신과학자는 타인의 삶 속에 자신을 투사(投射)하고, 그의 경험을 자신의 정신 속에서 재경험하며, 그가 생각했던 바를 재사고함으로써 그 의미를 파악하려고 노력한다. 드로이젠이 역사가의 궁극적인 과제를 '탐구를 통한 이해'라고 언급한 것은 이때문이다. 결국 대상에 대한 감정이입적 투사, 스스로를 행위자의 역사적 상황에 몰입시키고 그의 역사적 지평을 재구성함으로써, 역사가와 그 대상간의 시간적 공간적 사상적 괴리를 극복하려는 열망이야말로 역사주의의 또 다른 핵심인 것이다. 이러한 역사주의적 관점에서 볼 때, 과거와 현재의 구분은 추상적인 개념에 불과한 것일 뿐, 실제로 모든 역사는 동시대사일 따름이었다.

그렇다면 이러한 공감적 이해와 내적 체험의 객관적 근거는 무엇인가. 역사가는 어떻게 자신의 주관적인 과거의 재구성에 진리성과 사실성을 부여할 수 있는가. 역사주의의 위기는 이에 대한 명확한 답변의 부재에 그 원인이 있다. 사실 학자들은 역사주의의 위기가 실체의 상대성과 역사성을 강조함으로써 야기된 가치의 무정부상태에서 비롯되었다는 점에 동의하고 있다. 그러나 엄밀히 말해 이것은 역사주의의 위기에 대한 정확한 통찰이 아니다. 역사주의의 진정한 위기는 역사적 지식이 참이라는 것을 증명하려고 끊임없이 노력하였음에도 불구하고, 궁극적으로 이에 실패하였다는 사실에 있다. 참된 지식은 역사적 지식이라는 주장은 곧 모든 지식은 실제로 하나의 의견에 불과하다는 주장과 다름이 없는 것이다.

역사주의의 이같은 위험성은 내적 경험이나 이해에서 직관의 역할을 중시하는 반이성주의적 경향에서 비롯되는 것이다. 역사주의는 물론 역사적 대상의 이해에서 논리적 사고의 가치를 부정하지 않는다. 오히려 그것은 엄밀한 탐구, 단계적 평가, 그리고 문헌에 대한 연구의 중요성을 강조한다. 그러나 이러한 논리적 탐구는 이해를 위한 출발점일 뿐, 진정한 이해는 대상의 정신적 본질을 직관적으로 포착함으로써만 달성된다는 것이다. 개체는 '신비한 그 무엇'(geheime Etwas)이기 때문에, 결코 인간의 논리적인 사고에 의해 완전히 파악될 수 있는 것이 아니다. 이 점을 드로이젠은 공식, 'A=a+x'로 표현하였던바, 역사적 개체 A의 독특한 값어치는 국가·민족·시대상황과 같은 상수 a에 의해서 결정되는 것이 아니라, 한 인간으로서 지니고 있는 '인격의 비밀'로서의 변수 x에 의존한다는 것이다. 그리고 이 변수 x는 논리적 사고에 의해 설명되는 것이 아니라, 역사가와 행위자 사이의 개인적이고 직관적인 만남에 의해 순간적으로 감지되는 것이다. 드로이젠이 인간에게 가능한 인식 가운데 가장 완전한 인식의 형태인 '이해'를 창조행위나 두 개의 전극간에 발생하는 불꽃에 비유한 이유가 여기에 있다. 이와 유사하게 딜타이는 실체에는 '표현할 수 없는 어떤 것과 인식될 수 없는 그 무엇'이 포함되어 있다고 주장하면서, 개별적인 것은 합리적 방식으로는 이해될 수 없으며 천재적인 역사가의 안목에 의해서만 파악될 수 있다고 주장하였다. 트뢸치의 경우에도, 사유가 아닌 관조가, 합리적 분석보다는 '감정이입적 이해'가 역사를 이해하는 중요한 방법이었다. 대상에 대한 이같은 직관적 몰입의 어려움은 마이네케에 의해 웅변적으로 표현되고 있는데, 그에 따르면 "스스로가 행위자의 영혼 속으로 빠져들어가는 일, 그리고 그들의 전제에서 그들의 작품과 문화적 업적을 관찰하고 드디어는 예술적 직관을 통해서 그들의 죽은 삶에다 생기를 불어넣은 일 등은 자신의 피를 수혈하는 것 같은 정신 없이는 불가능한 일"[46]이었다.

물론 이러한 주장 뒤에는 역사의 배후에 존재하는 형이상학적 실체에 대한 경외감과 그로 인한 인간적 지식의 한계에 대한 겸손한 자각이 깔려 있었다. 이러한 신앙적 요소는 특히 훔볼트·랑케·드로이젠·트뢸치·마이네케 등에서 분명히 드러나는데, 그들 모두 신만이 역사에 대해 완전한 지식을 소유할 수 있을 뿐이라고 생각하였다. 훔볼트의 경우, 인간은 '세계를 지배하는 계획'을 결코 이해할 수 없으며, 단지 무한자(無限者)를 직관적이며 순간적으로 포착할 수 있을 뿐이었다. 역사가를 신의 제단에 봉사하는 사제로 간주하고, 그 임무를 신의 성스러운 신성문자의 판독으로 단언한 랑케도 인간은 세계사의 의미를 완전하게 파악하는 것은 불가능하다고 역설하였다. 그에 따르면, "오직 신만이 역사를 알고 있다. 우리는 그 모순에 대해서만 지각하고 있을 따름이다. 한 인도의 시인이 말했던 것처럼, 세계사의 조화는 신들에게만 알려져 있을 뿐 인간에게는 알려져 있지 않다. 우리는 다만 멀리서 그것을 직관적으로 감지할 뿐이다."[47] 일회적인 것과 영원한 것 사이에서 갈등하였던 트뢸치도 비록 우리는 '직관과 신앙'을 통해 절대적인 것에 접근할 수 있으나, 그것을 진정으로 알 수는 없다고 말함으로써, 역사에 대한 인간적 지식의 한계를 겸허하게 고백하였다.

그러나 형이상학적 실체에 대한 신앙이 소멸되어버리고, 역사가 신이라는 조커(Joker)를 쓰지 않고 진행되는 게임으로 변화한 상황에서, 이러한 견해들은 단지 역사적 지식의 불합리성과 주관성 등을 강조하는 회의론으로 빠질 우려가 있다. 역사적 지식은 어떻게 가능한가라는 질문이 역사주의가 남긴 최대의 과제로 떠오른 이유가 여기에 있다. 드로이젠과 딜타이가 해결하려고 노력했으나 끝내 실패하였던 문제, 즉 역사적 지식에 객관적이고 보편적인 인식론적 토대를 마련해주는 '역사 이성 비판'의 문제가 20세기의 역사가·철학자·사회학자들에게 공통된 과제로 등장한 것이다.

크로체의 절대적 역사주의는 이러한 역사주의의 위기를 해결하려는 노력의 산물이었다. 재사고·개별성·발전성에 대한 강조에서 크로체는 독일 역사주의자들과 견해를 같이한다. 그러나 그는 개체 속에는 인식될 수 없는 그 무엇이 있다는 독일 역사주의의 관념을 철저히 배격하였다. 그리고 "모든 역사는 사상의 역사"라고 주장하여 역사의 대상을 철저히 이성화함으로써, 역사가의 재사고 과정에서 직관의 개입을 배제하였다. 뿐만 아니라 역사적 지식은 사고에 기초한 판단 행위의 결과라고 피력하여, 학문으로서의 역사학의 위상을 자기 나름대로 공고히 하였다. 그럼에도 불구하고, 크로체는 역사가의 과거 사상에 대한 재사고가 어떠한 논리적 과정을 통해 진행되는지 구체적으로 밝히지 않았다. 이는 독일 역사주의적 전통과 크로체의 사상을 결합 발전시킨 영국의 철학자이며 역사학자인 콜링우드(R. G. Collingwood)에 의해 구명되었는데, 그는 재사고의 과정이 '질문과 대답의 논리학'에 의해 진행되는 논리적 과정임을 증명하였다.[48] 콜링우드에 따르면, 과거 사상의 '재연'(Re-enactment)은 직관에 의해 순간적으로 이룩되는 설명 불가능한 신비적 행위가 결코 아니다. 재사고는 구체적인 질문의 단계적 제시와 그에 대한 옳은 대답의 추구가 끊임없이 이어지는 논리적 구조를 지니고 있을 뿐만 아니라, 역사가가 각 단계에서 자신의 질문과 대답의 타당성을 증거에 비추어 끊임없이 검증하는 합리적 과정이기도 한 것이다. 그렇다면 역사적 지식은 객관성을 결여한 역사가 개인의 사적인 의견이 아니다. 역사가는 그 자신이 경험한 질문과 대답의 과정에 대한 논리적 서술을 통해 자신이 도달한 결론의 타당성을 객관적으로 증명할 수 있으며, 그 비판자는 이러한 과정을 그 스스로 재연해봄으로써, 그 결론의 진위성 여부를 검증할 수 있기 때문이다. 이제 인간과 인간의 산물에 대한 우리의 지식이 주관적이며 상대적이라는 것은 문제가 되지 않는다. 그것은 동시에 객관적일 수 있으며, 보편적일 수 있기 때문이다. 이와 유사하게, 어떠한 사건에 대한 다양한 해석들이 존재한다는 사실은 역사학을 포함한 정신과학의 치명적 약점이 아니다. 오히려 그것은 인간정신의 풍요로움과 자유로움을 입증해주는 정신과학만의 비할 데 없는 가치인 것이다.

딜타이는 삶이라는 실체에 의해 구속되어 있는 인간은 예술에 의해서 뿐만 아니라, 역사의 이해를 통해 자유로워진다고 말하였다.
무슨 뜻인가. 딜타이는 그 구체적 의미를 《정신과학에서 역사적 세
계의 구조》 후속편으로 계획했던 논문의 결론부에서 이렇게 적고 있
다. "모든 역사적인 현상, 각각의 인간적인 혹은 사회적인 상태,
각종 신앙의 상대성에 대한 역사적인 의식은 인간 해방을 향한 최종
적인 걸음이다. 이 역사적 의식에 의해서 인간은 각 체험마다 내용
을 획득하며 무엇에도 얽매이지 않고 몰두할 수 있는 존엄한 주권
(Souveränität)에 도달한다". [49] 역사주의는 진리의 상대성을 주장함으
로써, 학문의 존립 자체를 위태롭게 한다고 종종 비난받아왔다. 사
실일 수도 있다. 그러나 역으로, 정신과학에서 오직 하나의 절대적
진리만이 존재해야 한다고 믿는 사람들이 오히려 인간 사유의 자유
로움과 인간의 존엄한 주권을 부정함으로써, 학문 그 자체를 파괴하
는 것은 아닐까. 만약 콜링우드의 재연이론만이 유일한 진리라면,
베버(M. Weber)의 이해 사회학, 만하임(K. Mannheim)의 상관주의,
가다머(H-G, Gadamer)의 철학적 해석학이 설 자리는 어디에 있는가.
역사주의를 비난하건 예찬하건간에, 한 가지 분명한 것은 역사주의
라는 매개체를 통해 진리의 속성에 대한 우리의 인식이, 정신과학의
이론적 토대에 대한 우리의 사유가, 자연과학의 방법론에 대한 우리
의 이해가, 그리고 더욱 신뢰할 만한 지식에 대한 우리의 열망과 탐
구가 그만큼 강화되고 심화되었다는 사실이다. 《역사철학강의》의
결론부에 담겨진 헤겔의 말을 빌리자면, 역사주의로 인해 우리의
"의식은 여기까지 도달한 것이다."

주

1) 차하순, 〈역사주의 사관〉, 《사관이란 무엇인가》(1982), pp. 36~56.
2) H-G. Gadamer, *Wahrheit und Methode : Grundzüge einer philosophischen Her-
   meneutik* (Tübingen, 1986), pp. 276~281.

3) B. Croce, *Philosophy, Poetry, History : An Anthology of Essays*, tr., C. Sprigge(London, 1966), p. 139.

4) F. Meinecke, *Historism : The Rise of a New Historical Outlook*, tr., J. E. Anderson(London, 1981), pp. 496~511.

5) W. Stark, *The Sociology of Knowledge* (London, 1971), p. 181.

6) K. Popper, *The Poverty of Historicism* (London, 1976), p. 3.

7) K. Mannheim, "Historismus", H. Maus and F. Fürstenberg, ed., *Wissen-ssoziologie* (Darmstadt, 1970), pp. 246~307 ; C. R. Rand, "Two Meanings of Historicism in the Writings of Dilthey, Troeltch, and Meinecke", *Journal of History of Ideas* 25(1964), pp. 503~518.

8) G. Iggers, 이민호·박은구 공역, 《현대사회사학의 흐름》(1984), p. 20.

9) G. Barraclough, 이연규 역, 《현대 역사학의 추세와 방법론》(1983), pp. 22~23.

10) Carlo Antoni, 이광주 역, 《역사학에서 사회학으로》(1982), p. 7.

11) M. Mandelbaum, *The Problem of Historical Knowledge : An Answer to Relativism* (New York, 1967), pp. 88~95.

12) F. Meinecke, *Historism*, p. liv.

13) R. Aron, *Introduction to the Philosophy of History*, tr., G. J. Irwin(London, 1948), pp. 290~298.

14) W. Hofer, *Geschichtschreibung und Weltanschauung* (München, 1950), p. 322.

15) W. Morris, *Toward a New Historicism* (Princeton, 1972), p. 4.

16) A. Lalande, *Vocabulairie technique et critique de la philosophie* (Paris, 1956), p. 417.

17) C. J. Friedrich, *The Philosophy of Law in Historical Perspective* (Chicago, 1963), p. 139.

18) L. A. Coser, *Masters of Sociological Thought : Ideas in Historical and Social Context* (New York, 1971), p. 247.

19) Cf. M. Weber, *The Methodology of the Social Sciences*, tr. and ed., E. A. Shils and H. A. Finch(New York, 1949), pp. 85~87.

20) K. Popper, *The Poverty of Historicism*, p. 7 ; *The Open Society and its Enemies* (London, 1973), vol. II, p. 214.

21) K. Popper, *The Poverty of Historicism*, p. 3 ; *The Open Society and its Enemies*, vol. I, p. 3, vol. II, p. 269.

22) K. Popper, *The Poverty of Historicism*, p. 35.

23) K. Popper, *Open Society and Its Enemies*, vol. Ⅱ, p. 215.

24) H. White, *Tropics of Discourse : Essays in Cultural Criticism* (Baltimore, 1978), pp. 101~102 ; *Metahistory : The Historical Imagination in Nineteenth-Century Europe* (Baltimore, 1980), pp. 163~164. ; G. H. Nadel, "Philosophy of History before Historicism", *History and Theory* 3(1964), p. 292.

25) E. Kahler, *The Meaning of History* (New York, 1964), p. 171, 175~176, 186.

26) A. Megill, "Aesthetic Theory and Historical Consciousness in the Eighteenth Century", *History and Theory* 17(1978), pp. 29~36.

27) D. E. Lee and R. N. Beck, "The Meaning of 'Historicism'", *American Historical Review* 59(1953~1954), pp. 568~577.

28) H. Schnädelbach, *Philosophy in Germany 1831~1933*, tr., E. Matthews (Cambridge, 1984), pp. 33~37.

29) W. Morris, *Toward a New Historicism*, pp. 9~12.

30) G. H. von Wright, *Explanation and Understanding* (Ithaca, 1971), p. 5. ; J. L. Herkless, "Economic Change and the Idealist Revival in Historiography at the Turn of the Century", *History and Theory* 26(1987), pp. 166~179.

31) E. Troeltsch, *Der Historismus und seine Probleme* (Tübingen, 1922), p. 9.

32) E. Troeltsch, *Der Historismus und seine Überwindung* (Berlin, 1924), pp. 21~41.

33) E. Troeltsch, *ibid.*, pp. 1~4, 60~61.

34) H. S. Hughes, *Consciousness and Society* (New York, 1961), p. 241.

35) F. Meinecke, *Historism*, p. liv, 505.

36) *Ibid.*, p. lv.

37) B. Croce, *Philosophy, Poetry, History*, p. 17.

38) F. Meinecke, *Machiavellism : The Doctrine of Raison d'etat and Its Place in Modern History*, tr., D. Scott (London, 1957), pp. 343~369.

39) B. Croce, *op. cit.*, p. 7, 49, 54, 80~82, 190, 522, 529.

40) B. Croce, *ibid.*, p. 16, 29, 48, 92~93, 99, 610~612.

41) B. Croce, *History as the Story of Liberty*, tr., S. Sprigge (London, 1941), p. 64.

42) B. Croce, *Philosophy, Poetry, History*, pp. 46~51.

43) G. Iggers, *The German Conception of History : The National Tradition of His-*

torical Thought from Herder to the Present (Middletown, Connecticut, 1983), p. 4.

44) G. Iggers, "The Decline of the Classical National Tradition of German Historiography", *History and Theory* 6(1967), pp. 411~412.

45) G. Iggers, *The German Conception of History*, p. 14.

46) 이민호, 《역사주의 : 랑케에서 마이네케》(민음사, 1988), p. 32.

47) G. Iggers, *The German Conception of History*, p. 80.

48) R. G. Collingwood, *An Autobiography* (Oxford, 1989), pp. 29~43 ; *An Essay on Metaphysics* (Oxford, 1979), pp. 3~77.

49) O. Pöggeler, 박순영 역, 《해석학의 철학》(서광사, 1993), p. 111.

민족주의
Nationalism

임 지 현

Ⅰ. 머 리 말 – 문제의 제기

　민족이란 무엇인가. 그것은 인류역사의 기원과 더불어 존속해온 영속적인 초역사적 상수인가, 아니면 구체적인 역사조건들을 기반으로 특정시기에 출현한 역사적 변수인가. 만약 초역사적 상수라면, 민족은 영구불변의 인간본성인 군집성의 원초적 형태로부터 진화한 것인가. 혹은 역사적 변수라면, 민족은 역사의 어떠한 조건들 속에서 형성되며 또 그것이 수행하는 역사적 역할은 무엇인가. 즉 민족은 보편적 자연현상인가, 아니면 특수한 역사현상인가 등의 문제는 우리가 민족문제에 접근할 때, 가장 먼저 부딪치게 되는 그러나 여전히 미해결로 남아 있는 의문이다. 이념으로서의 민족주의에 이르면 이러한 의문은 더욱 증폭된다. 이데올로기로 발전하는 과정에서 새로운 차원의 복잡한 변수들이 개입하기 때문이다. 그러나 민족주의에 대한 연구사가 애초부터 극히 불안정한 탄성곡선을 그리는 것은 카오스적 민족개념으로부터 비롯된 것이다. 기본적으로 민족은 서로 다른 의미들이 경합하는 혼돈스러운 개념이며, 그에 기초한 민족주의라는 거대현상은 자기모순에서 좀처럼 헤어나지 못한다.

　민족주의에 대한 연구들은 사실상 민족개념을 어떻게 설정하느냐에 따라 방향을 달리한다. 민족개념은 민족주의 연구의 출발점이자 동시에 결론인 것이다. 현재의 이론 수준에서 민족개념에 대한 논의는 크게 두 갈래로 나누어진다. 민족의 영속적 성격을 강조하는 '원초론'(primordialism)과 민족을 근대화의 부산물로 간주하는 '도구론'(instrumentalism)이 그것이다. 전자는 인종적 공동체의 영속성에 주목하면서 민족주의가 종족·조상·종교·언어·영토라는 원초적 유대에 기초해 있다고 주장한다. 이에 맞서서 후자는 민족주의란 결코 영원한 실체가 아니며 근대화와 도시화라는 특정한 역사적 조건 속에서 발현한 이데올로기라고 간주하면서 그 역사성을 강조한다. 이 둘의 대립은 민족주의에 대한 근대적 연구가 시작된 이래 해묵은 논쟁인 주관주의적 관점과 객관주의적 관점 사이의 갈등, 그것의 연장선 위에 서 있다.

　주관주의적 민족이론은 '국가민족'(Staatsnation)이라는 민족개념으로부터 출발한다. 그것은 민족공동체에 기꺼이 자신을 귀속시키고자 하는 민족성원의 주관적 의지가 민족을 만들어낸다고 믿는다. 그런데 이 이론에 따르면, 민족공동체에 대한 인민들의 자발적 귀속의지를 불러일으킨 역사적 계기는 프랑스 대혁명이었다. 즉 부르주아가 내세웠던 해방이념인 인민주권론이 세속주의나 국민적 시장권과 결합되면서 봉건사회의 왕조적 충성심에 질적 전화를 가져와 근대적 민족주의를 낳았다는 것이다. 이에 비해서 객관주의적 민족이론은 '문화민족'(Kulturnation)이라는 민족 개념으로부터 출발한다. 그것은 언어, 공통의 문화유산, 종교, 관습 등과 같은 객관적 기준을 민족의 기초로서 강조한다. 민족은 국가에 선행하며 공통의 역사적 가치와 사회적 유대에 기초를 둔 실재라는 것이다. 즉 민족적 유대감은 국가나 정치형태에 관계없이 존재하며, 민족주의라는 것도 실상은 이러한 원초적 유대감이 왕조적 충성심을 거쳐 양적으로 성장한 것에 불과하다는 것이다. 약간의 편차는 인정되지만 민족주의에 대

한 모든 논의들은 이 갈등을 양극으로 하는 스펙트럼 내의 어딘가에 위치한다. [1]

그런데 여기에서 한가지 흥미로운 것은 이러한 논쟁 자체가 역사성을 반영하고 있다는 점이다. 즉 '도구론－주관주의적 민족개념－국가민족'으로 이어지는 논의의 중심에는 한스 콘(Hans Kohn), 헤이즈(Carlton Hayes), 케두리(Elie Kedourie) 등의 영미학파가 위치하는 반면, '원초론－객관주의적 민족개념－문화민족'으로 이어지는 계보의 중심은 마이네케(Friedrich Meinecke), 비트람(Reinhard Wittram), 노이만(Franz J. Neumann) 등의 독일학파가 차지하고 있는 것이다. 기본적으로 이는 '시민혁명적 길'과 '프로이센적 길'이라는 역사적 경험의 차이에서 비롯된 것이 아닌가 싶다. 그것은 역사와 종족적 정체성을 근거로 알사스-로렌의 독일 귀속을 요구한 트라이츠케(Heinrich von Treitschke)와 몸젠(Teodor Mommsen), 그리고 그들에 대하여 중요한 것은 주민의 의지라고 반박한 쿨랑주(Fustel de Coulanges)의 설전에서도 잘 드러난다. [2] 독일과 프랑스를 대표하는 당대 최고수준의 이들 역사가들의 논전은 단순한 에피소드를 넘어서 자못 시사해주는 바가 크다. 즉 민족주의에 대한 연구는 그 연구주체가 속한 민족공동체의 역사적 경험에서 크게 벗어날 수 없다는 점이다. 따라서 순수논리적 계산에 의하면 민족개념이나 민족주의에 대한 이론은 지구상의 각 민족이 겪은 역사적 경험만큼이나 다양할 수밖에 없다. 각국의 개별 민족주의에 대한 사례연구가 꾸준히 축적되었음에도 불구하고 보편적 추상개념으로서의 민족주의에 대한 합의가 이루어지지 않는 것도 기본적으로는 이러한 이유 때문이다.

민족주의의 연구사가 겪는 이러한 어려움은 다른 한편으로 민족주의에 고유한 이념적 특수성 때문에 더 가중된다. 이데올로기로서의 민족주의는 자기완결적 논리구조를 갖추지 못하고 있다. 즉 민족주의는 그 자체로서 사회변혁이나 정치적 행위의 지침을 제공해주지 못하는 것이다. 그 자체로서 불완전한 민족주의는 따라서 흔히 여타

의 사회 이데올로기와 결합되어 나타난다. 민족주의의 이념적 가변
성에 주목하고 그것을 '2차적 이데올로기'라 부르는 이유도 여기에
있다. 따라서 정작 중요한 것은 민족주의가 언제, 왜, 그리고 어떻게
다른 사회 이데올로기들과 결합하느냐는 것이다. 그 양상은 물론 지
역에 따라, 또 같은 지역이라 해도 시간에 따라 다르게 나타난다.

　　이는 민족주의가 특정한 사회적 교리를 완강하게 고수하기보다
는 역사적 변화에 열려 있는 이데올로기임을 의미한다. 격렬한 운동
성을 지니는 민족주의는 따라서 이데올로기이자 동시에 사회변동을
주도하는 정치운동이며 사회운동인 것이다.[3] 그러므로 민족주의를
포괄적으로 파악하기 위해서는 사상사적 관점뿐만 아니라 운동사적
관점이 아울러 요구된다. 핵심교리를 추출해서 그것을 이론적으로
정형화하는 것은 민족주의의 경우 사실상 불가능할 뿐 아니라 무의
미하다. 중요한 것은 민족주의가 구체적인 역사조건과 맞물려 어떠
한 기능을 하며, 또 역사 조건의 변화에 따라 그것이 어떻게 그 성
격과 역할을 변모시켜왔는가 하는 점이다. 민족주의의 이러한 존재
적 특성이 바로 우리에게 운동사적 관점을 요구하는 것이다.

　　민족주의에 대한 운동사적 접근은 민족이 주관적 집단의지를 넘
어서는 사회적 실재임을 인정하는 데서부터 출발한다. 그렇다고 해
서 민족이 객관적 기준을 지닌 영원한 실재라고 주장하는 것은 아니
다. 오히려 그러한 생각은 '상상된 공동체'로서의 민족개념과 마찬
가지로 비역사적인 것으로 거부한다. 사회 속의 개인이 추상적 인간
이 아니라 사회적 관계의 총체로 파악되듯이, 민족 또한 추상적 공
동체가 아니라 정치·경제·사회·문화·종교·관습·언어 등 그
공동체를 구성하는 사회적 관계의 총체로서 파악되어야 한다.[4] 즉
민족공동체의 존재는 인정하되 그것의 역사성에 주목하는 것이다.
민족이 사회적 관계의 총체인 이상, 그것의 이념적 표상인 민족주의
역시 '관념의 힘'으로 파악할 수는 없다. 다른 이데올로기와 마찬
가지로 민족주의도 단순한 논리적 고안물은 아닌 것이다.

　　민족주의에 대한 운동사적 접근은 그것이 각각 처해 있는 사회적 존재조건을 중시하며, 사회적 역학관계 속에서 그 논리에 대한 발생론적 접근을 시도한다. 즉 그것은 사회적 총관계의 변화에 따라 끊임없이 방향과 내용을 수정하면서 살아 움직이는 역사적 변화에 열려 있는 운동으로서 민족주의를 파악하고자 한다. 이렇게 볼 때, 역사현실로서의 민족주의에는 주관적 요소와 객관적 요소가 모두 내포되어 있다. 단지 그 구성비가 역사조건의 변화에 따라 달라지고 또 다양한 사회 이데올로기들과 결합되면서, 민족주의는 천의 얼굴을 갖게 된 것이다.

　　이와 같이 운동사의 관점에서 본다면, '원초론'이나 '도구론' 또는 '주관주의'나 '객관주의'는 모두 일면적 타당성을 지닐 뿐이다. 운동사의 관점은 시대와 지역을 뛰어넘어 특정한 요소를 민족주의의 원동력으로 보려는 견해를 거부한다. 역사현실로서의 민족주의는 객관적 요소를 강조하는가 하면 또 주관적 요소를 강조하면서 끊임없이 변모해왔으며, 비록 정도의 차이는 있지만 시대와 지역을 막론하고 모든 민족주의에는 진보와 보수의 양면성이 발견되는 것이다. 서유럽과 동유럽의 민족주의를 구분하여 각각 진보와 보수로 분류한 한스 콘이나 제 3 세계의 민족주의를 서유럽의 진보적 민족주의의 반동적 변종으로 규정하는 헤이즈의 정태적 분석은 이와 같은 이유로 수용할 수 없다. 이와 반대로 동유럽과 제 3 세계의 저항민족주의를 역사적 당위의 차원에서 긍정적으로 규범화하는 것 또한 이 글의 관점과는 거리가 멀다. 사실상 민족주의는 어떠한 규범이나 분석틀로도 가두어놓을 수 없는 변화무쌍한 행로를 밟아왔다. 그러므로 민족주의의 현실적 역동성을 인정하고 그 역동성의 비밀을 역사적 존재조건과 사회적 총관계 속에서 풀어나가는 것, 그것이 이 글의 일관된 관점이다. 단 이 글에서는 편집의도에 따라 논의를 동유럽을 포함한 서양의 역사적 경험에 한정시킬 것이다.

Ⅱ. 민족주의의 원초성과 근대성

사회적 실재로서의 민족에 대한 논의는 일반적으로 '민족의 구성양식'(Konstitutionsweise der Nationen)을 살피는 데서부터 시작한다. '민족의 구성양식'은 정치·경제·사회·문화·영토·종교·언어 등 다양한 사회적 관계의 총합에 의해서 규정된다. 이 관계들 가운데 일부는 장기지속적이며 또 다른 일부는 역사적 변화에 상당히 탄력적으로 반응한다. 거칠게 구분해서 영토·문화·언어·종교 등이 전자에 해당된다면, 정치·경제 등은 후자에 속한다. 즉 일반화의 차원에서 볼 때, 민족의 구성양식에는 영속적인 것과 역사적인 것이 동시에 내포되어 있는 것이다. 민족주의의 원초성을 강조하는 견해나 근대성을 강조하는 견해는 모두 이 점에서 일정한 근거와 타당성을 지닌다. 민족 구성의 영속적 측면에 대한 강조가 '원초론'을 낳았다면, 민족 형성의 역사적 측면에 대한 강조는 '도구론'으로 귀결되었던 것이다. 민족주의의 이같은 양면성은 어의의 변천을 의미론적으로 추적하는 개념사적 접근방식과 사회적 조직양식의 변화를 구조 속에서 설명하는 구조사적 접근방식을 결합시켜보면 비교적 분명하게 드러난다.

'민족'의 어원은 고대 그리이스어의 'Demos'와 'Ethnoi', 라틴어의 'Populus, Civitas, Gens, Natio' 등으로 소급된다. 오늘날 포괄적인 의미에서 '민족'을 뜻하는 것으로 사용되는 'Ethnos, Ethnie, People, Nationality, Nation' 등은 이상의 고대어로부터 파생된 것이다. 고대세계에서 이런 용어들은 기본적으로 구체적인 정치집단의 크기를 가리키는 것이었다. 'Demos, Populus, Gens, Natio' 등은 사실상 전사(戰士)공동체에 기초한 고대의 부족국가나 폴리스를 의미하는, 즉 고대세계의 다양한 공동체를 표상하는 용어였다. 그러나 때때로 그것은 쓰이는 맥락에 따라 용법이 달랐고 또 의미를 달리하기도 하였다. 먼저 공동체 대 공동체의 관계에서 'Demos, Populus, Civitas'가 자신이 속한 공동체를 지칭할 때 사용되었다면, 'Ethnoi, Gens, Natio'는 외부의 공동체나 적대적 부족국가를 뜻하는 것이었다. 예컨대 아테네인이나 로마인의 입장에서 전자가 자신들을 가리키는 것이었다면, 후자는 다른 폴리스들이나 변경의 야만민족을 가리키는 것이었다. 이 용어들은 이러한 의미에서 고대사회의 배타적인 집단적 정체성을 함축하는 것이었다.

한편 공동체 내부의 관계에서 데모스(Demos)와 포풀루스(Populus)는 조직된 정치공동체로 편제된 성원의 총체, 즉 시민권을 지닌 집단을 뜻하는 것이었다. 그것은 훗날 시민들의 적극적인 참여에 기초한 '공화정'(res publica)의 개념으로 이어지는 것이었다. 그러나 다른 한편으로 시민공동체가 붕괴되고 시민단 안에서 계급적 차별이 일반화되면서 데모스와 포풀루스는 기록된 다수 즉 피지배자를 가리키는 것으로 의미가 변화하게 되었다.[5] 피지배자를 뜻하면서부터 이 용어들은 이미 공동체 외부에 대한 집단적 정체성보다는 공동체 내부에서 무리를 가르는 균열의 의미를 띠게 된 것이다. 고대사회의 이러한 용례들은 민족개념이 '우리'와 '그들'을 구분하는 공동체 외부와의 관계뿐만 아니라 '우리'들 사이의, 즉 공동체 내부의 관계까지 내포하고 있음을 시사해준다. 요컨대 고대사회에서 '우리'와 '그들'을 구분시켜준 것은 언어·용모·풍습의 차이 같은 자연적인 기준뿐만 아니라, '우리'의식을 가능케 했던 고대사회의 시민공동체적 응집력이었던 것이다. 헬레니즘기에 대두된 코스모폴리타니즘(cosmopolitanism)이나 외래 문화에 의한 제정 로마의 문화적 타락은 사실상 그리스인과 소아시아인을 그리고 로마인과 비로마인을 구분해준 자연적 차이가 사라졌기 때문은 아니었다. 종족적 차별성이 뚜렷이 존재함에도 불구하고 이 시기에 '우리'와 '그들'간의 구

분이 희미해진 것은 바로 '우리'라는 연대의식을 떠받쳐준 시민공
동체의 붕괴 때문이었다.

물론 그렇다고 해서 자연적이고 전근대적인 종족적 정체성이 응
집력을 완전히 상실한 것은 아니다. 마사다(Masada)의 유적이나 사
해문서가 보여주는 정복자 로마군대에 대한 유대민족의 저항은 종교
에 기초한 종족적 정체성에 대한 유대인들의 강한 집념을 보여준
다. 소아시아 도시국가들간의 전쟁을 기록한 문서에서도 이러한 점
은 곧 잘 발견된다.[6] 그러나 고대의 유대주의는 기본적으로 종족적
정체성에 기초한 것이었다. 따라서 그것의 응집력은 근대 민족주의
와 비교해서 아주 원초적인 수준에 머물렀을 뿐이다. 유대주의가 이
념적 체계성과 응집력을 갖추게 된 것은 오래 방랑생활에서도 굳건
히 지켜온 종족적 정체성이 하스칼라(Haskalah) 등의 유대 계몽주의
와 접목된 19세기 중반의 일이었던 것이다.[7] '우리'가 동등한 시민
집단 대신 지배집단과 피지배집단으로 나누어지고 '우리'의식에 균
열이 생긴 상황에서 공동체의 응집력 있는 수직적 통합을 기대하기
란 사실상 어려운 것이었다. '우리'와 '그들'의 차별의식은 종족적
정체성을 유지하는 '우리'라는 종족공동체 내부에서도 계급과 신분
질서를 통해 싹틀 수 있으며, 피지배자를 지칭했던 데모스와 포풀루
스의 용례가 바로 이러한 점을 시사해준다.

민족의 어원이 되는 고대어들이 지녔던 이러한 다중적 의미망은
이미 그 기원에서부터 민족개념이 '원초성'과 '역사성'을 동시에
지녔다는 것을 말해준다. 에트노이(Ethnoi), 겐스(Gens), 나치오
(Natio) 등이 집단적 원초성의 의미를 내포하였다면, 데모스와 포플
루스는 그 사회구조의 변화에 따라 집단적 정체성에 기초한 동질적
'우리'이기도 하고 집단적 정체성을 잃고 계급으로 갈라진 '그들'
이기도 하는 이중의 의미를 지녔던 것이다. 고대 사회의 이러한 역
사적 경험이 우리에게 보여주는 바는, 집단적 응집력은 종족의 원초
적 정체성을 넘어서 그 종족이나 집단 내부에서의 적극적인 연대의

식이 뒷받침될 때 비로소 힘을 얻게 된다는 것이다. 대제국 페르시아에 대한 아테네의 승리와 공화정 로마의 발전이 시민공동체의 건강한 연대의식에서 비롯된 것이었다면, 아테네의 몰락과 로마제국의 쇠망은 공동체의 붕괴에서 비롯된 것이었다. 고대의 시민공동체 붕괴 이후 퇴화된 공동체의 적극적인 연대의식을 부활시킴으로써 민족을 수직적으로 통합한다는 과제는 이제 시민혁명 이후 대두된 근대 민족주의에 넘겨지게 되었다.

한편 중세에 이르면 봉건사회의 형성과 더불어 이들 용어들은 다시 한번 의미의 변화를 겪게 된다. 나치오는 대학의 숙소와 같은 특수한 결합체를 지칭하거나 출생에 의한 신분적 구분을 위한 법률적 용어로 정착됨으로써 종족공동체의 의미를 상실하게 되었다. 포풀루스 또한 시민권집단의 뜻을 잃고 'vulgus, plebeius' 등과 함께 하층민을 의미하는 것으로 고정되기에 이르렀다. 그것은 'volk, peuple' 등의 각국어와 함께 신분적 차별의식을 내포하는 용어였다. 이와 같은 의미의 전화는 봉건사회의 신분제적 특성이 반영된 결과라고 판단된다. 신분적 차별성이 종족적 일체감을 앞질렀던 것이다. 아울러 중세에는 '고향'이라는 뜻을 지닌 파트리아(patria)가 민족적 집단에 대한 담론체계에서 중심위치를 차지하게 되었다.[8] 봉건적 분권화 과정에서 지역에 기반을 둔 집단적 연대감이 형성되었기 때문이다. 파트리아가 개개 영방국가의 단위를 지칭했던 독일의 용례에서 그것은 특히 잘 드러난다. 기본적으로 봉건사회의 집단적 충성심은 그 분권적 구조로 말미암아 지역공동체를 향하고 있었던 것이다(localism).

그러나 14세기에 이르면 집단적 충성의 대상이 교회나 가족 또는 지역공동체로부터 국가로 옮겨가는 양상이 나타난다. 바꾸어 말해서 파트리아의 외연이 왕조국가로 확산된 것이다. 그것은 특히 국가형성의 필요조건이 가장 먼저 충족된 영국의 경우에 잘 드러나는데, 13세기의 영국에는 이미 왕조적 충성심(royalism)의 형태로 통일된 국가체제 안의 강력한 동질감이 존재했던 것이다.[9] 그러나 왕조적 충성심이 곧 국가 공동체 성원들의 적극적인 연대의식과 자발적인 귀속의지를 의미하는 것은 아니었다. 봉건적 신분제가 유지되고 왕과 봉신들이 정치권력을 독점하는 한, 적극적 연대의식은 무망한 것이었다. 물론 중세에도 고대의 유대주의처럼 종족적 충성심에 기초한 애국주의는 존재하였다. 민족대이동의 혼란기가 끝나고 봉건제가 정착되면서 언어와 풍습 등의 문화적 연속성을 바탕으로 형성된 '민족체'(nationality)가 그 바탕을 마련해준 것이다. 또 고대의 부족국가나 폴리스보다 외연이 확대된 왕조국가는 중세적 애국주의에 조직적 틀을 제공했다. 그러나 그것은 자연적 감정의 차원에 머물고 이데올로기의 차원으로까지 발전하지는 못했다.

　집단적 유대감이 지역주의나 왕조적 충성심의 차원을 벗어나 적극적 민족의식으로, 또 자연적 감정의 발로인 애국주의가 이데올로기로 발전하기 위해서는 최소한 두 가지 전제가 충족되어야 했다. 첫째, '우리'와 '그들'을 가르는 봉건적 신분제를 철폐하고 '우리'라는 연대의식을 심어줄 수 있는 새로운 질서 위에 공동체를 재편해야만 했다. 신분제적 질서가 존재하는 한 신분은 '우리'와 '그들'을 가르는 가장 중요한 기준이었으며, 따라서 공동체의 성원 모두를 아우르는 민족의 수직적 통합은 불가능한 일이었다. 둘째, 민족의 수직적 통합을 정당화시켜주는 이데올로기가 요구되었다. 이는 자연감정으로서의 원초적 충성심을 넘어서 적극적 집단행동을 유발할 수 있는 정치적 동기를 내포하는 이데올로기여야 했다. 봉건적 신분제가 폐지된다고 해도 새로운 사회계급간의 모순은 여전히 존재할 터였다. 그러므로 계급적 대립이 다시 민족공동체를 '우리'와 '그들'로 갈라놓지 못하도록 관념적으로나마 계급모순을 무마해줄 수 있는 이론적 무기가 필요했던 것이다.

　민족주의의 존재조건이기도 한 이 두 가지 전제를 충족시켜준 것은 무엇보다도 부르주아 혁명이었다. 그것은 특히 프랑스 대혁명이라는 역사적 대사건에서 잘 드러난다. 프랑스보다 1세기나 앞서 일어났던 영국혁명은 토대의 점진적 변화의 결과 봉건귀족, 젠트리, 상업부르주아 등이 연합하여 상층에서 구체제의 개혁을 도모함으로써, 민중과의 결속력이 그리 크게 요구되지는 않았다. 반면에 구체제의 첨예한 모순 때문에 민중세력과의 정치적 동맹이 절실했던 프랑스의 부르주아로서는 민중의 동의를 구할 수 있는 이데올로기의 제시가 불가피했던 것이다. [10] 근대 민족주의는 바로 이러한 역사상황의 산물이라고 하겠다. 근대 이전의 역사에 민족주의를 적용하는 것은 시대착오주의라는 셰이퍼(Boyd C. Shafer)의 지적은 이 점에서 타당하다. 민족주의를 역사현상으로 대상화하기 위해서는, 지연과 혈연 등에 기초한 자연감정의 발로인 애국주의나 원초적 집단감정과는 분명히 구분할 필요가 있는 것이다.

　근대 민족주의에 철학적 기반을 제공해준 것은 구체제의 모순이 첨예하였던 1750년대에 등장한 '신고전주의'였다. 그것은 이상적 공동체로서 스파르타와 로마의 '공민적 공화정'(civic republic)으로의 복귀를 꿈꾸는 '교육받은 공중', 즉 부르주아의 정치철학이었다. 그들은 이상적 공동체의 세 요소로서 공동의지에 기초한 공동체, 동등한 권리와 의무를 나누는 시민집단, 스토아적 미덕으로 무장한 시민들의 공동체에 대한 적극적인 헌신을 꼽았다. [11] 17세기 영국의 휘그파가 자신들을 고대 공화국의 시민과 동일시한 것도 같은 맥락에서이다. 미노그(K. R. Minogue)가 잘 정의했듯이, 그것은 곧 '동등한 시민의 결사로 구성된 애국적 공동체'였던 것이다. [12] 그것은 마치 일반의지와 개인적 자유 사이의 긴장된 조화를 주목한 탤몬(J. L. Talmon)의 '전체주의적 민주주의'(totalitarian democracy)나 포코크(J. G. A. Pocock)의 '공화주의'(republicanism) 개념을 연상시킨다. [13] 즉 공동체의 규범 속에 용해된 개인적 자유라는 개념의 곡예를 통해 이들은 집단성원들의 헌신적 애국주의와 개체적 자유를 동시에 껴안았던 것이다.

민중을 동원하여 근대 민족주의를 유도한 정치사상인 인민주권론은 이상과 같은 신고전주의의 정치철학에 기초한 것이었다. 이것이 내포하는 바는 성원들이 자발적인 선택을 통해 집단적 주권의 주체인 민족을 형성하였다는 것이다. 이렇게 볼 때, 낭만주의를 민족주의의 철학적 기반으로 간주하는 널리 퍼진 속설은 사실상 수용하기 어렵다. 오히려 민족주의는 고대의 특권적이고 제한된 시민공동체를 평등주의적이고 자유로운 민족으로 발전시키고자 했던 계몽사상에 이념적 뿌리를 두고 있었던 것이다.[14] 낭만주의의 유기체적 민족관이 주장하는 혈통·언어·풍습·공동의 역사 등은 민족의 잠재적 존재형태임에 틀림없으나 그것이 역사적으로 현실화되기 위해서는 정치적 행동이 요구되었던 것이다. 그런데 대중을 정치적 행동으로 유도한 것은 계몽사상이 제시한 보편적 인간해방과 자유의 슬로건이었다. 민족의 이름으로 제시된 그것은 곧 근대 민족주의의 슬로건이기도 했다.

근대 민족은 이처럼 프랑스 대혁명의 담론 속에서 새롭게 태어났다. 구체제의 과거와 완전히 절연된 미래의 공동체를 그리기 위해서는 새로운 상징과 수사가 절실히 요구되었으며, 민족의 담론이 그러한 요구를 충족시켰다. 민족은 혁명의 담론체계에서 핵심이었으며, 자발적 유대감으로 뭉친 새로운 사회적 공동체를 뜻하는 '신화적 현재'(mythic present)의 표상이었다.[15] 민족주의는 그 새로운 공동체를 지향하는 이데올로기였다. 시예즈(E. J. Sieyes)는 1789년에 쓴 카이에에서 제3신분이 민족을 구성한다고 썼다. 테니스코트에 모여 국민의회를 선포한 제3신분의 대표자들은 자신들이 민족의 집단적 목소리를 대변한다고 생각했다. 〈인간과 시민의 권리선언〉은 프랑스가 법에 의해서 보호받는 개인들의 자유로운 나라임을 선포함으로써 정부와 인민 사이의 유대를 확인했다. 1789년 가을 국민방위군의 암구호는 "당신은 민족 편이냐"(Etes-vous de la Nation)였다.[16] 이제 절대왕정은 민족으로 대체되었고, 봉건귀족의 신분적 특권은 자유와 평등의 원칙에 자리를 내주었다. 중요한 것은 혁명적 변화가 민족의 이름으로 정당화되었다는 점이다.

민족의 담론은 또한 중세부터의 독자적인 법률과 문화전통을 완강히 고수하던 랑그독, 툴루스, 생말로 등의 지역들을 프랑스의 기치 아래 단일민족으로 통합시켰다. 교황령인 아비뇽과 베네신, 게르만 혈통이 대다수인 알사스-로렌, 켈트족의 아성인 브르타뉴 등도 주민투표를 통해 민족자결의 기초 위에서 혁명 프랑스로의 통합을 자청했다. 국민공회가 실시한 의무 보통교육은 프로방스어, 브르타뉴어, 알사스어 등의 지방어를 밀어내고 프랑스어를 국어로 보급시켰다. 당통(G. J. Danton)은 프랑스 민족이 나누어질 수 없는 단일한 통합체임을 역설했고, 로베스피에르(Robespierre)는 조국에 자긍심을 가진 국민들에 대해서 국민공회에 자랑스럽게 보고했다. 민족은 이처럼 혁명의 모든 성과를 집약한 용어이자 일반의지의 표현이었으며, 혈통·언어 등 집단의 자연적 경계를 뛰어넘어 자신의 틀 속에 다양한 민족체들을 진보적으로 통합시켰다. 심지어 잠정적이나마 민족의 틀 속에서는 모든 계급적 이해조차 수렴되는 듯이 보였다. 혁명은 실로 민족의 향연이었다.

그러나 1794년 테르미도르의 반동은 민족의 축제가 끝났음을 선언하였다. 반동 이후 선포된 〈권리와 의무선언〉은 1793년의 헌법에서 제시된 민주주의와 평등의 원칙을 재산과 자유의 원칙으로 바꾸어놓았다. 능동시민과 피동시민의 구분은 부르주아의 가장 부유한 분파에게만 선거권을 부여했다. 계급적 대립이 공공연하게 민족적 일체감을 파괴했던 것이다. 그러자 수동적 복종이 능동적 참여를 대체했으며, 국가와 관료제가 민족의 이름으로 인민과 민주주의를 몰아냈다. 인민과 민족의 자유로운 일치는 질서와 원칙의 명령 아래 강요된 통합으로 질식했다. 민족간의 인류적 형제애는 프랑스 제국주의의 사명으로 둔갑했다. 이제 민족과 조국은 의미를 상실하고 의례적인 수사로 전락하고 말았다. 그것은 '질서'의 슬로건 아래 위로부터 통합을 강요받은 '조직된 민족'(la nation organisée)이었다. 국가에 대한 충성, 가톨릭 전통종교에 대한 경배, 지도자에의 헌신 등 전통에 대한 호소가 강제된 민족주의의 핵심 교리였다. 나폴레옹의 황제대관식과 왕정복고는 시민이 다시 신민으로 전락했음을 의미하는 것이었다. [17]

신민들의 민족주의는 이제 전통과 결합했다. 전통이 지니는 문화적 연속성은 감정적 선동의 훌륭한 매개체였으며, 구체제의 반동은 전통의 이름 아래 합리화되었다. 혁명기의 민족주의가 자유롭고 평등한 새로운 공동체로의 지향을 선보였다면, 반동기의 민족주의는 원초적 감정에 호소함으로써 민족적 연대감을 확보하고자 했던 것이다. 이념적 관점에서 볼 때, 전통에 대한 강조는 민족주의의 보수화를 의미하는 것이었다. 사회구조적 관점에서 볼 때, 그것은 이미 민족공동체 내부에서 근대적인 계급대립이 봉건적 신분대립을 대체하기 시작했다는 것을 의미한다. 자본주의의 계급적 대치선이 명백해지면서 시민공동체를 지향하는 공화주의적 덕목은 이미 더 이상 민족적 연대의식을 불러일으키지 못할 것이었다. 그러나 혁명과정에서 민중의 가슴 속에 깊이 새겨진 민족의 담론은 이제 좌파와 우파 그 누구도 거부할 수 없는 정치적 수사로 남게 되었다. 보수와 진보의 야누스적 양면성을 지닌, 다양한 이데올로기와 쉽게 접목되는 '2차적 이데올로기'라고 규정되는 민족주의의 기본 성격은 이미 프랑스혁명을 통해 잘 드러나고 있는 것이다. [18]

고대 그리스와 로마로부터 프랑스 대혁명기의 근대 민족에 이르기까지 민족 공동체의 발전과정이 우리에게 시사해주는 바는 다음과 같다. 첫째, 민족의 구성 양식은 원초적인 요소와 역사적인 요소를 동시에 포함하고 있다는 것이다. 원초성의 범주에는 영토·언어·종교·문화 등 비교적 객관적으로 검증 가능한 요소들이 포함된다. 이것들은 내집단과 외집단을 구분하고, 내집단의 자기 정체성을 확인하고자 하는 원초적 욕구를 충족시켜주는 지표이다. 고대 유대주의의 예에서 볼 수 있듯이, 그러한 종족적 지표가 분명할수록 집단적 응집력은 강한 것이다. 역사성의 범주에는 내집단 자체의 사회구조, 정치·경제적 관계 등이 포함된다. 민족적 내집단의 공동체적 응집력은 그 관계 여하에 따라 강화되기도 하고 약화되기도 한다. 일반적으로는 수평적 관계가 지배적일수록 응집력이 강하며 거꾸로 수직적 관계가 지배적이면 그만큼 응집력은 약화된다. 민족의 구성양식은 기본적으로 원초적 요소와 역사적 요소의 조합에 의해서 결정된다. 산술논리로 이야기한다면, 대외적으로는 종족적 지표가 뚜렷하고 대내적으로는 수평적 관계가 지배적인 민족적 내집단일수록 공동체적 응집력이 강한 것이다.

둘째, 역사의 거시적 관점에서 볼 때 민족의 구성양식은 공동체의 사회적 존재형태가 진화해온 길을 따라 같이 변화해왔다. 역사발전이 부족국가·부족연합의 수준을 넘지 못했던 고대 그리스의 경우 민족적 내집단의 외연은 폴리스로 한정되어 있었다. 헬라스의 폴리스들을 한데 묶어주는 객관적인 종족적 지표가 분명히 존재했음에도 불구하고, 이소크라테스(Isokrates)가 주창한 범그리스주의는 결코 실현되지 못했다. 뿐만 아니라 같은 종족이라 해도 노예는 애초부터 시민단의 범주에서 제외되었다. 이에 비해서 제국은 폴리스의 경우와는 반대로 그 외연이 지나치게 넓은 까닭에 민족공동체와는 거리가 먼 조직체계였다. 공동체의 외연이 부족연합을 넘어 민족체로 발전했던 중세의 경우, 역시 그에 상응하는 민족적 내집단은 가시화되지 못했다. 봉건사회의 분권적 구조 때문이었다. 13세기 영국에서부터 출현한 왕조국가 또한 민족체라는 객관적 틀의 존재에도 불구하고 응집력 있는 민족공동체를 낳지 못했다. 신분제적 질서가 통일적 내집단의 형성을 가로막았기 때문이다. 고도로 중앙집권화된 체제였던 절대주의까지도 다양한 신분집단의 분립에 기초한 조합국가의 틀을 벗어나지 못했다. 잠정적이나마 유기적 민족통합의 가능성을 제시해준 것은 결국 프랑스 대혁명이 가져온 새로운 사회질서였다. 민족의 구성양식은 결국 그 영속적 요소에도 불구하고 역사적 변화에 민감하였던 것이다.

셋째, 객관적 동질성에 근거한 집단적 충성심이라는 자연감정인 애국주의는 근대적 이데올로기로서의 민족주의와 구분되어야 한다. 민족주의의 주체는 단순히 객관적 지표로만 존재하는 민족집단이 아니라, 정치적으로 의식화된 민족공동체인 것이다. 객관적 민족집단의 잠재력은 겉으로 드러나는 물리적 통합이 아니라 화학적 결합을 통해서만 현실화될 수 있기 때문이다. 민족주의는 이처럼 민족공동체가 물리적 통합을 넘어서 화학적 결합체로 발전하는 데 필수불가결의 이념적 기제라고 할 수 있다. 따라서 그것은 민족의 화학적 결합을 가로막는 공동체 내부의 수직적 상하관계를 수평적 평등관계로 대체하고 대중의 정치해방을 약속하는 이데올로기여야 했다. 민족주의의 주요 담론이 신고전주의의 공화사상과 인민주권설이었던 것은 이러한 맥락에서 이해된다. 그러나 혁명의 부르주아적 성격이 분명히 드러나고, 계급적 대립이 첨예해지면서 공화주의적 담론은 정치해방의 설득력을 상실하게 된다. 서로 다른 계급적 내집단으로 분열된 상황이 다시 계급을 막론하고 민족성원이라면 누구에게나 공통된 언어와 문화 등 민족공동체의 객관성에 대한 강조를 민족주의의 새로운 담론으로 요구하는 것이다. 이로써 이후 민족주의의 전개는 보수와 진보의 양면성을 띠게 된 것이다.

Ⅲ. 민족주의의 보수성과 진보성

프랑스혁명의 지적 유산인 민족주의는 19세기초 나폴레옹의 정복전쟁을 통해 전유럽으로 확산되기에 이르렀다. 그러나 봉건구조가 지배적이었던 중동부 유럽에서 민족주의는 담론의 내용을 바꾸어버렸다. ‘과거 쪽으로 얼굴을 돌린 예언자’인 낭만주의가 신고전주의 철학에 기초한 계몽사상을 대체한 것이다. 19세기의 독일 지성계를 지배한 것은 더 이상 계몽사상의 보편적 해방정신에 공감했던 칸트 (Immanuel Kant)나 횔덜린(Friedrich Hölderlin)이 아니었다. 프랑스혁명에 환멸을 느낀 피히테(Johann G. Fichte), 아른트(Ernst M. Arndt) 등이 새로운 정신질서를 지배했다. 이들은 계몽주의적 이성에 대하여 우월한 감성과 상상력의 기치를 높이 들었다. 자기중심성과 자아에 대한 낭만주의적 강조는 곧 집단적 자아에 대한 강조로 이어졌다. 그 결과 민족적 과거를 이상화하고 민족을 신의 창조물인 유기체적 인격으로 보는 유기체적 민족이론이 등장했다.[19] 이제 민족 (nation)은 국가적 경계로부터 자유로운 언어공동체 또는 특정 집단의 생활양식을 뜻하는 용어로 전성되었다.[20] 민족주의의 이 새로운 담론체계에서 중요한 것은 이제 언어나 문화 등 민족의 원초적 요소들이었다.

독일에서 시작된 낭만주의적 민족이론은 러시아의 슬라브주의자들에 이르러 그 절정에 올랐다. 키레프스키(Ivan Kireevskii), 호미아코프(Aleksei Khomiakov) 등이 대변했던 슬라브주의는 서구의 합리주의와 개인주의에 대한 비판에서 출발하였다. 러시아민족은 그리스 정교나 슬라브적인 공동체 생활의 원리로 되돌아가야만 진정한 해방을 이룰 수 있다는 것이 이들의 논리였다. ‘내면적 진리’를 구현하는 ‘진리와 사랑의 유기체’인 슬라브 공동체의 연대의식은 건강한 시민의식이나 공민 의식에서 발원하는 것은 아니었다. 이들은 ‘정치로부터의 자유’를 역설하고 내면적 진리를 추구하도록 권하였다. 그런데 ‘정치로부터의 자유’는 스스로 정치적인 모든 책임을 짊어지는 전제군주의 지배 아래서만 달성될 수 있다는 것이었다. 그것은 요컨대 프랑스혁명의 역사적 성과인 민주주의의 여러 가치를 부정하고 과거의 역사적 공동체를 복고적으로 추구한 보수적 낭만주의의 러시아적 전형이었던 것이다.[21] 이처럼 프랑스혁명의 근대사적

가치를 부정한 이상, 낭만주의적 민족주의는 민족전통이 붙들어 매
주는 원초적 집단정서에 호소할 수밖에 없었던 것이다.

그러나 한스 콘의 주장처럼 계몽사상이 아닌 낭만주의에 기초해
있다고 해서 그 민족주의가 다 보수화되는 것은 아니다. 과거에 대
한 낭만주의적 동경과 향수의 이면에는 현실세계에서 이상적 공동체
를 실현하려는 정치적 열망이 숨어 있다. 즉 낭만주의는 과거의 한
순간을 포착하여 그것을 유토피아로 변형시킴으로써 미래지향적 비
전을 제시하는 것이다. 이때 과거의 이상에 대한 낭만주의적 기억은
현재의 모순을 지양하기 위한 미래사회의 규제적 원리로 작용하게
마련이다. [22] 실제로 쉴러(Friedrich Schiller), 횔덜린, 헤겔(Georg W.
F. Hegel)이 생각한 이상적 과거는 고대 그리스의 폴리스공동체였
다. 슬라브주의자들이 제시한 과거의 공동체 또한 유기적인 원시공
동체였다. [23] 이 점에서 그것은 프랑스 신고전주의의 공화주의적 전
통과 일치하는 것이기도 했다. 낭만주의의 경우 단지 그 반자본주의
적 정서로 인해 계몽사상과는 다른 수사를 구사했을 뿐이다. 시민사
회의 경험이 결여된 상태에서, 시민적 자유와 같은 추상개념보다는
언어나 관습 등 실제생활을 반영하는 요소들이 훨씬 더 큰 대중적
호소력을 가졌기 때문이다. [24]

좌파적 낭만주의라 부를 수 있는 이러한 진보성은 폴란드의 민족
메시아주의에서 잘 드러난다. 즉 미츠키에비츠(Adam Mickiewicz)를
축으로 하는 폴란드의 낭만주의자들은 프랑스의 공상적 사회주의를
받아들임으로써, 메시아주의의 천년왕국사상과 사회주의를 접목시
켰던 것이다. 전통적 미르공동체로부터 곧장 사회주의로의 이행을
주장했던 러시아 인민주의자들의 발상 또한 좌파적 낭만주의의 맥락
에서 이해할 수 있다. 또한 그리스의 낭만적 민족운동은 과거의 이
상을 고대 폴리스 공동체의 합리주의·공화주의·과학주의와 자연
스레 연결시킴으로써, 계몽사상에 기초한 민족주의의 이념적 지향
과 식별이 불가능할 정도이다. 낭만주의의 한편에 엄연히 존재하는

이러한 좌파적 성향은 낭만주의적 민족주의를 일괄해서 보수적이라고 규정하려는 시도를 단호히 거부한다. 한스 콘 등 영미학파의 이와 같은 시행착오는 기본적으로 민족주의를 고정된 문화적 특성이나 이념의 문제로 귀착시키려 한 데서 발생한 것이다. 이에 대한 반성은 다시 우리에게 보수와 진보의 양면성을 지니는 민족주의를 정적인 논리구조가 아닌 사회적 총관계의 변화에 따라 살아 움직이는 운동으로 파악할 것을 요구한다. 즉 운동사의 관점이 다시 한번 요구되는 것이다.

운동사의 관점에서 볼 때, 낭만주의의 반자본주의적 정서가 지배적인 민족주의는 독일을 비롯한 동유럽의 사회적 후진성을 반영하는 것이었다. 그것은 자본주의 발전의 '프로이센적 길'로 요약된다. 구체적으로 그 길의 특징은 농업혁명의 부재와 봉건 유제의 완강한 존속, 자본주의 발전의 지체와 그로 인한 부르주아의 비혁명적 타협성 등으로 나타난다. 이 지역의 민족주의는 기본적으로 이러한 사회적 조건들에 의해서 규정되었다. 그 결과 동유럽의 민족운동은 애초부터 부르주아가 아닌 봉건귀족의 주도로 시작되었다. 계몽사상과 프랑스혁명은 독일 지식인뿐만 아니라 헝가리·체코·폴란드 등 동유럽의 귀족적 지식인들에게도 정신적 문화적 영역에서 의식을 각성시키는 계기였다. 이들의 자각은 문화적 언어적 동질성의 토대 위에서 민족적 정체성을 확인하려는 열망으로 이어졌다. 이것은 러시아와 합스부르크의 오랜 이민족 지배에서 벗어나겠다는 민족적 열망이었다. 봉건사회의 폐쇄적 지역주의에서 벗어나 민족적 통일성을 추구했다는 것만으로도 이것은 진일보된 의식이었으나, 민족에 대한 이들의 담론에서는 프랑스의 부르주아가 제시했던 정치해방이나 사회해방의 사상이 전적으로 결여되어 있었다.

이들의 민족의식은 그 기저에 봉건귀족의 계급적 배타주의를 깔고 있었다. 이들이 상정한 민족개념은 봉건귀족만을 민족의 성원으로 인정하는 '귀족민족'(naród szlachecki)이었다.[25] 봉건귀족의 이러한 계급적 배타주의에서 모든 민족성원을 아우르는 수직적 민족통합의 이념적 근거를 발견하기란 거의 불가능하다. 그것은 세 차례에 걸쳐 폴란드 귀족이 주도한 낭만주의적 민족봉기나 1848년 혁명기에 '민족의 봄'을 맞고자 했던 크로아티아 등 슬라브 귀족들의 민족봉기가 실패한 가장 근본적인 이유였다. 이들은 그 계급적 이념적 한계 때문에 농노해방을 비롯한 정치·사회개혁안들을 강령적 차원에서 제시하지 못함으로써 기층 민중들을 민족운동의 대열에 끌어들이는 데 실패했던 것이다. 인구의 대다수를 차지하는 농민들에게 사회해방의 메시지가 결여된 귀족들의 민족운동은 농노제적 과거로 복귀하고자 하는 움직임으로 보였고, 따라서 농민들은 냉담하다 못해 적대적인 태도로 일관했던 것이다.[26] 이에 비해서 1848년 혁명 당시 마쟈르 귀족의 민족운동이 거둔 눈부신 성과는 퍽 대조적이다. 이들은 프랑스혁명의 역사적 성과들을 수용함으로써 민족개념을 민주화하고 낭만주의적 민족주의를 민주주의적 해방의 이념으로 승화시키는 데 성공했던 것이다.[27]

그러나 동유럽 민족주의의 보수적 경향은 서유럽의 합리정신에 철저했던 19세기 후반 동유럽의 부르주아에게서도 발견된다. 예컨대 폴란드의 부르주아는 봉건귀족의 낭만주의적 민족이념을 단호히 거부하고 콩트(August Comte)의 실증주의, 다윈(Charles Darwin)과 스펜서(Herbert Spencer)의 진화론적 진보관, 뷔흐너(Karl Büchner)의 과학적 물질주의 등을 자신의 사상적 기반으로 취하였다. 그럼에도 불구하고 민족문제에 관한 한, 이들은 낭만주의의 유기체적 민족개념에서 벗어나지 못하였다. 이들은 오히려 유기체적 성격을 강조하여 유기체로서의 민족의 생존에 더 높은 가치를 부여하였다. 이들은 독립에 대한 낭만적 열정이 아니라 민족유기체의 경제적 문화적 진보에 힘쓰는 것이야말로 가장 높은 형태의 애국주의라고 믿었다. 독립은 오히려 군사방어나 대외정책과 같은 비유기적 노동의 짐을 부과함으로써 민족 유기체의 발전을 저해한다는 것이 이들의 판단이었다. 즉 이들에게는 독립이 아니라 내재적 자립이 중요했던 것이다. 요컨대 그것은 여전히 민족의 원초적 요소를 강조하는 바탕 위에서 양적인 경제성장의 논리를 가미한 탈정치화된 민족개념이었다. 정치적 자유주의와 유물론적 철학의 외양에도 불구하고 이들은 결코 민주주의적 민족개념에 도달할 수 없었던 것이다.

동유럽의 부르주아가 탈정치적 민족개념을 고수하였다는 사실은 결국 그들의 계급적 무능을 폭로하는 것이었다. 그것은 한편으로 동유럽 자본주의의 특수성에서 비롯된 것이었다. 즉 밑으로부터의 농업혁명이나 그에 상응하는 진화과정을 겪지 못한 동유럽의 경우 부르주아는 상업과 은행업 등에 투자한 봉건귀족층에서 충원되었던 것이다. 이는 봉건지배계급에 대한 부르주아의 비혁명적 타협성을 낳았다. 이들은 혁명이 아니라 봉건사회의 권위주의적 질서에 의한 위로부터의 개혁을 통해 정치 결정과정에 참여하기를 희망했던 것이다. 이민족에 의한 오랜 지배가 이러한 특수성을 더욱 강화시켰다. 정책결정의 주도권이 이민족 정부의 손에 있고 자본주의적 시장이 유기적으로 통합된 상태에서 부르주아의 이해는 사실상 민족적 이해와 유리될 수밖에 없는 것이었다. 그 결과 대내적으로나 대외적으로 동유럽의 부르주아가 처했던 사회적 관계 망은 이들에게서 진보적인 민족통합의 역할을 기대할 수 없는 것으로 만들었다. 실증주의에서 엿보이는 탈정치적 민족개념은 사실상 자신들의 무능과 보수성을 은폐하려는 부르주아의 이념적 방패였다. 결국 이들의 민족주의의 밑에 깔려 있는 것은 봉건귀족의 '귀족민족' 개념보다 약간 그 외연이 확대된 것에 불과한 '소유적 민족'(naród posiadaczy)이었던 것이다.

한편 비록 왜곡된 것이었다고는 하나 자본주의의 발전은 전국적 시장권의 형성, 그에 걸맞는 광범위한 커뮤니케이션 망의 구축 등 민족통합의 객관적 조건들을 성숙시켰다. 봉건사회의 유산인 지방적 폐쇄주의는 점차 활성화되는 물적 인적 교류 앞에서 서서히 무너졌으며, 민족문화의 객관적 기초이자 전통문화의 담지자인 농민층이 대거 도시로 유입됨으로써, 도시문화에도 민족적 색채가 강해졌다. 도시와 농촌 사이의 교류가 확대되면서 도농간의 경제적 모순이 심화되었지만 동시에 문화적 일체감도 강화되었다. 즉 자본주의적 산업화는 민족운동이 기층민중을 포함하는 대중운동으로 활성화될 수 있는 객관적 기틀을 마련해준 것이었다. 문제는 호소력 있는 새로운 민족주의 이념을 내세움으로써 객관적으로 존재하는 이 가능성을 현실화시키는 것이었다. 기왕에 있던 봉건귀족의 귀족적 민족주의나 부르주아의 소유적 민족주의가 그러한 역할을 대행할 수는 없었다. 농민은 아직 지방적 애국주의와 황제의 가부장적 온정주의라는 이중의 봉건적 의식구조를 완전히 벗어버리지 못했다. 그러므로 유일하게 남은 대안적 운동주체는 애국적 인텔리와 노동자 계급이었다.

귀족적 민족주의와 소유적 민족주의를 넘어서 민족운동의 대중적 활성화에 가장 크게 기여한 것은 애국적 인텔리와 소시민 계급이었다. 식민지 상황은 인텔리들에게 국가행정에 참여할 기회를 원천적으로 봉쇄하였으며, 따라서 이들은 누구보다도 강한 민족주의적 의식을 갖고 있었다. 소시민 계급은 자본의 집중화에 따른 몰락의 두려움과 노동자 계급의 점증하는 위협의 틈바구니에서 본능적으로 민족주의의 가장 중요한 지지세력이었다.[28] 이들은 민족의 원초성에 호소하면서도 다른 한편으로 민주공화정과 노동입법 등을 강령으로 내걸었다는 점에서 일단 그 진보성을 인정받을 수 있다. 그러나 동시에 민족전통과 원초적 감정에 대한 호소는 반유대주의와 같은 국수주의적 경향을 낳게 되었다. 제1차세계대전 이후 동유럽의 신생 독립국가들에게서 흔히 나타나는 관료적 파시즘 체제는 그것의 논리적 귀결이었다. 바레스(Maurie Barres)와 모라스(Charles Maurras)가 주도한 프랑스의 우파적 인민주의의 민족정서와 유사한 이것은 결국 민주주의적 담론체계로는 더 이상 봉합할 수 없는 자본주의적 계급모순을 원초적 민족감정에 호소하여 극복하고자 시도였다고 하겠다.

　소시민 계급의 우파 인민주의적 민족주의의 다른 한편에서는 노동자 계급의 사회애국주의가 성장하고 있었다. 동유럽의 노동자 계급은 부르주아가 포기한 민주혁명의 과제뿐만 아니라 산업화가 가져온 근대적 민족통합의 객관적 조건 속에서 민족해방의 과제까지도 떠맡아야만 했다. 그러므로 이들은 사회해방에 몰두한 서유럽의 노동자 계급과는 달리 민족해방과 사회해방이라는 이중혁명을 수행해야 했으며, 사회애국주의는 동유럽 노동자계급이 당면했던 그러한 역사적 특수성의 이념적 표현이었다. 프랑스혁명의 민족주의가 정치해방을 제시하는 데 그쳤다는 것을 상기한다면, ‘인민 민족’(naród lud) 개념에 기초한 이들의 사회애국주의는 사회해방의 전망을 안고 있었다는 점에서 확실히 진일보된 것이었다. 폴란드 사회애국주의의 이론적 대변자였던 리마노프스키(Bolesław Limanowski)의 ‘전민족적 국가’ 개념은 그러한 진보성을 잘 드러내준다. 이 개념을 통해 그가 상정한 것은 계급이 없고 사회화된 생산수단을 모두가 공동소유하는 전체 민족성원 또는 전체 근로인민이 지배하는 국가였다. 그 국가는 중앙집권을 벗어나 각급 공동체의 자치에 기초한 직접민주주의의 원칙으로 움직여질 것이었다.[29]

　이는 사회애국주의가 비단 노동자 계급뿐만 아니라 농민과 소생산자, 도시 중산층 등 피지배 계급을 망라한 광범위한 민족통일전선을 추구했음을 의미한다. 바꾸어 말해서 19세기말 동유럽의 사회애국주의는 프랑스혁명이 제시한 정치해방의 이념을 넘어 사회해방의 이념을 제시함으로써 민족의 수직적 통합을 달성하고 객관적으로 존재하는 민족의 잠재력을 현실화하고자 했던 것이다. 즉 이들은 사회주의적 내용을 지닌 진보적 민족국가의 전망을 제시함으로써 농민을 비롯한 광범위한 인민대중을 전선으로 끌어들이고자 했던 것이다. 이 점에서 19세기말의 동유럽 민족주의는 낭만적 보수주의의 이데올로기가 아니라 사회해방의 진취적 이데올로기였다. 특히 이 시기에 이미 자기 민족의 절대 자아와 인종적 순수성을 강조하는 극우적

이데올로기로 전락해버린 영국이나 프랑스 등의 민족주의와 비교해
볼 때, 사회애국주의의 진보성은 더욱 두드러진다. 사회애국주의가
민족해방과 사회해방의 이론적 무기였다면, 영국과 프랑스의 '순수
민족주의'(nationalisme integral)는 제국주의 부르주아에 의한 민족 억
압과 계급억압의 이념적 기제였던 것이다.

그러나 다른 한편으로 급진좌파는 사회애국주의를 비판하고 프롤
레타리아 국제주의를 고수했다. 이들은 계급환원론의 입장에서 노
동자계급의 연대에 입각한 국제사회주의혁명이 민족문제를 자연히
해소할 것이라고 믿었다. 뿐만 아니라 제 2 인터내셔날을 지배하였던
노동자 계급 근본주의는 농민과 소생산자를 포함한 진보적 민족통일
전선을 불가능하게 만들었다. 급진좌파의 이와 같은 좌편향은 결국
사회주의 운동을 고립시키고, 민족 문제에 대한 좌경적 오류로 이어
졌다. 이들은 선험론에 가까운 계급의식 때문에 민족통일전선 자체
를 부정하고 민족혁명의 역사적 의의를 간과했던 것이다. 봉건귀족
이 주도한 낭만주의적 민족봉기가 귀족들의 보수적 계급이기주의 때
문에, 그리고 부르주아의 민족주의가 그 소유적 폐쇄성 때문에 기층
민중을 끌어들이는 데 실패했다면, 급진좌파는 노동자 계급 근본주
의 때문에 수직적 민족통합에 실패한 것이다. 더욱이 일반적으로 동
유럽의 사회주의 운동에서는 이들 급진좌파가 운동의 헤게모니를 장
악함으로써, '인민민족' 개념에 근거한 진보적 민족국가의 수립은
역사의 과제로 남게 되었던 것이다.

Ⅳ. 맺 음 말 — 민족주의의 현재

사회적 총관계의 관점에서 볼 때, 민족주의는 그것을 주도하는
특정한 사회 계급의 이해를 대변한다. 민족주의라는 이념의 역사적

발전과정은 따라서 그 주체의 계급적 성격과 그것이 처해 있는 사회적 조건에 따라 '귀족민족' 개념에 기초한 봉건귀족의 보수적 민족주의로부터 '인민민족' 개념에 기초한 노동자 계급의 진보적 사회애국주의에 이르기까지 폭넓은 이데올로기적 진폭을 보여준다. 그러나 "지주가 없이는 문화가 없고, 민중이 없이는 힘이 없다"는 폴란드의 민족이론가 브룬(Julian Brun)의 말이 시사하듯이, 민족주의는 초계급적 이데올로기이기도 하다. 민족주의는 특정한 사회 계급의 이해를 대변하면서도 초계급적 이데올로기라는 점에 그 변증법적 특징이 있는 것이다. 민족주의의 이러한 변증법적 특성은 기본적으로 민족을 통일적으로 구성하고 있는 역사성과 영속성의 변증법을 반영한다. 즉 민족공동체의 사회적 총관계와 계급적 역학관계에 따라 민족주의의 사회적 이념적 내용은 바뀌지만, 언어·문화 등을 통해 민족내 집단의 자기 정체성을 영속적으로 확인코자 하는 원초적 욕구가 존재하는 한 민족주의는 항상 초계급적 공동체라는 외피를 둘러쓰는 것이다.

그러므로 민족주의 지도자들이 제시하는 이념이나 슬로건에 집착한다는 것은 종종 민족주의의 역사적 실재와 그만큼 동떨어진다는 것을 의미하기도 한다. 그것은 곧 그 민족주의의 사회적 실재를 감추고 있는 이념적 외피를 분석하는 꼴이 되기 때문이다. 물론 영토·언어·종교·문화 등의 원초적 요소들은 민족의 구성양식에서 빼놓을 수 없는 객관적 실재이며, 또 그것은 정도의 차이는 있지만 집단적 정체성의 확인을 통해 민족주의가 대중을 동원하는 데 필수불가결한 무기이다. 그러나 일반화의 관점에서 볼 때, 역사를 날조하거나 허구적 신화를 창조하면서까지 민족적 정체성의 객관적 요소를 강조하는 경향은 보수적 민족주의에 특히 두드러진 특징이다. 민족의 원초적 감정에 호소함으로써 계급적 배타성과 이념적 폐쇄성을 극복하려 하기 때문이다. 모라스 등 프랑스 극우파의 '순수 민족주의', 이탈리아의 파시즘, 독일의 나치즘, 파웰(Enoch Powell) 목사로 대변되는 영국의 신인종주의적 민족주의 등이 바로 그러한 예이다.

체제위기에 대한 미봉책으로서 반유대주의와 같은 대중의 원초적 민족감정에 호소하는 편법을 사용했던 국가주의적 사회주의체제의 저급한 민족주의 역시 이러한 범주에서 크게 벗어나지 못한다. 동유럽 국가들은 제2차세계차대전의 참담한 폐허를 뚫고 솟아난 사회주의적 국민국가의 전망에도 불구하고 그것을 실현시키지는 못했다. 사회애국주의의 전통에 서서 '독자적 사회주의로의 길'을 추구한 국내파 사회주의자 대신에 소련의 지원을 등에 업은 스탈린주의자들이 정치권력을 장악했던 것이다. 그것은 '인민민족' 대신에 '국가민족' 개념에 기초한 국가주의적 사회주의체제였으며 전민족적 이해보다는 관료계급의 이해를 대변하는 체제였다. 프롤레타리아 국제주의를 이념적 지표로 삼는 사회에서 대중의 원초적 감정에 호소하는 민족주의의 주술적 효과가 절실히 요구된 것은 바로 이러한 이유에서였다. 민족주의가 공산주의의 마지막 단어였다는 한 폴란드 지식인의 준열한 비판은 바로 이 점을 지적한 것이었다.[30] 사회주의 국제공동체를 자부했던 동유럽에서 민족 분규가 추악한 인종청소전쟁으로 비약하고 인종주의적 민족주의가 사회주의의 이념적 껍질을 깨고 그 본질을 드러내는 역설적인 상황도 같은 맥락에서 이해된다.

한편 문화와 언어와 같은 원초적이면서도 역사적 연속성을 지니는 요소로서의 'Ethnos, Ethnicity, Ethnie' 등에 대한 강조는 현재 서유럽의 분권적 지방주의에 기초한 신민족주의에서도 심심치 않게 발견된다. 물론 그 사회적 맥락은 동유럽의 경우와 판이하게 다르다. 그것은 에코(Umberto Eco)가 '새로운 중세'라고 명명한 후기산업사회의 구조적 변모와 밀접한 연관이 있는 것으로 판단된다. 즉 다국적 기업으로 상징되는 자본의 국제화와 과학기술혁명이 초래한 분절적 분업체계는 더 이상 민족국가와 같은 결사체를 규모의 측면에서나 생산의 질이라는 측면에서 요구하지 않게 된 것이다. 또 다른 한편에서는 시민사회를 기반으로 하는 신사회운동이 활성화되면

서 적어도 서유럽에서는 민족국가가 이미 사회해방의 주체라는 시민
혁명기의 인민적 정통성을 상실한 것이다. 민주주의의 인민적 정통
성이 중앙집권적 복지국가에서 신사회운동의 풀뿌리 민주주의가 지
향하는 분권화된 구조의 지역공동체로 옮겨가면서 서유럽에서는 다
시 스코틀랜드 민족주의, 웨일즈 민족주의, 브르타뉴 민족주의, 바
스크 민족주의 등 민족의 외연이 지역과 종족적인 것으로 좁혀진 신
종족주의가 태동하고 있다. 이것은 민족주의에 대한 연구에도 반영
되어 다시 낭만주의의 민족이론과 유사하게 언어와 혈통 등을 강조
하는 신경향이 뚜렷한 흐름으로 대두되기에 이르렀다.[31]

이렇게 볼 때, 서유럽과 동유럽이라는 지역이나 시민혁명기와 제
국주의라는 시기 또는 계몽사상과 낭만주의라는 이념에 따라 민족주
의를 보수와 진보로 단순하게 범주화시키는 것은 역사적 진실과는
동떨어진 발상일 뿐이다. 보수와 진보라는 민족주의의 야누스적 성
격은 사회적 총관계의 변화에 따라 민족의 구성양식에 내재되어 있
는 원초성과 역사성이 어떻게 조화되는가에 달려 있는 것이다. 이
글에서 민족주의를 고정된 이념틀을 갖춘 이데올로기로서가 아니라
사회적 총관계의 변화에 따라 끊임없이 스스로를 교정해가는 정치
사회운동으로서 고찰하는 운동사적 접근방법을 취한 것은 바로 이러
한 이유에서이다.

이와 같이 운동사의 관점에서 볼 때 민족주의는 아직도 미완성인
진행형의 운동이다. 더욱이 21세기의 민족주의를 이해하기 위해서
는 세계사적 안목이 거의 절대적으로 요구된다. 냉전체제의 붕괴와
전일적 자본주의 세계체제의 발전은 개별 민족주의를 구조적으로 떠
받치고 있는 사회적 총관계를 민족국가 내부의 한 국가적 차원이 아
니라 세계사적 차원에서 재분석하도록 요구하고 있기 때문이다. 자
본주의적 세계체제의 경제적 보편주의와 지역공동체에 기반을 둔 분
권적 지역주의의 모순이라는 새로운 세계사적 조건들이 각국의 특수
한 역사적 조건들과 맞물리면서 21세기의 민족주의에 어떠한 방향

전환을 강요할 것인지는 그것을 둘러싸고 있는 조건의 변화들에 세심한 주의를 기울이면서 당분간 지켜보아야 할 일이다.

주

1) 민족주의 연구사에 대해서는 Anthony D. Smith, *Theories of Nationalism* (New York, 1972), 7, 8장 ; A. D. Smith, "Ethnic Persistence and National Transformation", *The British Journal of Sociology*, vol. 35(September, 1984) ; *Marxism Communism And Western Society*, 1973 ed., S. v. "Nationalism, Nationalities Question", by Hans Mommsen & Albrecht Martiny. ; James G. Kellas, *The Politics of Nationalism And Ethnicity* (London, 1991), 3장 참조.

2) O. Pflanze, "Nationalism in Europe, 1848~1871", *Review of Politics*, vol. 28(April, 1966), p. 139.

3) Peter Alter, *Nationalism*, tr., S. McKinnon-Evans(London, 1989), p. 8 ; A. D. Smith, "Introduction : The Formation of Nationalist Movements", A. D. Smith, ed., *Nationalist Movements* (London, 1976), p. 1.

4) Miroslav Hroch, *Social Preconditions of National Revival In Europe*, tr., Ben Fowkes(Cambridge, 1985), p. 4 ff.

5) *Geschichtliche Grundbegriffe*, 1992 ed., S. v. "Volk, Nation", Reinhart Koselleck *et. al.*, pp. 143~171.

6) Anthony D. Smith, *Theories of Nationalism*, pp. 153~158.

7) George L. Mosse, *German Jews beyond Judaism* (Bloomington, 1985), 1장 참조.

8) *Geschichtliche Grundbegriffe*, 1992 ed., S. v. "Volk, Nation", Reinhart Koselleck *et. al.*, pp. 206~244.

9) Joseph R. Strayer, *On the Medieval Origins of the Modern State* (Princeton, 1970), pp. 32~45.

10) Brian Jenkins, *Nationalism In France : Class and Nation Since 1789* (London, 1990), p. 7.

11) Anthony D. Smith, "Neo-Classist and Romantic Elements in the Emergence of Nationalist Conceptions", *Nationalist Movements*, pp. 77~79.

12) K. R. Minogue, "Nationalism and the Patriotism of City-States", *ibid.*, p. 64.

13) J. L. Talmon, *The Origins of Totalitarian Democracy* (New York, 1970) ; J. G. A. Pocock, The Machiavellian Moment (Princeton, 1975).

14) Hedva Ben-Israel, "Nationalism In Historical Perspective", *Journal of International Affairs*, vol. 49 (Winter, 1992), p. 380.

15) Lyn Hunt, *Politics, Culture and Class in the French Revolution* (London, 1986), pp. 20~27.

16) Brian Jenkins, *op. cit.*, p. 20.

17) Brian Jenkins, *op. cit.*, pp. 27~41.

18) Tom Nairn, "Modern Janus", *New Left Review*, no. 94 (December, 1975) ; Brian Jenkins, *op. cit.*, p. 9.

19) 한스 콘 저, 차기벽 역, 《민족주의》(삼성문화문고, 1974), pp. 45~60.

20) *Geschichtliche Grundbegriffe*, 1992 ed., S. v. "Volk, Nation", Reinhart Koselleck *et. al.*, pp. 382~385.

21) Andrzej Walicki, "Russian Social Thought : An Introduction to the Intellectual History of Nineteenth-Century Russia", *The Russian Review*, vol. 36 (January, 1977), pp. 6~14.

22) 임철규, 〈낭만주의와 유토피아〉, 《세계의 문학》 70(1993 겨울), p. 174.

23) 루이 뒤프레 저, 홍윤기 역, 《마르크스주의의 철학적 기초》(한밭, 1982), pp. 15~17.

24) M. Hroch, "From National Movement To the Fully Formed Nation", *New Left Review*, no. 198 (March · April, 1993), p. 16.

25) T. Łepkowski, *Uparte Trwanie Polskość* (폴란드 민족성의 완강한 지속 ; London, 1989), p. 13.

26) 자세한 내용에 대해서는 임지현, 〈동유럽 민족운동의 구조와 논리〉, 《제36회 전국역사학대회 발표요지》, pp. 31~41 참조.

27) Józef Chlebowczyk, *On Small and Young Nations in Europe : Nation-Forming Processes in Ethnic Borderlands in East-Central Europe* (Wroclaw, 1980), pp. 76~82.

28) Eric J. Hobsbawm, *Nations and Nationalism Since 1780* (Cambridge, 1990), pp. 111~121.

29) Pawel Samuś, "Wizja Ustroju Przyszłości w Polskiej Myśli Socjalistycznej (1892~1918)" (폴란드 사회주의 사상에서 미래구상의 전망), Jan Tomicki, ed., *Wizje Socjalizmu w Polsce do Roku 1948* (Warszawa, 1987), p. 68.

30) Adam Michnik, "Nationalism", *Social Research*, vol. 58, no. 4(Winter, 1991), p. 759.
31) 예컨대 M. Barker, *New Racism* (London, 1981) ; Anthony H. Richmond, "Ethnic Nationalism : Social Science Paradigm", *International Social Science Journal*, vol. 39(February, 1987) ; R. Miles, "Recent Marxist Theories of Nationalism and the Issue of Racism", *The British Journal of Sociology*, vol. 38(March, 1987) 등을 참조.

사회 다원주의[1]
Social Darwinism

김 덕 호

Ⅰ. 머 리 말

1975년 하버드대학의 동물학자인 윌슨(Edward E. Wilson)이 《사회
생물학 : 새로운 종합》(*Sociobiology : The New Synthesis*)을 출판한 직후
미국의 학계는 떠들썩한 논쟁에 휘말리게 되었다. 생물학의 이론을
사회과학에 응용하려는 시도로서의 700여 페이지의 방대한 그의 책
은 생물학과 행동학을 통합한 새로운 분야로서 여러 동물의 사회행
동 —— 이기주의·이타주의·공격성·위선·기만 등 —— 에 대한 치
밀하고 광범위한 관찰에 기초한 문자 그대로 새로운 종합을 보여주
었다. 그의 책은 또한 동물행동학(ethology)의 새로운 분야와 혁신을
거듭하고 있던 유전학에 대한 통찰로 가득 차 있었다. 논쟁을 야기
시킨 것은 특히 그의 책 마지막 장이었다. 제목이 〈인간 : 사회생물
학으로부터 사회학으로〉로서 상당히 자극적이고 시사적이었다. 그
장은 동물행동학으로부터 얻은 결론을 인간의 사회에 적용하려는 의
도를 내포하고 있었다. 윌슨은 진화론을 인간의 문화나 가치체계와
연결시켰다. 그는 인간의 본성이나 행동패턴, 특히 도덕성이 생물
학적 기초에 의해서 만들어진다고 가설을 제기하였다.[2] 윌슨의 저

서는 미국인들에게 사회 다윈주의가 여전히 살아있는 것으로 이해되었다.

논쟁은 책이 출판된 지 얼마 지나지 않아 불이 붙었다. 사회과학자들과 생물학자들은 그의 책이 함축하고 있는 결론들에 대해 논의를 주고받았다. 그것은 어떤 면에서는 지난 300년 동안 계속되어온 인간의 본성이나 행동에 대한 '천성이냐 양육이냐?'(nature or nurture)의, 즉 선천성이냐 후천성이냐, 혹은 유전이냐 환경이냐의 오랜 논쟁의 재현이었다. 윌슨과 같은 대학의 동료들을 포함한 보스턴의 과학자·의사·교수·교사들은《뉴욕논평》(New York Review of Books)에 기고한 글을 통하여 윌슨의 이론이 단종법(sterilization laws)을 정당화하는 우생학이나, 나아가 히틀러 치하의 나치독일에서처럼 조직적인 인종말살정책을 허용하게 될 것이라고 주장하였다. 그들은 결국 윌슨의 새로운 이론이 또 다른 사회 다윈주의라고 공격하였다. 윌슨은 논박문을 통하여 그는 결코 사회 다윈주의자가 아니며, 그의 글이 제멋대로 문맥을 무시하고 해석되었다고 주장하였다. 그리하여 그는 "사회 다윈주의의 마지막 자취(remnants)는 사회생물학의 도래와 더불어 죽었다"고 선언하였다.[3] 역사가 데글러(Carl N. Degler)의 주장에 의하면 사회 다윈주의는 "반쯤 죽은(scotched)" 정도가 아니라 "분명히 죽었다."[4] 그렇다면 왜 윌슨의 이론을 반대하는 사람들은 윌슨을 사회 다윈주의자로 몰고 있으며 윌슨 자신은 사회 다윈주의자가 아니라고 강력하게 부인하면서 나아가 그의 사회생물학이 사회 다윈주의의 부활의 가능성을 폐쇄하고 있다고 주장하고 있는가. 어떤 면에서 본다면 논쟁의 핵심은 윌슨의 사회생물학을 사회 다윈주의에 입각해 있다고 볼 수 있는가 없는가의 문제였다. 윌슨의 이론을 둘러싼 논쟁을 통해서 우리는 사회 다윈주의가 얼마나 부정적인 이미지를 갖고 있는가를 명확하게 볼 수 있다. 그것은 사회 다윈주의가 인종차별주의(racism), 성차별주의(sexism), 우생학(eugenics), 나아가 제국주의를 정당화하고 옹호했던 이념으로 인식되어

왔음을 의미한다. 그러므로 사회 다원주의는 무엇보다도 부정적 이념이며 용어다. 사회 다원주의자라고 분류된 어떤 사람도, 스스로를 다원주의자라고 인정한 사람은 있었지만, 사회 다원주의자라고 인정한 사람은 없었다. 오히려 그 반대자나 비판자가 그들을 사회 다원주의자로 낙인 찍었다. 즉 그들 가운데 어느 누구도, 자유주의자가 자랑스럽게 자유주의자라고 공언하거나 마르크스주의자가 떳떳하게 스스로를 마르크스주의자로 부르는 것과는 달리, 사회 다원주의자로 불리기를 원치 않았다는 데 사회 다원주의의 이념적 특징을 찾아야 한다.

역사가 호프스테터(Richard Hofstadter)는 다윈의 학설을 어떠한 사회 컨텍스트도 지니지 않은 '중립적'인 이론으로 여긴다. 그렇기 때문에 그는 사회 다원주의를 비난하고 있는 "크로포트킨의 다원주의에 대한 해석은 섬너의 그것 만큼이나 논리적"이라고 주장하고 있다.[5] 그러나 인간이 육체적으로는 생물인 이상 인간들이 모여사는 사회에도 다윈의 진화론이 타당하지 않겠는가 하고 생각하는 것은 어떤 면에서는 지극히 자연스럽다. 이러한 관점에서 보면 다윈의 학설은 사회 의미와 함의를 가질 수밖에 없다. 그렇기 때문에 영(Robert M. Young)은 1982년의 다원주의에 관한 학회에서 "다원주의는 사회이다"(Darwinism is social)고 주장했던 것이다.[6]

이론적 차원에서 본다면, 사회 다원주의란 사회과학의 생물학화, 구체적으로는 사회과학을 다원주의적 패러다임으로 바라보려는 시도, 생물학적 진화와 사회 진화를 동일한 메커니즘으로 이해하려는 태도라고 볼 수 있다. 그러나 우선적으로 우리가 명심해야 할 사실은 다윈의 생존시나 그의 사후에도 쉬지 않고 계속되어온 다윈의 진화론을 둘러싼 논쟁은 그 이론을 찬성하거나 반대하거나간에 걕자의 이념적 입장에서, 각자의 가치관에 기초하여 다원주의를 자기 방식대로 해석하고 정의내렸다는 것이다.[7]

'사회 다원주의'라는 용어는 유럽대륙에서 대략 1880년에 처음 사용되었으며, 이 용어가 대중적으로 널리 쓰이기 시작한 시기는 20세기초로 볼 수 있다. 그리고 사회 다윈주의는 대략 제1차세계대전을 고비로 약화되어갔다고 볼 수 있다. 사회 다윈주의는 어떤 사람들에게는 자유방임적 자본주의를 위한 지적 무기였으나, 또 다른 사람들에게는 사회주의를 위한 이념이었다. 또한 그것은 인종주의·군국주의·제국주의를 위한 도구이기도 했다. 또한 그것은 통상적으로 무제한의 경쟁을 요구하며, 자유시장경제를 지지하고 개인이나 사회에 대한 국가의 간섭을 배제하며, 따라서 철저한 개인주의를 주된 교의로 삼는 것으로 간주되어왔다. 따라서 일반적으로 사회 다윈주의는 자본주의체제를 정당화하는 이념으로서 인식되어왔다.

최근 들어 베니스터(Robert Bannister) 같은 몇몇 역사가들은 사회 다윈주의의 사회 영향력을 과소평가하는 경향이 있다. 나아가 그들은 '사회 다윈주의'라는 용어의 유용성이나 타당성에까지 의문을 갖게 되었다. 반면 존스(Greta Jones)는 단연코 이러한 평가에 반대하고 있다.[8] 이 글의 주목적은 사회 다윈주의를 주관적으로 평가한다기보다는 가능한 한 그 이념의 기원이나 성격·영향 등을 소개하는 데 있기 때문에, 본문에서는 그러한 찬반논쟁은 취급하지 않기로 한다. 따라서 우리는 다윈과 그의 진화론으로부터 몸글을 시작하기로 한다.

Ⅱ. 다윈과 다윈주의

1. 다윈과 진화론

아마도 다윈(Charles Darwin, 1809~1882)은 마르크스와 더불어 그들의 혁명적인 사상으로 인하여 근대 세계를 근본적으로 변화시킨 인물일 것이다. 다윈의 진화론은 생물학에서의 코페르니쿠스적인 전환에 해당한다고 볼 수 있으며, 나아가 그 이론의 영향력은 19세기에서 마르크스의 자본주의 사회 분석만큼이나 혁명적이었다고 볼 수 있다. 또한 진화론은 자연과학의 영역이면서도 그 이론의 타당성의 범위가 사회과학에까지 미치고 있다.

다윈의 학설은 결국 당시 사람들에게 창조설에 기초해 있던 기독교적 세계관을 버리고 진화론에 기초한 자연과학적 세계관을 받아들일 것을 요구했으며, 그로 인해 많은 사람들은 가치관에 혼란을 일으켰으며, 나아가 인간과 사회에 대해 새로운 시각으로 보기 시작했다. 이후 유럽인과 대서양 건너편의 미국인들의 가치판단이나 체계에서 자연과학이 종교의 자리를 서서히 대체해갔다. 이러한 사회 배경 아래서 사회 다윈주의가 전파되고 유행될 수 있었을 것이다.

1) 다윈 이전의 진화사상

분명한 것은 진화론이 다윈으로부터 시작한 것은 아니라는 것이다. 이미 18세기에 진화사상이 존재했으며 볼테르나 몽테스키외 같은 계몽사상가뿐만 아니라 나아가 인간 역사의 진화적 개념을 지니고 있었던 비코(Giambattista Vico, 1668~1744)에까지 진화사상의 기원을 거슬러올라갈 수 있을 것이다. 그러나 생물학적인 의미에서 '진화'라는 용어를 사용한 사람은 보네(Charles Bonnet)였다. 그는 진정한 의미에서 진화론적인 생각을 갖고 있었던 것은 아니며, 이런 의미에서 본다면 뷔퐁(Comte de Buffon)이 그 위치를 차지해야 할 것이다. 그는 종의 변화와 생물학사의 진화를 진지하게 연구했다.

더욱 정교하고 과학적으로 생물의 진화를 연구한 사람은 라마르크(Jean Baptiste Lamarck, 1744~1829)였다. 이미 널리 알려져 있는 기린의 목을 예를 들어 '용불용'(use-disuse)설은 환경에 의해 새로이 획득된 형질(character)이 후대에 전달된다고 보았다. 그는 환경에의 적응 '욕구'가 형질의 변화를 가져오고 나아가 종의 진화를 가능케 했다고 보고 있다. 불용의 경우는 생물체의 퇴적기관을 통해서 알 수 있다고 생각했다. 다윈의 할아버지였던 이레즈머스 다윈(Erasmus Darwin, 1731~1802) 또한 독자적으로 라마르크와 비슷한 결론에 도달했다. 그가 내린 결론은 19세기의 생물학을 예견하고 있었다. 손자가 후일 주장하게 될 '성적 선택'(sexual selection)이나 부모와 자식의 일치(unity), 본능의 연속성 등이 그것이다. 게다가 다윈의 조부는 생존투쟁이나 가장 강한 동물의 생식에 관해 인식하고 있었다. 그는 라마르크와 더불어 획득형질의 유전을 믿었다.

라이엘(Charles Lyell) 교수의 《지질학의 원리》(Principles of Geology)가 1830년 출판되었을 때, 그것은 진화사상의 첫번째 위대한 이정표가 되었다. 그의 생각의 핵심은 지구상의 지질현상이 과거의 그것과 현재의 그것이 동일한 작용에 의해서 나타났다는 '균일론'(uniformitarianism)에 있었다. 라이엘 이론의 중요성은 첫째, 그 이론이 관측할 수 없었던 과거를 측정할 수 있는 방법을 제공했으며, 둘째는 그 이론이 당시 사람들이 생각하고 있었던 시간의 한계와 규모를 엄청나게 확대시켰다. 또한 그의 이론은 이러한 지질학적 변화가 급격한 방식이 아닌 점진적인 과정에 의해서 이루어진다고 가정하고 있었다. 이러한 점들이 바로 후일 다윈이 생물학적 진화를 주장할 수 있는 전주곡이 될 수 있었다. 그러나 라이엘 자신은 생물학에서 종의 불변을 믿었다.

1844년 챔버스(Robert Chambers)가 《창조의 흔적》(The Vestiges of Creation)을 발표했을 때, 이 책은 많은 독자들의 관심을 끌어 초판이 나온 후 9년 사이에 10판이나 찍게 되었다. 챔버스는 생물뿐만 아니라 천문학 같은 무생물의 영역에까지 진화가 이루어져왔다고 주장했다. 그러나 문제는 어떻게 그 과정이 이루어지는가에 대해서는 대답할 수 없었다. 그럼에도 불구하고 그의 책은 진화사상을 대중화시키는 데 큰 공헌을 했다. 그리고 그러한 물음에 대한 답변은 15년 뒤에 다윈의 《종의 기원》을 통해서 듣게 되었다.

2) 다윈과 《종의 기원》

다윈도 처음에는 그 시대의 생물학자처럼 '종'이 보이지 않는 신의 섭리에 의해 의도적으로 창조되었다고 믿었다. 즉, 모든 생명현상에서의 암묵적인 목적론을 받아들이고 있었다. 그러나 종의 변이현상이 주어진 환경에 대한 적응으로 이해되면서 그러한 목적론을 거부하게 되었다.

다윈은 비글(Beagle)호 항해가 끝난 1836년 이후 생물의 종들이 불변한다는 생각을 버리게 되었으며, 종이 자연선택의 작용에 의해 진화되어왔다는 것을 확신하면서도 그의 학설을 발표하는 것을 주저하고 있었다. 그는 이미 1842년과 1844년에 진화론에 대한 개요를 완성했다. 그러나 왈라스(Alfred Russel Wallace, 1823~1913)가 보내온 논문을 받아보고서는 그의 학설이 자신의 그것과 놀라우리만치 똑같다는 사실에 충격을 받아 자신이 오랫동안 준비해오던 저술을 포기하려고까지 생각하였다. 그러나 친구였던 후커(Joseph Hooker)와 후일 '다윈의 불독'(Darwin's bulldog)으로 불리운 헉슬리(Thomas H. Huxley)의 도움으로 왈라스와 더불어 공동으로 논문을 발표하기로 함으로써 위기를 극복할 수 있었다.

1858년 7월 1일, 다윈은 왈라스와 더불어 런던의 린네학회(Linnean Society)에서 진화론에 관해 발표를 했다. 그러나 이 학회에 참석한 학자들 가운데 다윈의 진화론의 중요성에 주목한 사람들은 극소수에 불과했으며, 그것이 어떠한 의미를 갖고 있고 후일 어떠한 결과를 가져왔는가를 충분히 인식한 사람은 거의 없었다. 이 학회의 회장이었던 벨(Thomas Bell)은 연설을 통해 1858년에는 과학 분야에서 획기적으로 "놀랄 만한 발견"(any of those striking discoveries)이 없었다고 회고했다.[9]

1859년 봄, 다윈은 약 500여 페이지의 《종의 기원》(The Origin of Species)의 초고를 끝냈다. 그의 친구였던 지질학자 라이엘의 추천으로 이 원고는 머레이(John Murray)라는 출판업자에게 넘어갔다. 머레이는 개인적으로 다윈의 학설이 말도 안 된다고 생각했지만, 그해 11월 24일 초판본으로 1,250부를 찍었다. 놀랍게도 《종의 기원》의 초판본은 순식간에 다 팔려나갔다. 다음해인 1860년초 아주 약간의 수정을 한 뒤에 3천 부의 재판이 시중에 나왔다.

다윈은 다음과 같이 생물의 진화를 이해했다. 우리가 자연을 관찰해본다면 모든 식물과 동물은 항상 실제적으로 살아남을 수 있는 숫자보다도 훨씬 많은 자손들을 생산한다. (자연의 다산성, prodigality of nature) 그럼에도 불구하고 어른의 모집단의 크기는 상대적으로 일정하다고 볼 수 있다. 그렇다면 자손들 사이에서 생존을 위한 투쟁이 존재함에 틀림없다.(생존경쟁) 그리고 개체간에는 같은 종으로서의 유사성의 범위 안에서 서로 조금씩 다르다. 그것은 생존에 필요한 조건들에 적응하기 위해서이다.(종의 변이, variation of species) 그리하여 환경에 더 유리한 조건을 갖춘 개체는 생존하기에 유리할 것이며, 그렇지 못한 개체는 생존하기가 불리할 것이다. 결국 유리한 개체는 보존될 것이며 불리한 개체는 제거될 것이다.(자연선택, natural selection) 그러므로 다윈의 진화론의 기본원리는 자연의 다산성, 생존경쟁, 종의 변이, 자연선택으로 볼 수 있다. 그 가운데 생존경쟁과 자연선택설은 많은 사람들에 의해 그 의미와 응용 가능성이 필요에 따라 제멋대로 해석되었다.

① 생존경쟁

'생존경쟁'이라는 개념은 다윈이 1838년 우연히 단지 즐거움을 위해 읽게 된 맬서스(Thomas Malthus)의 《인구론》(*Essay on Population*)으로부터 빌려온 것이었다. 그는 맬서스의 책으로부터 동물과 식물에서 생존경쟁의 의미를 충분히 이해하게 되었으며, 나아가 "이러한 환경(circumstances) 아래서 유리한 변종들(favourable variations)은 보존되는 경향이 있으며, 유리하지 못한 변종들은 없어지는 경향이 있다"는 것을 알게 되었다. 그 결과 새로운 변종이 나타나리라고 생각하게 되었다. 결국 《인구론》은 그의 진화론을 명료하게 할 수 있는 계기를 제공하였다고 볼 수 있다. 그는 왈라스에게 쓰기를, 당시 알려진 인위선택으로부터 선택이 '변화의 원리'라는 것을 알게 되었으며, 그 뒤 맬서스의 책을 읽고 난 후 즉각적으로 어떻게 선택의 원리를 자연의 세계에 적용해야할지 이해하게 되었다고 고백하고 있다. [10] 다윈의 진화론 형성에서 맬서스의 《인구론》은 분명한 '분수령'을 형성한다. 그는 1838년 이후 '분기'(divergence) 이론을 빼놓고는 자연도태설에 이르는 명료한 생각을 전개하게 되었다.

보울러(Peter Bowler)는 다윈이 의도한 '생존경쟁'은 우선적으로는 같은 종 안에서(intra-species) 발생하는 투쟁인 반면, 맬서스가 의도한 '생존경쟁'은 다른 종 사이(inter-species)에서 발생하는 투쟁이었다고 주장하면서, 다윈의 그것과 맬서스의 '생존경쟁' 개념을 구분하고자 하였다. [11] 그렇다면 다윈이 비유적으로 사용하고 있는 '생존경쟁'은 여러 가지 의미로 해석될 수 있었다. 종이 환경에 대항한다는 원래의 맬서스적 의미로 해석하거나, 종과 종 사이의 무제한 투쟁으로 이해하거나, 인간의 경우는 종교적 윤리적 동기때문에 그러한 투쟁이 존재하지 않는다고 해석할 수 있다.

② 자연선택

다윈의 진화론이 근대사상에 미친 심대한 영향력은 무엇보다도 그의 '자연선택' 이론에 있었다. '자연선택'이라는 개념으로부터 그는 생물의 진화현상을 설명할 수 있었다. 그렇기 때문에 다윈은 린네학회에서 그의 이론을 발표할 때, 논문의 제목을 단순히 '자연선택'으로 정하였다. 그럼에도 불구하고 그가 그의 이론을 책으로 출판하고자 했을 때, 《종의 기원》으로 정한 것은 가히 천재적이라 할 수 있다. 놀라우리만치 빠르게 그가 명성을 얻게 된 원인 가운데 하나는 '기원'이라는 단어가 갖는 매력과 애매모호성 때문이었다.

다윈은 《종의 기원》에서 자연선택을 "유리한 변이의 보존과 해로운 변이의 제거"라고 정의 내리고 있다. 12) 그러나 그는 많은 사람들이 이 용어에 대해서 불만을 표하는 것을 알게 되었다. 그도 또한 '자연선택'이라는 용어가 그의 진화론을 설명하는 데 아주 적절하다고는 생각지 않았다. 그는 1860년 라이엘에게 보낸 편지에서 "나는 자연선택이 나쁜 용어였다고 생각합니다. 그러나 지금에 와서 그 용어를 바꾼다면 혼란을 더욱 복잡하게 만들 것이라고 생각하며, 또한 더 좋은 용어를 생각할 수도 없습니다. '자연 보존'(natural preservation)은 특수한 변이의 보존을 내포하지 않을 것이며, 진부한 문구가 될 것이며, 또한 인간과 자연의 선택을 하나의 관점 아래서 보게 할 것 같지도 않습니다." 그러나 불과 4개월도 못 되어서 그는 "제가 새로이 시작해야만 한다면 나는 '자연보존'이라는 용어를 사용할 것입니다"고 자신의 입장을 바꾸고 있다. 13) 그러나 최종적으로 그는 자신의 용어가 불만족스럽다는 것을 인정했지만 용어를 바꾸는 것은 불필요하다고 보았다. 왈라스도 '자연선택'이 비유적이며 부정확한 용어라는 것을 알고 있었다. 그리하여 그는 1866년의 한 편지에서 다윈에게 '자연선택'이란 용어 대신 스펜서의 '적자생존'(survival of the fittest)을 사용하도록 권장하고 있다. 다윈 스스로도 《종의 기원》 개정판을 통해 스펜서의 '적자생존'이라는 용어가 '자연선택'보다 더 '적절'하고 또한 때때로 더 '편리'하다고 인정하고 있다. 그리하여 그는 《종의 기원》 5판(1869년)에서부터는 자연선택에 관한 장의 제목을 '자연선택 혹은 적자생존'이라고 쓰고 있다. 14)

결국 《종의 기원》에서의 주요 개념들인 '생존경쟁'이나 '적자생존' 같은 개념들은 다윈으로부터 비롯된 것이 아니었다. '생존경쟁'은 맬서스가 《인구론》에서 사용한 개념이며 '적자생존'은 다윈이 그의 진화론을 발표하기 이전인 1852년부터 스펜서가 사용하던 개념이었다. 그럼에도 불구하고 위의 개념들은 사회 다윈주의자들의 주요한 표어가 되었으며, 특히 '적자생존'은 다윈의 이론인양 사용되었다.

다원주의와 사회 다원주의의 관계를 이해하는 데서 또 다른 중요한 점은 다윈이 《종의 기원》에서 전개한 이론을 뒷받침하는 개념들이 비유적으로 사용되었다는 것에 초점을 맞추어야 할 것이다. 예를 들어 다윈은 《종의 기원》 초판에서 '생존투쟁'(struggle for existence)이라는 용어를 '커다란 그리고 비유적 의미에서'(in a large and metaphorical sense) 쓰고 있음을 분명히하고 있다.[15]

다윈이 생존경쟁을 단지 생물학적 진화에서 하나의 기초로 인식하고 있었으나 사회 다원론자는 다윈주의적 생존경쟁으로부터 멜더스적 세계를 끌어내었다. 결국 다윈의 학설은 맬서스·스펜서의 학설들을 받아들임으로써 사회 다원주의의 불씨를 마련하였다. 그 가운데서 사회 다원주의의 핵심적 교의는 스펜서의 '적자생존' 개념이었다. 그렇기 때문에 때때로 학자들은 사회 다원주의라는 용어보다 '사회 스펜서주의'(social Spencerism)가 더 정확한 표현이라고 주장하였다.

Ⅲ. 사회 다원주의

1. 다원주의와 사회과학

다윈의 《종의 기원》이 출판된 이후 과학자들뿐만 아니라 사회과학자들까지도 자연의 일반적인 법칙이 인간들이 살고 있는 사회에까지도 적용될 수 있으리라 생각하기 시작했다. 이제 바야흐로 생물학은 19세기 사회를 이해하는 관건이 되었다.

빅토리아시대의 영국에서 사회과학의 주요 과제 가운데 하나는 '사회진화'(social evolution)에 관한 이론이었다. 이 시대의 지식인들의 마음을 사로잡은 것은 사회진화에 관한 사상이었다. 그런데 이 사상적 혁명은 다윈이라는 '암호'를 모르고서는 이해할 수 없다고 버로우 교수는 주장하고 있다.[16] 이렇게 본다면 19세기 후반 유럽에서 사회학의 탄생은 생물학의 세례를 받았다. 그리하여 《영국백과사전》이 최초로 '사회학'이라는 항목을 적어넣기로 결정하여 저술을 키드(Benjamin Kidd)에게 의뢰했을 때, 그는 그 책에서 사회학을 '사회진화의 과학'이라고 규정지었다.[17]

1) 영 국

다윈이 스펜서의 '적자생존'을 즐겨 선호하면서 다윈의 진화론과 스펜서의 형이상학적 그리고 우주론적 진화론이 기묘하게 결합되어 대중들에게는 이 둘의 혼합이 다윈주의의 메시지로 받아들여졌다. 그리하여 다윈의 진화론에 '진보'라는 "형이상학적 혹은 비과학적" 관념이 스며들게 되었다. 1864년 이후 '진화'라는 단어는 더 이상 가치중립적이지 못했으며, 점차 '진보'와 동일시되었다. 1860년대와 1870년대 동안 다윈주의와 연결된 '진보'가 대중화되었다. 다윈의 이름과 '진화'의 개념이 결부되어 하나의 새로운 이데올로기가 되어갔다.[18] 결국 진화와 진보는 동의어가 되었으며, 진화와 진보를 별개의 것으로 치부하려는 시도는 어려움에 직면할 수밖에 없었다.

1880년대의 젊은이들에게는, 호프하우스의 친구였던 머레이(Gilbert Murray)가 주장하듯이 "진보는 하나의 사실"이었다. 나아가 많은 사람들에게 이제 진보는 종교의 자리를 대신하고 있었다.[19] 페이비안 협회(Fabian Society)의 창설회원 가운데 한 사람이었던 피스(Edward Pease, 1857~1955)도 "그 시대의 젊은이들은 새로운 사상들과 더불어 자라났으며, 그것을 당연한 것으로 받아들였다. …… 스펜서나 헉슬리를 읽지 않았던 우리의 부모님들은 우리 자신들과 전혀 관계없는 지적인 세계에 살고 있었다. …… 나이 먹은 사람들은 종교·과학·철학에서 선도자로서 도움이 안 됐는데, 왜냐하면 그들이 진화를 알지 못했기 때문이다"[20]고 회고했다.

　사회 다원주의자들의 논의가 당시 얼마만큼 설득력을 갖고 있었느냐 하는 것은 빅토리아시대의 자연과학적 법칙에 대한 열정을 통해서도 알 수 있다. 그 시대사람들은 어떠한 현상도, 그것이 자연이건 인간사회이건간에, 보편적인 과학의 법칙에서 벗어나는 것은 없다고 보았다. 그러한 법칙을 부정하는 것은 신학적이거나 형이상학적 해석으로 후퇴하는 것을 의미했다.

　사회 다원주의자들의 주요한 주장 —— 자유방임경제, 국가간섭 배제 —— 은 다윈의 자연선택설을 인간의 사회에 그대로 응용하면서시작되었는데 그 선구자는 스펜서(Herbert Spencer, 1820～1903)였다. 다윈이 적자생존을 자연도태와 서로 바꾸어서 사용할 수 있는 등가물로 여겼다는 것은 사회 다원주의의 생성과 발전에 중요한 요소를 형성한다. 왜냐하면 사회 다원주의자들에게 다윈의 생물학적 진화와 스펜서의 사회 진보에 대한 믿음이 연결되는 것으로 인정됐기 때문이다. 이렇듯 다윈의 스펜서 철학에 대한 긍정적 평가는 사회 다원주의자들이 다윈의 진화론을 인간 사회에 응용하는 데 부담을 덜 느끼게 하였다.

　1852년 〈발달 가설〉(Development Hypothsis)로부터 1857년 〈진보 : 그 법칙과 원인〉(Progresss : Its Law and Cause)에 이르는 일련의 논문들을 통해서 스펜서는 그의 진화사상을 더욱 보편적으로 적용하려는 계획을 다윈의 《종의 기원》이 나오기 이전에 벌써 수립하고 있었다. 이 시기동안 그는 대중들에게는 다윈의 이론으로 알려진 '적자생존' 개념을 고안해내었다. 그러나 스펜서는 결코 다윈주의자가 아니었으며 차라리 라마르크주의자에 가까웠다. 왜냐하면 그는 획득형질의 유전을 믿고 있었으며 나아가 획득형질이 유전되지 않는다면 진화도 없다고 보았기 때문이다. 그는 또한 극단적인 자유방임주의자이면서 맬서스주의자였다. 그는 《사회 정학》(Social Statics : 1851)에서 빈민법(Poor Law)을 분명히 반대하고 있다. 왜냐하면 국가의 간섭이 가난한 사람들을 돕기는커녕 오히려 그들을 도덕적으로 타락시키고 게으르게 만들 뿐이라고 주장했다. 그는 분명하게 자유방임경제와 정부의 불간섭주의를 지지했다.

'진화 생물학'(evolutionary biology)이 자연의 세계이건 인간의 세계이건 경쟁이 진보의 동기라는 것을 증명했다고 사람들은 생각했다. 물론 이러한 통념은, 그러한 생각에 반대하는 사람과 찬성하는 사람 모두 동의하듯이, 스펜서라는 이름과 명백히 관련되어 있었다. 스펜서는 당시 최고의 권위를 지니고 있었던 생물학으로부터 끌어낸 비유들을 지나치게 오용함으로써 다윈의 진화론으로부터 사회진화 현상을 설명하려는 일련의 시도들에 대해서 '사회 다윈주의'라는 악명 높은 명칭을 갖게 만들었다. 그는 개인적으로 사회과학—— 동시대적 표현을 빌리자면 도덕과학(moral sociences)—— 에서의 뉴턴이 되고자 하였다. 그의 '종합철학'(Synthetic Philosophy)은 그의 이러한 야심을 보여주고 있다. 스펜서의 사회진화론의 지적 철학적 영향력은 사회의 변동에 대한 생물학적 적용이 자연스럽게 받아들여지던 1880년대에 절정에 달했다.

그러나 모든 사회 다윈주의자들이 다윈의 자연선택이론을 스펜서처럼 개인주의를 정당화하고 있는 것으로 해석한 것은 아니었다. 몇몇 사회 다윈주의자들은 자유방임철학과 경제를 반대했다. 러시아의 망명 혁명가 크로포트킨은 1890년대에 뒷날《상부상조 : 진화의 한 요소》(Mutual Aid : A Factor of Evolution, 1902)라는 책으로 나오게 될 일련의 논문들을 통해서 다윈의 진화론으로부터 '상부상조'(mutual aid)라는 개념을 끌어냈다. 그는 어느 특정 사회의 진화에서 '상부상조'의 중요성을 강조했던 것이다. 그는 경쟁과 투쟁 대신에 협동과 이타주의(altruism)를 다윈의 학설로부터 유도해냈다. 그는 다윈의 진화론를 인간의 사회를 만인의 만민에 대한 투쟁이 벌어지고 있는 정글로 보는 따위의 홉스주의적으로 해석(Hobbesian interpretation)하고 있던 사람들을 비난했다. 그는 "경쟁은 동물의 세계이거나 인간의 세계이건 법칙이 아니다. 그것은 동물들 사이에서 예외적인 시기로 국한되며 …… 더 나은 조건은 상부상조의 수단에 의한 경쟁의 소멸에 의해 만들어진다”고 주장했다.[21] 따라서 그는 진화에서 협동의 중요성을 강조하여 여러 동물들 —— 곤충류로부터 포유류에 이르기까지 —— 의 예증을 통해 같은 종 안의 사회성과 협조가 생존에서 긴요하다고 보았다.

철학자 스티븐(Leslie Stephen)은 그의 진화론적 윤리학에서 더 고등한 단계의 자연에서는 ‘묵시적인 동맹’(tacit alliance) 체계가 존재한다고 주장하였다. 드러먼(Henry Drummond)은 《인간의 등고》(*The Ascent of Man*, 1894)를 통하여 이타주의의 효능이 동시대의 진화론적 해석에서 빠진 중요한 요소라고 주장하였다. 위의 사회 다윈주의자들은 하나의 공통점을 갖고 있는데, 그것은 바로 다윈의 진화론에서 자연도태의 기능을 스펜서처럼 해석하여 개인주의와 자유방임경제를 정당화하려는 주장을 거부하는 것이다.

2) 미 국

여러 면에서 미국은 1870년대 이후 20세기초까지 다윈주의적 국가였다. 미국은 다른 어느 나라보다도 일찍이 다윈의 진화론을 수용 전파하고 발전시켰다. 생물학자로부터 경제학자·정치학자·역사가·신학자에 이르기까지, 카네기 같은 대자본가로부터 대중들에 이르기까지 다윈주의가 담고 있는 진화론을 열렬히 환영하였다. 1882년 스펜서의 미국 방문은 미국에서 그가 얼마만큼 환영받고 있는가를 극적으로 보여주었다. 그는 어떤 면에서는 영국에서보다 미국에서 더욱 영향력 있는 인물로서 대중적 인기를 누리고 있었다. 《종의 기원》이 출판된 지 10년도 못 되어서 다윈과 그의 진화론은 미국의 지식인 계층에 깊게 이식되었다. 유명한 역사가이면서 뉴잉글랜드 지방의 명문 출신인 헨리 애덤즈(Henry Adams, 1838~1918)는 그의 자서전에서 1867년에서 1900년 사이에 젊은 시절을 보낸 사람들에게 진화가 법칙이었다고 기록하고 있다.[22]

다윈과 스펜서가 환영받던 시기의 미국은 정치적으로 보수적이었으며 경제적으로는 자유방임적 자본주의 질서가 우위를 차지하고 있었다. 사람들은 도시로 몰려들고, 유럽으로부터도 거대한 이민의 물결이 끝없이 몰려들고 있었다. 그러나 당시 정치가들은 부패했고 도시의 빈민가는 범죄와 악의 소굴로 변했으며, 대기업은 중소기업을 쉬지않고 집어삼키던 마크 트웨인이 풍자적으로 명명했던바 '도금시대'(Gilded Age)였다. 따라서 자유방임적 보수주의자들은 당연히 다윈의 학설로부터 자신들에게 유리한 사회 주장을 이끌어내었다. 인민주의(populism)의 옹호자이며 대기업을 증오했던 로이드(Henry D. Lloyd) 조차도 1880년대에 '적자생존'이 미국적 원리라는 것을 깨닫고 있었다.

영국의 경우 대표적인 사회 다윈주의자가 스펜서였다면 미국의 경우 으뜸가는 사람은 예일대학의 사회학 교수 섬너(William Sumner, 1840~1910)였다. 그는 누구보다도 앞장서서 다윈의 진화론을 대중화시키는 데 앞장서고 있었다. 그러나 그는 스펜서의 저술을 통해서 진화론을 이해하게 되었으며, 사회과학의 목적은 사회의 법칙을 발견하는 것이라고 보았다.

1870년대로부터 1890년대 초반에 이르기까지 섬너는 대중적 잡지와 강연 등을 통해서 쉬지않고 국가가 주도하는 간섭주의나 개혁, 그리고 사회주의의 부당성을 지적하면서 자유방임경제와 자유무역을 옹호했다. 그는 적자생존이 자연에서와 마찬가지로 인간 사회에서의 유일한 덕이며 생존방식임을 강조하고 있다. 그 결과 미국에서의 백만장자는 자연선택의 결과라고 주장했다. 그렇다면 마찬가지로 가난한 계층 또한 자연선택의 산물이었다. 현존하는 미국문명의 진보가 경쟁에 근거하기 때문에 자본가와 기업인들은 이러한 체제에서의 백미가 아닐 수 없다. 나아가 그는 자연의 진보가 불평등을 지향하듯이 문명의 진보도 부와 권력의 불평등을 낳지 않을 수 없다고 보았다. 자연의 세계가 평등하다면 어떻게 적자생존이 가능하겠는

가. 진화론적 해석을 따르면 평등이란 현실 사회에서 달성될 수 없는, 달성되어서도 안 되는 목표일 뿐이다. 그렇기 때문에 그는 미국의 전통적인 평등사상과 민주주의에 대해서 강한 의구심을 갖고 있었다.

3) 독 일

독일의 경우 다윈의 첫번째 사도는 폭트(Karl Vogt)였다. 그는 다윈의 진화론을 독일에 전파시키는 데 지대한 공헌을 했다. 그는 챔버스의 《창조의 흔적》을 번역했으며, 한때 제네바에서 지질학 교수를 역임했었다. 그는 일찍이 1850년대에 유물논쟁을 벌였던 유물론 철학의 옹호자였다. 심지어 그는 유럽을 돌면서 다윈의 학설을 더 많은 사람들에게 소개하기도 했다. 그는 다윈에 관한 한 유럽대륙에서는 영국의 헉슬리보다도 더욱 대중적이었다. 그는 종교와 과학의 갈등을 극적으로 만들었다. 그는 과학이 종교를 반증하고 신의 존재 증명을 부정한다고 주장했다.

그러나 대부분의 독일의 과학자들은 다윈의 진화론으로부터 큰 인상을 받지 않았다. 그들이 다윈의 학설을 철학적이라고 비판한 반면 정작 다윈의 책을 읽은 철학자들은 그것이 비철학적이라고 거부했다. 그러나 당시 26세(1860)의 헥켈(Ernst Haeckel, 1834~1919)은 대표적 예외였다. 그는 《종의 기원》을 읽자마자 큰 감명을 받았다. 그는 1862년 독일인들을 다윈주의자로 개종시키기 위한 강연과 연설을 시작했다. 특히 그는 다윈이 결론에 도달했으나 표현하지 않았다고 생각했던 "비유기체로부터 유기체로의 자연 과정, 동물로부터 인간으로의 자연 과정"을 대중들에게 알렸다. 그는 즉각적으로 청중들로부터 큰 환영을 받았다.

헥켈은 물질로부터 인간에 이르는 진화과정을 보여주는 《창조의 자연사》(*The Natural History of Creation*, 1868)를 완성했다. 다윈은 3년 뒤인 1871년 《인간의 유래》를 출판했는데, 이 책에서 다윈은 그

가 헥켈의 책을 미리 알았더라면 이 책을 쓰지 않았을 것이라고 쓰
고 있다. 비록 동료학자들이 냉담한 반응을 보였지만 강단 이외에서
는 큰 인기를 끌어 헥켈의 책은 9판까지 나오고 19세기가 끝나기 전
까지 무려 12개 언어로 번역되었다. 그의 다른 책들은, 예를 들어
《우주의 수수께끼》(*Die Weltraetsel ; The Riddle of the Universe*, 1899)는
염가본으로 한해 동안 10만 권이나 팔리는 베스트셀러가 되었다.
그 책의 출판은 '19세기 과학적 유물론의 정점(apogee)'이었다. [23]
그는 점차 더 많은 대중에게 감명을 주게 되어 그의 책을 단 한 권
도 읽지 않았던 사람들에게까지 진화론의 주창자로 알려지게 되었
다. 그는 독일에서 어떤 의미에서는 다윈보다 더 지명도가 있었으며
진화론의 화신으로 간주되었다. 그는 마침내 과학으로부터 출발하
여 형이상학을 거쳐 종교적 차원에까지 이르렀던 대표적인 독일의
사회 다윈주의자가 되었다.

2. 사회 다윈주의의 부정적 영향

다윈의 진화론으로부터 하나가 아닌 여러 종류의 사회에 대한 진
화적 사상이 가능했을 것이다. 가장 조야한 방식 가운데 하나는 다
윈이 주장했던 바의 자연의 진화과정의 메커니즘으로부터 사회의 진
화를 추론하는 것이다. 즉, 자연의 현상에 관한 다윈의 이론을 인간
의 사회에 그대로 적용하는 것이다. 어떤 면에서 대부분의 사회 다
원주의자들이 그러했다. 키드나 베지어트(Walter Bagehot)로부터 스
펜서에 이르기까지 그들은 대부분의 경우 다윈의 진화론을 사회현상
에 기계적으로 응용하고자 했다. 그럼에도 불구하고 진화론에 대한
그들의 해석은 상당히 다를 수밖에 없었다. 왜냐하면, 예를 들어,
다윈이 《종의 기원》에서 주장하는바 '자연선택'이 인간 사회에 적
용될 때, 그것은 개체와 개체 사이에서 그러하다는 것인지, 아니면
계층간에 혹은 계급간에, 나아가 국가와 국가 사이, 인종과 인종 사

이에서 적용된다는 것인지 애매하기 짝이 없었다. 그런데 세기말의 사회 다윈주의자들은 후자의 경우로 해석했다.

1870년경부터 1914년까지 유럽은 사회 다윈주의적 용어로 물들게 되었다. 개인주의자들은 무제한의, 무자비한 경쟁을 요구했으며, 우생학자들은 자국내의 '부적자'의 합법적 제거를 요구했으며, 제국주의자들은 아프리카나 아시아 대륙에 대한 정복을 요구했으며, 인종주의자들은 자국 안의 열등한 인종이나 외국인들을 제거할 것을 요구했다. 이들에게 인종은 생물학적일 뿐만 아니라 사회학적 용어였다. 그리고 이들은 모두 국가와 국가간의, 주어진 사회에서의 부자와 가난한 자들간의 '다윈적인 투쟁'을 주장했다.

1) 우생학

다윈의 《인간의 유래》(*The Descent of Man*, 1871)로부터 인종차별주의와 우생학(eugenics)은 그 존재이유를 발견하고자 했다. 다윈은 생존시에 그의 진화론의 가장 큰 약점이 유전의 메커니즘에 대한 무지라는 것을 알고 있었다. 유전학은 드 브리스(Hugo de Vries, 1848~1935)의 돌연변이설(Mutation Theory)과 멘델의 유전법칙이 재발견된 1900년 이후 본격적으로 연구가 진행되었다.

생물학과 이데올로기의 연관성은 특히 '우생학'과 유전학의 결합에서 찾아볼 수 있다. 우생학은 영국의 갈튼(Francis Galton, 1822~1911)에 의해 체계화되고 학문화되었다. 우생학은 유전학의 발달로 인하여 그 과학성을 주장할 수 있었다. 즉, 유전에 대한 환경적 영향을 거의 절대적으로 배제할 수 있게 되었던 것이다. 19세기말부터 20세기초 사이에 사회 다윈주의는 우생학의 등장에 지적인 모태를 제공했다. 우생학은 결국 과학의 이름으로 어떤 특정한 사회에서 '적자'(the fit)를 키워내고 '부적자'(the unfit)를 제한 또는 나아가 제거하는 것을 목적으로 한다고 볼 수 있다. 결국 우생학의 핵심은 여러 사회문제들을 유전학의 도움으로 생물학적 해결이 가능하다고

보는 신념에 있다. [24]

우생학의 등장과 더불어 환경과 성격의 문제가 새로운 양상을 띠게 되었다. 우생학자들은 당연히 개인이나 나아가 사회의 개량에서 유전의 요소가 우선적으로 중요하다고 보았다. 그들은 육체적 부적자는 도덕적으로도 무능력하다고 주장했다. 그들은 결단코 환경적인 개선을 부정했다. 왜냐하면 "획득된 형질은 유전되지 않으며, 한 세대의 개선된 환경은 다음(세대)의 내재적인 성질(qualities)을 향상시키거나 저하시키지 않기 때문이다. …… 당신은 '적자'와 '부적자'의 비율을 바꿔야만이 각 세대의 평균 성질을 바꿀 수 있다."[25] 이러한 해석은 바이스만의 영향을 받은 바 컸다.

바이스만(August Weismann, 1834~1914)은 이 우주상에는 물질과 힘밖에 존재하지 않는다고 생각했던 독일의 유물론자였다. 그는 다윈의 진화를 거의 전능의 것으로 받아들였다. 그는 '자연선택'을 통하여 완벽한 적응이 가능하다고 보았다. 그는 다윈의 이론이 없었다면 진화론이 그렇게 빨리 유럽사회에 전파되지 않았을 것이라고 주장했다. 그는 획득형질이 유전된다는 라마르크식의 진화론을 논박하면서, 일종의 유전적 물질인 '원형질'(germ plasm) 이론에 입각하여 환경이 생물학적 물질의 유전에 결정적 역할을 한다는 주장을 부정했다. 그는 환경과 유전은 분리된 것이며 '원형질'만이 자손에게 전달된다는 일종의 유전자 결정론을 주장했다.

바이스만과 마찬가지로 다윈 신도인 헥켈은 다윈의 진화론으로부터 일원론에 도달하였다. 즉, 우주의 모든 현상, 즉 자연의 물질과 인간의 정신은 별개의 현상이 아니라 하나의 원리로 환원되기 때문에 당연히 진화론은 인간의 사회에서도 적용된다고 보고 있다. 그러나 그의 일원론적 철학으로부터 나오는 결론은 "인간사회는 생득적인 능력에 따라서 직업을 얻게 되는 신분제 사회이어야 하며, 보수는 그 능력에 따라 차등으로 매겨져야 한다. 또 기독교적인 윤리를 부정하고, 이상아(異狀兒)가 탄생하면 살해해버린 스파르타의 사회를 이상으로 삼았으며, 불치병에 걸린 병자의 안락사도 인정한다"[26] 는 것이었다. 따라서 그가 우생학에 입각한 결혼이나 안락사를 적극 긍정한 것도 당언하다고 볼 수 있다.

특히 1900년 이후 제1차세계대전 사이에 영국이나 미국·독일 등에서는 우생학자들과 유전학자들이 상호 밀접한 연관을 맺고 있었다. 심지어 미국이나 독일의 경우 1900년 이전에도 과학과 인종주의적 사이비과학의 구분이 애매모호했다. 게다가 우생학은 점차 정치적 색채를 갖게 되었다. 노벨상 수상자였던 뮬러(H. J. Muller)는 "나는 결코 순수하게 추상으로서의 유전학에 관심을 가지진 않았으나, 그것(유전학)의 인간에 대한 근본적인 관계 —— 인간의 특성과 자아 개선(self-betterment)의 수단 —— 때문에 항상 관심을 지녔었다"고 고백했다.[27]

1890년대에 들어서면서 영국사회는 '부적자'의 단종(sterilization) 문제를 심각하게 토의하기 시작했다. 즉, 계속적으로 질병에 걸려 있는 사람이나 정신질환자, 그리고 범죄를 저지른 사람들이 더 이상 증가하지 못하게 하는 실제적인 방법들이 제국주의, 인종, 국가의 효율 등의 문제와 연관되어 진지하게 논의되었다. 특히 영국에서는 1904년 〈육체적 약화에 관한 보고서〉(Report on Physical Deterioration) 가 발표되었을 때 국가 효율의 문제와 관련하여 부적자의 처리가 영국사회의 위기와 관련되어 토의되었다. 새로운 과학으로 등장한 우생학은 태어날 후손들을 인위적으로 개선시킬 수 있는가의 가능성에 커다란 관심을 갖고 있었다.

사회 다원주의자들은 주로 노동계급으로 구성된 가난한 사람들이 모여사는 빈민가에 대해서 공중위생 등의 환경개선이 자유방임의 상태에 있다면, 당연히 제거될 부적자들을 생존 가능하게 하여 자연의 질서를 깨뜨려 자연선택에 의해 적자들만이 살아남아 인종적으로 개선되는 것을 막는 자살행위나 마찬가지라고 보고 있다. 19세기말 20세기초 적어도 영국에서는 사회 다원주의가 사회복지정책에 끼친 영향은 컸다. "사회 다윈주의적 이념들이 의료나 사회정책의 형성에 유일한 가이드도 아니었고, 반드시 주요한 가이드는 아니었지만," 존스가 지적하듯이, 사회 다윈주의는 "입법자들, 성직자들, 정치가들, 의료인들, 자선사업가들, 정책결정자들, 그리고 여론형성가들의 언어에 들어와 있었다."[28]

우생학은 영국보다는 미국에서 더욱 실제적으로 응용되었다. 즉, 미국에서는 흑인이나 동양인들을 최신 과학인 우생학에 기초하여 열등인종으로 분류할 수 있었으며, 그 결과 사실상 흑인을 이등시민으로 분리하는 〈짐 크로우 법〉(Jim Crow Law)을 묵인하거나 서유럽인들을 제외한 나머지 국가 사람들의 유입을 제한하는 이민쿼터법을 통과시켰다. 나아가 1907년 인디아나 주를 시작으로 1915년까지 미국의 12개 주가 〈단종법〉(sterilization law)을 실시하기에 이르렀다.

2) 인종차별주의

다윈은 차차 19세기초 진화론으로 되돌아가고 있었다. 그리하여 그는 《인간의 유래》 마지막 수정판에 이르러서는 진화의 진정한 원인에 대해서 주저하게 되었다. 물론 많은 과학자들을 포함한 일반 대중들은 그러한 변화를 거의 인식하지 못했다. 처음에 다윈 자신은 자연선택이 어느 일정한 방향으로의 진전을 보장하는 것은 아니라고 강조했다. 그렇기 때문에 《종의 기원》에서는 인간의 생물학적 위치에 대하여 침묵하고 있었다. 그러나 《인간의 유래》에서 그는 인간이 자연선택에 의해 하등한 동물로부터 진화했다는 것을 역설하고 있었다. 그는 마침내 인간도 자연도태를 통한 진화의 과정에 포함된다는 그의 오랜 신념을 드러냈다.

《인간의 유래》에서 다윈은 아주 멀지않은 장래에 문명화된 우세한 인종들이 지구상에서 야만한 열등 인종을 대치하게 될 것이라고 예견했다. 따라서 그는 후일의 인종주의의 등장에 대해서 크건 작건, 직접적이건 간접적이건 영향을 끼쳤다고 볼 수 있다. 또한 다윈

뿐만 아니라 헉슬리도 유럽인종이 남아메리카의 원주민이나 아프리카의 흑인들보다 생물학적으로 우월하다는 신념을 갖고 있었다. 그러나 이러한 신념은 19세기 후반 유럽의 학자와 지식인과 정치가들이 공유하고 있었다. 1870년대부터 19세기말까지의 다윈주의의 유행은 유럽의 여러 강대국에서 인종주의와 제국주의 사상이 크게 강화되는 데 적어도 하나의 요소가 되었다.

키드의 《사회 진화》(*Social Evolution*, 1894)는 다윈의 진화론을 통하여 뒷날 인종주의를 정당화하려는 사람들이 즐겨 찾는 대표적인 책이었다. 그는 인간사회를 제대로 설명하는 과학이 없다고 보면서 그 기초를 생물학에서 찾아야 한다고 하였다. 그는 사회의 법칙은 자연에서처럼 '선택과 배제의 결과'이기 때문에 사회의 진보가 이루어지는 곳에서는 필연적으로 선택과정이 있으며, 이러한 과정은 반드시 경쟁을 내포하고 있다고 주장했다. 그런데 그가 언급하는 바의 경쟁이나 투쟁은 같은 사회 안의 개인간의 그것이 아니라 국가나 인종 사이의 그것이라는 데 해석의 특이함이 있다. 그는 개인이 인종의 복지 대신 개인의 복지를 우선할 때 '사회효율'의 위기가 온다고 본다. 그는 "진보는 선택에 기인하며 선택은 필연적으로 경쟁을 내포하고 있다"고 생각했다. 따라서 더 나은 문명은 경쟁이 보장되는 사회이기 때문에 키드는 사회주의 사회가 결국 퇴보하고 몰락할 것으로 보고 있다.[29]

저명한 통계학자였던 피어슨(Karl Pearson, 1857~1936)의 저작은 키드의 그것처럼 대중적인 인기를 모으지는 않았지만 그가 지닌 과학적 권위로 인해 그의 주장은 주목을 받았다. 그는 일찍이 열렬한 제국주의 지지자가 되었다. 그는 "진보가 최적인종(the fittest race)의 생존에 의존한다는 것은 생존경쟁에게 결점을 보완하는 특징을 제공한다"고 보면서 "부족과 부족간의, 국가와 국가간의 투쟁"의 상승효과를 주장했다. 그는 인간의 삶속에서 그리고 국가의 발전에서 전쟁의 불가피성을 강조했다. 그는 1900년의 한 강연을 통하여 "전쟁

들이 종식되면 인류는 더 이상 진보하지 않을 것이다, 왜냐하면 열
등한 인종(stock)의 번식력을 억제할 것이 아무 것도 없기 때문이
며, 무자비한 유전의 법칙이 자연선택에 의해서 통제되지도 지도되
지도 않게 될 것이기 때문이다"고 그의 인종주의적 제국주의적 편견
을 드러내었다.[30]

　　나아가 극단적인 우생학자들은 인간이 더 나아질 수 있는 것은 오
로지 '인간 종'(human race)의 유전자 개선을 통해서만 가능하다고
보았다. 따라서 상류계급이나 지배계급의 피는 순수하게 보존되어
야 하고 동시에 하류계급이나 빈곤계층 등의 바람직하지 않은 혈통
은 제거해야 한다고 생각했다. 나아가 사회와 또 다른 사회에서, 국
가와 또 다른 국가 사이에도 우수한 인종과 열등한 인종이 있다고
주장하였다. 예를 들어 백인종은 황인종이나 흑인종보다 우월하다
고 보며, 백인 가운데서 앵글로색슨족이나 게르만족은 슬라브족이
나 라틴족보다 우월하다고 주장했다. 이리하여 우생학은 인종주의
를 자연스럽게 정당화하였다. 어찌되었건 우생학자들은 철저하게
유전결정론자들이었다. 그나마 상대적으로 온건한 우생학자들만이 사
회개혁이나 교육개혁 등을 통한 환경변화의 가능성를 인정하고 있었
다. 이렇듯 우생학은 유전학이라는 새로운 과학의 도움으로 유전과
환경의 중요성 가운데서, 피어슨의 표현을 빌리자면 'nature'와
'nurture' 가운데 유전을 인간 형성에서 나아가 사회진화의 핵심으
로 이해하고 있었다. 이러한 우생학적 발상은 자연과학자들뿐만 아
니라 사회개혁가·자유주의자 그리고 페이비안주의자들을 포함한
일부 사회주의자들에게도 큰 영향력을 행사했다.

　　미국에서의 인종차별주의는 앵글로색슨족의 우월성을 합리화하는
것으로 나타났다. 대표적으로는 신학자 피스크(John Fiske)였다. 그
의 견해는 1880년 영국에서 행한 일련의 강의를 통해 명확하게 드
러났는데, 미국이나 영국의 팽창주의를 정당화내지는 옹호하고 있
는 이른바 '앵글로색슨 테제'로 알려져 있다. 영어권 지역 —— 영국

과 미국이 주된 대상 —— 에서의 민주주의적 제도와 사상이 지구상에서 가장 뛰어나기 때문에, 또한 미국의 경우만도 적어도 7억 정도의 인구는 수용할 수 있고 아프리카도 몇 세기 안에 영어를 사용하는 사람들로 뒤덮히게 될 것이기 때문에 인종에서의 '명백한 운명'은 앵글로색슨족에 의해 전세계의 평화스러운 지배가 이루어질 것이라는 것이다.

피스크보다 적극적인 팽창론자는 목사 스트롱(Josiah Strong)이었다. 그는 1885년 선교에 필요한 재정의 목적으로 쓴 《우리의 조국 : 가능한 미래와 현재의 위기》(*Our Country : Its Possible Future and Its Present Crisis*)에서 다윈과 스펜서의 진화론과 농촌 프로테스탄트적 편견을 드러내면서 인종간의 경쟁에서 앵글로색슨족의 우위와 영토적 팽창의 정당성를 옹호하고 있다. 그는 인류의 역사발전이 그리스로부터 로마·서유럽, 그리고 대서양 건너의 미국의 13개 식민지가 위치했던 동부, 마침내 미국의 서부로 이어져왔다고 보면서 서부우월론과 앵글로색슨의 역사적 우월성을 주장하였다.

미국에서는 섬너가, 영국에서는 스펜서가 그러했듯이 독일에서는 누구보다도 라첸호퍼(Gustav Ratzenhofer)와 굼프로비츠(Ludwig Gumplowicz) 같은 사회학자들이 '생존경쟁'이나 '적자생존' 같은 개념들을 인간사회에 적용하려고 애쓰고 있었다. 니체(Friedrich Nietzsche)도 그의 역작 《권력에의 의지》(*der Wille zur Macht*)에서 다윈의 '자연선택' 이론에 입각하여 이러한 선택이 하등하고 열등한 인간을 지배할 새로운 인간인 '초인'(superman)을 만들 것이라고 주장했다. 따라서 그의 책은 사회 다윈주의의 변형으로 볼 수 있다.

인간의 역사도 자연의 역사의 연장선 위에 있는 것이라면 개인의 자유는 그 지위가 위태롭고 불확실해질 수밖에 없다. 여기에서 나치의 인종이론이 진화론을 인간사회의 발전에 응용한 논리적 귀결로서 등장했다. 뒷날 1930년대 히틀러에 의해서 주도된 유대인 학살이라는 계획적인 인종말살정책의 기초적인 과학적 토대가 되기 전부터,

나치즘의 인종차별주의라는 사이비 과학이 되기 전부터 우생학은 지식인층을 비롯한 다양한 계층에 상당히 널리 유포되고 설득력을 지니고 있었던 학문이었다는 사실이다. 그런데 어느 일본 과학사가가 주장하듯이 "나치즘은 반과학 – 반지성이라고 간주되어왔다. …… 그러나 한편에서는 나치의 이론 구성방법은 무서우리만치 합리적이었고 '과학적'이었다. 나치의 비극은 어느 의미에서는 비합리적일 정도로 철저하게 합리주의를 관철한 데 있다고도 보인다."[31] 그렇다면 무엇이 나치즘 아래서의 합리성이었는가. 어떤 합리성과 과학이 당시 독일의 지식인층을 비롯한 시민계급을 체계적인 인종말살정책에 대해서 침묵하게 했는가. 히틀러가 즐겨 사용하던 용어 가운데 하나는 '과학'(Wissenschaft)이었으며, 그는 그의 세계관이나 나아가 제 3 제국의 정책이 과학에 기초해 있었다고 믿었다. 그러나 그의 과학관은 사회 다윈주의의 색채가 농후한 우생학과 인종론에 입각한 생물학적 과학관이었다. 그러한 인종관이 그의 맹목적 애국주의와 아리안 인종의 우월성에 입각한 국가관과 결부되어 독일에 의한 유럽 정복과 불필요한 인종으로 간주된 유대인의 멸종을 추진하게 되었던 것이다.

19세기 후반 이후의 인종차별주의의 주요한 역할 가운데 하나는 부르주아사회와 자본주의사회를 정당화하는 것이었다. 즉, 이제 더 이상 인간 사회의 불평등은 특정한 사회 자체에 기인하는 것이 아니라 '자연'의 속성 때문이다. 가난한 사람들이 가난한 것은 부자들의 착취에 원인이 있는 것이 아니라 그들이 선천적으로 열등하기 때문에 가난할 수밖에 없는 것이다. 그리하여 바야흐로 "생물학은 잠재적으로 정치적 우익의 과학이었을 뿐만 아니라 과학·이성·진보를 의심하는 사람들의 과학"이 되었다.[32] 중요한 점은 다윈주의가 인종차별주의를 과학적으로 증명했다고 믿어졌다는 데 있다.

3) 제국주의

바야흐로 인간들이 어우러져 사는 사회는 사회 다윈주의자들에게
는 전쟁의 이미지를 갖게 되었다. 사회는 강자와 약자 사이의 투쟁
의 장소로 여겨졌다. 그들은 인생에서 투쟁이 생명을 위한 투쟁이라
고 생각했으며, 이 투쟁에서 진 사람은 죽을 수밖에 없는 것이 '자
연적' 진실이라고 받아들였다. 예를 들어, 베지어트(Walter Bagehot)
는 영국의 식민지인들이 오스트레일리아의 원주민보다도 우월한 것
은 전쟁을 통하여 후자를 무찌를 수 있으며, 원하면 무엇이든지 빼
앗을 수 있기 때문이라고 주장했다. 르낭(Ernest Renan) 또한 프러시
아와의 전쟁에서 프랑스가 졌을 때, "전쟁은 어떤 의미에서 진보의
한 조건"이라고 주장했다.[33] 군국주의자들에게 부적자의 제거는 한
국가 안에서만 필요한 것이 것이 아니라 국가와 국가 사이에서도 그
러했다. 1870년의 프러시아와 프랑스의 전쟁 직후 두 나라에서는
다윈주의의 용어로서 전쟁의 결과에 대해서 설명하려 했다.

영국의 사회 다윈주의자들은 보어전쟁(Boer War)을 둘러싼 '국가
효율'(national efficiency) 논쟁에서 사상적 무기를 제공했다. 그들은
국가간의 경쟁과 투쟁에서 생물학적 우월성의 중요성을 강조했다.
국가에 대한 이론도 진화론의 영향을 받게 되었다. 그들은 제국주의
를 생물학에 기초하여 옹호했다. 예를 들어, 베지어트의 경우 그의
대중적인 저서였던 《물리학과 정치학》(*Physics and Politics*)에서 어떻게
'자연선택'이 인간사회에 적용되는가를 보여주면서 정치에서도 갈
등을 통하여 정치형태가 점차 완벽하게 진행되어나간다고 주장했
다. 그는 진보를 인간사회에서 희귀하게 발생하는 것으로 고대인이
나 동양인들에게는 진보가 없었다고 보았다. 오직 몇몇 강한 국가들
에서만 진보가 진행되어왔다고 보고 있다. 그러한 진보는 경쟁을 통
해서 강화된다고 보았다. 또한 그러한 경쟁은 군사적인 것이 중요하
다고 생각했다.

독일의 우익 정치가뿐만 아니라 몇몇 사민주의자조차도 인종주의
에 입각한 독일의 제국주의를 옹호하였다. 예를 들면, 독일의 대표
적 마르크스주의 수정론자였던 베른슈타인(Edward Bernstein)은 인종
적 우월성에 기초한 제국주의의 합리화를 역설하였다. 즉 그는 독일
의 우수한 문명이 후진적인 아프리카 지역의 발전을 가져올 수 있는
기회를 제공하기 때문에 독일의 아프리카 정복은 독일뿐만 아니라
그곳 원주민에게도 이로운 것이라고 독일제국의 아프리카 점령을 정
당화했다. 이와 유사한 논의는 굼프로비츠, 헥켈, 라첸호퍼, 트라
이츠케(Heinrich von Treitschke) 등의 문헌에서도 발견된다.

미국의 경우 남북전쟁 이전까지의 노예제의 존재와 인디언과의
전쟁을 통하여 백인의 인종적 우월성을 일찍이 인식하고 있었다. 그
러나 비록 다윈주의가 19세기 후반 미국의 호전적이고 인종차별적
인 이념의 형성에 으뜸가는 역할을 수행하지는 않았을지라도 그러한
인종주의와 군국주의 이론에 새로운 연장을 제시해주었다. 미국인
들은 세계의 평화와 질서유지를 위해서 군사적이건 비군사적이건 앵
글로색슨족의 세계 지배가 필요하다고 생각했다. 1885년 이후 20세
기초까지도 앵글로색슨주의는 미국 제국주의의 지배적인 원리였다.

군국주의자들이나 제국주의자들이 자연도태설을 인종이나 국가
사이에 적용시켰다고 해서 유럽과 미국에서의 군국주의나 제국주의
의 이론적 원칙이 반드시 사회 다윈주의에서만 근거하고 있다고 볼
수는 없다. 이러한 이념들이 다윈과 다윈의 학설을 기다렸다는 것은
얼토당토 않은 생각이며, 단지 시기상 다윈의 이론을 최대한 활용하
고 선전했던 것이다. 인종론의 경우만 해도 다윈의 학설이 공표되기
이전에 고비노(Comte Arthur de Gobineau)는 《인종 불평등론》(*Essai sur
l'Inegalité des Races Humaines*)을 1853년에서 1855년에 발표하여 아리안
족(Aryan)의 우수성에 대해 논하고 있었다.

사회 다윈주의가 유럽과 미국에서 풍미한 시기는 대략 서양에서
제국주의시대와 일치하는 1870년대부터 제1차세계대전 때까지이

다. 그리하여 마치 사회 다원주의를 제국주의를 정당화하기 위한 이
데올로기로 보기 쉬우나 사회 다원주의가 제국주의를 옹호했다손 치
더라도 전자가 후자를 위해 의도적으로 만들어졌다는 것은 역사적
오해를 불러일으킬 수 있다.

IV. 맺음말

이 글은 윌슨의 《사회생물학》으로부터 파생된 논쟁을 글머리에
언급하면서 우리의 주제인 '사회 다원주의'에 대해서 토의해왔다.
마찬가지로 이 글을 윌슨의 이론에 관한 논쟁의 한 결과를 소개하면
서 맺음말을 시작하고자 한다.

이 윌슨의 주장대로 인간의 사회행동이 생물학적 진화의 산물이라면
환경론자들과 문화결정론자들이 설 자리는 어디에도 없었다. 인간
의 모든 행동이 —— 개체이건 집단이건 나아가 공동체이건 —— 유전
인자(gene)에 의해 결정된다면, 각각의 개인이 그저 유전자를 담고
있는 운반자에 불과하다면 도대체 인간의 자유의지란 무엇이고 교육
이란 무엇에 필요하단 말인가. 인간은 단순히 유전자에 의해 날 때
부터 입력된 대로 행동하는 자동인형으로 전락하게 된다. 비판자들
은 윌슨을 인종주의자, 엘리트주의자, 남녀차별주의자라고 낙인 찍
었다. 그의 이론은 '그럴 듯한 이야기', '단순한 정신의 소유자들
에 의한 미숙한 학문'으로 비난받았다. 이들 가운데 일부는 나아가
사회 유해성 때문에 그의 책을 대학에서 가르치고 배우는 것을 금해
야 한다는 주장까지 나오게 되었다. 시간과 공간을 넘어 미국판 '분
서갱유'가 될 판이었다. 적어도 미국인류학회는 이 문제를 분명히
해결하였다. 1976년 12월, 인류학회 모임은 윌슨을 비판하는 사람
들이 연설을 주도하고 있었다. 한 학자는 "사회생물학은 우리 아이

들을 파멸로 이끌 것입니다. 그것은 운명결정론의 한 유형이며 정치적인 음모이자 치명적인 병입니다”고 역설했다. 얼마 뒤에 존경받는 원로였던 마가릿 미드(Margaret Mead, 1901~1978)가 나타났다. 그녀는 개인적으로 사회생물학이라는 새로운 학문에 동의하는 것은 아니지만 학문의 자유가 보장되는 과학의 영역에서는 충분히 논의될 자격이 있다고 말했다. 그녀가 두려워했던 것은 자유사회에서 하나의 사상의 억압이 옹호되고 합법화되는 것이었다. 그녀의 연설의 영향 때문인지 아닌지는 확인할 수 없었지만 그날의 금서결의안은 178 대 123으로 53표 차로 부결되었다. [34] 적어도 인류학회에서는 사회생물학이 살아남을 수 있었다. 문제는 당시 참석했던 인류학자들의 5분의 2가 찬성했다는 데 있다. 그렇다면 사회생물학이 또 다른 사회 다윈주의인지 아닌지에 대한 논의가 완전히 끝났다고는 볼 수 없다. 그 학문은 여전히 논쟁의 불씨를 안고 있으며 오해의 소지를 담고 있다.

　결국 윌슨 자신도 끊임없는 비판을 통해 그의 견해를 수정하지 않을 수 없었다. 그는 럼스덴(Charles Lumsden)과 공저한《프로메테우스의 불 : 정신의 기원에 관한 고찰》(*Promethean Fire : The Reflections on the Origins of Mind*)에서 “요약하자면 문화는 생물학적 과정으로 만들어지고 형성된다. 한편 동시에 생물학적 과정도 문화적 변화에 반응하면서 바뀐다”고 쓰고 있다. [35] 이제 그는 환경과 유전의 양 극단의 중간지대로 후퇴했다.

　로저스(James Rogers)가 볼 때 다윈주의와 사회 다윈주의가 관련을 갖게 된 결정적인 이유는 생물학적인 진화와 사회 진화를 분명하게 구분하지 못한 데서 비롯한다. [36] 그러나 그의 주장이 옳다고 하더라도 사회 다윈주의는 어떤 면에서는 지극히 자연스러운 지적 운동으로 볼 수 있다. 왜냐하면 인간의 사회행동이나 집단으로서의 사회의 성격을 생물학적으로 이해하려는 것은 자연스러운 시도이기 때문이다. 그럼에도 불구하고 사회 다윈주의가 부정적 이미지를 갖게 된 것은 무엇보다도 19세기말과 20세기초 사이에 우생학·인종차별주의·제국주의 등의 부정적 이념들과 결합되었기 때문이며, 특히 무엇보다도 히틀러와 나치즘 아래에서의 제3제국의 조직적이고도 대규모적인 유대인 말살정책을 경험했기 때문일 것이다. 그러한 바람직하지 않은 연결관계는 19세기 후반 다윈의 진화론이 유럽인들의 세계관에 깊이 뿌리내리고 생물적 진화와 사회 진보를 동일시했던, 또한 유럽의 열강이 앞다투어 아프리카와 아시아 대륙의 여러 국가와 민족을 정복했던 제국주의시대의 어찌보면 당연한 시대적 산물이었다. 그러나 다윈의 자연선택에 입각한 진화론이 단순한 '이론'이 아닌 자연계의 진화과정을 이해하는 보편적 진리로 인정되는 한 생물학적인 진리를 인간사회에 적용하려는 시도는 앞으로도 여전히 계속될 것이다.

주

1) 버로우(John W. Burrow)는 그의 책《진화와 사회》(*Evolution and Society*)에서 의도적으로 사회 다원주의의 사상사적 위치를 낮게 잡고 있으며, 차라리 그의 관심의 초점은 '빅토리아시대의 사회진화론'(Victorian social evolutionism)이다. 그는 또한 사회진화론을 통하여 사회학이나 인류학 같은 사회과학의 등장을 보여주고 싶어한다. 그리하여 그는 사회 다원주의를 19세기 영국의 여러 사회진화 이론들 가운데 하나로 취급하고 있다. 이러한 의미에서 본다면, 그리고 우리가 다루어야 할 주제들을 고려해본다면 'Social Darwinism'은 기존의 번역용어인 '사회진화론'이 아닌 '사회 다원주의'로 옮김이 더 적절해 보인다. J. Burrow, *Evolution and Society : A Study in Victorian Social Theory* (Cambridge, 1966), pp. xix~xxi, p. 115.

2) Carl N. Degler, *In Search of Human Nature : The Decline and Revival of Darwinism in American Social Thought* (New York · Oxford, 1991), p. 226, 243, 348.

3) Wilson, "Biology and the Social Sciences", *Daedalus* 106(1977), p. 139 ; Robert C. Bannister, *Social Darwinism : Science and Myth in Anglo-American*

Social Thought (Philadelphia, 1979), 1988년 서문, p. xxix.

4) Degler, *In Search of Human Nature,* p. ix.

5) Richard Hofstadter, *Social Darwinism in American Thought,* 개정판(Boston, 1955[1944]), p. 201.

6) Robert M. Young, "Darwinism is Social", David Kohn, ed., *The Darwinian Heritage* (Princeton, 1985), pp. 609~638.

7) 엘가드(Alvar Ellegard)의 주장처럼, "다윈주의는 여러 다른 사람들에게 여러 다른 것들을 의미했으며, 여러 다른 논의들은 그것을 논박하거나 지지하는 데 사용되었다. Ellegard, "Public Opinion and the Press : Reactions to Darwinism", *Journal of the History of Ideas* 19(June 1958), p. 387.

8) R. Bannister, *Social Darwinism* ; Diane Paul, "Eugenics and the Left", *Journal of the History of Ideas* 45(1984), p. 571 ; Greta Jones, *Social Darwinism and English Thought* (Sussex : Harvester, 1980) 참조.

9) Charles Darwin, *The Origin of Species By Means of Natural Selection or The Preservation of Favoured Races in the Struggle for Life* (Penguin Books, 1968 [1859]), John W. Burrow '서문' 엮음. 버로우 교수의 서문 p. 15에서 재인용.

10) N. Barlow, ed., *The Autobiography of Charles Darwin 1809~1882* (New York, 1969), pp. 119~120 ; Darwin to A. R. Wallace, April 1859, F. Darwin and A. C. Seward, eds., *More Letters of Charles Darwin* (London, 1903), vol. 1, p. 118 ; Michael Ruse, "Charles Darwin and Artificial Selection", *Journal of the History of Ideas* 36(Apr. - May 1975), p. 338에서 재인용.

11) Peter J. Bowler, "Malthus, Darwin, and the Concept of Struggle", *Journal of the History of Ideas* 37(Oct. - Dec. 1976), p. 631~650.

12) J. Burrow, ed., *Origin of Species,* p. 131.

13) Darwin to Lyell, June 6, 1860 and Sept. 28, 1860, *Life and Letters of Charles Darwin,* vol. 2, p. 318, 346 ; James A. Rogers, "Darwinism and Social Darwinism", *Journal of the History of Ideas* 33(Apr. - June 1972), p. 276에서 재인용.

14) C. Degler, *In Search of Human Nature,* 61 ; J. Rogers, "Darwinism and Social Darwinism", pp. 277~278.

15) J. Burrow, ed., *Origin of Species,* p. 116.

16) J. Burrow, *Evolution and Society,* pp. ix~xii.

17) Benjamin Kidd, "Sociology", *Encyclopaedia Britannica*, 10th ed. (1902), vol. 32, p. 694 ; Stefan Collini, *Liberalism and Sociology : L. T. Hobhouse and Political Argument in England 1880~1914* (Cambridge, 1979), p. 190에서 재인용.

18) Chadwick, *Secularization of the European Mind* (Cambridge, 1975), p. 231 ; Bannister, *Social Darwinism*, p. 28 ; Eric Hobsbawm, *The Age of Empire, 1875~1914* (New York, 1987), p. 252.

19) Collini, *Liberalism and Sociology*, p. 160에서 재인용.

20) E. Pease, *The History of the Fabian Society* (London, 1916), pp. 17~18 ; Collini, *Liberalism and Sociology*, p. 155에서 재인용.

21) P. Kropotkin, *Mutual Aid : A Factor of Evolution* (London, 1902), pp. 74~75 ; Hofstadter, *Social Darwinism*, p. 98에서 재인용.

22) H. Adams, *The Education of Henry Adams : An Autobiography* (Boston, 1961[1907]), p. 232.

23) 헥켈의 《우주의 수수께끼》는 일년 뒤엔 1900년 영국에서도 번역되어 10만 권이 판매되었다. Chadwick, *Secularization of the European Mind*, p. 177.

24) 인용은 Hobsbawm, *Age of Empire*, p. 254.

25) "Eugenics and Social Reform", *Nation* (Aug. 27, 1910) ; Freeden, *New Liberalism : An Ideology of Social Reform* (Oxford, 1978), p. 187에서 재인용.

26) 米本昌平, 〈사회다위니즘의 실상-결락된 사상사〉, 《주간 조선》 733호 (1983. 3. 13.), p. 54. 이 논문은 '시간과 진화'라는 제목의 도쿄대학 교양 강좌의 일부이다.

27) Kenneth M. Ludmerer, *Genetics and American Society : A Historical Appraisal* (Baltimore, 1972), p. 37 ; Hobsbawm, *Age of Empire*, p. 254에서 재인용.

28) Greta Jones, *Social Hygiene in Twentieth Century Britain* (London, 1986), p. 160.

29) Freeden, *New Liberalism*, p. 82 ; Hofstadter, *Social Darwinism*, pp. 98~100.

30) K. Pearson, *National Life from the Standpoint of Science*, 2nd ed. (London, 1905), p. 46 ; Gertrude Himmelfarb, *Victorian Minds* (New York, 1968), p. 320에서 재인용.

31) 米本昌平, 〈사회다위니즘의 실상〉, p. 54.

32) Hobsbawm, *Age of Empire*, p. 252.

33) Bagehot, *Physics and Politics* (1873), p. 207 ; Ernest Renan, *La Réforme*

Intellectuelle et Morale (1871), p. 111 ; Jacques Barzun, *Darwin, Marx, Wagner : Critique of a Heritage*, 2nd ed. (Garden City, N. Y., 1958[1941]), p. 93에서 재인용.

34) Helen Fisher, *The Sex Contract* (New York, 1983), 박매영 역, 《성의 계약》(정신세계사, 1993), pp. 141~144. 직접 인용은 p. 143.

35) Wilson and Lumsden, *Promethean Fire : The Reflections on the Origins of Mind* (Cambridge, Mass., 1983), p. 118 ; Degler, *In Search of Human Nature*, p. 310에서 재인용.

36) Rogers, "Darwinism and Social Darwinism", p. 275.

제국주의
Imperialism

서 정 훈

I. 정치적 저주로 된 '제국주의'

제2차세계대전 이후 식민지 제국들이 대부분 소멸된 이후에도 제국주의라는 용어는 소멸되지 않고 여전히 '일상언어'의 일부로서 학문적 문헌뿐만 아니라 현실정치와 시사잡지 등에 자주 등장하여, 주로 비난하는 의미로 사용되고 있다. 이 말은 흔히 부유한 국가들과 빈곤한 국가들 사이에 존재하는 모종의 지배와 예속관계를 규정하려는 시도에 주로 사용되어왔다. 그렇다면 오늘날 서방세계에서 흔히 사용되고 있는 제국주의란 용어의 의미는 무엇인가. 우선 슈미트(H. D. Schmidt)가 정의한 제국주의의 사전적 의미를 보자.

> 지금 사용되고 있는 '제국주의'라는 용어는 한 국가나 그 국가의 일부 시민들이 공공연한 혹은 은밀한 정치적 군사적 경제적, 그리고 문화적 수단에 의해 다른, 대개는 약소국가의 민족에 대해 영향력을 행사하고 착취하며 지배하려고 하는 팽창주의적 시도나 정책을 의미한다. 이 말은 또한 그러한 시도를 정당화하려 하는 정치이론들에도 적용된다. …… 제국주의의 개념을 무원칙하고 비도덕적이며 이기적이고 파괴적인 행위와 연관시키려는 시도에 의해 그것의 의미에 감정적인

힘이 덧보태졌다.[1]

슈미트의 이러한 제국주의 정의는 통시적(通時的)이며 직접지배 뿐만 아니라 다양한 형태의 간접지배까지 함축하는 매우 포괄적인 것이며, 특히 그것이 매우 부정적이며 주관적인 의미로 사용되고 있음을 시사한다. 특히 제국주의는 한 나라의 다른 나라에 대한 침략적 행위의 특수한 형태를 나타내는 '이론적인 용어'보다는 '감정적 용어'로 더욱 광범위하게 사용되고 있다.[2] 이는 제국주의라는 용어의 적용이 자의적이며, 따라서 그것의 개념 역시 복잡하고 모호해질 수 있음을 시사한다.

그렇다면 오늘날 어떠한 국가의 어떤 대외정책이나 시도가 '제국주의적'으로 규정되었는가. 그리고 그것은 객관적이라고 볼 수 있는가. 제2차세계대전 이후 동서 냉전이 첨예하게 전개되는 기간 동안 제국주의라는 용어는 대립하는 상대방의 정책에 대해 거의 무차별적으로 붙여졌다. 물론 이러한 제국주의 공방에서 과거에 제국주의적 지배라는 원죄(原罪)를 안고 있을 뿐만 아니라 지금도 유사한 지배를 획책하고 있거나 그런 혐의를 받고 있는 영국과 미국 등 서방의 국가들이 주로 수세의 입장에 놓인 것은 당연한 일이었다. 예를 들어 공산주의 진영과 서구의 좌파는 제2차세계대전 이후 서방 진영의 맹주인 미국의 베트남 등에 대한 개입을 '양키 제국주의'(Yankee imperialism)나 '달라 제국주의'(dollar imperialism)로 규정하고 이를 맹렬히 비난하였다. 이들은 식민지의 독립에도 불구하고 서방 제국주의의 기본적인 성격은 변화되지 않았으며, 오직 그것의 직접적인 방식이 간접적인 것으로 변화되었을 뿐이라고 한결같이 주장했으며, 저개발국가들은 이러한 주장에 자주 동조해왔다. 이에 대해 서방진영의 우파 학자들은 경우에 따라 제국주의적 구조의 잔재가 남아 있음을 전적으로 부인하지는 않지만, 저개발국에 대한 서방 지배의 특수한 형태는 이제 본질적으로 '과거의 일'이라고 주장해왔다. 이들은 더 나아가 소련의 동유럽에 대한 개입 등을 '소비에트 제국주의'(Soviet imperialism) 내지 '사회주의적 제국주의'(socialistic imperialism)로 규정하면서 사회주의 국가들 역시 제국주의와 무관하지 않음을 입증하려고 노력했다. 이리하여 노골적인 제국주의적 지배의 분명한 윤곽이 더욱 희미해질수록 제국주의에 대한 동서간의 대화는 점점 더 타당성을 상실하고 정치적 선동자들을 위한 선동장이 되었다. 여기에 덧붙여서 신생 독립국들의 새로운 지도자들이 — 예를 들어 인도네시아의 수카르노(Sukarno)와 이집트의 낫세르(G. A. Nasser) 등 — 부분적으로나마 자신의 독재적인 권력을 공고화하거나 인접국에 대한 우위를 확보하기 위해 반(反)제국주의 선전활동을 벌임으로써 제국주의라는 용어는 더욱 복잡한 의미를 함축하게 되었다.

이처럼 제국주의라는 용어가 자기에게 유해하다고 생각되는 어떤 국가, 심지어 어떤 집단의 행위에 대해 자의적이고도 무차별적으로 적용되는 우리 시대의 가장 강력한 구호가 됨으로써 정작 그것은 매우 애매모호한 정치적 용어가 되었다. 한때는 어느 특정한 역사적 현상을 기술하는 데 쓰였던 이 말은, 이제 무비판적인 대중에 호소하는 단순한 선전선동의 구호로 전락함으로써 현대의 세계를 이해하는 분석의 기술적 도구로서의 효용성을 상실하게 되었다.[3] 결국 제국주의라는 용어는 기본적으로 동서간의 치열한 이데올로기 전쟁의 첨병 노릇을 하면서 '금세기의 최대의 정치적 저주'로 되었고, 이에 따라 불가피하게 객관적인 이해의 대상에서 멀어지게 되었다.

제국주의란 용어의 이러한 남용과 그것에서 비롯된 그 개념적 혼란으로 말미암아 그것이 분석의 도구로서 무용할 지경에 이르렀음에도 불구하고 오늘날 여전히 선진 강대국과 후진 약소국 사이에 모종의 지배-예속관계가 존재한다는 '사실'은 부정될 수 없다. 즉, 그 말은 어떤 현실을 반영하고 있다. 그뿐만 아니라 그것은 흔히 '제국주의시대'라고 불리는 과거의 역사적 현상을 반영하고 있다. 따라서 제국주의가 이렇게 남용된다는 사실은 바로 그것에 대한 정확한 이해가 더욱 절실하다는 것을 의미한다. 이를 위해서는 우선 제국주의라는 용어가 과거에 등장하게 된 과정과 그 개념이 형성되고 발전 변화되어온 경위를 고찰할 필요가 있다. 그것은 동시에 오늘날 제국주의란 용어가 그처럼 남용되는 이유를 설명하는 작업이 된다.

Ⅱ. ‘제국주의’의 기원

19세기의 마지막 30년 동안에 기존의 식민지 제국을 보유하고 있었던 영국과 프랑스는 물론 새롭게 독일과 벨기에 등 유럽국가들과 미국·일본 등 세계의 주요 산업열강들이 식민지 획득을 위한 각축에 나서 거의 전세계를 그들의 식민지 내지 반(半)식민지로 분할했다. 이 기간 동안 열강들은 2,600만 평방킬로미터 이상의 영토와 1억 5천만 이상의 인구, 즉 세계 육지의 5분의 1과 세계인구의 10분의 1을 자국의 직접지배 아래에 두게 되었다. 식민지 각축에 나서기 전에 이미 세계 제일의 식민지 제국이었던 영국은 이 기간 동안에도 2,600만 명이 살고 있는 1,300만 평방킬로미터에 달하는 아시아·아프리카 지역을 대영제국에 보탬으로써 또다시 ‘사자의 몫’을 챙겼다. 영국과 더불어 구식민지 제국으로 분류되는 프랑스도 900만 평방킬로미터를 확보해 두번째로 거대한 제국을 형성했으며, 독일은 250만 평방킬로미터를, 그리고 벨기에와 이탈리아도 이보다 약간 작은 면적을 획득했다. 미국과 포르투갈·일본도 상당한 영토를 확장하는 데 성공했다. 열강의 이러한 세계분할은 바로 아프리카의 분할이라고 할 만큼 식민지 분할이 집중적이고도 거대한 규모로 이루어졌던 곳은 아프리카 대륙이었다. 1870년에는 아프리카의 10분의 1이 유럽의 지배에 있었으나 30년 뒤에는 오직 10분의 1이 독립국으로 남았다. 이러한 거대한 세계분할이 이루어졌던 19세기말에서 1914년의 제1차세계대전에 이르는 기간은 일반 세계사 개설서에서 흔히 '제국주의의 시대'로 규정되어왔다. 우리나라가 1910년 일본의 식민지로 병합되었던 것도 바로 이러한 세계사적 움직임의 일부였다.

근대 세계사의 가장 놀라운 사건 가운데 하나인 열강의 세계분할은 그 거대한 세계적 규모와 급속한 진행속도, 마구잡이적 속성과 새로운 강대국들의 참여라는 점에서 앞선 시대에서는 찾아볼 수 없는 매우 새로운 현상이었다. 따라서 당시에 살았던 사람들은 물론 후대의 연구자들도 이러한 현상에 주목하고 왜 이러한 일이 갑자기 일어났는가를 설명하려고 노력해왔다. 바로 이러한 식민지 제국의 건설을 규정하고 설명하는 과정에서 '제국주의'라는 새로운 용어가 대두하게 되었다.

물론 상식적인 의미에서의 제국주의적 행위, 즉 한 국가가 다른 국가를 종속시키고 지배하는 방식에 의한 팽창은 '제국주의'라는 용어가 사용되기 오래 전부터 존재했다. 즉 그것은 인류의 역사만큼이나 오랜 현상이었다. 그러나 그것은 '제국주의'라는 용어로 지칭되지 않았다. 제국주의라는 용어는 원래 여러 영토에 대한 한 통치자의 사적(私的)인 독재적 지배라는 의미를 함축하고 있는 황제(emperor)라는 단어에서 유래했다.[4] 프랑스에서 처음 등장한 제국주의(impérialisme)라는 용어는 오늘날의 의미와는 달리 1830년대 프랑스 7월 왕정기간에 보나파르트주의와 동일한 말로 사용되었으며, 1850년대에는 대외적인 군사적 모험과 가부장적인 독재 등을 특징으로 하는 나폴레옹 3세(Napoleon Ⅲ)의 통치형태를 혹평하는 욕설로 사용되었다. 프랑스에서 황제나 제국의 의미로 사용되었던 '제국주의'는 1870년대 글래드스톤(W. E. Gladstone)을 비롯한 영국의 자유주의자들에게 받아들여졌다. 이들은 빅토리아 여왕의 인도 여제(女帝) 즉위를 비롯하여 강력한 제국을 수립하려는 디스레일리(B. Disraeli)의 야심적인 정책을 '사생아 같은 비영국적 제국주의'(un-British bastard imperialism)라고 비난했다. 이들은 "죽은 프랑스 황제의 외투가 비영국적 수상에게 입혀졌다는 것을 의미하기 위해 제국주의라는 표현을 채택했다"는 점에서 그것의 의미는 아직 프랑스의 것과 그다지 다르지 않았다. 그러나 비슷한 시기에 딜크(C. Dilke)와 실리(J. R. Seeley) 등 일부 정치가와 저술가들은 영국을 제국연방으로 확대함으로써 '더욱 위대한 영국'(Greater Britain)을 수립하려는 정책에 제국주의란 용어를 처음 적용함으로써 이 말에 긍정적이고도 적극적인 의미를 부여했다. [5] 이들이 제시한 제국연방은 본국과 해외의 백인정착 구식민지, 그리고 인도로 구성되었고, 당시에 획득된 유색인종의 신식민지가 포함되지 않았다는 점에서 기존의 대영제국의 유대강화와 공고화에 주안점을 둔 것이었다. 따라서 이들의 제국주의 개념은 아직 신식민지 병합을 함축하지 않았다.

1890년대에 거세게 일어나기 시작한 대영제국에 대한 대중의 열광은 처음에는 본국과 백인 자치령 사이의 유대와 연고를 강조하는 의미의 제국주의에 대한 지지였다. 그러나 경제적 불황이 지속되고 각국의 보호관세의 강화와 열강의 식민지 각축이 강화되면서 민족주의가 고조되자 제국 또는 제국주의라는 표현은 이제 더 이상 나폴레옹 3세의 어두운 그림자를 상기시키지 않게 되었다. 제국에 대한 열광은 곧 자연스럽게 아시아와 특히 아프리카의 새로 획득된 속령들의 가치를 높이 평가해 이를 대영제국의 범주에 들게 함으로써 제국주의의 의미를 확대했을 뿐만 아니라, 그 말의 핵심을 해외의 새로운 영토획득으로 옮겼다. 즉 백인 자치령이 독립해 떨어져나가는 것을 막고 기존의 대영제국을 공고하게 하려는 소극적 의미로 사용되었던 제국주의는 이제 문명화되지 않은 유색인종의 지역으로의 팽창이라는 적극적 의미를 지니게 되었다. 대영제국의 확장은 키플링(J. R. Kipling)을 위시한 제국주의자들에 의해 열등인종을 개화시키는 '문명의 사명', '백인의 짐'으로 광범위하게 선전되었다. 이리하여

19세기가 끝날 무렵 제국주의의 개념은 비교적 명확한 객관적 의미를 확보하게 되었으니 그것은 곧 식민주의(colonialism)와 같은 말이 되었다.[6) 즉, 그것은 본국과 해양으로 분리된 해외의 지역, 특히 아시아와 아프리카의 유색인종에 대한 서유럽 국가들의 지배를 의미했다. 여기에는 인접지역으로의 팽창이 대체로 포함되지 않았다. 제국주의의 이러한 의미가 점차 상식적으로 사용되었다. 결국 제국주의라는 용어는 '19세기말에서 제1차세계대전에 이르는 시대의 특유한 한 현상, 즉 영국을 비롯한 산업열강의 해외 식민지 병합'이라는 그 고유한 의미를 갖게 되었다.

이처럼 제국주의는 '일차적으로' 19세기말 서구 열강의 식민지 병합과 지배를, 다시 말해 '한 특정한 역사적 현상'을 지칭했다. 그렇다면 '과거의 사실'을 의미했던 제국주의 개념이 공식적인 식민지 제국이 완전히 소멸된 오늘날에도 지속적으로 수많은 연구자들에 의해 다시 정의되고 새로운 현상에 적용되는 이유는 무엇인가. 그것은 '오늘날의 어떤 현상'을 어떻게 규정할 것인가 하는 문제의식과 밀접한 연관 속에서 '과거의 어떤 현상'을 다양하게 설명하고 해석하려 했던 노력들, 즉 제국주의 이론들의 발전과 밀접한 관련이 있다. 즉 제국주의의 개념은 제국주의 이론의 발전과 함께 발전하고 변화해왔다. 이러한 발전과 변화를 가져온 단초는 제국주의를 주로 경제적 동인으로 설명하는 '경제적 제국주의론' 내지 '자본주의적 제국주의론'이었다. 그것은 제국주의를 자본주의 경제체제와 인과적으로 연관시킴으로써 뒷날 제국주의의 문제를 둘러싼 이데올로기적 대립을 초래했으며, 그 결과 제국주의의 남용을 불가피하게 야기했다.

Ⅲ. 자본주의적 제국주의론

19세기말 제국주의 열강에 의한 세계의 분할이란 전대미문의 거대한 현상이 진행되는 가운데 이에 주목했던 사람들은, 특히 그것을 비판적으로 보았던 사람들은 왜 그러한 일이 일어나고 있는가를 설명하고 그 의미를 해석하려 했다. 그러나 그것이 갑자기 시작되어 매우 빠르게 그리고 거대한 규모로 진행되었기 때문에 열강의 식민지 각축이 상당히 진전된 뒤에도 그것에 대한 단편적이고 지엽적인 견해들만이 제시되었을 뿐이다. 심지어 식민지 분할을 직접 주도했던 정치가들조차 거대한 움직임에 압도되어 어리둥절한 모습을 보였을 정도로 거기에는 설명하기 어려운 수많은 요인들이 서로 뒤엉켜 있는 것 같았다. 어느 누구보다 많은 식민지 병합을 단행했던 소울즈버리(R. Salisbury) 수상마저 1885년 관직에 복귀하면서 "1880년에는 아무도 아프리카에 대해 생각지 않았다. 나는 이 돌연한 혁명의 원인을 모르겠다. 그러나 아프리카 각축은 엄연히 진행되고 있다"라고 자신의 무지를 토로했던 것이다. 그래서 이 돌연한 팽창은 제국의 역사가 실리가 한 세기 이전의 팽창을 설명할 때 말한 바 있었던 '잠시 방심한 사이에'(a fit of absense of mind) 저절로 이루어진 것으로 설명되기도 했다.[7] 이 설명 아닌 설명이 이해하기 어려운 거대한 사건에 직면한 당대인들의 당혹감을 보여준다.

이러한 복합적 현상을 체계적으로 분석해 이론적으로 설명한 최초의 학문적인 시도는 뒷날 그 지지자나 비판자 모두에게 '제국주의론의 원조(元祖)'로 인정받은 영국인 홉슨(J. A. Hobson)에 의해 행해졌다. 그는 자본주의 경제와 제국주의 사이에 모종의 인과연쇄를 논증한 이른바 '경제적 제국주의론'(theory of economic imperialism)

내지 '자본주의적 제국주의론'(theory of capitalist imperialism)을 정립한 것으로 평가되어왔다. 물론 성장하는 자본주의 경제와 새로운 시장의 확대를 연관시킨 그의 이론이 전적으로 새로운 것은 아니었다. 19세기 중엽 영국의 일부 정치경제학자들은 근대 자본주의 경제의 성장이 한계에 봉착할 것임을 예견하고 비자본주의 지역으로의 조직적인 식민지 시장의 확대가 필요하다고 이미 주장한 바 있었다.[8] 다만 이러한 주장은 중상주의적 제국의 확장을 비판하고 자유무역을 슬로건으로 내세운 당시 정치경제학의 주류를 이루었던 콥덴주의(Cobdenism)에 밀려 별다른 주목을 받지는 못했다. 그러나 1880년대 '대불황'이 심화되면서 사업가들과 금융가들은 과잉생산과 과잉자본을 해소해줄 수 있는 새로운 식민지 시장의 필요성을 주장하기 시작하였다.[9] 영국경제가 살아남아 지속적인 성장을 하기 위해서는 식민지 시장의 확대가 필연적이라는 이들의 주장은 정교한 이론으로 체계화되지는 않았으나 점차 부르주아 일반에게 광범위하게 받아들여졌다. 바로 이들 자본가들이 자본주의 경제와 식민지 시장의 '필연적' 연관성을 강조했던 '자본주의적 제국주의론의 선구자'들이었다. 이리하여 경제적 또는 자본주의적 제국주의의 개념이 형성되기 시작했다.

홉슨의 제국주의론은 부분적으로 이들의 주장을 경제적 이론에 입각해 증명하고 체계화한 것이었다. 즉 그는 새로운 식민지시장의 경제적 필연성을 주장하는 이들의 주된 논거였던 과잉생산과 과잉자본의 존재를 경제학적으로 입증했다. 그의 '이단적'인 '과소소비론'(under-consumption theory)에 따르면 당시 자본주의 경제의 '잘못된' 분배체계가 다수 대중의 빈곤과 소수 부유층에게 과도한 부의 집중을 가져옴으로써 국내에서 유효수요를 가질 수 없는 과잉상품과 과잉자본이 발생하게 된다는 것이다.[10] 아담 스미스(Adam Smith) 이래 자율적 시장의 조화로운 기능에 의한 자본주의체계의 자기균형적인 힘을 신봉해왔던 당시 정통 정치경제학자들이 이러한 과잉의 존재를 제대로 설명할 수 없었다는 점에서 홉슨의 논증은 획기적인 것이었다.[11] 결국 홉슨은 당시 자본주의체계에 심각한 문제가 존재함을 입증한 것이었다. 홉슨이 불황과 실업 등 심각한 사회적 문제를 야기하는 과잉의 존재를 입증했다는 점에서, 그는 이를 해소하기 위해 새로운 식민지 시장의 확대, 즉 제국주의가 불가피하다는 제국주의자들의 주장을 일단 뒷받침한 셈이다.

그러나 홉슨은 과잉자본을 해소하는 방식으로 반드시 제국주의, 즉 대외시장의 확대가 필연적이라고 생각지 않았다. 그는 사회개혁을 통해 잘못된 분배체계를 고침으로써, 즉 다수 대중의 소득을 증대하는 등의 방식으로 과잉자본의 발생을 줄이고, 또한 이를 해소할 수 있는 국내시장을 확대할 수 있다고 생각했다. 이처럼 홉슨은 자본주의체계 자체를 철폐하지 않고 오직 그것의 잘못된 일부를 개혁함으로써 제국주의의 경제적 뿌리인 과잉자본을 해소할 수 있다고 주장했다. 결국 그에게 제국주의는 자본주의 자체의 본질적이고도 필연적인 산물은 아닐 뿐만 아니라 한 전체로서 영국민에게 유해하고 무익한 것이었다.

그렇다면 그처럼 불건전한 제국주의가 왜 추진되고 있는가. 홉슨은 그 원인을 금융가를 필두로 한 상층계급의 과두적 지배체제, 즉 '사이비 민주주의체제'에 돌렸다. 이러한 계급지배가 과잉자본을 가진 소수 부유층의 새로운 이익을 확보하기 위해서뿐만 아니라 민중의 민주적 개혁요구를 외부로 돌림으로써 기득권을 유지하기 위해 결국 제국주의를 추진한다는 것이다. 홉슨은 특히 거대한 유휴과잉(遊休過剩) 자본의 운용자인 금융가 계급이 투자와 투기 이익을 얻기 위해 '제국주의 엔진'의 조종자 역할을 한다고 주장했다. 이것이 뒷날 과잉자본의 대외투자와 식민지 병합의 필연성을 강조하는 '자본주의적 제국주의론'으로 단정되어 비판이 집중되었던 부분이다. 홉슨에게 제국주의는 자본주의가 아닌 낡은 정치구조의 산물이었으며 그것은 자본주의의 철폐가 아닌 민주적 개혁에 의해 해소될 수 있는 것이었음에도 불구하고, 그가 현행의 '잘못된' 자본주의와 제국주의를 인과적으로 연관시켰다는 사실은, 달리 말해 제국주의를 현행 자본주의의 한 특유한 현상으로 보았다는 사실은 이제까지 단순히 열강의 식민지지배를 의미했던 제국주의의 개념에 새로운 의미를 첨가했다. 즉 주로 경제적 동기, 특히 대외투자를 위한 식민지지배라는 의미의 자본주의적 제국주의의 개념이 그것이다. 이 부분이 후대의 학자들의 주목의 대상이 되었는데, 그렇게 된 이유는 그것이 주로 레닌에 의해 수용되고 확장되었기 때문이다.

홉슨에 의해 정립된 자본주의적 제국주의의 개념은 최초의 사회주의 혁명을 성공시킨 레닌(V. I. Lenin)에게 받아들여져 거기에 새로운 의미가 추가되면서 세계적인 영향력을 지니게 되었다. 레닌은 홉슨의 자본주의적 제국주의론을 마르크스주의 교의의 틀에 맞게 전환했다. 그는 홉슨의 주된 의도였던 현행 자본주의의 개혁 가능성을 '프티 부르주아적인 순진한 환상'이라고 간단히 배격하고 자본주의와 제국주의 사이에 철저한 필연성을 개입시켰다. 그는 제국주의를 '독점체들과 금융자본의 지배가 확립되고 자본수출이 뚜렷한 중요성을 획득하며 국제 트러스트들(trusts) 사이에서 세계를 분할하고 최대 자본주의 열강들 사이에서 세계분할이 완료된 단계에 있는 자본주의'로 규정함으로써 그것을 '최종단계의 자본주의', 즉 '독점자본주의'와 동일시했다.[12] 이는 독점단계의 자본주의가 이윤을 확보하게 해주는 독점과 자본의 수출을 위해 필연적으로 열강의 세계 재분할을 초래하게 됨을 의미한다. 이리하여 제국주의는 모든 시대에 나타나는 통시적 현상이 아니라 자본주의 경제의 특정한 발전단계에서 불가피하게 나타나는 특유한 현상이라는 의미가 강하게 부각되었다. 자본주의적 제국주의, 다시 말해 '자본주의와 필연적으로 연관된 제국주의'의 개념은 이렇게 해서 완성되었다.

레닌의 이러한 자본주의적 제국주의의 개념은 제국주의가 자본주의의 최종단계임을, 다시 말해 자본주의체계의 임박한 몰락을 의미했다. 즉 이러한 단계의 국가들은 생산의 활력을 상실하고 해외의 자본수출에서 생긴 이자로 생활하는 고리대 국가(rentier state)로 기생화되어 사멸하게 된다. 레닌은 자본주의의 몰락을 구체화하는 직접적인 계기로서 제국주의 열강들의 자멸을 가져올 이들 사이의 분할된 세계의 재분할을 위한 제국주의 전쟁의 필연성을 도입하였을 뿐만 아니라 한줌의 착취국가들에 대한 대다수 피압박 민족의 점증하는 민족해방투쟁을 추가하였다. 결국 레닌에게 제국주의는 자본주의의 발전과정에서 필연적으로 나타나는 한 본질적 현상이며, 한줌의 독점자본가들의 탐욕적인 이익을 위해 대다수의 세계인민을 압박하고 착취하는 부도덕한 것일 뿐만 아니라, 자본주의 체제의 임박한 몰락의 결정적 징후이기도 했다.

홉슨이 처음 정립하고 레닌이 거기에 필연성을 부여한 자본주의적 제국주의 이론은 1920년대 이후 공산주의 진영에서 성전(聖典)으로 숭앙되었을 뿐만 아니라 식민지세계와 서방세계에까지 강력한 영향을 미치는 반(反)제국주의, 더 나아가서 반(反)자본주의의 이데올로기가 되었다.[13] 그것은 공산주의자들에게 적극적으로 세계혁명의 전망을 확신하게 했을 뿐만 아니라 '자본주의가 제국주의적'이며 '그것은 전쟁과 침략을 먹고 산다'는 신랄하고 효율적인 상투어로 압축되어 서방 자본주의 진영의 도덕성을 공격하는 주요 수단이 되었다. 그것은 공산주의를 신봉하지 않은 서방세계의 양심적인 사람들에게도 많은 영향을 미쳐 모든 종류의 식민주의에 대한 불신과 반대를 조장하였으며 그것의 몰락에 무관심하게 만들었다. 그리고 그것은 마침내 식민지의 피압박민족들에게 수용되어 민족해방운동을 적극 고무하였다. 이리하여 '자본주의적 제국국주의'를 기정사실로 인정하는 국제적인 여론이 형성되었다. 이제 많은 사람들은 제국주의 하면 으레 경제적 제국주의 내지 자본주의적 제국주의를 연상하게 되었다.

서방의 우파학자들은 레닌의 자본주의적 제국주의론이 등장한 이

래 지금까지 오랫동안 집요하게 그것의 오류를 논증하려고 노력해왔
다. 자본주의적 제국주의론의 강력한 이데올로기 공세는 서방세계
의 부도덕성과 경제적 착취, 그리고 자본주의체계의 필연적 멸망 등
을 의미하는 것이었기 때문에, 이들에게 그것에 대한 대응은 단순히
학문적 차원을 넘어서 자신들의 체제수호라는 절박한 현실문제로 될
수 있었을 것이다. "결국 마르크스주의적인 경제적 제국주의론은
오로지 한 종류만이 있을 뿐이다. 재치 있게 말한다면, 그것은 지난
200년에 걸친 모든 해악을 자본주의로 돌리는 재간을 가졌다"[14]는
블록(M. Blaug)의 말은 서방의 연구자들이 자본주의적 제국주의론을
매우 작위적인 이데올로기 공세로 보고 있음을 나타내며 그것에 대
한 이들의 주된 비판동기가 제국주의와 자본주의의 필연적 인과연쇄
의 고리를 절단함으로써 '순결한 자본주의'의 모습을 회복하려는
것임을 시사해준다.

자본주의적 제국주의론에 대한 이들의 비판을 고찰하기에 앞서
먼저 이들이 비판대상으로 삼은 것이 무엇인가를 구체적으로 살펴보
아야 한다. 홉슨과 레닌의 제국주의론에 대한 기존의 비판들을 종합
적으로 고찰하여 이에 대한 '역사적 수정'을 시도했던 필드하우스
(D. K. Fieldhouse)는 먼저 그 비판의 대상을 다음과 같이 설정하였다.

홉슨과 레닌은 그 세부적인 내용에서는 다르지만, 자본주의 국가
안에 대외투자를 요구하는 거대한 압력이 있었으며, 그 압력이 1870
년 이후 제국주의적 팽창을 일으켰던 주된 요인이었다고 주장한 점에
서 둘은 일치했다.

제국주의론의 존폐가 달린 핵심적인 특징은 1870년 이후 건설된 제
국들이 유럽과 아메리카에 있는 경제적 선진국들의 선택이 아닌 필연
이었다는 단언이다. 즉 그것은 자본주의 국가들이 국내에 형성된 과잉
자본 때문에 세계의 저개발지역으로 자본을 수출하도록 강요되었으며
장래의 혹은 현재의 투자만이 식민지를 획득하려는 동기가 되었다는
것이다. [15]

이처럼 필드하우스는 홉슨과 레닌의 공통된 자본주의적 제국주의론을 과잉자본의 대외투자가 필연적으로 제국주의적 팽창을 초래한다는 이론, 즉 '투자 제국주의론'(theory of investment-led imperialism)으로 단정하였다. 이것은 둘의 이론을 같은 설명모형으로 보았다는 점에서 종종 '홉슨-레닌 테제'(Hobson-Lenin Thesis) 또는 '홉슨-레닌 모형'으로 불리었다.

지금까지 투자 제국주의론의 오류를 비판하는 논증은 대체로 세 가지 유형으로 나누어볼 수 있다. 첫째 유형은 투자지역과 병합지역의 불일치를 증명함으로써 그것의 '사활적 논점'을 한번에 분쇄해 버리는 것이다. 즉 19세기말 제국주의 열강이 실제로 자본을 투자했던 주된 지역이 이 기간에 병합되었던 새로운 식민지들이 아니었음을 입증하는 지역별 대외투자통계를 제시함으로써 그러한 시도는 달성되었다. 이러한 방식이 가장 자주 반복된 주된 비판이었다. 둘째 유형은 식민지 병합의 사례연구를 통해 대외투자가 아닌 다른 정치적 전략적 요인 등이 더욱 결정적인 요인이었음을 증명하는 것이다. 이러한 방식은 모든 것을 포괄하는 역사공식을 혐오하는 경향을 보이는 역사가들이 주로 취한 방식이었다. 세번째 유형은 과잉자본의 발생과 자본수출에 관련된 경제적 이론의 오류를 증명하는 것으로 주로 경제학자들에 의해 수행되었던 방식이었다. 예를 들어 그것은 홉슨의 과소소비론의 문제점을 지적하는 것이다. 서방의 연구자들은 이러한 방식들에 의해 투자 제국주의론을 완전히 논파했다고 확신했다. 엘드리지(C. C. Eldridge)의 말을 들어보자.

자본주의적 제국주의론은 참으로 논증된 적이 없다. 그럼에도 불구하고 그것은 많은 논평가와 정치가들—— 예컨대 가나의 엥크루마(Kwame Nkruma)—— 에게 제국주의에 대한 정설로 남아 있다. ……경제학자들과 역사가들의 철저한 비판에도 불구하고 그 이론은 아직도 살아서 개편과 확대를 도모하고 있다. 지금도 살아있는 신화는 아마도

단순한 사실에 의한 비판에는 면역이 되었나 보다. [16]

여기서 자본주의적 제국주의론을 '돌이킬 수 없는 사실'에 의해 논파했다는 서방 연구자들의 자신감과 그것의 끈질긴 이데올로기적 생명력에 대한 혐오를 읽을 수 있다.

비판자들의 주장처럼 투자 제국주의론의 오류는 명백하다. 그러나 홉슨과 레닌이 주장했던 것이 과연 투자 제국주의론이었던가. 먼저 홉슨의 경우, 때로 모호하고 모순되는 언급에도 불구하고 그의 자본주의적 제국주의론은 투자 제국주의론이 아니라 이를 포함하는 더 광범한 '금융 제국주의론'이었다. 즉 그것은 거대한 과잉자본과 구조적으로 연관되어 이를 운용하는 강력한 힘을 가진 소수의 금융가 계급이 단순히 대외투자 수익뿐만 아니라 위기 때에 창출되는 증권파동 등의 투기이익을, 특히 후자를 충족시키기 위해 강력하지만 맹목적인 다른 제국주의적 힘들을 조종하고 결집하여 식민주의뿐만 아니라 투기에 유리한 기회를 창출하는 군국주의도 포함하는 넓은 의미의 제국주의을 이끌어낸다는 것이다. [17] 이처럼 홉슨의 제국주의는 식민주의와 군국주의를 모두 포괄하고 있다는 점에서 그것은 식민주의와 동일시되었던 종래의 제국주의의 개념보다 그 의미가 크게 확장되어 있었다. 홉슨의 금융 제국주의론 가운데 '투자 제국주의론'의 부분이 비판자들에게 취약성을 노출하고 있다면, '투기 제국주의론'의 부분은 그러한 비판에서 벗어나 있으며 전자의 취약성을 보완하고 있다. 결국 비판자들은 그 대상을 부분적으로만 이해함으로써 홉슨의 이론을 논파할 수 없었다.

'투자 제국주의론'은 레닌의 제국주의론을 담기에는 너무 비좁은 그릇이다. 왜냐하면 레닌이 자신의 제국주의론에서 주로 설명했던 것은 1870년에서 1900년 사이의 식민지 분할이 아니라 자본주의의 구조적 변화와 분할된 세계의 재분할 전쟁, 즉 제1차세계대전의 필연성이었다. [18] 레닌의 제국주의는 금융자본의 지배가 확립되고 세계

분할이 '완료된' 시점인 1900년경에야 등장한다. 따라서 19세기말
의 식민지 분할은 레닌이 의미하는 '제국주의가 아니라 그것의 서곡'
이었다. 다만 레닌은 19세기말 세계 분할의 격화가 자본주의의 독
점단계로의 이행과 명백히 연관되어 있다고 강조하면서 부수적으로
그것의 원인을 설명하였다. 그는 세계분할의 주된 요인으로 먼저 금
융자본의 원료독점을 제시한 뒤, 자본수출의 이해 '역시' 식민지
정복의 충동을 일으킨다고 매우 간략하게 언급하였다. 식민지 분할
의 원인에 대한 설명에서 자본수출은 이처럼 부차적인 요인으로 설
명되었던 것이다. 뿐만 아니라 레닌은 이러한 경제적 동기들 이외의
다른 비경제적 '옛 동기들' 역시 작용하고 있음을 배제하지 않았다.
자본수출과 관련해 레닌이 강조했던 것은 1900년대 독점자본주의가
확립된 뒤 그것이 금융자본의 국제적인 지배망을 구축하는 데 결정
적인 역할을 했다는 것이다. 여기에서 그는 "경제적 병합이 정치적
병합 없이도 완전히 실현 가능하며 실제 널리 그렇게 행해지고 있다"
는 점을 강조하여 금융자본의 지배가 식민지의 형태만을 의미하는
것이 아님을 분명히하였다. 이리하여 그의 자본주의적 제국주의 개
념에는 직접지배뿐만 아니라 다양한 형태의 간접지배를 포함하게 되
었고, 바로 이러한 점이 공식적인 식민지제국의 소멸 이후에도 제국
주의의 존속을 주장할 수 있는 근거가 되었다.

결국 투자 제국주의론, 즉 홉슨-레닌 테제에 대한 비판은 그 대
상에 대한 정확한 확인에 실패함으로써 소규의 목적을 달성할 수 없
었다.[19] 그리고 무엇보다 자본주의와 제국주의의 인과적 필연성에
대해 서로 대립되는 주장들을 그 핵심내용으로 하는 홉슨과 레닌의
이론을 동일한 설명모형으로 단정한 것이 비판자들의 중대한 오류였
다. 자본주의적 제국주의론이 역사적 증거에 반하여 그토록 오랫동
안 유행해왔다는 사실은 서방의 연구자들에게는 '수수께끼'요 '신
화'일 뿐이었지만, 그렇게 된 상당한 이유는 비판대상조차 정확하
게 이해할 여유를 가지지 못했던 그들 자신의 조급성 때문이었던 것

으로 보인다. 이러한 조급성은 제국주의의 문제가 동서 이데올로기 대립의 절박한 쟁점이었음을 반영하는 것으로 추론해볼 수 있을 것이다. 그러나 자본주의적 제국주의론에 대한 비판자들의 실패가 그것의 정당성을 보증해주는 것은 아니다. 왜냐하면 그것에 대해 종전과는 다른 새로운 방식의 비판이 가능할 수 있을 것이기 때문이다.

Ⅳ. 대안의 설명들
— 다양한 제국주의 이론의 발전

서방의 비판적 연구자들은 투자 제국주의론의 오류를 증명하려고 노력했을 뿐만 아니라 제국주의적 팽창을 가져오는 중대한 동인으로서 경제적 요인, 즉 대외투자가 아닌 정치적 전략적 사회적 요인 등 다른 비경제적 요인들에 중점을 두는 대안(代案)의 설명들을 개발해 왔다. 이는 제국주의라는 현상에 대한 이해를 넓히고 깊게 하는 다양한 제국주의론의 발전을 의미하지만, 그 과정의 이면은 첨예한 이데올로기적 대립으로 점철되어 있었다. 왜냐하면 대안의 설명들은 홉슨과 레닌에 의해, 특히 후자에 의해 한 배를 타게 된 자본주의와 제국주의의 필연적인 인과연쇄의 고리를 노골적으로 또는 은연중에 절단하려는 시도였기 때문이다.

슘페터(J. A. Schumpeter)의 제국주의에 대한 설명은 이러한 시도들의 고전적인 사례가 될 수 있다. 그는 1919년에 출판된 《제국주의들의 사회학》(The Sociology of Imperialisms)[20]에서 먼저 제국주의를 '힘에 의해 무제한의 팽창을 지향하는 무목적적인 성향'이라고 정의하여 그것이 모든 시대에 대두할 수 있음을 강조했다. 이리하여 제국주의는 어떤 시대의 특유한 현상이 아닌 통시적 현상으로 그 의미가 크게 확장되어 예를 들어 고대 페르시아나 로마, 절대왕정의 제국주의 등 역사 이래 무수한 제국주의들의 존재가 가능해졌다.

그러나 슘페터는 19세기말 근대제국주의의 경우, 이를 무목적적인 팽창성향에 직접 연관짓지 않고 더욱 간접적인 방식의 설명을 도출하였다. 즉 그에 따르면 그러한 성향과 그에 상응하는 사회구조들은 여러 민족과 계급들이 생존을 위해 전사가 되어야 했던 먼 과거 상황의 필요에 의해 만들어졌다. 주로 지배계급의 국내적 이익에 봉사하는 이러한 성향과 구조가 일단 확립되면, 그것들은 그 의미와 생명유지의 기능을 상실한 이후에도 오랫동안 존속하는 경향을 보였다. 제국주의의 최근의 명확한 사례는 18세기의 절대왕정이며 산업혁명 이후 자본주의 발달로 그러한 성향과 구조는 급격하게 사회적 기능과 의미를 상실했으나 완전히 소멸되지 않은 채 잔존하여 19세기말 제국주의로 나타나게 되었다. 결국 근대 제국주의는 절대왕정의 시대에서 전승된 정치구조의 잔재로부터 기인하는 것이었으며, 따라서 그것은 19세기 중엽 자유무역의 시대를 건너뛰어 나타난 격세유전적(atavistic) 현상이었다.

이러한 추론을 이끌어내기 위해 슘페터는 흥미롭게도 정치적 사유와 감정, 달리 말해 '상부구조'가 생산관계의 반영이라는 마르크스주의의 명제, 즉 경제사관을 일단 유용한 분석도구로 받아들인 뒤에 이를 제국주의가 절대왕정의 유물이라는 자신의 명제를 논증하는 논리로 전환시켰다. 그는 제국주의를 야기한 정치적 사유와 감정이 바로 그 시대가 아닌 그에 앞선 시대의 생산관계의 반영이라고 주장했던 것이다. 따라서 그에게 제국주의는 당시의 자본주의적 생산관계가 아닌 봉건적 생산관계, 정확히 말하면 그것에서 기인하는 잔존한 정치구조의 산물이 된다. 결국 제국주의는 호전적 본능을 간직하고 있는 토지귀족들에 의한 것이 되며, 이는 슘페터에 앞서 중상주의적 제국을 이들의 탓으로 돌린 자유주의적 비판자들의 주장과 유사한 것이 된다.

그는 이렇게 하여 제국주의라는 악덕을 봉건주의에 돌렸을 뿐만

아니라 자본주의가 그 본질상 제국주의와 무관하며 오히려 그것에
적대적어라고 주장했다. 그에 따르면 시장 지향적인 근대 산업자본
주의는 생산적이고 평화적인 새로운 인간형을 배출하는 완전히 새로
운 사회질서를 대표한다. 순수한 자본주의 세계에서는 한때 전쟁을
위한 에너지였던 것이 오직 모든 종류의 노동을 위한 에너지로 된다.
따라서 자본주의는 본질적으로 반(反)제국주의적이며 제국주의적 충
동을 배양하는 비옥한 토양을 제공할 수 없다. 그는 자본주의가 계
속 발전해나갈 때, 제국주의가 소멸될 것으로 예견했는데, 그 이유
는 '존재목적을 상실한 본능'이 자본주의 사회에서 신속하게 무력
해질 것이기 때문이었다. 결국 슘페터에게 제국주의는 자본주의가
최종적인 승리를 거둘 때까지의 과도기적 현상이었으며, 따라서 그
것을 자본주의의 필연적 단계로 설명하는 것은 중대한 오류였다. 이
렇게 하여 슘페터는 자본주의와는 무관하며 심지어 그것에 적대적인
제국주의라는 사회적 심리적 설명을 수립하였다.

  이러한 슘페터의 설명은 약탈적이고 권위주의적인 군사적 사회로
부터 생산적이고 평화적인 산업사회로의 이행을 강조하면서 산업자
본주의의 평화성과 호혜성을 예찬한 스펜서(H. Spencer)와 콥덴(R.
Cobden) 등 19세기 중엽의 자유주의자들의 전통을 그대로 이어받고
있다. 자본주의적 제국주의론에 대한 그의 대안은 전적으로 자유시
장의 법칙에 의해 지배되는 자유방임의 경제라는 자유주의적 양식에
기초하고 있다. 바로 이 자유시장에서 어떤 독점적인 구조들도 공동
체의 비용으로 그들의 사적인 목적을 추구하기 위해 국가권력을 사
용할 수 없다는 것이다. 이러한 설명은 그가 19세기말 대불황에 이
른 자본주의의 발전과정을 경시하고 고전적인 자유방임주의로 회귀
했음을 보여준다.

  오늘날 서방의 수많은 연구자들은 슘페터의 사회심리적인 논증을
수용하여 더욱 사회학적인 '사회 제국주의론'으로 발전시켰다. 이
들은 세부적인 곳에서는 차이를 보이지만 대체로 제국주의를 자본주

의체계의 한 필연적 단계가 아닌 산업화 이전 사회에 대한 근대자본
주의의 충격으로부터 발생한 특유한 사회구조들과 이해들의 결합의
결과로 보았다. [21) 간단히 말해 제국주의는 결국 근대 산업사회에 살
아남은 전(前)민주적 사회구조들의 잔재에 의해 야기되었다는 것이
다. 따라서 제국주의의 주된 원천은 '금융자본'이 아니라 민주주의
의 진전에 의해 자신의 특권 유지에 위협을 느끼는 정치 사회적 이
해집단이다. 이러한 특권계급은 대중의 시선을 외부로 돌림으로써
민주사회주의 운동의 성장을 막는 효율적인 방책으로 제국주의를 추
진한다. 이러한 유형의 연구자들은 산업자본주의 사회가 본질적으
로 평화적이고 호혜적이라고 주장하지는 않았지만, 자본주의가 필
연적으로 제국주의적 출구를 요구한다는 주장을 거부했고, 서구의
입헌적 민주주의의 발전이 모든 제국주의적 경향을 소멸시킬 것이라
고 믿었다. [22) 사회 제국주의론은 마르크스주의자들처럼 제국주의적
팽창의 요인들을 일차적으로 객관적인 경제적 사실에서 구하는 것이
아니라 경제적 사회적, 그리고 정치적 요인들의 상호작용에서 찾았
고, 그럼으로써 결국 자본주의와 제국주의 사이의 인과연쇄의 고리
를 절단하였다.

정치적 제국주의론 역시 자본주의적 제국주의론을 비판하고 정치
적 전략적 요인을 전면에 부각시켰다. 그것은 연구자들에 따라 세부
적으로 다양한 차이를 보이지만 대체로 두 가지 유형으로 나눌 수
있다. 첫째 유형은 정책결정자의 독자적인 고려, 특히 전략적 고려
가 제국주의를 가져온 주된 동인이라는 것으로서 그 내용을 요약하
면 다음과 같다. [23) 1870년 이후 통일 독일의 등장 등 유럽의 정치적
격변과 그에 따른 동맹체들의 형성으로 세력균형의 문제는 다시 국
제관계의 지배적인 고려사항으로 대두하였다. 이러한 상황은 국력
과 전쟁 능력의 확대, 보호관세에 의한 국가적 자립경제의 달성 등
에 중점을 둔 신중상주의 사상을 부활시켰고 그 결과 산업열강들 사
이에서 정치적 갈등이 증폭되고 강대국의 반열에서 낙오될지도 모른

다는 공포심이 확대되었다. 세력균형을 위한 이들의 정치적 투쟁이 유럽 안에서 막다른 골목에 이르자 그러한 투쟁은 '상대적으로 안전한' 아시아와 아프리카의 경기장으로 무대를 옮겼다. 이것이 '제국주의'이다. 이러한 제국주의는 국가의 안전과 국력의 강화에 기본적인 관심을 가진 정책결정자의 전략적 고려에 의해 수행되었다. 이 설명에 따르면 금융가들이 정치가들을 지배한 것이 아니라 그 반대로 나타나며, 그렇게 해서 자본주의적 제국주의론은 부정된다. 이 설명은 정확하게 공문서에 의해 뒷받침되는 매우 실증적인 설명이지만, 공문서에는 모든 사안이, 심지어 경제적 사안조차 전략으로 환원되어 기록되는 경향을 보인다는 점에서 이를 기계적으로 수용하는 것은 위험한 일이다.

　정치적 제국주의론의 두번째 유형은 제국주의를 민족주의의 산물로 보았다. 이 설명은 일찍이 윌리암 랭거(William Langer)가 제국주의는 기본적으로 '유럽의 경계선 너머로 민족주의의 사출(射出)'[24]이라 규정한 이후 서방의 연구자들 사이에서 광범위한 지지를 받고 있다. 즉 근대의 제국주의는 서구사회의 발전과정에서 자유주의로부터 대중적(democratic) 전체주의로 타락해버린 19세기말 민족주의적 대중운동의 산물이라는 것이다.[25] 이 설명에 따르면 제국주의적 팽창에 열광하는 대중의 민족주의적 히스테리아가 식민지 팽창의 이익보다 상대적으로 높은 비용을 인식하고 이를 꺼려 하는 정치가들을 제국주의로 밀어붙였다는 것이다. 이 설명은 결국 제국주의의 책임을 정치가나 자본가가 아닌 부르주아 일부를 비롯한 주로 하층계급에 전가한 셈이다. 물론 1890년대 들어 제국에 대한 대중의 열광과 징고이즘(jingoism)이 맹위를 떨쳤으며, 그것이 제국주의의 주된 추진력이 되었다는 것은 사실이다. 자본주의적 제국주의론의 원조로 평가된 홉슨 역시 이러한 사실을 알고 있었다. 그러나 그는 대중의 징고이즘이 지배계급에 의해 조작되고 있음을 논증했다. 즉 그는 지배계급에 장악된 당시에 처음 등장한 뮤직홀의 대중예술을 비롯한 대중언론과 교회, 학교, 대학 등이 징고이즘을 배양하고 고무하고 있음을 증명했던 것이다.[26] 따라서 단순히 대중의 징고이즘이 존재했다는 사실만으로 이를 간단하게 제국주의의 주된 추진력으로 보는 것은 피상적인 설명이 될 수 있다.

자본주의적 제국주의론에 대한 최근의 가장 강력한 도전은 주변부 제국주의론(peripheral theory of imperialism)이었다.[27] 그것은 제국주의의 주된 동인을 중심부가 아닌 주변부에서 찾는다는 점에서 전자에 초점을 맞추었던 기존의 모든 이론을 어느 정도 부정하였다. 이 이론을 창시했던 갤러거(J. Gallagher)와 로빈슨(R. Robinson)의 말을 들어보자.

> 제국주의의 원인을 찾기 위해 유럽을 자세히 조사했던 제국주의 이론가들은 잘못된 장소에서 답변들을 구해왔다. 모든 사건을 일어나게 했던 결정적인 변화들은 아프리카 자체에서 일어났다.[28]

주변부 제국주의론자들에 따르면 기존의 연구들은 제국주의를 '밀어붙이는' 중심부의 요인들만을 주목함으로써 결과적으로 아프리카 지역을 서구열강이 제국의 지도를 마음대로 그릴 수 있는 '텅 비어 있는 지역'으로 취급하였지만, 실제로 제국주의를 '끌어당기는' 주변부의 요인들이 훨씬 결정적이었다는 것이다. 이들은 먼저 격심한 식민지 각축이 이루어졌던 19세기말 중심부에 그러한 거대한 팽창을 가져올 만큼 강력한 압력이, 특히 경제적 압력이 존재하지 않았다고 주장한 뒤, 강력한 '추진력 없는 제국주의'(imperialism without impetus)의 원인을 찾기 위해 주변부를 고찰하였다.

이들에 따르면 1820년대에서 1870년대까지 유럽의 산업열강, 특히 영국은 아시아, 아프리카 지역을 자국의 무역과 기술에 개방시키기 위해 이 지역의 기존체제의 협력을 이끌어내려고 노력했다. 원주민 사회의 근대화를 열망하는 엘리트 집단 역시 유럽인들과 협조할

태세를 갖추고 있었으므로 둘 사이에 협력체제가 마련될 수 있었다. 이리하여 이 지역들은 자유무역을 통해 점차 서구의 산업체제에 경제적으로 통합되어갔으며, 이는 사실상 무역을 통한 서구의 '간접지배'(informal rule)를 의미했다. [29] 이러한 과정은 동시에 원주민 사회의 급속한 변동을 초래하여 초기적인 민족주의적 저항이 나타나고 '제국주의'에 협력한 초기의 협력자들의 지위가 급속히 약화되었다. 그 결과 19세기말이 되면 초기의 협력체제는 붕괴하고 기존체제는 중대한 위기에 봉착하였다. 원주민 사회의 자체적인 대처 능력의 부재는 무질서와 혼란을 가져왔다. 이리하여 초래된 19세기말의 직접 지배체제의 수립, 즉 '제국주의'는 권력의 공백을 메꾸어 붕괴된 협력체제를 복원한 것에 불과한 것이다. 대표적인 사례는 1882년 붕괴의 위기를 맞이한 태수체제(Khedivate)를 구하기 위해 영국이 '마지 못해' 단행한 이집트 점령이다. 공식적인 지배 이후에도 본국은 식민지에 매우 제한된 지원과 관심만을 가지고 있었기 때문에 현지의 백인들은 토착 엘리트와 지속적으로 협력하지 않을 수 없었다.

이처럼 주변부 제국주의론자들은 제국주의의 결정적 요인을 원주민 사회의 특유한 민족주의적 위기와 이에 대한 원주민 사회의 대처 능력 부재에 두고 있으며, 아프리카의 위기와 맞물려 있는 유럽국가들의 경쟁격화를 부차적인 요인으로 봄으로써 중심부의 정치적 전략적 요인을 어느 정도 평가했다. 그러나 중심부의 경제적 필요에 의한 제국주의를 배제함으로써 자본주의적 제국주의론은 전적으로 부정하였다. 결국 이들에게 제국주의는 합리적이고 심사숙고하여 잘 계획된 사업이 아니었다. 그것은 유럽의 제국주의 수행자들과 그 희생자들 모두에게 우연적이면서도 불가피하게 보였던, 그리고 점차 그들의 통제를 벗어난 매우 복합적 사건이었다. 이리하여 '잠시 방심한 사이에' 획득된 제국이라는 낡은 설명은 매우 정교한 새로운 판으로 다시 등장하는 것이다.

　주변부 제국주의론은 중심부와 주변부라는 제국주의의 두 당사자 모두를 고찰해야 한다는 새로운 접근방식을 제시했다는 점에서, 그리고 다양한 형태의 간접지배를 제국주의로 파악했다는 점에서 앞으로 제국주의론의 발전을 위한 중대한 시사를 했다. 그러나 중심부에 대외팽창을 지향하는 경제적 압력이 존재하지 않았다는 이들의 주장은 그들 자신이 전개한 논리에 비추어볼 때, 상당한 모순점을 안고 있다. 이들의 주장에 따르면 19세기말에 식민지로 병합된 지역은 '오래 전에 무역을 통해 서구의 산업체계에 경제적으로 이미 통합되었던 지역'이었다. 그렇다면 이 지역은 병합 당시 당연히 서구의 경제에 중요한 지역으로 되었을 것이라는 추론이 가능해진다. 19세기말 주변부의 민족주의적 저항으로 '위성경제권'이 중심부 경제에서 떨어져나가려고 했을 때 중심부가 이를 그대로 방치하지 않고 직접지배체제를 수립했다는 사실, 즉 제국주의는 결국 중심부의 경제적 필요를 반영한 것이었던 것이다. 서구열강이 '마지 못해' 병합에 나섰다면, 그 이유는 중심부와 무관한 병합이기 때문이 아니라 기존의 값싼 간접지배방식 대신에 중상주의적인 비싼 직접지배방식을 채택해야 한다는 사실에서 기인한 것으로 볼 수 있다. 주변부 제국주의론은 자신의 논리전개와는 모순되게 중심부 경제의 압력을 전적으로 배제함으로써 결국 서구열강이 '원하지 않고 경제적으로 이익이 되지 않은 제국주의'를 원주민 사회의 법과 질서의 회복을 위해 수행했다고 하는 뉘앙스를 풍기고 있다. 직언해서 이는 제국주의의 책임을 주변부의 무능에 전가하는 인상을 주는 것이다.

　이제까지 우리는 자본주의적 제국주의론과 그것의 대안으로 제시된 여러 이론들을 고찰하였다. 이처럼 대립하는 이론들의 주장자와 그 지지자들 사이에 계속되어온 논쟁들은 대체로 사안을 분명히하기보다는 오히려 그것을 더욱 혼란에 빠뜨리는 결과를 보여왔다. 왜냐하면 그들은 나름대로의 목적에 따라 심지어 제국주의의 개념 자체를 달리 규정했으며, 그들의 주제도 세기의 전환기의 군국주의적 상황이나 자본주의의 구조변동, 또는 19세기에서 20세기에 걸친 공식적 제국이나 모든 시대의 모든 제국, 또는 19세기 중엽 이래의 다양한 형태의 간접적 지배 등 가지각색이었다. 그러나 이러한 이론들 모두가 그 주된 관심의 차이에도 불구하고 일정 부분 19세기말 서구 열강의 식민지 병합, 즉 고유한 의미에서의 제국주의에 대한 설명을 시도하였다. 우리는 이에 대한 설명들 가운데서 어떠한 것이 더욱 타당한 것인가를 판단할 위치에 있지 않다. 다만 다양한 대안의 설명들이 홉슨과 레닌의 자본주의적 제국주의론을 상당 부분 오해한 가운데 이를 비판하기 위해 전개된 것이며, 그것들은 나름대로 분석의 대상을 확대하면서 그것에 대한 이해의 폭을 넓고 깊게 하는 데 공헌했지만, 다른 편으로 제국주의에 대한 논의를 더욱 모호하고 혼란스럽게 만들었다. 이러한 혼란의 원인은 본질적으로 좌우 사이의 첨예한 이데올로기 전쟁의 시기를 살았던 논자들의 자본주의체계에 대한 가치판단의 차이로 돌려질 수 있을 것이다.

제국주의에 대한 이제까지의 논의는 주로 19세기말의 세계분할, 즉 제국주의가 왜 발생하게 되었는가에 대한 설명들을 중심으로 전개되었다. 그것의 핵심문제는 제국주의의 주된 요인이 무엇이었는가, 달리 말하면 제국주의의 주범이 누구였는가를 규명하는 작업에 관한 것이었으며, 특히 자본주의체계가 제국주의를 필연적으로 요구하는지의 여부가 관련이론들의 주된 쟁점사항이었다. 이 점에 대해서는 서로 양립하기 어려운 일방적인 주장들만이 난무하고 있을 뿐 아직 어떤 공통된 합의점은 발견되지 않고 있다.

V. 탈식민화와 신식민주의

식민지 제국이라는 의미에서의 제국주의는 오래 존속하지 못했다.

서구열강의 식민지 제국은 19세기말에 급속히 형성되었지만, 그것의 해체는 그 형성보다 더욱 빨랐다. 1945년 제2차세계대전의 종전 이후 구식민지들은 불과 20년 안에 대부분 독립국가로 전환되었다. 본래적 의미의 제국주의가 이처럼 신속하게 소멸된 이유는 무엇인가. 무엇보다 제3세계의 민족주의가 급속히 성장했다는 점을 주된 원인으로 돌릴 수 있다. 식민지인들은 제국주의 열강에 의해 식민지에 이식된 학교와 대학·교회·언론 등을 통해 근대문명을 섭취하는 과정에서 부지불식간에 서구의 민주주의와 민족자결의 원칙을 배우게 되었다. 이리하여 식민지인들은 이민족에 의한 전제적 지배를 거부하고 독립된 민족국가를 형성하려는 거센 민족주의적 저항운동을 전개하기 시작하였다. 1950년대의 베트남과 1960년대초의 알제리아가 강력한 종주국, 프랑스를 상대로 전개했던 독립전쟁은 대표적인 성공사례이다. 다음으로 제국주의 열강에 적대적인 소련이라는 강력한 사회주의 국가가 대두해 식민지의 민족해방운동을 적극 지원하였다는 점을 들 수 있다. 우선 1917년 러시아에서 사회주의 혁명이 성공했다는 사실 자체가 피압박 민족들의 저항운동을 크게 고무하는 계기가 되었다. 1919년 우리나라에서 3·1 독립운동이 거족적으로 일어났던 것은 러시아혁명의 성공에 커다란 영향를 받았던 것이다.[30] 건국 직후부터 소련은 코민테른을 조직하여 중국과 한국 등의 반제국주의 운동을 적극 지원했으며, 1949년 사회주의 혁명에 성공한 중국 역시 아프리카의 민족해방운동을 지원했다는 것은 이미 잘 알려진 사실이다.

식민지 제국들이 급속히 소멸한 원인은 서구 자체에서도 찾을 수 있다. 우선 제국주의 열강들 사이의 두 차례에 걸친 세계대전은 주된 식민지 제국이었던 서유럽국가들의 힘을 현저하게 약화시켰으며, 새로운 초강대국으로 미국이 등장했다는 점을 들 수 있다. 영국과 프랑스 등 주요 식민지 국가들은 5년 동안에 걸친 전쟁으로 기진맥진하여 여기저기 떨어져 있는 식민지들을 효율적으로 통치하기 어려웠다. [31] 그리고 매우 적은 식민지들을 소유한 미국은 상대적으로 식민주의에 무관심했으며, 제2차세계대전 이후 새로운 국제질서를 주도적으로 확립하는 과정에서 자국의 간접적인 영향력을 확대하기 위해 공식적인 식민지 제국들의 해체를 촉진하는 일정한 역할을 했다. [32] 서유럽 내부에서의 제국에 대해 증대된 혐오 역시 정부로 하여금 식민지를 포기하게 하는 압력으로 작용했다. 제국주의의 전성기에 일찍이 홉슨 등이 '무익하고 유해한' 제국주의의 진상을 폭로한 이후 자유주의 좌파와 사회주의자들을 중심으로 지속적인 반제국주의 운동은 확산되어갔으며, 특히 제국주의를 소수의 경제적 탐욕이나 부도덕성과 일치시킨 자본주의적 제국주의론이 기정사실화되면서 일반여론도 제국의 유지를 탐탁지 않게 생각하였으며 그것의 몰락에 무관심해졌다. 끝으로 세계자본주의체계의 중심부 경제가 식민지에 대한 직접지배체제를 유지할 필요가 크게 줄어들었다는 점도 공식적 제국의 소멸을 가져온 요인이었다. 즉 상당기간의 직접지배에 의한 식민지의 경제구조 개편과 세계자본주의 시장 편입은, 그리고 일부 식민지들의 경우 그 경제적 무용성의 판명은 제국주의 열강으로 하여금 값비싼 유지비와 억제하기 어려운 저항, 국제적 비난 등을 무릅쓰고 계속 식민지 지배를 고수할 필요를 크게 줄였던 것이다. 간접적 방식에 의한 지배와 수탈의 지속문제는 조금 뒤에 다시 논의하겠다.

그러나 식민제국 해체의 더 본질적인 요인은 국제사회를 보는 인류의 양식이 전반적으로 진보해 어떤 강대국도 다른 민족에 대한 노골적인 지배체제의 유지를 정당화하기 어려워졌다는 점이었다. 우선 근대 제국주의 자체가 역설적으로 그러한 진보를 어느 정도 반영하고 있다. 홉슨의 말을 들어보자.

영국과 미국뿐만 아니라 독일과 러시아처럼 정치적 도덕성이 다소 덜 발달한 국가들도 이제 더 이상 단순히 이기적인 편의만을 내세워

외국에 대한 침략과 간섭을 정당화하는 것이 만족스럽지 않다고 생각하게 되었다. 그들은 자기들이 사적인 목적의 달성이 세계에, 그리고 특히 침입의 대상이 되는 지역이나 국가에 이익을 가져올 것이라고 어떻게든 주장하면서 모종의 문명의 사명을 공언하는 것이다. [33]

홉슨은 제국주의 열강이 이기적인 탐욕을 이타적 동기로 은폐해야만 했던 사실 자체가 국제사회의 일반적인 도덕적 인식의 향상이라고 평가했다. 열강이 어쩔 수 없이 아시아와 아프리카의 원주민을 위한다는 동기를 내세우고 제국의 팽창에 나섰던 만큼, 상당한 지배 기간 동안에 원주민에 대한 차별·수탈·학살과 이에 대한 이들의 거센 저항이 때때로 세계의 언론 등을 통해 알려지면서 이타적 목적과 무관한 제국주의의 실상과 제국주의적 지배에 대한 원주민의 혐오가 세계인들에게 점차 분명해졌을 때, 어느 열강도 더 이상 노골적인 직접지배의 방식을 장기적으로 유지하기는 어려웠을 것이다. 한 제국주의 국가의 지배 대신에 국제적 기구에 의한 '위임통치'나 '신탁통치'라는 열등민족에 대한 새로운 '교화방식'이 나타난 것은 일정하게 연합된 제국주의의 존속을 의미하는 '초제국주의'(ultra-imperialism)의 의미를 지닌 것도 사실이지만, 그것은 본질적으로 국제사회의 이러한 도덕적 인식의 발전을 의미하는 것이었다. 자본주의적 제국주의론이라는 강력한 반(反)제국주의의 이데올로기가 세계에 그처럼 강력한 영향력을 미칠 수 있었던 것도 기본적으로 이러한 발전에 힘입은 바 컸다. 결국 앞서 고찰한 여러 요인들이 함께 작용하면서 이민족에 의한 지배는 '오직 가축사육장 이외의 다른 어떤 목적도 가질 수 없다'는 밀(J. S. Mill)의 말이 현실에서 모두에게 명백해졌을 때, 식민지 제국들은 해체되었던 것이다.

공식적 제국의 붕괴는 적어도 식민지지배라는 본래적 의미에서의 제국주의가 소멸되었음을 의미한다. 반세기 이상의 제국주의적 지배의 실상은 어떠했고 그것은 무엇을 남겼는가. 제국주의의 주된 원

인을 찾는 문제와 마찬가지로 제국주의적 지배의 역사적 의의를 평
가하는 문제에 대해서도 좌·우파 사이에, 그리고 서구인과 제3세
계인들 사이에 미묘한 차이를 보이고 있다.

　자본주의적 제국주의론의 주장자들은 대체로 제국주의적 지배가
식민지사회의 노동력과 자원의 경제적 착취와 식민지의 위성경제권
으로의 편입, 토착문화의 파괴 등을 가져왔을 뿐이라는 점을 들어
이를 매우 부정적으로 평가하였다. 이들은 제국주의자들이 열등민
족에 대해 근대문명을 전파하고 자치의 기술을 전수한다고 주장하지
만 그 목적은 착취를 용이하게 하려는 것이었으며, 백인 자치식민지
와는 달리 신식민지에 권위주의적 지배체제를 수립했다고 비난했다.
이들의 평가는 제국주의적 지배의 비교적 초기단계를 목격한 상태에
서 이루어진 것으로서 그 실상에 대한 분석이라기보다 예견의 성질
이었다.

　식민지제국들이 해체된 이후 제국주의적 지배의 수탈성과 부도덕
성을 부정하고 식민지에 대한 그것의 공헌을 노골적으로 찬양하는
서방학자들은 아직 드물다. 이는 식민지인들의 고뇌에 찬 과거 경험
이 아직 그들의 뇌리에서 완전히 사라지지 않았으며, 그러기 때문에
이 문제에 대한 차분하고 객관적인 고찰이 시기상조라는 점을 반영
하는 것일지도 모른다. 그러나 '일제의 지배가 한국의 근대화에 이
바지했다'는 일본인 구보다(久保田)의 '망언'과 같은 발언이 서구
의 일부 정치가와 학자들 사이에서 심심치 않게 표출되곤 한다. 이
러한 견해는 뤼시(H. Lüthy)에 의해 잘 대변된다.[34] 그는 지나친 감
상을 배제하고 식민지시대의 역사적 결과를 객관적으로 평가해야 하
며, 그럴 때 이 시대가 원주민들에게 더 유익했음을 알 수 있다고
주장했다. 그는 매우 허약한 '고대적' 정치 사회구조를 가진 아시
아와 아프리카인들의 열등한 문명과 근대적 기술에 기초한 우월한
서구문명을 전제로 논의를 전개했다. 그에 따르면 이들은 방어할 가
치가 있는 자유나 독립을 누리고 있다고 느끼지 못했으며, 심지어

한 지배자와 다른 지배자의 차이에 관심을 가지지도 않을 정도였다. 서구의 우월한 문명의 과잉에너지를 의미하는 수천의 식민가와 탐험가·모험상인·선교사 등에 의해 이 지역들에서 초기의 식민화가 이루어졌으며, 이러한 식민화는 원래 박애주의적 교육을 목적으로 한 것은 아니었으나 그럼에도 불구하고 제 3 세계인들을 서구화로 이끈 교육사업이었다. 이 지역에서 권력의 공백사태로 일반적인 약탈과 해적행위가 만연되었을 때, 이를 막기 위해 어쩔 수 없이 제국주의적 지배가 뒤따르게 되었다. 서구열강의 식민지 지배는 아시아와 아프리카인들에게 교육뿐만 아니라 피로 얼룩진 그들의 전역사를 통해 거의 경험해보지 못했던 평화와 안정을 가져다 주었다. 심지어 이들로 하여금 식민지 지배에 저항하여 독립을 이루게 해준 것도 바로 식민지지배의 공헌이다. 해방된 식민지인들이 그것을 도덕적으로 비난하면서도 그것의 기본적인 결과들을 원상태로 돌리려고 하지 않는다는 사실이 그 업적을 증명한다. 뤼시는 이처럼 제국주의를 극찬하였을 뿐만 아니라 그것을 서구문명이 전세계로 확산되어 나가는 오랜 과정의 불가피한 최종단계로 보았다.

뤼시의 주장은 제국주의적 지배의 모든 악덕에 눈을 돌린 매우 일면적 변명임이 분명하며, 문명의 사명을 내세웠던 키플링과 같은 제국주의자들의 주장과 같은 맥락에 있다. 그러나 서구의 많은 연구자들도 그의 주장에서 일정한 부분, 즉 인류의 진보과정에서 행한 제국주의의 긍정적 역할에 은연중 동의를 보내고 있다. 제국주의에 대한 비전공자로 비교적 진보적인 입장에 서 있는 카(E. H. Carr)는 현대의 발전된 인도가 영국 제국주의의 산물이라 말하면서 제국주의는 산업혁명처럼 당대인의 희생을 가져왔지만 장기적으로 인도인들에게도 '진보'였음을 강력히 시사하였다.[35] 이는 서구인들에게 뿌리 깊게 남아 있는 서구 중심적인 시각을 반영하고 있기는 하지만 제국주의적 지배가 오늘날 서구문명에 기초한 하나의 근대화된 세계를 매우 빠르게 형성해가는 결정적 계기가 되었다는 사실을 전적으로 부정하기는 어려울 것이다.

식민주의라는 의미의 제국주의로부터 해방되었지만 세계자본주의 시장에 편입된 오늘날 제3세계국가들의 현황을 어떻게 규정할 것인가. 여기에는 두 가지의 극단적인 태도가 있다. 공산진영과 제3세계는 식민지의 독립에도 불구하고 서방의 제국주의의 기본적인 성격은 변화되지 않았으며, 오직 그것의 형태가 직접적인 방식에서 간접적인 방식으로 전환되었을 뿐이라고 주장하였다. 특히 공산진영은 서구국가들에 의한 모든 권력정치적인 움직임과 이전의 식민지 영토들에 대한 그들의 정책들을 그것들이 단지 자본주의국가들에 의해 수행되었다는 이유만으로 차별없이 제국주의적이라고 일관되게 규정하였다. 반면에 서구의 경향은 제국주의의 단계가 종결되고 구종주국과 구식민지들 사이에 새로운 협력의 시대가 열린 것으로 해석했다.[36]

여기서 설명되고 있는 문제의 핵심은 구제국주의 열강과 신생독립국과의 경제적 격차가 더욱 벌어지고 있다는 사실이다. 왜 그렇게 되었는가. 이에 대한 좌파의 유력한 답변은 신식민지이론이다.[37] 신식민지이론에 따르면 식민지 시기를 통해 종속국가의 사회적 경제적 제도는 세계자본주의체계의 중심부에 유리하고 그것의 필요에 적합하도록 형성되었다. 일단 이렇게 되면 비공식적인 경제적 금융적 사회적 구조가 형성되어 있기 때문에 공식적인 정치적 독립을 달성한다고 해도 식민지적 종속관계는 지속되어 잉여가 중심부로 계속 유출된다. 왜냐하면 이러한 나라들의 사회경제적 구조는 이전의 중심부 국가에 의한 정치적 행위의 필요 없이 과거의 식민지 지배의 형태들이 끊임없이 스스로를 재생산하는 것을 보장하기 때문이다. 유일하게 변한 것은 종주국의 권력이 국내의 지배계급에게 이양되었다는 것인데, 이들은 중심부의 이익에 봉사하는 매판세력일 뿐이다. 이리하여 제3세계의 경제는 중심부 경제에 종속되어 왜곡된 성장을 의미하는 '저발전'(under development)을 벗어날 수 없다. 따라서 제

3세계는 세계자본주의체계의 종속고리를 끊어야만 진정한 발전을 이룰 수 있다. 이러한 신식민지이론은 서구의 발전모델에 따라 제3세계도 근대화할 수 있다는 '근대화이론'에 대한 이론적 대응이었다. 그것에 따르면 결국 제국주의는 직접지배를 간접지배로 전환한 데 불과하며, 그것의 주된 형태는 경제적 침투 특히 불균등한 무역과 투자이며 이것이야말로 현대세계에서 제국주의의 진정한 본질이다. 이러한 이론은 독점자본의 다양한 지배형태를 제시한 레닌이론의 연장선 위에 있다.

그러나 신식민지이론이 주장하듯이 불균등하게 발전된 국가들 사이의 경제관계가 단지 국제시장의 지배에 순응한다는 이유만으로 그러한 관계를 제국주의적인 것으로 단정할 수 있을까? 최근의 사태전개는 이를 쉽게 단정할 수 없게 한다. 한때 식민지국가였던 우리나라와 대만·싱가포르·말레이시아를 비롯한 동남아국가들의 눈부신 경제성장은 제3세계의 저개발 요인을 전적으로 외부적 요인에만 돌리기 어렵게 한다. 또한 세계자본주의체계의 고리를 성공적으로 끊었던 중국과 베트남 등이 피폐해진 경제를 견디다 못해 '자율적 결정으로' 이 체계로의 복귀를 시도하여 빠른 성장을 보이고 있다는 점 역시 이를 뒷받침하는 증거가 될 수 있다. 물론 그렇다고 식민지지배로 인한 정치적 경제적 문화적 종속의 형태들이 아직 잔존해 있으며, 국제자본주의체계가 그러한 종속을 어느 정도 지속하게 하는 경향을 보인다는 사실 역시 전적으로 부정될 수 없다. 그에 관한 증거는 더욱 많기 때문이다.

따라서 현재의 부국과 빈국 사이를 규정하는 일은 제국주의를 '과거의 사건'으로만 돌리는 극단과 '과거와 본질적으로 동일한 현존한 사건'으로 보는 극단에서 빠져나와 새로운 모색이 필요하다. 제국주의의 문제에 대한 차분한 객관적인 연구를 방해해왔던 동서냉전의 종식으로, 이제 평행선을 그어왔던 대립되는 일방적인 주장들이 합일되는 날을 기대할 수 있게 되었다. 그렇게 될 때, 제국주의

의 명백한 개념도 도출될 수 있을 것이고, 과거의 제국주의나 현재
의 '제국주의'에 대한 정당한 이해가 가능해질 것이며, 이데올로기
로서의 제국주의는 소멸될 것이다.

주

1) H. D. Schmidt & W. J. Mommsen, "Imperialism", *Western Society and Marxism and Communism, A Comparative Encyclopedia* (Herder and Herder, 1972), p. 211.

2) Hans Daalder, "Imperialism", *International Encyclopedia of the Social Sciences*, (Macmillan, 1974), vol. 7, p. 101.

3) B. J. Cohen, *The Question of Imperialism : Political Economy of Dominance and Dependence* (Macmillan, 1974), p. 9. 이 책의 한국어판은 김영노 역, 《帝國主義論》(탐구당, 1980), p. 11.

4) R. Koebner, "The Concept of Economic Imperialism", K. E. Boulding & T. Mukerjee, eds., *Economic Imperialism* (The University of Michigan Press, 1972), pp. 61~62. 이 책의 한국어판은 한택환·김장호 역, 《帝國主義의 제관점》(청사, 1982), pp. 92~93 ; H. D. Schmidt, "Imperialism", pp. 211~212.

5) Hans Daalder, "Imperialism", p. 101.

6) B. J. Cohen, *The Question of Imperialism*, p. 10(김영노 역, 《제국주의론》, p. 12) ; W. J. Mommsen, *Theories of Imperialism*, tr., P. S. Falla, Weidenfeld & Nicolson(1980), p. 4[백영미 역, 《제국주의의 이론》(돌베개, 1983), p. 16]

7) C. C. Eldridge, *Victorian Imperialism* (Hodder & Stoughton, 1978), p. 123.

8) E. G. Wakefield 등 '식민지 개혁론자'들이 이에 해당한다. 이에 대해서는 B. Semmel, *The Rise of Free Trade Imperialism : the Empire of Free Trade and Imperialsm, 1750~1850* (Cambridge at the University Press, 1970), pp. 76~100.

9) N. Etherington, *Theories of Imperialism : War, Conquest and Capital* (Croom Helm, 1984), pp. 48~49.

10) J. A. Hobson, "Free Trade and Foreign Policy", *The Contemporary Review*,

vol. LXXIV, 1898 ; *Imperialism, A Study* (Unwin Hyman, 1988, 초판 1902).
한글 번역판은 신홍범 · 김종철 공역, 《제국주의론》(창작과비평사, 1982).

11) 케인스는 홉슨이 정통 경제학자들에 대항해 맬서스 이후 주춤하던 과소소
비론을 재활시킨 점을 '경제사상에서 한 시대를 긋는 것'이라고 높게 평가
하였다. J. M. Keynes, *The General Theory of Employment, Interest and Money*
(Macmillan, 1936), pp. 364~365.

12) V. I. Lenin, *Imperialism : The Highest Stage of Capitalism, Lenin : Selected
Works* (Moscow, Progress Publisher, 1977, 초판 1916) ; id., *Notebooks on
Imperialism, Lenin, Collectd Works*, vol. 39(Moscow, 1968). 레닌 이전에 제
국주의를 자본주의 발전의 한 필연적인 단계로 보는 마르크스주의적 제국주
의론이 힐퍼딩과 로자 룩셈부르크 등에 의해 이미 제시되어 있었다. 레닌은
특히 힐퍼딩의 이론에 크게 의존했지만 수정주의자 카우츠키를 효율적으로
공격하기 위해 '양심적 자유주의자' 홉슨의 저술을 유난히 높이 평가했다.
R. Hilferding, *Finance Capital : A Study of the Lastest Phase of Capitalist
Develop-ment*, tr., M. Watnick & S. Gordon (Routledge & Kegan, 1981,
초판 1910) ; R. Luxemburg, *The Accumulation of Capital*, tr., A. Schwarz-
schild (Modern Reader Paperbacks, 1968, 초판 1913).

13) R. Koebner, "The Concept of Economic Imperialism", p. 65(《제국주의의
제관점》, pp. 96~97) ; D. Kruger, "Hobson, Lenin, and Schumpeter on
Imperialism", *Journal of History of Ideas*, vol. XVI, 1955. p. 252.

14) M. Blaug, "Economic Imperialism : Revisited", K. E. Boulding & T.
Mukerjee, eds., *Economic Imperialism*, p. 155(《제국주의의 제관점》, p. 206).

15) D. K. Fieldhouse, "'Imperialism', An Historiographical Revision", K. E.
Boulding & T. Mukerjee, eds., *Economic Imperialism*, p. 103, 105(《제국주
의 제관점》, p. 145, 148).

16) C. C. Eldridge, Victorian Imperialism, p. 133. 보울딩 역시 이와 비슷한 언
급을 하였다. "역사적 증거에 비추어볼 때, 홉슨과 레닌 그리고 현대의 그
후계자들인 신좌파의 교의가 놀랍게도 그토록 오랫동안 유행해왔다는 사실
은 수수께끼이다." K. E. Boulding, "preface", K. E. Boulding & T. Mu-
kerjee, eds., *Economic Imperialism*, p. xv.

17) 서정훈, 〈홉슨의 제국주의론 연구〉, 서울대 박사논문, 1993, "제 3 장,
나) 금융가 : 제국주의 엔진의 조종자."

18) 서정훈, 〈레닌의 제국주의론에 대한 '실증적' 비판과 그 한계, 19세기말
의 식민지 팽창에 대한 설명을 중심으로〉, 《울산사학》 제 2 집, 1988.

19) 스톡스가 홉슨과 레닌의 이론을 공통된 설명의 모형으로 묶으려는 비판자
들의 시도를 홉슨-레닌 테제, 또는 모형이라고 하면서 레닌의 이론에 대한
비판자들의 잘못된 인식을 지적한 뒤 여러 학자들 사이에서 '홉슨-레닌 테
제논쟁'이 야기되었다. E. Stokes, "Late Nineteenth-Century Colonial Ex-
pansion and the Attack on the Theory of Economic Imperialism, A Case of
Mistaken Identity", *The Historical Journal*, vol. XII, 2, 1969.

20) 이 소책자는 뒤에 다른 논문과 함께 다른 이름으로 출판되었다. J. A.
Schumpeter, *Imperialism and Social Classes* (The World Publishing Co., 1955).

21) E. M. Winslow, *The Pattern of Imperialism : A Study in the Theories of Power*
(Columbia University Press, 1948) ; H. Arendt, *The Origins of Totalitari-
anism* (Harcourt Brace Javanovich, 1951) ; Hans-Ulrich Wehler, *Der
Imperialismus* (Cologne, 1972).

22) 자본주의적 제국주의론의 주창자로 단정되었던 홉슨의 주장에도 이들의 주
장과 유사한 측면이 있다. 성급한 비판자들에 의해 거의 주목되지 않았지만,
홉슨은 제국주의를 '금융자본의 새로운 이익추구 수단'일 뿐만 아니라 '대
중의 시선을 외부로 돌리는 기득권 방위의 으뜸 가는 보루'라고 주장했던
것이다. 또한 홉슨 역시 진정한 민주주의로의 발전이 제국주의의 소멸을 가
져올 것이라고 믿었다. J. A. Hobson, *Imperialism*, p. 220(《제국주의론》, p.
198).

23) D. K. Fieldhouse, "'Imperialism', An Historiographical Revision", J. Gal-
lagher & R. Robinson, *Africa and Victorians : The Official Mind of Imperialism*
(Macmillan, 1967).

24) William Langer, "A Critique of Imperialism", *Foreign Affairs* XIV, 1935.

25) G. Lichtheim, *Imperialism* (Penguin Books, 1971) ; D. K. Fieldhouse, *The
Colonial Empires* (Weidenfeld & Nicolson, 1971) ; H. Arendt, *The Origins of
Totalitarianism,*

26) J. A. Hobson, *The Psychology of Jingoism* (Grant Richards, 1901).

27) J. Gallagher & R. Robinson, *Africa and Victorians : The Official Mind of Imper-
ialism* (Macmillan, 1967)과 "the Partition of Africa", *New Cambridge Modern
History*, vol. XI(Cambridge University Press, 1980) : R. Robinson, "Non-
European Foundations of European Imperialism : Sketch for a Theory of Col-
laboration", R. Owen & B. Sut-cliffe, eds., *Studies in the Theories of
Imperialism* (Longman, 1972) : D. K. Fieldhouse, *Economics and Empire,
1830~1914*(Cox & Wyman, 1973).

28) J. Gallagher & R. Robinson, "the Partition of Africa", p. 594.

29) 이러한 지배형태는 '자유무역 제국주의'(imperialism of free trade)나 '약식 식민주의'(informal colonialism)로 규정되었다. J. Gallagher & R. Robinson, "The Imperialism of Free Trade", *The Economic History Review*, vol. XI, 1953 ; 서정훈, 〈빅토리아 후기(1870~1903)의 대외팽창성격 : 자유무역 제국주의론의 연속성테제를 중심으로〉, 《울산사학》 창간호. 1987.

30) 안병직, 《三・一運動》(춘추문고, 1975), p. 92. 1919년에 일어난 중국의 五・四운동 역시 러시아혁명에 커다란 영향을 받았다. 池田誠, 《중국현대혁명사》(한선모 역, 청사, 1985), pp. 158~159.

31) B. J. Cohen, *The Question of Imperialism*, p. 85.

32) B. Lapping, *End of Empire* (Paladin Grafton Books, 1989), pp. 336~337.

33) J. A. Hobson, *Social Problem* (James Nisbet, 1901), p. 273. 슘페터도 유사한 언급을 하고 있다. "먼 과거에는 제국주의가 어떠한 가식도 필요하지 않았으며 절대왕정 아래에서는 더욱 더 노골적이었다. 그러나 오늘날의 제국주의는 공공의 눈으로부터 용의주도하게 은폐되어 있으며 간접적으로 호전적인 본능에 호소할 경우에조차 그러하다." J. Schumpeter, *The Sociology of Imperialism*, p. 71.

34) Herbert Lüthy, "Colonization and the Making of Mankind", *Journal of Economic History* XXI, 1961 ; "Ruhm und Ende der Kolonisation", id., *Nach dem Untergang des Abendlandes* (Cologne, 1964).

35) E. H. Carr, 《역사란 무엇인가》(길현모 역, 탐구당, 1990), pp. 124~125. 마르크스도 일찍이 영국의 인도 지배, 즉 식민주의가 이 지역의 아시아적 정체성을 파괴하고 근대화를 이루는 역할을 하였다고 이를 긍정적으로 평가한 바 있다. Karl Marx, "The British Rule in India", S. Avineri, ed., *Karl Marx on Colonialism and Modernization* (Doubleday & Co., 1968), pp. 87~89.

36) H. D. Schmidt & W. J. Mommsen, "Imperialism", p. 227.

37) Kwame Nkruma, *Neo-colonialism : the Last Stage of Imperialim* (London, 1965) ; H. Magdoff, "Imperialism without Colonies", *Studies in the Theory of Imperialism* (Longman, 1972) ; P. Baran, *The Political Economy of Growth* (New York, 1957) ; A. G. Frank, *Capitalism and Underdevelopment in Latin America* (London, 1969).

파시즘
Fascism

김 용 우

I. 개 념

오늘날 통용되고 있는 '-이즘' 가운데 파시즘 만큼 그 의미가 불명확하며 따라서 논란이 많은 용어도 드물 것이다. 파시즘의 이러한 모호성은 먼저 파시즘이라는 용어 자체, 그리고 이 말의 남용에서 연유하며, 또한 그것이 포괄하는 대상이나 시기의 다양함 때문에 나타난 현상이다.

원래 파시즘은 제1, 2차세계대전 사이의 기간에 이탈리아의 베니토 무솔리니(Benito Mussolini, 1883~1945)가 이끈 정치운동에서 유래한 것으로 가장 좁은 의미에서 파시즘은 바로 무솔리니의 정치운동이나 정치체제를 뜻한다. 그러나 파시즘은 시기적으로는 제1, 2차세계대전 기간을 넘어 오늘날에 이르기까지 적용되고 있으며 공간적으로는 이탈리아뿐 아니라 독일·프랑스·영국 등의 서유럽, 그리고 동유럽, 아메리카, 심지어는 아프리카·아시아 지역의 사상적 정치적 운동을 일컫는 용어로 사용되고 있다. 이러한 시간적 공간적 포괄성 때문에 파시즘은 대단히 광범위한 의미를 지니게 되었을 뿐 아니라 매우 부정확한 표현이 되었다. 미국의 루스벨트(Franklin D.

Roosevelt), 메카시(Joseph McCarthy), 프랑스의 드골(Charles de Ga-
ulle), 아르헨티나의 페론(Juan Peron), 일본의 기타 이키(北一輝),
아프리카의 나세르주의 등은 파시즘으로 분류된 소수의 예에 불과하
다. 뿐만 아니라 제3 인터내셔널의 정통 마르크스주의자들은 사회민
주주의를 '사회적 파시즘'이라 불렀으며, 이들 '사회적 파시스트'
들은 다시 다른 우익 정당들이나 단체들을 파시즘으로 비난하였다.
심지어는 공산주의 국가들 사이에서 서로를 사회적 파시스트로 규정
하는 사태가 벌어지기까지 하였다. 또한 좌파에게 파시즘은 우익적
현상이었으며, 반대로 우파에게 파시즘은 좌익적 현상으로 이해되었
다. 이처럼 적대적인 정파들이 상대방에게 무차별적으로 파시즘을
적용함으로써 파시즘에 대한 혼란은 더욱 가중되었다.

  파시즘이라는 말은 이탈리아어 파쇼(fascio)에서 파생된 것으로 그
의미는 단순히 '묶음', 또는 '결합'을 뜻한다. 이처럼 다른 '-이
즘', 예를 들어 민족주의나 사회주의와 같이 각각 핵심되는 개념
들, 즉 민족과 사회를 중심으로 그 명칭이 형성된 경우와는 달리 파
시즘이라는 표현 속에는 내용을 짐작할 수 있는 중심 개념이 포함되
어 있지 않다.

  용어 자체에서 생기는 모호함과 용법의 다양성에서 기인하는 포
괄성에 덧붙여 사회에 미친 극도의 부정적 측면 때문에, 파시즘은
그 대상이 무엇이건간에 개인의 자유를 억압하는 독재적이며 폭압적
인 모든 현상을 가리키는 말로 사용되고 있는 실정이다. '패션 파시
즘'이나 '환경 파시즘', 또는 격렬한 금연 운동가에게 붙인 '건강
파시스트' 같은 표현은 파시즘에 관한 이러한 용례의 좋은 예가 될
것이다.[1] 한 역사가가 "무엇이 파시즘인가"를 묻지 말고 차라리
"무엇이 파시즘이 아닌가"부터 파악해야 한다고 지적한 것은 이른
바 파시즘 개념의 디플레이션 현상이 얼마나 심각한가를 잘 나타낸
것이라 하겠다.[2]

  파시즘을 연구하는 전문학자들 사이에서도 그 정확한 의미를 둘

러싼 논란은 계속되고 있다. 대다수의 학자들이 파시즘을 시기적으로 다양하고 지역적으로 포괄적인 이른바 '일반적 파시즘'(generic fascism) 이론 수립을 지향하는 가운데 일부에서는 제1, 2 차세계대전 사이의 이탈리아의 경우에만 파시즘이라는 용어를 적용하자는 주장이 제기되고 있다. '일반적 파시즘' 개념을 수용하는 사람들은 광범한 비교사적 연구에 입각하여 파시즘의 최소요건(fascist minimum)을 규정하고 이러한 최소요건이 충족되는 경우는 무엇이든 파시즘이라는 명칭을 부여할 수 있다고 본다. 이와 달리 '일반적 파시즘'을 거부하는 사람들은 제1, 2 차세계대전 기간중의 이탈리아를 제외한 다른 사례에 파시즘이라는 용어를 적용하는 것이 오히려 혼란을 초래한다고 주장한다. 이러한 견해에 의하면 이제까지 파시즘에 관한 혼란은 파시즘의 일반적 본질이 존재함을 전제하는 데에서 발생한 것이므로 이탈리아를 제외한 사례들의 경우 본래의 명칭을 돌려주고 자체의 독자성을 인정할 필요성을 역설한다.

또한 연구자들의 시각이나 연구방법, 그리고 대상에 따라 파시즘의 본질에 관한 다양한 해석이 제시되고 있다.[3] 더불어 이러한 해석들은 상호 보완적이며 중복되기 때문에 학자들에 따라 파시즘 해석에 관한 여러 가지 분류법이 존재하는 것이 사실이다. 그럼에도 불구하고 파시즘을 둘러싼 해석은 다음과 같은 몇 가지로 나누어질 수 있다. 먼저 파시즘을 특정 사회 경제적 발전 단계의 산물로서 이해하며 그 주도세력을 계급적 시각에서 파악하는 견해가 있다. 파시즘을 근대화나 산업화의 과정에서 발생하는 위기의 산물이나 이러한 과정의 장애를 극복하려는 시도로 보는 견해, 그리고 파시즘을 대자본가·금융자본가, 또는 넓게는 부르주아의 '대행자'로 이해하여 가장 폭압적이고 독재적인 형태의 부르주아 지배체제로 보는 경우가 이러한 해석의 가장 대표적인 예이다. 또한 상호 적대적인 두 계급(대체로 노동자와 자본가)의 투쟁이 일종의 세력균형을 이룬 상황에서 수립된, 두 계급으로부터 상대적으로 자유로운 형태의 독재체제를 파시즘으로 파악하는 해석 역시 이 범주에 포함된다. 둘째, 파시즘의 핵심을 전체주의로 이해하는 견해가 있다. 1950년대부터 유행한 이러한 전체주의론에 의하면 파시즘은 공산주의 체제와 더불어 전세계적으로 출현한 전체주의의 광범한 현상 가운데 하나이다. 따라서 일부 학자들은 스탈린 체제를 비롯한 공산주의 사회를 '붉은 파시즘'으로 규정하기도 한다. 파시즘을 자본가의 '대행자'로 해석하는 방식이 제3인터내셔널을 비롯한 마르크스주의자들의 대표적 해석이라면 전체주의론은 파시즘을 오히려 마르크스주의의 한 유형이나 변종으로 이해한다는 점에서 차이가 있다. 셋째, 심리적 정신적 위기의 산물로서 파시즘을 해석하는 견해가 있다. 이러한 해석은 19세기말과 각별히 제1차세계대전의 영향으로 발생한 고립·좌절·아노미·무능감 등이 권위주의를 통해 그 탈출구를 찾으려 하였으며, 이것이 파시즘 대두의 심리적 정신적 기반을 이룬다고 주장한다.

이와 같은 해석들은 파시즘에 대한 우리의 이해를 넓히는 데 기여한 것이 사실이지만, 동시에 혼란을 가중시키는 부정적 역할도 없지 않았다. 첫번째 해석의 경우 파시즘을 본질적으로 부르주아의 운동으로 환원함으로써 파시즘이 노동자 계급을 비롯한 다른 계급에게도 일정한 호소력을 지녔다는 점을 파악하지 못했다. 이와 대조적으로 두번째 해석의 경우는 전체주의라는 역시 정의하기 어려운 개념을 공산주의와 파시즘에 동시에 적용하여 두 운동 사이의 근본적인 차이점을 무시해버리는 결과를 낳았다. 그리고 두 해석 모두 파시즘의 이데올로기적 측면의 중요성을 도외시하는 공통점을 가지고 있다. 세번째 해석은 파시즘을 심리적인 도착이나 질환의 일종으로 규정함으로써 파시스트 이데올로기의 지적 맥락이나 사상적 연원의 문제를 간과하는 경향을 보여준다. 파시즘을 이처럼 심리적 병리현상으로 이해하는 태도는 알게 모르게 그것을 서유럽의 사상적 이데올로기적 전통에서 분리시키려는 노력과 관련되며, 아울러 파시즘을 특수한 상황(예를 들어 제1차세계대전)에서만 발생하는 일회적 현상으로 축소시킬 여지를 남기는 것이다.

　파시즘은 정치운동이자 체제이지만 동시에 하나의 이데올로기이다. 이데올로기로서의 파시즘을 확인하는 작업은 파시즘의 보편적 성격과 그 호소력, 그리고 서유럽 사상사에서 파시즘이 차지하는 역사적 맥락을 파악하는 일이다. 물론 집권에 성공한 파시스트의 정책이나 통치방식, 지지세력, 그리고 체제의 수혜자들에 대한 검토는 파시즘을 이해하는 데 필수적인 기반을 제공해준다. 그러나 이처럼 체제로서의 파시즘에 의존해 그것을 특정계급의 운동으로 환원하는 태도는 이데올로기로서의 파시즘이 갖는 특이성, 혁명적 성격, 그리고 그 영향력을 충분히 이해하기 어렵게 만든다. 이데올로기가 경제·사회적 하부구조에 대해 상대적인 자율성을 가지며 어떤 이데올로기든 실천되는 과정에서 어느 정도의 변질을 겪게 마련이라는 일반론 외에도 파시즘처럼 서로 상반되고 화해할 수 없어 보이는 다양한 요소들을 통합하려 하고, 따라서 다른 '－이즘'들에 비해 체계성과 독자성이 결여된 경우, 그것이 현실에 적용될 때는 쉽사리 기존의 지배적인 세력에 흡수되는 양상을 보여주기 때문이다. 대부분의 파시즘이 좌파와 우파 모두를 극복하려 하였음에도 실제 집권 과정이나 통치 과정에서 우파 세력과 타협한 것은 이데올로기로서의 파시즘에서 나타나는 이러한 체계성과 독자성의 부족 때문이다. 그러나 그렇다고 하여 파시즘을 우파적 현상, 또는 좌파적 현상으로 못박는 것은 이데올로기로서의 파시즘이 지니는 혁명적 성격과 호소력, 그리고 참신성을 간과하게 만든다. 이 점에서 파시즘은 집권에 성공했을 때보다 운동 상태, 달리 말하면 열망의 상태에 있을 때보다 순수한 형태를 띠게 되며,[4] 파시즘의 이데올로기적인 측면 역시 그와 같은 운동 상태에서 한층 더 명확하게 파악될 수 있다고 생각된다.[5]

　이 글에서 파시즘은 특별한 언급이 없는 한 이데올로기로서의 파시즘을 의미하게 될 것이며 동시에 일반적인 개념으로 간주될 것이다. 전술한 바와 같이 파시즘은 다양하며 상호모순되는 요소를 결합하려 하였으며 상대적으로 체계성이 부족할 뿐만 아니라 그것이 나타난 지역의 사회 경제적 환경의 차이에 따라 편차를 드러내고 있다. 파시즘에는 성서가 없으며 사회주의에서의 마르크스나 자유주의에서의 로크와 같은 인물도 존재하지 않는다. 학자에 따라 파시즘에 대한 정의가 달라지는 것도 이러한 이유 때문이다.

그러나 다른 ' - 이즘'에 비해 파시즘이 체계성이나 독자성이 부족하다 하더라도 파시즘에 사상적 문화적 기반이나 나름대로의 독자성이 없는 것은 아니다. 학자에 따라서는 파시즘의 기원을 프랑스혁명에까지 소급하는 예가 없지 않지만[6] 19세기말의 다양한 지적 경향에서 파시즘의 기원을 찾는 것이 일반적인 견해이다. 이 시기에 나타난 반자유주의, 반합리주의, 엘리트 이론, 사회 다윈주의, 혁명적 생디칼리슴, 대중심리학, 극단적 민족주의 등은 파시즘의 이론적 토대를 마련해주었다. 파시즘은 이러한 요소들을 결합하여 무엇보다도 자유민주주의 체제를 공격하였으며, 동시에 마르크스주의에 맞서고자 하였다. 어떤 의미에서 파시즘의 독자성은 내용 자체에 있다기보다는 19세기말에 나타난 여러 가지 사상적 동향을 종합하는 방식에 있다고 할 수 있다.

파시즘은 자유민주주의의 위기와 마르크스주의의 위협의 산물이다. 의회민주주의가 국민적 통합에 실패하고 특히 프티 부르주아와 노동자들의 열망을 적절히 대변하지 못하는 한편, 마르크스주의, 특히 러시아의 볼셰비즘의 승리는 유럽에서의 혁명 발생 가능성에 대한 불안을 가중시켰다. 그러나 파시즘은 단순히 공산주의에 대한 수동적 저항의 산물은 아니다. 왜냐하면 파시즘은 공산주의에 대한 거부 만큼이나 자유주의에 대해서도 반대하였기 때문이다. 파시즘은 자유주의와 공산주의 모두를 거부하며 이 둘을 넘어선 제3의 대안을 제시하려 하였다. 바로 여기에 파시즘의 혁명적 성격, 독창성과 그 영향력이 있다고 생각되는 것이다.

Ⅱ. 파시즘과 자유주의

　파시즘의 두드러진 특징 가운데 하나는 철저한 반(反)자유주의이다. 20세기의 운동으로서 파시즘은 18세기의 유산과 이 유산이 지배한 19세기, 혹은 낡은 '자유주의의 세기'의 타도를 일차적인 목표로 삼았다.[7] 파시즘은 고전적 자유주의의 사회·경제·정치적 측면 모두를 거부하고, 나아가 그 철학적 기반을 비판하였으며, 자유주의를 대신할 새로운 세계관, 새로운 문명 수립을 목표로 하였다. 따라서 파시즘은 자유주의의 여러 측면, 그리고 그것과 밀접하게 연결되어 있는 개인주의·민주주의·합리주의·물질주의 모두를 타락과 분열, 대립과 쇠퇴의 원천으로 간주하고 이를 극복하려하였다.

　파시즘은 일차적으로 산업화의 산물이며 산업화 과정에서 원자화되고 파편화된 개인에게 강력한 소속감을 부여하려는 시도이다. 이점에서 파시즘은 자연적인 인간 집단을 파괴하려는 모든 경향에 반대한다. 파시스트의 관점에서 볼 때 인간은 태어나면서부터 어떤 집단의 구성원이 된다. 인간은 이러한 집단이나 조직으로부터 자유로울 수 없으며 항상 이 집단과의 연관 아래서 존재 근거를 갖는다. 나면서부터 자유로운 개인은 개인주의 이론가들이 만들어낸 추상적 개념에 불과하다. 인간은 오로지 가족·인종·조국·민족의 구성으로서 존재하며, 개인의 자유 역시 이러한 집단과의 관계 속에서 진정한 의미를 지닐 뿐이다. 이탈리아의 관념론 철학자이자 파시스트였던 젠틸레(Giovanni Gentile, 1875～1944)의 표현을 빌리면 "'나'의 근저에는 항상 '우리'가 있는 것이다."[8] 자유주의는 개인의 자유를 최고의 가치로 간주함으로써 궁극적으로는 역사적이고 전통적으로 이어져 내려온 다양한 조직과 집단을 파괴한다. 이 점에서 파시스트에게 자유주의는 곧 아나키즘을 의미하였다.

합리주의 역시 인간 존재의 필수적 전제인 집단과 조직을 파괴한다는 점에서 파시즘의 비판을 받았다. 파시즘에 의하면 합리주의는 19세기를 경과하면서 개인주의와 결합하여 개인의 이성을 모든 진리의 기준으로 삼았다. 개인의 이성으로 이해되거나 인정되지 못하는 것은 개인의 자유를 가로막는 적으로 간주되어 공격받았다. 이러한 과정을 통해 합리주의적 개인주의는 가족을 파괴하고 조국의 가치를 폄하하였으며 민족의 중요성을 인식하지 못하였다. 파시스트의 관점에서 볼 때, 이러한 인간 집단들은 자연적이며 전통적일 뿐만 아니라 초개인적이며 초이성적인 실체이다. 그것은 이성의 영역을 벗어나 존재하는 일종의 신비적 실체이며 본능적이며 감정적 끈으로 연결되어 있는 것이다. 이러한 본능적이며 감정적 측면을 이해할 수 없는 합리주의는 파시스트에게는 분열적이며 파괴적인 힘으로 간주되었던 것이다.

파시스트의 관점에서 볼 때 인간은 이성적 동물이 아니다. 인간을 움직이는 힘은 본능이며 감정이다. 합리적 태도와 이성적 분석은 인간 심성의 근저에 자리잡고 있는 무의식적 본능적 욕구를 충분히 표현할 수 없으며, 따라서 합리주의적 인간관은 파시즘에 의하면, 부분적이며 왜곡된 것이다. 인종이나 민족은 본능에 의해 연결된 자연적 집단이며 합리주의는 과학적 분석을 통해 이러한 본능적 유대로 뭉쳐진 인간 집단을 파괴한다. 인간은 감정적이고 본능적인 관계 속에서 원천적인 귀속감을 발견하고 또 산업화와 도시화에 의해 소외된 개인들이 소속감을 얻을 수 있는 것이다. 파시즘의 이러한 반(反)합리주의적 경향은 대중을 동원하는 데 편리하게 이용되었다. 과학적 사고는 어떤 의미에서는 소수의 전유물이며 동시에 그것은 부단히 토론과 논증을 유발함으로써 단합보다는 분열을 낳는다. 오히려 대중은 민족의 신화, 폭력의 신화 속에서 단결할 수 있으며 직접적인 정치 참여의 감각을 얻을 것이다. 파시즘이 다양한 의식(儀式), 상징, 속죄양에 대한 폭력, 슬로건 등을 이용하여 대중을 동원하고 선동할 수 있었던 것도 이러한 반합리주의와 긴밀히 연결되어 있는 것이다. 이 점에서 파시즘은 대중시대의 산물이자 동시에 대표적인 대중적 이데올로기이기도 하다.

파시즘에서 나타나는 행동주의, 반물질주의 역시 반합리주의와 밀접히 관련되어 있다. 파시스트 이데올로기에 의하면 합리주의는 부르주아의 가치관이며 상인의 가치관이다. 모든 것을 물질적 이익과 관련하여 생각하며 검토하는 이러한 합리주의는 인간을 평범하고 안이한 삶 속에 가두어두며 도덕적 정신적 타락을 초래한다. 이에 비해 파시즘은 활력과 행동을 찬미하며 전투와 투쟁을 중시한다. 이러한 것들은 자신의 물질적 이해에 몰두하는 부르주아적 가치관에 대신하여 의무감과 희생정신, 규율과 용감성, 그리고 집단의식으로 무장한 영웅주의적 도덕관을 가져올 것이었다. 파시즘에서 보이는 이러한 행동주의적 태도는 인간관·진보관과 연결되어 있다. 파시스트들은 인간 본성이 선하다거나 인간 사회의 필연적 진보를 믿는 18세기적 진보관에 회의적이었다. 무솔리니의 표현대로 파시즘은 "안이한 삶에 반대하며,"[9] "물질주의적 행복관"을 거부한다.[10] 파시스트가 볼 때 인간의 참된 행복은 '복지'와 동의어가 아니며, 물질적 풍요에서 행복을 찾는 태도는 "인간을 먹고 살찌우는 데 만족하는 동물로" 격하시키고 "단순한 식물적인 존재로" 만든다.[11]

파시즘의 행동주의는 특정 목적 달성 수단의 역할을 하기도 하지만 그 자체를 목적으로 삼는 경향이 강하다. 이런 점에서 파시즘의 행동주의는 행동을 위한 행동, 투쟁을 위한 투쟁의 성격을 띤다. 파시스트들은 "삶 그 자체를 하나의 투쟁으로 파악한다."[12] 또한 파시즘은 이론적 추론에 근거한 닫힌 세계관에 저항하며 교조주의에 반대한다. 이론은 행동을 뒤따르는 것이지 이론이 행동을 유발하는 것은 아니라 생각되었기 때문이다. 파시스트에게 삶은 "지속적인 과정이며 끊임없는 생성 그 자체이다. ″[13] 무솔리니가 "파시즘은 역동성(dynamo)″이라는 구호를 외친 것도, 대부분의 파시스트들이 스스로를 정당이라는 말보다는 '운동'으로 표현한 것도 이러한 행동지상주의와 상통한다. 현실을 지속적이며 예견 불가능한 창조의 과정으로서, 그리고 이러한 현실은 오로지 본능적인 방식으로만 이해 가능하다고 주장하는 마리네티(Filippo Marinetti, 1876~1944)의 미래파 운동은 따라서 쉽사리 파시즘과 연결될 수 있었다. 동시에 파시즘의 이러한 행동주의는 대중사회에서 사라져버린 개인의 정체성을 다시 확인할 수 있는 방식으로 파악되었고, 이러한 점에서 파시즘은 표현주의와 일맥상통하는 측면을 지닌다. 아울러 파시즘이 기본적으로 젊은이의 운동이라는 점 역시 파시즘의 행동주의와 밀접히 관련된다. 파시즘은 낡은 19세기의 부르주아적 세계관에 저항하는 20세기의 운동이었다는 점에서 새롭고 젊은 운동일 뿐 아니라 젊음은 무엇보다도 열정과 행동을 상징하는 것이기 때문이다.

파시스트에게 민주주의, 특히 의회주의적 민주주의 체제는 자유·주의의 여러 양상, 즉 물질주의·합리주의·개인주의가 정치적으로 구현된 것이다. 따라서 파시즘은 민주주의를 전면적으로 거부한다. 파시스트에게 민주주의는 부르주아의 금권지배체제이며 인간사회를 파편화된 개인의 총합으로 여기는 아나키즘이다. 민주주의 아래서 정권 쟁탈을 위해 경쟁하는 여러 정파들은 자신의 이익을 위해 금권과 결탁하며 대중의 의사를 적절히 대변하지 못한다. 파시스트가 볼 때 민주주의 그것은 분열시키는 힘이며 대중의 욕구를 대변하지 못하는 피상적인 정치체제이자 동시에 물질주의가 빚어낸 타락과 부패를 의미하였다. 또한 민주주의는 개인의 자유와 권리를 무엇보다 중시함으로써 외국인의 침투를 보장하였으며, 외국인들은 민주주의의 보호 아래 민족 속의 민족을 구성하고 정치가를 매수하여 궁극적으로는 민족의 힘을 약화시키고 파괴시킨다.

이처럼 파시즘이 계몽주의의 주요 전통을 전적으로 부정하고, 이를 대신할 대안을 제시하려 하였다는 점에서 파시즘을 "포스트모더니즘의 최초의 주요한 표현 가운데 하나"로 파악한 역사가 제프 스테른헬(Zeev Sternhell)의 견해는 어느 정도 타당성이 있는 것이라 하겠다. [14)]

Ⅲ. 민족주의 · 사회주의 · 민족사회주의

파시즘이 인간 집단, 그것도 인위적인 조직이 아니라 자연적인 유대로 얽힌 집단의 가치를 무엇보다도 중시한다 할 때, 민족주의가 파시즘의 핵심적인 이데올로기적 요소를 구성한다는 사실은 당연한 현상이다. 그러나 파시즘이 추구하는 민족주의는 자유주의적 민족주의와 다르다. 자유주의적 민족주의는 프랑스혁명의 전통과 자연권 사상에 기반하여 민주주의적 휴머니즘적 가치 체계를 간직하고 있었으며, 다른 나라의 압제로부터 독립을 추구하고 민족자결주의를 열망하는 해방적 태도를 견지하였다. 자유주의적 민족주의는 여러 민족 집단의 존재를 인류 전체의 질서를 이루는 구성 부분으로 간주하였으며, 한 민족이 스스로의 독립과 자유를 필요로 하는 그만큼 다른 민족의 독립과 자유를 인정하였다.

그러나 파시즘이 표방하는 민족주의는 모든 자유주의적 색채를 거부한다는 점에서 반자유주의적 민족주의이다. 파시즘은 개인의 자유보다 민족의 통합을 우선시할 뿐 아니라 개인적 이해관계를 민족적 이해관계 속에 복속시킬 것을 요구한다. 이러한 측면은 또한 파시즘의 반(反)민주주의, 반(反)의회주의와 연결된다. 민주주의와 의회주의는 민족의 분열을 초래하는 근본 원인이기 때문이다. 파시스트에게 민족은 개인의 총합이 아니다. 민족은 혈연적 유대로 엮어진 실체이다. 그것은 가족의 총합이며 동시에 확대된 가족과 같다. 아울러 민족은 하나의 유기체이다. 모든 유기체들이 그러하듯 민족 역시 각 구성원들이 각자의 기능과 능력에 따라 위계서열을 이루며 불평등하게 조직되어야 한다. 어떤 집단이든 그것이 조직되기 위해서는 구성원 사이의 불평등이 전제되어야 하며 평등은 곧 무질서를 의미하는 것이다. 또한 파시즘은 자기 민족의 우월성을 확보하기 위해 다른 민족의 희생을 요구한다. 이러한 파시즘의 민족주의는 이탈리아의 저명한 민족주의자이자 파시스트인 코라디니(Enrico Corradini, 1865~1931)의 '프롤레타리아 민족' 개념에서 잘 나타나 있다.[15] 그가 보기에 유럽의 여타 강국이 부르주아 민족에 해당한다면 여러 가지 측면에서 미약한 이탈리아는 프롤레타리아와 같다. 이탈리아 민족이 융성하기 위해서는 부르주아 민족들에 맞서 지속적으로 투쟁하여야 한다. 그런데 이러한 국제적 투쟁에서의 승리를 위해 선결되어야 할 과제는 민족적 단결이며 대내적 평화이다. 파시즘에서 나타나는 반(反)유대주의와 반(反)마르크스주의적 경향은 바로 이러한 민족적 단결과 긴밀히 연결되어 있는 것이다.

파시즘에서 보이는 반유대주의는 인종주의적 측면과 아울러 사회적 측면을 동시에 지니고 있다. 사회 다원주의의 영향을 반영하면서 파시스트들은 유대인을 본질적으로 저열한 민족이며 물질주의의 화신으로 간주한다. 이들 유대인들은 확고한 단결을 이루어 민족 속의 민족을 구성함으로써 다른 민족의 힘을 약화시킨다. 뿐만 아니라 파시즘은 유대인을 국제주의적 부르주아이자 착취의 상징으로 만들고 실업의 주범으로 낙인 찍음으로써 노동자들과 프티 부르주아들을 민족주의의 명분 속으로 끌어들이려 하였다. 이러한 의미에서 반유대주의는 노동자들과 프티 부르주아지를 민족공동체 안에 통합시키기 위한 효과적인 수단 역할을 하였던 것이다. 그러나 한 가지 지적하여야 할 점은 반유대주의, 그리고 더 넓게는 인종주의가 파시스트 이데올로기를 형성하는 필요충분조건이 아니라는 사실이다. 예를 들면 발루아(Georges Valois, 1878~1945)가 이끈 프랑스 파시스트 운동인 '패소'(Faisceau)의 경우 반유대주의적 경향은 전혀 나타나지 않았다. 그리고 이탈리아의 무솔리니, 벨기에의 드그렐(Léon Degrelle, 1906~   ), 스페인의 호세 안토니오(José Antonio, 1903~1936) 등의 파시즘은 애초에는 반유대주의적 경향이 존재하지 않았다. 이후 이들이 반유대주의를 채택한 것은 독일 나치의 영향을 받은 것이기도 하지만 대부분 점차 쇠퇴해가는 운동에 새로운 활력을 불어넣기 위한 시도의 일환이었다. [16)]

민족적 통합을 이루기 위해 파시즘이 해결하고자 한 또 다른 측면은 노동문제이다. 대부분의 파시스트들은 자본주의 체제 아래서 노동자들이 놓인 상태에 대해 준열한 비판을 가하였다. 이 과정에서 파시스트들은 자본가와 자유주의 경제체제에 대한 비난을 서슴지 않았다. 이들이 보기에 경제적 자유를 최고의 가치로 삼는 자유주의 경제체제 아래에서 노동자들은 부르주아지의 착취에 저항할 아무런 수단을 갖지 못하며 비참한 생활을 강요받는다. 자유주의 아래에서 국가는 부르주아지의 지배기구이며 특히 국제주의적 금융가와 결탁한 정치가들의 소유물이다. 이처럼 부르주아의 독점적 이익을 보장하는 정치체제 아래에서 노동자는 아무런 보호장치를 갖지 못한다. 이러한 상황으로 말미암아 노동자들과 조국의 관계는 약화되며, 노동자들은 격렬한 계급투쟁을 전개하고 이들 사이에서 반애국주의적 국제주의적 경향이 대두하게 된다. 그런데 사실상 조국은 자본가들에 비해 노동자들에게 더욱 절실한 것이다. 부르주아지는 자본을 소유하고 있고 이 자본을 이용하여 어떤 나라에서건 스스로를 보전할 수 있다. 그러나 자본이 없는 노동자의 경우 조국은 이들의 생존을 담보해주는 필수적 기반이다. 요컨대 파시스트에게 노동자들을 민족공동체 속으로 재통합하는 일은 민족 전체의 단결과 통합을 위한 근본적인 전제로 간주되었던 것이다.

파시스트들은 노동 문제, 혹은 사회 문제의 해소가 곧 민족 문제의 해결이라고 믿었으며, 이 점에서 이들은 자신의 운동을 민족적이며 동시에 사회적이라 주장하였다. 그러나 이러한 관점은 파시즘이라는 표현이 생겨나기 이전부터 존재해왔던 것으로, 특히 19세기말과 20세기초 유럽의 여러 극단적 민족주의자들은 노동자들을 민족 속에 재통합시키는 것을 민족주의의 제1의 과제로 삼았다. 예컨대 프랑스의 민족주의자 바레스(Maurice Barrès, 1862~1923)는 '사회주의적 민족주의'라는 표현을 처음으로 사용하였다. [17] 또한 프랑스의 모라스(Charles Maurras, 1862~1952)와 그가 이끈 악시옹 프랑세즈(Action franç saise), 이탈리아의 코라디니 역시 같은 관점을 가지고 있었다. 코라디니의 경우 노동 문제를 해결할 수 있는 유력한 대안으로 '민족적 생디칼리슴'을 주장하기도 하였다. 1911년 모라스의 추종자들과 소렐(Georges Sorel, 1847~1922)의 사상을 신봉하는 혁명적 생디칼리스트들이 결합하여 만든 '프루동 서클'(Cercle Proudhon), [18] 그리고 1910년 이탈리아에서 창간된 《라 루파》(*La Lupa*)지 등은 파시즘이 탄생하기 전에 반자유주의와 반민주주의에 기반하여 민족 문제와 노동 문제를 동시에 해결하려 한 대표적 시도라 할 수 있다. [19] 역사가들은 흔히 이러한 운동을 가르켜 원(原) 파시즘(proto-fascism), 또는 전(前) 파시즘(pre-fascism)이라 부른다.

프랑스의 파시스트 발루아가 '파시즘=민족주의+사회주의'라는 공식을 제시하며 자신의 운동을 '민족적 사회주의', 혹은 '사회적 민족주의'로 부른 것은 파시즘이 노동 문제와 민족 문제를 동시에 해결하려는 한다는 점을 천명한 것이다. [20] 그러나 이러한 파시스트의 주장과는 달리 실제로 파시스트 이데올로기의 형성에서 사회주의가 어떠한 영향을 주었는지, 그리고 만약 영향을 주었다면 그것은 어떠한 내용의 사회주의인지는 명확하지 않다. 파시즘이 노동 문제의 해결을 통해 민족 통합을 이루려 하였던 것은 분명하지만 파시즘을 특정한 형태의 사회주의의 산물로 받아들이기는 어렵기 때문이다. 오히려 파시즘을 민족주의와 사회주의의 결합으로 주장하는 것은 파시스트 레토릭의 일종이며, 이러한 레토릭으로 파시즘은 19세

기의 두 거대한 운동인 민족주의와 사회주의의 비판적 계승자로 자
처하고자 한 것이다. 아울러 파시스트는 이러한 레토릭을 통해 노동
자에게는 사회주의로, 보수적 세력에게는 민족주의로 호소하려는
전략적 효과를 노린 것이라 보는 것이 타당하다.

파시즘이 노동 문제에 관심을 가지고 있었고, 자유주의경제체제
에 대해 비판적인 입장을 표명하였다 하더라도 마르크스주의에 대해
서는 적대적이었다는 사실이 지적되어야 한다. 반자유주의와 아울
러 반마르크스주의는 파시즘의 두드러진 특징 가운데 하나이다.[21]
파시즘에 의하면 마르크스주의는 먼저 국제주의적 성격 때문에 민족
의 이해를 옹호할 수 없다. 또한 마르크스주의는 프롤레타리아 계급
의 지배를 목표로 한다. 자유주의 아래의 국가가 부르주아지라는 단
일계급의 지배인 것처럼, 마르크스주의 역시 프롤레타리아 단일계
급의 지배를 추구할 것이며, 따라서 민족의 단합보다는 분열을 초래
할 것이다. 뿐만 아니라 마르크스주의는 평등주의에 기초하고 있으
며 파시스트의 입장에서 볼 때 평등주의는 자유주의의 극단적 형태
인 아나키즘으로서 혼란과 무질서를 의미하는 것이었다. 그러나 무
엇보다도 마르크스주의는, 파시스트의 주장에 의하면, 인류발전의
원동력이라 할 수 있는 사유재산을 폐지하려 하며, 이 점에서 마르
크스주의는 파시즘으로부터 가장 강력한 반발을 받았다. 파시즘이
자본가와 자본주의에 대해 일정하게 비판적인 입장을 보인 것은 사
실이지만 자본가 계급 자체, 그리고 자본주의 자체를 폐지하려 하지
는 않았다. 이들이 거부한 것은 자유주의체제 아래서의 부르주아지
의 지배체제이며 이들의 물질주의적 세계관이었다. 파시스트들은
자본주의가 이룩한 경제적 성과를 인정하였으며, 또 경제 분야에서
의 자본가의 역할을 긍정적으로 파악하였다. 파시스트들이 즐겨 사
용한 표현 가운데 생산자라는 말은 노동자뿐만 아니라 자본가를 포
괄하는 개념이었다.

파시즘이 꿈꾼 것은 이처럼 자본가와 노동자, 달리 말하면 민족

전체를 포괄할 수 있는 운동이었으며, 민족 전체가 주체가 되는 반자유주의 혁명이었다. 따라서 반마르크스주의가 파시즘의 핵심 내용 가운데 하나임은 분명하지만 본질적 부분은 아니다. 파시즘은 마르크스주의에 적대적인 만큼 자유주의에 대해서도 적대적이었기 때문이다. 파시즘이 러시아에서의 볼세비즘의 출현에 대한 공포와 함께 시작된 것은 사실이지만, 동시에 파시즘은 1789년 혁명과 함께 출현한 자유주의의 사회·경제·정치적 여러 측면에 대해 뿌리 깊은 혐오감을 가지고 있었던 것이다. 이와 관련하여 프랑스 파시스트 발루아의 다음과 같은 주장은 크게 잘못된 것이 아니다. "파시즘에 관한 수많은 편견이 있다. 그리고 파시즘의 기원에 대해 무지한 다수의 프랑스인들은 파시즘을 공산주의에 대한 저항의 형태에 불과하다고 믿고 있다. —— 바로 여기에 가장 큰 오류가 있는 것이다."[22]

파시즘은 따라서 단순히 볼세비즘의 위협에 직면한 자본가의 반동이 아니다. 파시즘이 목표한 바는 자유주의체제와 공산주의체제 모두를 넘어설 수 있는 새로운 대안을 모색하는 데 있었다. 그리고 이러한 대안으로 파시스트들은 흔히 전체주의적 국가와 코포라티즘(corporatism)을 제시하였다. 자본주의를 폐지하지 않으면서 자본주의 아래서 발생한 노동 문제를 해결하기 위해 파시스트들은 범계급별 조합이 아닌 직업별 조합의 구성을 주장하였다. 계급별 조합이 노동자와 자본가 사이의 무한투쟁을 초래하고, 결과적으로 민족적 이해에 해를 입히는 반면 직업별 조합은 노동자와 자본가의 참여가 가능하며 조합의 테두리 안에서 두 계급은 상호 견제와 협력을 할 수 있을 것이다. 파시즘은 이러한 조직이 궁극적으로 자본주의 발전을 촉진시킬 것이며 나아가 민족경제의 발전을 도모할 것으로 생각하였다. 파시즘을 근대화 과정의 산물이자 동시에 근대화의 장애를 제거하기 위한 운동으로 파악하는 해석은 이상과 같은 측면을 강조한 것이라 할 수 있다.

경제적 분야에서 코포라티즘이 성공을 거두기 위해서는 자본주의 아래에서의 국가 형태나 공산주의 아래에서의 국가 형태로는 불가능하다. 파시스트가 목표한 국가는 특정 계급의 이해를 대변하는 국가가 아니다. 그것은 어떤 사회 계급에도 속하지 않는, 따라서 모든 계급의 이해를 반영하는 국가, 발루아의 표현을 빌리면 '민족국가'(l'Etat national)의 수립을 뜻한다. [23] 민족국가는 부르주아지의 정권 독점을 붕괴시키고 부르주아지를 생산 분야에만 전념할 수 있도록 할 것이다. 그리고 그것은 프롤레타리아와 부르주아의 이해를 조절함으로써 민족 전체의 이익를 도모할 것이다. 이 점에서 파시즘은 경제적 영역과 정치적 영역의 철저한 분리, 그리고 전자에 대한 후자의 전적인 지배를 목표로 한 것이다. 또한 파시스트 국가는 특정 계급의 대표자나 특정 정당의 지도자가 아니라 민족적 지도자에 의해 대표되고 통치된다. 파시즘의 지도자는 영웅주의와 희생정신으로 무장하여 민족 전체의 의지를 구현한다. 지도자는 곧 국가이자 민족구성원 전체이며, 각 개인은 지도자로 구현된 국가의 권위에 복종함으로써 자유주의체제 아래에서의 자유와 권위의 모순을 해결할 수 있다고 생각한다.

파시즘이 구상하는 국가의 역할은 정치적 영역에만 그치지 않는다. 모든 구성원들의 의지를 구현한 국가로서 파시스트 국가는 무솔리니의 표현을 빌리면 "자체의 의식과 의지를 가진", "윤리적 국가"이다. [24] 그것은 민족구성원들의 정치·경제생활뿐만 아니라 지적 도덕적 영역, 달리 말하면 정신적 영역 전체를 총괄한다. 파시스트에게 "모든 것은 국가 속에 있으며 인간적이고 정신적인 것이라면 무엇이든 국가를 넘어서 존재하지 않는다."[25] 이러한 의미에서 파시즘은 "전체주의적이며", "모든 가치의 종합이자 통합인 파시스트 국가는 전 인민의 삶 전반을 해석하고 발전시키며 힘을 부여해주는 것이다."[26]

Ⅳ. 파시즘 — 제3의 길

지금까지 살펴본 바와 같이 파시즘은 특정 국가의 정치 운동이나 제1차세계대전 여파의 즉각적인 산물도 아니며,[27] 또한 공산주의의 위협에 대한 부르주아지의 단순한 대응도 아니다. 자유주의의 정치·경제·이념적 측면에 대한 전적인 거부에 기반해 있는 파시즘은 보편적 현상이다. 마치 자유주의가 특정 국가의 운동이 아니듯이 이러한 자유주의를 극복하려한 파시즘 역시 특정 국가의 운동은 아니기 때문이다. 또한 파시즘은 19세기말 이래로 전개된 여러 지적 운동을 독자적 방식으로 종합을 시도한 것으로써, 명백히 유럽의 지적 전통에 뿌리를 둔 현상이다. 제1차세계대전이 파시즘의 정치세력화와 일부 국가에서의 성공에 기여한 것은 부정할 수 없는 사실이지만, 그 이데올로기의 대부분은 이미 전쟁 전에 존재하였던 것임을 잊어서는 안 된다. 따라서 파시즘은 전쟁에 의해 발생한 사회·경제적 불안, 그리고 이에 따른 심리적 병리 현상으로 환원될 수 없는 것이다.

아울러 파시즘은 공산주의의 대두에 위협을 느낀 보수적 부르주아지의 대응으로 간주될 수 없다. 물론 파시즘의 주요 측면 가운데 하나가 반마르크스주의임은 사실이다. 그러나 파시즘은 공산주의뿐만 아니라 자유주의 자체에 대해서도 반대하였으며, 전체주의적 유기체적 민족국가 개념에 입각하여 민족 문제와 사회 문제를 동시에 해결하려 하였다. 파시즘은 한마디로 민족 문제와 사회 문제의 동시적 해결를 통해 자유주의와 공산주의 모두를 극복하고자 한 것으로서, 여러 형태의 '제3의 길' 또는 '제3의 세력' 가운데 하나로 간주되어야 할 것이다.

“우리는 좌파도 우파도 아니다. 우리에게 그와 같은 말은 아무런 의미가 없다. ”[28] 이는 프랑스 파시스트 발루아의 말이지만 사실상 파시스트가 자주 사용하는 표현이기도 하다. 파시스트들은 자유주의체제 아래에서 모순되고 대립되는 여러 개념들, 예를 들어 좌파와 우파, 자유와 권위, 질서와 무질서, 부르주아지와 프롤레타리아 등이 파시즘 아래서는 무의미함을, 달리 말하면 그와 같은 모순과 대립이 해결될 것임을 강조하였다. 그러나 실제 정권을 장악하는 과정이나 집권 뒤에 이러한 파시즘의 주장은 하나의 허구이자 신화였음이 드러났다. 프롤레타리아와 부르주아지 모두를 포괄하는 혁명, 민족 문제와 사회 문제를 동시에 해결하려는 운동, 자유주의와 공산주의에 대한 전면적 거부를 주장하는 파시즘은 사실상 하나의 유토피아임이 역사 속에서 입증된 것이다. 그러나 바로 여기에 파시즘의 호소력과 은밀한 매력이 존재한다는 사실이 지적되어야 한다.[29] 파시즘은 상호모순적인 이데올로기를 종합하려 한 비체계적 이데올로기였지만 이러한 종합을 통하여 자유주의도 공산주의도 아닌 새로운 대안을 제시하려 한 것이었다. 우리가 파시스트 정권 수혜자의 계급적 성분을 분석하고 파시스트 이데올로기의 계급적 본질을 드러내는 일 못지않게 파시스트의 레토릭의 맥락을 있는 그대로 따라가보는 작업이 필요한 이유도 바로 여기에 있다.

제3의 대안으로서의 파시즘, 여기에 파시즘의 부활 가능성이 존재한다. 자유주의와 공산주의가 흔들리고 자체의 모순을 드러내면 드러낼수록 파시즘은 다시 출현할 수 있기 때문이다. 그러나 이때 파시즘은 이전의 실패를 교훈 삼아 다른 이름과 다른 모습으로 변신할 가능성이 높다. 이 점에서 프랑스의 파시스트 바르데쉬(Maurice Bardèche)의 다음과 같은 예언은 의미심장하다. “또 다른 이름으로 또 다른 면모로, 그리고 명백히 과거의 어떠한 투영도 없이 우리가 알지 못하는 어린이의 모습으로 젊은 메두사의 머리, 스파르타의 질서(파시즘)는 다시 출현할 것이다. ”[30]

주

1) Roger Griffin, *The Nature of Fascism* (Routledge, 1991), p. 2.

2) Gilbert Allardyce, "What Fascism Is Not : Thoughts on the Deflation of a Concept", *The American Historical Review* 84(1979), pp. 367~388.

3) R. de Felice, *Interpretations of Fascism* (Harvard University Press, 1977) ; A. J. Gregor, *Interpretations of Fascism* (General Learning Corporation, 1974) ; Martin Kitchen, *Fascism* (George Allen & Unwin, 1973) ; Stanley G. Payne, *Fascism : Comparison and Definition* (The University of Wisconsin Press, 1980).

4) R. de Felice, *Fascism : An Informal Introduction to Its Theory and Practice* (Transaction Books, 1976).

5) Eugen Weber, *Varieties of Fascism. Doctrines of Revolution in the Twentieth Century* (Robert E. Krieger Publishing Company, 1964) ; Zeev Sternhell, "Fascist Ideology", Walter Laqueur, ed., *Fascism : A Reader's Guide* (University of California Press, 1976), pp. 315~376.

6) 가장 최근의 예로는, George L. Mosse, "Fascism and the French Revolution", *Journal of Contemporary History* 25(1989), pp. 5~26.

7) Benito Mussolini, "La Dotrine du fascisme", *Edition définitive des oevres et discours de Benito Mussolini* (Flammarion, 1935), vol. 9, pp. 61~91.

8) A. J. Gregor, *The Ideology of Fascism : The Rationale of Totalitarianism* (The Free Press, 1969), p. 214에서 재인용.

9) B. Mussolini, *op. cit.*, p. 66.

10) *Ibid.*, pp. 81~82.

11) *Ibid.*.

12) *Ibid.*, p. 65.

13) *Ibid.*, p. 68.

14) Z. Sternhell, "Le Refus de la modernité", *L'Histoire* 162(1993), p. 45.

15) Enrico Corradini, "Le Nationi proletarie e il nazionalismo", *Discorsi politici (1902~1923)* : Z. Sternhell, *Naissance de l'idéologie fasciste* (Fayard, 1989), p. 24에서 재인용.

16) George L. Mosse, "Introduction : The Genesis of Fascism", Walter Laqueur

& G. L. Mosse, eds., *International Fascism 1920~1945* (Harper & Torch Books, 1966), pp. 23~24.

17) Maurice Barrès, "Que faut-il faire ? ", *Le Courrier de l'Est,* 1898. 5. 12.

18) Paul Mazgaj, *The Action Française and Revolutionary Syndicalism* (The University of North Carolina Press, 1979).

19) Z. Sternhell, "Synthèse socialiste-national", *Naissance de l'idéologie fasciste,* pp. 215~261 ; D. Roberts, *The Syndicalist Tradition and Italian Fascism* (The University of North Carolina Press, 1979).

20) Georges Valois, *Le Fascisme* (Nouvelle Librairie National, 1927), pp. 21~34.

21) Ernst Nolte, *Three Faces of Fascism : Action Française, Italian Fascism, National Socialism* (A Mentor Book, 1965).

22) G. Valois, *Le Fascisme,* p. 35.

23) G. Valois, *La Révolution nationale* (Nouvelle Librairie National, 1924).

24) B. Mussolini, *op. cit.,* p. 87.

25) *Ibid.,* p. 70.

26) *Ibid.,* pp. 70~71.

27) 이러한 견해의 대표적인 예는 H. R. Trevor-Roper, "The Phenomenon of Fascism", Stuart J. Woolf, ed., *Fascism in Europe* (Metheuen, 1969), pp. 19~38.

28) G. Valois, *Le Fascisme,* p. 67.

29) Alastair Hamilton, *The Appeal of Fascism : A Study of Intellectuals and Fascism, 1919~1945* (Anthony Blond, 1971) ; Z. Sternhell, "Le Charme secret du fascisme", *Naissance de l'idéologie fasciste,* pp. 313~340.

30) Maurice Bardèche, *Qu'est-ce que le fascisme* (Les Sept Couleurs, 1970), p. 195. (괄호 안은 필자)

포스트모더니즘
Postmodernism

김 욱 동

"지금 유럽에 유령이 출몰하고 있다. 그 유령은 다름 아닌 코뮤니즘이다." 카를 마르크스와 프리드리히 엥겔스는 이렇게 그들의 공산당 선언문을 시작하고 있다. 그 선언문이 선포된 지도 벌써 130여 년의 세월이 지난 지금 우리는 이와 아주 비슷한 말을 듣는다. 1981년 10월 프랑스의 저명한 일간신문 《르 몽드》지는 "포스트모더니즘이라는 유령이 지금 유럽에 출몰하고 있다"는 제목의 특집 기사를 실은 적이 있기 때문이다. 제라르-조르주 르메르라는 칼럼니스트는 이 기사에서 포스트모더니즘이라는 새로운 사조가 마치 성난 홍수처럼 유럽 전역을 휩쓸고 있다고 지적한다. 이 기사가 처음 발표된 지도 벌써 13년의 세월이 지난 지금 포스트모더니즘은 유럽뿐만 아니라 이제 제3세계 국가들을 포함한 전세계를 통하여 가장 지배적인 담론으로서의 위치를 굳히고 있는 듯하다.

이러한 사정은 우리나라의 경우에도 예외는 아니다. 최근에 들어와 사용되기 시작한 그 많은 '이즘'이나 '주의' 가운데에서도 아마 포스트모더니즘만큼 자주 그리고 널리 사용되는 용어도 찾기 쉽지 않을 것이다. 이 용어는 마치 시정(市井)에서 불리는 유행가처럼 뭇 사람들의 입에 오르내리고 있다. '포스트모더니즘'이라는 말을 한 두 마디 입에 떠올리지 않으면 웬지 시대에 뒤떨어져 있기라도 한 듯한 느낌마저 든다. 이렇듯 포스트모더니즘은 우리도 모르는 사이에 어느덧 우리의 의식과 삶 속에 깊숙히 파고 들었다고 할 수 있다.

포스트모더니즘은 서구에서 1960년대부터 처음 논의되기 시작하여 1970년대와 1980년대에 걸쳐 본격적으로 논의되었다. 21세기를 바로 눈앞에 두고 있는 지금 포스트모더니즘은 아직도 그 위세가 누그러지지 않은 채 여전히 맹위를 떨치고 있다. 몇몇 이론가들은 포스트모더니즘이 이제 한물 지나간 낡은 사조라고 주장하기도 한다. 예를 들어 다리오 포는 최근의 한 인터뷰에서 포스트모더니즘을 단순히 '이미 사라져버린 일종의 유행'으로 파악하고 있다. 존 프로우는 한 논문에 아예 과거형으로 "포스트모더니즘이란 무엇이었나?"라는 제목을 붙이고 있다.[1] 그러나 이러한 결론은 우주의 종말을 선언하는 것 만큼이나 성급한 것처럼 보인다. 어떤 의미에서 포스트모더니즘은 이제서야 비로소 논의를 시작한 신사조 가운데에서도 신사조라고 할 수 있다. 그러므로 포스트모더니즘은 이제 갓 태어난 어린아이처럼 아직도 생성발전 단계에 있는 개념이라고 보는 편이 한결 더 정확할 것이다.

우리나라에서도 1980년대 중엽부터 포스트모더니즘이 처음 소개되기 시작하여 지금은 백가쟁명의 시대를 맞고 있다. 문학과 예술을 전문으로 취급하는 잡지들은 말할 것도 없거니와 시사 월간잡지와 주간지, 심지어는 일간신문들까지도 이 문제를 다루는 특집호를 마련하여온 사실만을 보아도 그것에 관한 관심이 과연 어떠한지를 쉽게 가늠할 수 있다. 그러나 불행하게도 포스트모더니즘이라는 용어는 이렇게 널리 그리고 자주 사용하고 있는 데에 비하여 올바로 이해되고 있는 것처럼 보이지 않는다. 사실상 이 용어는 지금까지 적잖이 남용하거나 오용하여왔다. 예를 들어 일상적인 테두리에서 조금이라도 벗어나기만 하면 모두 다 '포스트모던한' 현상으로 간주하기 일쑤이다. 그런가 하면 조금이라도 대중적이거나 민중적인 특성이 발견되기만 하면 으레 '포스트모던'이라는 꼬리표를 붙이곤 한다.

I. 포스트모더니즘의 올바른 이해를 위하여

포스트모더니즘이 이렇게 널리 유행하고 있는 것만큼 그것에 대한 입장 또한 매우 다양하다. 그러나 포스트모더니즘에 대한 입장은 긍정적인 견해와 부정적인 견해의 두 가지로 크게 요약될 수 있다. 좀더 구체적으로 말해서 한 무리의 이론가들은 이 현상에 대하여 일종의 알레르기적인 민감한 반응을 보이면서 의혹의 눈길을 보낸다. 몇몇 이론가들은 포스트모더니즘을 상품화와 저속한 대중문화로 특징지어지는 후기자본주의 사회의 문화적 논리, 또는 다국적 자본주의시대에 제국주의적 선진자본주의 국가들이 새로운 시장 개척을 위하여 만들어낸 지배 이데올로기의 한 형태로 파악하고 있다. 그들의 관점에서 보면 포스트모더니즘은 어디까지나 일종의 '문화적 우루과이 라운드'처럼 끔찍스런 괴물이나, 기껏해야 서구에서 직수입된 지적 유행에 지나지 않는다.

더욱이 이들 이론가들은 포스트모더니즘이 어디까지나 세계적이고 일반적인 문제에 관한 추상적 명제에 지나지 않으며, 따라서 세계 도처에서 매일마다 일어나는 일상적 갈등이나 부분적인 문제에 대하여서는 이렇다 할 만한 관심을 보이지 않는다는 점을 지적한다. 오히려 포스트모더니즘은 우리의 삶과 밀접한 관련을 맺고 있는 특수하고 부분적인 문제를 교묘하게 호도함으로써 결과적으로는 현체제를 더욱 공고히 하여주는 역기능을 담당한다는 것이 그들의 결론이다. 따라서 그들은 포스트모더니즘을 어떻게 해서든지 타파하지 않으면 안 되는 대상이라고 결론짓는다.

그런가 하면 다른 무리의 이론가들은 포스트모더니즘을 너무 무비판적으로 무조건 찬양하는 입장을 보인다. 몇몇 이론가들은 포스트모더니즘의 출현이 마치 메시아의 재림이라도 되는 것처럼 소란을 피우고 있다. 또 다른 몇몇 이론가들은 마치 그것이 현대 문명의 질환이나 병폐를 치료할 수 있는 무슨 만병 통치약이라도 되는 것쯤으로 생각하고 있는 듯하다. 그들의 관점에서 보면 포스트모더니즘은 그동안 모더니즘이 높이 쌓아올린 성곽이나 미로에서 벗어나는 일종의 돌파구나 탈출구에 해당되는 셈이다. 특히 포스트모더니즘을 '국부성의 정치학'으로 파악하고자 하는 이들 이론가들은 인종이나 성별 또는 종족적인 차별화를 극복할 수 있는 획기적인 전략으로 간주하기도 한다.

그러나 서로 첨예하게 대립되는 이 두 가지 입장은 한결같이 별다른 설득력을 지니지 않을 뿐만 아니라 그렇게 바람직한 것도 못 된다. 왜냐하면 그것들은 오직 극단적인 관점에서 포스트모더니즘을 파악하려고 하기 때문이다. 우선 전자의 입장을 지지하는 대부분의 이론가들은 문화적 현상을 사회 경제적 현상과 동일시하는 과오를 범한다. 문화는 어떤 형태로든 사회 경제적 물질 기반을 반영하는 것은 사실이지만 그렇다고 하여 이 두 현상은 결코 동일한 양상으로 그리고 동일한 정도로 나타나지 않는다. 솔직히 말해서 포스트모더니즘에 대한 비판은 대개 난삽하고 이해하기 어려운 외국 이론에 대한 지적 콤플렉스에서 비롯되는 경우가 없지 않다.

한편 후자의 입장을 지지하는 이론가들은 추상적 '이즘'이나 '주의'의 힘을 너무 순진하게 신봉하는 과오를 범한다. 새로이 출현한 이즘은 그 이전의 지배적인 이즘을 해체하기 위하여 흔히 극단적인 방법을 사용하게 마련이며, 궁극적으로 이러한 태도는 그 자체로서 또 하나의 다른 이즘을 만들어내기 일쑤이다. 그런데도 그들은 또 다른 형태의 이즘을 간과한 채 유독 새로운 사조나 이론이라는 데에만 관심을 갖는다. 《구약성서》〈전도서〉 저자의 말대로 태양 아래에는 새로운 것이 없듯이, 이 세계에서 새롭게 창안된 이론이나 사상은 얼핏 아주 획기적이고 새로운 것처럼 보이지만 사실은 옛것을 새롭게 변형시킨 데에 지나지 않는다. 이 점과 관련하여 서양 철학은 플라톤 철학에 붙여진 주석에 불과하다는 영국의 수학자이자 철학자인 앨프리드 노스 화이트헤드의 그 유명한 말을 기억하는 것이 좋을 것 같다. 그러므로 우리는 포스트모더니즘을 무조건 비판하는 행위와 마찬가지로 그것을 무조건 찬양하는 행위 또한 경계하지 않으면 안 된다.

여기서 한가지 분명한 것은 긍정적인 것으로 받아들이든 아니면 부정적으로 받아들이든 포스트모더니즘은 이미 우리 삶 속에 깊숙히 침투하여 있는 현상이라는 점이다. 싫든 좋은, 원하든 원하지 않든 포스트모더니즘은 이제 직·간접적으로 우리의 삶에 큰 영향을 미치고 있다. 그러므로 포스트모더니즘을 무조건 부정하는 것은 곧 20세기 후반의 삶 자체를 부정하는 것과 크게 다르지 않다고 할 수 있다. 그것을 무조건 비판하고 거부하기에 앞서 과연 이 새로운 사조가 무엇인지 알아보는 일이 필요할 것이다. 그리고 포스트모더니즘의 본질과 성격을 더욱 잘 이해하기 위해서는 무엇보다도 먼저 그것에 대한 선입견과 편견을 버리지 않으면 안 된다.

그렇다면 포스트모더니즘이란 과연 무엇인가? 우리는 그것을 어떻게 정의 내릴 수 있는가? 대부분의 '이즘'이나 '주의'가 으레 그러하듯이 이 용어 역시 정의라는 울타리 안에 포함되어 있는 내용보다는 오히려 밖에 제외되는 내용이 더 많다. 다원성이나 상대성 또는 비결정성의 특성을 지니는 포스트모더니즘은 다른 어떤 용어보다도 정의 내리기가 무척 어렵다. 어떤 의미에서 그것은 마치 사막의 신기루처럼 포착하기 거의 불가능한 개념인지도 모른다.

Ⅱ. 푸코의 '에피스테메'와 포스트모더니즘

포스트모더니즘을 가장 쉽게 그리고 가장 정확하게 이해하기 위해서는 무엇보다도 먼저 그 명칭을 살펴볼 필요가 있다. 두말할 나위 없이 이 용어는 '포스트'라는 접두어와 '모더니즘'이라는 용어가 결합하여 생긴 말이다. 그러니까 이 용어는 문자 그대로 '모더니즘 이후에 나타난 현상'을 뜻한다. 그러나 동시에 그것은 단순히 시간적 차원을 넘어 비판과 단절의 의미를 지닌다. 사실상 포스트모더니즘의 개념과 본질은 '포스트'라는 접두어를 어떻게 해석하느냐 하는 데에 달려 있다고 하여도 결코 과장된 말이 아니다.

한마디로 포스트모더니즘은 모더니즘의 논리적 연장이며 계승일 뿐만 아니라 더 나아가서는 모더니즘에 대한 비판적 반작용이며 단절이다. 이 점과 관련하여 린더 허천이라는 캐나다 이론가는 "포스트모더니즘은 단순히 모더니즘과의 급진적 단절이 아니며 그렇다고 하여 모더니즘과의 일직선적인 연속도 아니다. 그것은 '둘 다'라는 입장을 취하는 동시에 '어느 쪽도 아니라'는 입장을 취한다"[2]고 말한 적이 있다. 이러한 이중적 특성을 먼저 이해하지 않고서는 포스트모더니즘에 대한 개념 파악은 사실상 불가능하다.

우선 무엇보다도 포스트모더니즘은 그 의미소에서 모더니즘과는 뗄래야 뗄 수 없을 만큼 밀접한 관련을 맺고 있다. 모더니즘과 포스트모더니즘의 관계를 더 잘 이해하기 위해서는 프랑스의 이론가 미셸 푸코의 '에피스테메'의 개념을 잠시 살펴보는 것이 좋을 것 같다. 우리에게도 잘 알려진 두 저서 《말과 사물》(1966)과 《지식의 고고학》(1969)에서 그는 가스통 바슐라르가 처음으로 사용하였던 개념을 차용하여 에피스테메(인식소)의 개념을 도입한다. 푸코에 따르면 에피스테메란 "주어진 어느 한 시기에서 인식론적 형상과 과학, 그리고 형식화된 체계를 만들어내는 언술적 실천을 결합하는 여러 관계의 총체적 집합"을 가리킨다. 바꾸어 말해서 그것은 "다양한 형태의 경험 과학을 야기시켜온 지식 공간의 윤곽," 곧 어느 특정한 시대에 고유한 전통이나 이론을 특징짓는 기본 단위로서 인식론적 지평이나 문화구조를 규명하는 데에 필수적인 사유 형식을 말한다. 이러한 윤곽을 규명하는 작업은 전통적인 역사학보다는 오히려 지식의 고고학에 해당된다고 푸코는 말한다.

'인간학의 고고학'이라는 부제가 붙어 있는 《말과 사물》에서 푸코는 서구 문화를 통하여 두 번에 걸쳐 에피스테메에 급진적인 단절이 일어났다고 주장한다. 첫번째 단절에 따라 고전주의시대가 시작되었고, 두번째 단절에 따라 현대가 시작되었다는 것이다. 푸코는 서구 문화와 역사를 크게 세 가지 에피스테메로 구분한다. 즉 '전(前)고전주의적' 에피스테메, '고전주의적' 에피스테메, '현대적' 에피스테메가 바로 그것이다. [3]

서구사에서 대략 17세기 중엽까지 계속된 전고전주의 에피스테메에서는 유사성의 개념이 가장 지배적인 범주로 작용하였다. 이 시대에서는 말과 사물이 갈등을 일으키지 않고 서로 나란히 공존하여 있던 시기였다. 이 당시 원전 텍스트에 대한 주석이나 해석은 한결같이 유사성의 관점에서 수행되었으며, 상징의 활동을 조직하고 사물을 표상하는 일도 한결같이 유사성에 입각하여 이루어졌다. 그뿐만 아니라 의미를 찾아내고 기호를 지배하는 법칙을 발견하는 일도 모두 유사성을 찾아내는 일과 크게 다르지 않았다.

한편 17세기 중엽에서 18세기 말엽까지 계속된 고전주의적 에피스테메는 주로 표상과 언어의 특성을 지닌다. 이 시기에 이르러 서구 세계는 거의 모든 영역에 걸쳐 크나큰 변화를 맞이하게 된다. 모든 가능한 질서에서 보편적인 기초로 사용하던 표상은 이제 사라져 버리고, 표상과 사물 사이에서 연결 고리와 같은 구실을 하던 언어 또한 쇠퇴하기 시작하였다. 이렇게 전고전주의적 에피스테메를 지배하던 유사성은 이제 더 이상 설득력을 상실하였고, 그 대신 무엇보다도 차별성이 지배적인 범주로 작용하였다. 여기에서는 무엇보다도 유추와 분석이 핵심적 방법론으로 대두되었다. 말과 사물 사이에 분리현상이 나타나기 시작한 것도 바로 이 시기에 걸쳐서였다. 이 당시 대수학이나 분류학 또는 발생학 등의 학문이 발전한 것은 결코 우연한 일이 아니다. 합리주의적이고 분석적인 방법론을 처음으로 정립한 데카르트는 바로 이러한 에피스테메를 보여주는 가장 대표적인 이론가 가운데 한 사람이다.

세 에피스테메 가운데에서 맨 마지막 단계인 현대적 에피스테메는 18세기 말엽에서 20세기 중엽에 이르기까지 약 두 세기에 걸쳐 계속되었다. 그러니까 이 유형의 에피스테메는 대략 구조주의가 핵심적 방법론으로 대두하기 시작한 바로 직전에 끝난다고 할 수 있다. 한마디로 계몽주의 이후에 새로이 대두한 모든 전통이나 사조 또는 이론이 사실상 이 범주에 속한다고 할 수 있다. 그런데 현대적 에피스테메는 가시적인 표층 뒤에 숨어 있는 불가시적인 심층구조를 탐색하려는 데에 그 특징이 있다. 이러한 탐색에는 당연히 인간의 삶의 조건에 대한 관심이 수반되게 마련이다. 이 시대에 이르러 인류학이나 심리학 또는 사회학과 같은 행동과학이, 그리고 언어학이나 생물학 또는 경제학과 같은 분야가 중요한 학문 영역으로 발전된 것은 바로 이러한 까닭에서이다. 이 가운데서도 특히 생물학과 언어학 그리고 경제학은 현대생활에서 가장 핵심적 학문 분야로 발전하게 되었다.

푸코는 이렇게 에피스테메를 모두 세 유형으로 구분하고 있지만 이 개념은 여기서 끝나지 않는다. 왜냐하면 우리는 지금 20세기 중엽을 훨씬 넘어 21세기를 바로 눈앞에 두고 있는 세기말의 시점에서 있기 때문이다. 우리는 20세기 중엽 이후 현대적 에피스테메 다음에 오는 네번째 에피스테메를 상정하여볼 수 있다. 이 네번째 에피스테메는 구조주의 이후 서구 세계를 지배하여온 현상을 가리킨다. 그리고 우리는 이 네번째 에피스테메를 '포스트모던' 에피스테메라고 불러도 무방할 것이다.

포스트모던 에피스테메에서는 무엇보다도 인간학의 탈신비화가 가장 중요한 범주로 작용한다. 이 점과 관련하여 푸코는 "인간학은 그 스스로를 일반화시키거나 더욱 엄밀하게 만들려고 노력하는 대신에 자기 자신을 스스로 끊임없이 탈신비화시키기 위하여 노력하지 않으면 안 된다"고 주장한다. 특히 그는 인간학의 자기비판적 기능을 강조함으로써 종래의 지식과 학문에 도전하는 반과학적 입장을 천명하였다. 이 포스트모던 에피스테메에 이르러 중심적 학문 영역으로 대두한 정신분석학이나 문화인류학, 그리고 구조주의 언어학에서 잘 드러나듯이 푸코가 '타자'라고 부르는 것이 이제 핵심적 위치를 차지하게 되었다. 즉 그동안 의식이 억압하여온 무의식과 잠재의식, 중심부 문화의 그늘에 가리운 채 제대로 빛을 보지 못하던 주변 문화, 그리고 표층구조에 묻혀온 언어의 심층구조 등이 새로운 가치와 중요성을 부여받기 시작하였던 것이다.

그렇다면 포스트모더니즘은 푸코가 말하는 에피스테메의 개념과 어떠한 관계를 맺고 있는가. 한마디로 모더니즘이 곧 현대적 에피스테메에 속한다고 한다면, 포스트모더니즘은 바로 포스트모던 에피스테메에 속한다고 할 수 있다. 푸코는 에피스테메를 오직 세 가지로만 구분지음으로써 우리가 '포스트모던' 에피스테메라고 부른 에피스테메를 현대적 에피스테메 안에 포섭시키고 있는 듯하다. 실제로 미국의 포스트모더니즘 이론가 핫산은 푸코의 분류 방식에 따라 포스트모더니즘을 현대적 에피스테메로 분류한다. 이 점과 관련하여 그는 "낭만주의·빅토리아주의(리얼리즘을 말함)·모더니즘, 그리고 포스트모더니즘이 모두 현대적 에피스테메 안에 포섭된다"[4]고 주장하고 있다. 그러니까 그의 관점에서 보면 고전주의를 제외한 나머지 모든 '이즘'이나 '주의'가 다 이 범주에 속하는 셈이다.

그러나 핫산은 모더니즘과 포스트모더니즘을 지나치게 동일시하는 오류를 범한다. 이미 앞서 지적하였듯이 포스트모더니즘은 비록 모더니즘에 굳건한 뿌리를 박고 있는 것은 사실이지만 모더니즘과는 사뭇 다르다. 한마디로 포스트모더니즘은 모더니즘의 논리적 계승이면서 동시에 모더니즘에 대한 비판적 반작용이며 단절이다. '포스트'라는 접두어에서 명시적으로 드러나 있듯이 포스트모더니즘은 모더니즘과는 변별적으로 구분되는 중요한 특징을 지닌다. 포스트모더니즘이 어떤 방식으로든지 모더니즘과 구별이 되지 않다면 굳이 이러한 접두어를 사용할 리 만무하다. '포스트'라는 접두어는 단순히 후시성(後時性)만을 가리키는 것뿐만 아니라 어떤 의미에서든지 가치 전도를 뜻한다.

Ⅲ. 모더니즘과 포스트모더니즘

포스트모더니즘의 개념과 본질을 규명하는 데에서 한 가지 염두에 두어야 할 것은 단순히 문학이나 예술과 관련된 개념으로 파악할 수 없다는 점이다. 다시 말해서 포스트모더니즘은 오직 낭만주의·리얼리즘·아방가르드 또는 모더니즘과 동일한 차원에서만 논의할 수 없다. 물론 포스트모더니즘은 처음에는 문학과 예술을 중심으로 대두하고 논의하기 시작한 용어이지만, 그것은 점차 문학과 예술 영역을 벗어나 다른 영역으로 널리 확장되었다. 인간의 삶과 관련되어 있는 영역이나 분야 치고 직접 또는 간접적으로 포스트모더니즘의 영향을 받고 있지 않은 영역은 사실상 하나도 없다고 하여도 그렇게 틀린 말이 아닐 것이다. 포스트모더니즘이 모더니즘과 엄격히 구별되는 것도 따지고 보면 이러한 특성과 결코 무관하지 않다.

이렇게 문학과 예술에 국한된 문예적 개념 이상의 의미를 지니는 포스트모더니즘은 아주 포괄적인 개념이다. 포스트모더니즘은 문예 사조나 전통은 물론이고 인간의 신념 체계나 사상 체계인 다른 '이즘'이나 '주의'보다도 더 넓은 영역을 차지하고 있는 일종의 우산과 같은 개념이라고 할 수 있다. 이 이 우산 안에는 20세기 중엽, 그러니까 제2차세계대전 이후에 대두되기 시작한 '이즘'과 '주의'가 거의 대부분 포섭되어 있다. 가장 좁은 의미에서 포스트모더니즘은 20세기 후반의 문학과 예술에 나타난 새로운 사조나 경향을 기술하는 개념이며, 가장 넓은 의미에서는 20세기 후반을 특징 짓는 일종의 시대정신이며 세계관이라고 할 수 있다. 이 점과 관련하여 영국의 비평가 윌리엄스는 일찍이 '감정의 구조'라는 표현을 사용한 바 있다. 여기서 '감정의 구조'란 현대인들이 살고 있는 세계, 그리고 그 세계 속에서의 인간의 위치를 파악하고 경험하는 방법이나 인식의 틀을 말한다.

포스트모더니즘은 ① 문학과 예술을 포함한 문화적 현상, ② 철학적 현상, ③ 신학적 현상, ④ 역사적 현상, ⑤ 사회적 현상, ⑥ 경제적 현상, ⑦ 정치적 현상, 그리고 ⑧ 자연과학적 현상 등 크게 여덟 가지 관점에서 논의할 수 있다. 이 여덟 가지 영역을 모두 논의 대상으로 삼지 않고서는 포스트모더니즘에 대한 어떠한 논의도 결코 완벽하다고 할 수 없을 것이다. 사실상 지금까지 포스트모더니즘에 대하여 이루어진 대부분의 논의가 매우 불충분하고 경우에 따라서는 적잖이 왜곡되어 있었던 것은 바로 이 여덟 영역 가운데에서 유독 어느 하나만을 강조하고 나머지 영역들을 소홀히하거나 아예 무시한 채 논의하였기 때문이다.

포스트모더니즘이 문예적 개념으로 처음 본격적으로 사용되기 시작한 것은 다름 아닌 건축에서였다. 포스트모던 건축은 이른바 '바우하우스 계획'으로 잘 알려진 인터내셔널 스타일의 모더니즘 건축 양식에 대한 비판적 반작용으로 시작되었다. 미스 판 더 로헤와 발터 그로피우스, 그리고 르 코르뷔지에와 같은 건축가들이 대표하는 모

더니즘 건축양식은 극도의 기능주의와 경제성, 그리고 순수성의 특
성을 지니고 있었다. 그러나 1960년대에 들어오면서부터 모더니즘
건축은 로버트 벤추리와 제임스 스털링과 같은 건축가들이 심각한
도전을 하기 시작하였다. 역사적 절충주의적 입장을 취하는 포스트
모던 건축가들은 모더니스트들과는 달리 과거의 전통과 대중문화에
기초한 다양한 스타일을 중시한다. 특히 여기서는 형체나 장식 또는
역사성에 대한 관심이 특히 강조되고 있다. 물론 건축에서 나타난
포스트모더니즘은 문학을 비롯한 다른 예술 분야에서 일어난 것과는
크게 다르다는 점을 염두에 둘 필요가 있다. 왜냐하면 건축의 포스
트모더니즘은 다분히 네오-리얼리즘적인 경향이 강하게 나타나기
때문이다. 그러므로 포스트모던 건축은 네오-리얼리즘적 건축에 해
당되고, '포스트-포스트모던' 건축이라고 하여야만 비로소 문학을
비롯한 다른 예술 분야에서 나타나는 포스트모더니즘과 비슷한 현상
이 된다고 할 수 있다.

그런데 모더니즘에 대한 비판은 비단 건축에만 국한되지 않는다.
비록 정도의 차이는 있지만 포스트모더니즘은 문학을 비롯하여 연
극·영화·음악·미술·조각·댄스·비디오 예술·광고에 이르기
까지 사실상 거의 모든 예술 영역에 걸쳐 매우 폭넓게 나타나기 때
문이다. 그러니까 이러한 예술 영역에서 포스트모더니즘은 모더니
즘 이후에 대두되기 시작한 새로운 현상을 가리키는 셈이다.

특히 문학의 경우 포스트모더니즘은 모더니즘에 대한 일종의 비
판적 반작용에서 시작되었다. 19세기 중엽부터 서구 문학을 풍미한
리얼리즘에 대한 비판적 반작용으로 시작된 모더니즘은 고전주의와
낭만주의 그리고 리얼리즘 다음에 나타난 문학과 예술 전통이나 사
조 또는 이론이다. 모더니즘은 바로 그 이전에 서구를 풍미하던 리
얼리즘에 대한 비판적 반작용이었다. 19세기 중엽부터 본격적으로
대두되기 시작한 리얼리즘은 삶의 모습을 될 수 있는 한 있는 그대
로, 즉 객관적으로 그리고 아무런 주관적인 편견이나 사심 없이 재

현하거나 모방하는 것을 가장 중요한 목표로 삼고 있었다. 리얼리즘 이론에서 거울이라는 메타포가 많이 사용되고 있는 것은 바로 이러한 까닭에서이다. 리얼리즘 전통에 속한 작가와 예술가들은 사물을 마치 거울에 비추어내듯이 삶의 모습을 정확하게 모방하거나 재현시키려고 하였던 것이다.

모더니즘은 바로 이러한 객관성과 정확성을 표방하는 리얼리즘에 대한 의식적 단절로 시작되었다. 무엇보다도 삶의 실재를 상대적으로 파악하고자 하는 모더니즘은 예술가의 주관적 의식을 중시하고 더 나아가 예술의 자기목적성을 강조한다. 잘 빚어진 항아리가 그 자체로서 심미적 기능을 지니고 있듯이 예술 작품 또한 그 자체로서 고유한 존재이유를 지니고 있다는 것이 모더니즘의 기본 입장이다. 그러니까 리얼리즘이 중시하던 문학 외적인 기능, 이를테면 도덕적 윤리적 사회적 정치적 기능 등은 모더니즘에 이르러서는 별다른 가치를 인정받지 못하게 되었던 것이다.

그런데 모더니즘은 제 2 차세계대전이 종식된 이후, 그러니까 1940년대 말엽에 이르러서부터는 그 힘이 점점 쇠퇴하고 약화되기 시작하였다. 20세기 초엽만 하더라도 가히 혁명적이라고 할 수 있었던 전통이나 인습에 대한 도전은 이제 오히려 그 자체로서 일종의 전통으로 굳어져버렸다. 바꾸어 말해서 모더니즘은 '대항문화'의 위치에서 '전통문화'의 그것으로 자리바꿈을 하였던 것이다.

모더니즘은 형식적인 측면에서는 가히 우상파괴적이고 혁명적이라고 할 만큼 혁신적인 특성을 견지하고 있었으면서도 적어도 주제적인 측면에서는 여전히 가부장제적인 권위에 의존하고 있었다. 어떤 의미에서 모더니즘은 현상태를 옹호하고 유지하고자 하는 체제순응적인 특성마저 보이게 되었던 것이다. 그동안 몇몇 이론가들이 모더니즘을 파시즘과 관련되어 흔히 논의되어온 것도 따지고 보면 바로 이러한 이유 때문이다. 그리하여 1960년대에 이르러 모더니즘은 적지 않은 도전을 받기 시작하였으며, 이러한 도전과 비판적 반작용에서 생겨난 산물이 바로 포스트모더니즘인 것이다.

문학에서 포스트모더니즘은 모더니즘의 기본 입장을 거의 대부분 받아들여 그것을 더욱 극단적인 방법으로 발전시킨다. 과거의 전통이나 인습으로부터 벗어나 새로운 것을 창안하고자 하는 문학적 급진주의라는 형식적 관점에서 본다면 포스트모더니즘은 모더니즘 전통이나 이론을 상당 부분 발전시키고 있다. 초기 모더니즘을 주도한 에즈라 파운드(Ezra Pound)가 말하는 "모든 것을 새롭게 하라"는 모더니즘의 슬로건은 사실상 포스트모더니즘의 경우에도 거의 마찬가지로 적용되기 때문이다.

물론 네오-리얼리즘적인 경향 또한 포스트모더니즘을 규정짓는 중요한 요소 가운데 하나이지만, 이러한 복고주의적인 성향에 못지 않게 전위적인 실험성 또한 포스트모더니즘을 특징짓는 핵심적인 요소라고 할 수 있다. 넓은 의미에서 라틴아메리카의 작가들이 시도하여온 '마술적 리얼리즘', 프랑스의 누보로망 계열의 작품 경향, 또는 미국의 소설가 레이먼드 페더먼이나 로널드 슈케닉 등이 주창하는 '서픽션'(超小說) 등은 어디까지나 모더니즘의 실험성을 한 단계 발전시킨 것과 다름없다.

모더니즘과 포스트모더니즘의 또 다른 공통점은 불확정성이나 비결정성이다. 20세기 후반을 흔히 '불확정성의 시대'로 규정하고 있는 것만 보아도 이러한 특성이 널리 팽배하여 있다는 것을 쉽게 알 수 있다. 그러나 이러한 특성은 20세기 후반에 처음 거론된 것은 물론 아니고, 이미 20세기 초엽부터 이 문제가 본격적으로 논의되기 시작하였다. 이를테면 알버트 아인슈타인이 일반 상대성이론을 처음 발표한 것이 1905년이고, 특수 상대성이론을 발표한 것은 그로부터 10년 후 1915년이다. 이밖에도 1927년에는 베르너 하이젠베르크의 불확정성의 원리와 닐 보어의 상보성 원리가, 그리고 1930년에는 쿠르트 괴델의 불완전성 정리 등이 각각 발표되었다. 물론 이러한 것들은 문학이나 예술 분야가 아닌 물리학이나 수학 분야에서 일어난 일이기는 하지만 문학과 예술에도 크나큰 영향을 미쳤음은 두말할 나위가 없을 것이다.

이러한 비결정성이나 불확정성에서 비롯되는 편린화나 파편화 현상은 모더니즘과 포스트모더니즘에 걸쳐 공통으로 나타나는 중요한 현상이다. 엘리어트의 《황무지》(1922)나 에즈라 파운드의 《휴 셀윈 모벌리》(1920)와 같은 시, 그리고 제임스 조이스의 《율리시스》(1922) 나 윌리엄 포크너의 《고함과 분노》(1929)와 같은 소설은 엘리어트의 표현 그대로 '한줌의 부스러진 이미지들'로 구성되어 있는 작품들이다. 이러한 작품들을 읽는 독자들은 파편화된 이미지들을 긁어모아 하나의 통일된 의미를 재구성하도록 요구받는다. 그런데 이러한 편린화나 파편화 현상은 포스트모더니즘에 이르러 한결 더 극단적인 방법으로 발전된다. 그리하여 미국의 소설가 도널드 바슬미는 아예 "파편은 내가 믿는 유일한 기법"[5]이라고 말하기에 이르렀던 것이다.

이밖에도 다분히 비정치적이고 비역사적인 특성을 지닌다는 점에서도 포스트모더니즘은 모더니즘과 비슷하다. 물론 인간의 행위나 그가 만들어낸 산물은 모두 다 어느 정도 정치적이고 역사적인 성격을 띠게 마련이다. 가장 극단적인 방법으로 반정치성과 무정치성을 강조하는 아나키즘조차도 좀더 자세히 들여다보면 그 자체로서 하나의 정치적 입장을 표명하고 있다. 마찬가지로 인간이 사회적 공간과 역사적 시간 속에서 살고 있는 한 엄밀한 의미에서 역사성에서 벗어난다는 것은 불가능한 일이다. 물고기가 물을 벗어나 사는 것을 상상할 수 없듯이 인간이 어떤 식으로든지 역사성과 관련을 맺지 않고 산다는 것은 상상도 할 수 없는 일이다. 그럼에도 고전주의나 리얼리즘과 비교하여 볼 때에 모더니즘과 포스트모더니즘은 될 수 있는 한 정치적이고 역사적인 특성에서 벗어나려고 시도하였다. 19세기 프랑스의 소설가 스탕달은 일찍이 문학에서 정치를 말하는 것은 마치 음악회장에서 권총을 발사하는 것과 다름없다고 말한 적이 있다. 그런데 모더니즘과 포스트모더니즘 문학가들이나 예술가들은 이 스탕달의 말을 설득력 있는 것을 받아들이고 있는 듯하다. 문학과 예술의 사회적 정치적 기능을 도외시하거나 무시한 채 심미성과 자기목적성을 유독 강조한다는 것부터가 벌써 이러한 입장을 드러내고 있다. 사실 모더니즘과 포스트모더니즘이 그 동안 많은 비판을 받아온 것도 따지고 보면 이러한 비정치적이고 비역사적인 특성과 결코 무관하지 않다.

그러나 이러한 유사점이나 공통점에도 불구하고 포스트모더니즘은 모더니즘과는 변별적으로 엄격히 구분된다. 앞에서 '포스트'라는 접두어가 단순히 후시성만을 뜻하지 않고 어떤 유형이건 가치 전도를 전제하고 있다고 말한 까닭이 바로 여기에 있다. 다시 말해서 포스트모더니즘은 단순히 '모더니즘 이후'라는 시간적 차원 이상의 큰 의미를 지니고 있다. 한마디로 포스트모더니즘은 문학과 예술 전통으로서의 모더니즘이 안고 있는 모순과 한계, 예술적 허상을 비판하는 문예적 개념이라고 할 수 있다.

우선 텍스트의 독창성이나 창조성을 인정하지 않는다는 점에서 포스트모더니즘은 모더니즘과 큰 차이를 보인다. 흔히 '상호텍스트성'이라는 용어로 표현되는 이러한 현상은 다른 문학 텍스트들과 맺고 있는 상호관련성을 중시한다. 포스트모더니스트들에 따르면 태양 아래에는 새로운 것이 존재하지 않듯이 진정한 의미에서 창조적이고 독창적인 작품이란 결코 존재하지 않는다. 상호텍스트성의 개념을 본격적으로 정립한 프랑스의 이론가 줄리아 크리스테바(Julia Kristeva)에 따르면 문학이나 예술 작품은 마치 모자이크와도 같아서 이미 과거에 존재하여 있는 작품들을 다시 결합하고 배열한 것에 지나지 않는다. [6] 주어진 어느 한 작품은 그 이전에 이미 씌어진 다른 작품에서 직접 또는 간접적으로 많은 영향을 받고 있다는 것이다. 포스트모더니즘 작품과 관련하여 파스티슈(혼성 모방)라고 하는 기법이 최근에 들어와 부쩍 자주 언급되는 것도 이러한 이유 때문이다. 비판적이고 풍자적인 기능을 담당하는 패러디가 모더니즘에서

주로 사용하였다면, 비교적 이러한 특성이 결여되어 있는 파스티슈
는 포스트모더니즘에서 주로 많이 사용하고 있다. 이렇게 포스트모
더니스트들은 낭만주의자들이나 모더니스트들이 중시한 독창성이나
창조성에 대하여 깊은 회의를 보이고 있다.

　여기서 문제가 되는 것이 바로 작가나 저자이다. 낭만주의와 모
더니즘에서 작가나 저자는 마치 초월적 존재인 신과 같은 대접을 받
았다. 신이 우주를 창조한 것처럼 작가나 저자는 자신의 작품을 창
조한다는 것이다. 물론 작품의 배경을 설정하고 작중인물들을 창조
하고 사건을 만들어낸다는 점에서는 신과 비슷한 점이 없지 않다.
그러나 포스트모더니즘에 이르러 작가나 저자는 이제 더 이상 초월
적인 신으로 간주되지 않는다. 그는 이제 한낱 언어라는 원자재를
사용하여 제품을 만들어내는 생산자에 지나지 않는다. 다시 말해서
작가나 저자는 이제 탈신비화한 셈이다. '저자의 실종' 또는 '저자
의 죽음'으로 흔히 부르는 현상은 바로 저자의 탈신화 현상과 밀접
하게 연관되어 있다.

　그런데 여기서 한 가지 염두에 두어야 할 것은 창조성이나 독창성
에 대하여 깊은 회의를 갖는다고 하여 포스트모더니즘의 중요한 특
성 가운데 하나인 상호텍스트성을 표절이나 도용과 혼동하여서는 안
된다는 점이다. 상호텍스트성은 정당한 절차를 거치지 않고 남의 작
품을 도용하거나 표절하는 행위와는 근본적으로 다르기 때문이다.
포스트모더니즘을 비판하는 몇몇 이론가들이 포스트모더니즘이 곧
표절이나 도용 행위를 정당화시켜주는 비도덕적 미학으로 간주하고
있지만, 그것은 포스트모더니즘을 비판하기 위한 전략에 지나지 않
는다. 한마디로 포스트모더니즘과 표절이나 도용은 사실상 아무런
관련이 없다.

　둘째, 포스트모던 문학은 탈장르화나 장르 확산 현상의 특성을
지닌다. 모더니즘에서는 한 문학 장르와 다른 문학 장르 사이에는
마치 베를린 장벽처럼 높다란 장벽이 가로놓여 있었다. 예를 들어

소설 장르와 시 장르 또는 희곡 장르와 비평 장르를 서로 엄격히 구
분하였다. 이들 장르의 결합은 마치 이민족과의 결혼처럼 금기시되
었던 것이다. 그러나 포스트모더니즘에 이르러 장르 사이의 장벽이
무너져버리고 각각의 장르 사이에는 전보다 한결 더 유동적인 관계
가 성립되기 시작하였다. 창작과 비평, 허구와 사실, 그리고 문학
과 역사 사이의 경계선이 이제 그 의미를 상실하였다. 더욱이 이러
한 장르 해체 현상은 문학 장르의 영역을 뛰어넘어 학문과 학문 사
이에서도 마찬가지로 나타난다. 흔히 '학제적'(學際的)이라는 용어
로 부르는 이 현상에 따르면 종래의 문학과 역사 또는 철학은 이제
인문학이라는 이름 아래 통합된다.

　이러한 장르 붕괴 현상은 문학뿐만 아니라 다른 예술 영역에서도
마찬가지로 나타난다. 이를테면 최근에 들어와 고전음악과 대중음
악을 결합한 이른바 '크로스 오버' 음악이 각광을 받고 있다. 고전
음악을 주로 하는 성악가들이 대중음악 가수들과 함께 노래를 부르
는 현상 또한 이러한 맥락에서 이해할 수 있을 것이다. 한편 미술에
서도 전통적인 의미의 서양화와 동양화의 개념이 붕괴되고 있다. 서
양화가들이 동양화를 그리는 화선지나 묵과 붓을 사용하는 반면, 이
와는 반대로 동양화가들은 서양화가들이 사용하는 페인트를 즐겨 사
용한다. 이러한 현상은 음악과 미술뿐만 아니라 다른 예술 영역에서
도 쉽게 발견할 수 있다.

　셋째, 포스트모던 문학은 자기 반영성을 강조한다. 여기서 자기
반영성이란 한 문학작품이 창조되는 과정을 의식적으로 드러내는 현
상을 말한다. 고전적인 미학 이론에 따른다면 예술가는 예술작품이
창작되는 과정을 될 수 있는 대로 감추지 않으면 안 되었다. 그러한
과정이 감쪽같이 숨겨져 있으면 있을수록 그 작품은 훌륭한 작품으
로 평가받았던 것이다. 그러나 포스트모더니즘에 이르러 작가들은
의도적으로 이러한 기법을 독자들에게 드러내보이고 있다. 독일의
극작가 베르톨트 브레히트의 '소외 효과' 이론이나, 러시아 형식주

의자들이 말하는 '낯설게 하기'나 '기법을 드러내기' 수법들은 다 이러한 장치에 지나지 않는다.

더욱이 포스트모더니스트들은 작품이 창작되는 과정 그 자체를 작품의 중심적인 주제로 즐겨 삼는다. 비유적으로 말한다면 리얼리즘 작가들은 자연이나 우주 또는 삶을 향하여 예술이라는 거울을 비추고 있었다. 그들은 그 거울 속에 삶의 모습을 될 수 있는 대로 고스란히 담아내고자 하였다. 그러나 포스트모더니즘 작가들은 삶을 향하여 거울을 들이대는 대신에 작품이라는 집의 내부를 향하여 거울을 비추고 있다고 할 수 있다. 흔히 '메타 픽션'이라는 용어로 부르는 유형의 문학은 바로 자기 반영성을 강조하는 문학작품을 가리킨다. 최근에 들어와 많은 작가들은 부쩍 '소설의 소설' 또는 '소설에 관한 소설'에 깊은 관심을 보이고 있다.

포스트모더니즘이 흔히 반(反)리얼리즘적 경향을 보이는 것은 바로 이러한 이유 때문이다. 앞에서 언급하였듯이 리얼리즘은 재현성에 뿌리를 두고 있다. 리얼리즘 작가들이나 예술가들은 한결같이 문학이나 예술작품을 통하여 삶의 모습을 '있는 그대로' 그리고 '객관적으로' 고스란히 모사하거나 재현해낼 수 있다는 종교적 믿음을 가지고 있었다. 이러한 믿음은 비록 리얼리즘처럼 그렇게 강하지는 않았지만 모더니즘에서도 여전히 그 흔적을 찾을 수 있었다. '한줌의 부스러진 이미지들'에 깊은 관심을 보이면서도 모더니스트들은 그러한 이미지들을 모아 총체적인 하나의 의미를 만들어낼 수 있다는 신념을 포기하지 않았던 것이다. 그러나 포스트모더니즘에 이르러 많은 작가들이나 예술가들은 이러한 재현성에 대한 기대를 거의 모두 포기하고 그 대신 재현의 불가능성을 말한다. 모더니즘은 재현할 수 없는 것을 재현하려고 하는 반면, 포스트모더니즘은 재현성 그 자체를 불가능한 것으로 간주한다.

넷째, 포스트모던 문학은 대중문학에 남다른 관심을 보인다. 다분히 엘리트주의적이고 고답적인 입장을 견지하던 모더니즘은 대중문학에 대하여서는 이렇다 할 만한 관심을 보이지 않았다. 사실 어떤 의미에서 모더니즘은 대중문학의 오염에서 문학의 순수성을 보호하기 위하여 시작되었다고 할 수 있다. 그러나 포스트모던 작가들은 그동안 주변적인 문학 장르로서밖에는 취급하지 않은 장르, 가령 탐정소설이나 공상과학소설 또는 서부 소설이나 로맨스 소설 등에 새로운 가치를 부여하기 시작하였다. 포스트모더니즘을 흔히 민중이나 대중의 삶과 관련하여 이해하고 있는 것은 바로 이러한 이유 때문이다.

대중문화에 대한 관심은 문학뿐만 아니라 다른 예술 영역에서도 마찬가지로 나타난다. 이를테면 미술의 경우 1950년대 말엽과 1960년대 초엽부터 그 이전에 화단을 풍미하던 엘리트주의적인 고답적인 추상표현주의에 대한 비판적 반작용으로서 좀더 대중에 뿌리를 둔 팝 아트가 널리 유행하기 시작하였다. 팝 아티스트들은 대중들이 즐겨 읽는 만화나 코카콜라나 캠벨 수프와 같은 상품, 또는 마릴린 몬로나 재클린 케네디와 같은 대중의 우상이 되다시피 한 유명인사들의 이미지를 효과적으로 사용하였다. 특히 로이 릭튼스타인이나 앤디 위홀과 같은 팝 아티스트들은 고급예술적 요소를 대중예술적 요소와 서로 결합함으로써 이 두 장르 사이에 놓여 있는 경계선을 허무는 데에 크게 이바지하기도 하였다.

Ⅳ. 포스트모더니즘과 포스트모더니티

포스트모더니즘이라는 용어와 함께 '포스트모더니티'라는 용어 또한 자주 사용하고 있다. 그렇다면 이 두 용어 사이에는 과연 어떠한 유사점과 차이점이 있는가. '이즘'이나 '주의'라는 접미어가 붙어 있는 용어가 대개 그러하듯이 포스트모더니즘은 좀더 체계적이고 추상적 사상이나 이론을 뜻한다. 한편 포스트모더니티는 역사적 개념이나 사회적 개념으로 흔히 사용하기 일쑤이다. 아놀드 토인비는 일찍이 19세기 중엽, 더욱 정확히 말해서 1875년 이후 서구 역사를 지칭하기 위하여 바로 '포스트모던'이라는 용어를 사용하였다. 그러니까 그것은 '모더니티 이후'의 역사적 시기를 가리키는 용어인 셈이다.

이번에는 포스트모더니즘과 '포스트구조주의'를 구별할 필요가 있다. 마던 새럽을 비롯한 몇몇 이론가들은 이 두 용어를 엄밀히 구별하지 않고 동일한 현상을 가리키는 동의어로 사용하여왔다.[7] 한편 다른 몇몇 이론가들은 이 두 용어를 변별적으로 서로 엄격히 구분하여 사용하여 오기도 하였다. 그러나 극단적인 두 입장 사이에서 답을 찾는 것이 좋을 것 같다. 포스트구조주의는 포스트모더니즘의 동의어도 아니고 그렇다고 하여 포스트모더니즘의 반대어도 아니다. 포스트구조주의는 포스트모더니즘의 하부 개념이라고 할 수 있다. 한편 포스트모더니즘이 문학이나 예술 영역과 관련하여 흔히 사용하는 개념인 반면, 포스트구조주의는 주로 철학 이론과 관련하여 사용하는 개념으로 이해되기도 한다.

포스트모더니즘은 철학적 관점에서도 그 이전의 입장과는 큰 차이점을 보여준다. 새로운 철학적 입장은 주로 프랑스에서 1960년대 말엽부터 대두되기 시작한 포스트구조주의가 가장 잘 대변한다. 해체주의를 포함한 포스트구조주의라는 후기의 롤랑 바르트를 비롯하여 자크 데리다, 미셸 푸코, 자크 라캉, 장-프랑수아 료타르, 그리고 질 들뢰즈와 펠릭스 가타리와 같은 이론가들이 주로 주창하였다. 이들 이론가들은 중요한 면에서 서로 큰 차이점을 보여주고 있으면서도 본질적인 면에서 다음 몇 가지 공통점을 지니고 있다.

무엇보다도 포스트구조주의자들은 삶의 실재의 본질이나 성격에 대하여 전통적인 철학자들과는 큰 차이를 보여준다. 실재를 총체적이고 통일적인 것으로 파악하여온 전통적인 철학가들과는 달리, 이

철학자들은 실재를 편린적이고 이질적이며 다원적인 것으로 파악하고자 한다. 따라서 그들의 관점에서 보면 이렇게 무정형적인 특성을 지닌 실재를 파악하고 이해하기란 거의 불가능한 일이다. 이성과 합리성이 지배하는 헤겔류의 총체성에 적지 않은 회의를 보이는 료타르는 마침내 총체성에 선전포고를 하기에 이른다. "총체성에 대하여 전쟁을 일으키자…… 여러 가지 차이점을 활성화하고 가문의 명예를 지키자"[8]고 말하고 있다.

더욱이 포스트구조주의자들은 실재의 본질뿐만 아니라 더 나아가 그것을 파악하는 주체에 대해서도 매우 회의적인 태도를 보인다. 데카르트로 대변되는 전통적인 서구 철학자들은 그동안 '나'라는 존재를 사고나 인식의 주체로 파악하였다. 그러나 신철학자들은 인식 주체인 '나'를 인정하지 않음으로써 이성에 기초하는 이른바 '존재의 형이상학'을 해체하고 있다. 그들에 따르면 주체는 어디까지나 지리멸렬한 무의식적 충동이나 욕망의 집합에 지나지 않는다. 이것이 바로 몇몇 철학자들이 흔히 '주체의 상실'이나 '주체의 죽음' 또는 '인간의 죽음'이나 '휴머니즘의 죽음' 등으로 일컫는 현상이다. 이미 앞에서 언급한 '저자의 실종'이나 '저자의 죽음' 문제도 이와 같은 연장선에서 이해할 수 있다.

뿐만 아니라 포스트모던 철학은 흔히 '거대 이론'으로 번역하는 '메타-내러티브'의 붕괴에서도 잘 나타난다. 이제까지 철학자들은 어느 한 핵심적 이론에 기초하여 삶의 현상을 총체적으로 설명하려고 하여왔다. 방금 언급한 료타르는 바로 이러한 관점에서 포스트모더니즘을 개념화한 가장 대표적인 이론가이다. 그는 헤겔의 정신의 변증법, 마르틴 하이데거의 의미의 해석학, 카를 마르크스의 노동 주체의 해방, 또는 아담 스미스나 데이비드 리카르도의 부(富)의 축적에 기초한 자본주의 등을 메타-내러티브의 대표적인 예로 들고 있다. 그리고 그는 이러한 메타-내러티브에 대한 불신에서 포스트모더니즘의 특성을 발견하는 것이다. 현대 철학이 형이상학의 위기 또

는 제도의 위기라는 관점에서 이해하고 있는 것은 바로 이러한 이유
와 무관하지 않다.

　철학과 마찬가지로 신학에서도 포스트모더즘을 심심치 않게 논의
하고 있다. 최근 우리나라에는 어느 감리교 계통의 신학대학 교수들
이 포스트모던 신학을 주창하였다고 하여 교수직에서 쫓겨나고 출교
(出敎)당하는 사태까지 일어나 이 문제가 더욱 세간의 관심을 모았
다. 포스트모던 신학은 한마디로 종교적 다원성을 강조하는 신학이
다. 이제까지 서구 기독교에 기초하고 있는 신학은 유일신만을 신으
로 받아들여왔다. 이러한 유일신적 입장은 ‘나 외에 다른 신을 위하
지 말라’고 하는 첫번째 십계명에 뿌리를 두고 있다. 여호와 하나님
외의 신은 모두 이신(異神)으로, 그리고 하나님 외의 다른 신을 섬
기는 사람들은 모두 이교도로 간주하여왔던 것이다. 그러나 종교의
상대주의와 다원주의를 주장하는 포스트모던 신학자들은 하나님 말
고도 얼마든지 다른 신이 존재하여 있다고 주장한다. 그러므로 정통
신학의 관점에서 보면 포스트모던 신학은 반(反)신학이나 비(非)신
학과 크게 다름없다.

　포스트모더니즘은 철학과 신학에 못지않게 이번에는 역사학에서
도 잘 드러난다. 20세기 중엽까지만 하더라도 객관주의 역사 이론
이 역사학의 주류를 이루고 있었다. 헤겔로부터 시작하여 레오폴트
랑케를 거쳐 최근 페르낭 브로델을 중심으로 하는 아날학파에 이르
기까지 전통적인 역사학에서는 총체성이 무엇보다도 중시하였다.
다시 말해서 역사 기술도 일종의 과학적 방법론에 따라 과학적 엄밀
성과 객관성을 유지하지 않으면 안 되었던 것이다. 그러나 이러한
객관주의적 역사 이론은 20세기 중반에 접어들면서 점차 도전을 받
기 시작하였다. 미국의 역사학자 루이스 고츠초크는 역사 방법론에
관한 저서 《역사의 이해》(1969)에서 “역사는 삼차원적이다. 즉 그
것은 과학과 예술, 그리고 철학의 성격을 지닌다”[9]고 주장함으로써
이제까지의 일차적 역사 기술에 반기를 들었다.

물론 역사 기술에서 주관성을 강조하는 이러한 현상은 포스트모더니즘에 이르러 처음으로 나타났다고는 할 수 없을른지도 모른다. 왜냐하면 이러한 조짐은 포스트모더니즘이 본격적으로 대두되기 훨씬 앞서 이미 몇몇 역사가들에게서도 찾아볼 수 있기 때문이다. 가령 전통적인 역사관과 큰 차이를 보이는 이탈리아의 역사철학자 지암바티스타 비코에게서도 포스트모더니즘적인 몇 가지 특성을 쉽게 발견할 수 있다. 예를 들어 역사 기술에서 언어가 차지하는 비중을 강조한 점에서도 그러하고, 종래의 일직선적인 기독교적 시간관 대신에 순환론적인 시간관을 주장한 것도 그러하다. 《새로운 과학》(1725)이라는 저서에서 비코는 역사상 위대한 발자취를 남긴 사람들의 전기를 기술하던 역사, 그리고 신의 의도가 전개되는 과정을 기술하던 전통적인 역사를 거부하였다. 그에게 역사란 인간 사회와 제도가 생성되고 발전하여 쇠퇴하는 과정을 기술하는 것에 지나지 않는다. 그러나 가히 혁명적이라고 할 수 있는 이러한 혁신적인 역사관은 역시 20세기 후반 포스트모더니즘에 이르러서야 비로소 본격적으로 대두하였다고 할 수 있다. 문학이 '허구의 역사화'에 깊은 관심을 가지고 있듯이 역사는 이제 '사실의 허구화'에 큰 관심을 가지고 있는 것처럼 보인다.

흔히 '포스트모던' 역사학자 또는 '해체주의적' 역사가로 부르는 역사이론가 가운데에서도 미국의 역사이론가 도미니크 라카프라(Dominick Lacapra)와 헤이든 화이트(Hayden White)는 특히 주목할 만하다. 역사이론을 정립하는 데서 이 두 이론가들은 한결같이 프랑스에서 처음 시작한 해체주의에서 큰 영향을 받고 있다. 라카프라는 《역사와 비평》(1985)에서 역사는 문학과 마찬가지로 언어를 매체로 삼고 있으며, 이렇게 언어를 매체로 삼고 있는 한 불가피하게 텍스트와 관련을 맺지 않을 수 없다고 주장한다. 이 점과 관련하여 그는 "과거는 텍스트와 텍스트화된 잔존물, 곧 회고록, 보고서, 출판된 저서, 기록 보관소, 기념물 등의 형식을 통하여 우리에게 전달된다”고 지적하고 있다. 그는 다른 저서에서도 역사는 텍스트 자체는 아니지만 텍스트적 형식을 통하지 않고서는 우리에게 전달될 수 없다고 주장하고 있다.

화이트 또한 전통적인 역사이론에 깊은 회의를 보인다. 특히 그는 자크 데리다와 그의 이론을 문학에 도입한 미국의 해체주의들과 마찬가지로 언어의 문제에 깊은 관심을 보인다. 19세기 유럽의 역사를 다루는 저서 《메타역사》(1973)에서 그는 한마디로 역사적 저술을 '서사적 산문 언술의 형태를 취하고 있는 언어적 구성물'로 파악한다. 그에 따르면 모든 역사는 "일정한 양의 자료, 이 자료를 설명하는 이론적 개념, 그리고 그 자료를 제시하는 서사적 구조"를 서로 결합하게 마련이다. 이 점과 관련하여 이 책의 '역사적 상상력'이라는 부제에 주목할 필요가 있다. '상상력'이라는 말에서도 잘 드러나 있듯이 그는 역사 기술을 문학이나 예술과 크게 다르지 않은 것으로 간주하고 있다.[10]

더욱이 화이트는 언어의 수사적 특성에 주목한다. 문학에서 사용하는 언어는 말할 것도 없고 역사 기술에서 사용하는 언어조차 비유와 수사성에 오염되어 있다고 그는 주장한다. 이렇게 언어가 수사성과 비유에 오염되어 있다고 한다면, 객관적으로 역사를 기술한다는 것은 아예 처음부터 불가능한 일과 다름없다. 그리하여 화이트는 이러한 해체주의적 역사방법론에 따라 마르크스와 지그문트 프로이트, 그리고 톰슨과 같은 서구의 대표적인 사상가들의 저서들을 해체시키고 있다.

사회 이론에서도 포스트모더니즘은 종래와는 전혀 다른 입장을 가진다. 지금 우리가 살고 있는 현대사회는 분명히 그 이전의 그것과는 여러 면에서 본질적인 차이점을 보여준다. 이렇게 달라진 20세기 후반의 사회를 설명하기 위하여 미국의 사회학자 다니엘 벨과 프랑스의 사회학자 알랭 투렌은 현대사회를 '후기산업사회' 또는 '탈산업사회'라고 흔히 번역하는 '포스트-산업사회'라고 이름하였다. 농경사회에서 산업사회를 거쳐 이제 마침내 포스트-산업사회로 진입하였다는 것이다. 이밖에도 많은 사회이론가들은 현대사회를 규정하기 위하여 '소비사회'(프레드릭 제임슨)니, '스펙터클 사회'(기 드보르)니, '통제된 소비의 관료주의적 사회'(알리 르페브르)니, 또는 '탈합법화의 시대'(장-프랑수아 료타르)니 하는 용어들을 사용하여왔다. 그런가 하면 많은 이론가들은 20세기 후반의 현대사회를 아예 '포스트모던 사회'라고 부르기도 한다.

프랑스의 사회학자 장 보드리야르는 이와는 조금 다른 관점에서 현대사회를 진단한다. 다른 사회학자들과 마찬가지로 현대사회를 소비사회로 규정짓는 그는 주로 사회기호학의 관점에서 현대 문명의 병폐를 진단하고 비판한다. 그는 현대 소비사회를 객관적 차원, 주관적 차원, 그리고 이데올로기적 차원 등 모두 세 차원에서 접근한다. 객관적 차원에서 상품은 사용 가치를 상실하고 오직 그 자체의 구조를 지닌다. 다시 말해서 상품은 필요와 충족의 물질로서 의미보다는 오히려 '시니피앙'으로 떠도는 기호로서 더 큰 의미를 갖는다. 주관적 차원에서도 상품은 실용적인 용도를 벗어나 심리적 측면에서 더 큰 의미를 지닌다. 그리고 이데올로기적 차원에서 상품은 광고의 절대적인 영향을 받는다. 여기서 매스미디어를 통한 광고는 신(神)과 같은 지극히 높은 위치를 차지하고 있다.

한편 보드리야르는 또 다른 관점에서 현대 문명의 병리 현상을 비판하기도 한다. 그는 20세기 후반에 들어와 개인적 삶과 공적인 삶, 주관적 자아와 객관적 세계 사이의 대립은 이제 더 이상 불가능하게 되었다고 그는 주장한다. 이 두 세계 사이에는 상호교환적이고 수평적인 관계가 성립한다는 것이다. 이러한 관계를 가능하게 만드는 것으로 그는 텔레비전의 화면이나 컴퓨터의 모니터를 든다. 텔레비전 화면이나 컴퓨터 모니터는 이제 주체와 객체, 자아와 세계가 서로 만나는 지점에 해당된다. 이렇게 공적인 것과 개인적인 것, 주관적인 것과 객관적인 것이 모두 없어진 상황에서는 그가 말하는 '가시성의 폭발’ 현상이 일어나게 마련이다. 그는 이러한 가시성의 폭발을 두고 ‘외설’이라는 표현으로 부른다. 외설은 곧 우리의 삶 가운데 가장 은밀하고 내면적인 과정들이 매스미디어를 통하여 대중 앞에 노출될 때 일어난다. 이 점과 관련하여 그는 “이제 더 이상 스펙터클이나 장면이 존재하지 않을 때, 모든 것이 투명해져서 즉시 가시적인 것으로 변할 때, 모든 것이 무자비할 만큼 가차 없이 정보와 커뮤니케이션의 빛에 노출될 때 바로 외설은 시작된다”[11]고 말한다.

　이러한 사정은 경제 영역에서도 크게 다르지 않다. 경제학자 에르네스트 만델은 일찍이 잘 알려진 저서 《후기 자본주의》(1982)에서 자본주의를 크게 세 가지 형태로 분류한 바 있다. 시장자본주의, 제국주의적 독점자본주의, 그리고 다국적 시장자본주의가 바로 그것이다. 그리고 만델은 각각의 자본주의의 유형에 리얼리즘과 모더니즘, 그리고 포스트모더니즘과 같은 문화 현상의 특징을 부여하였다. 즉 리얼리즘은 시장자본주의, 모더니즘은 제국주의적 독점자본주의, 그리고 포스트모더니즘은 다국적 시장자본주의 문화적 논리에 각각 해당된다는 것이다. 물론 만델은 사회·경제 현상과 문화 현상 사이의 복잡하고도 미묘한 관계를 지나치게 단순화시키는 과오를 범하고 있지만, 그의 유형화 작업은 포스트모던 사회의 사회·정치 형태를 이해하는 데에는 적지 않은 도움이 되는 것이 사실이다.

　포스트모더니즘의 경향은 경제 분야의 여러 국면에 걸쳐 그 징후가 나타나기 시작하였다. 이 가운데에서도 제조업의 쇠퇴와 서비스업의 증대과 같은 현상은 특히 주목할 만하다. 20세기 중엽 이후부터 생산직 노동자의 숫자가 급격히 감소한 반면, 서비스업이나 정보산업에 종사하는 사람들의 숫자가 획기적으로 증가하였다. 프랑스의 이른바 ‘상황주의자’ 가운데 한 사람인 기 드보르에 따르면 현대 사회에서는 구체적인 물질 생산품보다는 이미지가 가장 발전된 형태의 상품이 된다. 1967년에 집필한 한 글에서 그는 미국의 연간 국민총생산의 29퍼센트가 지식의 분배와 소비에 사용하고 있으며, 앞으로 20세기 후반에 들어와서는 이미지는 철도나 자동차를 훨씬 능가하여 경제의 원동력이 될 것이라고 예언한 바 있다. 그런데 드보르의 이 예언은 지금 참으로 잘 들어맞고 있다.

한편 여전히 생산직에 종사하는 노동자들조차도 전과는 달리 노동에 대한 확고한 직업의식을 상실한 경향이 있다. 한마디로 노동의식이 전보다 한결 낮아졌다. 요즈음 우리 주위에서 심심치 않게 거론되고 있는 '3 D' 현상도 따지고 보면 이와 결코 무관하지 않다. 이제 노동자들은 더러운 일, 어려운 일, 그리고 위험한 일은 될 수 있는 대로 하지 않으려고 한다. 그리고 높은 초과수당을 받을 수 있는데도 근무시간 말고는 좀처럼 일을 하지 않으려고 한다.

더욱이 최근에 들어와 단품종 대량생산 체제가 다품종 소량생산 체제로 전환된 데에서 새로운 경제 현상을 찾아볼 수 있다. 고객의 주문에 따라 상품을 생산하는 주문생산이 중요한 생산형태로 대두하기 시작하였다. 이러한 현상을 경제학자들은 '포드주의'에서 '포스트포드주의'로 이행한 것으로 부른다. 포스트모던 사회에 이르러서는 생산형태뿐만 아니라 소비형태에서도 크나큰 변화가 일어나기 시작하였다. 대량소비보다는 고가품의 소량소비, 근검절약보다는 과소비 등의 소비 양태가 나타나는 것이다.

포스트모더니즘 현상은 정치 영역에서도 조금도 예외가 아니다. 포스트모더니즘은 사회 구조에 못지않게 정치구조에서도 잘 드러난다. 정치 영역에 나타나는 포스트모던 현상은 고전적인 마르크스주의의 붕괴에서 쉽게 찾을 수 있다. 에르네스토 라클라우와 샹탈 무페와 같은 이론가들이 주창하는 이른바 '포스트마르크스주의'는 변모된 마르크스주의의 모습을 보여주는 가장 대표적인 경우에 해당된다. 유산자와 무산자, 지배계급과 피지배계급 사이의 계급투쟁을 역사의 원동력으로 파악하고 노동자 계급을 사회주의적 변혁의 주체로 파악한 고전적 마르크스주의가 이제는 더 이상 설득력을 지니고 있지 않다고 그들은 주장한다. 그들에 따르면 이러한 고전적 마르크

스주의는 19세기 말엽과 20세기 초엽의 산업자본주의를 설명하는
데에는 적합한 이론이 될지는 모르지만, 적어도 20세기 말엽의 다
원적이고 복잡한 사회적 정치적 상황을 설명하는 데에는 부적절한
낡은 이론이 아닐 수 없다.

　이러한 포스트마르크스주의 이론은 1980년대에 걸쳐 영국에서 발
행되는 잡지 《오늘의 마르크스주의》가 잘 대변하고 있다. 이 잡지
에 글을 기고하는 많은 학자들과 이론가들은 그동안 고전적 마르크
스주의의 한계를 지적하는 한편, 새로운 시대에 걸맞는 새로운 이론
을 정립하는 데에 큰 몫을 담당하여왔다. 1988년 10월 이 잡지는
‘새로운 시대’라는 주제로 특집을 꾸민 바 있는데, 편집자는 머리
말에서 다음과 같이 분명히 밝히고 있다.

　　좌파가 ‘새로운 시대’와 타협할 수 없는 한 그것은 오직 주변부에
서 삶을 영위하지 않으면 안 된다. ……‘새로운 시대’의 중심부에서는
대량생산의 포드주의적 경제에서 컴퓨터와 정보 기술 그리고 로보트학
에 기초를 둔 더욱 가변적이고 새로운 포스트포드주의적 질서로에의
이행이 이루어진다. 그러나 이 ‘새로운 시대’는 이러한 경제적 변화
이상의 것을 의미한다. 우리가 살고 있는 세계는 지금 다시 창조되고
있는 것과 다름없다. 대량생산, 대량소비, 대도시, 이른바 ‘대형’(大
兄)이 지배하는 국가, 교외로 길게 뻗어나가는 주거지, 그리고 단일민
족국가는 이제 쇠퇴일로에 놓여 있다. 다시 말해서 가변성·다양성·
차별화·이동성·의사소통·지방분권화, 그리고 구제화 등이 상승일
로에 놓여 있다. 이러한 과정을 통하여 우리 자신의 정체, 자아의 개
념, 우리 자신의 주관성은 변형되고 있다. 한마디로 우리는 지금 새로
운 시대로 이행하고 있는 중이다.

　포스트모더니즘 정치 이론은 최근에 부쩍 눈에 띠게 나타나는 민
족주의에서도 발견된다. 많은 나라들이 한편으로는 세계화나 지구
촌화의 기치를 내세우고 있으면서도 다른 한편으로는 민족주의적 경
향을 강하게 보인다. 이러한 현상은 구소련이나 동구권으로 상징되

던 전체주의가 쇠퇴하고 단일한 민족을 중심으로 힘이 모아지는 데에서도 쉽게 찾아볼 수 있다. 이러한 탈중심주의적 경향은 국제정치뿐만 아니라 한 나라의 정치 안에서도 일어난다. 즉 중앙집권화가 점차 쇠퇴하고 그 대신 지방분권화가 중시되고 있다.

한편 포스트모더니즘은 인문과학이나 사회과학은 물론이고 이번에는 자연과학의 분야에도 마찬가지로 발견된다. 무엇보다도 엄밀성과 객관성을 가장 중시하는 과학에도 포스트모더니즘 현상이 깊숙히 침투하기 시작하였다는 것은 놀라운 일이 아닐 수 없다. 그만큼 포스트모더니즘은 이제 인간의 모든 영역이나 지적 활동에 걸쳐 광범위하게 확산되어 있다는 점을 다시 한 번 확인할 수 있다.

포스트모더니즘은 환경 문제와도 밀접하게 연관되어 있다. 20세기 후반에 들어와 그동안 모더니티의 한계가 분명하게 드러나기 시작하였다. 근대화와 산업화의 과정에서 발전과 문명이라는 이름 아래 인간은 자연을 무참하게 파괴하였으며, 그 결과 심각한 공해 문제에 직면하게 되었다. 공해는 이제 산업화에 못지않게 아주 절실한 문제가 되어버렸다. 종이 한 장을 사용하고 커피 한 잔 마시는 것도 이제 공해와 연관하여 생각지 않을 수 없는 단계에 이른 것이다. 요즈음 뭇사람들의 입에 자주 오르내리는 '생태학적 상상력'이라는 용어는 환경과 공해 문제를 무엇보다도 가장 중요한 과제로 간주하는 사고를 가리키는 표현이다.

생태학의 문제는 포스트모더니즘 문명 비판과 관련을 맺고 있다. 프랑스의 인류학자 피에르 클라스트르는 인류학자답게 문명사회보다는 오히려 원시인 사회에 깊은 관심을 가지고 있다. 그에 따르면 원시인이나 야생인 사회는 오늘날 과학과 기술의 발전이나 역사 발전의 개념을 가지고 있는 현대인과는 거의 완전히 대립된다. 원시인들은 부지런히 땀을 흘려 재산을 모으고 증식하기보다는 삶을 놀이로서 즐기며 살고자 한다. 일년 가운데 대부분의 시간을 노는 데에 보낸다. 다시 말해서 현대인들이 생산하기 위하여 삶을 영위한다고 한다면, 원시인들은 살기 위하여 생산한다고 할 수 있다. '경제를 거부하는 사회', '생존경제의 사회' 또는 '여가의 사회' 등의 용어는 한결같이 원시인 특유의 사회를 지칭하는 표현이다. 또한 원시사회는 문자를 사용하지 않는다. 그들에게는 오직 일상생활에서 의사소통을 위한 구어만이 있을 따름이다. 이렇게 현대적 의미의 경제에 무관심하고 문자가 없는 원시사회에서는 국가도 없고 권력의 지배자도 없게 마련이다. 물론 추장은 있지만 그는 현대사회의 권력자처럼 피지배자 위에 군림하지 않는다. 이러한 사회에서는 유식한 자와 무식한 자, 그리고 다스리는 자와 복종하는 자의 구별은 사실상 아무런 의미를 지닐 수 없다. 클라스트르는 이러한 원시사회를 긍정적으로 평가함으로써 궁극적으로는 현대문명사회의 병폐를 지적하고자 하였던 것이다.

포스트모더니즘 과학은 안정성보다는 불안정성을, 객관성보다는 주관성, 연속성보다는 단절을 추구한다. 예를 들어 미국의 과학철학자 토머스 쿤은 '패러다임 이론'을 통하여 과학적 확실성에 심각한 회의를 보인다. 쿤의 이론에 따르면 과학의 성취는 어디까지나 주어진 한 순간 과학적 사고를 지배하는 패러다임의 기능에 지나지 않는다. 과학에서 일어나는 변화나 발전은 집적적(集積的)이 아니라 오히려 혁명적이라는 것이다. 이러한 혁명적 변화인 과학혁명들 사이에 비혁명적이고 안정된 정상과학이 얼마 동안 군림하는데, 이 기간의 과학을 특징 짓는 것이 바로 패러다임이다. 한편 이른바 '격변이론'을 주창한 프랑스의 수학자 르네 톰은 안정된 체계의 개념에 심각한 의문을 제기한다. 이러한 입장은 "모든 것이 다 통한다"고 주창한 파울 파이어아벤트의 이른바 '무정부이론'에 이르러 극한점에 달한다.

요컨대 포스트모더니즘은 문학과 예술을 비롯하여 정치와 사회, 그리고 문화에 걸쳐 매우 폭넓게 확산되어 있는 현상이다. 그것은 유행 가요나 유행 의상처럼 잠시 유행하다 사라져버리는 일시적인

현상이 결코 아니다. 오히려 그것은 제2차세계대전 이후 전세계를
풍미하고, 20세기 후반을 특징짓는 가장 핵심적인 신사조이자 시대
정신이며 세계관이자 세계 인식의 틀이다. 우리가 지금 포스트모더
니즘에 깊은 관심을 가지고 있는 이유도 바로 여기에 있다. 새로운
인식의 틀을 통하여 우리는 앞으로 다가오는 21세기를 이해하지 않
으면 안 될 것이다.

주

1) 이 점에 대해서는 Anders Stephanson and Daniela Salvioni, "A Short Interview with Dario Fo", *Social Text* 16 (Winter 1986~1987), p. 167 ; John Frow, "What Was Postmodernism?", Ian Adam and Helen Tiffin, eds.; *Past the Last Past : Theorizing Post-Colonialism and Post-Modernism* (Calgary : University of Calgary Press, 1990), pp. 139~150 참조.

2) Linda Hutcheon, *A Poetics of Postmodernism : History, Theory, Fiction* (London : Routledge, 1988), p. 18.

3) 이 점에 대해서는 Michel Foucault, *The Order of Things : An Archaeology of the Human Sciences* (New York : Pantheon, 1978) ; Foucault, *The Archaeology of Knowledge and the Discourse on Language*, tr., A. M. Sheridan Smith (New York : Pantheon, 1972) 참조.

4) Ihab Hassan, "Culture, Indeterminacy, and Immanence", *The Postmodern Turn : Essays in Postmodern Theory and Culture* (Columbus : Ohio State University Press, 1987), p. 53.

5) Donald Barthelme, "See the Moon?", *Unspeakable Practices, Unnatural Acts* (New York : Farrar, Straus & Giroux, 1968), p. 153.

6) 이 점에 대해서는 Julia Kristeva, "Word, Dialogue, and the Novel", *Desire in Language : A Semiotic Approach to Literature and Art*, Leon S. Roudiez, ed., trs., Thomas Gora, Alice Jardine, and Leon Roudiez (New York : Columbia University Press, 1980), p. 66 참조.

7) 이 점에 대해서는 Madan Sarup, *An Introductory Guide to Poststructuralism and Postmodernism* (Hemel Hempstead : Harvester Wheatsheaf, 1988), p.

118 참조.

8) Jean-François Lyotard, "What Is Postmodernism?", trs., Geoff Bennington and Brian Massumi, *Postmodern Condition : A Report on Knowledge* (Minneapolis : University of Minnestota Press, 1984), p. 82.

9) Louis Gottschalk, *Understanding History : A Primer of Historical Method*, 2nd ed. (New York : Alfred A. Knopf, 1969), p. vii.

10) 이 점에 대해서는 Hayden White, *Metahistory : The Historical Imagination in Nineteenth-Century Europe* (Baltimore : Johns Hopkins University Press, 1973) 참조.

11) Jean Baudrillard, "The Ecstasy of Communication", Hal Foster, ed., *The Anti-Aestheic : Essays on Postmodern Culture* (Port Washington : Bay Press, 1983), p. 130.

차하순 교수의 지적 편력

　금년 8월로 정년을 맞이한 차하순(車河淳) 교수는 20세기의 새로운 역사학 분야인 서양지성사(西洋知性史)를 국내에 도입하여 개척한 선구자이며, 아울러 이 분야의 국내 권위자이다. 그의 정년퇴임은 한 개인의 퇴임을 뜻하기보다는 우리나라 서양사학계에서 한 세대를 마감하는 상징성을 띠고 있다. 주지하다시피 한국의 서양사학계를 주도해온 세력은 1920년대에 출생한 세대였다. 그는 이 세대의 마지막 주자로서 연구업적 면에서나 후진 양성에서 확실히 분수령을 이룬다 하겠다.

　차교수의 학문적 생애는 대체로 세 단계로 나눌 수 있다. 1960년대의 르네상스 연구, 1970년대의 근대 정치사상사 연구, 1980년대 이후의 역사이론과 방법론에 대한 연구가 그것이다. 르네상스에 대한 연구는 서울대학교 석사논문인 〈에라스무스 연구〉(《서양사론》Ⅱ, 1959)로 출발하였다. 에라스무스의 생애와 사상을 연대순으로 고찰하지 않고 그의 정신적 지적 편력에 따라 재구성한 이 논문은 인물연구에 새로운 지평을 열어 주목을 끌었다. 1년간의 단국대 재직을 거쳐 1961년에 서강대학으로 자리를 옮긴 그는 마치 르네상스에 심취한 듯이 연구에 몰두하여, 그 당시 가장 논란이 많았던 르네상스 문제들을 신속히 국내에 소개하면서 다양한 르네상스 상(像)에 대한 종합적 해석을 시도하였다. 그러나 그의 르네상스 연구는 1965년 미국 유학으로 중단되었고, 귀국 후 그동안의 연구를 마무리하는 의미에서 《르네상스의 사회와 사상》(1973)을 출간함으로써 일단락 지은 셈이다. 월봉저작상(月峰著作賞)을 받은 이 책은 문화사가 부르크하르트를 연상할 만큼 문화와 사상에 대한 서술이 돋보이며, 국내에서 저술된 최초의 서양 시대사라는 점에서도 의의가 크다.

그의 학문적 관심이 르네상스에서 근대 정치사상으로 옮겨간 것은 미국 브랜다이스(Brandeis) 대학에 유학하면서부터였다. 이 대학의 지성사학과에서 정치·철학·역사·과학에 관한 사상들을 폭넓게 수학한 그는, 마침내 툴민(S. E. Toulmin) 교수의 지도 아래 《17세기 정치이론에서의 형평(衡平)의 개념》(1969)으로 박사학위를 받고 귀국하였다.

귀국하자마자 그는 지성사의 의미와 연구 현황, 지성사의 문제와 연구방법 등에 관한 논문을 발표하여 지성사에 대한 국내 학계의 관심을 환기시켰고 후진들의 지성사 연구를 고취하였다. 또 한편으로 그는 미국과 영국에서 수집해온 일차사료들을 바탕으로 학위논문에서 다루지 못한 18세기 계몽사상가들의 정치·사회사상에 대한 본격적인 논문을 잇따라 발표하였다. 앞서의 학위논문과 이때에 쓴 논문들을 합쳐 이들을 다시 갈고 다듬어서 출판한 것이 《형평의 연구》(1983)이다. 그러므로 이 책은 유학 시절에서부터 출판될 때까지 무려 18년이 걸린 오랜 각고의 산물로서, 그의 가장 대표적 저서이다. 17, 18세기의 정치이론에 나타난 근대 평등주의의 이념적 한계를 밝힌 이 책은 원숙한 지성사가로서 저자의 면모를 엿보게 해주며, 이 책의 진가는 한국학술원상(韓國學術院賞) 수상작이라는 사실에서 객관적으로 입증된다.

지성사는 사상과 사회와의 관련성을 고찰하는 외적(外的) 지성사와 추상적 관념과 사상을 분석하여 그 사상의 내재적 발전을 설명하는 내적(內的) 지성사로 나눌 수 있다. 그의 연구는 사상과 사회세력과의 관계에도 주목하였으나 크게 보면 외적 지성사보다는 내적 지성사에 더 가깝다고 하겠다.

1970년대는 그의 연구활동이 가장 활발했던 시기였다. 이 시기에 많은 논저와 역서가 출간되었는데, 그 가운데서도 짚고 넘어가야 할 것은 《서양사총론》(1976)이다. 《서양사총론》은 현대사 부분의 서술이 상대적으로 소략한 면이 있지만, 현재까지 국내의 서양사 개설서 가운데 가장 풍부한 내용을 담고 있어서, 우리나라 대학에서의 서양사 개설교육과 교양교육(문화사)의 수준을 높이는 데 이바지하였다.

역사이론과 방법은 그의 일관된 관심 분야였다. 《역사와 지성》(1973), 《역사의 이해》(1974), 《역사란 무엇인가》(1976, 공편), 《사관(史觀)이란 무엇인가》(1978, 편저), 《역사의 의미》(1981), 《역사의 본질과 인식》(1988) 등의 저서목록만으로도 이 분야에 대한 그의 관심도를 쉽게 알 수 있다. 이에 대한 그의 태도에는 두 가지 측면이 있다. 하나는 일반인에게 역사와 문화를 올바로 이해시키려는 교양과 계몽의 차원이고, 다른 하나는 역사학 연구의 올바른 방향을 제시하기 위한 역사인식의 본질적 차원이다. 역사인식의 문제는 대체로 1970년대 후반부터 두드러지게 나타나기 시작했는데, 그는 기본적으로 역사학에서의 주관과 객관의 조화를 강조하면서도 현대의 지나친 상대주의를 의식하여 학문에서의 객관성은 유지되어야 한다는 입장을 취하고 있다.

그는 연구활동뿐만 아니라 학회활동과 학사행정 분야에서도 많은 업적을 남겼다. 1980년대 이후에 역사학회와 한국서양사학회의 회장을 역임하였고, 한국사회과학협의회, 국제역사학회의 한국위원회, 유네스코 한국위원회 등의 임원을 역임하면서 학계의 발전을 위해 헌신하였다. 그리고 서강대학의 교무처장·문과대학장·부총장 등의 보직을 맡아 학사행정에도 적극적으로 참여하였다.

이와같이 분주한 공직생활 속에서도 《서양의 지적 전통》(1980), 《근대과학의 기원》(1980), 《존재의 대연쇄(大連鎖)》(1984), 《신과 자아를 찾아서》(1985) 등, 지성사에 관한 10여 권의 책을 번역하였으며, 이번에도 《서양 근대사상사 연구》(1994)와 《현대의 역사사상》(1994), 그리고 수상집과 평론집을 포함하여 4권의 책을 동시에 출판함으로써 지칠 줄 모르는 저술활동을 다시 한번 보여주고 있다.

정년퇴임으로 차하순 교수의 강단생활은 일단 닻을 내리게 되었다. 그러나 역사와 문화세계를 탐색하려는 그의 지적 항해는 중단 없이 계속 전진할 것으로 믿어진다.

김 영 한

다비드(J. L. David) 471

다윈(C. Darwin) 33, 305, 355, 427, 459, 556, 569~586, 588, 589, 591, 594, 597

다윈(E. Darwin) 572

단테(Dante Alighieri) 11

달랑베르(d'Alembert) 386, 387, 388, 389, 395, 406

당통(G. J. Danton) 549

데글러(C. N. Degler) 568

데리다(J. Derrida) 205, 366, 367, 679, 683

데샹(Don Deschamps) 125

데싱(A. Desing) 120

데카르트(R. Descartes) 203, 349, 350, 366, 372, 375, 378, 390, 392, 400, 474, 476, 666, 680

데포(D. Defoe) 261, 263, 380

도니(F. Doni) 24

도본느(F. d'Eaubonne) 207

돌바크(d'Holbach) 380, 383, 387

돌치노(Fra Dolcino) 56

뒤르켕(E. Durkheim) 309, 317, 318

듀란트(W. Durant) 432

듀이(J. Dewey) 428, 433, 441~444, 459

드그렐(L. Degrelle) 649

드골(C. de Gaulle) 638

드러먼(H. Drummond) 581

드로이젠(J. Droysen) 523, 528, 529, 530

드 바랑트(M. de Barante) 493

드 브리스(H. de Vries) 585

드 비니(A. de Vigny) 477

들뢰즈(G. Deleuze) 679

디긴스(J. P. Diggins) 268, 271

디너슈틴(D. Dinnerstein) 203, 204

디드로(D. Diderot) 25, 231, 381, 386~388, 391, 395

디스레일리(B. Disraeli) 605, 606

딜크(C. Dilke) 606

딜타이(W. Dilthey) 423, 505, 523, 530, 532

ㄹ

라그랑즈(Lagrange) 391

라마르크(J. B. Lamarck) 571, 572

라부아지에(A-L de Lavoisier) 391

라브루스(S. Labrousse) 62

라살레(F. Lassalle) 153

라운트리(S. Rowntree) 281

라이엘(C. Lyell) 572, 573, 577

라이트(G. Wright) 511

라이프니츠(G. W. Leibniz) 25, 350, 385, 386, 391, 424, 474, 514

라첸호퍼(G. Ratzenhofer) 591, 594

라카프라(D. Lacapra) 684

라캉(J. Lacan) 205, 679

라클라우(E. Laclaw) 686

라 콩다민(La Condamine) 391

라테나우(W. Rathenau) 309

라파예트(M. de La Fayette) 398

람프레히트(K. Lamprecht) 524

랑케(L. von Ranke) 236, 416, 417, 449, 450, 453, 505, 515, 516, 520, 522, 523, 526, 681

랑팡(l'Enfant) 489

랭거(W. Langer) 621

러브조이(A. O. Lovejoy) 432

러셀(B. Russell) 441

러스(J. Russ) 39

러스킨(J. Ruskin) 289

럼스덴(C. Lumsden) 596

레닌(V. I. Lenin) 131, 158, 160, 239, 303, 611~617, 625

레싱(G. E. Lessing) 420

레이날(Abbé Raynal) 386

◆ 필 자 소 개 (논문게재순)

金榮漢 : 서강대 사학과 교수. 서울대 사학과를 졸업하고 동대학원을 거
　　　　쳐서 서강대 대학원에서 박사학위 취득. 저서로는《르네상스 유
　　　　토피아사상》과《르네상스 휴머니즘과 유토피아니즘》이 있다.
朴洋植 : 서울 신학대 강사. 숭실대 사학과를 졸업하고 서강대 대학원에
　　　　서 천년왕국주의를 주제로 박사학위논문 준비중이다.
金恩石 : 제주교대 사회교육과 부교수. 한양대 사학과를 졸업하고 동대
　　　　학원에서 개인주의 아나키즘 연구로 박사학위논문 준비중이다.
崔甲壽 : 서울대 서양사학과 부교수. 서울대 서양사학과를 졸업하고 동
　　　　대학원에서〈생시몽의 사회사상〉으로 박사학위 취득.
鄭鉉栢 : 성대 사학과 교수. 서울대 역사교육과를 졸업하고 독일 보쿰대
　　　　에서 박사학위 취득. 저서로는《민중에게 아니면 프롤레타리아
　　　　트에게 예술을—1890~1914년 사이에 베를린 자유민중극단운
　　　　동을 중심으로》와《노동운동과 노동자 문화》가 있다.
郭次燮 : 부산대 사학과 전임강사. 서강대 수학과를 졸업하고 동대학원
　　　　사학과에서〈17세기 국가이성론과 마키아벨리즘〉으로 박사학위
　　　　취득.
趙承來 : 청주대 역사교육과 부교수. 서강대 사학과를 졸업하고 동대학
　　　　원에서〈공화주의 연구〉로 박사학위논문 준비중이다.
宋奎範 : 서원대 역사교육과 교수. 서울대 사학과를 졸업하고 동대학원
　　　　에서〈존 로크의 정치사상〉으로 박사학위 취득.
李來珠 : 육군사관학교 사학과 조교수. 육사를 졸업하고 서강대 대학원
　　　　을 거쳐 영국 서섹스대학에서〈산업·교육·국가—과학기술인
　　　　력 문제에 대한 영국 엘리트 계층의 인식발전에 관한 연구
　　　　(1981~1944)〉로 박사학위 취득.

林常友 : 서강대 사학과 조교수. 서강대 사학과를 졸업하고 뉴욕 주립대
　　　　학(Buffalo)에서 〈막스 웨버의 정치사회학〉으로 박사학위 취득.

朱明哲 : 한국교원대 역사교육과 부교수. 서강대 영문과를 졸업하고 동
　　　　대학원 사학과를 거쳐 파리 1대학에서 박사학위 취득. 저서로는
　　　　《프랑스혁명의 지적 기원》이 있다.

崔宗德 : 환경과 자연철학연구소 소장. 서강대 물리학과를 졸업하고 연
　　　　세대 대학원 철학과를 거쳐 독일 기센대학교 과학철학부에서
　　　　〈양자역학에 있어서 존재론의 가능성〉으로 박사학위 취득.

趙志衡 : 서강대 사학과를 졸업하고 동대학원을 거쳐 일리노이대학
　　　　(Urbana-Champaign)에서 미국 법제사에 대한 연구로 박사학
　　　　위논문 준비중이다.

李宗勳 : 세종대 사학과 강사. 서강대 사학과를 졸업하고 동대학원에서
　　　　〈바쿠닌의 아나키즘에 관한 연구〉로 박사학위 취득.

金賢植 : 한양대 사학과 강사. 한양대 사학과를 졸업하고 동대학원을 거
　　　　쳐 영국 웨일즈대학에서 〈영원한 오이디푸스의 순례 — 콜링우드
　　　　역사철학의 변화와 지속〉으로 박사학위 취득.

林志弦 : 한양대 사학과 조교수. 서강대 대학원을 졸업하고 동대학원에
　　　　서 박사학위 취득. 저서로는 《마르크스 · 엥겔스와 민족문제》가
　　　　있다.

金德鎬 : 성대 사학과 강사. 성대 사학과를 졸업하고 서강대 대학원을 거
　　　　쳐 뉴욕 주립대학(Stony Book)에서 〈위커슨 위원회와 금주법〉
　　　　으로 박사학위 취득.

徐廷勳 : 울산대 사학과 부교수. 서울대 서양사학과를 졸업하고 동대학
　　　　원에서 〈홉슨의 제국주의론 연구〉로 박사학위 취득.

金容右 : 한양대 사학과 강사. 서강대 사학과를 졸업하고 동대학원에서
　　　　〈프랑스의 파시스트 이데올로기 형성에 대한 연구〉로 박사학위
　　　　취득.

金旭東 : 서강대 영문과 교수. 한국 외국어대 영문과 및 동대학원을 졸업
　　　　하고 뉴욕 주립대학(Stony Brook)에서 박사학위 취득. 저서로
　　　　는 《모더니즘과 포스트모더니즘》, 《포스트모더니즘의 이론》 등
　　　　이 있다.

역사학 입문

로버트 · V · 다니엘스 저/정경현 옮김(육사 교수)
4×6판/반양장 150쪽

　미국의 대학생이면 史學科 학생이 아니라도 읽지 않은 학생이 없을 정도로 널리 알려진 이 책은 원제가 STUDYING HISTORY ; HOW & WHY 3rd이다. 역사의 효용, 역사 연구의 분야, 사회과학으로서의 史學, 역사공부 방법, 역사의 서술, 역사의 탐구, 역사의 해석, 역사학과 가치 등으로 나누어 평이하고도 조리있게 서술하고 있다.

사회와 사상12
歷史論抄

梁秉祐 지음(서울대 교수)
신국판/반양장 203쪽

　〈歷史의 客觀性〉, 〈事實과 解釋〉, 〈베버의 理想型과 歷史認識〉, 〈블로크의 比較史學〉, 〈類型과 類型論〉, 〈民族主義史學의 諸類型〉, 〈事實과 理論〉, 〈歷史와 社會科學〉, 〈文化를 위한 文化의 歷史〉, 〈統一志向的 民族主義史學의 虛實〉 등 주요 목차에서 보이듯 西洋의 史論에 해박한 저자가 오늘의 한국사학계의 여러 문제를 의식하면서 전개한 역사학 연구 방법론의 모색이다.

노예제 농노제의 이론

中村哲 지음/안병직 옮김
신국판/반양장 317쪽

　이 책은 마르크스주의의 방법론에 입각하여 前近代의 사회구성 — 특히 전근대 아시아의 사회구성 — 을 노예제 · 농노제로 파악하는 데 그 주안점이 놓여 있다. 그것은 인류에 있어서의 계급적 적대적 사회구성을 노예제 · 봉건제 · 자본제로 파악하는 종래의 이해와는 다르다 …… 중세의 기본적 사회구성을 봉건제로 파악하지 않고 농노제로 파악한 것은 종래의 세계사 이해에 내재되어 있던 유럽중심주의를 극복하기 위함이다.

동양과 서양 ── 두 세계의 사상 · 문화적 거리

최영진 지음
신국판/반양장 272쪽

　동 · 서양은 일찍이 대조적인 주변환경 — 열린 세계로의 서양과 닫힌 세계로서의 동양 — 의 영향으로 해양문화와 대륙문화라는 陽과 陰처럼 대칭적인 문화를 형성했다. 이러한 차이는 두 세계의 신화 · 종교 · 인간관 · 자연관 · 세계관 등에 광범위하고 깊게 영향을 미쳤다. 저자는 여러 고전과 문화현상의 예를 들면서 두 세계의 문화적 차이를 설명하고, 아울러 동 · 서양문화의 만남을 통해 이루어질 새로운 인류문화의 발전 가능성을 보여주고 있다.